教育部金融学核心课程规划教材

国际金融学

International Finance

▨ 主　编　何国华

▨ 副主编　肖卫国　刘思跃

WUHAN UNIVERSITY PRESS

武汉大学出版社

图书在版编目(CIP)数据

国际金融学/何国华主编.—武汉：武汉大学出版社,2017.5(2021.1 重印)

教育部金融学核心课程规划教材

ISBN 978-7-307-18724-5

Ⅰ.国… Ⅱ.何… Ⅲ.国际金融学—高等学校—教材 Ⅳ.F831

中国版本图书馆 CIP 数据核字(2017)第 078514 号

责任编辑:唐 伟 责任校对:李孟潇 版式设计:马 佳

出版发行：**武汉大学出版社** （430072 武昌 珞珈山）

（电子邮箱：cbs22@ whu.edu.cn 网址：www.wdp.com.cn）

印刷:武汉科源印刷设计有限公司

开本:787×1092 1/16 印张:26.5 字数:615 千字 插页:1

版次:2017 年 5 月第 1 版 2021 年 1 月第 2 次印刷

ISBN 978-7-307-18724-5 定价:49.00 元

PREFACE | 前 言

　　国际上有了经济交易，特别是发生商品交易之后，就产生了国际汇兑、货币支付、信贷、结算等一系列问题，从中又引起国际资本流动、国际金融市场、国际货币体系、国际金融机构等问题。把这些问题归结起来，就构成一般称为国际金融的内容。概括地说，所谓国际金融就是分析和研究国际货币兑换、借贷关系、收付方式、结算制度、金融市场、货币体系、金融机构等问题的总称。在这些问题具体实践的基础上，进行综合分析，总结出一些原理原则，加以系统阐述，就形成了国际金融这门学科。

　　21世纪以来，国际金融是世界经济舞台上发生最深刻变化的领域之一。国际金融活动日新月异，国际金融市场风云变幻，国际金融创新层出不穷，同时，国际金融危机也在频繁发生，这一切都深刻影响着世界经济的发展，也推动国际金融理论出现了若干重要发展。例如，在国际收支理论方面，最突出的发展表现在经常项目决定的跨期分析方法上。在汇率理论方面，除了汇率决定理论之外，汇率传递效应理论和汇率制度选择理论也取得了突破性进展。在国际投资理论方面，除了对主流理论进行补充和完善之外，还出现了诸多针对发展中国家国际直接投资迅猛发展和跨国公司对全球政治经济影响日益扩大的现实而进行解释的新理论。在国际货币制度方面，理论的发展可以说是全方位的，既有对单个国家货币成为国际货币的条件、可能产生的影响等问题进行的思考，也有对新兴市场国家普遍存在的货币替代、货币危机等问题进行的探索。

　　立足于以上国际金融理论和实践发展的现实背景，我们决定编写这本国际金融教材。本教材的主要特点是，在理论方面，除了传统理论之外，力求反映出理论发展的最新前沿，如国际收支理论中的经常项目决定的跨期分析方法，汇率决定理论中的外汇微观结构理论，最优货币区理论中的内生性理论等。在实务方面，除了传统国际金融业务之外，力求反映出近年来国际金融领域所进行的各种创新活动。此外，本教材还特别注重分析中国改革开放以来对外金融活动的发展，如人民币汇率制度改革、人民币国际化的推进等。

　　本教材是集体智慧的结晶，参与教材编写的均为高等院校国际金融专业的一线教师。各章执笔人分别是：肖卫国、尹智超（第一章、第二章、第六章）、刘思跃、童晶、李灵珊（第三章、第四章）；何国华、原雪梅（第五章、第十章、第十二章）；李艳丽（第七章）；白晓燕（第八章、第十一章）；余静文（第九章）。全书最后由何国华统一修改和定稿。

　　由于国际金融活动异常复杂，加之我们水平有限，书中难免存在缺点和错误，敬请广大读者批评指正。

何国华

2016 年 7 月于珞珈山

CONTENTS | **目　录**

第一章 | **外汇和汇率**

外汇与汇率是国际金融领域的核心问题。外汇是清偿国际债权债务的主要支付手段，也是一国国际储备的重要组成部分，在促进国际经贸发展、调节国际资金余缺上发挥着重要作用。汇率作为一个重要的宏观经济变量，其变动受到多种经济因素的影响，同时汇率的变动也会反作用于一国的宏观经济，一国经济越开放，其经济受汇率变动的影响就越大。本章主要分析与讨论外汇和汇率的基本概念、汇率的决定基础、影响汇率的主要因素、汇率变动的经济影响以及汇率传递效应理论。

第一节　外　　汇

一、外汇的含义

外汇（foreign exchange）一词是国际汇兑的简称。其含义有动态（dynamic）和静态（static）之分。动态意义上的外汇是指一国货币兑换成他国货币，借以清偿国际债权、债务关系的一种专门性的经营活动或行为。人们平常所说的"外汇业务"、"外汇工作"等，都是就外汇的动态含义而言的。静态意义上的外汇又有狭义和广义之分：前者是一种以外币表示的用作国际结算的支付手段，为经常使用的一般性概念；后者是指所有用外币表示的债权，它包含以外币表示的各种信用工具和有价证券，主要用于国家的管理法令之中，以便于外汇管理。

关于外汇的含义，国际货币基金组织和中国国家外汇管理局均作了明确的界定。国际货币基金组织的定义是："外汇是货币行政当局（中央银行、货币管理机构、外汇平准基金组织和财政部）以银行存款、财政部库券、长短期政府证券等形式所保有的在国际收支逆差时可以使用的债权。"根据这一定义，外汇工具包括：（1）可以自由兑换的外国货币，包括纸币、铸币等；（2）长、短期外汇有价证券，即政府公债、国库券、金融债券、股票、息票等；（3）外币支付凭证，即银行存款凭证、商业汇票、银行汇票、银行支票、银行支付委托书、邮政储蓄凭证等。

中国国家外汇管理局于 2008 年 8 月修订通过的《中华人民共和国外汇管理条例》中明确界定了外汇的具体形态："（1）外币现钞，包括纸币、铸币；（2）外币支付凭证或者支付工具，包括票据、银行存款凭证、银行卡等；（3）外币有价证券，包括债券、股票等；（4）特别提款权；（5）其他外汇资产。"显然，国际货币基金组织和中国国家外汇管理局关于外汇的阐述采用的都是广义的、静态意义上的外汇定义。

目前，国际货币基金组织对外汇的定义已被普遍接受和采用。该定义表明，外汇是以外币表示的各种资产，但并不是所有的外国货币资产都是外汇，它必须可用于国际收支的清算。具体而言，一种外币资产作为外汇必须同时具备以下三大要素：

第一，外汇是以外币表示的可用作对外支付的金融资产。一方面，外汇属于外币金融资产，具体表现为外币现金、外币支付凭证、外币有价证券等，任何以外币计值的实物资产和无形资产并不构成外汇；另一方面，外汇必须具有可偿性，即作为外汇的外币资产必须是在国外能得到偿付的货币债权而可用于对外支付。

第二，外汇必须具有充分的可兑换性，即作为外汇的外币资产必须是能够自由地兑换成他国货币的资产。由于国际支付比较复杂，币种要求不一，因而并非所有外国货币或支付手段都可算作外汇，只有那些能自由地转入一般商业账户的外国货币或支付手段才可算作外汇。按照国际货币基金组织的规定，一国若对其国际收支中的经常账户不加限制，不采取差别性的多种汇率，且能应另一会员国的要求随时履行换回对方在经常项目往来中积累起来的本国货币的义务，则该国货币可称为自由兑换货币（convertible currency）。

第三，作为外汇的外币资产必须在国际经济交易中被各国普遍接受和使用。目前，世界上有 60 多个国家或地区的货币被认为是可自由兑换货币，但作为外汇的外币种类并不多，主要包括：美元（USD）、欧元（EUR）、日元（JPY）、英镑（GBP）、新加坡元（SGD）、港元（HKD）、加拿大元（CAD）、澳大利亚元（AUD）、新西兰元（NZD）、瑞士法郎（CHF）、丹麦克朗（DKK）、瑞典克朗（SEK）以及挪威克朗（NOK）等。

二、外汇的分类

（一）按照外汇可否自由兑换划分

1. 自由外汇

它是指不需经外汇管理当局的批准，可自由兑换其他货币，或者可向第三者办理支付的外国货币及支付手段，如以美元、欧元、日元、英镑、瑞士法郎、加拿大元、新加坡元、新西兰元、澳大利亚元等西方主要国家货币表示的外汇即属于自由外汇。

2. 记账外汇

它是指在两国政府间签订的协定项目下所使用的外汇，即未经货币发行国批准，不能自由兑换成其他货币或对第三者支付的外汇。记账外汇只能根据两国政府间的清算协定，在双方银行开立专门账户记载使用，故又称协定外汇。例如甲乙两国政府为了节省双方的自由外汇，签订一个支付协定，规定双方进出口的货款必须通过双方银行开立的专门账户以记账外汇记账。等到年度终了时，将双方的债权债务差额根据协定以现货或货物清偿，或者转入下一年度。一些彼此友好的国家或第三世界国家之间，时常采用记账外汇的方式进行进出口贸易。记账外汇贸易与自由外汇贸易的根本区别在于，记账外汇贸易下所得的外汇（即记账外汇），只能用于支付从对方国家进口的商品及其他费用，不能用于办理对第三国的支付结算，更不能自由兑换成其他货币。

（二） 按照外汇的来源或用途划分

1. 贸易外汇

它是指通过出口贸易而取得的外汇以及用于进口商品支付的外汇。贸易外汇包括进出口贸易货款及其从属费用，是一国外汇收支的主要组成部分。

2. 非贸易外汇

它是指非来源于出口贸易或非用于进口贸易的外汇。非贸易外汇主要包括劳务外汇、旅游外汇、侨汇、捐款和援助外汇以及投资收益汇回等，是一国外汇收支中越来越重要的组成部分。

（三） 按照外汇的交割期限划分

1. 即期外汇

它是指在外汇买卖成交后两个营业日以内办理交割的外汇，又称现汇。

2. 远期外汇

它是指外汇买卖双方在签订外汇买卖合约时，约定在成交后两个营业日以后的某一时间或期限办理交割的外汇，又称期汇。

（四） 按照外汇持有者不同划分

1. 官方外汇

它是指中央银行、其他政府机构、国际组织等持有的外汇。其中，一国中央银行和其他政府机构持有的外汇成为一国的外汇储备，其作用是平衡国际收支和对外汇市场进行干预。

2. 私人外汇

它是指居民个人和企业法人所拥有的外汇。在存在外汇管制的国家和地区，居民个人和企业法人持有外汇往往受到诸如外汇持有额度、汇出等方面的限制；而在非外汇管制的国家或地区，政府采取"藏汇于民"的政策，不对居民和企业持有外汇进行限制，允许个人和企业对其持有的外汇自由支配。

三、外汇的作用

外汇作为一种主要的储备资产，在国际经济、政治和文化交往中的作用是显而易见的。具体表现是：

第一，转移国际购买力，促进国际货币流通的发展。由于外汇是一种国际清偿债务、了结债权的手段，故一国拥有大量的外汇，就意味着拥有大量的国际购买力。随着外汇业务的发展，国际上代表外汇的各种信用工具大量涌现，使不同货币制度的国家之间的非现金结算成为可能，既便利了国际结算，又可使各国的购买力相互转换，极大地促进了国际货币流通的发展。

第二，促进国际经济交易尤其是国际贸易的发展。外汇作为国际上清偿债权债务的工具，加速了资金在国际上的周转速度，促进了投资活动和资本流动，极大地便利了国际经济交易的发展。更为重要的是，各种信用工具在国际贸易中的广泛使用，使国际信用增加（如出口商开出远期汇票，允许进口商延期付款），扩大了国际商品流通的速度与范围，促进了国际贸易的发展。

第三，便于调节国际资金的供求失衡。世界各国经济发展水平极不平衡，国际资金失衡状况尤为严重，各国都力图寻求新的国际经济合作，特别是在国际资金借贷方面的合作。而外汇作为国际支付手段，可加速国际资本的移动，活跃资金市场，针对国际资金市场的供求状况调剂余缺，从而推动整个世界经济的发展。

此外，外汇作为储备资产，其占有量的多寡通常是衡量一国对外经济活动的地位和支付能力的重要标志之一。

第二节　汇　　率

一、汇率的定义与标价方法

外汇汇率（foreign exchange rate）是指一国货币折算为他国货币的比率，简称汇率。它是两国货币的相对比价，即用一国货币所表示的另一国货币的价格，因此，汇率又称汇价或兑换率。

汇率所反映的是两国货币的相对比价，而要确定两种不同货币的比价，先要明确以哪一种货币作为标准。因此，我们不妨将所涉及的两种货币区分为基本货币（base currency）和标价货币（quoted currency）。前者是指在标价过程中作为常量的货币，后者是指在标价过程中作为变量的货币。根据两种货币在标价过程中是作为基本货币，还是作为标价货币的标准来划分，汇率的标价方法有两种，即直接标价法和间接标价法。

（一） 直接标价法

直接标价法（direct quotation）是指在标价过程中以外币作为基本货币而以本币作为标价货币的汇率表达方式。由于它是以一定单位（1 个货币单位、100 个货币单位等）的外币为标准来折算应付若干单位的本币的汇率标价法，故又称应付标价法（giving quotation）。其基本特点是：外币数额固定不变，本币数额根据外币与本币的币值对比变化而变化，即汇率的涨跌以本币数额的变化来表示。如果一定数额的外币折算的本币数额比以前增多，说明外币升值而本币贬值，称为外汇汇率上涨；反之，如果一定数额的外币折算的本币数额减少，说明外币贬值而本币升值，称为外汇汇率下跌。目前，世界上绝大多数国家采用直接标价法。中国的人民币汇率除对林吉特、卢布、兰特、韩元等少数几国货币采用间接标价法外，对其他多数货币汇率仍然采取直接标价法。

（二） 间接标价法

间接标价法（indirect quotation）是指在标价过程中，以本币作为基本货币而以外币作为标价货币的汇率表达方式。由于它是以一定单位的本币为标准来折算应收若干单位的外币的汇率标价方法，故又称应收标价法（receiving quotation）。其基本特点是：本币数额固定不变，外币数额随本币与外币的币值对比变化而变化，即汇率的涨跌以外币数额的变化来表示。如果一定单位的本币折算的外币数额增加，说明本币升值而外币贬值，称为外汇汇率下跌；反之，如果一定单位本币折算的外币数额减少，说明本币贬值而外币升值，称为外汇汇率上涨。国际上采用间接标价法的只有少数发达国家和地区，主要是英国、美国、澳大利亚、欧元区等。其中，英国是一直采用间接标价法的国家；美国原本采用直接标价法，但从 1978 年 9 月 1 日开始，美元除了对英镑使用直接标价法外，对其他货币均使用间接标价法。

值得指出的是，在当今国际金融市场上，汇率的表达方式已经普遍采用标准化的美元标价法（U. S. dollar quotation）。其基本含义有二：一是所有外汇市场上交易的货币都对美元报价。当交易员询问某种非美元货币的汇价时，实际上是指美元对该货币的汇价。二是除英镑、澳大利亚元、欧元等少数货币外，其他货币的报价都以美元作为基本货币，除此之外的货币则作为标价货币。

二、汇率的分类

（一） 按照国际货币制度的演变来划分

1. 固定汇率（fixed exchange rate）

它是指一国货币对另一国货币的汇率基本固定，同时又将汇率的波动幅度限制在一个特定的范围内的汇率。如金本位制下，货币含金量（gold content）是汇率决定的基础，黄金输送点（gold point）是汇率的界限，属于典型的固定汇率。第二次世界大战后以美元为中心的固定汇率制度下，国际货币基金组织会员国的货币平价一律以一定数量的黄金或美元来表示，各国货币对美元汇率的波动幅度为上下限各1%，也属于固定汇率。

2. 浮动汇率（floating exchange rate）

它是指一国货币的对外汇率不予固定，也不规定上下限的波动幅度，而是根据外汇市场的供求状况任其自由涨落的汇率。外国货币供过于求，则外币贬值而本币升值，称为外汇汇率下浮（floating downward）；外币供不应求，则外币升值而本币贬值，称为外汇汇率上浮（floating upward）。就浮动形式而言，如果政府对汇率的波动不加干预，完全听任供求关系决定汇率，称为自由浮动（free floating）或清洁浮动（clean floating）；若政府出于某种目的，采取各种干预措施，使外汇市场汇率向有利于本国的方向浮动，则称为有管理的浮动（managed floating）或肮脏浮动（dirty floating）。固定汇率制瓦解后，许多国家普遍实行的就是这种有管理的浮动汇率制。

（二）从银行买卖外汇的角度划分

1. 买入汇率（buying rate 或 bid rate）

它是指银行购买外汇时所使用的汇率，又称买入价。在直接标价法下，一定量外币折合本币数较少的那个汇率是买入价，它位于卖出价之前，而间接标价法下的情况正好相反。

2. 卖出汇率（selling rate 或 offer rate）

它是指银行出售外汇时所使用的汇率，又称卖出价。在直接标价法下，一定量外币折合本币数较多的那个汇率是卖出价，表示银行卖出外币时，应向客户收取的本币数，它位于买入价之后，而间接标价法下的情况则相反。

银行的外汇买卖业务遵循贱买贵卖的原则，其间的差额就是银行买卖外汇的收益，一般在1‰~5‰。银行同业之间买卖外汇时所使用的买入汇率和卖出汇率又称同业买卖汇率（interbank exchange rate），也就是外汇市场买卖价。一般而言，银行同业买卖外汇的差价幅度很小，低于1‰。

3. 中间汇率（middle exchange rate）

它是指买入价与卖出价的平均数，又称中间价。国际货币基金组织所公布的各国汇率表中，均采用中间汇率；西方报刊公布汇率时，也多用中间汇率。

4. 现钞汇率（bank notes exchange rate）

它是指银行买卖外币现钞时采用的汇率，又称钞价。钞价又分为现钞买入价和现钞卖出价。一般而言，银行现钞买入价要稍低于外汇买入价，而现钞卖出价与外汇卖出价相同。这是因为外币现钞不能在本国流通使用，银行买入现钞后，需要将其运到发行国，才能充任流通或支付手段，其运往国外的过程需要支付运费、保险费等，而银行买入外汇支付凭证可以很快存入外国银行获取利息或调拨使用。

（三）从汇率制定的角度划分

1. 基本汇率（basic exchange rate）

它是本国货币对特定的关键货币（key currency）的汇率。所谓关键货币，是指本国国际收支中使用最多、外汇储备中所占比重最大且在国际上广为接受的可自由兑换货币。由于世界各国货币很多，一国货币难以同时与众多外币定出汇率，因此必须选出特定国家的货币作为主要对象，并与这种关键货币对比制定出基本汇率。由于美元在国际货币体系中的特殊地位，各国一般将本国货币对美元的汇率作为基本汇率。

2. 套算汇率（cross exchange rate）

各国在基本汇率制定出来以后（其关键货币大多数为美元，但不一定都是美元），根据基本汇率套算得出的对其他国家货币的汇率，就叫套算汇率，又称交叉汇率。

（四）按照银行外汇汇兑方式划分

1. 电汇汇率（Telegraphic Transfer Rate，T/T Rate）

它是指经营外汇业务的银行以电报方式买卖外汇（电汇）时所使用的汇率。所谓电汇，即指银行卖出外汇时用电报通知国外分支行或代理行付款。电汇凭证就是经营外汇业务的商业银行的电报付款委托。由于电汇付款迅捷（一般不超过两个营业日），银行无法占用客户资金头寸，加之国际电报费用较高，故电汇汇率一般较高，但电汇可以加速国际资金周转，避免汇率波动风险，因此在外汇交易中，大多采用电汇方式。电汇汇率是其他汇率的计算基础，一般外汇市场所表示的汇率，多为银行的电汇汇率。

2. 信汇汇率（Mail Transfer Rate，M/T Rate）

它是银行以信函方式买卖外汇（信汇）时所使用的汇率。所谓信汇，即付款人委托其所在国有关银行使用邮政通信方法，委托受款人所在国的有关银行向受款人付款。信汇的凭证是通过邮局（一般是航空传递）的信汇委托书。由于信汇委托书的传递需要一定的时间，银行在邮政时间内可利用汇款头寸，故信汇汇率低于电汇汇率，其差额与邮政期间的利息大致相当。

3. 票汇汇率（Demand Draft Rate，D/D Rate）

它是指银行买卖外汇汇票、支票和其他票据所使用的汇率。所谓汇票，即银行在买卖外汇时，开立一张由其国外分支机构或代理行付款的汇票交给汇款人，由其自带或寄往国外取款。由于汇票从卖出外汇到支付外汇有一段时间间隔，银行也可在这段时间利用客户头寸，因而票汇汇率一般也低于电汇汇率。另外，由于汇票有短期与长期之分，因而票汇汇率又可分为即期票汇汇率和远期票汇汇率，后者要在前者的基础上扣除远期付款的利息。

（五）按照外汇买卖的交割期限划分

1. 即期汇率（spot exchange rate）

它是指外汇买卖双方在成交后的当天或两个营业日以内办理交割时所使用的汇率。一般地，电汇汇率、信汇汇率及即期票汇汇率都属即期汇率之列。

2. 远期汇率（forward exchange rate）

它是指买卖远期外汇时所使用的汇率，即指买卖双方成交后，在约定的日期办理交割而事先由买卖双方订立合同、达成协议的汇率。利率的差异和外汇市场供求状况的变化，均会引致远期汇率的变动，因而远期汇率与即期汇率相比有差别，其差额称为远期差价（forward margin）。远期差价有三种形式：一是升水（at premium），表示远期汇率比即期汇率高；二是贴水（at discount），表示远期汇率比即期汇率低；三是平价（at par），表示差额为零。值得注意的是，在不同的汇率标价法下，远期差价的概念是一致的，但其计算方法截然相反。在直接标价法下，远期差价若为升水，远期汇率是即期汇率加升水；若为贴水，远期汇率为即期汇率减贴水。而在间接标价法下，其计算方法则正好相反。

（六）从外汇管理的角度划分

1. 官方汇率（official exchange rate）

它是一国的货币金融管理机构如中央银行或外汇管理当局规定并予以公布的汇率。这种汇率具有法定的性质，一切外汇交易都按其公布的汇率为准，故又称官价或法定汇率。在外汇管制较严的国家，官方汇率就是实际汇率，没有外汇市场汇率（但往往出现大大高于官价的黑市汇率），一切外汇收入均需按官方汇率结售给外汇银行，所需外汇均需向国家或其指定的银行申请供给。

2. 市场汇率（market exchange rate）

它是指在自由外汇市场上买卖外汇的实际汇率，它随外汇市场的供求关系变化而自由浮动。在外汇管制较松的国家，官方公布的汇率往往只起中心汇率（central exchange rate）的作用，实际外汇交易则按市场汇率进行。一般而言，市场汇率高于官方汇率，但由于政府干预，市场汇率不会偏离官方汇率太远。

3. 黑市汇率（black market exchange rate）

它是指在外汇黑市上进行外汇买卖的汇率。在一些对外汇管制较为严格的国家或地区，通常规定要按照官方汇率进行外汇买卖，一些外汇持有者为了换回更多的本国货币，会在黑市上以高于官方汇率的价格出售其持有的外汇，购买者通常是那些不能以官方汇率购买外汇或者外汇需求量较大无法全部通过官方汇率购得的人，这些人会选择以高于官方汇率的价格从上述外汇持有者手中购买外汇。大量的外汇供求双方在外汇黑市进行交易，由此形成黑市汇率。

（七）按照外汇资金的性质和用途划分

1. 贸易汇率（commercial exchange rate）

它主要是指用于进出口贸易货价及其从属费用方面支付结算的汇率。在一些外汇管制的国家或者地区，为了鼓励或限制进出口贸易或者改善国际收支，往往通过专门设定一种贸易汇率进行调控。例如对于进口支出外汇的买进、出口收入外汇的卖出、进出口贸易发生的样品邮寄费、中间商佣金等汇率规定给予一定的放松，能够起到促进进出口贸易的作用。

2. 金融汇率（financial exchange rate）

它主要是指用于国际资金流动、国际旅游等非贸易支付结算的汇率。国际资金流动诸如境外企业或机构取得来源于本国境内的利润、利息、租金、特许权使用费或在本国境内发生劳务收入等所得以及与资本项目有关的收入时，由境内企业对其支付外汇的一种行为；国际旅游主要是指本国居民在外国旅游产生的一系列费用。一国通过实施金融汇率管制实现对非贸易资本流动的调控。

（八）按汇率是否统一划分

1. 单一汇率（single exchange rate）

它是指货币管理当局对本国货币只规定一种买卖价格，在该国所有的国际经济交往中，各种不同来源与用途的资金收付均按照这一汇率水平进行换算。

2. 复汇率（dual exchange rate）

它是指货币管理当局对本国货币规定两种或两种以上的汇率，根据不同的国际经济活动采取不同的汇率水平。复汇率是外汇管制的产物，在存在复汇率的国家或地区，复汇率通常用来区别对待不同的进出口商品，以此来调节进出口贸易。复汇率又称多元汇率或多重汇率。

（九）按外汇市场开盘与收盘时间划分

1. 开盘汇率（opening exchange rate）

它是指每个营业日外汇市场买卖交易开始时的汇率，又叫开盘价。

2. 收盘汇率（closing exchange rate）

它是指每个营业日外汇市场买卖交易终了时的汇率，又叫收盘价。

（十）按衡量货币价值的不同划分

1. 名义汇率（nominal exchange rate）

名义汇率是指在社会经济生活中被直接公布、使用的表示两国货币之间比价关系的汇率。政府和媒体公布的汇率一般是名义汇率，实际汇率和有效汇率都是相对于名义汇率而言的。名义汇率不能反映两国货币的实际价值，是随外汇市场上外汇供求变动而变动的外汇买卖价格。名义汇率分成名义双边汇率和名义有效汇率。

2. 实际汇率（real exchange rate）

实际汇率测定两种货币的相对购买力，它是以相同货币计量的外国价格与本国价格的比率，可以衡量一国在国际贸易中的竞争力。一般地，实际汇率 E 被定义为：

$$E = \frac{eP_f}{P} \tag{1-1}$$

其中，P_f 代表以外币表示的外国商品价格水平，P 代表以本币表示的本国商品价格水平，e 为直接标价法的名义汇率，即用本币表示的外币价格。

另外，实际汇率 E 也可以被定义为：

$$E = \frac{P_f}{eP} \tag{1-2}$$

此时，e 为间接标价法的名义汇率，即用外币表示的外币价格。

3. 有效汇率（effective exchange rate）

有效汇率是指以劳动力成本、零售物价、批发物价、贸易比重等因素为权数经加权平均而得出的汇率指数。由于货币间的相对比价关系错综复杂，一种货币在对某些货币升值的同时，也可能对另一些货币贬值，且升值或贬值的幅度不尽一致，因而使用有效汇率旨在考察某一货币的综合波动幅度及其在国际经济交易中的总体地位。例如，以贸易比重为权数的有效汇率有助于考察一国货币在国际贸易中的总体竞争力和总体波动幅度，其计算公式如下：

$$E = \sum_{i=1}^{n} E_i \frac{Q_i}{Q} \tag{1-3}$$

（1-3）式中，E 表示某国货币的有效汇率，E_i 表示该国货币对第 i 国货币的汇率，Qi 表示该国与第 i 国的贸易值，n 表示该国的所有贸易对象国的数目，Q 表示该国对所有国家的全部对外贸易值。

有效汇率又分为名义有效汇率（Nominal Effective Exchange Rate，NEER）和实际有效汇率（Real Effective Exchange Rate，REER）。名义有效汇率是指一国货币与其所有贸易伙伴的名义汇率的加权平均值。权数的确定有多种方式，最为常见的是以贸易比重为权重，具体计算方式如下：

$$NEER_i = \left(\frac{E_{ti}}{E_{Ti}}\right)^{w_i} \times 100 \tag{1-4}$$

其中，E_{ti} 为本国货币对第 i 国的计算期名义汇率，E_{Ti} 为本国货币对第 i 国的基期名义汇率，w_i 为本国与第 i 国的贸易在本国对外贸易总额中的权重。

实际有效汇率是对名义有效汇率进行价格调整后的有效汇率，剔除了通货膨胀的影响，能够综合全面地反映本币的对外竞争力。国内外计算实际有效汇率的方法不完全相同，国际上一些经济组织会定期公布一些国家的实际有效汇率，比如国际清算银行（BIS）、国际货币基金组织（IMF）、经济合作与发展组织（OECD）[①]，但通常可以通过下式计算实际有效汇率：

$$REERi = \left(\frac{E_{ti}P_{ti}}{E_{Ti}P_t}\right)^{w_i} \times 100 \tag{1-5}$$

其中，E_{ti} 为本国货币对第 i 国的计算期名义汇率，E_{Ti} 为本国货币对第 i 国的基期名义汇率，P_{ti} 为第 i 国计算期相对于基期的价格指数，P_t 表示本国计算期相对于基期的价格指数，w_i 为本国与第 i 国的贸易在本国对外贸易总额中的权重。

---

① 国际清算银行（BIS）：每月中旬公布实际有效汇率指数，包括宽口径指数和窄口径指数。宽口径指数比较了 61 个经济体（从 1994 年起），窄口径比较了 27 个经济体（从 1964 年起）。目前的权重以 2011 年至 2013 年的贸易为基础，基期是 2010 年。国际货币基金组织（IMF）：当月公布上月的实际有效汇率指数，包括 34 个经济体，基期为 2005 年；经济合作与发展组织（OECD）：公布的实际有效汇率基期为 2010 年，包括 43 个经济体，其中 36 个 OECD 经济体，7 个非 OECD 经济体，所公布的数据为季度数据和年度数据。

第三节　汇率决定与变动

如前所述，外汇汇率是各国货币以各自所具有的或所代表的价值量为基础而形成的交换比率。因此，各国货币所具有或代表的价值量是决定外汇汇率的基础，而汇率之所以发生变动，其关键因素是不同国家货币之间的价值对比关系发生了变化。由于在不同货币制度下，各国货币具有或代表的价值的情形有异，因此，我们有必要根据各种不同的货币制度，来分析和研究汇率的决定基础。

一、金本位制下汇率的决定基础

金本位制（gold standard system）是以黄金表示本位货币的货币制度。就广义而言，它包括金币本位制（gold coin standard system）、金汇兑本位制（gold exchange standard system）和金块本位制（gold bullion standard system）；就狭义而言，典型的金本位制是指金币本位制。我们重点探讨金币本位制下汇率的决定及调整问题。

（一）铸币平价是金币本位制下汇率决定的基础

从 1816 年英国实行金本位制到第一次世界大战以前，各西方国家普遍实行金币本位制。其主要特征是：各个国家的货币均以黄金铸成，有法定的含金量；金币具有无限清偿能力，可以自由铸造、自由流通、自由输出入。在金本位制下，金币的含金量（gold content）代表了金币的价值，每一单位金币的含金量为铸币重量与成色之积，即含金量＝铸币重量×成色。各国货币间的相对价值由它们各自所包含的含金量的多寡加以折算。因此，两个实行金本位制国家货币单位的含金量之比即铸币平价（mint par），就是决定其汇率的物质基础。

例如，当时 1 英镑金币的重量为 123.27477 格令（grain），成色为 22K（karat）金，即含金量为 113.0016 格令（7.32238 克）纯金；1 美元金币的重量为 25.8 格令，成色为 900‰，即含金量为 23.22 格令（1.50463 克）纯金。因此，英镑与美元的铸币平价为：113.0016/23.22＝4.8665（或 7.32238/1.50463＝4.8665），它表示 1 英镑的含金量是 1 美元含金量的 4.8665 倍，即 1 英镑＝4.8665 美元。可见，英镑对美元的汇率决定于它们的铸币平价。

铸币平价虽然是决定汇率的基础，但它并非就是外汇市场上外汇交易的实际汇率。事实上，实际汇率是以铸币平价为基础，随外汇市场供求关系而上下波动的。实际汇率有时高于（外汇供不应求时），有时低于（外汇供过于求时）铸币平价。不过，其波动的幅度被限定在黄金输送点（gold point）所确定的范围内。黄金输送点作为实际汇率的波动界限，主要缘于当时存在两种并行的国际结算方式：其一，利用汇票等支付手段，进行非现金结算；其二，以黄金进行国际结算，即若汇率变动使运用汇票等非现金结算对交易双方任何一方不利时，可直接运送黄金办理结算。

例如，第一次世界大战前，英美两国间运送黄金的各项费用（包装费、运费、保险费及检验费等）以及利息之和约为所运黄金价值的 5%～7%，按 6% 计算，英美两国间运输 1 英镑黄金的费用为 0.03 美元，铸币平价 4.8665±0.03 即为英镑和美元两种货币的黄金输送点。其中，4.8665+0.03＝4.8965 表示引起黄金输出的汇率即黄金输出点（gold export point），汇率变动不能高出黄金输出点；4.8665−0.03＝4.8365 表示导致黄金输入的汇率即黄金输入点（gold import point），汇率的波动不能低于黄金输入点。由此可见，黄金输出点由铸币平价加输金费用构成，它是汇率波动的上限；黄金输入点由铸币平价减输金费用构成，它是汇率波动的下限。而且，由于输金费用占黄金价值的比重极小，所以金币本位制下汇率波动幅度是相当有限的，汇率基本上是稳定的。

（二）黄金平价之比是金汇兑本位制和金块本位制下汇率的决定基础

第一次世界大战期间，西方各国为防止黄金外流，挽救濒于破产的经济，纷纷放弃金币本位制。20 世纪 20 年代，西方各国经济处于相对稳定的发展时期，有的国家（如英、法、比、荷等国）改行金块本位制，有的国家（如德、意、奥等国）实行金汇兑本位制。两种货币制度的共同点是，金币不再自由铸造，国内不流通金币，而只流通银行券。两者的区别是：金块本位制规定，银行券不能自由兑换金币，必要时（如工业支付或工业方面需要黄金时）可请求兑换一定数量的金块，并且银行券的价值与一定的黄金保持等值关系；而金汇兑本位制规定，银行券在国内不能兑换黄金，且本国货币只同另一实行金本位制国家的货币保持固定比价。

由此可见，上述两种货币制度都是没有金币流通的金本位制，因而两国货币汇率的决定基础不再是铸币平价，而是两国货币单位所代表的黄金量即黄金平价（gold parity）之比。由于各国银行券时常过量发行，不能稳定地代表一定的黄金量，汇率失去了稳定的基础。20 世纪 30 年代"大危机"之后，金本位制土崩瓦解了。

二、纸币流通下汇率的决定基础

金本位制崩溃以后，世界各国普遍采取了纸币流通制度。在布雷顿森林体系下，世界建立了以美元为中心的固定汇率制。其基本内容可以概括为以下两个方面：其一，美元与黄金挂钩，规定 1 盎司黄金等于 35 美元的法定官价，各国中央银行和政府机构可按上述规定用美元向美国兑取黄金；其二，各国货币与美元挂钩，即确定美元的含金量为 1 美元兑 0.888671 克纯金，其他国家货币也各自规定其含金量，按其含金量与美元保持固定比价。各国货币汇率只能以金平价之比为基准在上下限各 1% 的幅度内波动。因此，以"双挂钩"为特色，以美元为中心的固定汇率制，实际上是金汇兑本位制的派生形式，即黄金美元本位制，其汇率决定的基础仍然是各国货币所代表的含金量之比。由于汇率波动被限制在法定比价上下各 1% 的范围内，因而其汇率还是比较稳定的。

在牙买加体系下，各国纷纷实行浮动汇率制。其主要特征是：在纸币流通条件下，各国不再限定货币的含金量；各国货币汇价不限定上下波动幅度，任其自由涨落。这样，在流通不兑换纸币的前提下，由于黄金非货币化，各国货币间的汇率受外汇供求制约的因素明显化了。因此，各国纸币间的汇率不再以其含金量来决定，而以其国内价值即各国货币的实际购买力来决定。两种货币实际购买能力的对比即购买力平价就成为浮动汇率制下汇率决定的基础。

三、影响汇率变动的主要因素

从 20 世纪 70 年代国际社会实行浮动汇率制度以来汇率变动的实际情况看，影响汇率变动的主要因素有：

（一）国际收支状况

国际收支状况与外汇汇率变动具有互为因果的关系，即国际收支的顺差或逆差会影响汇率的变动，而汇率的变动又会影响国际收支状况。一般而言，国际收支状况，尤其是经常项目收支差额对一国汇率具有长期影响。经常项目收支差额是各国国际收支中最基本、最重要的差额，对汇率的影响也最大。当一国对外经常项目收支处于顺差时，外国对该国货币的需求增加，使该国货币汇率趋于上升；反之，若一国经常项目收支为逆差，则该逆差国对外国货币需求增加，使该国货币汇率趋于下跌。

（二）通货膨胀率的差异

若一国发生通货膨胀，而外国物价水平不变，则该国货币购买力下降，其货币对外汇率就趋于下降；反之，则上涨。当两国均出现通货膨胀时，若国内的通货膨胀率高于国外，则本币汇率趋于下降；反之，本币汇率则趋于上升（尽管本国也发生了通货膨胀）。因此，两国间通货膨胀的相对水平较绝对水平对汇率的影响更大。不过，通货膨胀对汇率的影响是通过各种渠道间接表现出来的，如国内外通货膨胀率差异可影响进出口，从而影响其经常项目收支。它还可以影响国际实际利率差异，影响其资本项目收支状况等。通货膨胀率是间接影响汇率变化的，其间也存在时滞，只有经过较长的时期才能体现出来。

（三）利率差异

利率作为资金的价格，其变动会影响一国资金的流入和流出。在开放经济条件下，利率水平的变化会对汇率水平产生影响。一国利率水平上升，可增加资本流入，抑制资本外流，使该国货币的汇率上升；反之，如果一国利率水平下降，则会引起资本流出，外汇需求增加，使该国货币的汇率下降。同通货膨胀率对汇率的影响一样，利率的相对水平对汇率的影响甚大。20 世纪 80 年代上半期，美元坚挺的重要原因之一就是美国的实际利率大大高于其他西方国家的利率水平。

（四）汇率预期

对汇率的心理预期日益成为影响短期汇率变动的重要原因之一。如果交易者预期某国的通货膨胀率将比别国高，实际利率水平将低于别国，经常项目收支将出现逆差等，则会预期该国货币汇率将呈跌势，于是，会纷纷抛售该国货币及其所表示的金融资产，而购进外币及其表示的金融资产，从而使该国货币的供给大于需求，其汇率也就趋于下跌。

（五）　外汇干预

政府对经济干预的方式很多，其中政府对汇率的短期干预具有更直接的效用。例如，中央银行直接在外汇市场上买进或卖出外汇，发表直接左右公众心理预期的声明，实行提高或降低利率水平的货币政策等，从而使汇率变动趋于缓和，并且使其稳定在某个区域内。

（六）　宏观经济政策

各国宏观经济政策对汇率的影响主要反映在各国财政政策和货币政策的宽松与紧缩上。当一国因经常项目收支逆差而引致本币汇率下跌时，政府可实行紧的财政政策（如削减财政开支、增加税收等）以改善经常项目收支，并辅之以紧的货币政策（如提高利率等），吸引外资流入以改进资本项目，从而阻止本币汇率的跌势。反之则反是。例如，美联储自 2008 年 11 月以来实行了量化宽松的货币政策，此后美元月平均名义有效汇率指数从 2008 年 11 月的 107.29 持续、稳步下降至 2013 年 12 月的 100.22，贬值幅度近 6.59%，月平均实际有效汇率指数从 2008 年 11 月的 107.89 持续、稳定地下降至 2013 年 12 月的 97.27。

（七）　政治因素

一国政治局势是否稳定会对汇率产生较大的影响。一般来说，一国政治局势越稳定，该国货币的币值越稳定，汇率波动越小。如果一国政治局势趋于紧张，则会导致该国甚至与该国有密切联系国家或地区外汇市场的不稳定，造成资金从这些国家大规模非正常流入或流出，从而加剧汇率波动。

（八）　外汇投机行为

在外汇市场上，除了正常的国际贸易产生的外汇交易外，多数外汇市场参与者进行的外汇交易从本质上看均具有一定的投机性质。大量投机行为会对货币流向和规模产生影响，进而造成汇率的波动。例如，当市场上的投机者认为某种货币即将升值，那么这些投机者将会大量购买该种货币，从而造成该货币汇率水平的上升，特别是在存在"羊群效应"的外汇市场上，将有更多的外汇买卖者转变为投机者，从而进一步提升该货币的汇率水平。

四、货币法定贬值与货币法定升值

（一）　货币法定贬值

货币的法定贬值（devaluation）是指一国的货币金融当局，以政府法令的形式正式宣布降低本国货币与黄金的平价或基础汇率，提高外汇汇率的一种措施。简言之，就是减少本国货币的含金量，降低本国货币与外币的比价。例如，1971 年 12 月 18 日，美国正式宣布美元贬值 7.89%，黄金官价由每盎司 35 美元提高到 38 美元，1 美元的含金量由原来的 0.888671 克纯金降至 0.818513 克纯金。美元纸币所代表的含金量减少，意味着美元兑换外汇的能力必然降低，外汇汇率势必提高，即美元对外币贬值。美元贬值之前，英镑对美元的黄金平价为 2.13281/0.888671＝2.40，即 1 英镑＝2.40 美元；贬值后，英镑对美元的黄金平价为 2.13281/0.818513＝2.6057，即 1 英镑＝2.6057 美元，故英镑升值而美元贬值。1973 年 2 月，美国政府宣布战后美元第二次贬值，黄金官价由每盎司 38 美元提高至 42.22 美元，即美元对黄金贬值幅度为（42.22－38）÷42.22×100%≈10%。

一国政府之所以宣布货币法定贬值，原因是多方面的，但主要是因为该国出口困难造成持续性的贸易逆差，国内出现严重失业而导致国际收支危机，本国货币在国际上不能保持原有的支付能力，等等。可见，货币法定贬值是该国经济在迫不得已的情况下所采取的一种紧急性经济措施。同时，货币法定贬值也是西方各国经济动荡不安的主要表现之一，例如 20 世纪 30 年代"大危机"期间，英、法、日等西方国家竞相进行竞争性的货币贬值，导致了对整个西方国家经济不同程度的损害；而 20 世纪 70 年代上半期，美元的两次贬值，促成了第二次世界大战后实行长达 30 年之久的固定汇率制彻底崩溃，国际货币金融关系一片混乱；20 世纪 90 年代后期，东南亚国家货币纷纷贬值，引发了全球性金融动荡。

（二）货币法定升值

货币法定升值（revaluation）是指一国政府正式宣布提高本国货币的含金量，或者提高本国货币与外国货币的基础汇率，降低外汇汇率的一种措施。例如，20 世纪 60 年代，原联邦德国马克曾几度升值。1961 年 3 月 4 日，1 马克的含金量由 0.211588 克纯金提高到 0.222168 克纯金，马克对美元的法定汇率由 1 美元＝4.20 马克变为 1 美元＝4.00 马克，马克升值 4.76%。1969 年 10 月，马克的含金量再次提高到 0.242806 克纯金，汇率变为 1 美元＝3.66 马克，升值幅度为 8.5%。

一国政府采取货币法定升值措施，是有其深刻的国内外原因的。从国内的原因看，一国的国际收支若出现持续性的巨额顺差，本国货币日趋坚挺，势必成为国际金融市场上的抢购对象，需求压力剧增。为此，该国政府必须增发本国货币，收购外国货币，以阻止外国货币的日趋疲软和减轻本国货币的需求压力，但外国货币的源源流入和本国货币的大量抛出，无疑会加剧本国的通货膨胀，使国内工资、物价轮番上涨，从而大大削弱本国商品的出口竞争能力。因此，在迫不得已的情况下，该国唯有求助于货币升值，力避国际游资（hot money）对本币的冲击，减轻国内通货膨胀的压力。从国外原因看，一国长期保持国际收支顺差，意味着必然存在长期收支逆差的国家，而持续性的国际收支逆差会引到其国际收支危机。因此，为维护本国利益，逆差国会千方百计施压于顺差国，迫使顺差国实行货币升值的措施。同时，顺差国为照顾与本国经贸关系密切国家的利益也需要采取货币升值的措施。可见，迫于国内外的压力，长期处于国际收支顺差的国家只有做出货币升值的抉择。

需要特别指出的是，货币法定升值（revaluation）和货币法定贬值（devaluation）是固定汇率制下的专门术语，货币升值（appreciation）和货币贬值（depreciation）是浮动汇率制下的专门术语。货币的法定贬值或法定升值较直接地反映了各国汇率的变动。但是，在固定汇率制下，由于主要货币的汇率基本上能维持在固定的波动幅度内，汇率大幅度变动的次数并不太多。在浮动汇率制下，由于政府对汇率不加限定，听任外汇市场供求关系自行决定外汇汇率，汇率的变动就表现为汇率的上浮和下浮。在直接标价法下，外汇汇率上浮，意味着本国货币贬值，可增加出口，抑制进口；外汇汇率下浮，表明本国货币升值，起着相反的作用。

第四节　汇率变动的经济影响

汇率作为一个重要的宏观经济变量，其变动受到多种经济因素的影响，同时汇率的变动也会反作用于一国的宏观经济。汇率变动对一国宏观经济的影响是多方面的，主要包括对国际收支的影响、对物价水平的影响、对资源配置的影响、对资本跨境流动的影响、对外汇储备的影响。下面以本国货币贬值为例，阐述汇率变动的经济影响，本国货币升值产生的经济影响与之相反。

一、对国际收支的影响

一般而言，一国货币贬值后，可以改善该国贸易收支状况，进而减少该国的国际收支逆差，以稳定汇率。一方面，本国货币对外国货币贬值后，则以外国货币表示的本国出口商品的价格必然比以前变得便宜，从而增加其出口商品在国际上的竞争能力，商品的出口量和出口收入也相应增加，从而有利于改善该国国际收支平衡状况；另一方面，由于本国货币贬值导致外币价格上升，则以本币表示的本国对外进口商品的价格势必较以前昂贵，从而抑制了商品的输入，使国际收支中经常项目的贸易逆差减少。可见，本国货币贬值，在一定程度上具有刺激出口以增加外汇收入，抑制进口以削减外汇支出的双重效应，从而有利于缓解该国国际收支逆差，起到稳定外汇汇率的作用。

但是，本国货币贬值对国际收支的影响要受到一系列因素的制约，从而使其正面效应大打折扣，甚至会产生适得其反的效果。首先，货币贬值对出口及其收入的刺激作用要受制于本国输出商品供给弹性的大小；而对进口及其支出的抑制作用又取决于本国输入商品需求弹性的高低。一般而言，只有本国输出商品富有弹性，货币贬值方能起到刺激出口、增加外汇收入的作用；如果本国出口商品供给缺乏弹性，由于商品成本递增，本国商品用外币表示的价格会随输出量的增加而趋于上升，从而不能增加本国出口商品的竞争能力，也就达不到货币贬值的效果。如果输出商品供给完全无弹性，则本国输出商品的价格不会因货币贬值而变动。从进口来看，只有本国输入商品需求富有弹性，才能抑制进口，削减进口开支，改善贸易收支；如果本国输入商品需求缺乏弹性，则反而使贸易收支更加恶化；而本国输入商品需求为单位弹性，则贸易收支不会受到影响。

其次，货币贬值在改善本国进出口贸易的过程中，存在时滞（time lag），即所谓"J 曲线效应"（J-curve effect）。这是因为，本国货币贬值尽管可以使以本币表示的进口商品价格上升，但由于以前的合同规定或由于产业结构尚未做出及时调整，进口数量及进口支出仍会持续增加，因而货币贬值在使贸易收支改善之前，仍会有一段继续恶化的过程。当然，时滞过后，出口开始增长，贸易收支最终可能有所改善。其时滞的长短，主要取决于国内传导机制的完善程度及国内市场的完善程度。若一国宏观经济出现严重失衡，如总需求远大于总供给，则汇率的变动及外贸结构的调整对改善本国贸易收支状况的收效是不会显著的。

最后，从动态的角度看，货币贬值也有一些不利因素。这表现在：本国货币贬值后，使得本国必需的某些资本品、中间品和紧缺原材料价格上涨，商品成本提高，引起国内物价和相关出口商品价格上涨，以致货币贬值带来的某些有利条件在不太长的时间内会逐渐丧失；本国货币贬值势必引致对外商品和外汇倾销（dumping），给贸易对象国、货币升值国的经济贸易带来不利影响，易遭到其他国家的反对和报复，而且货币贬值会导致该国货币信用的下降，削弱其在国际金融市场的地位，国外资本会大量逃离和转移，可能导致该国储备资产进一步枯竭，国际收支状况更加恶化，外汇汇率也更加不稳定。

综上所述，本国货币贬值虽然在一定条件下和一定程度上能够促进出口和抑制进口，改善本国的国际收支和稳定汇率，但由于受到进出口商品的供求弹性、时滞等一系列因素的制约，其作用就不能立竿见影，也不能维持长久。

二、对物价水平的影响

本国货币贬值通过生产成本机制、货币工资机制、收入机制以及货币供应机制，可能导致本国国内工资和物价轮番上涨，从而使汇率贬值带来的好处全被抵消。

首先，从生产成本机制来看，本币贬值，进口产品的价格上涨，当进口的原材料和机械设备等资本货物投入再生产后，特别是当其构成出口产品的重要组成部分时，出口商品价格会上涨，这可能使本国贸易收支恶化。

其次，从货币工资机制来看，本币贬值，进口商品价格上涨，人们的生活费用上涨，工人会要求更高的名义工资，工资的上涨会使生产成本和生活费用进一步上涨，并最终使出口商品甚至整个经济的物价上涨。从这一点看，货币贬值会助长通货膨胀，而通货膨胀又是货币贬值的一个重要原因，所以有些国家可能陷入"贬值→通货膨胀→再贬值→通货膨胀加剧"的恶性循环当中。

再次，从收入机制来看，如果出口商品的需求价格弹性较小，本币贬值不能使本国出口增加，进口商品需求价格弹性较小，本币贬值不能使进口减少，这会导致外汇收入的减少、外汇支出的增加，从而使得本国的贸易收支恶化，物价水平也会因此而上涨。

最后，从货币机制来看，一方面，本币贬值后，政府在外汇市场结汇时会支付更多的本币，导致货币供给增加；另一方面，由于生产成本机制和货币工资机制，一国当局可能通过增加货币供给迁就这种价格上涨的压力，以维持原来的生产规模和满足原来的消费水平。

三、对资源配置的影响

本国货币贬值对本国国内的资源配置会产生影响。一方面，贬值会引发资源的重新配置，这是因为本国货币贬值会刺激贸易品部门的扩张，使得贸易品价格相对于非贸易品价格上涨，从而使生产资源向贸易品部门转移。另一方面，本币贬值有助于提高资源的配置效率，这主要针对发展中国家而言。货币贬值可以使一国减轻对本国商品及相关产业的过高保护措施，比如配额、关税等，从而有利于增强本国进口替代品及相关产业的竞争能力，使得更多的产品参与国际竞争，促进资源配置效率的提高。

四、对资本跨境流动的影响

汇率的变动对国际资本流动的影响主要取决于人们对汇率变动方向的预期。如果本币对外币过度贬值，本币价格已经低于正常的均衡水平，人们预期未来本币价格会反弹，从而使得资本流入增多，资本流出减少；如果本币对外币贬值幅度较小，人们认为贬值幅度还不够，预期未来还会进一步贬值，就会造成资本外逃。资本外逃会产生严重的经济后果，削弱政府运用货币政策的能力，扰乱金融秩序。首先，外币的流入和流出扰乱了国内货币的供需机制，不利于国内经济目标的实现。其次，资本外逃会削弱一国央行对信贷和货币流通总量的控制能力，加大货币政策设计和操作的难度，从而使汇率的决定更为复杂。

五、对外汇储备的影响

本国货币贬值对外汇储备的影响主要包括两个方面：

首先，本币贬值会影响外汇储备的规模。一国汇率变动会影响贸易收支状况和资本流动情况，进而会影响外汇储备。一方面，本币贬值导致国内短期资本外流，政府会动用大量的外汇储备以弥补资本外逃的缺口，对固定汇率制的国家而言，还要为稳定汇率动用外汇储备进行干预，从而使外汇储备减少。另一方面，本币贬值会促进出口，抑制进口，从而使经常项目收入增加，增加外汇储备。这两个方面的影响方向是相反的，至于最终影响如何，取决于两者的相对强弱。

其次，本币贬值会影响外汇储备的实际价值。如果本币对某一储备货币贬值，那么由这种储备货币标价的外汇储备的价值会上升，本国会在无形中获益。

第五节　汇率传递效应理论

一、汇率传递效应的含义

汇率传递效应是指汇率变动一单位对进出口价格究竟会产生多大程度的影响。汇率传递效应分为完全汇率传递效应与不完全汇率传递效应两种情形；如果汇率变动一定百分比引起进出口价格相同比例的变动，则汇率传递效应就是完全的；如果进出口价格变动的百分比小于汇率变动的百分比，则汇率传递效应就是不完全的。

传统的汇率传递效应分析是建立在一价定律基础上的。所谓一价定律是指在自由贸易条件下，同一商品在世界各地的价格是一致的，即同一商品在各国以不同货币表示的价格经换算后应该是一致的。因此，一国货币贬值将同比例地提高以本国货币表示的进口商品的价格，也将同比例地降低以国外货币表示的出口商品的价格，汇率对进出口价格的传递效应系数等于1。但是，近年来大量的理论和实证研究却表明，汇率变动引致的进出口价格相应的变动往往是不完全的，汇率对价格的传递效应系数通常小于1。

如果汇率的传递效应是不完全的，那么，汇率变动对经济的影响程度就取决于汇率传递系数的大小，汇率传递系数越大，汇率变动对经济的影响就越大，反之则越小。

二、不完全汇率传递的原因

引起汇率不完全传递的原因很多，主要包括：

（一）市场不完全竞争

现实中大多数产品市场的竞争格局是不完全的，在不完全竞争市场中，大部分商品是差别产品，厂商一般有决定价格和产量的权力。因此，在货币贬值的情况下，国外的出口商一般会通过削减利润加成而不是提高价格来吸收贬值带来的压力，由此导致汇率变动对价格的影响不明显。同时，国外出口商可以根据市场竞争的程度和产品需求弹性对同一种商品在不同的市场上制定不同的价格。一般来说，如果市场集中程度越高，产品的差别越明显，替代程度越弱，则汇率变动对价格的影响越不明显。

（二）沉淀成本

大部分贸易商品都是差别产品，生产要投入巨大的资源，这些投资包括产品设备的投资，建立营销和分配网络的投资，提供满足国外消费者特殊需要的耗费等。这些成本在中短期内一般不会撤转，一旦投入便沉淀下来，不再构成厂商的机会成本。厂商只有在预期价格能补偿他的沉淀成本时，才会进入一个新的市场，因此每个厂商都会在一定的价格范围内保持现有的状况。当汇率变动不大时，生产差别产品厂商生产成本的变动不足以导致厂商进入一个新的市场，或者从现有的市场位置退出，厂商对汇率的变动不敏感。并且，动态来看，当存在沉淀成本时，厂商在决策时，必须比较将来利润的贴现值和现在利润的大小，如果将来利润的贴现值低于扩展市场的沉淀成本，当本国货币升值时，本国出口商将不愿意降低价格以提高销售量，他们会维持目前的价格和销售量；同样，当本国货币贬值时，国外厂商也不愿意提高价格，使得汇率对价格的影响不明显。此外，他们还认为，在一个不稳定的环境中，厂商不愿对汇率做出反应，但一旦厂商最终做出反应后，他们也不愿改变决策。当汇率变动后，一旦出口厂商调整了其出口价格，他就不会轻易改变价格调整方向。即使汇率经过一段时间后又回到初始水平，但厂商认为与沉淀成本相比价格调整无利可图，那么他会维持自己的价格不变，而不是让价格回到初始水平，这同样导致汇率变动对价格的影响减弱。

（三）厂商定价策略

汇率变动对价格的影响还与不同的厂商定价策略有关，例如出口制造商究竟是以本国货币定价还是以销售地货币定价。如果价格是以制造商本国货币定价，那出口商品的销售地价格就会随汇率波动发生一对一的变化，汇率变动对价格的影响是完全的。因此，汇率波动会导致商品相对价格的改变，这进一步产生了消费者对本国及外国商品需求的改变。另一方面，如果制造商按出口目的国货币定价，名义汇率的波动短期内不会对价格产生影响，即短期内汇率变动对价格没有影响。而一个经济体内厂商的定价方法通常是这两种策略的综合，所以汇率变动对价格影响的短期效应就在两者之间。需要说明的是，如果存在消费者价格黏性，即进口商品的本币价格表现为黏性，即使是以制造商本国货币定价，汇率的变动对于进口商品的价格影响依然为零，短期内国内物价相对于汇率变动并不明显。除此之外，汇率变动对价格的影响还与厂商的定价能力有关。为了获取最大利润，出口商通常会根据当地市场对进口商品的价格需求弹性制定歧视性价格，对于需求弹性高的市场，产品竞争激烈，出口厂商降低自主定价能力，由自己吸纳汇率变动的影响，汇率变动对价格的影响较小。

（四）通货膨胀水平

通货膨胀水平也会决定汇率变动对价格的影响程度。由于汇率变动对价格的影响反映了汇率变动对当前和未来成本影响的预期，低通胀环境会使人们产生成本和价格变动不会持久的预期，预期降低导致价格变动的频率降低，从而厂商更偏好销售地货币定价策略，这使得汇率变动对价格的影响降低。而高通胀的环境会助长成本增加的预期，因此会加强汇率变动对价格变动影响的效果。另一方面，汇率变动对价格的影响程度降低，使国内价格受外部汇率变动的冲击减少，从而减少了汇率变动对国内货币政策效果的影响，也有利于国内货币政策的开展。

◎ 本章思考题

一、名词解释

外汇　自由外汇　记账外汇　外汇汇率　直接标价法　间接标价法　固定汇率　浮动汇率　买入汇率　卖出汇率　中间汇率　现钞汇率　基本汇率　套算汇率　关键货币　电汇汇率　信汇汇率　票汇汇率　贸易汇率　金融汇率　即期汇率　远期汇率　远期差价　单一汇率　复汇率　开盘汇率　收盘汇率　名义汇率　实际汇率　有效汇率　铸币平价　法定货币贬值　法定货币升值　一价定律　汇率传递效应

二、问答题

1. 如何从广义和狭义两个方面理解外汇的含义？
2. 外汇的基本特征是什么？外汇的作用有哪些？
3. 汇率有哪几种标价方法？美元标价法的基本含义是什么？
4. 汇率的主要种类有哪些？
5. 什么是名义汇率、实际汇率和有效汇率？有哪些区别和联系？
6. 金本位制下汇率决定的基础是什么？
7. 纸币流通下汇率的决定基础是什么？
8. 汇率变动的影响因素主要有哪些？
9. 汇率变动对一国经济会带来哪些影响？
10. 通过货币贬值来改善贸易收支状况有哪些制约因素？
11. 货币贬值一般通过哪几种机制影响国内物价水平？
12. 什么是汇率传递效应？引起汇率传递效应不完全的原因主要有哪些？

第二章 外汇交易和外汇风险管理

外汇市场作为国际金融市场重要的组成部分，其存在便利了国际资本的调拨，使国际债权债务得以清偿，促进了国际资本流动。外汇市场还是了解国际、国内经济金融形势的重要窗口，对一国对外金融、经贸部门具有晴雨表的作用。当今世界，各国普遍实行了不同形式的浮动汇率制度，汇率的波动会导致外汇风险，外汇风险管理已经成为国际金融领域中至关重要的问题。本章主要分析与讨论外汇市场的含义、参与者、结构和作用，即期、远期、掉期、套汇、套利、期货和期权等基本的外汇交易类型，外汇风险的含义、类型以及外汇风险管理的战略和技巧。

第一节 外汇市场

一、外汇市场的含义

外汇市场（foreign exchange market）是指由外汇供求双方以及中介机构组成的外汇买卖的场所或网络。

根据外汇市场的组织形态，外汇市场可分为有形的外汇买卖市场和无形的交易网络市场。其中，有形的外汇买卖市场是一种有组织、有具体形式的有形市场，是外汇买卖双方在指定的地点讨价还价的具体场所。它一般是在证券交易所的建筑物内或在交易大厅的一角设立外汇交易场所（exchange bourse），由交易外汇业务的双方在每个营业日的规定时间内集合于该地进行交易。这种市场最初流行于欧洲大陆，故被称为大陆式外汇市场，纽约、法兰克福、苏黎世等外汇市场即属此类。无形的交易网络市场是指通过电话、电报、电传以及其他现代化通信手段所构成的整个通信网络进行外汇交易的市场，是一种抽象的无形市场。目前世界上的外汇市场以无形市场为主，无数从事外汇交易的主体通过电话、计算机网络等进行交易，尤以英、美两国为典型代表，因而无形市场又被称为英美式外汇市场。

值得指出的是，当前上述两种形式外汇市场的区别日渐消失，即便在欧洲大陆各国，绝大部分外汇交易也是通过现代通信网络进行的。至于有形的外汇市场，功能有限，仅能做部分当地现货交易。事实上，由于科学技术的迅猛发展，遍及全球的现代通信网络已将世界各国外汇交易连接成一个整体，形成全天候连续不断运营的全球性外汇市场。

二、外汇市场的参与者

（一）外汇银行

外汇银行通常包括专营或兼营外汇业务的本国商业银行、外国银行设在本国的分行或代理机构、本国与外国的合资银行以及经营外汇业务的其他金融机构（如信托公司）等。外汇市场上大多数外汇交易是通过经营外汇业务的银行进行的，因而外汇银行是外汇市场的主要参与者。外汇银行一般接受公司的委托进行外汇交易，同时也运用自己的资金进行外汇交易。外汇银行参与外汇交易的目的主要有三：一是向客户提供尽可能全面的服务；二是管理和平衡银行的外汇头寸；三是在达到上述两个目的的同时争取获利。银行在经营外汇业务时遵循买卖平衡原则。如果某种外汇卖出多于买进，则称为空头（short position），银行需将短缺部分的外汇买进；如果某种外汇买进多于卖出，则称为多头（long position），银行又要将多余部分的外汇卖出，以保持外汇头寸的平衡。银行与客户间的外汇买卖，以赚取汇率买卖差价为主，原则上不承担汇价风险。

（二）外汇经纪人

外汇经纪人是专门从事介绍外汇买卖业务的中间人。受人委托或雇用，以及自行奔走于交易双方之间的经纪人，称为一般经纪人；经交易所同意，经政府核准注册和发给经营执照，交纳一定税金，具有一定法定资格的经纪人，称为交易所经纪人。外汇经纪人自身不从事外汇买卖，其主要任务是凭借与外汇银行的密切联系及对外汇行市的灵敏信息，以买卖双方均可接受的价格条件达成协议，促进买卖双方成交，从中收取佣金，不承担任何风险。目前，经由经纪人成交的外汇交易所占比重并不高，但由于外汇经纪人为许多市场参与者提供了买进或卖出的集合点，使后者能找到适当的交易价格或适当的交易对手，从而使外汇交易变得更有效率。

（三）外汇交易商

外汇交易商是指专门从事外币有价证券买卖，赚取外币利息、红利或股息的商号或公司。外汇交易商参与外汇市场的主要目的是为其外币有价证券的买卖服务；同时，外汇交易商还充分利用外汇市场时间和空间上的差异，从事套汇和套利等交易以获取外汇价格上的差额利润。

（四）进出口商和其他外汇供求者

进出口商是外汇市场上主要的外汇供求者。出口商出口商品后需将收入的外汇卖出，构成外汇市场上主要的外汇供给者；进口商进口商品时需要在外汇市场上购进外汇，成为外汇市场上主要的需求者。

其他外汇供求者是指由非贸易收支项目而产生的外汇供求者，如国际收支经常账户中的劳务收支项目（运输、保险、旅游、使领馆费等）、转移支付（侨汇、捐赠等）以及其他文化交流而产生的外汇供给者与需求者。

（五）外汇投机者

外汇投机者是指利用汇价涨跌行情预测，从事买空、卖空活动以获取投机利润的外汇供求者。虽然外汇投机者大规模地参与外汇交易，但他们对外汇并无实际的供给和需求，他们参与外汇市场的目的是为了利用外汇市场上汇率变动的差异，以买空、卖空的方式进行外汇交易，凭借其对汇市行情的预测来牟取暴利。

（六）中央银行

中央银行在外汇市场上的活动主要包括两个方面：一是作为该国政府的银行，在外汇市场上为政府和重要的国有企业进行外汇交易；同时，各国央行之间，央行与国际性或区域性组织之间也时有交易发生。二是中央银行作为管理者介入外汇市场，通过吸纳或抛吐外汇以缓和外汇市场上汇率的波动幅度，维持一个有秩序的市场（orderly market）。可见，中央银行是外汇市场的重要参与者和操纵者，其参与外汇市场活动的主要目的是代表国家为实现既定的经济目标而稳定汇率，而不是为了盈利。

三、外汇市场的结构

按照外汇交易的用途来划分，外汇市场可分为银行外汇市场和交易所外汇市场。

（一）银行外汇市场的结构

银行外汇市场是指通过银行买卖外汇的整个领域，不同类型的外汇市场参与者在银行外汇市场上进行交易，形成了三个层次的银行外汇市场。

1. 客户市场（customer market）

它是指客户与外汇银行间买卖外汇的交易场所或整个领域。参与交易的客户主要是进出口商、各类非金融机构和个人，他们出于贸易、外币存款、投资和投机的需要，同外汇银行进行外汇买卖。客户市场上的交易没有最小成交额的限制，多为不规则的零碎交易，故客户市场又称零售市场（retail market）。

2. 银行同业市场（interbank market）

它是指银行与银行之间的交易市场。其参与者主要是外汇银行、各类财务公司、投资公司和证券公司。银行同业市场通常有最小成交金额的限制，一般每笔交易不得少于100万美元，以100万美元至500万美元为多，故又名批发市场（wholesale market）。它是最主要的外汇市场，人们一般所指的狭义的外汇市场就是指银行同业市场，而广义的外汇市场涵盖了银行同业市场和客户市场。由于银行同业市场交易金额大，因而其买卖差价往往要小于银行与客户间的买卖差价。

3. 中央银行与外汇银行之间的交易市场

为了防止大规模的资金流动冲击本国外汇市场，造成本币汇率的剧烈波动，中央银行常入市进行干预以稳定汇率或调节国际收支。另外，中行银行常通过外汇银行进行外汇买卖来管理和优化本国的外汇储备。

在银行外汇市场上，每个外汇银行均有自己的客户，它们之间的交易最为基本。外汇银行之间的交易既可通过经纪人作中介，又可直接交易，而中央银行一般通过外汇经纪人介入市场。银行外汇市场的结构如图 2-1 所示。

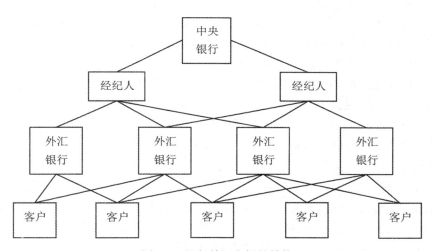

图 2-1　银行外汇市场的结构

（二）交易所外汇市场的结构

交易所外汇市场是一种有组织的场内交易市场，它有具体的交易场所，一般是在证券交易所的建筑物内或在交易大厅的一角设立外汇交易所，各个成员公司的代表在一定时间聚合在此地从事外汇交易。在外汇交易所进行的外汇交易主要有两种，即外汇期货交易和外汇期权交易。在交易所外汇市场上，外汇买卖双方通过交易所成员公司在交易所进行喊价交易，且成交后通过清算公司进行清算。交易所外汇市场的结构如图 2-2 所示。

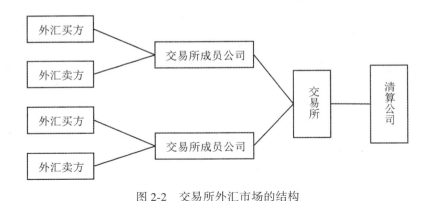

图 2-2　交易所外汇市场的结构

四、外汇市场的作用

外汇市场是世界各类金融市场中最大的市场。据统计，截至 2013 年 4 月，世界外汇业务日平均交易量已达 5.3 万亿美元之巨，大大高于其他各类金融市场的交易规模。① 外汇市场作为国际金融市场的重要组成部分，在促进国际贸易、投资和其他国际资金流动的顺利发展等方面起着十分重要的作用。

第一，形成外汇汇率。外汇汇率的形成是进行外汇交易的前提条件，而外汇市场的重要功能之一就是确定货币与货币之间市场汇率的水平。这是因为，国际外汇市场是国际外汇资金全部活动的中心，任何国家国际收支的所有项目及所包含的全部复杂的外汇收支活动，都是直接或间接地通过外汇市场来进行的。事实上，国际经济交易所产生的外汇供给和需求，都集中到外汇银行进行的外汇买卖上。外汇银行接受客户的买卖申请后，加上银行自身进行外汇买卖的需要，形成银行同业市场上的外汇供给和需求，这种供求关系通过银行之间的竞价方式，确定银行同业买卖外汇的汇率，根据银行同业市场汇率进一步确定零售外汇市场的汇率，从而确定整个外汇市场的汇率水平。

第二，便于国际经济交易的清算并实现购买力的国际转移。国际商品与劳务的交易，以及国际资本交易所产生的国际债权债务关系，要求债务人向债权人进行货币支付，将购买力从债务人所在国转移到债权人所在国。由于各国的货币不同，不同货币对各自国家形成购买力，因而必须将本国货币兑换成外汇以了结债权债务关系。外汇市场能使资金以最有效的方式在国际上兑换和汇付，从而最终实现购买力的国际转移。外汇市场之所以能够便利国际经济交易的清算和提供购买力的国际转移机制，主要是因为外汇市场是一个全天 24 小时连续不断运营的全球一体化市场，不同外汇市场的外汇交易者可以通过电报、电话、电传及其他现代化通信手段，在很短时间内完成货币兑换和资金汇付，国际经济交易的清算与购买力的国际转移就十分迅速和便利。

①　国际清算银行（BIS）2013 年全球外汇交易统计报告。

第三，调节外汇供求，提供资金融通便利。在外汇银行与客户的外汇业务中，经常会出现各种货币买卖金额的不一致或资金头寸不均衡的问题。这就要求外汇银行在外汇市场上进行抛补，彼此融通有无，协调外汇的供求，因而外汇市场为银行外汇业务的发展提供了平衡外汇头寸的蓄水池作用。

同时，由于国际货币市场、资本市场与外汇市场是紧密交织在一起的，这使外汇市场在提供外汇买卖的同时，也可为国际借贷和国际贸易与投资活动提供资金融通便利。例如，在进出口贸易中，出口商可通过外汇市场向进口商提供延期付款信用，其具体方法是，当出口商按贸易合同规定向进口商发出货物后，若进口商在提货时没有足够的现金支付货款，进口商可以向出口商开出汇票，允许延期付款，而出口商则是以贴现票据的方式，将汇票在外汇市场上售出而得到现金。可见，外汇市场具有提供资金融通便利的功能。

第四，防范外汇风险。防范外汇风险的方法和手段是多种多样的，而外汇市场操作是防范外汇风险的主要方法之一。事实上，外汇市场上的各类外汇交易（尤其是远期交易）都具有防范外汇风险的作用。

另外，外汇市场还是了解国际、国内经济金融形势的重要窗口，对一国对外金融、经贸部门具有晴雨表的作用。这是因为，一方面，国际外汇市场是国际外汇资金全部活动的中心，国际债权债务关系的了结，资本在国际上的转移，都会在外汇市场上得到反映；另一方面，有效的外汇市场上的汇率能够及时反映一国的经济状况，从而为观察、分析该国的经济金融形势及发展趋势提供一个敏感、有效的指标，便于在此基础上采取相应的对策。

第二节　外汇交易

外汇市场上的外汇交易类型繁多，主要有即期外汇交易和远期外汇交易；另外，还有套汇与套利、掉期、期权、期货交易等。

一、即期外汇交易

（一）即期外汇交易的定义

即期外汇交易（spot exchange transaction）又称现汇交易，其定义有广义和狭义之分。广义的即期外汇交易是指买卖双方成交后，在当日或两个营业日内办理交割的外汇交易；而狭义的外汇交易是指买卖双方成交后于第二个营业日办理交割的一种外汇业务。至于成交日交割的外汇交易，称当日交易；成交日后第一个营业日交割的外汇交易，称翌日交易。在绝大多数情况下，即期外汇交易是指狭义的即期交易（见图2-3）。

值得指出的是，虽然在成交后第二个营业日交割是即期外汇交易的普遍做法，但各个外汇交易中心又有一些约定俗成的惯例。例如，在东京和新加坡等市场，即期外汇交

注释："○"表示某经营单位，"今天"指成交日，"明天"指成交后第一个营业日，"即期日"指成交后第二个营业日，灰色箭头表示作为基本单位的外币，空白箭头表示作为标价货币的本币，"⬛➡"表示用本币买入外币的外汇交易。除非特别说明，本书中类似图示含义相同。

图 2-3　狭义的即期外汇交易

易的交割在交易后的第一个营业日，为翌日交割；而在我国香港外汇市场上，港元对美元的即期交易为当日交割，港元对日元、新加坡元、马来西亚林吉特、澳大利亚元则在次日交割，港元对其他货币则在第二个营业日交割。

即期外汇交易是外汇市场上最常见、最普遍的交易形式。国际清算银行统计，2013年即期外汇交易约占全部外汇市场交易量的 38.3%。[1] 外汇银行等从事即期外汇交易的动机主要有：（1）向进出口商和其他客户提供国际汇兑业务；（2）满足本身资金调整和头寸平衡的需要；（3）从事外汇投机，等等。出于第一个动机的外汇交易称为被动性外汇交易，后两者则称为主动性交易。

外汇银行在为进出口商和客户进行国际汇兑业务时，由于处于一种被动交易的地位，在某一特定的时间段内，不可避免地要出现买进多于卖出，或卖出多于买进的情况，这种外汇买卖的差额，称为外汇持有额或外汇头寸（exchange position）。如果卖出多于买进，称为超卖（oversold）或空头（short position）；反之，则称为超买（overbought）或多头（long position）。外汇银行为了避免遭受汇率变动的风险，往往要实行买卖平衡原则，超卖的必须及时补进，超买的必须及时抛出，将头寸轧平，使外汇头寸处于不增不减的状态，这种行为称为抛补（cover）。这是典型的主动性的即期外汇交易，这种交易通常在银行之间进行。例如，假设新加坡某一外汇银行当日的交易中，美元超卖 600 万，英镑超买 1000 万，如果未马上平衡外汇头寸，假设次日开盘时，美元的汇价上升，英镑汇价下跌，此时该银行再补进美元、抛出英镑就会遭受损失。所以该银行当天必须向当地银行或国外的外汇银行询价，争取以最合理的价格买入 600 万美元，卖出 1000 万英镑，从而化解外汇敞口风险。

（二）　即期外汇交易的报价

即期外汇交易是按买卖外汇的当日汇率成交的，其汇率称为即期汇率，它构成所有外汇买卖活动的基础，其他外汇交易汇价的确定都在此基础上计算得出。即期外汇交易的交割一般采用汇款，而非通过现金直接进行。汇款方式一般分为电汇、信汇和票汇三

---

① 国际清算银行（BIS）2013 年全球外汇交易统计报告。

种基本形式。但目前银行之间的外汇买卖大多用电汇方式收付款,所以,电汇汇率是外汇市场上的基础汇率,其他各种汇率均以电汇汇率为计算的基础。

即期外汇交易的报价采用所谓双档报价(two way price)方式,即报价银行在报价时总是同时报出买入价和卖出价两个价格以供询价银行或客户参考。① 如某银行即期报价为 GBP/USD 1.4140/44。

上述报价中,"GBP/USD"表示英镑兑美元;"1.4140"表示英镑买入价,即报价行愿意以 1.4140 美元的价格买入 1 英镑;"/44"是"1.4144"的缩写,表示英镑的卖出价,即报价行愿意按 1.4144 美元的价格卖出 1 英镑。买入价和卖出价加总后的平均数为中间价。卖出价和买入价之间的差额称为价差,为经营外汇业务的银行的收入。如上述报价中,中间价为(1.4140+1.4144)÷2 = 1.4142,差额为(1.4144−1.4140)= 0.0004,或称 4 个基点。值得指出的是,在世界外汇市场上,不仅形成了美元标价法的普遍做法,外汇银行还形成了一些即期外汇交易的报价惯例:一是在实际报价时并不申报全价而仅报出小数点后的最后两位数,如就前述 GBP/USD 1.4140/44 而言,报成40~44 即可,这是因为专职的外汇交易员对前面的数字十分清楚,而且外汇汇率的变化在一天之中一般不会超出最后两位数字,用不着申报全价。二是任何一个报价行对自身所报出的汇价都要守信,不必签订合同。换言之,只要询价行或客户愿意成交,外汇银行对报出的汇价要承担以此价格买进或卖出一定量外汇的义务。

当然,外汇银行的即期报价要随外汇头寸的变化而不断修订,因为在开盘进行交易后,外汇银行的外汇头寸是不断变化的。例如,若在美国纽约外汇市场上,某银行的外汇头寸出现短缺,且当时外汇市场上的汇率为 GBP/USD 1.4140/44,则该银行为了及时买进英镑现汇,报价时与市场汇率拉开一定差幅,可给出 GBP/USD 1.4143/47 的报价。这样,比市场汇价更高的买入价可刺激客户向该银行卖出英镑,而较高的卖出价则可抑制客户从该银行购进英镑,从而有利于该银行较快地弥补英镑现汇头寸的不足。相反,若该银行出现英镑多头,则应对报价适当下调,如该银行将即期报价调整为GBP/USD 1.4138/42,即比市场汇价降低 2 个基本点。这样,既可限制英镑的购进,又可促进英镑的卖出,从而有利于轧平头寸。

(三) 即期外汇交易中的套算汇率

由于外汇市场上的报价普遍地采用美元标价法,外汇交易行情所反映的一般是不同货币与美元的汇率,这就产生了如何得出各种非美元货币之间汇率的问题。若将最常用的各种货币与美元之间的汇率称为基本汇率(basic rate),则从各种货币与美元的汇率中计算出的非美元货币间的汇率,可称为套算汇率(cross rate)。套算汇率的计算规则因两种非美元货币标价方法的不同而有差异,但基本机理是一致的,具体计算可分为三种情况:

其一,若两种非美元货币均采用直接标价法,则计算规则是用套算汇率中标价货币

---

① 经营外汇买卖的银行可划分为报价行和询价行。前者是外汇价格的制定者,后者指外汇价格的接受者。外汇买卖是从报价行的角度而言的。

的汇率与基础货币的汇率交叉相除。如：

USD/CHF0. 9673/75

USD/SGD1. 3642/52

可得

$$CHF/SGD \frac{1.3642}{0.9675} \bigg/ \frac{1.3652}{0.9673}$$

或

CHF/SGD1. 4100/14

其二，若两种非美元货币均采用间接标价法，则计算规则是用套算汇率中基本货币的汇率与标价货币的汇率交叉相除，如

GBP/USD   1. 4140/44

EUR/USD   1. 1255/60

可得

$$GBP/EUR \frac{1.4140}{1.1260} \bigg/ \frac{1.4144}{1.1255}$$

或

GBP/EUR   1. 2557/67

其三，若一种非美元货币为直接标价而另一种非美元货币为间接标价，则计算规则是同边相乘，如

USD/CHF   0. 9673/75

GBP/USD   1. 4140/44

可得

GBP/CHF1. 4140×0. 9673/1. 4144×0. 9675

或

GBP/CHF1. 3678/84

二、远期外汇交易

(一) 远期外汇交易的基本概念

远期外汇交易（forward exchange transaction）是指外汇买卖双方事先签订远期合约达成交易，在成交后第二个营业日之后的任何一个商定日期办理交割的外汇买卖。通过远期外汇交易买卖的外汇称为远期外汇或期汇。远期合约是远期外汇买卖双方达成交易的协定，其主要内容是规定买卖双方将来价格外汇的币种、数额、汇率、时间、地点以及买卖双方的义务。在远期合约到期之前，买卖双方没有任何资金的交换。

远期外汇交易与即期外汇交易的主要区别在于：（1）目的不同。即期交易主要是出于实际需要，属兑换性质，而远期交易主要是为了保值。（2）汇率不同。即期交易是按当天、当时的汇率成交的，而远期交易是按远期汇率成交的。（3）交割日不同。

即期交易是在成交后两个营业日内要交割完毕，远期交易则在约定的到期日或期限内才交割。（4）交割方式不同。即期交易必须在交割日足额交割，而远期交易在交割时不一定足额，可以作差额交收。

远期外汇交易的期限没有特别的限制，既可长，也可短，最短的只有 3 天，最长的可达 7 年乃至更长的时间。不过，远期外汇交易的期限一般为 1 个月、2 个月、3 个月、6 个月和 1 年，这些期限的交易成为标准期限的交易，除此之外的交易称为不规则日期的交易。1 年以上远期外汇交易即超长日期外汇交易并不常见，其远期报价在路透社或德励财经汇价终端屏幕上无挂牌显示。如图 2-4 反映的是常见的 3 个月期（90 天）卖出外币的远期交易。

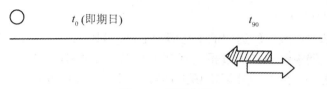

t_0（即期日）　　　　　　　　　　t_{90}

图 2-4　远期交易

远期外汇交易是以预定的远期汇率作为交易价格条件的。由于受到利率差异等因素的影响，远期汇率与即期汇率很少一致。远期外汇交易成交时远期汇率与即期汇率之间的差额，称为远期汇差（forward margin），外汇术语称掉期率（swap rate），俗称汇水。若远期汇率高于即期汇率，称升水（premium）；若远期汇率低于即期汇率，称贴水（discount）；若远期汇率等于即期汇率，称平价（par）。

远期汇差的产生主要是由两种交易货币的利率差异所致，即两种货币的利率差异构成远期汇差的基础。一般而言，高利率货币的远期汇率表现为贴水，低利率货币的远期汇率表现为升水，远期汇差大致与两种货币间的利率差异保持平衡，这就是利率平价理论的核心。假定在直接标价法下，即期汇率与远期汇率分别为 S 和 F，标价货币与基本货币一年期（以 360 天计）存款利率分别为 I_Q 和 I_B，远期外汇交易的期限为 N，则计算远期汇差的公式为

$$F - S = \frac{S(I_Q - I_B) \times \dfrac{N}{360}}{1 + I_B \times \dfrac{N}{360}} \tag{2-1}$$

（2-1）式表明，若 $I_Q > I_B$，则远期汇差 $F - S > 0$，即表示基本货币远期升水、标价货币远期贴水；若 $I_Q < I_B$，则远期汇差 $F - S < 0$，即表示基本货币远期贴水，而标价货币远期升水；若 $I_Q = I_B$，则远期汇差 $F - S = 0$，表示远期汇率为平价。

当然，在实际的远期外汇交易中，两种货币的利率差异是决定远期汇差的主要因素，但不是唯一因素。如一国货币币值的变化、经济政策的变更、中央银行对外汇市场的干预程度、人民对市场的心理预期、市场投机行为以及国际政治经济形势变化等，都会不同程度地影响着各种货币的远期汇差，从而使远期汇差在一定程度上脱离乃至偏离

市场利率水平的差异。

（二）远期外汇交易的报价

在远期外汇市场上，各国外汇银行主要参考两种货币间利率差异及其自身外汇持有头寸情况进行报价，同时也参考影响远期汇差变化的其他因素。外汇银行远期汇率的报价方式通常有：

1. 直接远期报价

它是指不通过掉期率换算而直接报出远期买卖汇率的全部数字。在银行对顾客的客户市场上通常采用这种报价方式，如美元换瑞士法郎 3 个月期远期报价为 "0.9678/80"，除了标明的期限之外，其表达方式与即期汇率报价的表达方式相同。

2. 掉期率远期报价

掉期率是以基本点表示的远期汇率与即期汇率之间的差额，即以基本点表示的远期汇差额。掉期率远期报价即指通过报出远期汇率与即期汇率差异的点数（远期升贴水数）来报出远期汇率，银行间外汇市场上通常采用这一报价方式。例如，假定即期汇率为 USD/CHF　0.9673/75，而某银行报出的 3 个月期掉期率为 10/20，则意味着该银行 3 个月期美元兑瑞士法郎的直接远期汇率为 0.9683/95。这里要特别注意的是，掉期率远期报价中直接远期汇率的计算因汇率标价方法不同而有差异。在直接标价法下，直接远期汇率等于即期汇率加上升水（或减去贴水）；在间接标价法下，直接远期汇率等于即期汇率减去升水（或加上贴水）。

为了避免不同标价法下直接远期汇率计算中的混乱，弄清楚掉期率的表达方式与货币升贴水的关系是非常必要的。掉期率的表达方式有两种：一是 "低/高" 结构（如30/40），它表示基本货币升水而标价货币贴水；二是 "高/低" 结构（如70/50），它表示基本货币贴水而标价货币升水。这样，根据即期汇率和掉期率计算直接远期汇率的市场规则是："低/高" 结构对应相加，"高/低" 结构对应相减。如：

即期汇率	USD/CHF　0.9673/75	USD/HKD	7.7550/55
3 个月	10/20		25/15
3 个月直接远期汇率	USD/CHF　0.9683/95	USD/HKD	7.7525/40

另外，在掉期率远期报价中还有几种特殊的报价方式：（1）当报价出现 "P" 时，它意味着平价。其直接远期汇率的计算规则是："P" 左边的数字与即期汇率相减，右边的数字则相加。如即期汇率 USD/CHF 0.9673/75，1 个月期掉期率为 10P10，则一个月直接远期汇率为 USD/CHF 0.9663/85。显然，这种情况下，即期汇率的中间价与远期汇率的中间价相等。（2）当报价出现 "around" 时，它意味着在平价左右，其直接远期汇率的计算规则是 "左减右加"。即，即期利率 EUR/CAD1.4460/65，1 个月期掉期率为 5/10 around，则 1 个月直接远期汇率为 EUR/CAD1.4455/75。（3）报价出现 "10/P"（或 10/100）时，意味着对基本货币而言，买价为贴水 10 个基本点，卖价为平价；而对标价货币而言正好相反。（4）当报价出现 "P/20"（或 00/20）时，意味着对基本货币而言，买价为平价，卖价升水 20 个基本点；而对标价货币而言正好相反。

（三）　远期外汇交易的分类

远期外汇交易按照交割日是否固定划分，可分为两种类型：

1. 交割日固定的远期外汇交易（fixed forward transaction）

它是指事先规定某一确定的交割日期的远期交易。一旦达成交易，该交割日既不能提前，也不能推后，交易双方必须在交割日同时按对方的要求将相应的货币解付至对方指定的账户内。如果一方提前交付，另一方并不需要提前交付，因而也无需因对方提前交付而支付利息；但若有一方延迟交付，则另一方可向其收取滞付息费。交割日固定的远期外汇交易多以月份为单位，尤其是以 1 个月、2 个月、3 个月、6 个月等规定期限的交易居多。利用这种交易方式的进出口商或其他远期外汇交易者，必须确切知道自己在什么时间会收到外汇或支付外汇。因此，交割日固定的远期外汇交易只适用于具体交割日既定的收款项或应付款项。

2. 交割日不固定的远期外汇交易

又称择期远期交易（optional forward transaction）。它是指买卖双方在订约时，事先确定交易规模和汇价，但具体的交割日期不予固定，而是规定一个选择期限（一般是自成交后第 3 个营业日至远期到期日之间的期限），在此期限内的任何一天均可办理交割的远期外汇买卖。在实际经济生活中，市场参与者尤其是进出口商大多既不可能事先知道货物进出的确切日期，也不可能确切知道收款或付款的具体日期。因此，择期远期交易更能适应进出口商的实际需要。其突出特点是：（1）灵活性强。交割日随客观经济形势和主观判断而转移，不是固定不变的，客户有在择期范围内任意选择交割日的权利，有利于不知道应付或应收款项确切日期的外汇交易者防范风险。（2）对银行而言，交割日的不确定性意味着银行承担的远期汇价波动风险较大。（3）对客户而言，在交割时间上的选择权利意味着客户必须付出较高的远期交易成本，因为银行将选择择期范围内最不利于客户的汇率作为择期外汇交易的汇率。

在确定择期远期外汇交易的汇率时，银行必须考虑到客户在最坏的时机下进行交割，因此，银行的报价要有所调整。一般而言，银行将选择从择期开始至结束期间最不利于顾客的汇率作为择期外汇交易的汇率。其具体规则是：当银行卖出升水的或买入贴水的择期外汇时，银行将选择择期结束时的汇率；当银行卖出贴水的或买入升水的择期外汇时，银行将选择择期开始时的汇率。例如，假定某银行的即期报价和掉期率远期报价如下：

	USD/GBP	USD/EUR	USD/AUD
即期	0.680/90	0.7343/70	1.4234/50
3 个月	20/10	200/300	50/150
6 个月	40/30	400/600	120/70

从上述报价中可以看出，在美元兑英镑的报价中，美元贴水而英镑升水；在美元兑欧元的报价中，美元升水而欧元贴水；在美元对澳元的报价中，美元 3 个月为升水而 6 个月为贴水，澳元 3 个月为贴水而 6 个月为升水。

如果我们考察从即期到 3 个月的择期期限，则不难得出：（1）银行卖英镑的择期报价为 USD1 = GBP0.660（即 0.680 - 0.020）；银行买英镑的择期报价为 USD1 = GBP0.690。（2）银行卖欧元的择期报价为 USD1 = EUR0.7343；银行买欧元的择期报价为 USD1 = EUR0.7670（即 0.7370 + 0.0300）。（3）银行卖澳元的择期报价为 USD1 = AUD1.4234；银行买澳元的择期报价为 USD1 = AUD1.4400（即 1.4250 + 0.0150）。

如果我们考察的择期期限是从 3 个月到 6 个月，则银行的择期报价为：（1）银行卖英镑，报价为 USD1 = GBP0.640（即 0.680 - 0.040）。银行买英镑，报价为 USD1 = GBP0.680（即 0.690 - 0.010）。（2）银行卖欧元，报价为 USD1 = EUR 0.7543（即 0.7343 + 0.0200）；银行买欧元，报价为 USD1 = EUR0.7970（即 0.7370 + 0.0600）。（3）银行卖澳元，报价为 USD1 = AUD 1.4114（即 1.4234 - 0.0120）；银行买澳元，报价为 USD1 = AUD1.4400（即 1.4250 + 0.0150）。

（四）远期套算汇率

远期套算汇率是指在远期外汇市场上与某种货币（一般指美元）相对的两种货币之间的汇率，即从各种非美元货币与美元间的远期汇率中套算出各种非美元货币间的远期汇率。其计算步骤有二：一是将掉期率远期报价变为直接远期报价，二是将直接远期汇率按即期汇率的套算方法进行套算。

例如，假定某银行掉期率远期报价为：

即期　　　　　　USD/CNY　6.8310/40　　　　GBP/USD　1.4840/50
3 个月　　　　　　　　　120/150　　　　　　　　　150/140

则美元兑人民币 3 个月的直接远期汇率为 USD/CNY 6.8430/90，英镑兑美元 3 个月直接远期汇率为 GBP/USD 1.4690/10（或 1.4690/1.4710）。根据即期套算汇率的计算方法，则英镑兑人民币 3 个月期的套算汇率为 GBP/CNY 10.0524/49（或 10.0524/10.0749）。

三、掉期外汇交易

（一）掉期外汇交易的定义

掉期外汇交易（foreign exchange swap transaction）是指外汇交易者在买进或者卖出一种期限、一定数额的某种货币的同时，卖出或买进另一种期限、相同数额的同种货币的外汇交易。

作为一种复合型的外汇买卖，掉期外汇交易明显地具有下述特点：（1）一种货币在被买入的同时即被卖出，或者相反；（2）买卖的货币币种相同且金额相等；（3）买与卖的交收时间不同。正因为如此，掉期外汇交易不会改变交易者的外汇持有额，改变的只是交易者所持有的外汇的期限结构，故名"掉期"。

(二) 掉期外汇交易的分类

掉期外汇交易按照两笔交易交割的期限结构,可分为三种类型:

1. 即期对远期掉期交易(spot-forward swaps)

它是指由一笔即期交易和一笔远期交易组成的掉期交易,是掉期外汇交易最常见的形式。在这种类型的掉期交易中,一种货币在被即期买入(或卖出)的同时,又被远期卖出(或买入)。即期对远期掉期交易如图2-5所示。

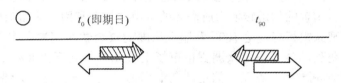

图 2-5 即期对远期掉期交易

2. 即期对即期掉期交易(spot-spot swaps)

它是指在买进或卖出一笔即期外汇的同时,卖出或买进币种相同、金额相等的另一笔即期外汇的掉期交易,但两笔交易的交割日期不同,又称隔日掉期交易(tomorrow-next swaps)。如一笔即期交易在成交后第一个营业日办理交割,而另一笔即期交易在成交后第二个营业日(即期日)办理交割(见图2-6)。这类交易主要运用于创造市场的大银行之间,旨在避免进行短期资金拆借时遭受汇率变动的风险。

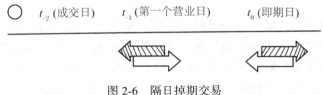

图 2-6 隔日掉期交易

3. 远期对远期掉期交易(forward-forward swaps)

它是指由两笔不同期限的远期外汇交易所构成的掉期交易(见图2-7)。这种掉期交易方式可使交易者及时捕捉有利的市场机会,并在汇率的波动中获利,因而越来越受到人们的青睐。

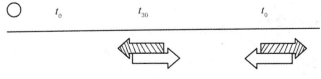

图 2-7 远期对远期掉期交易

另外，掉期外汇交易还有一些其他划分方法。如按照外汇交易的参与者划分，可分为纯粹掉期交易（pure swap）和配合掉期交易（engineered swap）。前者指交易只涉及两方，即所有外汇买卖都发生于银行与另一家银行或公司客户之间。后者指交易涉及三个参与者，如银行与一方进行即期买入的同时，又与另一方进行远期卖出的复合型交易。

（三）掉期外汇交易的作用

掉期外汇交易的作用主要有二：

第一，掉期外汇交易是一种行之有效的避免外汇风险的投资保值手段。投资者可利用掉期交易将暂时闲置的货币转换为所需要的货币并加以利用，从而确保获得一定的收益。例如，瑞士某家银行有一笔 1000 万瑞士法郎的资金暂时闲置 3 个月，此时欧洲货币市场有较好的获利机会（假定欧洲货币市场上美元的年利率为 8%），则该银行可将 1000 万瑞士法郎换成 500 万美元（假定即期汇率为 1 美元 = 2 瑞士法郎），投放于欧洲货币市场，3 个月后，该行收回投资，可得本利和为 $500 \text{ 万美元} \times \left(1+8\% \times \dfrac{3}{12}\right) = 510 \text{ 万}$ 美元。但 3 个月后，若美元贬值至 1.8 瑞士法郎，则 510 万美元仅能换回 918 万瑞士法郎，即与投资前相比，反而亏损 82 万瑞士法郎。为避免上述风险，该银行在投资时可通过做掉期交易，即在买进 500 万美元现汇的同时，卖出相同金额的 3 个月的美元期汇，则该行只需承担即期汇率与远期汇率之间十分有限的买卖差额，从而能有效地避免在此期上有可能因美元贬值而遭受损失的风险。在上例中，若假定掉期交易中的期汇汇率仍为 1 美元 = 2 瑞士法郎，则 3 个月后，尽管汇率水平发生变化（1 美元 = 1.8 瑞士法郎），但该行仍能悉数收回 1000 万瑞士法郎的投资本金，并有 10 万美元即 18 万瑞士法郎的收益。

第二，银行可利用掉期外汇交易消除与客户进行单独远期交易所承受的汇率风险，调整外汇的额期限结构，进而使银行的资产结构合理化。例如，某客户向某银行卖出 6 个月期的 100 万英镑期汇后，为避免风险，轧平交易，该银行必须再卖出相同数额、相同交割日期的英镑期汇。从理论上讲，这种办法是可行的，但银行只进行单方面的卖出交易，很难在同业市场上找到愿意承担风险的交易对手。此时，银行可借助掉期外汇交易达到轧平头寸以避免风险的目的。具体做法是：该银行在买入客户出售的 100 万英镑期汇之后，首先在即期外汇市场上出售 100 万英镑现汇；然后再做一笔相应的掉期交易，即在买进 100 万英镑现汇的同时，又卖出 6 个月的 100 万英镑期汇。这样，英镑现汇一卖一买而相互抵消，银行实际上只卖出了 6 个月期的 100 万英镑期汇，从而轧平了与客户交易出现的英镑超买。

四、套汇与套利交易

（一）套汇交易

套汇交易（arbitrage transaction）是指套汇者利用两个或两个以上外汇市场某些货

币的汇率差异，进而贱买贵卖以获取差价利润的一种外汇业务。一般而言，由于世界各国金融中心的外汇市场联系密切，国际外汇市场间某种货币的外汇汇率是非常接近的，但有时由于某些原因，也可能出现一定的差异，从而引发了套汇交易。套汇者可在同一时间，利用不同外汇市场上同一外汇不同牌价的差异进行套汇活动以赚取利润。但大量套汇的结果，会使贱币变贵而贵币下跌，从而使不同外汇市场的汇率差异趋近于零，套汇活动也随之趋于消失。

套汇交易具有三大特点：一是大商业银行是最大的套汇业务投机者。西方国家的大商业银行资金雄厚，有遍布全球的分支机构及代理行，信息灵通，具有从事套汇业务的便利条件。二是套汇买卖的数额一般较大，套汇利润相应颇丰。三是套汇业务都利用电汇方式，这是因为汇率的较大差异是稍纵即逝的，只有用电汇方式才能捕捉到最佳套汇时机。

套汇业务一般分为两角套汇和三角套汇两大类。

1. 两角套汇（two-point arbitrage）

它是利用两个不同地点的外汇市场之间的某种货币汇率的差异，同时在这两个外汇市场上一边买进，一边卖出该货币，以赚取汇率差额的一种交易。它是地点套汇（space arbitrage）的最简单形式，通常所说的套汇一般是指这种套汇，又称双边套汇或直接套汇（bilateral arbitrage or direct arbitrage）。例如，假定同一时间里，英镑兑美元的汇率在纽约市场上为 1 英镑 = 2.3180/90 美元，而伦敦市场上为 1 美元 = 2.3150/60 美元。由于英镑在纽约市场上的汇率高于在伦敦市场上的汇率，套汇者先用美元在伦敦市场上按 1 英镑 = 2.3160 美元的汇率买入 1000 万英镑，该套汇者要付出 23160 万美元；同时他又在纽约市场上将 1000 万英镑按 1 英镑 = 2.318 美元售出，换得 2318 万美元，其他费用开支暂且不论，套汇者通过上述两笔交易，可净赚 2 万美元的收益。

2. 三角套汇（three-point arbitrage）

它是利用三个不同外汇市场之间的货币汇率差异，同时在这三个外汇市场上进行套汇买卖，从汇率差额中牟取利润的一种外汇交易。它是地点套汇的间接形式，又称多边套汇或间接套汇（multilateral arbitrage or indirect arbitrage）。假定在同一时间，伦敦市场上 1 英镑 = 1.6980/95 美元，巴黎市场上 1 英镑 = 1.6363/80 瑞士法郎，纽约市场上 1 美元 = 0.9810/40 瑞士法郎。如果暂不考虑其他费用，套汇者现在纽约市场上按 1 美元 = 0.9810 瑞士法郎的汇率卖出 1000 万美元，买进 981 万瑞士法郎；在巴黎市场上，按 1 英镑 = 1.6380 瑞士法郎的汇率，卖出 981 万瑞士法郎，买入 598.9 万英镑；在伦敦市场上，又按 1 英镑 = 1.6980 美元的汇率，卖出 598.9 万英镑，买入 1016.93 万美元，这样通过上述三笔买卖，套汇者可获利 16.93 万美元。

（二）套利交易

套利交易（interest arbitrage transaction）是套汇者利用外汇市场现汇价与期汇价的差异，以及当时两国短期投资利率上的差额，将资金从利率低的国家（或地区）调往利率高的国家（或地区），从中赚取利差收益的外汇交易。当外汇市场上现汇价格与期汇价格的差距小于当时有关两国现行的利率差额，而且有关的两种货币又比较稳定时，套汇者就可以进行即期和远期外汇的套汇交易。

套利交易有两种主要形式：一是不抛补套利（uncovered interest arbitrage），即套汇者只是将资金从利率低的货币转向利率高的货币，从而谋取利率差额的收入，但不同时进行反方向交易轧平头寸。这种套利要承受高利率货币贬值的风险。例如，若美国金融市场的短期利率为年息8%，而英国为10%，于是套汇者在美国以年息8%借入一笔美元资金，买进即期英镑外汇，汇到英国金融市场，这样就可得到年息2%的利差收益（当然还要支付一些费用）。二是抛补套利（covered interest arbitrage），指套利者在将资金从低利率地区调往高利率地区的同时，在外汇市场上卖出远期高利率货币，以避免汇率风险，如在前例中，为了避免英国英镑汇率波动的风险，该套汇者买进英镑现汇的同时，卖出英镑期汇。

一般的套利交易多为抛补性套利交易，即与掉期交易是结合进行的。例如，假定在欧洲货币市场上，英镑和美元短期利率分别为年息12%和10%，英镑兑美元的即期汇率和6个月期直接远期汇率分别为1英镑＝2美元和1英镑＝1.99美元。则某市场交易员可首先从欧洲货币市场借入一定数额的美元（如100万美元）；然后再做一笔即期对远期的掉期交易，即用借入的100万美元买入50万英镑现汇，同时卖出6个月期的相同数额的英镑期汇，并将50万英镑现汇存放于欧洲货币市场，存期6个月。该交易员在做了上述交易之后并无任何现金余额，但创造了一笔美元负债、一笔英镑存款以及一张折价年率1%（英镑贴水额0.01）的预售英镑的契约。这些债权、债务及远期契约均将于6个月后同时到期，交易员在汇价已确定的基础上可获利差。各笔交易结果如下：

到期应付美元本息：100万美元（1+10%×6÷12）＝105万美元

到期应付英镑本息：50万英镑（1+12%×6÷12）＝53万英镑

英镑本息到期时换得美元：53万英镑×1.99＝105.47万美元

交易员到期时的收益：105.47万美元−105万美元＝0.47万美元

可见，交易者在不使用自有资金，且无汇率和利率风险的情况下，获得了4700美元的收益。这种交易行为就是典型的无风险的抛补套利交易。当然，市场人士会纷纷借入美元，即期买入英镑并做远期英镑的换汇交易，于是导致美元升值而英镑贬值，直至套利利润消失。

五、外汇期货交易

（一）外汇期货交易的概念

外汇期货交易简称外汇期货（foreign exchange future），它是指交易双方在有组织的交易市场上通过公开竞价的拍卖方式买卖在未来某一日期以既定汇率交割一定数额货币的标准化期货合约的外汇交易。从形式上看，外汇期货交易的标的物是货币，但在金融期货市场上，外汇期货交易双方买卖的标的物是某种货币的标准化合约，并不是这种货币本身，只有到最后交割日，合约持有人尚未作反向对冲交易轧平头寸时，才需按约定汇率实际进行交割。

外汇期货通常又被称为"外币期货"（foreign currency future）或"货币期货"（currency future）。这主要缘于外汇期货本身的下述特点：（1）在外汇期货交易中，实际交割的一般只是外币，而不是其他形式的外汇（如以外币表示的各种有价证券或支付凭证等）。（2）在许多国家的金融期货市场上，作为期货合约标的物的货币，既有外币，也有本币。如伦敦国际金融期货交易所（The London International Financial Exchange，LIFFE）就含有英镑期货合约的交易。（3）在不少金融期货市场上，被交易的两种货币在市场所在国都属于外币而没有本币。如新加坡国际货币交易所（The Singapore International Monetary Exchange，SIMEX），英镑、日元等外币的期货合约均以美元报价，并以美元结算和交割。（4）外汇期货是两种不同货币间的期货交易，这类期货合约的标的物本身就是一种货币，至于涉及的两种货币中哪种是外币，哪种是本币，或者在两种货币中有无本币，并没有实质上的区别。因此，作为一种期货交易的方式，外汇期货、外币期货及货币期货只是同一期货品种的不同名称而已。

世界上第一张外汇期货合约是 1972 年 5 月 16 日由美国芝加哥商业交易所（The Chicago Mercantile Exchange，CME）的分部——国际货币市场（International Monetary Market，IMM）所推出的。当时，在该市场上市的外汇期货合约的标的货币共有 7 种（即英镑、加元、原联邦德国马克、日元、瑞士法郎、墨西哥比索及意大利里拉），且均以美元报价。其后，该市场期货合约的标的货币几经调整，先后停止了意大利里拉、墨西哥比索的期货合约，而增加了荷兰盾、法国法郎、澳大利亚元的期货交易。自 IMM 推出第一份外汇期货合约以后，这项新兴衍生金融工具的交易便迅猛发展起来。目前，世界上各个主要的金融中心都相继引进了外汇期货交易，全世界共有数十个金融期货市场，其中比较著名和比较成功的除了前已述及的 IMM、LIFFE 和 SIMEX 之外，还有东京国际金融期货交易所（Tokyo International Financial Future Exchange，TIFFE）和法国国际期货交易所（Marche a Term International de France，MATIF）等。2006 年 4 月 5 日，中国外汇交易中心和芝加哥商业交易所（CME）在上海举行了国际货币产品交易合作协议文本互换仪式，极大地促进了中国外汇市场的发展。

（二）外汇期货合约的基本要素

外汇期货合约是由外汇期货交易双方订立的、约定在未来某日期以成交时间所确定的汇率交割一定数额的某种外汇的标准化合约。一般而言，外汇期货合约包含下述基本要素：

1. 交易单位（trading unit）

它是指交易所对每一份期货合约所规定的交易数量，又称合约规模（contract size）。外汇期货的交易单位都以某种货币特定的数量来表示。例如，IMM 规定，每一份英镑期货合约的交易单位是 62500 英镑；每一份日元期货合约的交易单位是 12500000 日元；每一份加元期货合约的交易单位是 100000 加元等。由于每份合约的交易数量是固定的，人们在交易中只能买进或卖出既定标准数量的某一整数倍，即买进或卖出多少份这样的期货合约。交易单位的标准化极大地方便了期货合约的流通，也简化了期货交易的结算。

2. 最小变动价位（minimum price change）

它是指由交易所规定的、在期货交易中每一次价格变动的最小幅度，通常以一定数量的"点"（point）来表示。但同为 1 个点，不同货币有不同的含义。一般而言，外汇期货交易中的 1 个点是指万分之一即 0.0001 货币单位，但也有例外。例如，IMM 规定，英镑、欧元、瑞士法郎、加元、澳大利亚元、新西兰元、E 小型欧元①7 种货币，1 个点的含义是 0.0001 个货币单位；对日元而言，则是百万分之一即 0.000001 日元。最小变动价位通常也被称为 1 个刻度（tick），刻度与交易单位的积称刻度值（tick value），表示每份期货合约的价值因价格变动一个刻度而增减的金额。例如 IMM 规定：英镑期货合约的最小变动价位是 1 个点（即每英镑 0.0001 美元），而每份英镑期货合约的交易单位是 62500 英镑，故一份英镑期货合约的刻度值是 12.50 美元。它表示每份英镑期货合约的价格在变动时，每次至少必须达到 12.50 美元。最小变动价位的规定，主要是为了简化期货交易的结算。

3. 合约月份（contract months）

它是指期货合约到期交割的月份。绝大多数期货合约的交割月份被定为每年的 3 月、6 月、9 月和 12 月，如 LIFFE 规定的合约份数就是如此。但也有少数合约有特殊的交割月份的规定，如 IMM 规定的合约月份包括 1 月、3 月、4 月、6 月、7 月、9 月、10 月和 12 月等。

4. 交易时间（trading hours）

它是指交易所规定的各种合约在每一交割日可以交易的某一具体时间。各个交易所对其上市的各种合约均有明确的交易时间的规定，因而不同的交易所有不同的交易时间，而且即使在同一交易所，不同的合约通常也有不同的交易时间。例如，LIFFE 规定，英镑期货合约的交易时间是 8：32—16：02；IMM 规定英镑期货合约的交易时间是 17：00—16：00。

5. 最后交易日（last trading day）

它是指由交易所规定的各种期货合约到期月份中的最后一个交易日。例如，LIFFE 和 IMM 均规定最后交易日为合约月份第三个星期三前的第二个营业日。在外汇期货交易中，绝大多数成交的合约都是通过相互对冲（mutual offset）结清的，但如果持仓者到最后交易日仍未做对冲交易，则他必须进行实物交割或现金结清。

6. 交割（delivery）

它是指由交易所规定的各种期货合约因到期未平仓而进行实物交割的各项条款，主要包括交割日期、方式和地点等。例如，IMM 规定：外汇期货合约的交割日期为合约月份的第三个星期三，交割方式为实物交割，交割地点为结算所指定的货币发行国银行。

从上述基本要素中，我们不难看出外汇期货合约的标准化特征，这也正是外汇期货交易区别于现货交易和远期交易的一个最显著、最重要的特征。IMM 不仅是世界上第

---

① E 小型欧元主要用于以欧元为交易货币的小规模外汇期货交易。E 指的是 E-micro，即小型。除了 E 小型欧元外，还有 E 小型日元、E 小型澳元，等等。

一个外汇期货市场，更重要的是它在世界外汇期货交易的发展中起着表率和促进作用，我们特将 IMM 外汇期货合约的基本要素及规格单列出来，以利于大家了解外汇期货合约的标准化特质乃至期货市场严格的交易规范（见表 2-1）。

表 2-1　　　　　　　　　　　**IMM 外汇期货合约价格简介**

期货合约类型	交易单位	最小变动价位	持仓限额	交易时间 CME ClearPort	最后交易日	合约月份
欧元	125000 欧元	0.0001（12.50 美元）	10000 份合约			
英镑	62500 英镑	0.0001（12.50 美元）	10000 份合约			
瑞士法郎	125000 法郎	0.0001（12.50 美元）	10000 份合约	周日至周五：17：00—16：00（美中时间），期间每天自 16：00 美中时间起休市 45 分钟	合约月份之第三个星期三前的第二个营业日的上午 9：16	20 个季度合约（合约到期月份为 3 月、6 月、9 月、12 月）
加拿大元	100000 加元	0.0001（10 美元）	6000 份合约			
日元	12500000 日元	0.000001（12.50 美元）	10000 份合约			
新西兰元	250000 新西兰元	0.0001（10 美元）	6000 份合约			
澳元	100000 澳元	0.0001（12.5 美元）	6000 份合约			
E 小型欧元	12500 欧元	0.0001（1.25 美元）	100000 份合约			

资料来源：参见芝加哥商业交易所网站 http：//www.cmegroup.com/cn-s/。

（三）外汇期货交易中的保证金制度

在外汇期货交易中，为了确保交易双方履行合约以维护交易双方的合法权益，各交易所普遍实行了严格的保证金制度。它既是外汇期货市场不同于远期外汇市场的一个显著特点，也是期货市场的一大优点。

外汇期货交易中的保证金是交易双方缴纳的，用于确保履约并承担价格变动风险的货币资金。具体包括：（1）初始保证金（initial margin）。它是交易者在签订期货合约时必须按规定存入其保证金账户的那部分货币资金。（2）维持保证金（maintenance margin）。它是指交易所规定的交易者在其保证金账户中必须持有的最低余额的保证金，即初始保证金被允许下降到的最低水平。（3）变动保证金（variation margin）。它是指交易者在持仓期间因价格变动而发生的亏损，使其保证金账户的余额减少到规定的维持保证金以下时必须补交的保证金，它等于初始保证金与维持保证金之间的差额。

在外汇期货交易中，期货合约持有者的损益是当日拨付的，即交易者按规定缴足初始保证金，并买进或卖出一定数量的某种外汇期货合约后，交易所的结算单位将根据每天的结算价格计算出每一交易者平仓部位的盈亏金额，并响应增减其保证金账户的余额。若有盈利，保证金账户的余额将超过初始保证金，交易者可随时提取；若出现亏损且使保证金账户的余额下降到维持保证金以下时，则交易者需按变动保证金数额进行补交，否则，交易所或结算单位将强行处置其未平仓部位。这种保证金制度的实施，意味着外汇期货交易是一种无负债制度，从而确保了期货市场的正常运行。

初始保证金与维持保证金的额度以及变动保证金的额度是由各交易所自行确定的，即使是同一交易所，各种外汇期货合约的保证金也是不尽一致的。例如，IMM 规定：在英镑、欧元、加元、日元等货币期货交易中，每份合约的正常保证金分别为 3915 美元、6345 美元、4455 美元和 4860 美元。一般而言，各种外汇期货合约的初始保证金只占其合约总值的 2%～4%。这意味着交易者投放小额的保证金便可控制大额的期货合约，因而外汇期货交易的财务杠杆作用非常大，是一种典型的以小博大的投资方式，只要价格出现微小变动，当汇率变化对交易者不利时，他蒙受高额损失的可能性也是非常大的。

（四）外汇期货市场的交易程序

一般而言，一个完整的外汇期货市场由交易所、结算单位（通常称为清算所）、经纪商或经纪人以及交易者四部分组成。

外汇期货市场的交易程序是：（1）交易者首先在经纪人公司开设账户，缴纳保证金，并委托经纪人公司代为办理外汇期货合约的买卖。（2）经纪人公司通知其在交易所的代表，将订单交给交易厅的经纪人，由后者相互间进行交易。（3）成交后，交易厅经纪人一面把交易结果通知经纪人公司及交易者，一面又将成交的订单交给清算单位，进行记录并最后结算。由于交易者既可以买进合约，又可以卖出合约，所以每天的实际交易量只是该交易者的买卖差额。若买入大于卖出，则交易者需补入资金；反之，则提取资金。清算单位是交易的最后结算者，在法律上保证交易双方不会因对方拒付而遭受损失。事实上，清算单位是买卖双方的交易对手，买卖双方在交易时无需考虑对方的信誉如何，从而提高了外汇期货交易的可利用性。

六、外汇期权交易

（一）期权与外汇期权的基本概念

期权（option）是指期权合约的买方享有的在合约到期日或到期日之前按合约的约定价格购买或出售约定数量的某种特定商品的权利，又称"选择权"。而所谓外汇期权（foreign exchange option），是指以某种外币或外汇期货合约作为标的物的期权交易形式，它赋予期权合约的买方享有在合约有效期内或期满时以规定的汇价购买或出售一定数额某种外汇资产的权利,又称外币期权(foreign currency option)或货币期权(currency option)。期权是一种权利而非义务,但这种权利是对期权合约的买方而言的,因而外汇期权实际上是赋予合约买方一种买或卖货币权利的金融工具。当市场汇率有利时,他有权买进或卖出某种货币(即行使权利);反之,他可放弃这种权利,让其到期自动作废。但对于期权合约的卖方而言,他有义务在买方要求履约时按规定价格卖出或买进某种货币。

外汇期权最早产生于1982年12月,它是由美国的费城证券交易所(Philadelphia Stock Exchange)率先推出。作为20世纪80年代最主要的国际金融创新工具之一,外汇期权目前已经有很多种类型:(1)从权利性质上看,可分为买方期权或看涨期权(call option)和卖方期权或看跌期权(put option)。前者是指合约持有者将来有权买入某种货币的期权;后者是指合约持有者有权卖出某种货币的期权。(2)从行使权利的时间上看,可分为欧式期权(european option)和美式期权(american option)。前者指只能在期权到期日履约的期权;后者指可在到期日或到期日之前任何一天履约的期权。(3)从市场类型看,外汇期权可分为场外期权(Over-the-Counter option,OTC Option)和场内期权(Exchange Traded Option)。场外期权的金额、期限等规格和履约价格均由交易双方根据需要商定,其交易主要在银行同业或银行与大客户之间进行,交易金额巨大,货币种类较多,因而场外期权交易较为灵活,有些类似于远期交易。场内期权指在交易所内实行集中交易的期权,从一定程度上讲,场内期权交易有些类似于期货交易。(4)从外汇期权的标的物来看,外汇期权可分为两种形式:一是现汇期权(option on spot exchange),指期权买方有权在到期日或到期日之前以约定价格买或卖一定数量的某种货币的现汇。二是期货期权(option on foreign currency futures),指期权买方有权在到期日或到期日之前,以约定价格买或卖一定数量的某种货币的期汇。

(二)场内外汇期权合约的基本要素

场内外汇期权合约中,除权利金外,大多是标准化的。场内期权合约的基本要素如下:

1. 标的货币(underlying currency)

它是指外汇期权合约的标的物货币,主要是英镑、欧元、日元、瑞士法郎、加元、澳大利亚元等少数可自由兑换货币。所有货币均对美元报价,且美元是标价货币,如1英镑等于多少美元、1欧元等于多少美元等。

2. 履约价格(strike price exercise price)

它是指合约中规定的未来行使期权时双方买卖外汇的交割汇价。绝大多数货币期权的履约价格以百分之一美元为单位,如"GBP 30 call"表示每1英镑的看涨期权的履约价格是0.30美元。但日元期权的履约价格以万分之一美元为单位表示,如"JPY 40 put"表示每1日元的看跌期权的履约价格是0.0040美元。

3. 到期月份(expiration months)

它是指外汇期权的标准合同月份,最常见的为每年的3月、6月、9月和12月。如费城证券交易所规定：各主要现汇期权的到期月份为 3 月、6 月、9 月、12 月以及最近的两个月。

4. 最后交易日（last trading day）

它是指外汇期权合约在交易所交易的最后截止日期。如果期权买方在最后交易日不再做对冲交易，则他要么放弃期权，要么在规定时间内执行期权。最后交易日在不同的交易所有不同的规定。

5. 到期日（expiration day）

它是指期权买方有权履约的有效日期，又称履约日。由于期权有欧式期权与美式期权之分，故不同合约的履约日不尽相同。

6. 交易单位（trading unit）或合约规模（contract size）

它是指每份期权合约所代表的标的货币的金额，由各交易所自行规定。如费城证券交易所规定：一份现货期权的交易单位为相应外汇期货的交易单位的一半，如 31250 英镑、62500 瑞士法郎、6250000 日元、50000 加元或澳大利亚元等。

7. 保证金（margin）

在外汇期权交易中，卖方在出售期权时必须按合约规模的一定比例缴付保证金。卖方所缴付的保证金通过清算所会员存于清算所的保证金账户内，随市价的涨落而变动，并于必要时追加。期权买方在期权交易中有履约权利而无义务，故只需支付权利金，而无需缴纳保证金。

8. 交割方式（delivery methods）

它是指到期时外汇期权合约所载货币金额的收付办法和途径。一般而言，外汇期权合约是通过清算所会员在清算所集中交割清算的。

（三）期权价格的决定因素

期权价格（option price）是指期权合约的价格，即期权买方为获得期权合约所赋予的权利而必须支付给期权卖方的一笔费用，又称权利金或期权费（option premium）。期权价格由期权的内在价值（intrinsic value）和外在价值（extrinsic value）两部分构成。前者是指期权合约本身所具有的价值，即期权买方立即执行该期权所能获得的收益，又称履约价值（exercise value）。后者是指期权买方未购买期权而使首期支付的期权费超过该期权内在价值的那部分价值。期权买方支付的这部分费用旨在希望随着时间的推进和市场价格的变动，所购期权的内在价值能够增加，故外在价值又名"时间价值"（time value）。

一种期权有无内在价值以及内在价值的大小，是由期权合约的履约价格与该期权标的物的市场价格间的关系决定的。据此，可将期权分为三种类型：一是溢价期权（in-the-money option），表示期权的内在价值大于零；二是损价期权（out-of-the-money-option），表示期权的内在价值小于零；三是平价期权（at-the-money option），表示期权的内在价值为零。显然，市场价格高于履约价格的看涨期权或市场价格低于履约价格的看跌期权为溢价期权；市场价格低于履约价格的看涨期权或市场价格高于履约价格的看跌期权为损价期权；而市场价格等于履约价格的看涨或看跌期权为平价期权。当然，期权的内在价值尽管在理论上有上述三种形态，但由于期权买方在有利可图时可执行期权，而在无利可图时则放弃期权，因而期权的内在价值势必是大于零或等于零的。

与期权的内在价值不同，期权的时间价值通常不易直接计算，但可通过期权的现行价格反映出来，即它一般是用实际的期权价格减去期权的内在价值而求得的。如果用 V、V_i、V_t、S 和 E 分别表示期权价格、期权的内在价值、期权的时间价值、相关货币的即期汇价和期权的履约价格，则期权价格的构成可用公式表示为：

$$V = V_i + V_t \qquad V_t \geq 0 \qquad (2\text{-}2)$$
$$V_i = S - E \text{（看涨期权）} \qquad (2\text{-}3)$$
$$V_i = E - S \text{（看跌期权）} \qquad (2\text{-}4)$$

除了上述履约价格与相关货币市场汇价之间的关系、期权的有效期之外，期权价格的决定因素还包括：（1）货币汇价的易变性。如果其他条件不变，货币汇价变动幅度越大，则在期权有效期内，期权买方掌握有利汇价的机会就越多，期权卖方所承受的风险也就越大，期权价格就越高。（2）远期汇率的走向。一般而言，远期汇率走高，投资人对未来行情汇价看好，因此会商定相比而言较低的履约价格，签订现汇期权，以便以后汇价确实上扬时，依约行使期权能赚取汇价差。这样，看涨期权的期权价格必然随远期汇率偏高而上涨，而看跌期权的期权价格则会下跌。（3）其他因素，如心理因素、两种货币利率差异等，也在外汇前期价格的形成过程中发挥重要作用。

（四）外汇期权交易双方损益的非对称性

在远期外汇交易中，买卖双方获取的利润和蒙受损失的可能性是对称的，即均可能是无限的，如图 2-8 所示。

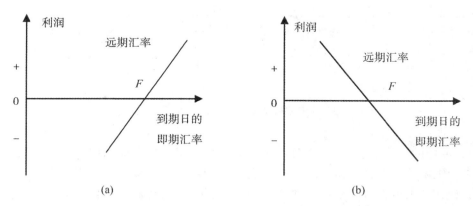

图 2-8　远期外汇交易中买卖双方的利润与损失

图 2-8 中的（a）图反映的是远期外汇买方的利润（或损失）的状况。在 F 点（表示远期汇率），远期汇率与到期时即期汇率相等，远期外汇买卖利润为零；在 F 点左边，远期汇率高于到期时即期汇率，远期外汇买卖双方蒙受损失，到期时即期汇率越低，买方损失越大；在 F 点右边，远期汇率低于到期时即期汇率，买方获取利润，到

期时即期汇率越高，其利润越大。可见，在远期汇率既定的情况下，远期外汇买卖的利润（或损失）曲线是随到期日即期汇率的上升而向右上方倾斜的，其获取利润与蒙受损失的可能性是对称的。图 2-8 中的（b）图反映的是远期外汇卖方随到期时即期汇率的变化而不断变化的利润（或损失）状况。同理，其获取利润与蒙受损失的可能性也是对称的，只不过与远期外汇买方的情形正好相反。

而在外汇期权交易中，买卖双方获取利润与蒙受损失的可能性是不对称的，如图 2-9 所示。

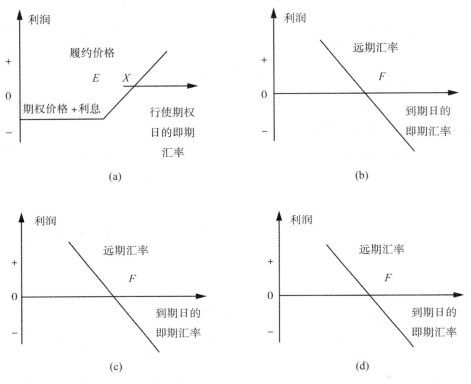

图 2-9　外汇期权交易中买卖双方的利润与损失

图 2-9 中的（a）、（b）、（c）和（d）图分别反映的是看涨期权的买方、看跌期权的买方、看涨期权的卖方和看跌期权的卖方的利润与损失状况。现就图（a）加以说明。在 E 点（表示履约价格），行使期权时的即期汇率低于履约价格，看涨期权买方受损，损失为期权价格及其利息；在 E 点左边，行使期权时的即期汇率低于履约价格，买方放弃弃权，其损失为期权价格及其利息；在 E 点与 X 点间的开区间，行使期权时的即期汇率高于履约价格，买方实行期权，但行使期权的利益不足以弥补期权价格及其利息，因而仍有损失，但损失越来越小；在 X 点，买方行使期权的利益正好弥补期权价格及其利息，利润为零；在 X 点的右边，买方行使期权的利益大于期权价格及其利息，因而获得利润，且利润越来越大。同理，我们不难理解（b）、（c）、（d）图所反

映的利润与损失情况。

可见,在外汇期权交易中,买卖双方的利润与损失状况具有明显的非对称性,即对期权买方而言,其获利的可能性是无限的,而受损的可能性是有限的;而对于期权卖方而言,其获利的可能性是有限的,而受损的可能性是无限的。这种非对称性是外汇期权交易不同于其他外汇交易的一个显著特点。

(五)场内外汇期权交易与外汇期货交易、远期外汇交易的综合比较

为了加深对外汇期权交易的理解,现将场内外汇期权交易与外汇期货交易、远期外汇交易的基本特点加以比较(见表2-2)。

表2-2　　场内外汇期权交易与外汇期货交易、远期外汇交易的基本特点对比表

比较项目 ＼ 种类	场内外汇期权	外汇期货	远期外汇
交易场所	交易所内,具体明确	交易所内,具体明确	各金融中心、银行之间的电信网络,场外,无形
交易目的	避险或是投机	避险或是投机	规避汇率风险
履约日期	必须符合交易所的标准规定	必须符合交易所的标准规定	自由议定
履约义务	买方有权要求卖方履约或放弃此项权利	交易双方虽负有履约义务,但可于到期日前先行了结	交易双方均有履约义务
契约交易单位	标准化	标准化	自由议定
保证金	卖方有依履约价格进行交割的义务,为了保证义务的履行,需要支付保证金,卖方缴的保证金通过清算委员会存于保证金账户内,必要时进行追加	买卖双方均需缴保证金。不但需缴保证金,且每日计算盈亏,而补交或被退回保证金多余部分	是否缴保证金,视银行与客户关系而定。大企业一般无需缴保证金。若合同到期前无现金流,则双方只有履约责任
价格波动	每日价格波动无最高幅度限制(期权价格=权利金)	对各类契约有每日价位最高变动幅度	无限制
交易参与者	已核准的费城股票交易所会员或在会员处开户的投资人	特定商品交易所的会员或在该会员开户的投资人	银行、公司机构为主
交易方式	在期权市场中公开竞价	在期货交易所公开竞价	交易双方均以电话或电报交易
保证付款人	外汇期权清算公司	清算所	无
主管当局	证券交易委员会	商品期货交易委员会	银行内部自行控管

资料来源:陈湛匀,范卫尧.国际金融实务和案例[M].华东化工学院出版社,1992:83-84;杜佳.国际金融学[M].清华大学出版社,2013:163-168.

第三节　外汇风险及其管理

一、外汇风险的含义

外汇风险（foreign exchange risk）是指在国际经济交易中，有关货币汇率发生变动，给经营双方任何一方带来损失的可能性。从国际经济交易的最终结果看，风险承担者既可能因汇价的波动而获益，也可能遭受损失。但外汇风险仅指风险承担者因汇价波动而承受损失的可能性，即由于汇价波动导致企业、个人以外币计价的资产或负债的价值蒙受损失的可能性。

外汇持有者或经营者存在的外汇风险一般通过外汇曝露（exposure）来体现。所谓外汇曝露是指一个企业或个人以外币计价的资产或负债受汇价波动影响的资金额。它具体表现为两种情形：一是当企业或个人以外币计价的资产或负债的金额不相等时，就会出现一部分外币资产或负债净额受汇率变动的影响，这一净额成为敞口头寸（open position）；二是当企业或个人以外币计价的资产或负债的期限不同时，就会出现所谓的期限缺口（maturity gap）或非对称缺口（mismatch gap）。简言之，体现外汇风险的外汇曝露是指企业或个人在以外币计价的经营活动中受汇率变动影响的那部分外汇资金额。

外汇风险有狭义和广义之分。前者仅与直接从事国际经济交易的企业和个人有关，是汇率变动使其蒙受损失的可能性。例如，进出口商均为国际经济交易的直接参与者，出口商卖汇与进口商买汇所承担的外汇风险即为狭义的外汇风险。对于本国进出口商来说，若本币升值，则出口商收到的既定外汇货款所能兑换的本币数额减少，而进口商购买一定数量的外汇所付出的本币数额减少，因而本国进口商获利而出口商受损。广义的外汇风险除包括狭义的外汇风险之外，还包括由于汇价变动给那些与国际经济交易无直接关系的企业和个人带来损失的可能性。例如，一国货币大幅度升值，会给本国的国民经济造成广泛而深刻的影响。一方面，它会抑制本国出口产业部门的出口，投资下降；另一方面，出口产业部门的过剩资金转移到金融市场和房地产市场，会提高房地产价格。这样，原来够纳税条件的房地产所有者，纳税额增加，原来不够纳税资格的房地产所有者也升格为纳税人。可见，房地产所有者与国际经济交易并无直接联系，却因本币升值而可能蒙受损失，这类损失的可能性即由广义的外汇风险所致。广义的外汇风险因其涉及面广，对一国经济的影响程度更多地取决于一国的经济结构、汇率制度等宏观经济因素，故通常探讨的外汇风险是指狭义的外汇风险。

外汇风险的构成要素有三：一是本币，因为本币是衡量一笔国际经济交易经济效果的共同指标，外币的收付均以本币进行结算，并考核其经营成果。二是外币，因为任何一笔国际交易必然涉及外币的收付。三是时间，这是因为，国际经济交易中应收款的实际收进、应付款的实际付出、借贷本息的最后偿付，都有一个期限即时间因素。在确定的期限内，外币与本币的折算汇率可能发生变化，从而产生外汇风险。

二、外汇风险的类别与比较

（一）外汇风险的类别

1. 交易风险

交易风险（transaction exposure）是指由于汇价变化导致企业应收账款和应付债务的价值发生变化的风险，反映汇价变动对企业交易过程中所发生的资金流量的影响。交易风险的产生是由于企业达成了以外币计价的交易，其以外币计算的现金流量已定，而交易还没有结束，账目还未了结，因而汇率变化会使以本币计算的现金流量发生变化。这表明，应收账款或应付债务发生在汇率变化之前，而实际的结算发生在汇率变化之后，交易风险从签订交易合同确定以外币计价交易金额时产生，一直持续到最终实际结算时为止。

外汇交易风险所涉及的范围主要有三：一是进出口过程中的外币收付。它所引致的交易风险称为交易结算风险或商业性风险，这种风险随着以外币计价的商品和劳务的交易而产生，主要由进口商承担。二是外币存款、借款和贷款过程中涉及的货币兑换。它所涉及的交易风险称为买卖风险或金融性风险，产生于本国货币与外国货币间的反复兑换，以买卖外汇为基本业务的外汇银行以及以外币进行借贷的企业承担的主要是这种风险。买卖风险产生的前提是银行或企业一度买进或卖出外汇后，将来又必须反过来卖出或买进外汇。三是投资中所涉及的本币与外币兑换。对投资者而言，在境外投资时，往往要将本币换成外币，而到汇回利润或收回投资时又要将外币换成本币，在此过程中，海外投资者要承担相应的交易风险。

2. 转换风险

转换风险（translation exposure）是指由于汇率变动导致资产负债表中某些外汇项目的价值发生变化的风险，又称会计风险、账面风险、换算风险等。当国际经营企业对其经营活动编制统一的财务报告，将其以外币计量的资产、负债、收入和费用折算成以本币表示的有关项目时，汇率变动就有可能给公司造成账面损益，这种账面损益就是由于转换风险所带来的。可见，转换风险的产生是由于换算时使用的汇率与当初入账时使用的汇率不同，从而导致外界评价过大或过小。

企业报表归并时受险部分即换算曝露的换算方法有三：一是全现行汇率法（all-currency rate method）。它是指企业在归并报表时，平等地对待资产负债表中一切以外币计价的项目，将所有的会计科目，一律按报表截止时的市场汇率即现行汇率（currency rate）进行换算。这样，以外币计价的资产与负债的净额构成全现行汇率法下的换算曝露额。二是短期/非短期法（current/non-current method）。按这种方法将会计科目分为1年以内的短期项目和1年以上的长期项目，短期项目按现行汇率换算，而长期项目按原始交易发生时的汇率即历史汇率（history rate）换算。这样，短期项目的资产与负债净额构成转换风险的受险部分。三是货币/非货币法（money/non-money method）。这种方法将会计科目分为货币性科目和非货币性科目，前者按现行汇率换算，而后者按历史汇率换算。这样，货币型科目的资产与负债净额构成这种方法下的换算曝露额。

3. 经营风险

经营风险（operating exposure）又称经济风险，是指由于未预料到的汇率变化导致企业未来的纯收益发生变化的外汇风险。风险的大小取决于汇率变化对企业产品的未来价格、销售量以及成本的影响程度。一般而言，企业未来的纯收益由未来税后现金流量的现值来衡量，这样，经济风险的受险部分就是长期现金流量，其实际国内货币值受汇率变动的影响而具有不确定性。例如，当一国货币贬值时，出口商可能因出口商品的外币价格下降而刺激出口，使其出口额（对外销售额）增加而获益。但另一方面，如果出口商在生产中所用的主要原材料是进口品，因本国货币贬值会提高以本币表示的进口商品的价格，出口商品的生产成本又会增加。其结果有可能使出口商在将来的纯收益下降，这种未来纯收益受损的潜在风险即属于经济风险。

经济风险的分析是一种几率分析，是企业从整体上进行预测、规划和进行经济分析的一个具体过程。对经济风险的分析在很大程度上取决于公司的预测能力，预测的准确程度将直接影响公司的融资、销售和生产方面的战略决策。因此，对于企业而言，经济风险的分析至关重要。企业一般不担心国际交易的会计记录或账面价值，而比较重视长期现金流量的价值，因为它决定企业的实际经济价值，企业的实际经济价值的大小取决于它产生资金的能力或者说其未来现金净流量有多少。但企业生产资金是分期进行而非一次性进行的，因此在不同时期发生的现金流量由于它们的单位价值不同，不能简单相加。解决这一问题的方法就是将不同时期的单位价值折算成现在的单位价值即现值。在求出了不同时期现金流量的现值之后，就不难求出企业的净现值。汇价变动影响企业未来现金流量的净现值公式如下：

$$NPV_0 = \sum_{t=0}^{n} \frac{(CIF_t - COF_t) \cdot E_t}{(1 + d)^t} \tag{2-5}$$

（2-5）式中，NPV_0 表示净现值（母币等值额），CIF_t 表示以国外子公司的当地货币表示的现金流入量，COF_t 指以国外子公司的当地货币表示的现金流出量（包括纳税额的支付），E_t 是以直接标价法表示的汇率，d 指贴现率即母公司对其国外子公司投资所要求的收益率，t 表示时期，n 表示现金流量预期的最后时期。

值得指出的是，外汇汇率的预期变化不会导致经济风险的产生，因为企业管理者和投资者应当已经将这一情况融入其对经营成果和市场价值的评估中。只有非预期的汇率变化或非完全竞争的外汇市场，才会导致企业的市场价值发生变化。

（二）　三种类型外汇风险的比较

第一，从产生的时间上看，交易风险是指国际经营企业在经营活动过程中产生的外汇风险，反映的是汇率变化对汇率变化前签约而在汇率变化后清算的未清偿债务的影响。转换风险是由于汇率变化所引起的财务报表归并中会计基础的变化，反映的是汇价变化对国际经营企业经营活动结果的影响。经营风险是由于预料不到的汇率波动，引起在未来一定时间内企业纯收益发生变化的潜在风险，反映的是汇价变化对国际经营企业预期经营收益的影响。可见，交易风险和会计风险的损益结果只突出了企业在过去已经发生的交易在某一时点的外汇风险的受险程度；而经济风险则要衡量将来某一时间内出现的外汇风险，如在短期（1年以内）、中长期（1~5年）以及长期（5年以上）的不同时间段内，汇率波动对各期的现金流量、经济风险的受险程度以及企业资产价值的变动将产生不同的影响，即经济风险随时间段的不同而有所不同。

第二，从损益结果的衡量上看，交易风险和转换风险均可根据会计程序进行衡量，可以用一个明确的具体数字来表示，具有静态性和客观性的特点；经济风险的衡量不是根据会计程序，而是基于经济分析，它涉及企业财务、市场、生产、价格等各个方面，因此带有一定的动态性和主观性特征。

第三，从企业不同管理层次的角度看，交易风险可以从单笔孤立的交易也可以从子公司经营的角度来衡量其风险的损益结果；转换风险一般只能从母公司的角度来衡量其受损的程度；经济风险则从公司整体即跨国公司的全局或某一子公司全局来考察其风险的损益结果。

第四，从企业损益的真实性看，交易风险关系到现金的流动，造成真实的损益，即汇价变动给交易风险的承担者造成实实在在的损益；转换风险主要影响相关企业的资产负债表，与现金流无关，由此造成的损益不是真实的，只是一种账面损益。

三、外汇风险管理的战略与技巧

（一）外汇风险管理的战略

外汇风险管理战略是指从事国际经济交易的企业对外汇风险所持的一般态度，如外汇曝露确定以后，企业是否采取保值措施弥补风险？假如决定弥补风险，应弥补到何种程度？这些就是外汇风险管理战略涉及的关键问题。

任何经济决策的出发点都是基于人们对经济运行的成本—收益分析，制定外汇风险管理战略也同样离不开这一基本分析方法。企业要管理外汇风险，首先要明确的是，在外汇风险面前，是要力图使外汇收益最大化，还是使外汇损失最小化。其次要考虑的是力求使短期收益最大化而不顾长期收益将如何变动，还是宁可让短期收益发生一定的波动而力求使企业长期收益最大化。企业对外汇风险的态度一般分为三种：消极型、积极型、中间型，这三种态度分别对应着下列三种外汇风险管理战略选择：

1. 完全不弥补战略

它是对外汇风险不采取任何防范措施，在汇率变动有利时坐收渔利，而在汇率变动不利时甘愿蒙受损失，是一种听其自然的消极性战略。例如，在理想的浮动汇率制下，市场自由运转，市场机制充分发挥，国内外的市场都极易处于均衡状态，此时企业的确可以采取完全不弥补的战略，然而由于在现实的浮动制下，汇率的变动无法准确地预期到，汇率、金融方面存在大量的限制，汇率的变动还受到政治等其他因素的影响，此时不弥补战略极易造成风险意识的淡薄从而造成企业的损失，所以在国际上，采取完全不弥补战略的企业非常少。

2. 完全弥补战略

它是一种安全第一，对外汇曝露一律采取保值措施的战略，即企业对其所持有的外汇头寸中，不论哪种外币出现了空头或多头一概予以抛补。例如，为了消除所有的风险因素，企业往往需要付出很大的成本，而很多时候，企业会宁愿保留风险头寸可以带来的部分收益。在国际上，很少有企业是采用完全弥补措施的，企业通常会基于自身的承受能力与管理能力，对外汇风险的程度进行衡量，然后适当地弥补。

3. 混合型战略

它是介于完全不弥补战略与完全弥补战略之间的一种战略。即对某些外汇曝露采取保值弥补措施，而对另一些外汇曝露则不采取保值措施。实行混合型战略的企业实际上是在不弥补时可能的高收益与弥补时的低风险之间作替代选择。一般而言，企业会根据自身外汇头寸的大小和对"允许的"的外汇风险的理解，确定其弥补的受险部分的比重。混合型战略又可细分为两种情形：一是进攻性战略。采取这种战略的企业在面对高收益和低风险的替代选择中，较多地选择了高收益，对外汇风险持积极态度，不仅希望通过采取某些防范措施以部分弥补风险，而且更希望利用汇价的有利波动来获取利益。二是防守性战略。采取这种战略的企业以稳健为原则，尽量减少可能发生的外汇损失，因而在高收益和低风险的替代选择中，企业更多地选择了低风险。例如，著名的澳洲航空公司在 2009 年遭遇由经营问题带来的外汇风险时，以远期外汇合约为主来规避由汇率波动而带来的收入波动的风险，与此同时通过对货币期权的购买在设备购买和外币支出两个方面规避风险，公司在管理外汇风险的同时，配合利率管理和燃油价格管理，通过远期外汇合同来对交易成本进行精确地计算，从而控制弥补风险的程度。

在现实生活中，企业采取完全不弥补的战略或完全弥补的战略都是极少见的。一方面，在现行的浮动汇率制度下，汇率波动具有不确定性，完全不弥补战略的风险极大；另一方面，完全弥补的战略虽然能有效地避免外汇风险，但其防范风险的成本极高。现实中普遍采用的是混合型的外汇风险管理战略，但企业究竟是采用进攻性战略还是防守性战略，主要取决于其对汇价波动的预测能力。如果企业能够准确预测出汇率变动的基本趋势和一定时期内汇率变动的具体幅度，那么它就可以采取进攻性战略；反之，则宜采取防守性战略。

（二）外汇风险管理的内部技巧

外汇风险管理技巧是国际经营企业根据汇率变化的预测情况对汇率曝露采取的适当的避险措施。外汇风险的内部技巧是指企业通过自身内部经营活动的调整来达到避险保值的方法。主要的内部技巧如下：

1. 债务净额支付

债务净额支付（netting）是指跨国公司在清偿其内部交易所产生的债权债务关系时，对各子公司之间、子公司与母公司之间的应付款项和应收款项进行划转与冲销，仅定期对净额部分进行支付，以此来减少风险性的现金流动，这种方法又称轧差或抵充。它具体包括双边债务净额支付（bilateral netting）和多边债务净额支付（multilateral netting）两种情形。前者是指在跨国公司体系两个经营单位之间定期支付债务净额的方法，后者是指在三个月或三个月以上经营单位之间定期支付债务净额的方法。

现举例对多边债务净额支付加以说明。假定在某跨国公司的净额支付期间，瑞士子公司欠英国子公司等值于 500 万美元的英镑，英国公司欠日本公司等值于 300 万美元的日元，则三个子公司相互间的债权债务关系经过彼此冲抵后，只要求瑞士子公司向英国子公司支付相当于 200 万美元的、某种预先商定的货币资金即可结清。在此期间，资金的总流量是 1100 万美元，资金的净流量为 200 万美元，彼此冲抵的资金流量为 900 万美元。可见，多边债务净额支付使支付数额和次数大为减少，达到了降低风险的目的。

2. 配平管理

配平（matching）是一种使外汇流入与流出在币种、金额以及时间上相互平衡的管理机制，即当存在一笔外汇曝露时，以相同货币或与该种货币有固定联系的货币，并以相等的数额和相同的期限，创造一笔流向相反的资金流量的方法。配平管理又可细分为自然配平（natural matching）和平行匹配（parallel matching）。前者是以同种货币创造反向流量的方法，如将某种特定的外币收入用于该货币的支出；后者是以有某种固定联系的货币创造反向流量的方法，它以收入、支出不是同一币种为特征，但这两种货币之间的汇率通常呈固定的或是稳定的正相关关系。

配平管理大大减少了在外汇市场上买卖外汇的必要性，在节约费用的同时又避免了外汇风险，使收付更加简单化。自然配平可完全保值，但必须以当事双方存在着币种、数额、期限相同的双向资金流动为前提。平行配平不受同种货币的限制，灵活性稍强，但即便是有固定联系的两种货币，对第三种货币即风险资金货币的上浮和下浮在幅度上往往不尽一致，因而平行匹配不一定能完全保值。

3. 提前与推后收付

提前与推后收付（leading & lagging）是指在国际支付中，通过预测计价货币汇率的变动趋势，提前或延期收付有关款项，即通过更改外汇资金的收付日期来避免外汇风险的方法。

提前和推后收付具有外汇投机的性质，因为它涉及在预期的基础上采取行动，以期获得风险收益。对外币应收款而言，若预测外币为硬货币，即该货币的汇率趋于上升时，经营者应推后收款，以期使既定的外币应收款在汇价上升后能换回更多的本币；若预测外币为软货币，即该货币的汇率趋于下跌时，经营者应提前收款，以避免外币应收款在汇价下跌后所能换回的本币减少的风险。对外币应付款而言，若预测外币为硬货币，经营者应提前付款，以避免在外币升值后付款时要支付更多本币的风险；若预测外币为软货币，经营者应推后付款，以期在外币贬值后用较少的本币换取外币用于支付。

4. 计价货币的选择与定价

计价货币（currency of invoicing）的选择直接关系到交易主体是否将承担汇价风险。计价货币一般是在本币、交易对方国货币和第三国货币间进行选择，但选择可自由兑换货币，有利于双方日后结算和转移汇价风险。通过计价货币选择来对付汇价风险时可遵循的原则是：（1）在本币与外币的选择上，应尽力争取使用本币计价结算。（2）在软硬货币的选择上，应争取用硬货币收汇而用软货币付汇。（3）可通过货币篮子，即多种货币的组合计价来对付汇价风险。

但是，上述原则特别是前两个原则在实际运作中往往受到一些因素的制约。例如，本币若是不可自由兑换货币，往往难以被对方接受，且按照国际惯例，黄金、石油等大宗交易均以美元计价，本币计价愿望难以实现。又如，软硬货币的选择要受到交易意图、市场需求、商品质量、价格条件等因素制约，可能出现收汇不得不用软币而付汇不得不用硬币的情形。为此，经营者可以通过价格调整即定价（pricing）的方法加以弥补。

定价是指通过提高或压低商品价格来避险保值的一种方法。它有两种情形：（1）加值保值法。它是指在出口交易中，出口商接收软币价格成交时，可设法提高出口商品的价格，将计价货币选择上的损失摊入出口商中，以转嫁汇价风险。（2）压价保值法。它是指在进口交易中，进口商在接受硬货币成交时，可设法降低进口商品的价格，将汇价变动可能造成的损失从进口商品价格中剔除，以转嫁风险。

加价保值法的计算公式是：

加价后出口商品总价值＝原出口商品总价值×（1+计价货币贬值率）

压价保值法的计算公式是：

压价后进口商品总价值＝原进口商品总价值×（1−计价货币升值率）

5. 资产负债管理

资产负债管理（asset and liability management）技巧是指根据汇价走势的预测，对资产和负债的各个项目进行调整以对付汇价风险的一种方法。具体而言，对于硬货币的资产负债项目，应增加资产项目的数额而减少负债项目的数额；对于软货币的资产负债项目，应增加负债项目的数额而减少资产项目的数额。

6. 预测运营风险并进行经济风险管理

对运营风险进行管理是为了通过预测外汇汇率的变化减少其会给企业现金流带来的不利影响，而预测汇率变动并进行套期保值是十分复杂的，企业管理者既需要能判断汇率变动的形势，还要能够准备好最好的应对之策。企业对经济风险的管理还包括一些其他的方法：

第一，在营销策略上进行改变。考虑弹性即销售数量对于销售价格变动的变化情况后，再来制定新的定价策略，如果弹性大于1，那么说明降低价格是可以提高总收益的，应该采取降价的策略，而当弹性小于1时，降低价格不会提高总收益，所以不应该采取降价的策略。同时，汇率变动是长期还是短期也应该被纳入考虑范围，如果是短期的汇率变动，企业可以选择承担短期内带来的汇率损失，保证原有的定价结构并积极占领市场；面临长期的汇率变动时，企业可以采取应对措施，从弹性的角度来进行价格的调整与制定。

第二，寻找新的生产供给。当汇率发生巨大改变的时候，企业也可以通过将整个的或者是部分的产业转移到自己具有相对竞争优势的地区，尽可能地减少成本、控制风险，如更换新的生产供给来源，然后着重于自己的生产环节。当然了，这样的决策需要时间与一定的成本进行规划和实施，比较适用于长期的汇率波动的情况。

第三，主动建立头寸。一般来说，影响着股东权益的现金流的波动来自于汇率的波动，而这样的负面影响在理论上是可以通过金融市场的操作来抵消的，例如通过对汇率的预测来主动建立头寸，但是这样的方法的缺陷在于难以准确预测汇率变动的幅度与时间。

（三）外汇风险管理的外部技巧

外汇风险管理的外部技巧是指经营者利用外部经营机构来避险保值的方法。其中，使用得最广泛的外部技巧是外汇市场方法，即通过外汇市场上的外汇交易来对付外汇风险的方法。外汇交易在本章第二节有专门介绍，这里仅简要分析外汇市场方法以外的其他主要外部技巧。

1. 短期借款

短期借款技巧是指通过在货币市场上借款来对付汇价风险的方法。这种技巧与远期外汇市场套期保值相类似，一方面，它也涉及一项合同和为实现该合同的一项资金来源，只不过合同是一项借款协议而不是远期外汇合同；另一方面，它也涉及成本问题，只不过其成本是由利率差异决定，而不是由远期汇水的升水或贴水决定。因此，短期借款技巧又称货币市场套期保值（money market hedge）。当经营者有一笔远期外币应收款时，可先在货币市场上按境外利率借入一定数额的该项外币（借入外币的数额加上其利息应刚好等于外币应收款的数额），随即在即期外汇市场上兑换成本国货币进行投资（投资收益率按本国货币利率计算）。在外币应收款到期时，经营者将收回的外币应收款用于偿还外币本息，同时收回本币投资的本息。同样，当经营者有一笔远期外币应付款时，可先从本国货币市场借入一定数额的本国货币，随即兑换成外币投资于国际货币市场（投资收益率按外币的境外利率计算），使其投资资本金和收益之和刚好与外币应付款相等，并用于偿付该外币应付款。在上述技巧中，短期借款是同即期交易和投资一起发挥作用的，故短期借款技巧或货币市场套期保值又称 BSI（borrow-spot-invest）法，即借款、即期和投资三个英文单词第一个字母的缩写。

例如，假定 IBM 公司有一笔 90 天的 100 万瑞士法郎应收款，其所面临的汇率和利率行情是：即期汇率为 USD/CHF 0.9550/70，3 个月境内美元年利率为 8.00% ~ 8.25%，3 个月境外瑞士法郎年利率为 9.75% ~ 10.00%，则 IBM 公司可用 BSI 方法对该应收款进行避险保值。首先，IBM 公司在境外货币市场上借入 97.5610 万瑞士法郎，期限为 90天，利率为 10.00%，这样到期利息为 2.4390 万瑞士法郎，到期应付本息正好为 100 万瑞士法郎；其次，将借入的 97.5610 万瑞士法郎即期换成 101.945 万美元（即期汇率为 USD1 = CHF 0.9570），并按 8.00% 的境内美元利率投资 90 天，到期可得投资收益 2.039万美元。这样，IBM 公司在第 90 天时，可用 100 万瑞士法郎的应收款偿瑞士法郎借款本息，同时得到投资本息 103.984 万美元（101.945 万美元+2.039 万美元）。

值得指出的是，利用短期借款技巧或货币市场套期保值的一个前提条件是资金借贷的渠道必须顺畅，政府对这种性质的金融交易不采取管制措施。在有效的金融市场上，货币市场套期保值和远期外汇市场套期保值的结果是相同的，因为远期货币的升、贴水实际上含有两种货币的利率差异。

2. 贴现、保收和福费廷

贴现（discounting）在外汇风险管理中是指外汇票据贴现，即通过对外汇票据应收款贴现来对付汇价风险的一种方法。其具体步骤是经营者先将外汇票据应收款拿到银行或其他金融机构（如贴现公司）贴现以取得现汇，然后将现汇在即期外汇市场上兑换成本币进行投资，由此消除汇价风险。贴现和前述借款技巧均有借贷性质，但两者的区别也较明显：（1）借款一般是针对银行而言的，贴现既可针对银行，可也针对其他金融机构进行；（2）借款是在到期时付息，而贴现在交易开始时付息，故贴现类似于通过抵押放款方式获取资金，而不仅仅是一般的借款。

保收（factoring）是指通过保收机构的保收业务来对付汇价风险的一种方法。经营者首先将外汇应收款单据交由保收公司保收，保收公司在扣除保收成本后支付给经营者相应数额的现汇，经营者将该现汇及其转换成的本币并用于投资，以消除汇价风险。

福费廷（forfeiting）是指在延期付款的大型设备贸易中，出口商把经过进口商承兑的中长期远期汇票无追索权地向出口商所在地的银行或大金融公司贴现，以便提前获得资金并最终消除汇价风险的一种方法。简言之，它是通过福费廷机构（forfeiter）买单来对付汇价风险的一种方法，俗称"包买"。出口商通过福费廷交易，使其与进口商之间的信贷交易转变为现金交易，既有利于出口商融资和周转资金，又有利于出口商转嫁外汇风险。

贴现、保收和福费廷均是经营者借助外部经营机构来避免汇价风险的外部技巧，其基本运作机理类似，即均是通过外部金融机构将远期外汇应收款转为现汇，随即兑换成本币进行投资。但三者的区别也是明显的：（1）贴现主要用于短期应收款，而保收和福费廷主要用于中长期应收款；（2）贴现有追索权，而保收和福费廷一般没有追索权；（3）相应地，贴现业务的付费较之于保收和福费廷的付费要低，但经营者从事贴现后仍可能遭受外汇票据拒付的风险，而经营者通过保收和福费廷业务可最终避免汇价波动及债务人偿还能力的风险影响。保收和福费廷的主要区别在于：前者主要用于非资本货物，而后者主要用于资本货物。

◎ **本章思考题**

一、名词解释

外汇市场　银行间外汇市场　交易所外汇市场　外汇头寸　外汇多头　外汇空头　即期外汇交易　远期外汇交易　升水　贴水　掉期外汇交易　掉期率　择期远期交易　套汇交易　套利交易　外汇期货交易　外汇期权　期权价格　外汇风险　外汇曝露　外汇交易风险　外汇转换风险　外汇经营风险

二、问答题

1. 简述外汇市场的作用。
2. 外汇风险的种类有哪些？其主要区别何在？
3. 即期外汇交易是如何报价的？
4. 什么是掉期率远期报价？掉期率的表达方式与货币升、贴水的关系如何？
5. 择期远期交易中汇率的确定规则是什么？
6. 简述外汇期货合约的基本要素。
7. 简述外汇期货交易中的保证金制度。

8. 什么是期权价格？影响期权价格的主要因素有哪些？

9. 简述外汇期权交易双方损益的非对称性。

10. 试比较分析外汇远期交易、外汇期货交易和外汇期权交易的异同。

11. 换算曝露额的换算方法有哪些？

12. 什么是外汇风险管理战略？它有那些具体类型？

13. 外汇风险管理的内部技巧有哪些？其各自含义是什么？

14. 货币市场短期借款技巧与远期外汇市场套期保值有何区别和联系？

15. 试比较分析贴现、保收和福费廷的异同。

第三章 | 汇率制度和外汇管制

汇率制度（exchange rate regime），又称汇率安排，是指一国货币当局对本国汇率变动的基本方式所做的一系列安排或规定。其主要内容包括确定汇率的原则和依据、汇率波动的界限、维持和调整汇率的措施以及相应的管理法规和机构等。传统上，汇率制度可分为固定汇率制与浮动汇率制，但是由于固定汇率制与浮动汇率制的优劣之争始终难分高下，因此实践中由固定汇率制和浮动汇率制派生出众多的"中间汇率制度"，从而引发了理论上有关汇率制度选择的热烈讨论。本章首先介绍汇率制度的类型、固定汇率制与浮动汇率制的优劣之争和汇率制度选择的理论探讨以及人民币汇率制度问题，然后分析和讨论与汇率制度相关联的外汇管制问题。

第一节　汇率制度的变迁与类型

一、国际汇率制度的历史变迁

按照汇率变动的幅度，汇率制度可以被分为两大类型：固定汇率制（fixed exchange rate system）和浮动汇率制（floating exchange rate system）。其中，固定汇率制是指现实汇率受平价的制约，只能围绕平价在小范围内上下波动的汇率制度，即在这种汇率制度下，各国货币间保持固定比价，允许市场汇率围绕中心汇率（固定比价）上下自由波动，但波动被限制在一定的幅度之内，而且政府有义务采取措施来维持所规定的波幅。而浮动汇率制是指现实汇率不受平价的限制，随外汇市场供求状况变动而波动的汇率制度。在这种汇率制度下，各国货币间不再规定固定比价，汇率决定于外汇市场的供求；同样，也不再规定市场汇率的波动幅度。因此，政府也就没有维持汇率波幅的义务。

从历史发展上看，自 19 世纪末西方各主要国家实行金本位制以来，一直到 20 世纪 70 年代初期布雷顿森林体系崩溃，国际汇率制度基本上属于固定汇率制。在此之后，世界主要工业国实行的是浮动汇率制，与此同时，众多的发展中国家以及新兴市场经济国家仍然实行固定汇率制以及由固定汇率制和浮动汇率制派生出的各种"中间汇率制度"。

（一）　金本位制下的固定汇率制

19 世纪末 20 世纪初，西方主要国家通行金本位制。在金本位制下，黄金是本位货币，各国货币之间的比价以含金量为基础，每对货币汇率的法定平价由它们之间的铸币平价决定，市场汇率的波动以黄金输送点为界限。黄金输送点和铸币平价之间的差异取决于黄金在国际上运送的各种费用。因此，金本位制下的国际汇率制度是典型的固定汇率制。

金本位制下的固定汇率制有如下两个主要特点：（1）汇率围绕铸币平价上下波动，波动幅度很小。（2）汇率的波动幅度是自动即不是靠人为措施维持的。只要外汇市场上外汇汇率超过了黄金输出点，本国的对外债务人（如进口商）将以黄金而不是外汇来支付对外债务。所以，在金本位制下，外汇市场上外汇的需求可能会超过外汇供给，使外汇汇率高于铸币平价，但由于黄金可以在国际上自由移动，对外汇的需求不可能超过外汇供给太多以至外汇汇率超过黄金输出点。与此类似，只要外汇市场上外汇汇率低于黄金输入点，本国的对外债权人（如出口商）将以输入黄金而不是外汇的方式了结对外债权。这样，在金本位制下，外汇市场上外汇供给可能会超过需求，使外汇汇率低于铸币平价，但不可能低于黄金输入点。

（二）　布雷顿森林体系下的固定汇率制

第二次世界大战结束前夕，布雷顿森林会议通过国际货币基金协议，建立了以美元为中心、以固定汇率制为基础的国际货币体系，规定 1 美元含金量为 0.888671 格令，以及 1 盎司黄金为 35 美元的官价；其他国家货币与美元保持固定比价，同时还规定汇率波动上下幅度各为 1%。当一国货币波动幅度接近限幅时，该国政府有义务干预市场，稳定汇率。当一国国际收支发生根本性不平衡时，各国保留改变平价的权利，但原则上需经国际货币基金组织同意。

例如，1946 年英镑含金量为 3.58134 格令，美元含金量为 0.888671 格令，则英镑对美元的黄金平价是：

$$1 \text{ 英镑} = \frac{3.58134}{0.888671} = 4.03 \text{ 美元}$$

这是英镑对美元汇率的基础或官方汇率。根据汇率波动上下限 1% 的规定，英镑对美元汇率波动幅度为：

上限：1 英镑 = 4.0703（4.03+0.0403）美元

下限：1 英镑 = 3.9897（4.03−0.0403）美元

当英镑对美元汇率接近上限或下限时，英格兰银行就要在外汇市场上抛售英镑，买进美元，或者买进英镑，抛售美元，进行干预，使英镑对美元的汇率稳定在上下限幅度之内。

由此可见，布雷顿森林体系下的固定汇率制具有两个显著特点：（1）"双挂钩"，即美元与黄金直接挂钩，各国货币与美元挂钩。这种"双挂钩"使美元享有与黄金等同的特殊地位。（2）从理论上说，它是一种"可调整的钉住汇率制"（adjustable peg exchange rates），兼有固定汇率和弹性汇率的双重特点。在一般情况下，汇率基本稳定，外汇市场波动不大，类似于金本位制下的固定汇率制；而在国际收支出现根本性失衡时，相关国家可以对货币平价进行必要的调整，又类似于弹性汇率制。不过，由于国际货币基金组织对什么是国际收支的根本性失衡并未作出明确解释，所以，调整平价的时候很少，其间只有法国法郎在 1956 年和 1958 年两度贬值，联邦德国马克在 1961 年和 1969 年几度升值。所以，尽管布雷顿森林体系下汇率波动的幅度远远大于金本位制下汇率波动的幅度，但相对于千变万化的外汇市场而言，它无疑仍然是比较稳定的固定汇率制。

在固定汇率制下，汇率的稳定不仅减少了汇率风险，而且有利于成本和利润的核算，从而对世界经济贸易的稳定和发展，起到了一定的积极作用。但是，进入 20 世纪 60 年代以后，美国在频繁的经济危机和货币危机冲击下，经济实力下降，经济增长缓慢，国际收支持续逆差，美元地位削弱。虽然采取了一系列补救措施，但固定汇率的维持却日益困难。20 世纪 70 年代起，美元先后两次贬值，终于导致第二次世界大战后维持 20 多年的固定汇率制于 1973 年宣告垮台。

（三）20 世纪 70 年代以来的浮动汇率制

1973 年 3 月以后，以美元为中心的固定汇率制不复存在，而被浮动汇率制所取代。在浮动汇率制度下，各国原来规定的货币法定含金量或与其他国家订立的纸币黄金平价不再起任何作用了，也不再规定汇率上下波动的幅度，一国国际收支状况所引起的外汇供求变化是影响汇率变化的主要因素。1976 年 1 月，在牙买加召开的国际货币基金组织临时委员会会议上，一致通过了基金章程的第二次修正案，达成了《牙买加协定》，批准了浮动汇率制度。由此，国际汇率制度正式进入浮动汇率制度时代。

不过，20 世纪 70 年代以后的浮动汇率制并非像金本位制下固定汇率制以及布雷顿森林体系下可调整的固定汇率制那样是一个基本统一和完整的国际汇率制度。实际上，在主要发达国家实行浮动汇率制的同时，仍然有许多国家实行传统的钉住汇率制度，或者其他由固定汇率制和浮动汇率制相结合而衍生出来的汇率制度，即所谓"中间汇率制度"。具体表现为：（1）实行独立浮动汇率制度，包括美国、欧盟、日本和部分新兴市场经济体；（2）实行固定汇率制度，包括货币局制度和传统钉住汇率制度，以及已经取消法定货币的国家，如欧盟内部、发达国家前殖民地和实行美元化的国家；（3）实行中间汇率制度，即各种介于固定汇率与浮动汇率中间的安排，包括爬行钉住、区间内浮动和管理浮动制等，这是多数发展中国家的选择。所以，20 世纪 70 年代以来的国际汇率制度实质上是一种以浮动汇率制为主的混合汇率制度。

二、汇率制度的类型

目前在汇率制度的分类方法上有两种观点：一是国际货币基金组织根据一国中央银行公开宣称的汇率制度所进行的法定分类；另一种国际学术界根据一国实际上实施的汇率制度所进行的实际分类。下面主要介绍国际货币基金组织的法定分类方法。

（一）国际货币基金组织 1999 年的分类

1999 年国际货币基金组织把成员国所实行的汇率制度分为以下类型：

第一，固定汇率制，包括无独立法定货币的汇率安排和货币局制度两种。这两种汇率制度的共同特点是：汇率相对固定，但在无独立法定货币的汇率安排中，汇率对内绝对固定，对外浮动。在货币局制度下，其汇率是完全固定的。

第二，自由浮动汇率制度，即单独浮动。在这种汇率制度下，货币当局对汇率只是偶尔进行干预，但不加以控制，汇率完全浮动。

第三，中间汇率制度，这种类型的汇率制度介于完全固定汇率和完全浮动汇率之间，因此它们被统称为"中间汇率制"。包括其他传统固定钉住制、水平调整的钉住、爬行钉住、爬行区间浮动和不事先公布干预方式的管理浮动等。这些汇率制度的共性是：都是在政府控制下，汇率在一个或大或小的范围之内变化，它们之间并没有本质的区别。

（二）国际货币基金组织 2009 年的分类

2009 年国际货币基金组织对汇率制度又进行了重新的划分，具体分为了四大类，共包括 10 种类目，具体如表 3-1 所示。

表 3-1　　　　　　　　　　　　汇率安排分类

种类	类目				
硬钉住	无独立法定货币的汇率制度	货币局制度			
软钉住	传统的固定钉住	平行钉住	稳定制度	爬行钉住	类似爬行制度
浮动汇率	浮动汇率	自由浮动			
其他安排	其他管理制度				

资料来源：IMF. Annual Report on Exchange Arrangements and Exchange Restrictions, 2014.

1. 无独立法定货币的汇率制度（no separate legal tender）

指一国采用另一国货币作为唯一法定货币，或者成员国属于货币联盟，共有同一法定货币，包括美元化和货币联盟。这种制度分类在 1999 年是基于无独立法定货币而进行的，而新的分类则是基于共同货币的行为。

2. 货币局制度（currency boards）

指本国货币通过一个固定比例与在经济上和其关联程度较密切的另一国货币可兑换，所发行的货币保证完全以外汇储备作为后盾，以使货币局制度下的国家负债具有足够的信用保证。这一制度可以取代传统中央银行的一些功能，如货币控制和最后贷款人，从而缩减它们货币政策的决策空间。当然，根据货币局制度对银行限制的严格程度，另一些权限也会相应放宽。

3. 传统钉住（conventional pegs）

指一国通常会以固定汇率钉住另一国货币或者一揽子货币，而被选定的货币或一揽子货币需要向国际货币基金组织公开或告知。这些国家当局可以通过直接或间接干预来保持汇率的稳定。官方承诺的这一汇率虽不是一成不变，但是其波动需要符合以下条件：汇率围绕中心汇率的浮动幅度应小于1%，或者在即期市场汇率的最大值和最小值相差小于2%，并持续至少6个月。

4. 稳定安排（stabilized arrangements）

指在即期市场上汇率应在至少6个月时间里维持在2%的波幅范围内（除个别的异常值）。所谓稳定的浮动区间是相对于指定货币或者一揽子货币而言，其中锚货币或者一揽子货币是通过统计技术确定的。稳定安排要求汇率统计是符合统计标准的，而且政府行为可以维持汇率稳定。但这种制度分类并不代表国家当局的政策承诺。

5. 爬行钉住（crawl）

指汇率可以在一个固定汇率上进行小幅调整，也可以是对相应的定量指标做出相应的调整，这些定量指标包括和主要贸易伙伴间过去的通胀差异，或者在主要贸易伙伴间通胀目标和通胀预期之间的差异。爬行汇率可以形成一个与通胀相适应的汇率，或者预设一个低于预期通胀差异的固定汇率。而汇率安排的条件和指标需要向国际货币基金组织公开或告知。

6. 类似爬行制度（crawl-like arrangements）

指在一个统计识别趋势上汇率波动需维持在2%的波幅范围内（除个别的异常值），并持续至少6个月的汇率制度，但这种汇率安排并不是浮动的。一般而言，这种波动的最小值是大于稳定安排规定的波幅。如果汇率以充分单调或连续的方式升值或贬值，且其年化率的波动不小于1%，才能被定义为类似爬行制度。

7. 平行钉住汇率制度（pegged exchange rate within horizontal bands）

指允许货币价值围绕一个中心汇率波动时波动范围不低于1%，或者汇率的最大值和最小值相差超过2%的汇率政策。这种汇率制度下的国家需要将中心汇率和浮动范围向国际货币基金组织公开或告知。

8. 浮动制度（floating arrangements）

浮动汇率指由市场决定但难以预测波动趋势的汇率。在浮动制度下，汇率的波动并非由政府行为导致，但又满足固定汇率制度或爬行钉住汇率制度下汇率波动的特征。直接或间接的外汇市场干预可以减少汇率的波动，但如果设定一个固定汇率，就会与浮动汇率制度的要求相违背。浮动制度对汇率波动的影响取决于影响经济冲击的大小。

9. 自由浮动（free floating）

指政府干预仅仅是偶尔发生，且旨在处理无序的市场条件，并且政府当局能提供信息和数据来证实这些干预在过去 6 个月被限制在 3 次以内，且每次都不超过 3 个工作日。一旦这些资料没有递交给国际货币基金组织，那么其汇率就会归类于浮动汇率政策。

10. 其他管理安排（other managed arrangements）

是对汇率制度的查漏补缺，货币当局政策波动无规律的汇率制度都属于这种类型。

（三）国际货币基金组织成员国（地区）汇率制度选择的具体情况

表 3-2 显示了 2008—2014 年国际货币基金组织成员国（地区）汇率制度选择的具体情况。

表 3-2　　　　　　　**2008—2014 年 IMF 成员国（地区）汇率制度选择情况**

汇率制度	2008 年	2009 年	2010 年	2011 年	2012 年	2013 年	2014
硬钉住	23	23	25	25	25	25	25
无独立法定货币	10	10	12	13	13	13	13
货币局制度	13	13	13	12	12	12	12
软钉住	75	65	75	82	75	82	83
传统钉住	42	42	44	43	43	45	44
稳定制度	24	13	24	23	16	19	21
爬行钉住制度	5	5	3	3	3	2	2
类似爬行制度	2	1	2	12	12	15	15
平行钉住	2	4	2	1	1	1	1
浮动汇率制度	75	79	68	66	66	65	65
浮动	38	46	38	36	35	35	36
自由浮动	37	33	30	30	31	30	29
其他管理制度	15	21	21	17	24	19	18

说明：1. 表中包含了 IMF188 个成员国和 3 个地区：阿鲁巴岛、库拉索岛和圣马丁岛，以及香港特别行政区（中国）。

2. 本表中成员国（地区）数量的界定是根据 IMF 当年的年报统计结果确定的，因此科索沃（2009 年 6 月 29 日加入 IMF）、图瓦卢（2010 年 6 月 24 日加入 IMF）和南苏丹（2012 年 4 月 18 日加入 IMF）需根据加入 IMF 的时间对统计数据进行调整。

资料来源：IMF. Annual Report on Exchange Arrangements and Exchange Restrictions，2014.

从表 3-2 中可以看出，自 2008 年以来，选择硬钉住的国家（地区）数量基本保持稳定，而采用软钉住汇率制度的国家（地区）受到资本流动波动的影响，对汇率制度总会进行调整，例如，2011 年至 2012 年，选择软钉住的国家（地区）数量减少，而在 2013 年后该数值开始上升并达到一个历史最大值。

在软钉住制度中，调整最频繁的是稳定制度下的国家（地区），以 2013 年至 2014 年的数据为例，采用稳定制度的国家（地区）的数量一年之内发生了 12 次变化，而究其原因主要是由于外部环境变化使得这些国家（地区）调整了其原有的汇率制度，这些外部因素包括各国（地区）通胀率差异、资本流动压力和世界贸易的新趋势等。而采用类似爬行制度的国家（地区）数量自 2008 年以来有着明显的上升趋势。这一趋势反映了在应对全球金融危机时，很多国家（地区）会面临稳定汇率的巨大压力，此时货币当局会不断加强市场干预，通过采取相应的应对措施，如外汇储备管制等，导致汇率制度在连续一个时期内发生较大的波动，而这些国家（地区）并未及时向国际货币基金组织报备汇率制度的变更，因而更多的国家（地区）被归类于类似爬行钉住汇率制度。

从整体走势来看，选择软钉住汇率制度的国家（地区）数量是不断增加的，选择浮动制度的国家（地区）数量则有减少的趋势，说明在宏观经济态势波动下，更多的国家（地区）需要政府对汇率进行干预，从而应对多变的全球经济市场。

（四）硬浮动汇率制度和软钉住汇率制度

法定分类法的特点是以各国官方所宣称的汇率制度作为分类的依据。国际货币基金组织每年都要编制《汇率安排和外汇管制年报》，该报告的一项重要内容就是汇总各个成员国所公开宣称的汇率制度。

但是，各国官方公开宣称的汇率制度与其实际上所实行的汇率制度之间经常存在差异。例如，许多名义上宣称实行浮动汇率制度的国家，由于频繁地干预外汇市场，以至于使得这些国家事实上的汇率制度与钉住汇率制度没有太大的区别，这种浮动汇率制度被称为硬浮动汇率制度。

相反，那些宣称实行钉住汇率制度，同时又有通货膨胀倾向的国家，由于常常实行与固定汇率制度不相符的货币贬值政策，使得这些国家的汇率制度事实上更类似于有弹性的汇率安排，这种钉住汇率制度被称为软钉住汇率制度。

第二节　固定汇率制与浮动汇率制的优劣争论

究竟是固定汇率优越，还是浮动汇率优越？这是国际金融理论领域一个长期以来争论不休的问题。布雷顿森林体系崩溃之后，各国普遍实行了浮动汇率制度，但是这一争论不仅没有停止，反而比以前更加激烈。

一、浮动汇率制的优越性

早在 20 世纪 50 年代初期，美国经济学家弗里德曼就主张用浮动汇率取代固定汇率。他提出这一政策主张的主要理由是，与固定汇率相比，浮动汇率具有较高的市场效率，并且可以使一国获得政策利益。另外，在浮动汇率下必然产生的投机行为，是一种有助于浮动汇率稳定的积极力量，而不是一种具有破坏性的消极力量。下面就据此展开说明浮动汇率制的优点。

（一）浮动汇率的市场效率

1. 浮动汇率下的调节成本低于固定汇率下的调节成本

在固定汇率下，当一国国际收支失衡时，必须通过调节国内各种市场的价格来恢复国际收支均衡。而在浮动汇率下，当一国国际收支失衡时，只需通过汇率的变动就可以使国际收支恢复均衡。因此，这两种汇率制度下的调节变量是存在着明显差异的。调节变量的差异意味着调节成本的差异，调节一个变量所需要的成本显然要少于调节多个变量所需要的成本。所以，浮动汇率下的调节成本低于固定汇率下的调节成本。

2. 浮动汇率下的调节时间短于固定汇率下的调节时间

在固定汇率下，多个变量和多个市场的调节需要较长的时间才能完成，这是因为多个变量的信息收集需要时间，各种变量之间的信息传递与反馈需要时间，各种市场调节过程的协调动作需要时间，调节出错的纠正也需要时间。而在浮动汇率下，一个变量与一个市场的调节可以在很短的时间内完成，有时甚至可以在一瞬间完成。

3. 浮动汇率下的调节方式优于固定汇率下的调节方式

在固定汇率下，国际收支的调节不仅需要某种强制性，而且还是十分僵硬的。国际收支调节的强制性根源于国内价格体系的刚性，如工资下调的刚性等，在这种情况下，如果没有政府行政力量的强制性干预，调节的目标就可能无法实现；国际收支调节的僵硬性产生于国内的很多调节变量无法进行连续微调的事实，这不仅因为存在着工资下调的刚性，包括国内利率、各种资本品和消费品在内的整个价格体系实际上也是不能够随时进行调整的，它们总是在国际收支均衡被破坏到一定程度，以至于不对其进行调节就会引起整个经济运转失灵的时候才被迫进行调整，这样的调整势必具有幅度较大并且较为突然的特征，因而很容易引起经济的急剧波动。而在浮动汇率下，国际收支的调节是自动与柔性的。所谓自动是指，在浮动汇率下，只要一国的国际收支出现了失衡现象，汇率就会自动地升值或者贬值，任何强制性的行政干预都是多余的；所谓柔性是指，在浮动汇率下，汇率可以根据一国国际收支的变动情况进行连续的微调而避免经济的急剧波动。

4. 浮动汇率下的调节结果优于固定汇率下的调节结果

在固定汇率下，尽管一国可以通过调节其国内的各种经济变量来实现国际收支均衡，但由于汇率本身具有在一定时期内不可调整的特点，因而随着本国与外国经济状况发生变化，就必然会出现本国货币汇率高估或低估的情况，其结果不是造成本国的过度进口，就是造成本国的过度出口，而这都将意味着本国比较利益的丧失。而在浮动汇率下，一个均衡汇率的出现反映了一国外汇供求之间一种均衡关系的建立。就一国的外汇供给来源于其有效出口，而外汇需求又取决于它的有购买力的进口而言，外汇供求的平衡也就意味着该国进出口的平衡。并且，就有购买力的进口依赖于有效的出口这一点来说，一种能够保证该国有效出口的均衡汇率的出现，也就同时意味着该国在国际分工与贸易中的比较利益的实现。换言之，浮动汇率的优点就在于它能够促成一种可以使一国顺利实现其比较利益的均衡汇率的形成。如果不是这样，那么浮动汇率下的调节还将继续下去。尽管资本流动会对这种均衡的形成产生一定的干扰，但由于一国国际收支均衡归根结底是由经常项目决定的，所以，资本项目的工人只能导致汇率在一段时间内偏离均衡汇率，却不能从根本上改变这样的调节规律及其结果。

（二）浮动汇率的政策利益

1. 保证经济政策的独立性

实行浮动汇率可以使一国经济免受外国经济波动的影响，也就是说，在浮动汇率下，各国的国内经济政策可以是独立的，即各国可以通过独立地制定本国经济稳定与发展的政策，来实现充分就业与物价稳定等政策目标，一切来自外部的冲击和干扰都可以通过汇率的浮动来缓冲或排除。

2. 增强经济政策的有效性

在浮动汇率下，财政政策或货币政策对实际收入和就业水平的影响要大于它们在固定汇率下的影响。蒙代尔-弗莱明模型也表明，在浮动汇率下，无论资本流动情况如何，货币政策的收入效应都要比固定汇率下来得更大；至于财政政策的收入效应，在没有资本流动的情况下，同样比固定汇率下更大，在资本有限流动的情况下则具有不确定性，只有在资本完全流动的情况下才小于固定汇率。另外，这两个模型都表明，具有扭曲效应的直接管制政策在浮动汇率下是完全无效的。总之，浮动汇率使一国经济政策的效应放大了。政策效应的放大意味着一国政策收益的增加，即在政策成本不变的条件下，浮动汇率的政策收益大于固定汇率的政策收益，而在政策收益相同的条件下，浮动汇率下的政策成本小于固定汇率下的政策成本。

3. 扩大经济政策的选择性

由于各国经济发展水平与经济结构的差异，各国在实现经济稳定与经济发展的做法上必然是不尽相同的。例如，在失业与通货膨胀的替代上，有些国家偏好较低的失业率，而宁愿忍受较高的通货膨胀率；有些国家则偏好较低的通货膨胀率，而宁愿忍受较高的失业率。但是，这种具有个性的政策偏好在固定汇率下是不可能存在的。这是因为，在固定汇率下，各国的汇率一旦确定，就必须在一个相当长的时间里保持不变，这样，无论是从购买力平价还是从利率平价来看，由于汇率保持不变，所以本国价格与外国价格、本国利率与外国利率都必须相等，本国任何不同于外国的通货膨胀率都是不允许的，否则就破坏了汇率的稳定性。然而，固定汇率的这一缺陷在浮动汇率下将不复存在，因为各国政策当局现在可以借助于汇率的调整，来维持一种相对高于或低于外国的通货膨胀率，从而保证本国经济的稳定与发展。

4. 强化经济政策的纪律性

在固定汇率下，各国政策当局经常滥用汇率政策，这在发展中国家表现得尤为明显。例如，当一个发展中国家为加快本国的工业化而需要大量进口资本品时，往往会故意降低本国的汇率水平，以便减少进口成本。然而这种人为高估本币的做法容易造成进口过度、外汇供给短缺与国际债务状况迅速恶化的严重后果，对本国经济的健康发展有百害而无一利。发展中国家另一种滥用汇率政策的现象是，那些急于通过增加出口来提高本国收入水平的国家，常常通过人为提高本国汇率即让本币贬值的方法来实现这样的目的。然而这种做法同样是极其危险的，因为这会引起过度出口，在马歇尔-勒纳条件不能满足的情况下，过度出口只会恶化本国的贸易条件。在浮动汇率下，这些滥用汇率政策的做法就难以发生了，因为政策当局任何脱落实际的汇率政策都将被浮动汇率下的市场力量所纠正而使其归于徒劳。

5. 提高经济发展的自由化程度

在固定汇率下，一国政策当局为了维持汇率的稳定，不仅需要经常对外汇市场的供求关系进行干预，有时甚至还要采取非常严厉的外汇管制政策。所有这样的干预，不仅需要很高的干预成本，而且还会导致严重的经济扭曲，以及因为缺乏自由选择而引起的经济活力的下降。相反，在浮动汇率下，则不需要这些人为的政府干预，这不仅可以降低社会成本（包括政府干预本身所需要的成本、由干预造成的经济扭曲所引起的成本以及纠正干预错误所产生的成本），而且也有助于经济的自由化，而经济的自由化正是一国经济活力与创新的源泉所在。

（三）浮动汇率下的投机

浮动汇率下的投机活动频繁容易引起外汇市场的剧烈波动，这是许多经济学家仍然反对实行浮动汇率制的一个重要原因。但是主张浮动汇率制的经济学家则认为，平均来说投机是稳定的，因为反稳定的投机将使投机者不断蒙受损失，并将他们逐出外汇市场。具体来说，反稳定性的投机意味着投机者在外汇汇率上升时买入外汇，外汇汇率下降时卖出外汇，因此，如果投机是反稳定的等于是说投机者亏损，这种情况继续下去将使许多投机者破产。事实上，职业投机者通常都是盈利的，说明他们经常是在外汇汇率降低时买入外汇，在外汇汇率提高时卖出外汇，这表明投机具有稳定性。所以，浮动汇率下的投机不是扰乱了外汇市场的均衡，而是促进了外汇市场的均衡。

二、固定汇率制的优越性

许多经济学家仍然反对实行浮动汇率制度，并提出以下一些理由来证明浮动汇率是有害的，而固定汇率则是一种占优的汇率制度。

（一）较小的不确定性

经济生活中的不确定性，来源于经济变量的不断的变化，而浮动汇率恰恰就具有变化无常的特点。并且，由于汇率是一国参与国际经济活动的一种综合性变量，所以它的反复无常的变化不仅会影响外汇市场本身的均衡，而且还会影响到国际贸易、国际投资以及国际分工。浮动汇率的多变性不仅是因为存在着大量的市场投机活动，而且还因为一国所有内部经济变量与外部经济变量的变化都会导致它的变动，以至于人们根本无法像预期消费或储蓄等变量那样，可以借助于边际消费倾向或边际储蓄倾向等分析工具，来预期收入增加或减少之后的消费或储蓄的变动。浮动汇率所具有的这种多变并且又难以预期的特点，导致了它的较大的不确定性。相比之下，固定汇率下的汇率变动不是每时每刻都在进行的，至少在一个可预期的周期内它是稳定的，所以，固定汇率下具有较小的不确定性。

对于这一点，浮动汇率的倡导者们并不承认。他们认为，在真正的固定汇率制下（如金本位制下的固定汇率），汇率总是保持稳定的，根本不存在汇率大幅度频繁变动的风险。但在可调整的钉住汇率制度（如美元本位制下的固定汇率）下，汇率的不确定性不一定小，甚至可能比浮动汇率下更大，只是性质不同而已。例如，由于可调整的钉住汇率制下的汇率常常是不均衡的，为了维持不均衡的汇率，政府随时可能因为外汇短缺而实施直接管制，并且管制措施的变动难以预料，诸如此类的不确定性同样不利于国际贸易和投资。又如，在固定汇率下，贸易商必须承受国内价格水平变动的风险，如两国价格水平之间联系密切，两国的物价通过进出口商品价格的变动很容易相互传递。而如果实行浮动汇率，则通过汇率变动就可以消除价格变动的影响，从而使经济生活的不确定性降低。

（二）稳定的投机性

赞成固定汇率制度的经济学家把外汇市场上的投机行为区分为两种，即稳定投机和反稳定投机，并认为浮动汇率会助长反稳定的投机，而固定汇率下产生的将是稳定的投机。这是因为：

第一，外汇市场上的投机与人们的预期有关。当经济周期进入繁荣阶段以后，人们通常会预期其将继续增长，而当经济周期进入衰退时期之后，人们通常又会预期其将继续萧条。因此，包括外汇市场在内的投机者，事实上并不是像浮动汇率倡导者所说的那样，在一种东西的价格最低时买入，然后在价格最高时卖出。而是相反，在价格上升并预期其还会继续上升时买入，在价格下跌并预期其还会继续下跌时卖出。

第二，在浮动汇率下，由于汇率是可变动的，因而人们将按照经济变动的方向来对汇率的变动做出预期，结果由此引起的外汇市场上的投机活动将导致汇率波动幅度的加大。在固定汇率下，由于汇率在一定时期内是保持不变的，因而人们尽管对经济预期是看涨或看跌的，但因为固定汇率的阻隔，对外汇市场上预期的价格变动并不像浮动汇率下那样强烈，这将使固定汇率下外汇市场上的投机活动变得相对温和与迟钝，其结果反而是降低了实际的汇率波动幅度。

对于这一论点，浮动汇率的倡导者们也提出了反驳。他们认为，在真正的固定汇率制度下，汇率平价和汇率波动的界限始终不变，投机肯定是稳定的。但在可调整的钉住汇率下则不然。因为在这种汇率制度下，当一国国际收支出现根本性不均衡时，可以改变汇率平价，对本国货币进行升值和贬值。所以，当一国面临严重的国际收支逆差时，国际储备不断流失，外汇汇率必然上升，在此种情况下外汇汇率下跌的可能性很小，汇率变动的方向完全在投机者的掌握之中。此时即使外汇汇率已经上升，投机者仍然会大量买入外汇，加重外汇汇率上升的压力。因此可以说，可调整的钉住汇率更容易导致投机活动，并对外汇市场产生反稳定作用。

（三）严格的价格纪律

固定汇率下的价格纪律要严于浮动汇率下的价格纪律，从而固定汇率下的价格水平也要比浮动汇率下的价格水平低。

第一，在浮动汇率下，国际收支不均衡至少在理论上可以自动地通过汇率变动立即加以纠正。由于一国国际收支能够经常保持均衡，没有国际收支逆差和国际储备流失的顾虑，所以政策当局比较容易实行膨胀性经济政策，价格纪律不复存在。而且如果一国因实行膨胀性经济政策而形成了通货膨胀，随着国际收支逆差的出现以及随之而来的本国货币的贬值，进口品价格必定上升，由此会带动价格水平进一步提高，从而形成通货膨胀的恶性循环。相反，在固定汇率下，由于汇率不可以随意贬值，一国若推行过度扩张的经济政策，势必引起国际储备的外流与资本的外逃，以至于最后还得通过紧缩性的经济政策来恢复经济的均衡。

第二，在浮动汇率下，一国货币汇率贬值将提高进口品的国内价格，进而带动整个价格水平的上升；当一国货币汇率升值时，由于当今世界普遍存在的价格刚性，价格水平并不下降，结果汇率变动的净效应是世界通货膨胀率的提高，这就是所谓的"棘轮效应"（ratchet effect）。不可否认，在可调整的固定汇率制下，货币贬值也倾向于提高贬值国的价格水平，货币升值由于价格刚性也不能降低升值国的价格水平。但是，在固定汇率制下，如果一国通货膨胀率高于外部世界，其货币面临贬值的压力，就要动用国际储备对外汇市场进行干预，而为了使本国的国际储备不至于枯竭，就必须约束本国的价格水平，降低通货膨胀率，使货币贬值的压力从根本上得以消除。这就是固定汇率制在约束各国通货膨胀方面所起的"锚效应"（anchor effect）。

第三，进一步的分析表明，与浮动汇率相比，固定汇率还具有内在稳定器的功能。在浮动汇率下，一国的收入增加或减少将因汇率的自动调节而被限制在国内，从而不是造成国内经济的膨胀，引起国内经济的衰退。而在固定汇率下，一国经济的繁荣或衰退，将导致其进口的增加或减少，进而引起收入的增加或减少。

对于上述批评，浮动汇率制的倡导者们的回答是：

第一，在浮动汇率下，本国价格水平的上升会立即反映到汇率的变动上，使外汇汇率上升，公众很容易察觉，这使得政府对实行膨胀性经济政策会有所顾虑。而在固定汇率下，国际储备的流失反而不容易为公众所察觉，所以政策当局不一定会比在浮动汇率下更加遵守价格纪律。事实是，如果公众或政府比较注重国际储备的变动，固定汇率制就具有较强的价格纪律；若比较重视汇率的变动，浮动汇率制就具有较强的价格纪律。

第二，在固定汇率下，要避免国际收支不均衡，一国价格水平的上涨就必须与其他国家相同，而这种物价上涨率很可能不是一国所愿意而且能够承受的。

第三，即使浮动汇率比固定汇率更容易导致通货膨胀，这也不是什么不得了的缺陷，相反，它是浮动汇率的一个重要优点，因为它可以使一国政策当局选择合意的通货膨胀率与失业率的组合，以实现经济目标。

第三节　汇率制度选择理论

有关汇率制度选择的理论探讨，一直是国际经济学领域的重要课题。20 世纪 50 年代对这一问题的探讨，主要集中在固定汇率制度与浮动汇率制度的优劣之争上。在固定汇率与浮动汇率孰优孰劣两相争执不下的情况下，蒙代尔（Robert A. Mundell, 1961）另辟蹊径提出了最优货币区理论，他认为，不能笼统而抽象地谈论汇率制度的优劣问题，而应当结合某种经济特征来讨论汇率制度的选择。随后，讨论的中心议题转移到汇率制度的选择与经济结构特征的关系上。20 世纪 80 年代，由于高通货膨胀在许多国家盛行，学术界又转而较多地关注汇率制度的选择与通货膨胀的抑制之间的关系，这导致了名义锚理论以及其他相关理论的风行。进入 20 世纪 90 年代以来，由于国际金融领域危机频繁爆发，特别是新兴市场经济体中货币危机与银行危机相互交织，因此，研究的焦点又转向了汇率制度的选择与金融危机的关系上。由于对金融危机的成因有不同的认识，因而对于新兴市场经济体究竟应该选择何种汇率制度也就存在比较大的争论。

一、经济结构决定论

美国经济学家海勒（Heller, 1978）较早注意到一国汇率制度选择与该国经济结构之间的关系。他认为，一国汇率制度的选择主要是由下列因素决定：经济开放程度、经济规模、进出口贸易的商品结构和地域分布、国内金融市场的发达程度及其与国际金融市场的一体化程度、相对的通货膨胀率等。上述因素与汇率制度选择的关系是：经济开放程度高、经济规模小，或者进出口集中在某一种或某几种商品的国家，一般应该选择固定汇率制；而经济开放程度低、经济规模大、进出口商品多样化或地域分散化、与国际金融市场联系密切、资本流出入频繁、国内通货膨胀率与其他主要国家不一致的国家，则应该实行浮动汇率制。

沿着海勒开创的思路，许多经济学家诸如艾泽曼和豪斯曼（Aizenman & Hausmann, 2000）、博利森（Poirson, 2001）、沃尔夫（Wolf, 2001）对汇率制度选择与经济结构特征之间的关系进行了深入探讨。综合众多经济学家的分析，凡是具有以下经济结构特征的国家，适宜采用固定或钉住汇率制度：经济规模小，金融市场发育不完善；经济开放程度高，政策相似性高；人均 GDP 低，进出口价格弹性低；贸易集中度高，生产要素流动性高；贸易产品多样化程度低，通货膨胀率相近；金融市场一体化程度低，资本流动受到限制；外债货币错配程度高，本币国际借债能力低；政治稳定；低通货膨胀，国际储备充足；经济波动主要来自国内，低贸易条件变动；高产出变动，货币冲击占主导地位。

而浮动汇率制度适宜于具有以下经济结构特征的国家：经济规模大，金融市场发展完善；经济开放程度低，政策相似性低；人均 GDP 高，进出口价格弹性高；贸易分布分散化，要素流动性低；贸易产品多样化程度高，通货膨胀率差异大；金融市场一体化程度高，资本流动较为频繁；外债货币错配程度低，本币国际借债能力高；政治不稳定；高通货膨胀，国际储备少；经济波动主要来自国外，高贸易条件变动；低产出变动，实际冲击占主导地位。

二、名义锚理论

名义锚理论的基本思想是，一国的汇率应当有较大的刚性，甚至完全固定，这样名义汇率可起一种"驻锚"（anchor）的作用，由此一国政府可获得公信力（credibility）和财经纪律，故而可降低通货膨胀。

早期的名义锚理论认为，在高通货膨胀下，名义汇率变动不能导致实际汇率贬值，或者即使能够的话，由此会带来通货膨胀的后果，因此弹性汇率制度不是一种好的选择。之后的研究主要以博弈论中的时间一致性分析为基础，集中在所谓公信力效应（credibility effect）上。

什么是公信力效应呢？在弹性汇率制度下，企业知道政府出于扩大出口的需要，会把汇率贬值，改善国际收支。因此，在确定商品价格的时候，它们就会事先采取对策，把价格定在较高的水平上，其结果是形成一个价格高原。相反，在公开宣布实行固定汇率制度后，政府必须考虑其"声誉"，不敢轻易进行突然或未预计到的贬值，因此企业在确定价格的时候，就不需要把价格定得很高以抵消可能的贬值后果。这就是所谓公信力效应。由于这种效应，政府可发出可信的反通货膨胀信号，公众由此会降低通货膨胀预期，进而引起通货膨胀的下降。

公信力假说实际上与早期关于钉住汇率制度的"纪律"假说有紧密联系。"纪律"假说认为，钉住汇率制度会施加纪律于决策者，因而有助于高通货膨胀国家降低通货膨胀率，其代价是由于实行限制性政策导致较高的失业率和较低的产出。但是，理论分析证明，一国通过钉住汇率而对货币供给进行调节，或者通过坚守货币供给目标而让汇率弹性增加，均可达到同样的通货膨胀或消费目标。换言之，对决策者施加纪律，并非钉住汇率制度一条途径，而且钉住汇率制度也并非一条好的途径。

三、经济冲击决定论

经济冲击决定论主要从经济危机干扰源视角来探讨汇率制度的选择问题，认为一国汇率制度的选择在很大程度上是由对经济产生冲击的因素决定的。代表人物包括吉福和白井（Yoshitomi & Shirai，2000）、沃尔夫（Wolf，2001）。

经济冲击决定论认为，在小国开放经济中，如果存在货币冲击，比如货币需求的变化和影响、价格水平的冲击等，就应选择固定汇率制度，因为所有商品和服务的价格成比例的变动不会改变它们的相对价格，从而使用汇率变动作为改变支出的政策是不必要的；如果存在实际冲击，如偏好的改变或者影响国内商品与进口商品相对技术的变化，就应选择更加灵活的汇率制度，因为相对价格的频繁变动使得有必要以汇率作为政策工具来对实际冲击做出反应。如果干扰因素来自外部冲击，那么浮动汇率制度是适合的，因为浮动汇率可以通过汇率变化，使内部价格水平尽量不受外国价格水平变化的影响，平缓外部冲击对内部经济的影响；如果干扰因素来自国内冲击，如不稳定的财政政策和货币政策，那么固定汇率制度是适合的，因为固定汇率对货币政策的内部约束将降低政策的不稳定性。

进一步研究表明，在中央银行没有激励创造意外通货膨胀的情况下，若既有实际冲击，也有货币冲击，则汇率制度的选择取决于不同汇率制度下损失大小的比较；若只有实际冲击，没有货币冲击，则浮动汇率制度更合意；若只有货币冲击，没有实际冲击，则钉住汇率制度更可取；若没有实际冲击，也没有货币冲击，即没有经济冲击时，那么，需要在模型之外依据其他决定因素来选择汇率制度。在中央银行有激励创造意外通货膨胀的情况下：若既有实际冲击，也有货币冲击，则汇率制度的选择取决于不同汇率制度下损失大小的比较；若只有实际冲击，没有货币冲击，则浮动汇率制度在一定条件下更可取；若只有货币冲击，没有实际冲击，即经济冲击是货币因素时，则钉住汇率制度更可取；若没有实际冲击，也没有货币冲击，即没有经济冲击时，则钉住汇率制度更可取。

四、BBC 规则理论

该理论由威廉姆森（Williamson，1965，1985）提出的爬行钉住（crawling peg）和汇率目标区（target zones）理论所开创。克鲁格曼（Krugman，1991）、多恩布什和帕克（Dornbush & Park，1999）以及威廉姆森（Williamson，2000）又对其作了进一步发展。

所谓 BBC 规则是指各国按同样的权重钉住货币篮子，同时确定汇率波动的幅度，即汇率目标区。若汇率在此幅度目标区内波动，政府承诺不进行干预；若汇率波动超过该目标区，政府当局则可以进行干预，使汇率回到目标区内。由于威廉姆森倾向于目标区的平价用篮子（basket）货币表示，目标区的区间（band）应该较宽，平价的改变应该是小幅度、经常性的，即爬行的（crawl），所以，多恩布什和帕克把这些管理汇率的规则称为 BBC 规则。

威廉姆森认为，一国固定汇率制度的成立需要具备以下条件：该国是一个小的开放的经济体；大部分贸易发生在它打算将货币钉住（或相互钉住）的贸易伙伴之间；该国寻求一种宏观经济政策，使其通货膨胀率与打算将货币钉住的国家的通货膨胀率保持一致；该国打算采取一种制度安排，确保固定汇率的承诺具有持续的可信性。当一国不具备上述条件时就应该放弃固定汇率制度，但是放弃固定汇率制度并不必然意味着选择自由浮动的汇率制度，仍然有许多其他选择，包括各种中间汇率制度，如目标区制度。

目标区制度包括三个方面的内容：平价的决定、改变平价的规则及围绕平价浮动的区间。平价的表示既可以用单一的其他货币（如美元或欧元等重要的国际货币），也可以用一个综合货币单位（如特别提款权，或者有固定权重的货币篮子），威廉姆森比较青睐的是篮子平价。

平价的改变可以是小幅度、经常性的，也可以是大幅度、偶然性的，经验表明前者更好，如欧洲货币体系将经常、小幅改变平价作为该体系的常规部分的那段时期内，就相对较少发生投机性危机。这种小幅、经常性的平价改变通常被称为汇率的爬行。平价的改变通常由政府在预测经济形势后做出决定。如果它认为通货膨胀升幅快于其贸易伙伴，并导致竞争力下降，就使其货币贬值；相反，一个通货膨胀异常低（它也希望维持低的通货膨胀）或支付能力异常强的经济体会使其货币升值。另一个方法是采取一个公式，即根据某种规则自动地改变平价（如亚洲金融危机前的韩国）。

至于区间宽度的确定，威廉姆森主张建立一个中心汇率上下各 10% 的汇率目标区，在该区间内，汇率可以根据市场力量波动。较宽的区间有以下优点：目标区的维持不需要太多的努力，货币当局的干预偶尔为之即可；有利于确保当局不会试图捍卫一个高估的汇率，因为准确计算均衡汇率很困难；有利于将汇率调整到与经济基本面一致的水平上；有利于为独立的货币政策留出空间，以备该国的经济周期违背世界常态时，用货币政策达到反周期的目的；有助于该国应对强劲但暂时的资本流入；如果市场参与者发现区间可信，在投机时，他们将考虑汇率会向平价反弹；如果可贸易品的投资者发现区间可信，他们在决定是否投资潜在的项目时就会参照平价而非市场汇率。

五、不可能三角定理

克鲁格曼（Krugman，1996）在蒙代尔-弗莱明模型的基础上指出：在资本自由流动的情况下，政府不可能同时实现汇率稳定、货币政策独立性和金融市场一体化这三个目标，必须放弃其中的一个。因此，汇率制度的选择应该与宏观经济政策以及与之相关的资本管制进行合理的搭配。弗兰克尔（Frankel，1999）将其形式化为"不可能三角"定理。

可以把不可能三角定理具体分解为以下三个推论：第一，如果一国的资本账户尚未开放，国内金融资产与国外金融资产完全不可替代，那么它既能够保持货币政策的自主性，又能够自由地选择任何一种汇率制度；第二，如果一国已经实现了资本账户的自由化，那么它若要保持货币政策的自主性，就必须实行浮动汇率制度，若要采用固定汇率制度，就必须放弃自主的货币政策；第三，假设各国保持货币政策的自主性不变，随着金融深化、资本账户自由化的推进，将会有更多的国家转而采用更加灵活的汇率制度。

不可能三角定理公认的理论基础是蒙代尔-弗莱明模型。但是，仔细分析该模型可以发现，不可能三角定理只是排除了三个角点的同时成立，却不能证明剩下的两个角点一定能够同时成立。即放弃资本自由流动，并不能保证固定汇率制度下货币政策的自主性；放弃固定汇率制度，也不能保证资本自由流动下货币政策的独立性。这是因为，当一国实行固定汇率制度时，即使资本是完全不流动的，但由于政策性的货币供给变化总是被国际收支不平衡所带来的货币供给反方向的变化所抵消，不能针对国内目标自如收放，所以从长期来看，货币政策仍然是无效的。

六、金融危机与汇率制度选择

20世纪90年代新兴市场经济国家的金融危机再次引起了汇率制度选择的争论。新兴市场经济国家金融危机的一个突出特点是货币危机与银行危机相互交织，对这一特点产生的原因有各种不同的解释，由此导致了关于汇率制度选择的不同看法。

以麦金农（Ronald I. Mckinnon, 2000）为代表的一种观点认为，新兴市场经济国家银行危机和货币危机交织出现的根源在于由道德风险所引发的过度借贷综合征。具体来说，在新兴市场经济国家中，存款保险或其他政府救援措施的存在导致国内银行系统的道德风险，在没有资本管制的情况下，国内银行将从国际市场借入过量的资金，投入国内的投资项目或用于消费信贷。过量的外债使本国金融体系变得极其脆弱，一旦遭受不利冲击或资本流向发生逆转，银行系统的崩溃和经济的衰退就难以避免。外汇风险的存在会使过度借贷综合征进一步恶化，国内银行借入外币资金，用以发放利率较高的本币贷款，而不对外汇风险曝露进行套期保值，货币危机爆发的可能性因此加大，并且后果更加严重。

但是，不同的汇率制度对过度借贷综合征有不同的影响。为此需要引进超级风险溢价的概念。超级风险溢价由两部分组成：一是货币风险溢价，它是指投资者持有本币资产而非外币资产所要求的额外收益（新兴市场经济国家价格水平和利率的易变性通常高于工业化国家，因此投资者在持有以新兴市场货币标价的资产时会要求更高的收益作为补偿）；二是不可预测的汇率急剧贬值。

麦金农等人认为，如果只考虑由道德风险所导致的过度借贷综合征，最优汇率制度的选择问题就可以归结为哪一种汇率制度使超级风险溢价最小的问题。在浮动汇率制下，出现汇率急剧的大幅度贬值的可能性较小，但由于经济失去了名义稳定器，国内价格水平和利率的易变性将加剧，货币风险溢价也会随之上升，因此浮动汇率不一定能降低超级风险溢价。而"好的固定汇率制"却可能优于浮动汇率制。因为"好的固定汇率制"可信性高，能对价格水平和利率起稳定作用，因此货币风险溢价和不可预测的汇率急剧贬值的可能性都较小，这将降低超级风险溢价，进而减轻银行因道德风险所带来的过度借贷综合征。

以张和维拉斯科（Chang & Velasco, 2000）为代表的另一种观点则认为，新兴市场经济国家金融危机的主要根源在于国际流动性不足。所谓国际流动性不足指的是一国金融系统国际资产与国际负债期限的不匹配，更准确地说，如果一国金融系统潜在的短期外币债务超过了它即时可获得的外币数量，那么该国金融系统就处于国际流动性不足的状态。国际流动性不足的出现将导致多重均衡的存在：当国内存款人和国外贷款人对本国银行体系有信心时，不会出现国内存款人挤兑的情形，而且国外贷款人同意将贷款延期，银行能够将非流动资产持有至到期日，并顺利偿还其债务，这时本国金融系统处于"好的"均衡状态；当国内存款人和国外贷款人出现恐慌时，存款人都试图从银行提取存款，同时国外贷款人拒绝将贷款延期，银行被迫过早地进行资产清算并因此破产，这时本国金融系统处于"坏的"均衡状态。

但是，流动性危机的宏观经济效应取决于汇率制度的不同。在固定汇率制下，如果中央银行愿意充当最后贷款人，那么银行危机可以避免，但必须以货币危机为代价，因为那些提出存款的挤兑者将向中央银行购买硬通货，最终将导致中央银行耗净国际储备。在货币局制度下，银行危机不会演变为货币危机，但由于货币局限制了中央银行充当最后贷款人，实行部分储备的银行业将变得更加不稳定。在浮动汇率制下，如果中央银行愿意充当最后贷款人，并且银行存款以本币标价，那么就可以防止某些类型的银行危机。因为商业银行总是拥有足够的本币满足挤兑者的要求，同时中央银行不再有义务出售所有的外汇储备，挤兑者将面临本币贬值的风险。对那些没有挤兑的存款人来说，由于他们知道日后提取存款时中央银行仍然拥有外汇储备，因此挤兑不再是最优的选择，悲观的预期不会自我实现，均衡时本币也就无需贬值。

由此可见，当流动性不足引起银行挤兑存在的可能性时，浮动汇率制要优于固定汇率制。但是，上述机制只能保护银行免遭国内存款人的挤兑，却无法保护银行免遭国外贷款人的侵袭。另外，只有当存款人在形成预期时将中央银行的汇率政策考虑在内，浮动汇率才能起到稳定作用；如果中央银行在储备不断下降的情况下，突然采取浮动汇率，可能适得其反，因为这有可能加剧投资者的恐慌。

七、几个有争议的假说

（一）原罪论（doctrine of the original sin）

原罪论是由艾肯格林和豪斯曼（Eichengreen & Hausmann，1999）等学者提出的，他们认为，由于发展中国家金融体系不完善，一方面本国货币不能用于国际借贷，另一方面本国的金融部门在国内市场上也不愿放长期贷款，因此这就使得本国需要长期贷款的筹资人在融资时会面临一种魔鬼的选择（the devil's choice）：要么在国际金融市场上借用外币而导致货币错配（currency mismatch），要么把本币短期贷款用作长期用途而出现期限错配（maturity mismatch），这就是原罪。造成这一后果的原因，一是这些国家的货币大多不可自由兑换，二是这些国家金融市场发育不完全，这两者缺失任何一个都可能造成原罪。

发展中国家金融市场的不完全性表现为以下两个方面：第一，缺少一个有固定利息的债券市场。其原因是多方面的：从私人部门来看，国内企业规模较小，没有健全的会计制度，企业无法以自己的名义发行债券；从政府方面看，几乎所有发展中国家都有一部充满动荡的金融历史，与外汇管制联系在一起的通货膨胀率和利率的频繁波动，限制了那些本来可以签订中期或长期合约的政府债券的潜在购买者。第二，在大多数发展中国家，缺少一个有活力的美元或其他货币的远期外汇市场。这实际上又与发展中国家缺乏发达的国内债券市场有关，因为在这种情况下，根本无法用国内利率（与国外利率相比）来确定远期美元的恰当升水究竟是多少。

原罪的直接后果是，一国的金融体系变得异常脆弱。因此，这些国家的政府害怕浮动汇率制，因为无论是企业还是政府都不愿意汇率变动，更不愿意贬值，久而久之汇率便会变得浮动不起来。但是，固定汇率制也会使政府陷入两难境地：面对外来的投机冲击，政府既不能通过货币贬值来缓解压力，也不能通过提高利率来保卫本币，最后只能任由金融体系崩溃。

显而易见，货币错配和期限错配增加了汇率制度选择风险的不确定性。但是如果该国货币的职能进一步拓展到国际货币，则由于错配导致的金融风险将大大降低。事实上，在货币已经国际化的发达国家，根本就不存在这种原罪现象。因此，原罪论最重要的政策结论就是：经济发展水平高的经济体，可以通过货币国际化规避原罪问题。而对大多数发展中国家来说，无论是采取固定汇率制度还是浮动汇率制度，原罪状况及其不利后果都会存在。因此，最好的办法就是没有汇率，即放弃本国货币而采取某种国际货币，实行美元化或某种类似于欧元的制度。

（二）害怕浮动论（the fear of floating hypothesis）

所谓"害怕浮动"是指这样一种现象：一些归类为实行弹性汇率制的国家，却将其汇率维持在对某一货币（通常为美元）的一个狭小幅度内，这反映了对大规模的汇率波动存在一种长期的害怕。

害怕浮动论的主要代表人物是卡尔沃和莱因哈特（Calvo & Reinhart，2000）。其主要观点包括：那些声称允许其货币汇率自由浮动的国家，实际上大部分时候并未能够真正浮动；这些国家相对较低的汇率变动率是稳定汇率的政策行动有意识造成的结果；这些国家的名义和实际利率的变动率明显地高于真正实行浮动汇率的国家，这表明它们不但在外汇市场进行干预，而且也利用利率变动进行干预；那些被划归管理浮动的国家大多类似于可信的钉住汇率制度。因此，所谓固定汇率制度消亡的说法只是一种虚幻，相反，害怕浮动的现象非常普遍，甚至在一部分发达国家也存在。

害怕浮动的原因在于：就升值来说，主要是由于这些国家害怕升值会损害其国际竞争力和破坏出口多样化的努力。因为这些国家缺乏对资本流动的控制能力，而不稳定的资本流动不仅会对一国的名义汇率产生较大的影响，在国内价格水平相对黏性的情况下，还可能对一国的实际汇率产生较大的影响。从贬值来看，则主要与这些国家的经济政策长期缺乏公信力有关。这些国家公信力的不足主要表现为：在这些国家，利率偏高，波动性很大；与发达国家相比，这些国家在国际金融市场上主权评级低，较难获得国际贷款；在本国经济中存在着部分美元化的现象，无论是政府还是企业，其对外债务多以美元计值；中央银行不能充当最后贷款人的角色。

公信力不足的后果是，如果汇率和利率两者都波动，政府往往倾向于让汇率稳定，因为这可让汇率起一种名义锚的作用，对政府的公信力也有利；如果贬值，这些国家不但更难进入国际金融市场，而且国际资本流入也可能急停，从而影响其经济增长；在债务美元化的情况下，贬值会通过资产平衡表效应，使大批企业陷入困境，甚至可能拖垮整个国内银行体系；由于中央银行不能有效执行最后贷款人功能，为防止银行挤兑风潮，必须在存款和外汇之间实行指数化，即把本币存款和外汇价格挂钩，而贬值会对此造成冲击。

结论是：由于害怕浮动，许多号称实行弹性汇率制度的国家，其实采用的是"软"

的钉住汇率制；新兴市场经济国家由于结构性的原因不适合浮动，应当实行完全美元化。

（三）中间汇率制度消失论

中间汇率制度消失论的首倡者是美国加州大学伯克莱分校的艾肯格林（Eichengreen，1994，1998）。该理论的基本观点是：唯一可持久的汇率制度，是自由浮动汇率制或者是具有非常强硬承诺机制的固定汇率制（如货币联盟和货币局制度）。介于两者之间的中间汇率制度，包括"软"的钉住汇率制，如可调整的钉住、爬行钉住、目标区制度以及管理浮动汇率制，都正在消失或应当消失。因此，未来各国在汇率制度的选择上，不是选择完全自由的浮动汇率制，就是选择"硬"的钉住汇率制。

艾肯格林最初的论述是针对 1992—1993 年间的欧洲汇率机制危机的。在他看来，这次危机表明，通过分几步逐渐收窄汇率目标区过渡到欧洲货币联盟的战略并不可行。"各国……将被迫在浮动汇率和货币统一之间作一选择"。奥伯斯特菲尔德和罗格夫也断言，在浮动汇率和采用一个共同货币之间不存在一条舒适的地带，"跨过峡谷深渊的最好办法，就是简单一跳"。

中间制度消失论的主要论据之一是不可能三角定理。按照这一定理，在资本自由流动的情况下，政府不可能同时获得汇率稳定、货币独立和金融市场一体化这三个目标，而必须放弃其中的一个。由于金融市场一体化是由国际和国内因素同时造成的，一国难以阻挡其发展，因此，一国政府实际能做的是要么坚持汇率稳定而放弃货币主权，要么放弃汇率稳定而坚持货币政策的独立性。

艾肯格林（1999）后来对中间汇率制度消失论又给出另一种解释。他认为，在钉住汇率的情况下，银行和企业会低估货币下跌或崩溃的风险，因而会持有未对冲的外币债务。结果当贬值发生的时候，其本币收入不足以偿还这些债务，因此破产，并对经济带来破坏性影响。所以，在资本高度自由流动的情况下，只有两种可行的汇率政策，一种是不但把汇率固定，而且锁住它，如阿根廷那样；而其余的大部分国家则让汇率浮动，因为这可使银行和企业有动机去对冲外汇风险。

中间汇率制度消失论还有一个解释是，当一些国家采取钉住汇率制度并发现有问题之后，往往由于政治原因而必须等待很长时间才能够调整汇率，或改变汇率制度，但这时已经太晚，损失已经造成。

八、对汇率制度选择理论的简要评价

20 世纪 80 世纪以来，经济学家们从不同的角度出发对汇率制度所进行的理论研究一直在不断的争论中与时俱进，并体现出以下特点：（1）理论体系日臻完备。在不同的国际金融形势下，各种汇率制度选择理论层出不穷，现行世界上所有的汇率制度在理论上都有所体现。货币当局选择汇率制度的各种影响因素基本上为现有理论所涵盖。（2）体现了国际货币体系的演变进程。由金本位制到混合本位制再到信用本位制，由布雷顿森林体系的瓦解到牙买加体系的形成和发展，汇率制度的理论背景和框架也历经了相应的调整。（3）研究重心由发达国家向发展中国家转移。汇率制度理论的争论焦点由各种汇率制度的优劣比较转向对发展中国家内部问题的深层剖析和研判。（4）汇率制度的选择是一个动态转换的过程。影响汇率制度选择的因素复杂多样，随着政治、经济和金融等因素综合作用，一国的汇率制度也在不断变迁。正如弗兰克尔（Frankel，1999）所言，没有一种单一汇率制度适合所有的国家，也没有一种单一汇率制度能在任何时期满足一个国家发展的需要。因此，学术界关于汇率制度选择的争论还会继续。

第四节　人民币汇率制度

一、人民币汇率制度的历史变迁

（一）国民经济恢复时期（1949—1952 年）

1949 年新中国成立初期，工农业生产遭受严重破坏，物资供给严重不足，国内物价水平不断上涨，外贸几乎陷入停顿，外汇资金极端匮乏。为了尽快发展对外贸易，恢复国民经济正常秩序，国家制定了"奖励出口、兼顾进口、照顾华侨"的方针，以物价对比法为基础来计算人民币汇率，并依据国内外物价水平的相对变动对汇率进行调整。从 1949 年 1 月到 1950 年 2 月，人民币汇率不断下调，由 1 美元兑换 80 元调到42000 元，共调整了 52 次，相差 525 倍。从 1950 年 3 月，随着国内经济情况好转，物价水平下跌，人民币汇率又开始上调，到 1952 年 12 月，由 1 美元兑换 42000 元调到26170 元。总的来看，这一段时间，人民币汇率制度尚处于起步阶段，没有真正的汇率制度。

（二）中央集中计划经济时期（1953—1978 年）

自 1953 年开始，中国进入了社会主义全面建设时期。在当时计划经济思想指导下，对外贸易由国营外贸公司按照国家计划进行统一经营，统负盈亏，人民币汇率成为一种计划核算的会计工具，按照换汇成本进行定价。人民币与英镑挂钩，汇价为 1 英镑兑6.893 元人民币，人民币对美元的内部汇价则基本稳定在 1 美元兑 2.4618 元人民币。1964 年起，国家还采取了对一部分进口商品加成的办法，外贸为用货部门的进口商品按进口成本加价 103%作价，以达到用进口盈利填补出口亏损的目的。总体上看，这个时期人民币汇率与进出口贸易实际已经走向分离，汇率发挥不了更无需对进出口贸易发挥调节作用，人民币汇率的主要功能是用于非贸易外汇兑换、结算。同时，在高度集中的计划管理体制下，国内物价保持基本稳定，根据当时国内外消费物价对比，人民币汇率已适当照顾侨汇和其他非贸易性外汇收入，无进一步调整的必要。从国际上看，国际货币体系正处在以美元为中心的布雷顿森林体系之下，实行固定汇率制度。因此，在国内外相对稳定的环境下，自 1955 年 3 月 1 日人民币旧币兑换成新币到 1970 年，人民币汇率一直稳定保持在 1 美元兑 2.46 元人民币的水平上。

从 1973 年起，西方各国相继放弃了固定汇率制度而转向实行浮动汇率制度，汇率波动日趋频繁。为了保障中国对外贸易的正常往来，人民币转而采用钉住一篮子货币的计价原则来维持对主要贸易伙伴货币的相对稳定。篮子中的货币选用与对外贸易存在紧密联系的国家与地区的货币，货币篮子中货币的种类及权重可以根据不同时期的情况进行调整。当时人民币的运行机制是在固定时期确定的汇率基础上根据篮子中货币价值的变动状况、中国的发展状况以及政策进行调整。由于人民币货币篮子中的货币及权重的经常性调整，这个时期人民币汇率突出的特点就是变动频繁，仅仅在 1978 年一年时间，人民币对美元汇率就调整了 61 次之多。出于保值的目的，人民币汇率水平维持在各国之间汇率的中等偏上水平。随着布雷顿森林体系走向崩溃，美元、英镑的币值不断下调，从 1971 年至 1978 年期间，两种主要货币兑人民币贬值幅度均在 40% 左右。钉住一篮子货币的汇率制度安排，有利于抵御国际汇率变动对本币价值的影响。然而人民币汇率的篮子货币币种及权数制定的依据不足，汇率水平的合理性失去保证，致使贸易价格与非贸易价格严重背离，反映不出真实的供求状况，汇价对进出口贸易的调节作用仍然甚微。

（三）转轨经济时期（1979—1993 年）

长期以来，人民币汇率与进出口贸易实际脱节，到 20 世纪 70 年代后期人民币汇率更是严重高估，致使 1978 年至 1980 年间，对外贸易收支逆差不断扩大。1979 年开始，中国由高度集中的经营体制转向外贸企业的自主运营，本次对外贸易体制改革激发了人民币高估的矛盾。数据显示，1979 年全国平均换汇成本为 1 美元兑 2.41 人民币，而同期官方汇价为 1 美元兑 1.56 人民币。

为了促进对外贸易发展，改变出口亏损、进口盈利的状况，1981 年 1 月 1 日起，中国开始试行美元兑人民币的贸易内部结算价，即按照 1978 年全国平均换汇成本加上 10% 的出口利润求出来的 1 美元兑 2.8 人民币作为进出口贸易的外汇结算价格并且在接下来的 4 年时间内基本维持不变；同时，采用钉住一篮子货币的计价原则计算公布人民币外汇牌价，用于非贸易外汇结算。外贸内部结算价的采用，在一定程度上起到了对扩大出口、扭转贸易收支逆差的作用，1981 年开始，贸易收支逆差幅度明显收窄，1982 年贸易收支顺差 30.3 亿美元、1983 年顺差 8.4 亿美元。然而双重汇率制度也带来了外汇管理上的困难，贸易与非贸易难以界定，矛盾重重；并且，贸易的内部结算价格，增加了进口成本，不利于国家建设所需物资的进口，限制了必需品进口的积极性；此外，根据国际货币基金组织的规定，双轨制只能作为解决收支逆差的临时性措施，而且这种带有补贴性质的双重汇率制也容易引发国际矛盾，所以，双重汇率制度只能是权宜之计，人民币汇价必然要走向统一。

随着西方国家经济逐步复苏，美元兑人民币不断升值，至 1984 年底，外汇牌价与外贸内部结算价已基本接近。1985 年 1 月 1 日，外贸内部结算价被废除，实现了第一次汇率并轨。20 世纪 80 年代中期，正值中国价格、工资改革开始，投资与消费出现了高速增长，国民经济过热的迹象逐步显现，价格总水平也开始大幅攀升。为了使人民币汇率同物价的变化相适应、消除汇率高估，货币当局通过不断变动篮子货币及权重来调整官方汇率，促进人民币回归理性价值，然而，汇率的下调滞后于物价的上涨速度，致使官方汇率在 1990 年前始终处在出口换汇成本之下。汇率高估、进口猛增，整个 80 年代中后期，中国一直存在巨额的贸易收支逆差。为了促进出口，1985 年国家又一次提高外汇留成比例。与此同时，改变由中国银行举办外汇调剂业务的做法，1985 年在深圳成立首家外汇调剂中心，至 1988 年，全国各地普遍设立了外汇调剂中心，人民币汇率出现了第二次双轨制。1988 年起，中国外贸经营体制开始改革，推行承包责任制，实行超亏不补，减亏留用，增盈对半分成的措施。随后，1991 年废除外贸补贴机制，推行自负盈亏机制。外贸体制改革的深化，促使人民币汇率成为调节对外贸易的主要方式。而外汇调剂市场的建立，刺激了外贸企业出口积极性，外贸经营企业通过它来补偿出口亏损，从而促进了出口增长。然而，外汇调剂市场汇率主要由市场供求状况决定。由于改革开放中对外汇的需求大于外汇供给，供需矛盾十分突出，导致外汇调剂市场汇率与官方汇率差距不断拉大。双轨制存在的固有弊端又一次显现，改革开放速度加快以及外贸体制改革的不断深化，必然要求人民币汇率走向统一。中国从 1991 年 4 月 9 日开始对官方汇率采取了有管理的浮动汇率制，其基本的特点是，国家外汇管理当局根据当时经济发展的情况和对外经济发展的具体要求并且参照国际金融市场主要货币汇率变动的情况，对人民币汇率进行适度、灵活的浮动调整。

总的来看，从 1979 年改革开放到 1993 年，中国的汇率制度先后经历了贸易外汇结算价与官方汇价并存的"双重汇率制"和市场调剂价与官方汇价并存的"多重汇率制"，汇率调整方式也先后经历了钉住一篮子货币小幅调整到一次性大幅调整最终过渡到有管理的浮动调整。在此期间，人民币汇率水平随着国内物价水平的上升而逐渐贬值，市场汇率对中国经济的调节作用也越来越明显。这一时期的人民币汇率制度有两个主要的特征：（1）改革开放初期中国外汇严重短缺，创汇任务紧迫，因此人民币汇率政策的制定以服务外贸、鼓励出口为主导思想；（2）汇率管理以行政管理为主要特点。这一时期人民币汇率政策的制定和执行、汇率水平的调整都是由国家外汇管理局根据国家的外贸政策进行安排的，其中对外经贸部门对汇率政策的制定起到了重要的作用。

（四）社会主义市场经济时期（1994—2005 年）

1993 年中国公布了《中共中央关于建立社会主义市场经济体制若干问题的决定》，提出要"建立以市场供求为基础的有管理的浮动汇率制度和统一规范的外汇市场，逐步使人民币成为可兑换货币"。1994 年 1 月 1 日，人民币官方汇率与外汇调剂市场汇率并轨，实行银行结售汇制度，建立全国统一的银行间外汇市场，实行以市场供求为基础的单一的有管理的浮动汇率制。这次汇率制度改革，将所有外汇供求关系都纳入市场轨道，人民币汇率基本上由市场供求决定，中国人民银行只是根据银行间外汇市场交易情况公布汇率，规定银行间市场的汇率浮动幅度及银行结售汇市场的浮动幅度，并通过中央银行外汇公开市场业务操作，对人民币汇率实施有管理的浮动。官方汇率由 1993 年 12 月 31 日的 1 美元兑 5.80 人民币调整至 1994 年 1 月 1 日的 1 美元兑 8.70 人民币。新的汇率形成机制有两个特点：（1）强制性结售汇制。企业从境外获得的外汇必须无条件地卖给外汇指定银行，用汇时再向银行购买。而居民获得的外汇一般而言实行的是意愿结汇，但购入外汇受到严格限制。同时，中央银行对外汇指定银行实行外汇头寸上下限管理。如果外汇指定银行留存外汇超过上限，则超过部分必须全部在银行间外汇市场卖出，如果低于下限也必须在银行间外汇市场买入。但随着人民币升值压力的增大，外汇流入增多，中央银行外汇占款增大，后来逐渐放开了结汇的限制，企业可将创汇的30%~50%留存，而外汇指定银行的上限也有所扩大。（2）幅度极窄的浮动区间。银行间市场上人民币对美元汇率单日最大波幅不得超过中心汇率上限的0.3%，对其他货币的单日最大波幅不得超过1%，其中中心汇率由中央银行根据全国外汇交易中心每日得收盘价，并参照国际外汇市场行情制定，每天进行调整。

1994年4月1日，中国人民银行规定，外汇指定银行之间买卖外汇的汇价，可在交易基准汇率0.3%的幅度内浮动；与客户之间的买卖汇价，可在交易基准价0.25%的幅度内浮动。自外汇体制改革之后，人民币汇率一次性贬值到位，结束了长期以来的贬值趋势，并开始缓慢升值，随后与美元保持长期的相对稳定。其后人民币汇率形成机制又经历了两个阶段的变化：（1）1994—1996年，人民币汇率基本按照新的形成机制进行调整，人民币对美元汇率的波动虽不如调剂市场剧烈，但波动仍较为频繁，到1996年末，人民币对美元汇率从并轨时的8.7元逐渐升值到8.3元左右。（2）1997—2005年。1997年的亚洲金融危机彻底改变了人民币汇率的形成机制，为了稳定东亚地区的经济金融形势，人民币开始紧紧钉住美元，并一直维持至2015年7月。在此期间，人民币对美元汇率基本固定在8.27~8.28元。概括地讲，当时中国的汇率形成机制是建立在强制性结售汇体系下的钉住美元的汇率制度。在中国全面建设市场经济时期，这一钉住汇率安排对对外贸易的发展起到了很好的促进作用，但是随着国际收支顺差的日益扩大，人民币升值的压力也日益凸显出来。

二、2005年以来的人民币汇率制度

（一）2005年人民币汇率制度改革的主要内容

2005年7月21日19时，中国人民银行发布《中国人民银行关于完善人民币汇率形成机制改革的公告》。该公告指出，为建立和完善中国市场经济体制，发挥市场在资源配置中的基础性作用，建立健全以市场供求为基础的、有管理的浮动汇率制度，对人民币汇率形成机制予以改革。改革的主要内容包括：

第一，由以市场供求为基础，单一的、有管理的浮动汇率制度，改革为以市场供求为基础、参考一篮子货币进行调节的、有管理的浮动汇率制度，人民币不再钉住单一美元，而是根据市场供求情况参照一篮子货币进行浮动。这里的"一篮子货币"是指由若干种不同货币按照一定权重组成的"货币篮"，货币篮中币种的选择以及各自权重的设计主要参考与中国经贸往来较为密切国家的货币和各国在外国对华经贸往来中所占的比重。在参考"一篮子货币"的基础上，中国人民银行以市场供求为基础，根据国内

外经济金融形势对人民币汇率进行调节，维持人民币汇率在合理均衡水平上的基本稳定。

第二，调整起始汇率和中间价确定方式。从 2005 年 7 月 21 日 19 时起，人民币兑美元中间价由原来的 1 美元兑 8.27 元人民币调整为 1 美元兑 8.11 元人民币，人民币一次性升值 2.1%，并以此作为次日银行间外汇市场外汇指定银行的交易中间价。此后，中国人民银行于每个工作日闭市后公布当日银行间外汇市场美元等货币对人民币的收盘价，作为下一个交易日该货币对人民币的中间价格，美元兑人民币的汇率可以在中间价上下 0.3%的范围内浮动，非美元货币兑人民币的汇率在中间价上下 1.5%的范围内浮动，两个月后这一范围又扩大到 3%。2006 年 1 月，人民币汇率中间价调整为当日银行间外汇市场开盘前做市商的平均报价，2007 年 5 月，银行间外汇市场美元兑人民币汇率围绕中间价可浮动范围扩大到 0.5%。

第三，出台相关的配套措施。一是先后两次上调了美元和港元小额存款的利率上限，上调后的一年期美元和港元利率上限分别为 2.000%和 1.875%。二是增加市场避险产品。包括增加办理远期结售汇业务的银行主体和扩大远期结售汇业务的范围；允许银行办理人民币与外币间不涉及利率互换的掉期业务；实行备案制的市场准入管理方式。三是加快发展外汇市场。包括扩大银行间即期外汇市场的交易主体、引入询价交易方式和小币种做市商制度。四是提高境内居民经常项目下因私购汇限额以及提高境内机构经常项目下外汇收入保留比例。五是鼓励境内企业对外投资，调整银行为中国对外投资企业融资提供对外担保的管理方法。

（二）　改革后人民币汇率制度的基本特征

第一，2005 年改革以来的人民币汇率制度是"中心汇率方式"管理浮动和"BBC"制度的结合体。"中心汇率方式"管理浮动通常出现在汇率市场化改革的早期阶段，其核心特征就是即期汇率可以围绕中心汇率在一定范围内浮动，而中心汇率的确定则通常是由市场上主要的交易主体进行权衡决定的。而"BBC"制度即"Basket, Band and Crawling"，实际上是由钉住一篮子货币、限幅浮动和爬行浮动制复合而成的管理浮动汇率制，其中心汇率通常由一篮子货币为标准进行制定。就我国现行汇率制度的特点而言，一方面汇率形成机制参考一篮子货币，另一方面汇率中间价则由上一交易日的收盘价来确定（2006 年 1 月调整为当日开盘前做市商报价的平均价），因此中国现行的人民币汇率制度兼具"中心汇率方式"管理浮动和"BBC"制度的特点。

第二，2005 年改革以来的人民币汇率制度兼具"固定"与"浮动"的属性。一方面，人民币汇率形成机制由原来的钉住美元转为参考一篮子货币反映了人民币汇率制度向弹性化和市场化方向的发展。另一方面，一篮子货币中美元的比重仍然很高，人民币汇率围绕中间价上下浮动千分之五的范围相对于真正的管理浮动汇率制而言仍然过窄。特别是 2008 年夏天以后，受国际金融危机的影响，人民币汇率又回归平稳，这也从侧面说明了政府对人民币汇率干预程度仍然很强，从而体现了现行人民币汇率制度的"固定"属性。

（三）人民币汇率制度改革对经济发展的促进作用

第一，增强了货币政策的独立性。在钉住美元制下，为了维持人民币对美元汇率的稳定，央行必须不断地干预外汇市场，成为外汇市场最主要的交易主体，结果一方面造成了外汇市场双边垄断的局面，不利于资源的优化配置，另一方面也使得央行迫于稳定汇率而无法采取有效的货币政策对经济进行调节。在现行汇率制度下，人民币汇率的波动幅度有所放宽，当外汇市场出现美元超额供给时，央行不必为了维持对美元的钉住而全部购入美元，未购入的美元部分则可以通过市场供求充分影响汇率波动，从而缓解了央行调节外汇市场的压力，使得央行货币政策的独立性大大增强。

第二，增加了汇率调节的主动性和灵活性。现行人民币汇率参考一篮子货币进行调节，而不再钉住单一货币，有利于央行根据各国通货膨胀率的差异调节汇率水平，可以在一定程度上避免由于美元的波动而使中国国际竞争力大幅变化。对于中国来说，退出钉住美元汇率制，选择主要贸易伙伴国的货币组成"货币篮"，以双边贸易权重作为货币篮中不同货币的所占权重，从而增加了央行调节人民币汇率的主动性和灵活性。在人民币参考一篮子货币调节的机制下，中国可以适时调节人民币对美元和其他货币篮中货币的汇率水平，从而既保证了中国的出口竞争力又减轻了钉住美元制下人民币的升值压力。

第三，促进了外汇市场的发展。汇改以后，人民币出现了快速的升值趋势，对于中国涉外企业而言，人民币汇率风险因素逐渐凸显出来，从而提高了企业的风险意识和避险要求，这也进一步推动了中国外汇市场的发展。这主要表现在：一是引进了做市商制度，做市商在银行间外汇市场提供双边报价的同时为市场提供了流动性；二是增加了银行间即期外汇市场的交易主体，到 2007 年 5 月，银行间即期外汇市场的会员达到了268 家；三是增加了远期和掉期的外汇交易品种，到 2007 年 5 月，银行间远期外汇市场和掉期外汇市场的中外资银行参与数量达到了近 80 家；四是银行间即期外汇市场和远期、掉期外汇市场交易规模迅速扩大。

第四，有利于中央银行汇率风险的分散。在钉住汇率制下，央行必须不断干预外汇市场，从而将外汇波动的风险集中到了自己身上。同时，由于中国国际收支顺差的迅速扩大，央行累积了大量的外汇储备，2009 年末已达到 23992 亿美元，美元仍然在外汇储备中占有绝对优势的比重，因此，在美元不断贬值的背景下就意味着外汇储备的不断贬值。人民币参考一篮子货币进行调节有利于央行分散汇率风险，增加外汇储备构成中其他币种（欧元、日元等）的比重。同时在意愿结售汇制度下，随着人民币资本项目的逐步开放，可以鼓励企业和居民保留适当比例的外汇从而分散中国外汇储备贬值的风险。另外，在中国现行汇率制度下，人民币资本项目开放的进程和人民币国际化的进程也在逐渐加快。

三、人民币汇率制度改革的新进展

人民币汇率制度改革的重点是完善人民币汇率形成机制。为此，中国人民银行发布公告：自 2006 年 1 月 4 日起，在银行间即期外汇市场上引入询价交易方式（简称"OTC"），改进人民币汇率中间价的形成方式。银行间外汇市场参与主体可在原有集中授信、集中竞价交易方式的基础上，自主选择双边授信、双边清算的交易方式。

2007 年 5 月 21 日，中国人民银行宣布将银行间即期外汇市场人民币兑美元汇率的单日波幅从 ±0.3% 扩大到 ±0.5%。

2010 年 6 月 19 日，中国人民银行宣布重启自金融危机以来冻结的汇率制度，进一步推进人民币汇率形成机制改革，增强人民币汇率弹性。

2012 年 4 月 14 日，中国人民银行宣布将银行间即期人民币兑美元交易汇价单日浮动幅度由 0.5% 扩大至 1%。

2014 年 3 月 17 日，中国人民银行宣布将银行间即期人民币兑美元交易汇价单日浮动幅度由 1% 扩大至 2%。

2015 年 8 月 11 日，中国人民银行宣布完善人民币中间价报价机制。根据此次汇改规定，做市商报价时"参考上日银行间外汇市场收盘汇率"。这相当于给中间价设置了一个参照系，明确做市商报价来源，从而大大缩减央行操控中间价的空间，把确定中间价的主导权交给市场。

第五节　外汇管制

一、外汇管制的含义及其历史演进

外汇管制（foreign exchange control），是指一个国家或地区的政府或货币当局为平衡国际收支、维持其货币汇率的稳定以及其他目的对本国或本地区的外汇买卖、外汇汇率以及外汇资金来源和运用所采取的限制性措施。

从外汇管制的历史演进来看，外汇管制可分为三个阶段：

（一）从第一次世界大战爆发到第二次世界大战结束

外汇管制的历史，近代可以追溯到 17 世纪的英格兰，但现代意义上的外汇管制只在 1917 年后才由第一次世界大战各交战国实施。因此，外汇管制是第一次世界大战的产物。第一次世界大战爆发以后，由于受战争的影响，不少参战国（如当时的英国、法国、德国和意大利等）都发生了巨额的国际收支逆差，它们本国货币的对外汇率发生了剧烈的波动，引起大量资本外逃。为了集中宝贵的黄金、外汇资产进行战争，减缓本国货币汇率的波动，以及防止本国资本的外流，所有参战国在战争时期都取消了外汇买卖的自由，禁止黄金输出，从而对外汇的收、支、存、兑实行人为的干预和控制。

第一次世界大战结束后，资本主义各国随着经济的恢复和发展，进入另一个相对稳定的发展时期，其货币信用也得到相应的提高，特别是它们为了扩大对外贸易、恢复和争夺海外市场，从 1923 年起，各国先后实行了金块本位制和金汇兑本位制。因此，这些国家原本实行的外汇管制都先后被取消，外汇买卖的自由基本恢复。但也有一些经济力量较弱的国家，仍然实行不同程度的外汇管理。1929 年发生了世界性的经济危机后，一些实力较强的国家急速把资金从各金融市场大量撤回，使大部分国家国际支付无法继续维持，被迫再次放弃金本位制度。1929—1933 年，各国为稳定汇率，维持国际收支平衡，都先后以种种措施控制外汇交易。

第二次世界大战期间，各参战国为了应付巨额战争开支，都实行比以往更为严格的外汇管制，来适应战时的经济需要。各国所采取的方法包括禁止自由汇率的存在，禁止外汇的自由交易等，而在国际贸易方面则采用易货贸易和记账贸易。到 1940 年，只有美国、瑞士和一些拉丁美洲国家没有实行外汇管制。

这一个阶段的外汇管制以防止资本外逃和投机为目的，管制的范围以资本收支项目为限。因为在这个阶段中，由于战争和经济危机，各国经济不稳定，资本大量外逃，对外汇市场影响很大。

（二）从第二次世界大战结束至 1958 年

大战结束后，大多数国家备受战争创伤，经济亟待恢复，而外汇、黄金储备又严重短缺，不得不继续实行外汇管制。以此同时，美国利用其战后占绝对优势的经济地位，抬高美元汇率，大量输出资本，占领国际市场，并一再施加压力迫使英、法、日、联邦德国等国放松外汇管制。20 世纪 50 年代以后，由于美国经济实力的相对削弱，而西欧各国及日本经济实力的相对增强，从 1958 年起，英国、法国、联邦德国、意大利、荷兰、卢森堡、比利时、西班牙、葡萄牙、瑞典、挪威、丹麦、奥地利、爱尔兰 14 个国家实行了有限的货币自由兑换。

在这一阶段中，外汇管制范围从资本项目扩大到经常项目，一切外汇交易都要经过外汇管理机关批准。外汇管制是以调整国际收支为目的的全面管制。

（三）从 1958 年至今

进入 20 世纪 60 年代，资本主义国家兴起了贸易、资本自由化的浪潮，外汇管制会进一步放松。1960 年 7 月，日本也实行了部分货币的自由兑换。联邦德国则进一步实行全面的货币兑换。1961 年，大部分 IMF 成员国表示接受《国际货币基金组织协定》第 8 条所规定的义务，即一国实现经常项目可自由兑换。1979 年 10 月，英国撤销了原有的外汇管理条例。进入 20 世纪 80 年代以来，瑞士、意大利、日本、法国等一些国家继续放松外汇管制。1986 年，法国解除了 90% 的外汇管理措施，意大利也跟着撤除了大部分的外汇管理条例。1990 年 7 月 1 日起，欧共体决定其成员国原则上逐渐完全取消外汇管制。1999 年 ERM-II 正是替代原来的 ERM（European Exchange Rate Mechanism）制度，在 ERM-II 制度下，欧盟成员国各国货币需要与欧元确定一个中心汇率，其汇率波动只能围绕中心汇率上下浮动 15%，一旦超过该浮动范围，货币当局可以通过干预市场来维持汇率稳定，否则其他成员国和 ECB（European Central Bank）也将进行市场干预。

按照外汇管制的内容、范围、项目和严格程度的不同，可以把当今世界上的国家分为以下三种类型：

第一类为实行严格外汇管制的国家和地区。即对国际收支的所有项目，包括经济项目、资本项目和平衡项目都进行较严格的管制。这类国家和地区通常经济不发达，外汇资金短缺，为了有计划地组织稀缺的外汇资源并合现运用，调节外汇供求，通过外汇管理达到稳定金融的目的，外汇管制措施都比较严格。凡实行计划经济的国家以及多数发展中国家，如印度、缅甸、巴西、哥伦比亚、伊拉克、阿富汗、摩洛哥、乍得、塞拉利昂、葡萄牙等国家都属此类。据统计，这类国家大约有 90 个。

第二类为名义上取消外汇管制的国家和地区。即对非居民往来的经常项目和资本项目的收付原则上不进行直接管制，尽管事实上还存在一些间接管制。属于这一类型的主要是发达的工业化国家，如美国、德国、日本、瑞士、卢森堡等，还有收支持续顺差的国家，如科威特、沙特阿拉伯、阿拉伯联合酋长国等石油输出国家。属于这类的国家和地区约有 20 多个。

第三类为实行部分外汇管制的国家和地区。这类国家包括一些比较发达的资本主义工业国，其对外贸易规模较大，有较雄厚的黄金外汇储备，国民生产总值也较高，如法国、澳大利亚、丹麦、挪威等国。还有一些经济金融状况较好的发展中国家，如圭亚那、牙买加、南非等国。目前，这类国家有 20~30 个。

另外，不管是发达国家，还是发展中国家，其外汇管制宽严程度可分为三种类型：（1）完全控制。这类国家的货币尚未实现自由兑换，国家对经常项目、资本项目的外汇收支都实行严格的管理与控制，居民的货币兑换也受控制。这些国家主要是广大发展中国家和前苏联、东欧国家，以及目前仍然实行计划经济的国家。列入这一类型的国家有 90 多个。（2）部分控制。这类国家的货币已经实行经常项目下的自由兑换，通常是放开经常项目的外汇收支，国家只对资本项目的外汇收支进行严格控制，允许外汇自由买卖。它们多为经济发达国家和新兴工业化国家和地区，以及国际收支和经济状况较好的发展中国家。列入这一类型的国家和地区有 20 多个。（3）完全取消管制。这类国家和地区的货币基本上已经实现国际化，经常项目和资本与金融项目下的外汇收支实行自由化，货币当局只进行国际收支的统计监测和国际储备资产管理。这类国家和地区名义上取消了外汇管制，但对非居民也还实行间接的或变相的限制措施（如瑞士对非居民存款采取倒收利息的办法），对居民的非贸易外汇收支也有限制，不过限制的程度比前两种类型的国家和地区大大减小。属于这一种类型的国家和地区也有 20 余个，主要是经济发达国家，如美国、德国、卢森堡等，还有国际收支顺差的石油生产国，如科威特、沙特阿拉伯、阿拉伯联合酋长国等。

总的来说，今天发达国家实行外汇管制也是偶尔为之，即使实行，其程度也较宽松；而大多数发展中国家要取消外汇管制，则还有漫长的路要走。

二、外汇管制的目的、原因和内容

（一）外汇管制的目的

一般来说，实行外汇管制的目的是：（1）限制外国货物的输入，促进本国货物输出，增加外汇收入，扩大国内生产。（2）限制资本逃避和防止外汇投机，以稳定外汇市场汇率和保持国际收支平衡。（3）保护本国产业，缓和失业矛盾。因为外汇管制可以配合保护关税政策，对那些不利于本国工业和新兴工业的进口商品实行限制，对促进本国工业发展的先进技术、设备及原材料的进口给予鼓励。（4）增加财政收入。实行了外汇管制，国家垄断了外汇业务买卖，经营外汇买卖的利润归国家所有。同时，外汇税的课征、许可证的批准、预交存款的规定、歧视性关税等可以使国家得到一笔额外的财政收入，这对解决财政紧张状况有一定的帮助。（5）外汇管制还可以作为一个外交谈判的筹码，借以实现推行一般行政措施所达不到的经济目的。

（二）外汇管制的原因

各国的外汇管制都是为国家的政治服务的，是国家政治、经济政策的体现。从上面外汇管制演变的历史过程可以看出，一国国际收支逆差严重，外汇黄金储备大量流失，本国货币对外币比价不能维持，是实行外汇管制的直接原因。工业发达国家实行外汇管制，是为了维护本国货币汇率的稳定，减少国际收支逆差，加强出口产品的国际竞争能力。而广大发展中国家实行外汇管制，则是因为经济不发达，外汇资金短缺，想通过外汇管制来保证本国经济的独立发展，稳定本国货币的币值，保持国际收支的平衡，使有限的外汇资金不致任意流失，而能用在发展本国经济建设上。

（三）外汇管制的内容

虽然发达国家与发展中国家的条件不同，在国际经济关系中所处的地位不同，它们的管制办法可能会各有侧重，它们管制的程度也有宽松不同，但是，它们外汇管制所涉及的基本内容是一致的。外汇管制的主要内容包括外汇管制的机构、对象和范围，以及外汇管制的方法和措施。

1. 外汇管制的主客体

外汇管制的主体。这是指外汇管制的执行者，也即是外汇管制的机构。目前全球的外汇管制的机构主要有以下几种：第一类是有国家设立专门的外汇管理机构，如法国、意大利以及中国等国家是由国家指令中央银行设立外汇管理局；第二类是由国家授权中央银行作为外汇管理机关，如英国是由它的中央银行，即英格兰银行代表财政部执行外汇管理工作；第三类是由国家行政部门直接负责外汇管理，如美国的外汇管理是由财政部负责的，日本的外汇管理则是由大藏省和通产省负责。上述外汇管理机构负责制定和监督执行外汇管理的政策、法令和规章条例，并随时根据情况变化和政策的需要，采取各种措施，控制外汇收支活动。

外汇管制的客体。这是指外汇管制的对象。一般来讲，外汇管制的对象分为人、物和地区三大类。实行外汇管制的国家根据自然人和法人的居住地点不同，而把自然人和法人划分为居民和非居民。居民是指在本国境内居住和营业的本国和外国的自然人和法人；非居民是中不定居在本国境内的本国和外国的自然人和法人。大多数国家因居民的外汇收支对本国的国际收支影响较大，而对居民的外汇收支管理较严，对非居民的外汇收支管理较松。

对物的外汇管理是指对外汇收支中所使用的各种支付手段和外汇资产，根据本国的实际需要，有选择、有重点地进行管理。这些支付手段和外汇资产主要包括外币、金银、外汇支付凭证（如汇票、本票、支票等）和外汇有价证券（如股票、息票、工资债券、人寿保险单等）等。

外汇管制的地区对象有两种含义：一是指外汇管制生效的范围，通常外汇管制以本国法律生效范围为限；对区域性经济联合体来说，对联合体内不实行管制、对外则实行外汇管制。二是对不同国家和不同地区实行不同的外汇管制政策，对友好国家和盟国外汇管制较松，而对其他国家外汇管制则较严。

一般而言，大部分国家都以物作为管理的主要对象，参照本国对外政策的要求，结合进行对人和地区的管理。

2. 外汇管制的方法

从各国外汇管制的内容和运作过程来看，外汇管制的方法可分为直接外汇管制和间接外汇管制。

直接外汇管制，是指对外汇买卖和汇率实行直接的干预和控制。直接管制按方式不同，又可分为行政管制和数量管制。行政管制是指政府以行政手段对外汇买卖、外汇资产、外汇资金来源和运用所实行的监督和控制。其具体措施有：（1）政府垄断外汇买卖。政府通过外汇管理机制控制一切外汇交易，汇率官定，限制买卖。（2）政府监管司有外汇资产。政府强制国内居民申报他们所拥有的一切国外资产以便尽可能多地掌握外汇资产，在急需时可以运用。（3）管制进出口外汇。规定出口商所获外汇必须按官方价格卖给外汇指定银行，而进口商所需外汇必须向管理部门申请核准，不能以收抵支调剂使用。（4）控制资本输出输入。不论资本输出输入的金额多少，都必须逐笔向管汇机构申报。未经批准，任何居民或非居民都不得向外借债，更不得将外汇、黄金输出境外。

数量管制是指对外汇收支实行数量调节和控制。具体操作包括进口限额制、外汇分成制和进出口连锁制。进口限额制是指由外汇管理机构按照本国在某一时期内所需进口的物资数量和种类，对不同进口商所需外汇分别实行限额分配。外汇分成制是指由外汇管理机构根据本国某些方面的需要制定出口所获外汇的分成比例，其具体形式有现汇留成、额度留成或者结汇证留成。进出口连锁制是一种以出限进的制度，即需进口货物者必须先行出口货物，只有能够出口货物者，才能取得相应的进口权。

间接外汇管制，是指外汇管理机构通过控制外汇的交易价格来调节外汇的成本和外汇的供求关系，从而达到间接管制外汇的目的。其具体措施有：（1）实行差别汇率制，即外汇管理机构根据进出口商品的种类及用途不同，而规定两种以上的进出口结汇汇率。通常，对某些生产资料等必需品的进口，规定较低的结汇率，而对某些高档奢侈品的进口，规定较高的结汇率，以便通过汇率差别抑制某些高档商品的进口，支持必需品的进口。相应地，对属鼓励出口的商品按较高的汇率结汇，其余商品的出口则按普通汇率结汇。（2）进口外汇公开标售，即外汇管理机构对进口用汇率价格不予以规定，而是采用公开招标方式，将外汇卖给出价最高者。

三、外汇管制的经济效应分析

外汇管制对解决一个国家暂时的国际收支困难和维持本国经济的正常运转能起到一定的积极作用，但它也不是一副灵丹妙药，它也会影响一个国家的经济增长。以下我们主要从外汇管制对发展中国家的正面作用和负面影响两个方面进行阐述。

（一）外汇管制的积极作用

一般认为，外汇管制具有一定的积极作用，尤其是对发展中国家来说，这种作用更加明显：

第一，控制本国对外贸易，促进本国的经济发展。通过外汇管制措施，对本国已开发的资源和能生产的产品限制进口，对本国急需的先进技术设备和紧缺原材料鼓励进口；对国内紧缺的资源限制出口，对与国计民生关系不大的物资和有国际竞争力的产品鼓励出口，以保护和促进本国经济的发展。

第二，稳定外汇汇率，抑制通货膨胀。一国发生国际收支持续逆差，本币对外价值就会下跌，进口货物价格相应上升，是加剧通货膨胀的重要因素。同样，一国发生国际收支顺差，本币汇率上升，大量资本内流，导致本国货币供应量增加，也会引起通货膨胀。为了解除人们对通货膨胀的恐慌，增强对本币的信心，一国外汇管制机构就得直接或间接控制汇价，以维持汇率稳定，降低物价上涨程度。

第三，限制资本外逃，改善国际收支。若一国出现国际收支严重逆差，本币的对外价值必然趋于下跌。此时，为制止资本外逃，该国政府就会采取外汇管制，严格控制汇出境外的资金，从而达到防止资本外逃的目的，同时还可以实行"奖出限入"，以及增加资本内流等措施，缓和国际收支逆差，维持国际收支平衡。

第四，以外汇管制手段，要求对方国家改善贸易关税政策，也就是说，如果有贸易伙伴国对本国采取歧视性的贸易政策时，就可实行相应的外汇管制措施作为应对手段，要求对方取消原来的政策。

（二）外汇管制的负面影响

虽然外汇管制有上述积极作用，但对实行外汇管制的国家以及对世界经济的稳定与发展也会产生许多不利影响。具体表现如下：

第一，不利于国际分工发展。外汇管制实行的是奖励出口、限制进口政策，而有些国家的部分产品在比较成本上一直不占优势，属于传统进口产品，限制进口显然不利于国际分工的发展。

第二，破坏了外汇市场的机制作用。一国实行外汇管制，也就放弃了外汇供求关系自发调节汇率的作用，从而使管制下的汇率与货币的实际价值相背离，进出口商品的国内价格与国际价格相背离，因而无法进行成本比较。

第三，阻碍了国际贸易的正常发展。在世界各国普遍实行外汇管制的条件下，各国货币不能实行自由兑换，因而也不能进行多边结算，这给国际商人从事多边贸易造成很大的人为障碍，显然不利于国际贸易的发展。

第四，增加了企业和政府的费用支出。实行外汇管制的国家，企业在申请用汇的过程中，需层层审批，手续繁杂，这不仅费时，也会增加额外支出，从而使进出口商品的成本提高。另外对政府来说，外汇管制越严，管制的项目越多，外汇管理机构的任务也就越重，因而所要支付的行政费用也就相应增加。

第五，加剧了国家之间的经济摩擦。世界各国为了扩大商品生产，增加出口，必然要在国外寻找原材料和产品销售市场。如果世界各国普遍实行外汇管制，彼此都采取奖出限入的政策，就会增加各国之间的经济摩擦和利益冲突。

四、货币自由兑换

（一）货币自由兑换的含义

货币自由兑换是指一国的货币可以按照一定的汇率自由地兑换成另一种货币，在此过程中不会受到官方限制。根据自由兑换的程度，货币自由兑换可分为以下三个层次：

第一，货币对内可自由兑换。货币对内可自由兑换是指本国居民和企业在国内可以自由获得和持有外汇，通常是指可自由地向银行兑取外汇、持有外币现钞和存款、用外币购物和参与外汇市场买卖，但不能将外汇带出境外。

第二，经常项目可自由兑换。这是指对经常项目收支（货物贸易收支、服务收支、收入收支和经常转移收支）不实行外汇限制，保证本国货币与外汇自由兑换。

一国实现经常项目可自由兑换是接受国际货币基金协定第8条款的同义词。根据国际货币基金组织协定第8款第2、3、4条的规定，成员国未经基金组织同意，不得限制国际经常交易的支付和资金流动；不得实行差别性的货币措施或复汇率措施；对其他成员国持有的本国货币（通过经常交易获得的，且是用于经常交易支付时），如其他成员国提出申请，应予以购回。因此，经常项目可自由兑换也包括了统一汇率，采用通行的汇率制度的要求。对基金组织的成员国，接受第8条款应视为一种义务，因为这是参加基金组织，开展经济贸易和货币合作的基本体现或标志。基金组织协定中所说消除外汇限制，就是消除经常项目交易收支方面的外汇限制，实现经常项目可自由兑换是其本质含义。

第三，资本项目可自由兑换。所谓资本项目可自由兑换即是指对资本项目交易的资金转移支付不得加以限制和拖延，资本不仅可以在境内自由流动，也可在境内和境外之间自由流动。具体说来，资本项目的可自由兑换包括：（1）内资投资境外或外资投资境内所需转移的外汇数量不加以限制；（2）对到国外投资的本国货币购汇流出或相应外汇流入结转本国货币不实行审批或限制；（3）不限制资本返还或外债偿还汇出；（4）不实行与资本交易相关的多重汇率制度。对上述个别条款进行限制就是对资本项目的有条件可兑换。

需要特别说明的是，只有达到国际货币基金组织协定第8条款的要求的国家，才被认为是已经实现了经常项目下可兑换。国际货币基金组织协定第8条第2、3、4款分别规定如下：一是要避免限制经常性支付；二是要避免实行歧视性货币措施（如多重汇率安排）；三是要兑付外国在经常性国际交易中所得或所需支付的本国货币。该条第2款"经常性支付"的含义由协定第30条d款做出说明。内容有：（1）所有与对外贸易、其他经常性业务，包括服务在内以及正常的短期银行信贷业务有关的对外支付；（2）应付的贷款利息和其他投资收入；（3）数额不大的偿还贷款本金或摊提直接投资折旧的支付直接投资折旧的支付；（4）数额不大的家庭生活费用汇款。这些条款意味着，对不以资本转移为目的的经常性国际交易支付和转移（包括所有无形贸易的支付和转移）不得加以限制，不得实行歧视性的货币安排或多重货币制度，所有法规和规章都必须遵循这一原则。

此外，经常项目的可自由兑换和资本项目的可自由兑换在相当大的程度上是相辅相成的。有些经常项目可自由兑换的要求中实际包括了资本项目的内容，如短期银行信贷业务的支付，贷款、利息及其他投资净收入的支付；而经常项目的可自由兑换的实现也对资本项目的可自由兑换提要求，如IMF成员国只有在不妨碍经常项目支付和不拖延正常结算债务支付的前提下才能自由决定资本流动。实际上，实现了经常项目可自由兑换后再想对资本项目实行严格管制是非常困难的。经常项目和资本项目的外汇收支常常很难区分。人们总是可以通过贸易的方式进行资本转移，比如高报或低报进口金额，跨国公司通过价格政策转移资本，交易结算时间的提前或滞后等。

（二）货币自由兑换的条件

一国货币要实现可自由兑换不仅需要满足IMF条款所要求的各项国家义务，还要求一国的宏观经济状况能够应对由于汇率波动所带来的风险，因此，货币的自由兑换还应该满足以下条件：

第一，稳定的宏观经济形势。一国的货币要实现可自由兑换就要求该国的经济处于一个健康良好的运行状态之中，既没有产能过剩、通货膨胀等经济过热现象，也没有大量失业、通货紧缩等经济萧条问题。此外，这种稳定的宏观经济形势并不是一个短期的现象，而是一个长期的、可持续的经济状态。只有这样的经济稳定状态才能保证一国具有足够的国际清算支付能力，为本币的自由兑换提供坚实的基础。

第二，有效的经济调节机制。经济调节机制既包括市场自发调节的能力，又包括了政府调节市场的能力。当市场冲击较小时，一个有效的、完善的、健全的经济市场能够自发的进行调整，维持商品市场上各种产品的价格处于相对稳定的状态，并保持与国际产品价格的一致性，也能维持金融市场中本币币值的稳定状态，不会受到外来市场中轻微冲击的影响。而当市场受到较大冲击时，一国政府能及时出台相应的财政政策应对市场波动，货币当局能够有效执行相应的货币政策维持市场稳定，对于外汇市场上的风险也能够提前预防或及时控制，这就要求一国的财政收支和国际收支都处于平衡的状态。

第三，宽松的外汇市场管制。货币的可自由兑换和一国外汇管制制度有着紧密联系，只有宽松的或者完全取消的外汇管制才能更好地实现货币的自由兑换。而宽松的外汇市场管制就要求该国的整体经济状况良好，同时金融市场的结构健全，监管制度完善，从而才能够维持本币汇率的稳定，选择合适的汇率制度，在保证国内经济稳定的条件下拓展国际市场，进而促进本币可自由兑换的发展。

第四，健全的微观经济环境。从国民的角度来看，货币自由兑换增加了国民交易的方式，这对本币的影响必然是巨大的，一国当局应树立国民对本币的信心才能更好稳定本币汇率，从而稳定外汇市场，乃至整个金融市场。从企业的角度来看，货币的可自由兑换将给本国企业带来更大的挑战，它们所面对的竞争者不再是本国的其他企业，而是全球的企业，因此，只有提高本国企业的生产水平和技术水平，构建一个发达而健全的实体经济，才能应对本币自由兑换所带来的冲击。从金融机构的角度来看，货币的自由兑换给金融机构带来更多的国际化的产品和业务，这对本国金融机构提出了极高的要求，不仅需要这些金融机构能创新产品和服务，来应对国际金融机构的激烈竞争，还需要监管部门出台相应的政策，构建良好安全的交易环境。从长远来看，微观经济环境是货币实现可自由兑换的基础，只有构建健全的微观经济环境才能促进本国货币进一步的可自由兑换。

第五，完善的金融监管体系。货币自由兑换对经济社会的各个方面都会带来巨大的影响，而在金融市场，这种影响的社会效应是被放大了的，因此完善的金融监管体系是不可或缺的。一般来说，金融机构的股东和客户从某种程度上是具有监管义务的，但是道德风险和逆向选择问题也使得这种监管的效果有限。因此，金融监管部门需要建立一套完善且行之有效的监管体系，来维护客户、投资者和股东们的利益，进而维持金融市场的稳健发展。

第六节　中国的外汇管理和人民币国际化

一、中国的外汇管理

（一）中国外汇管理体制的演变

1. 计划经济时期

1979 年改革开放前，中国的外汇管理体制有以下几个特点：（1）对外汇收支实行全面的指令性计划管理。在这一时期，所有外汇收入都必须出售给国家，国家对各单位用汇采取计划与审批相结合的方式予以配给。财政部和中国人民银行分别负责对中央部门和地方部门的外汇收支计划进行编制，当时的国家计划委员会则全面负责国家的外汇支出。（2）贸易外汇与非贸易外汇的集中管理。在这一时期，国营进出口公司全面负责一切对外贸易活动，中国人民银行则全面代理对外贸易的外汇收付。同时，国家出台一系列规定，对于非贸易部门持有外汇的一律全部售给国家银行，不得保留。

在当时高度集中的计划经济体制下，中国外汇管理体制实行以计划和行政管理为主导的模式，基本上确保了国家对外汇资源的掌握，对外基本不举债，不接受外国来华投资。人民币汇率仅作为核算工具，对维护国际收支平衡和汇率稳定起到了一定的积极作用。但是，计划经济体制下的强制结售汇制度忽视了市场机制的调节作用，外贸企业积极性很难被调动，资源配置效率低下，在某种程度上也束缚了中国对外经济的发展。

2. 经济转型时期

1979 年改革开放后，为适应经济发展的需要，中国加快外汇体制改革，逐步改变外汇的统收统支，允许出口企业有一定的外汇自主权。这一阶段，配置外汇资源的市场机制不断发育，对于促进吸引外资、鼓励出口创汇、支持国民经济建设发挥了积极作用。这一时期的外汇管理体制改革有以下几点重要变化：

首先，在 1979 年实行了外汇留成制度，并允许企业间调剂外汇余缺，人民币外汇调剂市场汇率与官方汇率并行。国家在对外汇资源进行集中管理的同时对创汇地方和企业根据贸易往来和非贸易往来的不同情况给予一定的外汇留成，以帮助创汇地方和企业解决一部分用汇需求。有留成外汇的企业如自身有多余外汇则可以到外汇调剂市场与需要外汇的企业进行外汇交易。

其次，允许多种金融机构经营外汇业务。中国进出口贸易被当时的对外贸易部所属的国有贸易公司垄断的局面逐渐被打破，各地相继成立了外贸公司，对外贸易额也逐渐扩大。在这样的背景之下，由中国银行一家办理外汇业务显然不能满足需要，国家开始允许各专业银行业务交叉并允许其开展外汇业务，随后国家陆续批准设立了一批商业银行和非银行金融机构并允许其经营外汇业务。

再次，放宽境内居民外汇管理。这主要体现在国内居民外币存款业务和个人外汇调剂业务的开办以及放开居民个人购汇汇出等方面上。从 1985 年开始，中国开办了居民外汇存款业务，国外汇给境内居民的外汇或者境内居民从境外携带入境的外汇可以在银行开立存款账户，居民可以按规定的数额和用途汇出或带出境外使用。1988 年，部分地区开办了个人的外汇调剂业务，允许居民个人将其留有的外汇按照调剂价格进行交易。这样既遏制了黑市交易又满足了居民个人小额的外汇需要。

最后，外汇兑换券的发行。1980 年 4 月 1 日，中国开始发行外汇兑换券，境外人员可以在银行按外汇牌价兑换以人民币计值的相应面额的外汇券，外汇券只能在指定的旅店、商店、机场等场所使用。未用完的外汇券可以携带出境，也可以在低于原来兑换数额的 50% 以内换回外汇。对于收取外汇券的单位则必须把外汇券存入银行，如果需要兑换成外汇的，也可以按规定给予一定的外汇留成。1980 年 12 月国务院发布的《外汇管理暂行条例》是这一阶段基本的外汇管理法规。

3. 建立和发展社会主义市场经济时期

第一，实行银行结售汇制度。1994 年，国家对外汇管理体制进行重大改革，取消外汇留成制度，实行银行结售汇制度，人民币官方汇率与市场汇率并轨，实行以市场供求为基础的、有管理的浮动汇率制度，建立全国统一规范的外汇市场。"结售汇"，分为结汇和售汇两部分。结汇，指的是外汇指定银行按照当日汇率收取外汇持有者售出的外汇并向外汇持有者支付相应的本币的行为；售汇，指外汇指定银行向外汇需求者按当日汇价售出外汇收取相应本币的行为。结汇的方式又分为强制结汇、意愿结汇和限额结汇三种。强制结汇是指境内机构的外汇收入必须全额出售给外汇指定银行，不能保留外汇；意愿结汇则是指取得的外汇收入可以出售给外汇指定银行也可以在外汇指定银行开设外汇账户予以保留；限额结汇则是指取得的外汇收入在规定的限额之内可以意愿结汇，而超过限额的则要求强制结汇。而中国当时实行的银行结售汇制度，采取的是强制结汇和限额结汇两种结汇方式。对于普通中资企业采取强制结汇，而对于外商投资企业和经营规模较大、财务情况良好的中资企业则采取限额结汇的方式。1996 年 1 月《外汇管理条例》颁布实施，外汇管理改革成果以法规形式得以进一步确立。

第二，人民币经常项目可自由兑换。1996 年 12 月 1 日，中国达到了《国际货币基金组织协定》第八条的要求，完全取消了经常项目下国际支付和转移的限制，实现了人民币经常项目的可自由兑换，在此之前中国实行的是经常项目下有条件的可兑换。所谓的有条件可兑换是指大部分的经常项目用汇和资金转移已经不受限制，但仍然存在部分的汇兑限制。比如：外商投资企业的经常项目用汇仍需要在外汇调剂中心获得；个人用汇存在范围和标准的限制；驻华机构人员境内购买自用物品离华前售出所获收益向境外转移的限制；等等。1996 年 12 月 1 日以后，中国先后取消了经常项目交易中尚存的限制，扩大了居民个人购汇的范围和额度，允许外商投资企业银行结售汇，从而真正意义上实现了人民币经常项目的可自由兑换。

第三，银行间外汇市场的建立和完善。1994 年 4 月 1 日，全国统一的银行间外汇市场正式成立。银行间外汇市场的运行和管理有如下几个特点：（1）银行间外汇市场采取会员制，会员由人民银行批准成立并准许经营外汇业务的金融机构组成，分为代理会员和自营会员。（2）在交易方式上，各地会员通过交易员在当地分中心的交易场所进行交易，当交易员按照会员的指示提出报价后，外汇交易中心的计算机系统就会对最高买入价和最低卖出价进行撮合，成交价即是买入价和卖出价相同时的价格。当买入价超过卖出价时，以买入价和卖出价的平均值作为成交价。（3）在本外币资金清算上，人民币清算方式为二级清算，即会员间通过所在地分中心进行清算，各分中心之间的差额在总中心清算。外币的清算方式则是一级清算，即总中心与会员通过境外外汇账户直接进行清算。最后，中国人民银行设立公开市场操作室，在外汇交易系统进行外汇买卖，调节外汇市场的供求以维护人民币汇率的稳定。

第四，人民币资本项目逐步放开。2001 年 12 月中国加入世界贸易组织，对外经济迅猛发展，外贸顺差急剧扩大，外商来华投资踊跃，国际收支持续大额顺差，外汇储备于 2009 年 6 月末达到 2.13 万亿美元，是 1993 年 12 月的 100 倍。在此背景下，中国采取了一系列相关措施并制定了政策法规，有力地促进了人民币资本项目的部分可兑换。这主要体现在以下几个方面：首先，允许合格的外商投资企业申请发行 A 股或 B 股，已经含有 B 股的外商投资企业可以申请其未上市的外资股在 B 股市场上流通。其次，取消了外商直接投资的行政审批并扩大了外资的可投资范围。在 2002 年 11 月国务院发出的"关于取消第一批行政审批项目的决定"中共取消了 789 个审批项目，其中有 14 个项目涉及资本项目，从而标志着人民币资本项目开放步伐的进一步加快。与此同时，外资投资领域也由传统的加工制造业逐渐扩展到高新技术产业以及金融业，外商可以参与国有企业以及国有商业银行的重组。再次，证监会和中国人民银行联合发布《合格境外投资者境内证券投资管理暂行办法》，允许经证监会和国家外汇管理局用汇额度批准的境外机构投资者（包括基金、保险公司、证券公司等）通过委托的形式在中国境内开展证券交易活动。规定单个境外机构投资者不得持有境内上市公司 10% 以上的流通股，而境内上市公司的全部流通股中也不得有超过 20% 的股份被一个或多个境外机构投资者持有。最后，由国家经贸委、财政部、工商总局和外管局联合发布《利用外资改组国有企业暂行规定》，允许国有企业和公司制企业中的国有股持有者向外国投资者转让全部或部分国有股权。国有企业可以将全部或部分资产出售给外国投资者，也可以面向外国投资者增资扩股。

（二）　当前中国外汇管理体制的主要内容

1. 经常项目外汇管理

中国已于 1996 年实现了人民币经常项目可兑换。因此，只要购付汇是真实用于货物贸易、服务贸易等经常项目用途，国家均不作限制，予以满足。由于目前我国仍实行资本项目部分管制，为确保资本项目管制的有效性，防止无贸易背景或违法资金等非法流出入，经常项目外汇管理的核心目标和原则即为真实性审核。实现手段主要是通过核对资金流与物流对应情况、规范银行审核外汇收支单证、构建外汇流动非现场监测监管体系等。

货物贸易外汇收支在经常项目中占主导地位，在管理上包括对出口少收汇（逃汇、截留外汇）、进口多付汇（套汇、骗汇）、出口多收汇（投机资金流入）和进口少付汇（投机资金流入）四个方面的监管。服务贸易，由于其没有所谓的货物流信息可供核对，因此通过在法规中明确银行审核外汇收支所涉单证，通过与税务、商务等上游主管部门合作，在审单内容和信息交换上形成监管合力等，进行真实性审核。外汇管理部门也借助电子系统进行事后监测，发现可疑情况，重点监督检查。个人结汇和购汇实行年度总额管理。

2. 资本项目外汇管理

由于中国经济结构、市场机制、监管能力等方面的原因，没有完全放开资本项目管制，而是在有效防范风险前提下，有选择、分步骤放宽对跨境资本交易活动的限制，逐步实现资本项目可兑换。资本项目外汇管理主要是通过外汇管理部门进行事前审批和事后备案。在管理原则上不完全是真实性审核，一些风险较大、管制较多的项目，如证券投资等，即使确实是真实投资证券市场，也可能不被允许。

直接投资外汇管理重点是统计监测外商直接投资跨境资本流动，并根据外汇形势特点，实施相应汇兑管理。具体是通过相关管理信息系统，利用外汇登记、撤资核准等手段实现统计目的；通过资本金账户、外汇年检等管理手段，落实外商投资登记管理等要求。外债管理一方面是进行统计监测，另一方面是进行规模管理。

3. 金融机构外汇业务管理

中国对金融机构外汇业务的监管由外汇管理、银行业监督管理等部门分别负责。我国《中国人民银行法》、《商业银行法》、《外汇管理条例》等规定，人民银行履行银行结售汇业务的市场准入管理职责，具体由外汇管理部门负责。商业银行其他的外汇业务，入外汇与外汇间的买卖等，由银行业监督管理部门负责。外汇管理部门还负责保险经营机构、证券公司、财务公司等非银行金融机构外汇业务资格审批。非银行金融机构外汇业务的范围包括外汇保险、发行或代理发行外币有价证券、买卖或代理买卖外币有价证券、即期结售汇业务等。

对金融机构监管的另一类重要内容是为客户办理外汇收支业务的合规性考核制度。金融机构在外汇监管框架中的特殊地位，其是否能够切实履行职责，直接关系外汇管理政策的执行效果。外汇管理部门通过设定考核指标、考核方法等加强对金融机构办理外汇业务的监管，同时，对其违法行为进行检查和处罚。

4. 国际收支统计与监测

国家对跨境交易资金流动进行统计，实行国际收支统计申报制度。境内企业或个人向境外汇款或者从境外收款，都有义务依法向外汇管理部门申报。由企业或个人直接向外汇管理部门申报收付汇信息的，称为直接申报。由企业或个人委托银行代申报的，称为间接申报。目前企业和个人的申报基本上由银行代申报完成。直接申报的主体主要是金融机构，主要包括金融机构对境外资产负债及损益申报、境内银行非居民人民币账户数据统计、中资金融机构外汇资产负债数据的统计制度等内容。此外，对于较难通过交易主体申报采集的数据，中国还建立了国际收支统计专项调查制度，如贸易信贷、运输、保险项下调查制度等。

5. 外汇储备管理

外汇储备管理是中国外汇管理部门的重要职责。2001 年起，为适应储备规模快速增长和进一步规范化、专业化经营的需要，外汇储备建立了以投资基准为核心的管理模式。投资基准确定了货币、资产、期限和产品分布的结构和比例，是投资管理过程中衡量某项资产或投资组合构成和收益的重要参照指标。按照既定的投资基准进行操作，可以有效进行投资决策和管理投资风险，还有利于客观评估经营业绩。在按照投资基准经营的同时，允许经营人员对基准进行适度偏离，可以发挥经营人员的主观能动性，积极捕捉市场机会，在既定风险之下，创造超出基准的收益。

6. 人民币汇率和外汇市场管理

1994 年外汇体制改革后，中国形成了外汇零售市场与外汇批发市场。外汇零售市场是指银行与企业、个人等客户之间进行柜台式外汇买卖所形成的市场，这是一个分布广泛的分散市场。银行在与客户之间进行外汇买卖中，会产生买卖差额，形成外汇头寸的盈缺。由于外汇市场上汇率千变万化，银行保留外汇头寸敞口存在很大的汇率风险，因此，银行要对多余头寸进行抛出，对短缺头寸进行补进，于是形成了银行间外汇市场，即中国外汇交易中心组织运营的电子化交易平台。在外汇零售市场，银行经营此类业务需事先经外汇管理部门批准，取得结售汇业务市场准入资格；需遵照结售汇综合头寸限额管理规定，对超限额的结售汇头寸及时通过银行间外汇市场进行平盘；需按照汇价管理有关规定制定并公布挂牌汇价，为客户办理结售汇业务；需建立独立的结售汇会计科目，履行结售汇统计、结售汇综合头寸统计、大额交易备案以及其他相关统计义务。在外汇批发市场，《外汇管理条例》规定，该市场交易的币种、形式等由外汇管理部门规定。

7. 外汇管理检查与处罚

依据《外汇管理条例》的规定，外汇管理查处的违规行为主要包括逃汇、非法套汇、资金非法流入或非法结汇、违反外债管理规定、非法经营外汇业务、非法买卖外汇、金融机构违反收付汇、结售汇、外汇市场管理等规定；境内外机构、个人违反国际收支统计申报、报送报表、提交单证、外汇登记等规定。对这些违规行为处罚的幅度和程序等依照《行政处罚法》、《外汇管理条例》等进行。外汇管理机关在做出处罚决定之前应制作行政处罚告知书，告知当事人所认定的违法事实、法律依据、处罚内容及依法享有的权利等。外汇管理机关还建立了办案程序、案件集体审议等内控制度，以确保依法行使检查职权，保护当事人合法权益。

（三）　中国外汇管理体制改革的长远目标

中国外汇管理体制改革的长远目标是实现人民币自由兑换。从 1996 年 12 月 1 日起，中国承诺接受国际货币基金组织协定第八条的全部义务，人民币实现了经常项目下的完全可兑换。不过，长期以来，中国对资本项目仍然实行较为严格的管制，原因在于资本项目可兑换可能带来以下问题：（1）导致汇率的较大波动，资本的自由进出会相应地引起外汇供求关系的变化，难以维持汇率的稳定；（2）冲击国内经济，跨境资本的大规模进出不仅会通过对汇率的影响冲击国内经济，而且可以通过各种投机手段牟利，影响国内经济和金融的稳定。

但是，为了适应经济全球化和金融一体化的大趋势，中国实现资本项目可兑换势在必行。实现人民币资本项目自由兑换的意义在于：（1）有利于人民币从交易职能向结算、投资和储备等职能扩展，不断扩大本币在境外的应用范围和数量；（2）有利于促进资本跨国自由流动，使资本能够在全球范围内优化配置，提高资源的使用效率；（3）有利于增强外国投资者的信心，鼓励外国私人资本的流入，可以弥补发展中国家储蓄和外汇的不足，从而促进经济增长；（4）有利于通过外商直接投资自由进入提高本国技术和管理的水平；（5）有利于本国居民通过对外多样化投资增加其资产收益并降低风险。

2011 年 3 月，在全国人民代表大会审议通过的"十二五"规划中，明确提出要"逐步实现资本项目可兑换"。为此应在实现资本项目可兑换带来的好处的同时，不断推进中国金融系统的改革，切实防范可能产生的风险。2015 年《中共中央关于制定国民经济和社会发展第十三个五年规划的建议》提出，要"有序"实现人民币资本项目可兑换。在上海自贸区率先实现人民币资本项目可兑换，总体原则就是"统筹规划、服务实体、风险可控、分步推进"，在自贸试验区内进行人民币资本项目可兑换的先行先试，逐步提高资本项下各项目可兑换程度。

二、人民币国际化

（一）　人民币国际化的含义

所谓国际货币是指在国际经济交易中被普遍接受并广泛使用的货币。对于私人部门而言，国际货币能够用于国际贸易的结算和国际债务的偿还，能够用于国际金融工具和外贸交易的计价，能够用于存款、贷款和债券的计价。对于官方部门而言，国际货币能够用于外汇市场干预和国际结算融资，能够用于表示汇率关系和作为其他货币的锚，能够用于货币当局的国际储备。

伴随着国际商品交换的发展，国际货币经历了不同的发展时期，包括以金币作为国际货币的时期；以英镑作为国际货币的时期；以英镑、美元同为国际货币时期；以美元作为国际货币时期；以美元为主导的多元化的国际货币时期。值得注意的是，前几个时期的国际货币，其发行都直接或间接地与黄金挂钩，而最后一个时期的国际货币则是纯粹的信用货币。

一国货币突破国家和主权的限制，在国际范围内发挥价值尺度、交易媒介、流通手段和贮藏手段的职能，从而成为国际货币的过程，就是货币国际化。因此，人民币国际化就是指人民币能够跨越国界，在境外流通，成为国际上普遍认可的计价、结算、投资及储备货币的过程。

（二）人民币国际化的必要性

第一，有利于中国获取铸币税收益。铸币税是货币发行国基于发行货币的垄断权而获得的超过成本的净收益，即所发行货币的交换价值与制造和维护货币流通成本之间的差额。人民币成为国际货币，货币交易和流通的范围扩大到国际领域，则铸币税收益来源也扩大到非居民的货币持有部分。中国可以通过输出人民币，在换取更多的资源的同时，获取国际铸币税收益。

第二，有利于降低中国外汇风险。在现行国际货币体系下，中国对外经济交往的计价与结算货币多为美元，美元汇率的波动势必会影响到中国汇兑成本和为规避汇率风险而进行的外汇交易的风险。人民币国际化会有效改善中国外汇风险状况，扩大人民币的计价、结算范围，在更多的国际贸易和国际金融交易中使用人民币，减少中间环节，降低汇兑风险，增强资本流动，提高抗风险能力。

第三，有利于减少中国外汇储备损失。根据中国人民银行发布的《2015年金融统计数据报告》，中国2015年末外汇储备为3.33万亿美元，创三年最低水平。但是，中国的外汇储备结构十分单一，以美元计价的资产占据了70%以上的份额。作为美国第一大债权国，实际上成为美国经济发展成本的承受者，并陷入"最大债权国困境"。人民币国际化将有利于扩大人民币在国际贸易和国际资本流动中的使用范围，改善国际收支状况，改变现行单一的外汇储备结构，减少外汇储备损失。

第四，有利于推动中国金融体制改革。国际货币发行国通常以国际贸易逆差或者资本项目顺差的形式输出货币。在国际贸易中尽可能多地使用人民币作为计价和结算货币，或者采用货币互换等措施可以较快和较为顺利地实现人民币的输出。但是要实现资本项目顺差，涉及资本流出和流入，特别是在人民币回流方面面临着巨大的风险和挑战。资本的自由流动，需要一个开放的、具有广度和深度、自由化的金融市场，需要完善的制度保障、需要灵活多样的、丰富的金融工具，能够安全地、便利地、低成本的实现国外资金与人民币的兑换，能够真实地反映货币、资本和外汇市场的供求。为了应对人民币大量回流，防止其冲击国内市场，导致通货膨胀和经济动荡，应该建立有效的人民币回流机制，特别是以人民币计价的国外债券市场的建设，提高市场运作效率。人民币国际化提出了对金融体制改革的新要求。完善的金融市场和机制，有利于增强人民币的流动性，有利于提高人民币的国际持有率，反过来又为人民币国际化夯实了基础。

第五，有利于提高中国的政治经济话语权。一国货币的国际地位是由其发行国综合实力决定的。中国经济的发展客观上要求人民币的流通和投资范围超越国境向国际发展。近年来人民币在周边国家的流通和使用，已经呈现出广度和深度全面深化的态势，人民币在这些国家逐步成为"硬通货"。这种由于国际经贸合作带来的货币合作，有利于提升人民币在周边国家的地位，进而进一步提升了中国在这些地区的影响力。中国已是仅次于美国的世界第二大经济体，但是却面临着"经济大国、货币小国"的窘境。中国经济的粗放式发展和结构转型尚未完成，都注定了中国还远不是一个经济强国。中国在金融领域和国际货币体系中的弱势地位决定了中国的国际影响力与其经济实力的不匹配。人民币国际化意味着人民币将更多地参与国际货币竞争，在更多、更广泛的范围内开展国际合作，有利于提高中国的国际地位。这也意味着中国能够更多地参与国际政治经济规则的制定和管理、拥有更多的话语权和决策权，能够更加有效地维护国家利益。

（三）人民币国际化的进程

1. 人民币国际化的起始阶段

人民币国际化起始于经常项目的自由兑换。1993 年，中国陆续与俄罗斯、越南、蒙古、老挝、尼泊尔、吉尔吉斯、朝鲜、哈萨克斯坦等周边国家签订了双边边贸本币结算的协定，开始在与邻国的边境贸易中使用人民币进行结算，并允许双边国家的商业银行相互开立本币账户办理银行结算服务；在边境设立货币兑换点；在海关备案后可以跨境调运两国本币现钞。双边边贸本币结算协定为人民币在边境贸易、旅游、消费中的广泛使用提供了有力支持，扩大了人民币的跨境使用范围，促进了人民币经常项目逐渐开放。

与此同时，资本项目的兑换也在稳步推进。1994 年 1 月 1 日，人民币汇率制度改革，官方汇率与外汇调剂价格并轨，实行以市场供求为基础的、单一的、有管理的浮动汇率制度；取消外汇留成和上缴，实行强制的银行结售汇制，企业和个人按规定向银行买卖外汇；通过建立银行间外汇交易市场形成市场汇率。由中国人民银行公布人民币对美元交易的中间价和人民币对其他主要国际货币的汇率，各银行在中国人民银行规定的波动幅度内对客户买卖外汇。在保证人民币对内价值稳定的前提下，通过银行间外汇市场和中国人民银行的市场操作，保持官方汇率的相对稳定。这种汇率体制，有助于促进人民币价格反映市场需求，为资本账户开放打好基础。

1996 年 12 月 1 日，中国成为国际货币基金组织第八条款接受国，实现经常项目下人民币的可兑换。按照条款要求，中国不得限制经常性支付，包括经常性国际交易支付和转移、所有无形贸易的支付和转移等；除非取得基金组织批准，否则不得实行诸如多种汇率制度、多边贸易协定等歧视性措施；在外国要求兑换本国货币用于支付经常性交易时，有义务兑换外国持有的本国货币。中国成为国际货币基金组织协定第八条会员国，意味着以间接调控手段管理国际收支能力的增强，有能力维护人民币币值的稳定。1997 年亚洲金融危机爆发后，中国顶住了重重压力，采取积极有效的调控措施，坚持人民币不贬值，担负起大国责任，为稳定亚洲经济作出了应有的贡献，赢得了世界特别是亚洲国家的普遍赞誉。亚洲金融危机成为人民币国际化的重要转折点，柬埔寨宣布将人民币作为国家的储备货币，人民币的流通范围扩大到周边国家的边境城镇，在朝鲜、越南、蒙古境内流通使用，甚至在一些国家的边境地区出现了部分的货币替换。

2. 人民币国际化的推进阶段

中国经济的高速发展，世界经济、货币格局的变化，推动了人民币国际化进程。亚洲金融危机的爆发，使越来越多的亚洲国家认识到区域金融合作对防范金融风险、维护金融稳定的重要性。2000 年 5 月，东盟与中日韩"10+3"财长在泰国清迈共同签署了建立区域性货币互换网络的协议，即《清迈协议》（*Chiang Mai Initiative*），以便在一国发生外汇流动性短缺或出现国际收支问题时，其他成员国可集体提供应急外汇资金，以稳定地区金融市场。《清迈协议》扩大了东盟互换协议（ASA）的数量与金额，建立了中日韩与东盟国家的双边货币互换协议，并决定各国在启动双边货币互换过程中执行集体决策机制。《清迈协议》签订以后，东亚"10+3"货币合作实现突破性进展，截至2003 年年底，共签订了 16 个货币互换双边协议，累计金额达 440 亿美元；逐步增加共同储备基金，以预防金融危机的发生，2013 年增至 1200 亿美元，其中中国出资 410 亿美元，占全部基金的 1/3，中国在东亚"10+3"货币合作体系中发挥着极其重要的作用，人民币有望成为亚洲关键货币。

2001 年 11 月 10 日，中国正式加入世界贸易组织。按照世界贸易组织的要求，逐步实现货物贸易、服务贸易和贸易投资的自由化，允许外国资本进入本国金融市场并与本国资本在同等条件下竞争；同时，允许本国资本进入其他缔约国金融市场并享受该国资本的同等待遇。世界贸易组织对贸易、服务和投资限制的减少削弱了资本管制的有效性，使得外汇管制受到更多的，特别是来自国际社会的压力，对放松外汇和资本管制，进而实现人民币的自由兑换起到了极大的推动作用。区域货币合作的加强和中国产业对世界更广泛范围的开放，为人民币国际化创造了良好的环境。

2005 年，中国新一轮的汇率机制改革开始，实行"以市场供求为基础、参考一篮子货币进行调节、有管理的浮动汇率制度"，人民币汇率不再只钉住美元，而是参考由不同权重货币组成的一篮子货币，实行更富有弹性的浮动汇率制。人民币汇率开始进入上升通道，境外人民币规模不断扩大。2007 年 6 月，第一支人民币债券在香港发行，香港作为人民币离岸金融市场的地位正式确立。2008 年 7 月，中国人民银行设立汇率司，明确其一项重要职能为"根据人民币国际化进程发展人民币离岸市场"，首次在官方文件中提出人民币国际化，正式拉开了人民币国际化的政策序幕。

3. 人民币国际化的加速发展阶段

（1）推进跨境贸易人民币结算。

2008 年，国际金融危机席卷全球，在沉重打击美国、欧洲经济的同时，也造成了国际货币体系的剧烈动荡。作为全球第二大贸易国，面对弱势美元政策和贬值趋势明显的欧元以及波动剧烈的日元，继续以这三种货币作为主要的跨境结算货币必然会严重影响中国进出口企业的成本与收益核算，进而影响企业的正常经营，并由此传导到其他相关企业，影响中国经济的稳定发展。因此，加快推进人民币国际化，扩大人民币跨境结算范围成为迫在眉睫的重要问题。从 2008 年年底开始，中国开始加速推进跨境贸易人民币结算，2011 年 8 月实现了全国及全球范围的跨境贸易人民币结算。

（2）扩大货币互换规模和种类。

货币互换协议是货币互换双方按事先约定在期初交换等值货币，在期末再换回各自本金并相互支付相应利息的行为。两国签订货币互换协议主要是为了避免汇率风险，交换得到的对方货币可以方便本国企业用于贸易与偿债支付。2000 年签订《清迈协议》后，中国先后与日本、韩国、泰国、菲律宾、马来西亚、印度尼西亚六国达成合计达 234 亿美元的双边货币互换协议，中国承诺出资达 165 亿美元。此后，特别是 2008 年全球金融危机爆发后，中国在更大范围与更多国家和地区开展双边货币互换，货币互换规模和种类不断增加。除《清迈协议》框架下的货币互换协议外，截至 2015 年，中国已与 30 个国家和地区签订了共计人民币 31102 亿元的双边货币互换协议。货币互换实质上是一种服务于双边实体经济的金融安排，双边货币互换规模的扩大、地域的延伸，不仅促进了双边贸易的发展，规避了汇率风险，降低了融资成本和出口成本，也有利于扩大人民币在国际贸易中的计价、结算和流通范围，有利于提高人民币的国际影响力。

（3）逐步推进资本项目的开放。

1996 年底，人民币已经实现经常项目下的完全兑换，但是，资本项目却依然处于部分可兑换阶段。虽然中国采取了一系列的措施逐步降低资本项目的管制，但放松的步伐一直是温和的、循序渐进的。从 2002 年实行 QFII 制度以来，合格境外投资者的境内证券投资迅速增长，成为 A 股市场仅次于基金的第二大机构投资者。2010 年 8 月 16 日，中国人民银行发布《关于境外人民币清算行等三类机构运用人民币投资银行间债券市场试点有关事宜的通知》，允许经过批准的境外银行参与中国银行间市场债券交易，打开了人民币投资回流的渠道。而 2011 年底开始实施的 RQFII，允许境外合格投资机构在离岸市场筹集人民币资金投资于境内证券市场，实质上也是在探索建立人民币回流机制，满足离岸人民币资金回流境内投资的需求，有利于境外机构和个人持有的人民币资产的保值增值，鼓励人民币资产在更大范围、更大规模的交易和流通。除了引进新的市场力量，增加证券市场竞争主体，吸引境外资金投资境内证券市场，中国也在积极推进人民币对外直接投资，以盘活人民币资金，推动企业参与国际竞争，提高国际化水平。

2011 年中国人民银行连续发布多个文件，分别对人民币境外直接投资（简称人民币 ODI）、外商直接投资人民币结算业务（简称人民币 FDI）管理进行了详细规定，实现人民币从贸易结算货币向投资货币的转变，并简化了境外企业、经济组织和个人来华投资的人民币结算业务手续。而商务部则对跨境人民币直接投资的范围进行了明确规定，境外投资者以合法获得的境外人民币进行直接投资时，不得投资于中国境内有价证券、金融衍生品或委托贷款；若直接投资房地产业或境内上市公司的，须遵守有关规定。无论是对外商直接投资人民币结算业务管理的规定还是对投资范围的规定，都意味着跨境人民币直接投资（FDI）的正式推出，是人民币资本项目放的重要举措。人民币境外直接投资是人民币资金的流出，一方面使得人民币资金大量用于国际贸易、购买实物资产或商品，增强了人民币国际贸易结算的功能；另一方面也增加了境外人民币资金的沉淀量，成为人民币海外投资的资金来源。这种贸易与投资的相互促进、双轮驱动，不仅迅速扩大了人民币在境外的流通规模和范围，而且为人民币在境外的自由兑换创造了条件。虽然人民币 ODI 在金融服务机制、清算系统等方面还很不健全和配套，但是依然获得了长足的进步，特别是中国香港和东南亚地区，成为人民币 ODI 的最大受益者。与人民币 ODI 相比，人民币 FDI 以极高的发展速度和规模取得了瞩目的成绩。至2015 年，随着沪港通、自贸区的推出，中国资本项目开放呈现提速之势，下一步深港通、个人跨境投资、人民币纳入国际货币基金组织特别提款权"一篮子货币"问题也备受市场瞩目。

（4）建设人民币离岸市场。

随着跨境贸易人民币结算的发展，要求解决越来越多的境外人民币的流通和交易问题，满足境外人民币的投融资需求、保证境外人民币的保值增值，这就需要境外有一个人民币交易市场来提供人民币离岸金融业务。2003 年年底，作为香港个人人民币业务清算行的中国银行（香港）有限公司（简称"中银香港"）签订协议，加入中国银行间外汇市场和拆借市场，中国银行间外汇市场扩大到香港。2004 年 2 月，香港银行开始试办包括存款、汇款、兑换及信用卡等个人人民币业务。2009 年 7 月，"中银香港"与中国人民银行修订了清算协议，将清算业务扩大至贸易结算领域。2010 年 2 月，香港金融管理局宣布优化人民币业务，放宽多项限制，人民币结算领域扩展到服务贸易。2010 年 7 月 19 日，"中银香港"与中国人民银行再次修订清算协议，取消企业兑换人民币的上限，香港人民币账户中的存款可以不受限制的转移，人民币贸易结算业务才算真正启动，并进而带动了人民币存款、人民币债券、离岸人民币同业拆借市场的快速发展，人民币金融产品层出不穷。2010 年 8 月颁布的《关于境外人民币清算行等三类机构运用人民币投资银行间债券市场试点有关事宜的通知》，明确"中银香港"可以进入内地银行间债券市场进行投资，为人民币回流提供了渠道。2011 年 8 月 17 日，中央明确宣布支持香港建设成为人民币离岸中心，支持香港人民币市场发展，以香港为中心促进境外人民币的自我循环；支持香港使用人民币对境内的直接投资和对证券市场的投资，拓展香港与内地人民币资金循环流通渠道；促进香港离岸人民币金融产品创新。

根据以上分析，可以简单地把人民币国际化的路径概括为两个"三步走"策略：一是功能上，遵循由"计价货币"到"投资货币"再到"国际储备货币"的策略；二是区域上，遵循由"周边化货币"到"区域化货币"再到"全球化货币"的策略。这是一个典型的先易后难的过程。

（四）人民币国际化的成就与差距

根据环球银行金融电信协会（SWIFT）统计，2014 年 12 月，人民币成为全球第二贸易融资货币、第五大支付货币、第六大外汇交易货币。另据不完全统计，目前全球超过 50 家央行外汇储备中拥有人民币。2014 年 10 月，英国政府成功发行首支人民币主权债券，规模为 30 亿元人民币，并把这些人民币放入其外汇储备之中；澳大利亚公开声称人民币占其外汇储备的 3%。

但是，总的来看，人民币作为国际货币的地位还不高。国际货币基金组织的统计显示，2014 年全球官方外汇储备中，人民币的占比是第七位。外汇储备货币前七名分别是：美元、欧元、英镑、日元、澳元、加元和人民币。人民币 2014 年占官方外汇资产的比例为 1.1%，相比之下，美元在外汇储备中的占比高达 63.7%。因此，人民币国际化仍然任重道远。

◎ 本章思考题

一、名词解释

汇率制度　固定汇率制　浮动汇率制　中间汇率制度　货币局制度　汇率目标区　硬浮动汇率制　软钉住汇率制　名义锚理论　BBC 规则　不可能三角定理　原罪论　害怕浮动论　中间汇率制度消失论　外汇管制　直接外汇管制　间接外汇管制　货币自由兑换　经常项目自由兑换　资本项目自由兑换　国际货币　货币国际化

二、问答题

1. 简述国际汇率制度变迁的历程。

2. 根据国际货币基金组织 2009 年的分类，基金组织成员国（地区）的汇率制度被划分为哪些类型？

3. 比较金本位制下固定汇率制与布雷顿森林体系下固定汇率制的差异。

4. 比较分析固定汇率制度与浮动汇率制度的优劣。

5. 根据经济结构决定论，实行固定汇率制和浮动汇率制各需要哪些条件？

6. 简述经济冲击决定论的基本思想。

7. 金融危机如何影响汇率制度的选择？

8. 汇率制度选择理论中存在哪几个有争议的假说？主要观点是什么？

9. 简述人民币汇率制度变迁的历程。

10. 当前人民币汇率制度的主要特征是什么？

11. 简述外汇管制的原因和内容。

12. 外汇管制的积极作用是什么？有哪些消极影响？

13. 什么是货币自由兑换？货币自由兑换应该满足哪些基本条件？

14. 当前中国外汇管理的主要内容是什么？

15. 实现人民币资本项目自由兑换的意义是什么？

16. 人民币国际化的必要性是什么？人民币国际化取得了哪些成就？

第四章 | 汇 率 决 定 理 论

汇率决定理论是国际金融学的基础理论之一。汇率决定理论的发展历史悠久，其内涵也十分丰富，20 世纪 90 年代末新兴市场国家金融危机的频繁爆发，使得传统理论对现实中出现的诸多问题无法给出令人满意的解释，从而促使汇率决定理论出现了若干重要的发展。本章从三个方面分析和讨论汇率决定理论：传统汇率决定理论、现代汇率决定理论和汇率决定理论的新发展。

第一节 传统汇率决定理论

传统的汇率决定理论主要从宏观经济的基本因素，如货币供应量、利率、物价水平等来解释汇率的决定和变动，其中影响较大的理论是购买力平价说和利率平价说。

一、购买力平价说

1914 年第一次世界大战的爆发，导致各国终止银行券与黄金的自由兑换，禁止黄金出口，这标志着盛行了约 30 年的国际金本位制的瓦解。1922 年，瑞典经济学家古斯塔夫·卡塞尔（Gustav Cassel）正式提出了纸币本位制度下的汇率决定理论，即购买力平价说（Theory of Purchasing Purchasing Power Parity，PPP）。其核心观点是，本国人之所以需要外国货币，或者外国人之所以需要本国货币，是因为这两种货币在各发行国均具有对商品的购买力。因此，货币的价格取决于它对商品的购买力，两国货币购买力之比决定了汇率的高低，两国货币购买力之比的变化决定了汇率的变化。而购买力的变化又取决于两国商品的价格变化，因此，汇率的变化最终是由两国物价水平比率的变动决定的。

（一）假设条件

购买力平价说是以一价定律（law of one price）为基本假设前提的。根据一价定律，在自由贸易的前提下，如果不考虑交易成本等因素，同一货币衡量的不同国家的某种同质的可贸易商品的价格应该是一致的。原因是，如果同质商品在不同地区的价格不同，那么就会带来地区间的商品套利活动。套利者可以无风险地在低价市场购买该商品，然后将其转运到高价市场销售。套利活动的结果是使两地商品的供求关系发生变化，直到这种价差趋于消失。

当然，一价定律的成立需要满足某些条件，这些条件也是购买力平价说隐含的假设前提：（1）市场完全竞争。不同国家的可贸易商品是同质的，商品价格具有完全弹性，市场要素的变化均能反应到商品价格的变化上，不存在任何价格上的黏性，这就为套利者在不同国家采取套利策略奠定了基础。（2）本国和外国的价格体系完全相同。（3）不需要考虑运输成本、保险及关税等交易成本。（4）贸易自由化。商品劳务等要素可在各国市场之间自由流动，使得国际商品和劳务市场上的套利活动成为可能。

（二）购买力平价说的两种形式

购买力平价说包括绝对购买力平价（Absolute PPP）和相对购买力平价（Relative PPP）两种形式。

1. 绝对购买力平价

绝对购买力平价是购买力平价说最典型的形式。其基本观点是，在某一时点上，不同国家货币的兑换比例取决于其货币购买力的对比，而购买力平价可以表示为一般物价水平的倒数，因此，根据一价定律，可将绝对购买力平价说用公式表示为：

$$E = P/P^* \tag{4-1}$$

其中，E 为汇率(直接标价法)，P 和 P^* 分别表示本国和外国的综合物价水平。当本国价格水平相对上升时，则本国货币的购买力相对下降，即本币贬值，汇率下跌；反之亦然。

由于任何一个国家都不止生产一种商品，因此，完整的绝对购买力平价应该表示为：

$$E = \sum W_i P_i / W_i^* P_i^* \tag{4-2}$$

其中，i 为商品，P 为国内价格，W 为商品权数，$*$ 表示外国。

例如，假设购买一篮子商品的价格，在美国需要花费 300 美元，在英国需要 250 英镑，则意味着英镑的购买力是美元的 1.2 倍，英镑和美元的汇率即为 $1.2/£。如果英镑和美元的即期汇率为 $1.5/£，则一篮子商品用同一种货币所表示的价格就会出现差异，即 $1.5/£ · £250 = $375 > $300。这样，套利者可以在美国市场按照 300 美元的价格购入商品，然后在英国市场按照 375 美元价格销售，在不考虑各种运输、交易等成本的条件下，每单位商品可以无风险地套利 75 美元。当大量的套购者从美国低价买进，到英国高价卖出，则美元价格就会上涨，而英镑则会下跌，最终两地的潜在套利利润会完全消失。此时，两国间的货币汇率仍然可以表示为两国商品价格之比。可见，商品套利活动是绝对购买力平价说的基础。

2. 相对购买力平价

购买力平价说的绝对形式考虑的是某一特定时点上一般物价水平与汇率的关系，在此基础上，我们进一步去考虑一个时间间隔内一般物价水平的相对变化与汇率的相对变化率之间的关系。相对购买力平价就是指在一定时期内，汇率的变化与两国物价水平的相对变动成比例。

以 E_t 和 E_0 分别表示时刻和基期的汇率水平，P_t、P_0 和 P_t^*、P_0^* 分别表示本国与外国在 t 期和基期的物价水平，相对购买力平价可用公式表示为：

$$\frac{E_t}{E_0} = \frac{P_t/P_0}{P_t^*/P_0^*} \tag{4-3}$$

如果以 π_t 和 π_t^* 分别表示 t 时刻国内和国外通货膨胀率，有：

$$P_t/P_0 = 1 + \pi_t, \quad P_t^*/P_0^* = 1 + \pi_t^*$$

将上式代入（4-3）式得：

$$\frac{E_t}{E_0} = \frac{1 + \pi_t}{1 + \pi_t^*} \tag{4-4}$$

等式两边各减去 1 整理得：

$$\frac{E_t - E_0}{E_0} = \frac{\pi_t - \pi_t^*}{1 + \pi_t^*} \tag{4-5}$$

其中，$\dfrac{E_t - E_0}{E_0}$ 为汇率的变化率，如果国外通货膨胀率不高，将其忽略，那么（4-5）式可以简化为：

$$\frac{E_t - E_0}{E_0} = \pi_t - \pi_t^* \tag{4-6}$$

可见，相对购买力平价表明汇率变化率等于同期本国与外国通货膨胀率之差。如果本国通货膨胀率超过外国，则本币将贬值。比如某时期美国的通货膨胀率为 8%，英国同期的通货膨胀率为 12%，则根据相对购买力平价说，英镑对美元的汇率预计下跌 4% 或美元对英镑的汇率将升值 4%，当然，如果这两国在同一时期内的通货膨胀率相同，那么此间汇率保持不变。

3. 绝对购买力平价与相对购买力平价的区别与联系

绝对购买力平价与相对购买力平价之间既有密不可分的联系，又有区别，主要表现在：（1）绝对购买力平价说明的是某一个时间点上汇率决定的基础，相对购买力平价解释的是某个时间段汇率发生变动的原因。前者反映的是两国价格水平与汇率水平的关系，后者反映价格变动与汇率变动之间的关系。（2）绝对购买力平价是相对购买力平价的基础，绝对购买力平价成立，则相对购买力平价必然成立；而相对购买力平价成立时绝对购买力平价不一定成立。（3）相对购买力平价比绝对购买力平价更具有实用价值，因为它有助于人们以动态的角度分析和预测汇率的运动。

（三）扩展的购买力平价说

传统的购买力平价说以两国总的价格水平对比来衡量购买力平价，从而产生均衡汇率，在分析过程中，它只考虑可贸易商品，而没有考虑因为人为限制或其他原因不能进入国际商品流通领域的、只能在国内进行交易的商品。只在国内交易的商品，不会影响汇率的供求，其价格与汇率之间也无直接联系。因此，为了克服这一缺陷，购买力平价说的支持者提出了扩展的购买力平价说。

扩展的购买力平价说把总价格水平（即一般物价水平）分成可贸易商品物价水平和不可贸易商品物价水平。即：

$$P = \alpha P^T + (1 - \alpha) P^N \qquad (4-7)$$
$$P^* = \alpha P^{T*} + (1 - \alpha) P^{N*} \qquad (4-8)$$

其中，P 为总价格水平（即一般物价水平）；P^T 为可贸易商品物价水平；P^N 为不可贸易商品物价水平；α 为可贸易商品权数（即可贸易商品开支在总支出中的比重）；* 表示外国。

假定两国的权数相等，可将两国的总物价水平之比表示为：

$$\frac{P}{P^*} = \frac{\alpha P^T + (1 - \alpha) P^N}{\alpha P^{T*} + (1 - \alpha) P^{N*}} \qquad (4-9)$$

考虑到不可贸易商品的存在，传统的购买力平价的公式表达为：

$$E = \frac{P^T}{P^{T*}} \qquad (4-10)$$
$$P^T = E \cdot P^{T*} \qquad (4-11)$$

由于（4-11）式，所以可将（4-9）公式右边的分子和分母分别除以 P^T 和 $E \cdot P^{T*}$，可得：

$$\frac{P}{P^*} = E \frac{\alpha + (1 - \alpha) P^N / P^T}{\alpha + (1 - \alpha) P^{N*} / P^{T*}} \qquad (4-12)$$

将（4-11）式代入上式变为：

$$E = \frac{P}{P^*} \times \frac{\alpha + (1 - \alpha) P^{N*} / P^{T*}}{\alpha + (1 - \alpha) P^N / P^T} \qquad (4-13)$$

公式（4-13）所表示的即为扩展的购买力平价说。它的含义为，在考虑到可贸易商品和不可贸易商品对购买力平价的影响作用之后，两国的实际均衡汇率应该等于两国的物价水平之比与某个系数的乘积，而该系数表示的是外贸依存度在汇率决定中的作用。从（4-13）式可以看出，当 $\alpha = 1$ 时，即某国全部商品均为可贸易商品，则扩展的购买力平价说与传统的购买力平价说内容一致，即 $E = P/P^*$。而 α 越小，则 E 与 P/P^* 的差别就越大。

（四）购买力平价说的检验

购买力平价说被提出之后，引起了学术界的广泛关注，许多学者对购买力平价说进行了检验，包括实证检验和经验检验。检验结果普遍认为，购买平价说在短期内是不成立的，在长期内是否成立则存在不同意见。

实证检验主要从两个方面展开，一是从计算实际汇率方面展开，二是从计量经济学的角度对购买力平价的公式加以验证，最早采用简单回归技术检验，随后应用单位根检验方法检验实际汇率是否服从随机游走，以及应用协整方法研究购买力平价。总的来看，20世纪90年代以前的实证检验结果显示，购买力平价说除了在高通胀时期（如两次世界大战期间）能够较好地成立外，绝大多数的实证检验并不支持购买力平价。例如弗兰克尔（Frankel，1978）通过分析20世纪20年代高通货膨胀国家德国马克汇率发现购买力平价成立，但是如果检验数据来自低通货膨胀国家，则大多数检验结果不成立。弗兰克尔（Frankel，1981）通过研究20世纪70年代主要工业化国家的购买力平价发现购买力平价不成立。因此，弗兰克尔认为购买力平价在短期内因为某些因素无成立，但是在长期内仍然成立。但是弗兰克在进行检验中并没有分析模型中干扰项的性质。后来的检验在弥补上述缺陷的基础上，检验实际汇率是否服从随机游走（即是否长期购买力平价不成立）。米斯和罗戈夫（Meese & Rogoff，1988）通过单位根检验分析了工业化国家汇率双边汇率数据，认为购买力平价不成立。

此后，玛克（Mark，1990）以1973—1988年欧洲货币体系内部的双边汇率为研究对象，结果对大多数欧洲内部双边汇率来说，购买力平价成立，即拒绝随机游走假设。乔德亨利和斯德戈蒂（Chowdhury & Sdogati，1993）研究1979—1990年欧洲货币体系内核货币汇率发现，欧洲货币对马克汇率符合购买力平价，而欧洲国家货币对美元汇率则拒绝购买力平价。弗兰克尔（Frankel，1986）、约翰逊（Johonson，1990）通过采用更长时间数据检验购买力平价均发现，检验结果如果拒绝随机游走假设，购买力平价成立。佩德罗尼（Pedroni，1997）通过群体协整技术分析了25个中等收入国家和工业化国家汇率，发现长期购买力平价成立。

在对购买力平价说的经验检验比较多，大家容易接受的是用"巨无霸汉堡"指数（big mac index）来测量两种货币的汇率在理论上是否符合购买力平价。经济学家们认为，价格指数的选择很困难但也很重要，解决问题的关键在于找到一种合适的参照物，使得各国的价格水平都能得到合理的反映。终于他们发现，有一种商品在多个国家均有供应，而且在各地的制作规格基本相同，这就是巨无霸汉堡包。该商品的价格指数可以简便且相对准确地反映各地货币的实际购买力。于是，从1986年开始，伦敦《经济学家》（Economist）杂志每年都要发布"巨无霸汉堡"指数。该刊选取了麦当劳连锁店中的巨无霸汉堡作为购买力平价参照物，并假设它在全球所有地区的售价一样，由此来决定各国货币比价。

2009年"巨无霸汉堡"指数显示，新兴市场国家的货币都在一定程度上被低估，比如，人民币的指数为1.83，这意味着按照人民币对美元汇率计算，在美国买一个巨无霸的钱，在中国几乎可以买到两个。根据该指数，人民币的汇率被低估了48%，这也曾经成为西方要求人民币升值的依据之一。港币的"巨无霸汉堡"指数更低，为1.72。而挪威、瑞士等欧盟的边缘国家货币多被高估，如表4-1所示。

一些学者认为，长期来看，购买力平价，包括巨无霸指数，的确是汇率变动的良好指南。国际货币基金组织的经济学家李莲盎（Li Lian Ong）更是推出了这一领域的专著——《巨无霸汉堡指数：购买力平价的应用》(*The Big Mac Index*：*Applications of Purchasing Power Parity*)。她认为"巨无霸汉堡"指数在跟踪汇率购买力平价。尽管"巨无霸汉堡"指数只是个非正式的经济指数，也并不精确，但它构思奇特，通俗易懂，使购买力平价理论获得了更为广泛和便捷的应用，在国际金融领域具有一定的指导意义，有时甚至十分灵验。

表 4-1　　　　　　　　部分国家和地区 2009 年的"巨无霸汉堡"指数

国家	对美元比价	对美元比价（+高估，−低估)%
美国	3.54	—
挪威	5.79	63
瑞士	5.60	58
丹麦	5.07	43
瑞典	4.58	29
以色列	3.69	4
加拿大	3.36	−5
日本	3.23	−9
新加坡	2.61	−26
中国台湾	2.23	−37
中国内地	1.83	−48
中国香港	1.72	−52

资料来源：《经济学家》网站 http：//economidtweb. com.

类似的指数还有 2004 年 1 月《经济学家》推出的"中杯拿铁咖啡指数"(tall latte index) 和 2006 年美国《商业周刊》推出的"ipodnano 指数"，无论是哪种指数，所选择的商品都是在全球市场成本几乎相同的规格化商品，这些指数也都可以用来比较不同国家的货币购买力，从而据此判断汇率水平是否符合购买力平价。

（五）对购买力平价说的简要评价

购买力平价说是最具有影响力的汇率决定理论，从货币购买力的角度分析问题，逻辑性强，公式简单，易于理解。购买力平价说的基础是货币数量说，它开辟了从货币数量角度对汇率进行分析的先河。但也存在一定的不足，主要表现在：（1）购买力平价说以一价定律为基础，但是由于不同国家的生产与消费结构不同，同一种商品在不同国家规格也有一定的差异，即使是完全相同的商品，由于社会环境和自然环境等因素的影响，可能同价也可能异价。（2）该理论过分强调了价格对汇率的影响，而忽视了汇率变化也会影响价格。从汇率实际变动来看，生产成本、资本流动、贸易条件等因素都会影响到汇率的变化。（3）该理论虽然揭示了汇率长期变化的趋势，但是并没有解释短期与长期汇率的变化趋势。因此，当20世纪70年代之后浮动汇率制度逐步取代固定汇率制成为汇率制度的主流时，购买力平价说虽然可以在一定程度上解释汇率的长期行为，但是它根本无法解释汇率的短期行为。（4）购买力平价说只考虑可贸易商品，忽略了不可贸易商品及可贸易商品的交易成本、贸易壁垒等问题。现实生活中，很多商品无法进入国际流通，加上存在政府管制与干预，货币汇率无法真实地反映购买力水平：当贸易的交易成本发生变化，即使两国物价水平不变，汇率也会出现变动。所以，如果我们考虑了国际运输、保险等交易成本和关税等因素，购买力平价就需要被修正。（5）购买力平价说在各国物价指数编制方法、范围、基期选择等方面存在许多技术性困难。比如，一般物价指数如何去编制，是按照居民消费价格指数（CPI）、GDP平减指数还是其他指数；选定物价指数后，样品商品如何选定；基期选择哪一年等问题，这些使得购买力平价说很难得到强有力的实证检验。

二、利率平价说

在传统汇率决定理论中，与购买力平价说具有同等重要地位的是利率平价说（the theory of interest rate parity）。如果说购买力平价说考察的是商品市场的套利行为，利率平价说考察的则是金融市场的套利行为。

随着20世纪20年代各主要国家的宏观经济局面相对稳定，国际资本流动加快，利率的变动成为影响货币汇率的一个重要因素，人们开始意识到购买力平价说忽略了国际资本流动的缺陷。英国经济学家约翰·梅纳德·凯恩斯（John Maynard Keynes）于1923年在《货币改革论》一书中深入研究了汇率和利率的关系，提出了古典利率平价理论。但凯恩斯只分析了利率的差额与即期和远期汇率差价之间的均衡状态，而没有分析这一均衡状态是如何建立的。之后，英国经济学家保罗·艾因齐格（Paul Einzig）在古典利率平价理论基础之上，运用动态均衡的思想，把外汇理论和货币理论结合起来，开辟了现代利率平价说。进入20世纪70年代以来，现代利率平价说被逐步补充、完善，与现实情况更加相符。

（一）假设条件

利率平价说的基本假设是：（1）本国和外国的金融资产可以根据到期的时间和风险完全替代；（2）投资者拥有无限的套利资本；（3）资本可以在国际上自由流动；（4）存在信息有效流动的即期和远期外汇市场；（5）交易成本和税收很低，可以忽略不计。

（二）利率平价说的两种形式

利率平价说可以分为抛补的利率平价说和非抛补的利率平价说。

1. 抛补的利率平价说

抛补的利率平价说（Covered Interest Rate Parity，CIP）认为，两国货币的利差，尤其是货币短期存款的利差影响并决定了远期汇率与即期汇率的关系。其基本思想是：投资者投资于国内所得到的短期利率收益应该与按即期汇率折成外汇在国外投资并按远期利率买回本国货币所得到的短期投资收益相等。一旦出现由于两国利率之差引起的投资收益的差异，投资者就会进行套利活动，其结果是使远期汇率固定在某一特定的均衡水平。

抛补的利率平价说允许套利活动的存在，所以它并未对投资者的风险偏好做出假定。套利者进行套利时，可以在期汇市场签订与套利方向相反的远期外汇合同（掉期交易），确定到期日交割时所使用的汇率水平，这样套利者就可以免于承担汇率波动引起的汇率风险。

假设本国的投资者用 1 单位的本币进行金融资产投资，他有两种投资方式可以选择，一个是购买国内一年期利率为 i 的债券，获得 $(1+i)$ 的收益；另一个选择是购买外国的一年期利率为 i^* 的债券。他需要首先按照即期汇率 S 把本币兑换成外币，之后再购买外国同期债券，收益为 $1/S \cdot (1+i^*)$，再按照远期汇率 F 折合成本币 $F/S \cdot (1+i^*)$。该汇率是本国投资者为了避免汇率风险采用一个远期合同对在外国的投资进行抛补（cover）时确定的汇率。

如果两种投资选择收益不同，该投资者则可以进行金融市场无风险套利活动，直到套利活动终止，此时两种投资收益应该相等，即：

$$1 + i = 1/S \cdot (1 + i^*) \cdot F \tag{4-14}$$

因为：

$$F/S = S/S + (F - S)/S = 1 + (F - S)/S \tag{4-15}$$

所以：

$$1 + i = [1 + (F - S)/S] \cdot (1 + i^*) \tag{4-16}$$

因为 $i^* \cdot (F - S)/S$ 比较小，计算时可以忽略不计，整理得：

$$(F - S)/S = i - i^* \tag{4-17}$$

其中，$(F - S)/S$ 为汇率远期升贴水率。（4-17）式即为著名的利率平价表达式，它建立了远期汇率的升贴水率与两种货币利差之间的关系，其经济含义是：汇率的远期升贴水率应该近似地等于两国的货币利率之差。如果大于，即本国利率高于外国利率，则远期外汇汇率必将升水，即本币在远期将贬值；如果本国利率低于外国利率，则本币在远期将升值。汇率的变动会抵消两国间的利率差异，从而使金融市场处于均衡状态。

2. 非抛补的利率平价说

在抛补的利率平价说中，投资者在将利率较低的货币兑换为利率较高的货币进行投资时，还利用远期外汇交易来规避风险。在现实中，还有另外一种选择，就是不进行远期外汇交易，而是根据对未来的即期汇率变动的预测来计算预期的收益，投资者在承担一定的汇率风险的情况下进行投资活动，这就是非抛补的套利行动。非抛补的利率平价说（Uncovered Interest Rate Parity，UIP）的基本思想就是，预期的汇率远期变动率等于两国货币利率之差。

非抛补的利率平价说的基本原理跟抛补的利率平价说的基本原理是相同的，二者的根本区别在于对投资者的风险偏好的假设不同。非抛补的利率平价说假设投资者是风险中性（Risk Neutral）的，投资者的收入效用曲线是线性的。投资者的效用由预期收入的期望值决定，预期收入的期望值越高，投资者所获得的效用就越大。如果两种资产组合的预期收入的预期值越高，投资者所获得的效用就越大。如果两种资产组合的预期收入的预期值相等，而风险不同，则投资者对两种资产组合的偏好相同。之所以进行风险中性的假设，是因为汇率风险的存在使非抛补利率平价不成立。

仍以抛补的利率平价说中的投资者为例，不同的是，该投资者通过对未来汇率的预测计算投资收益。假设他预测一年后的汇率为 S^e，那么一年后其外币债券的投资本息之和兑换成本币可得 $S^e/S \cdot (1 + i^*)$。如果该收入与在本国金融市场进行投资所得 $(1 + i)$ 不相等，投资者就会涌向收益率相对高的资产，这样资本流入国会因投资的增加使资产收益率发生递减，而资本流出国的资产收益率则会被抬高，直到两者的收益率趋于相等。市场达到平衡状态时，下式成立：

$$S^e/S \cdot (1 + i^*) = (1 + i) \tag{4-18}$$

整理得：

$$(S^e - S)/S = i - i^* \tag{4-19}$$

这就是非抛补的利率平价说的一般形式，其中，$(S^e - S)/S$ 为预期的汇率远期变动率。其经济含义为：预期的汇率远期变动率等于两国货币利率之差。当本国利率高于外国利率，则市场预期远期汇率升水（直接标价法），本币在远期将贬值；反之，市场预期远期汇率贴水，本币在远期将升值。

(三) 利率平价说的扩展：引入交易成本的利率平价说

在现实中，实际的远期汇率和由利率平价决定的远期汇率常常出现偏差，从而引发人们对偏差原因的探索。沃费科尔（Officer）、威利特（Willett）、斯特尔（Stoll）、弗伦克尔和莱维奇（Frenkel & Levich）等的研究从交易成本、风险报酬等角度进行了探讨，认为交易成本是实际远期汇率与利率平价决定的远期汇率之间产生偏差的主要原因。其中，交易成本不仅包括买卖差价、经纪费用等显性的交易成本，还包括由于利率管制、外汇管制、市场不完善等体制性因素导致的制度上的隐形成本。

交易成本的存在，意味着在利率平价线附近持有一条"中性带"（natural band），如图4-1所示。在这条中性带范围之内，任何套利活动都不能获利，这样就得到了一个套利资本外流和内流的临界线。在资本外流临界线上，资本外流的套利活动有利可图；而在资本内流临界线之下，资本内流的套利活动也可以获利。

另外，传统的利率平价说还忽略了投机行为对远期汇率和利率平价的影响，而发展的利率平价说认为，外汇市场的交易者除了套利者之外，还包括投机者和商品交易者（与套利者行为相似）。因此，均衡的远期汇率是由套利者与投机者行为共同决定的。这一补充为远期汇率的决定提供了更为准确的解释，并为运用利率平价说来解释短期内即期汇率的决定与变动提供了理论基础。

(四) 利率平价说的检验

利率平价说通过严谨的数学推导展示了汇率与利率之间的关系，理论上来讲，它是成立的。如果把它放在整个现实经济当中，该理论是否成立，需要采用现实数据来进行

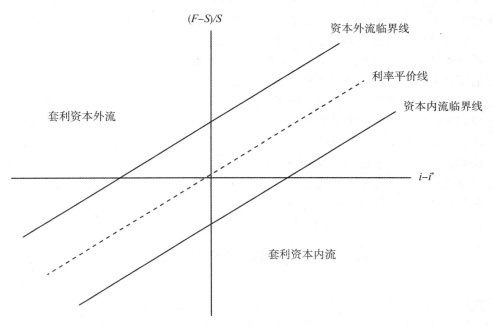

图 4-1 引入交易成本得利率平价中性带

检验。

对抛补的利率平价的检验方法主要是通过三种途径，进行回归分析，或者计算利率平价的偏差是否显著不等于 0，抑或比较国内利率和国外利率之差与远期升贴水是否共同波动。大量学者的研究基本支持抛补的利率平价说。其中最为著名的研究是弗兰克尔和利维兹（Frenkel & Levich）的检验。他们利用英国和美国、美国和加拿大的 3 月期的国库券利率检验利差和远期汇率是否相等。结果表明利率在利率平价的一个固定范围内波动，抛补的利率平价说能够较好地成立。布兰森（Branson，1969）、马斯滕（Marston，1976）、弗兰蒂尼和维克曼（Fraianni & Vakeman，1982）的回归检验结果也支持抛补的利率平价。但是泰勒（Taylor，1987，1989）对检验的数据质量和方法提出了质疑。

对非抛补的利率平价的检验是在理性预期的条件下进行的，因此对非抛补的利率平价的实证研究更多地体现在对外汇市场有效性假说的检验上。哈茨和托尼德（Hacche & Townend，1981）、卡比和奥伯斯特菲尔德（Cumby & Obstfeld，1981）、戴维德森（Davidson，1985）的研究均拒绝了非抛补的利率平价说。

而利率平价的现代理论因为大量使用了投资者对未来即期汇率的预期，相应的参数很难获得，因此检验结果的可信度不大。到目前为止，对该理论的评价仍然褒贬不一。

（五）对利率平价说的简要评价

利率平价说是一种与其他的汇率决定理论相互补充的理论，其把汇率决定的因素从商品市场扩充到资本市场，从资本流动的角度指出了汇率和利率之间的关系，对于正确认识现实外汇市场上汇率的形成机制，有特别的实践价值，主要被应用在短期汇率的决定上。但是由于历史背景的限制，利率平价说也存在一定的缺陷，主要表现在：（1）该学说没有考虑交易成本。实际上，如果交易成本过高，套利收益会受到影响，那么国际上的抛补套利活动在达到利率平价之前就会停止。（2）该学说假定资本可以无障碍地在国际上流动。事实上，只有少数国家拥有完善的期汇市场，大部分国际上的资本流动会受到外汇管制和外汇市场不发达等因素的影响。（3）该学说假定套利资金规模是无限的。但是因为持有国外资产具有的额外的风险，以及随着套利资金的增加而加大的机会成本的存在，从事抛补套利的资金不是无限的。所以在现实生活中，利率平价说往往难以成立。（4）该学说认为汇率的决定只取决于利差一个因素，而实际上预期通货膨胀率、购买力以及投机者的参与等因素都会影响到汇率的变化。

第二节　现代汇率决定理论

现代汇率决定理论是在 20 世纪 70 年代国际资本市场空前发展和国际资本流动大量增加的背景下产生的，其典型代表是资产市场说（asset market approach）。资产市场说将商品市场、货币市场和证券市场结合起来分析汇率的决定因素，认为货币是一种资产，汇率作为资产市场的一种价格，它的确定应该与普通资产价格的确定相同，应当反映市场对该资产的价值评价变化。这样，即使在没有交易发生的情况下，因为心理预期等因素的影响，汇率也会出现频繁、剧烈的波动。

根据国内外资产的可替代程度不同，资产市场说可以分为货币分析法（montary approach）和资产组合平衡模型（portfolio balance model）。货币分析法假设国际资产可以完全替代，不同资产的预期收益率相同，投资者对于本国资产和外国资产没有任何偏好；而资产组合平衡法假定两者不可完全替代，投资者可以根据风险收益来调整手中持有的资产组合结构。其中，根据对价格弹性的假定不同，货币分析法又可以分为弹性价格货币模型和黏性价格货币模型。

一、弹性价格货币模型

弹性价格货币模型（flexible price monetary model）的主要代表人物是弗兰克尔（1976）和比尔森（1978），它是开放经济条件下货币数量理论的扩展。

（一）假设条件

弹性价格货币模型的假设条件主要包括：（1）本国资产和外国资产可以完全替代。这就意味着国内的债券市场和国外的债券市场变为单一的市场。（2）所有商品的价格是完全弹性的，购买力平价成立。因此汇率可以自由调整，商品市场、外汇市场和劳动力市场可以自动实现均衡。（3）货币需求是相对稳定的，只有一国实际经济活动会影响到货币的需求，比如国民收入、利率等因素，货币需求跟货币市场存量无关。

（二）基本思想

弹性价格货币模型建立在购买力平价说和货币供求理论的基础上，其核心观点是认为当货币市场出现失衡后，商品市场和金融市场能够同样迅速地做出调整，从而使得货币市场通过价格和汇率的变动恢复均衡。

根据卡甘（P. Cagan，1956）的货币需求函数，货币需求是一国收入、利率和价格的函数。当货币市场处于均衡状态时，货币供给等于货币需求。

$$M_s = M_d = kPY_i^{\alpha-\beta} \tag{4-20}$$

其中，M_s 为货币供给量，M_d 为货币需求量，k 为国民收入中以货币形式所持有的比例，P 为价格水平，Y 为国民收入，i 为利率，α 为货币需求的收入弹性，β 为货币需求的利率弹性。

取对数调整后可得本国价格水平表达式：

$$\text{In}P = -\text{In}K - \alpha\text{In}Y + \beta\text{In}i + \text{In}M_S \tag{4-21}$$

同样方法得外国价格水平表达式：

$$\text{In}P^* = -\text{In}K - \alpha\text{In}Y^* + \beta\text{In}i^* + \text{In}M_S^* \tag{4-22}$$

购买力平价提供了国内外价格水平之间的联系，即 $P = eP^*$。取对数整理后可得：

$$\text{In}e = \text{In}P - \text{In}P^* \tag{4-23}$$

将本国和外国价格水平表达式代入（4-23）式得：

$$\text{In}e = (\text{In}M_S - \text{In}M_S^*) - \alpha(\text{In}Y - \text{In}Y^*) + \beta(\text{In}i - \text{In}i^*) \tag{4-24}$$

（4-24）式便是弹性价格货币模型的基本公式。其经济含义为：影响汇率变动的因素主要有本国与外国的货币供给量、本国与外国国民收入以及本国与外国利率水平。如果其他条件不变，当国内货币供给相对于国外货币供给增加时，则本币贬值；当国内收入相对于国外收入增加时，则本币升值；当国内利率相对于国外利率上升时，则本币贬值。

为何本国利率相对于国外利率上升时本币贬值？弹性价格货币模型给出了两点解释：

首先，本国利率上升会降低人们对货币的需求，在货币供给和实际收入不变的前提下，维持货币市场均衡只有通过本国价格水平上升才能实现，而本国价格水平上升则会引起汇率上升，即本币贬值。

其次，根据费雪效应，本国利率上升反映的是本国预期通货膨胀率的上升，这会降低人们持有实际货币余额的愿望。在名义货币供给既定的前提下，只有通过本国价格水平上升才能维持货币市场均衡，但是这又会引起汇率上升，即本币贬值。

（三）对弹性价格货币模型的简要评价

弹性价格货币模型有助于解释汇率的长期趋势，使人们充分认识货币均衡对汇率决定的影响。大量的实证检验表明，该理论大致可以解释汇率的决定和变动。但是该理论的假设是国内外资产可以完全替代，这使得它成立的基础非常脆弱；而且假设货币需求稳定，将汇率变动完全归因于货币市场失衡具有片面性。另外，实证研究表明，汇率符合购买力平价的情况极为少见。

二、黏性价格货币模型

黏性价格货币模型（sticky price monetary model），又称为汇率超调模型（overshooting model），其主要代表人物是鲁迪格·多恩布什（Rudiger Dornbusch，1976）。

（一）假设条件

黏性价格货币模型的主要假设条件是：（1）货币需求是稳定的，无抛补套利的利率平价成立，这是其与弹性价格货币模型一致的假设条件。（2）商品市场价格具有黏性，购买力平价在短期内不能成立，这是其与弹性价格货币模型不一致的假设条件。

（二）基本思想

黏性价格货币模型的核心思想包括：（1）资产市场与商品市场应对外部冲击的调整速度存在很大差异，资产市场和商品市场并不是同时达到均衡的，汇率对冲击的反应比较快，几乎能够立即完成，然而商品市场的价格反应迟缓，呈黏性状态，因此在短期内购买力平价不能成立；（2）一段时期过后，当商品市场的价格逐步调整到位后，汇率开始从初始均衡水平变化到新的均衡水平，因此长期来看购买力平价是成立的；（3）由于商品市场价格呈黏性状态，汇率应对外部冲击调整过度，即资产市场的迅速变动偏离了在价格完全弹性情况下调整到位后的购买力平价，这种现象就是所谓汇率超调。显然，这一理论较好地解释了汇率在短期内容易波动的原因，同时还解决了弹性价格货币模型在短期分析方面的缺陷。另外，汇率超调理论还对价格反应滞后的原因进行了解释。多恩布什提出，相对于资产市场来说，商品市场缺乏及时准确的信息，以及由于商品市场自身的特点，使得商品价格的调整在一般情况下无法像资产市场那样迅速，比如生产成本的调整和工资的变动都需要相对较长的时间。

如图 3-2 所示，假设在时间 t_0 本国名义货币供应量 M 增加，由于短期内价格黏住不动，则市场的实际货币供应量就会增加。部分宏观经济变量将对这个外部冲击做出如下反应：（1）名义货币供应量 M 一次性增加，此后处于稳定状态，如图 4-2（a）所示。（2）短期内利率 i 先出现快速下降，因为在实际货币供应量增加后，要实现货币市场均衡，实际货币余额的需求也要增加。而实际货币需求是国民收入和利率的函数，在短期内国民收入难以增加的情况下，必然要求利率的下降。此后，实际货币供应量逐渐下降，利率逐步回升，如图 4-2（b）所示。（3）由于商品市场价格黏性，价格水平 P 短期里缓慢调整，随着价格黏性逐步消除，货币供给的逐步增加逐步推动商品价格上涨；同时利率的下降又会刺激总需求的扩张，加之本币汇率才的下降也会引发世界需求向本国的转移，这些都会加速本国商品市场价格的回升，直到 t_1 才提高至均衡水平，如图 4-2（c）所示。（4）随着利率的下降，短期内汇率 E 出现超调现象，外汇汇率上升，本币过分贬值。但是随着利率的提高，资本内流，导致本币汇率上涨，直到 t_1 汇率趋向均衡，如图 4-2（d）所示。

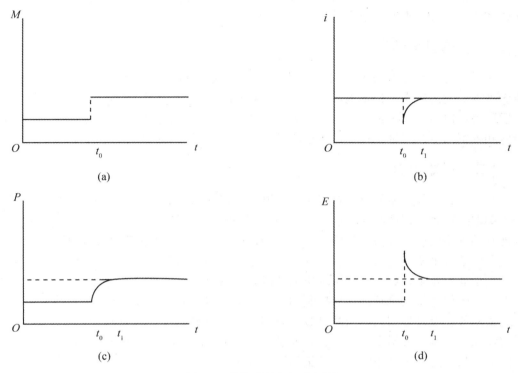

图 4-2 价格黏性与汇率超调

（三）对黏性价格货币模型的简要评价

黏性价格货币模型是一种动态的货币论模型，解释了汇率如何从货币市场的失衡到短期内超调，最后达到长期均衡的水平。这是首次设计汇率动态调整问题，开创了汇率动态学。同时，该模型用汇率超调理论说明短期汇率变动与购买力平价是偏离的，更加符合现实。而且该模型中由于汇率超调现象的存在，说明完全浮动的汇率制度是不合理的，为政府干预汇市提供了理论依据。

但是黏性价格货币模型仍然是建立在资本自由流动和货币需求稳定的基础之上。而且该模型较为复杂，很难进行计量验证。同时，因为黏性价格货币模型是建立在货币需求模型基础之上，所以同样忽略了国际收支流量分析。

三、资产组合平衡模型

20 世纪 70 年代浮动汇率制实行之后，各国货币比价经常变动，投资者手中持有的国内国外金融资产的价值也随着汇率的变动而变动，使货币分析法中假设国内和国外资产风险相同，两者可以完全替代的假设与现实存在很大的差距。因此，1975 年，美国普林斯顿大学教授布朗森（W. Branson）等为代表的经济学家把詹姆斯·托宾的"资产组合选择理论"引入汇率理论分析当中，建立了资产组合平衡模型，它强调的是财富和资产组合平衡在汇率决定中的作用。

（一）假设条件

资产组合平衡模型的主要假设条件是：（1）本币资产与外币资产不能完全替代，故无抵补套利的利率平价不能成立。（2）小国模型，故外国居民不持有本国资产，但本国居民可以持有外国资产。（3）本国居民可以持有三种金融资产：本国货币、本国债券和外国债券。三种金融资产预期收益的变化会使投资者调整手中的资产投资组合。

（二）基本思想

资产组合平衡模型的核心观点是，在财富一定的条件下，投资者持有各种金融资产的比例取决于各种资产相对收益率的大小和预期汇率的变化。如果资产持有者自愿保持其现有的本币资产与外币资产的构成而不加以调整，则此时的汇率就是均衡汇率。

资产组合平衡模型认为，在货币市场上，货币供给是一国货币当局控制的外生变量，货币需求是本国利率和外国利率的减函数，以及财富总量的增函数。在本国债券市场上，本国债券供给量是由政府控制的外生变量，本国债券需求量是本国利率和财富总量的增函数，以及外国利率的减函数。外国债券的供给是通过经常账户的盈余获得的，假定短期内经常账户不发生变动，它就是一个外生的固定值；外国债券的需求是本国利率的减函数，是外国利率和资产总量的增函数。因此有：

$$W = M + B + E \cdot F \tag{4-25}$$
$$M = m(i, \ i^* + \Delta E)W \tag{4-26}$$
$$B = b(i, \ i^* + \Delta E)W \tag{4-27}$$
$$E \cdot F = f(i, \ i^* + \Delta E)W \tag{4-28}$$
$$m + b + f = 1$$

其中，W 表示以本币衡量的总资产；M、B、F 分别表示本国货币、本币债券、外币债券；m、b、f 分别表示 M、B、F 在总资产中所占的比率；ΔE 表示预期汇率变动率。公式（4-25）表明投资者的财富由本国货币存量、本币债券和外币债券三种资产组成。公式（4-26）表示本国货币市场均衡条件。公式（4-27）表示本币债券市场均衡条件。公式（4-28）表示外币债券市场均衡条件。当三个市场同时达到均衡时，均衡汇率也就产生了。

由于 $m + b + f = 1$，因此，当其中两个市场达到均衡时，第三个市场也必定处于均衡状态。当三个市场同时均衡时：

$$
\begin{aligned}
E \cdot F &= W - M - B \\
&= W - m(i, \ i^* + \Delta E)W - b(i, \ i^* + \Delta E)W \\
&= W(1 - m - b)
\end{aligned}
\tag{4-29}
$$

整理得：

$$E = (W/F)(1 - m - b) \tag{4-30}$$

运用总量分析方法，将这些因变量归纳在一个函数关系中，得：

$$E = E(i, i^*, B, M, F, \Delta E) \tag{4-31}$$

公式（4-31）即为资产组合平衡模型的基本模型，其经济含义可以总结为：（1）汇率实际是以两国货币计值的金融资产的相对价格，因此，一切影响资产收益率的因素都会影响汇率的变动。（2）影响资产收益率的主要因素是利率。当本国利率上升时，本币汇率上升；反之则相反。（3）资产供给的变化通过结构变化带来的替代效应和总量变化带来的财富效应而影响汇率。

资产组合平衡模型的思想也可以用图 4-3 表示。

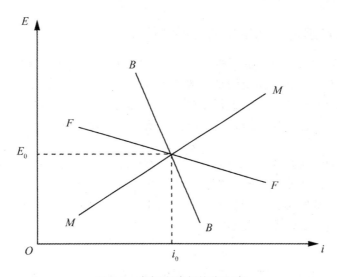

图 4-3　市场出清与均衡汇率

如图 4-3 所示，当一国的汇率 E 上升时，外国资产价值的重估使用本币表现的总财富增加。为恢复资产组合的均衡，人们对本币和本币资产的需求增加。

在货币市场上，其他条件不变，货币需求的增加要求本国利率上升来抵消，较高的汇率与较高的利率相联系，因此 MM 曲线向右上方倾斜。当该国货币供给增加时，在每一个汇率水平下，超额货币供给将降低本国的利率，表现为 MM 曲线左移。

在本国债券市场上，情况恰恰相反，对本国的债券需求增加使得债券价格提高，利率下降，因此较高的汇率同较低的利率相联系，BB 曲线向下倾斜。当本国的债券供给量增加时，在原来的水平上，要求更低的价格，从而使更高的利率来抵消超额供给，因此 BB 曲线随着债券存量的增加而右移。在外币债券市场上，对外币的超额需求要求相对较高的本国收益率 i 来抵消，因此，FF 曲线也是向下倾斜的，当外汇资产存量增加时，FF 曲线向左移动。

总之，从短期来看，汇率是这样决定和变动的：由于对任何一种资产增加需求的唯一方法，就是用另一种资产去交换，那么，当财富总量和资产供给一定时，MM、BB

和 *FF* 曲线中任意两条曲线的交点产生均衡的汇率—利率组合，第三条曲线也必定通过该均衡点。如果投资者会根据各种资产的收益和风险情况调整他的资产组合，到资产组合重新达到平衡时，就会产生新的均衡汇率。

从长期来看，与黏性价格货币分析模型不同，资产组合分析模型认为汇率、国际收支、财产水平和风险收益等因素会相互作用，使汇率达到长期动态均衡的状态。就长期而言，实际经济因素，特别是经常账户会对汇率产生影响。短期均衡汇率决定经常账户，而经常账户的变动会影响净国外资产的变动，又会导致汇率变动。只有经常账户达到均衡，汇率的长期均衡才能实现。例如，当某国经常账户出现赤字时，则私人部门持有的净国外资产就会减少，投资者会拿本国货币和证券去交换净外汇资产，导致外汇汇率上升；反之，当经常账户盈余时，外汇汇率会下降。

（三）对资产组合平衡模型的简要评价

资产组合平衡模型在理论的贡献主要是：（1）把汇率看作一种资产价格，把分析焦点集中于资产市场均衡，体现的是一般均衡分析，改变了传统汇率理论把研究重心放在国际收支差额的局部均衡分析的局限性。（2）区分了本国与外国资产的不完全替代性，并且将经常账户这一流量因素纳入存量分析之中，使汇率模型对各种影响因素的综合程度更高。

但是，该模型仍然存在不足之处，例如，在该模型中没有分析商品市场的失衡如何影响汇率；它用财富总额代替收入作为影响资产组合的因素，而又没有说明实际收入对财富总额的影响；虽然引入经常账户这一流量因素，但并没有对流量因素做出深入分析，而只是简单地以经常账户长期内必须平衡作为前提。

第三节　汇率决定理论的新发展

从 20 世纪 80 年代开始，汇率决定理论进入了一个新的发展阶段。首先是理性预期假定被引入汇率决定理论，提出了汇率决定的新闻模型和理性投机泡沫模型，并从理性预期的角度出发对现实中的比索问题、风险补贴问题进行了重新诠释。其次，汇率决定问题的研究重心逐步从宏观分析转向微观方面的分析，形成了具有微观基础的汇率决定宏观分析方法、汇率决定的微观结构分析和汇率决定的混沌分析方法三个新的发展方向。

一、基于理性预期视角的汇率决定理论

（一）新闻模型

新闻模型最早由穆萨（Mussa，1979）提出，爱德华兹（Edwards，1983）对该模型进行了发展。

在对有效市场假说的分析中，经济学家们曾经得出了这样的结论，即如果外汇市场是有效率的，那么汇率将反映所有可能得到的信息，从数学的角度来看可以认为远期汇率是未来即期汇率的无偏估计。假设将来有更多新的信息进入市场，远期外汇就不一定能估计将来的即期外汇。所以，如果出现大量新的信息，样本预测错误的方差可能较大。在这种情况下，两者之间的差额就是预测误差，这种误差来自于可以预期的信息，也就是所谓的"新闻"。

更具体地说，所谓"新闻"指的是那些令投资者感到意外或者未预见到的，并且能够引起他们对汇率的预期值进行修改的任何新的信息。值得注意的是，新的信息与"新闻"之间还存在着一定的差别，新的信息能否成为"新闻"，还必须先经过一个剔除的过程。因为，外汇市场对信息的反映不仅取决于这些信息是"好"还是"坏"，还取决于它们是比预期中"更好"还是"更坏"。新的信息中也许不仅包括可以预期到的信息，还包括人们已经预期到的信息。由于已经预期到的信息包含在现有的汇率市场当中，汇率只能根据未预期到的信息发生变动。例如，当政府发布货币供给、贸易差额等统计数据后，汇率的变动并不取决于这些统计数据本身的大小，而是取决于这些统计数据和人们预期之间的差额。因此，只有从"总"的信息中剔除掉预期的信息，剩下的"净"信息才是所谓的"新闻"。

很显然，在浮动汇率制度下，存在大量非预期的信息，例如货币供应量的变化、国际收支变动等。此外，非经济因素如政治、军事等信息也会出现并且影响外汇市场。这些无法预期的信息，即"新闻"，会导致汇率的波动以及变幻莫测。所以，新闻模型通过实证研究，尽管不能完全解释汇率的波动，但是显然起到了一定的作用。新闻因素会影响外汇市场上交易者的预期，任何新闻因素都可能及时地、有效地融入即期汇率和远期汇率的决定中，从而影响外汇市场中的交易行为。因此，这也可以从某方面解释即期汇率和远期汇率之间的时期内获得的新信息可能会导致远期汇率是将来即期汇率的有偏估计，而远期汇率很难解释将来即期汇率的变动。

（二）理性投机泡沫模型

外汇市场有时会表现为在基本经济变量并没有很大变化的情况下，出现暴涨和暴跌。这样的现象既无法用汇率超调理论解释，也无法用上述"新闻模型"来解释。于是，一些学者又从理性预期的角度出发，提出了汇率变动的理性投机泡沫模型。这方面最具代表性的研究当属布兰查德（Blanchard，1979）和多恩布什（Dornbush，1983）提出的汇率变动的理性投机泡沫模型。

理性投机泡沫模型的基本思想是，当期初的汇率相对于由基本因素所决定的水平有一个偏离，则产生一个泡沫的源头，理性预期下，市场参与者预期汇率将进一步偏离均衡水平，投资者之所以继续购买被高估的货币，是指望能够获得预期货币进一步升值带来的收益，并且能够赶在汇率最终回到由基本经济变量所决定的均衡值之前将货币卖出。市场投机的推动下，泡沫随着汇率的快速上升而膨胀，投机者会在每一期结束前判断泡沫破灭的概率，汇率上升越高，泡沫破灭的概率越大，为了补偿增加的泡沫破灭风险，汇率必须以更快的速度上升，这又进一步推动了泡沫的膨胀。因此，理性投机泡沫理论得出了一个初期的偏离在理性预期的条件下会导致汇率理性泡沫的生成并进一步加速膨胀的结论。

（三）比索问题

20 世纪 80 年代，很多人在研究墨西哥的资本市场收益率时发现，墨西哥的平均资产收益率持续高于美国的同类资产，他们把原因归结为人们对墨西哥比索在未来贬值的预期。因为在当时，人们普遍认为比索的币值被高估了，基于这样的判断，人们预期比索在未来的某一天必定要贬值。贬值意味着所持有的比索资产在未来只能换回更少的外国货币。所以，他们在当时只愿意支付较小价格来购买比索资产，故而比索资产的平均收益率较高。这一现象被一些研究人员称为"比索问题"。

后来，"比索问题"被进一步发展为所谓的"灾害性事件预期"。也就是说，在面对不确定的未来时，人们总会预测未来的某一天可能会出现某种不利的意外事件。当这种意外事件能够带来极大的损失时，人们在当前就会要求有某种保险手段。在开放、自由的环境中，灾害性事件预期的影响会进一步扩散和自我强化。在上面所说的比索问题中，币值高估使人们预期货币在未来会贬值，导致资产收益率提高；这会引起更多的外资流入，进而推动比索的汇率进一步上升；人们更加相信比索在未来某一天一定会贬值，而且贬值幅度将更大，这就要求比索资产提供更高的收益率。在这个过程中，货币的汇率不断上升。这样的循环会将汇率推到一个不可维持的高水平上，资本市场无法提供外资所要求的高收益率，进而出现外资大规模撤出的现象，货币急剧贬值。在这个过程中，贬值的预期得到了自我实现。由此看出，如果有导致汇率大幅度波动的小概率事件存在，样本分布不可能是正态分布，对外汇市场进行标准的检验就否定了外汇市场的有效性。

（四）风险补贴

主要代表人物包括汉森和霍迪克（Hansen & Hodrick，1980），弗兰克尔（Frankel，1982）等。

有效市场假说是指资本自由流动和没有交易成本的情况下，对一个有效的外汇市场来说，即期和远期汇率必须充分反映出所有相关和可能得到的信息，投资者不可能获得额外利润。该假说包括两个核心条件，一是投机者是风险中性的；二是市场参与者是理性预期的，并且他们了解市场均衡的过程。

但是，汉森和霍迪克等人的实证分析却显示以上远期汇率和即期汇率之间的无偏差是不存在的，远期汇率对将来即期汇率有偏差，预示着投资者有利可图或者投资的预期报酬高于承担的风险。

二、基于微观基础的汇率决定理论

从理论的层面来看，多恩布什的超调模型存在的基本缺陷是缺乏明显的理论选择的基础，尤其是缺乏总供给这样的微观基础。因此在价格事先确定和市场没有出清的情况下，模型不能够解决总需求和产量之间的缺口，也无法通过任何自然的福利标准来评估相互可替代的宏观经济政策。

进入 20 世纪 90 年代以后，学者们开始从不同的视角出发，寻找汇率决定理论的新突破。其中，奥伯斯特菲尔德和罗格夫（Obstfeld & Rogoff, 1995）构建的动态一般均衡模型，将微观经济基础、名义价格刚性和不完全竞争融入分析之中，为开放经济宏观经济学研究提供了新的研究框架和方法。汇率问题作为国际宏观经济研究的重要问题之一，也是模型研究的重点，因为汇率的波动直接影响了两国的相对价格，从而对两国生产和消费产生冲击。此外，现实中汇率的高波动性以及汇率和其他宏观经济变量的变化相互分离的现象（又称为"汇率分离之谜"）也是模型重点需要解决的问题。

（一）基本模型

模型的基本假设条件是：（1）每一个人既是生产者又是消费者，劳动是生产过程所需要的唯一要素，不考虑资本。（2）跨国贸易不存在障碍和成本，不考虑非贸易品，因而对每一种商品来说一价定律都是成立的。（3）存在一个统一的国际金融市场，在这一市场上两个国家都可以自由借贷。（4）存在价格黏性，当期商品价格在前一期被生产者确定，在经过本期以后，价格调整到均衡点。（5）存在垄断竞争，每个生产者都有一定的市场垄断力量。

模型的主要特点是：该模型是一个具有微观基础的动态一般均衡模型。所谓具有微观基础是因为该模型不仅包括政府，同时还包括消费者和厂商，政府的经济政策必须通过居民和厂商才能产生作用。所谓动态模型是因为消费者的效用函数是一个多期函数，消费者的目的是达到跨期的效用最大化，而不只是当期的效用最大化，这是消费者理性预期的结果。所谓一般均衡模型是因为该模型包括商品市场、劳动力市场、货币市场以及国际金融市场，模型的均衡解是这四个市场同时达到均衡时所求出的解。

模型的三个最优一阶条件：一是消费的欧拉方程，代表商品市场均衡的条件。具体说，它表示的是消费者在追求跨期效用最大化时消费的跨期配置。该配置受利率和风险厌恶系数的影响，利率上升则消费者将会把更多的收入用于未来的消费；风险厌恶系数下降，消费者将会把更多的财富用于当期的消费。二是货币需求函数，它是货币市场均衡的重要条件。在该模型中货币需求是消费和利率的函数，而不是收入和利率的函数。当消费上升时货币需求会上升，当利率上升时货币需求会下降。三是生产函数，它是劳动市场均衡的重要条件。在该模型中，劳动是生产中唯一需要的投入要素，劳动投入量和技术程度直接决定了产出的多少。劳动投入的增加会增加消费者（也是劳动供给者）的收入，消费会增加，效用提高，但劳动时间延长又会挤占闲暇的时间，给消费者带来负的效用。因此为了实现效用最大化，消费者会在劳动和闲暇之间找到一个最优的均衡点，这个均衡点就是第三个最优的一阶条件方程所蕴含的解。

模型的核心思想是研究货币冲击对实际货币余额和产量的影响。在完全弹性的价格条件下，永久的冲击不会产生任何影响，世界经济仍然处于稳定状态。即货币供给上升没有实际效应，不可能弥补产量水平下降，货币呈中性表现。短期内由于存在价格刚性，货币政策可能有实际效果。由于价格不变，货币供给增加，名义利率下降，因此汇率贬值（这是由于外汇市场的套利，非抵补利率平价存在）。具体来说，当一国的货币供应量增加时，由于短期价格不变，名义利率下降，根据利率平价条件，本国汇率出现贬值。于是，外国产品相对国内产品变得更加昂贵，对国内产品的需求短期内会上升，从而导致国内产出和收入的相应增加。本国居民可以将增加的收入用于消费，但是为了实现跨期消费的平滑，他们只会消费其中一部分，而将另一部分储蓄。所以，尽管长期经常账户平衡，但短期本国会储蓄经常账户盈余。由于财富长期增加，本国居民会更加偏好闲暇，使得产量又会出现一定程度的下滑。

总之，根据奥伯斯特菲尔德和罗格夫的动态一般均衡模型的分析，货币冲击有持续的实际效果，可以影响消费、产量和汇率。尽管一价定律和购买力平价存在，但是在正的货币冲击过后，国内和国外福利同等程度增加，产量接近于完全竞争市场的水平，在一期内调整到稳定水平。由于经常项目收支的变化导致短期财富的增加，货币供给冲击有实际效果，超出了名义刚性的时间，因此，货币甚至在长期也是非中性的。

（二）"汇率分离之谜"

奥伯斯特菲尔德和罗格夫的动态一般均衡模型通过定义明确的消费者效用方程和厂商生产函数将微观变量和货币供应量等宏观经济指标联系起来从而建立了分析经济主体行为的微观基础，但是模型预测的实际汇率和相关消费的关系却与实证事实相反：现实中汇率的高波动性以及汇率波动和其他宏观经济变量的变化相互分离，这一现象被称为"汇率分离之谜"。豪（Hau，2000）以及德弗罗和恩格尔（Devereux & Engel，2002）等学者通过扩展奥伯斯特菲尔德和罗格夫的动态一般均衡模型，对这一现象给出了解释。

豪将要素（劳动力）市场和非贸易品引入奥伯斯特菲尔德和罗格夫的动态一般均衡模型中，从三个方面对其扩展：（1）将要素市场引入并假设名义价格黏性来源于工资。（2）假定本国货币汇率是弹性价格，但不存在国际商品的套利。虽然一价定律仍然存在，但消费价格指数中的非贸易品导致汇率偏离购买力平价。（3）对非贸易品在汇率传导机制中的作用提供了完整的表述：假定垄断竞争市场上的要素价格事先被确定，此时一个未预期的国内货币扩张会增加国内总需求。当然，国内需求增加不能完全解释为货币供应量增加，需要价格水平提高才能使市场出清。消费者价格指数中更多的非贸易品份额会减少进口价格对国内价格水平的影响。国内货币市场要达到均衡将需要更多的本国贬值以及更多的进口价格通胀以补偿消费价格指数中贸易品的减少，非贸易品从而会创造一个汇率放大效应。这个效应可以解释为什么相对于消费价格水平的低波动性，汇率波动性却如此之高。

德弗罗和恩格尔则分别引入当地货币定价、国际商品市场上产品销售和价格制定的方式不同及噪声交易者扩展了奥伯斯特菲尔德和罗格夫的动态一般均衡模型。他们认为汇率与实际宏观经济的"脱离"受到了三个因素的影响：一是当地货币定价的存在，汇率变化在短期不会传递给商品价格，名义和实际汇率的高波动性是由于当地货币定价消除了汇率变化对消费者价格的传递。二是国际商品市场上产品销售和制定价格的方式不相同。如果假设一些公司直接在出口市场上销售商品，而另一些公司则采用国外分销商的方式。那么当出口公司采用国外分销商时，它用本国货币定价。因此分销商通过买入用出口商货币定价的商品，卖出用消费者货币定价的商品而承担了外汇风险。这种外汇变化所引起的财富效应被最小化了，从而导致汇率的高度波动性。三是，虽然当地货币定价和国内分销商能够减少汇率变动财富效应及替代效应，但是汇率的波动性受到国际资本市场的套利的限制。而当交易者对未来汇率的预测由于噪声交易者误差而存在偏差时，汇率的波动性会脱离经常账户，因为噪声交易者冲击割断了本国和外国真实利率之间的联系。

三、汇率决定的微观结构理论

该理论主要从外汇市场参与者的行为和市场特征等市场微观结构角度来研究和解释汇率，重点考虑在私有信息，或异质的市场参与者，或不同的交易机制的条件下，汇率的形成将出现什么样的规律。

首先，从信息来看，原有的汇率理论认为只有公开信息才与汇率变化有关，而私有信息及其集合的过程对汇率变动的重要影响则完全被忽视。微观结构理论则跳过了传统理论中宏观经济变量对汇率影响的分析过程，认为外汇市场的订单流（order flow）和做市商报出的买卖价差这两个关键的微观金融指标才是传递和反映私有信息的核心工具。

订单流的概念最早由列农（Lyons，1995）提出。研究发现，汇集了各个交易者私有信息的订单流与对汇率波动几乎没有解释力度的宏观经济指标相比，能够很好地说明国际金融市场上主要外汇的走势。即使仅利用近年外汇交易中较小部分的订单流数据，也可以解释40%~70%的汇率波动。相反，宏观经济数据公告和其他一些可分辨的宏观经济数据的变化在考虑订单流数据后对汇率波动的直接影响不大。

但是，这些发现和证据并不意味着订单流本身能够引起汇率的变化和宏观经济变量对汇率变动没有影响。一种代表性的解释认为，宏观经济变量能够解释一部分汇率的变动，之所以订单流具有很强的解释能力而宏观经济数据的变化在考虑订单流数据后对汇率变动无解释能力，是因为包括宏观经济变量在内的众多因素对汇率的影响最终通过人们对汇率需求的心理意愿绝大部分反映在订单流上，订单流只是一个可以易于观测的载体。

做市商的买卖价差是微观结构理论关注的另一个传递和反映私有信息的指标。普拉丁和维塔勒（Perraudin & Vitale，1996）的研究发现，做市商为了获得分散在各个银行手中的私有信息，会有意地拉开买卖报价，以排挤那些对价格变化反应较为敏感的流动性需求交易者。随后大量的研究均表明，外汇市场买卖价差与汇率波动性成直接比例关系。

其次，从市场参与者的性质来看，原有汇率理论忽视了市场参与者及其预期具有异质性特征，而微观结构分析则充分考虑到这种异质性特征对汇率决定及其变动的决定作用。

关于外汇市场参与者的异质性特征，弗兰克尔和弗罗特（Frankel & Froot，1990）

的分析最具代表性。他们认为，外汇市场既有基本因素分析者，也有按照历史数据来分析的技术分析者以及按照其他一些噪音信息来预测汇率的噪音交易者。而这种异质性市场结构的形成，在主要是因为在信息不对称条件下包括技术分析交易在内的噪音交易有时能够获得更大的收益。

关于外汇市场预期的研究比较具有代表性的是伊藤（Ito，1990）的研究。他对日本44家企业进行为期两年的调查研究，结果显示这些企业的预期是异质的，非理性预期被证实存在的同时，理性预期假说被微观结构理论拒绝了。

最后，从外汇市场交易系统来看，微观结构模型认为外汇市场是分散的。分散的外汇市场有两个含义，一个是分隔的市场特征，表现为同一种汇率可能同时以不同的价格进行交易；另一个是外汇市场缺乏透明度，外汇市场中信息—价格互动的过程很难被观察和理解。列农（Lyons，2001）指出，外汇市场是一个庞大的二层结构的分散市场（银行间的交易市场和银行与客户间的交易市场），外汇市场有效性检验的失败，其原因和外汇交易体系的特殊结构有密切关系。除了二层结构的特征以外，外汇市场还有其他一些特征，如这一市场的巨大交易量是通过多个做市商机制来完成的；交易者除了选择银行间的直接交易形式外，还可以选择利用经纪人中介的间接交易；这一市场没有对交易价格和交易量等信息随时披露的要求，因此透明度明显低于其他的金融市场等。在这样的市场上，参与者的交易动机各不相同，而且在银行间交易市场中起着做市商职能的各个银行获取信息的渠道也不一样，这就必然产生信息不对称对汇率影响的问题。

值得注意的是，以上作为线索的信息、市场参与者的异质性和交易系统这三个方面实际上是密切相关和互相影响的。从某种程度上来说，没有分散市场的制约，就无法充分体现私有信息的价值，噪音交易者也就不可能从中谋取利润。反过来，噪音交易的行为又增加了分散市场的信息不对称程度，使私有信息对价格的影响更为显著。

四、基于非线性分析的混沌汇率决定理论

自然科学中的混沌理论显示，运动的可确定性并不等价于其可预测性，确定的运动能够产生不可预测的类似随机的行为。一些国际经济学研究者受此启发，提出汇率的变化也是一个混沌的过程，他们摒弃了传统汇率理论的理性预期假设前提，以市场参与者异质性为假定前提，试图通过混沌理论模拟汇率模型，从而开辟了汇率决定的混沌分析法。

最早将混沌理论应用于汇率理论研究的是比利时经济学家迪·格劳威和笛瓦特（De Grauwe & Dewachter，1992，1993）。迪·格劳威等首先确定了一个基本的汇率决定的混沌模型，他们假定市场参与者是异质性的，并简化为图表分析者和基本因素分析者两类，同时赋予这两类市场参与者使用不同有限信息集合。通过模型，迪·格劳威等指出在异质预期的假定下，外汇市场上图表分析者和基本因素分析者的相互作用使得汇率有可能呈现混沌汇率的运动状态。他们对1971年至1990年间美元对联邦德国马克、美元对英镑和美元对日元的汇率进行了实证研究，结果发现美元对日元、美元对英镑存在着混沌迹象，而美元对联邦德国马克不存在混沌迹象。他们还用混沌理论模拟了大量的

汇率模型，发现汇率长期震荡，并且有时汇率短期变化和基本因素呈负相关。但是，迪·格劳威等的基本模型没有详细说明决定汇率的基本经济变量的结构，只是简单地把这一结构归为外生的，因而切断了汇率与基本经济变量之间明显存在的相互关联。为了克服这一缺陷，迪·格劳威等进一步对这一基本的汇率混沌模型进行扩展，提出了一个汇率决定的混沌货币模型。扩展后的模型不仅证明了汇率的运动能够呈现出混沌状态，而且所描述的汇率运动还表现出和实际汇率运动相同的特征。

迪·格劳威等虽然从理论上给出了一个能够产生混沌的汇率模型，然而，如果在可测的实际汇率数据中观察不到混沌存在的事实，再完美的模型也难免有空中楼阁之嫌。因此，利用混沌方法分析汇率行为的另一个研究重点就是检验在实际的汇率数据中是否真的存在混沌运动状态。关于汇率是否存在混沌，阿廷和必塔（Atin & Pritha，2007）检验了12种货币兑美元的日汇率数据，发现均存在确定性的混沌，且不同国家的非线性程度存在差异。斯卡拉特等（Scarlat，et. al，2007）将罗马尼亚货币兑美元的16年汇率数据划分为被动过渡时期（1990—1997年）和主动过渡时期（1997—2005年），发现这两个阶段均有存在混沌动力系统的判据。

◎ 本章思考题

一、名词解释

购买力平价　绝对购买力平价　相对购买力平价　利率平价　抛补的利率平价非抛补的利率平价　弹性价格货币模型　黏性价格货币模型　汇率超调　资产组合平衡模型　新闻模型　理性投机泡沫模型　比索问题　有效市场假说　汇率分离之谜　汇率决定的微观结构理论　汇率决定的混沌分析法

二、问答题

1. 购买力平价说的核心观点是什么？该理论的主要贡献和局限性是什么？
2. 简述绝对购买力平价与相对购买力平价之间的区别和联系。
3. 简述扩展的购买力平价说。
4. 如何对购买力平价理论进行验证？
5. 利率平价说的基本思想是什么？该理论的主要贡献和局限性是什么？
6. 比较分析抛补的利率平价与非抛补的利率平价。
7. 简述引入交易成本的利率平价说。
8. 如何对利率平价理论进行验证？
9. 比较分析弹性价格货币模型与黏性价格货币模型。
10. 资产组合平衡模型的核心观点是什么？该模型在理论上的主要贡献和局限性是什么？
11. 20世纪80年代以来汇率决定理论的新发展表现在哪些方面？
12. 基于理性预期视角的汇率决定理论主要有哪些？主要观点是什么？
13. 简述基于微观基础的汇率决定理论。
14. 简述汇率决定的微观结构理论。
15. 简述汇率决定的混沌理论。

第五章 | 国际金融市场

　　货币的跨国境流动以及资金的国际融通促成了国际金融市场的形成。随着世界经济的发展，国际金融市场的业务范围日益广泛，它既包括长短期资金的筹措借贷，也包括外汇的调拨与买卖，债券、股票等各类证券的发行推销与买卖，各种票据的贴现，黄金价格的确定与买卖以及国际债权债务的清偿等一系列金融业务活动。本章主要分析与讨论国际金融市场的含义、类型和作用，传统的国际金融市场、欧洲货币市场以及国际金融市场创新，最后介绍人民币离岸市场。

第一节　国际金融市场概述

一、国际金融市场的概念

　　国际金融市场（international financial market）是指从事各种国际金融业务活动的场所或以现代化通信设施相连接的网络体系。

　　国际金融市场有狭义和广义之分。狭义的国际金融市场仅指从事国际资金借贷和融通的场所或网络，包括国际货币市场和国际资本市场。广义的国际金融市场是指在国际范围内，运用各种现代化的技术手段与通信工具，进行资金融通、证券买卖及相关金融业务活动的场所或网络，包括国际货币市场、国际资本市场、国际外汇市场、国际黄金市场以及金融衍生工具市场等。

　　国际金融市场可以是有形的市场，作为国际性金融资产交易的场所，往往是国际性金融机构聚集的城市或地区，也称为国际金融中心。它们已经遍布于北美、欧洲、亚太、中东和拉美及加勒比海地区，其中既有传统意义上的国际金融中心，也有新型的离岸金融中心，在这些金融中心中有相当数量的具体市场如各国的证券交易所，交易非常活跃。另一方面，国际金融市场也可以是无形的，这个无形的市场由经营国际金融业务的机构如银行、非银行金融机构或跨国公司构成。它们在国际范围内进行资金融通、有价证券买卖及其有关的国际金融业务活动，是通过电话、电传、计算机等现代化的通信设施相联系的网络体系来完成的。

按照市场性质不同，国际金融市场可以分为传统的国际金融市场和新型的国际金融市场。传统的国际金融市场又称为在岸金融市场（onshore financial market），它是在各国国内金融市场的基础上形成和发展起来的，是国内金融市场的对外延伸，一般以市场所在国雄厚的综合经济实力为后盾，依靠国内优良的金融服务和较完善的银行制度发展起来的。新型的国际金融市场又称离岸金融市场（offshore financial market）、境外市场（external market），其主要特征是：（1）突破了国际金融市场首先必须是国内金融市场的限制，使国际金融市场不再局限于少数发达国家的金融市场。（2）以市场所在国以外国家的货币即境外货币为交易对象；交易活动一般是在市场所在国的非居民与非居民之间进行。（3）资金融通业务基本不受市场所在国及其他国家法律、法规和税收的管辖。（4）所有离岸金融市场结合而成的整体，就是我们通常所说的欧洲货币市场。

国际金融市场与国内金融市场有很大的区别：（1）参加者范围不同。国内金融市场的金融业务只限于一个国家的居民参加，而国际金融市场的业务活动涉及许多国家的居民，非居民不能参加。（2）交易活动的范围不同。国际金融市场的业务活动不受国界的限制，而国内金融市场的业务则限于本国领土之内。（3）使用的货币不同。国际金融市场可以使用多种货币，而国内金融市场则一般只限于使用本国货币。（4）市场管理和干预的程度也不同，国际金融市场的业务活动很少或不受所在国的政府的政策、法令的管辖和约束，而国内金融市场的业务活动要严格地受所在国政府的政策、法令的管辖和约束。

二、国际金融市场的形成和发展

（一）国际金融市场形成和发展的历程

国际金融市场的形成和发展是国际经济交往的必然产物，它是随着国际贸易的发展、世界市场的形成和国际资金流动的扩大与加速而逐渐产生发展起来的。众所周知，在第一次世界大战以前相当长的一段时间里，英国处于资本主义世界经济中心的位置，同时英国也建立了当时世界上最为完善的现代银行制度，在此基础上，英国积极地进行对外经济扩张，成为当时世界上最大的工业生产国和输出国。随着对外贸易的发展，英镑成了国际贸易结算中使用最广泛的货币。在发展商品输出的同时，英国也积极推行资本输出，成为世界上最大的资本输出国。英国在国际贸易和国际金融领域的主导地位，使伦敦由国内的工业和金融中心，发展成为最主要的国际贸易和国际金融中心。与此同时，其他主要资本主义国家的国内金融市场，随着其对外贸易和投资的发展，相继在不同程度上发展成为国际金融市场。

第一次世界大战结束后，英国的头号资本主义工业生产和世界贸易强国的地位被美国取代，相应地英镑作为主要国际结算和国际储备货币的地位大大削弱，伦敦国际金融市场的地位也大大削弱，而美国纽约国际金融市场的地位迅速上升。不过，由于英国和其他欧洲国家都需要大量的重建资金，并且伦敦仍然集中着当时世界上最为发达、最为完善的银行服务设施，所以，伦敦仍然起着主要的国际资本集散地的作用，仍然是最主要的国际金融中心。

随着 20 世纪 30 年代世界经济大危机的爆发，国际金本位制彻底崩溃，正常的国际货币秩序遭到破坏，各国都在不同程度上实行了外汇管制和对资本流动的控制，并相继建立了区域性的货币集团，如英国组成了英镑集团，美国组成了美元集团，法国组成了法郎集团等。在各个货币集团内部没有外汇管制和资本流动控制，一切结算业务均用该集团的统治货币进行，但本集团的货币不能与集团外的货币自由兑换。这种区域性货币集团的封闭性和排他性阻碍了国际贸易和国际资本流动的正常进行，在这种形势下，第一次世界大战前形成的国际金融市场，都在不同程度上丧失了其国际性功能，降格为地区性的金融市场或金融中心。

第二次世界大战结束后，随着西方各国经济的逐渐恢复，对外贸易相应扩大，国际资本流动加速，国际金融市场的发展进入一个新的发展阶段。第二次世界大战结束初期美国借战争之机大发战争横财，经济实力急剧膨胀，其工业生产总值占资本主义世界的二分之一，并且集中了西方世界三分之二的黄金储备，成了西方世界最大的资金供应者，美元的国际储备货币地位得以确立，纽约取代伦敦成为最大的国际金融市场，从战后初期到 20 世纪 60 年代初期，在美国的大力扶持下，西欧和日本等地区的经济得到迅速恢复和发展，世界贸易和国际资本流动的增长更是大大快于经济增长的速度，从而伦敦、苏黎世、法兰克福、巴黎等传统的国际金融市场的地位也在逐渐恢复和加强。不过，这一时期国际金融市场在整体上仍然是分散的。还没有形成世界范围的一体化的国际金融市场。

进入 20 世纪 60 年代以后，世界经济发展不平衡的矛盾日益尖锐，美国的世界经济霸主地位开始动摇，加之美国接连插手国际事务纷争，军费开支庞大，使得美国的国际收支开始出现持续性逆差，黄金大量外流，美元的信用发生动摇，美国政府被迫采取一系列措施来限制资本外流，这导致大量美元为逃避管制而纷纷流向境外金融市场。与此同时，一些欧洲国家为了防止美元流入引起外汇市场动荡，也采取了一些限制资金流入的措施，结果这些国家的银行为逃避上述措施的限制，也纷纷把资金转移到国外，从而形成了许多逃避外汇管制的境外货币和境外货币市场，并获得迅速发展，境外货币市场又叫离岸金融市场，目前它已成为国际金融市场的核心和主要组成部分。

第二次世界大战后，一些发展中国家在政治上陆续摆脱了殖民主义统治，取得了独立。为了巩固政治上的独立，它们在经济上致力于发展民族经济，逐步摆脱对外国资本的依赖和金融垄断势力的控制，积极发展自主的金融业。进入 20 世纪 70 年代以后，它们在进一步发展本国金融业的同时，逐步建立和发展了一些区域性的国际金融市场，特别是发展中国家的石油生产国，如沙特阿拉伯、科威特等，由于掌握着大量的石油美元，在国际金融市场上更具有举足轻重的地位。发展中国家的兴起对国际金融市场发展的影响是深远的，从此，国际金融市场不再局限于少数传统的国际金融中心，而是迅速地分散到世界其他各地区。

20 世纪 80 年代后，新兴工业化国家的经济迅速发展。与此同时，西方各主要国家普遍兴起了以放松金融管理制度、技术革新、金融创新和筹资证券化为主要内容的金融自由化和金融全球化浪潮。在这双重刺激下，新兴国际金融市场迅速崛起并快速发展了起来，主要有拉丁美洲地区的墨西哥、阿根廷、巴西，亚洲的"四小龙"、泰国、马来西亚、菲律宾、印度尼西亚等国家和地区。在 20 世纪 80 年代的投资浪潮中，这些国家成为国际资本流动的新热点，从而建立起了与国际金融一体化相适应的金融环境，加速了这些国家的金融发展和国际金融市场形成。金融市场的开放，国际游资的大规模进入促进了市场所在地的经济，但风险和收益是相对的，在飞速发展的同时，新兴市场也因为所在国国内经济结构不合理、市场体系不完善、管理水平不足等原因出现了金融不稳定和金融风险，如墨西哥金融危机和东南亚金融危机就是这些不稳定和风险爆发出来的表现。

随着金融自由化政策在全球范围内的普及以及科技的不断发展，各国的金融市场间的联系愈加紧密，并有逐步形成统一整体的趋势，这就是国际金融一体化趋势。例如，计算机技术和电子通信技术的发展，使全球的资金融通可以在极短的时间内完成，同时各国金融机构和跨国公司经营开始国际化，业务开始全能化，导致全球各地区的金融市场逐渐形成了一个全时区、全方位的一体化国际金融市场。在一体化的趋势下，竞争的加剧使得国际性的交易所通过相互结合来增加实力，如新加坡交易所并购澳洲交易所，伦敦交易所并购多伦多交易所，德意志证券交易所与伦敦交易所合并等。

国际金融市场证券化和金融创新的程度也将会越来越大。20 世纪 80 年代以后，国际金融市场上的筹资格局由通过金融中介间接筹措资金转变为利用债券市场和股票市场直接融资，这导致了金融市场有不断证券化的趋势。同时，为了规避和分散金融市场上的风险，越来越多的金融工具、金融业务不断涌现出来，金融创新不断深化。

（二）境外货币市场的形成和发展

境外货币，又称离岸货币、国际货币，是在发行国的国境外流通而不受本国政府法令的管理，在国外自由流通也不受流通市场所在国管理的货币。这种货币具有最大的国际性，可以无条件地按市场决定的汇率自由兑换。经营这种货币的银行称为境外银行，它可以是本国银行，也可以是外国银行，但这种业务必须同本国境内的业务分开。境外货币市场就是境外银行业务活动的场所。这种境外市场的最大特点是，它几乎不受任何政府的管制。例如，在欧洲经营美元的存放款和债券买卖业务，就可以既不受美国金融法规的管辖，也不受市场所在国的管制。因此，国际上常把它称为离岸金融市场（offshore financial market）。

境外货币市场最初在伦敦出现，以后又在西欧各地和新加坡、我国香港等地陆续形成。甚至在一些并不重要的地区、人口稀少的地区或一个小岛、一个游览风景区，由于当地政府为繁荣本地经济，实行非常宽松的金融管制政策或根本不加管制，征税较低或免税，加上地理位置合适，往往能吸引大批的金融实业家的大量的资金流入，于是境外市场就在那里发展起来，如加勒比海的开曼群岛等。

目前境外货币市场有伦敦型、纽约型和避税港型三种类型。伦敦型境外市场的特点是对非居民从事国内金融业务不加限制，在岸业务与离岸业务平等共存，对内和对外交易统一，没有居民和非居民的区别。香港金融市场也属此种类型。纽约型境外市场又叫国际银行设施（IBFs），其特点是与国内金融市场完全隔开，是专为进行非居民交易而人为创设的市场，不论是税收还是外汇管制，都比国内市场松得多。避税港境外市场的特点是大多为岛国或中小发展中国家所设，偏离战乱和政治动荡地区，经济虽不发达，却以低税或免税吸引大量投资者把资产存放于此。这种市场往往只具有记账中心的功能而不进行实际业务，如巴哈马、开曼群岛境外市场最具有这方面的代表性。

境外市场对推进国际金融业发展发挥了积极作用，主要表现在：（1）大批境外市场的产生，缩小了原来国际金融市场之间时间上和空间上的距离，使跨国银行可以 24 小时不间断地营业，加速了国际资本流动，形成了国际借贷资本低成本、高速度的全球运转体系；（2）境外市场使交易者免受金融限制，自由进行金融交易，无论是对公司还是对个人都是逃避税务和外汇管制的理想场所；（3）境外市场加强了国际金融市场的竞争性，有助于形成合理的国际利差水平。这一切既增加了跨国银行的国际利润，又便利了跨国公司的国外业务活动，促进了生产国际化的发展。

境外市场对于其开设国而言也有很多有利之处，例如，通过境外业务的费用收入以及向境外业务提供各种辅助性劳务，可获得大量的外汇收入，改善本国的国际收支状况；有利于提高本国金融业的技术水平和金融专业人员的素质；有利于提高本国在国际金融界的地位。但是，境外市场也存在一些消极影响，例如，国内外外汇资金能通过本国公司（包括跨国公司在该国的子公司）的国外机构转向境外市场，从而影响本国的信用规模；主要国际结算货币和储备货币发行国的货币，通过国际渠道大量转向境外市场，加大了这些国家的货币发行量，并使这些国家的宏观金融调控难度加大。

目前，境外市场不但是国际金融市场的重要组成部分，而且它的形成和发展大大地改变了国际金融市场的性质，即从原先的本国居民与非居民之间的信贷中介，变成了同市场所在国国内金融体系相隔离，主要由市场所在国的非居民从事境外交易的国际信贷中介，其交易所使用的货币同市场所在国的货币不同，交易活动既不受所使用货币的发行国管制，也不受市场所在国国内金融体系的有关规章、法令的约束。因此，这是一种真正意义上的国际金融市场。

（三）国际金融市场形成和发展的基本条件

国际金融市场的形成和发展，必须具备一些基本条件：（1）稳定的政局。国际或国内政治、经济局势的稳定，是国际金融市场赖以生存和发展的前提。（2）完善的金融制度与金融机构。任何一个国家或地区，只有具备完善的金融制度，具有足够数量且较集中的银行和其他金融机构，才能迅速、周全地处理国际性金融业务。这是国际金融市场产生和发展的基础。（3）实行自由外汇制度。这意味着很少外汇管制或没有外汇管制，外汇资金可以自由兑换调拨，非居民参加金融交易享受与居民相同的待遇，从而国际资金可以自由流出流入，才能形成频繁的国际资金交易。（4）优越的地理位置、现代化的交通、通信手段和其他相配套的服务设施。（5）具有既懂得国际金融理论，又具有国际金融实践经验的专业人员。

三、国际金融市场的作用

国际金融市场作为从事国际货币金融业务活动的领域，它的活动遍及全球各地，对世界经济的发展起着越来越重要的促进作用：

第一，促进了生产和资本国际化的发展。第二次世界大战之后，国际垄断组织的主要形式跨国公司在世界各地遍设分公司和子公司，按其全球战略组织生产和销售，客观上需要有国际金融市场为其服务。国际金融市场的发展，特别是新兴的国际金融市场——欧洲货币市场与亚洲货币市场的产生和发展，为跨国公司在国际上进行资金的频繁调动、资金的储存和借贷提供了条件，加速了跨国公司在国际经营中的资本的循环与周转，加速了生产和资本的国际化，加强了各国经济之间的联系。

第二，促进了银行业务国际化的发展。银行是国际金融市场的主要参加者和重要组成部分。战后，随着生产和资本国际化的发展，国际金融市场通过各种业务活动把各国的金融机构结合起来，使世界各地的银行业务发展为国际银行业务，于是国际上的一些大商业银行加速向跨国化的方向发展。

第三，使国际金融渠道畅通，为各国经济发展提供了资金。国际金融市场的存在和发展，通过自己的各项活动汇集了巨额的资金，从而使得一些国家能够比较顺利地获得发展经济所需要的资金，促进了这些国家经济的恢复和发展。例如，欧洲货币市场促进了联邦德国和日本经济的恢复和发展，亚洲美元市场对亚太地区的经济腾飞起了积极作用。

第四，促进了国际贸易和国际投资的进一步发展。战后，随着生产和资本国际化的发展，各国间的经济贸易条件加强了，国际投资活动更加活跃，国际借贷业务迅速增长，外汇买卖、证券交易迅速发展，使国际金融市场获得进一步发展。国际金融市场的发展又使国际贸易双方能通过它进行外汇买卖、国际结算、资本转移、证券交易等。这样，不仅可以消除各自可能遇到的汇率变动的风险，而且为双方融通了资金，促进了国际贸易和国际投资的进一步发展。

第五，有利于调节国际收支的不平衡。战后，国际金融市场已经成为很多资金短缺国家筹措资金的重要渠道。不论是发达国家还是发展中国家，在它们的国际收支发生严重逆差时，常常因外汇头寸不足而纷纷到国际金融市场举债，以消除逆差。

总的来看，国际金融市场对世界经济的影响是积极的，但国际金融市场在促进世界经济发展的同时，也形成了一些不稳定因素。比如，国际金融市场在有利于调节国际收支失衡和为发展中国家提供发展资金的同时，也埋下了债务危机的隐患；国际金融市场便利和促进了国际资本的移动，然而数额巨大的、频繁和不规则的国际资本移动会影响到某些国家国内货币政策的执行效果，同时还会增加汇率的波动幅度和助长外汇市场上的投机行为，从而增加国际投资的风险。这些都是值得考虑的问题，特别是一国在利用国际金融市场时需要慎重考虑的问题。

第二节　传统的国际金融市场

如果按照经营业务的范围来划分，传统的国际金融市场包括货币市场、资本市场、外汇市场和黄金市场。由于外汇市场在第二章已经作了专门阐述，这里只介绍货币市场、资本市场和黄金市场。

一、国际货币市场

货币市场是指以短期金融工具为媒介，进行期限在一年以内的（包括一年）融资活动的交易市场，又称"短期资金市场"或"短期金融市场"。目前，主要西方国家的货币市场都是高度国际化的，众多的跨国性商业银行和证券投资机构，利用先进的电子技术，将各个国家的短期金融工具交易连为一个整体，就形成了统一的国际货币市场。货币市场的构成如下：

（一）银行短期信贷市场

这是本国银行向外国工商企业或有关资金需求者提供短期信贷的市场，也是各国银行同业间拆放短期资金的市场。在这个市场上，资金借贷或拆放期限的长短不一，短则一日，最长不超过一年，一般为一周、一个月、三个月和六个月。该市场上使用的利率是以伦敦银行同业拆放利率（London Interbank Offered Rate，LIBOR）为基础，再根据借款人的信誉和借款期限，酌情增加一定幅度的加息率，一般为 0.25%~1.25%。市场上的交易方式比较简单，借贷活动一部分是通过货币经纪商号办理的，另一部分则是银行之间直接通过电话进行的。借贷行为凭双方的信用而发生，贷款无需提供抵押品作担保。

（二）短期证券市场

这是国际上进行短期证券交易的场所，期限一般不超过一年。交易的对象是一年期内可转让流通的信用工具。各国货币市场的短期信用工具种类繁多，名称各异，本质上都属于信用票据。主要有以下几种：

1. 国库券（treasury bills）

它是各国财政部为筹集短期资金而发行的短期债券，期限一般为三个月到一年。在西方国家，国库券与一般债券的区别在于，债券的票面一般带有利率或附有息票，而国库券的面值是到期收取的货币数额，发行时则采取折价的方式，折价的多少主要取决于当时的市场利率水平。国库券的面值同购买时支付的价格之间的差额，就是购买者到期得到的实际收益。在各类短期金融工具中，国库券的数量是最大的。

2. 可转让银行定期存单（certificates of deposit-CDs）

它是银行发行的标明金额、期限、浮动或固定利率的接受存款的凭证。美国商业银行于1961年开始发行这种存单，期限最短为一个月，最长达一年，一般为3个月，到期按票面金额和约定利率支付利息，它的流通额仅次于国库券。英国也于60年代末期开始发行这种存单。银行存单的利率与银行同业拆借利率大致相等。存单为不记名式，持有人可随时将存单转让，到期向银行提取本息。

3. 商业票据（commercial papers）

它是非银行金融机构或企业为筹集资金发行的短期金融工具，期限一般在一个月到一年不等。商业票据多数没有票面利率，以折价形式出售，但有的商业票据带有票面利率或附有息票。信誉很高的大公司可以直接向一般公众发售商业票据，不过大多数商业票据的发行还是要经过大商业银行或证券投资商等中介机构，这些中介机构可以单纯为证券的买卖双方搭线，也可以作为包销商承购全部发行的票据，然后自行安排销售。

4. 银行承兑票据（banker's acceptances）

它是经借款人的联系银行承诺兑付的商业汇票。一般企业在货币市场发行短期票据筹集资金需要有较高的信誉，而银行承兑票据的发行则是基于借款人及其联系银行双方的信誉从而银行承兑票据的出现就为一般中小企业进入货币市场打开了方便之门。银行承兑票据的期限多为1~6个月，其面额一般没有限制，持有人可以在到期前到承兑银行贴现，或在二级市场转让。

（三）贴现市场（discount market）

这是对未到期票据按贴现方式进行融资的场所。所谓贴现就是把未到期的票据按照贴现率扣除从贴现日到票据到期的利息，向贴现公司换取现金的一种方式。它对持票人来说，等于提前取到还没有到期的票款，对贴现公司来说，等于为持票人提一笔相当于票据金额的贷款。贴现市场由贴现公司组成。贴现市场上交易的信用工具主要有商业票据、银行票据、国库券和其短期政府债券等，凡持有这些信用工具者可通过向贴现公司办贴现的方式取得现金。贴现公司还可以把票据向中央银行办理贴现，中央银行通过调整再贴现率可以调节信贷规模和货币供应量。英国的贴现市场最发达，拥有世界上最大的贴现市场。

货币市场在一国金融体系中占有十分重要的位置，尤其是一国中央银行公开市场业务的开展要以完备、发达的货币市场为前提。一般可以从下述三个方面检验一个货币市场是否完善、发达：

第一，商业银行等一般金融机构是否大量持有中央银行法定准备金以外的多余准备金。如果一国货币市场发达完善，商业银行可以随时获得必需的短期流动资金偿还到期债务或应付意外性挤兑提存，自然无需经常持有大量不生息的账面现金。否则，商业银行有可能持有多余准备金，这将使中央银行货币政策难以收到预期的效果。

第二，在货币市场上，短期金融工具的种类是否齐全和交易是否活跃。所谓种类齐全是指市场上提供有足够数量的不同时期、收益、风险和流动性特征的多种短期金融工具，以满足投资人和借款者的多种多样和随时变化的需求。所谓交易活跃是指有足够的证券经纪人、中间商或其他功能相当的金融机构作为市场组织者来有效地调动起大规模的货币市场交易。

第三，有关货币市场交易的法律制度或市场惯例是否健全和完善，是否有专门的机构对参加货币市场交易的各类机构，特别是金融机构的交易活动进行严格的审查监督。只有门类齐全、交易活跃，而又有法可依、有章可循，处处有条不紊的市场，才是完善的货币市场。

二、国际资本市场

国际资本市场，又叫长期资金市场，是指期限在一年以上的金融工具交易的场所。它包括中长期信贷市场、债券市场和股票市场等。

（一）国际银行中长期信贷市场

这是指一年以上的资本的借贷市场，主要包括商业贷款、出口信贷、政府贷款和混合贷款等。

1. 商业贷款

它是适应第二次世界大战后工业生产和国际贸易商品结构的变化而产生的一种中长期贷款。这种贷款必须有实物资产和有价证券作为抵押品，按资本市场的供需关系决定的利率收取利息。国际商业银行对发展中国家的贷款一般由发展中国家的中央银行或国家银行出面。

2. 出口信贷

它是资本输出带动商品输出的信贷方式。这种信贷得到了出口国政府的支持和利息补贴，一般以借款人购买贷款国的商品为条件。主要有卖方信贷和买方信贷两种形式。所谓卖方信贷是出口国银行向本国出口商（卖方）提供信贷，基本做法是：进出口双方成交后，外国进口商支付15%的现汇，其余85%由出口商与本国银行洽定中长期贷款合同，从贷款中支取，并向外国进口商发货，给予延期付款的商业信用。进口商则按延期或分期付款的条件，向出口商支付货款，出口商以收到的货款偿还银行贷款的本息。所谓买方信贷是出口方银行向外国进口商或进口国银行（由它转贷给本国进口商）提供的信贷，基本做法是：双方成交后，进口商先向出口商支付15%的现汇，其余85%的货款，由出口国银行给予中长期贷款，用以向出口商支付货款，在约定的贷款期限内，由进口商或进口国银行向出口国银行偿还贷款本息。

3. 政府贷款

它是政府间的对外经济援助性质的贷款，特点是利率低、期限长，但贷款数量不大，附带条件较多。这主要是西方发达国家对发展中国家提供的一种双边政府贷款。西方国家提供政府贷款时，一般要考虑的条件是：（1）同本国在政治上、经济上有密切联系的国家；（2）在战略上和外交上需要争取、扶助的国家；（3）可为本国提供重要资源和能源的国家；（4）可以带动本国的商品输出和资本输出的国家；（5）偿还能力强，使用贷款有成效的国家等。

4. 混合贷款

它是将两种不同利率的贷款合并使用在一个贷款项目上的贷款。在当代，一些西方国家政府为了支持本国商品的出口，常以低利率对本国出口方或外国进口方给予政府贷款。要是借款人既使用了对方银行提供的买方信贷，同时又获得了出口国政府的贷款，就可以把这两种贷款合并起来使用，这就叫混合贷款。使用这种混合贷款的项目，有的是在两国贸易合作项目下设定的，有的是通过单项申请批准的。从目前情况看，混合贷款一般用于经贷款国政府批准的合同项目。

（二）国际债券市场

债券是债务人依照法律手续发行，承诺按约定的利率和日期支付利息，并在特定日期偿还本金的书面债务凭证。不过，债券又不同于一般的借贷凭证，它将借贷关系证券化了。一般的借贷证书是由当事人双方自行协商借贷条件而签订的合约，它既不适合于他人，也不适合于另一次借贷，除非得到对方同意。一般而言，债务人不能延期归还贷款，债权人不得要求提前偿还本金。这种因人、因事、因时而异的债务凭证是非标准化的，因而也是不能流通转让的。债券不是发行人对某个特定的个人或法人所负的债务，而是发行人对全体应募者所负的统一债务，它由发行人给定条件，适合于任何愿意按该条件出借资金的投资者。这种债务凭证的借贷条件和规格都是统一的，具有公开性、社会性和规范性的特点，一般可以上市流通转让。

早在19世纪，挟产业革命优势的西欧列强在向世界各地进行经济扩张的过程中，对资金产生了大量的需求，同时，国际财富分配的不平等使西欧诸国具有极强的储蓄率，从而也有可能提供大量资金，债券筹资方式应运而生。债券筹资形式的出现使资本主义生产方式能够在更大的空间和以更短的时间融通资金，对世界经济的发展起了很大的促进作用。著名的美国铁路网的建立和工业区的形成、帝俄、南美以及清朝中国的铁路建设中，都有由欧洲投资者认购债券而得到融通的资金。第二次世界大战后，随着国际经济步入新的发展阶段，国际债券市场有了新的生机。战后初期，纽约取代伦敦成了主要的国际债券中心，复兴中的西欧借款者大批来到纽约发行债券，欧洲各银行则在参与纽约所组织的经销集团中学到了美国发行债券的技术，为日后欧洲债券市场的发展打下了一定的基础。战后迄今，类似纽约这样的国际债券形成了四大中心，它们是纽约、苏黎世、法兰克福和东京。

在国际债券市场上，有欧洲债券和外国债券之分。欧洲债券是指在某些货币发行国以外，以该国货币为面值发行的债券，比如在伦敦债券市场上发行的美元债券称为欧洲美元债券。外国债券则是指筹资者在国外发行的，以当地货币为面值的债券，如日本人在美国发行的美元债券、中国筹资者在日本发行的日元债券等。欧洲债券市场在本章欧洲货币市场部分将有专门论述，这里主要对外国债券市场作一些介绍。目前，国际上著名的外国债券市场主要有：

1. 美国债券市场

又叫扬基债券市场，一度是世界上最大的外国债券市场，但自1963—1974年美国征收利息平衡税后，市场的发展受到了很大的限制。发行扬基债券必须遵照美国1933年证券法的规定注册，并需符合美国证券交易委员会（SEC）公告的要求，如债券在纽约证券交易所上市，还需根据1934年的证券交易所法申请注册，通常办理注册手续需要四周的时间。但美国在 1982 年 6 月颁布了一项名为"延期注册"的新规定，发行人可以先提出发行债券计划备案，暂不需明确规定发行日期、债券类型、发行数量、到期时日等各种发行条件，准备在以后再实际发行，延缓的时间可长达三年，届时借款人发行新债券时，只需补办一些附件，一个星期就可办妥。

扬基债券发行习惯上由标准普尔公司（Standard and Poor's Corporation）或莫迪投资服务公司（Moody's Investories Services）进行评级。扬基债券市场对借款人资信要求很严，只有被评上 AAA 级才算合格。对购买扬基债券的外国投资者，不征收利息预扣税。扬基债券的期限为 5~20 年，债券每半年支付一次。

2. 英国外国债券市场

英国在 1979 年 10 月以前，长期实行外汇管制政策，因而外国债券市场并不存在。1979 年 10 月，撤销外汇管制后，英国债券市场开始向外国借款人开放，丹麦政府当即在伦敦债券市场上发行了第一笔外国债券，总额为 7500 万英镑，年利率为 13%，2005年到期。这笔债券被称为"猛犬债券"（bulldog bond），因而其市场又叫"猛犬债券市场"。此后，许多外国政府、国际机构相继在伦敦发行债券，英国的债券市场便逐渐兴旺起来。

由于英国投资者不习惯于估计国外风险，因而不愿意购买不是资信最高者所发行的债券，所以到英国发行债券的主要是各国政府和国际机构。另外，所发行的债券几乎都是一个到期日的固定利率债券。债券有记名式，也有不记名式。债息每半年支付一次，没有利息预扣税。不过，总的来看，猛犬市场在英国债券市场所占份额不大，而且也没有欧洲英镑债券发展得快。

3. 日本外国债券市场

外国人在日本发行的日元债券叫武士债券，故该市场又叫武士债券市场。相当长的一段时间内，日本政府对外国人进入本国债券市场限制较多，直到 1970 年才开始准予发行武士债券，而且大多只限于外国政府和国际机构。1984 年 7 月日本政府放松管制后，债券市场活动有了较迅速的发展。

武士债券可以是记名式，也可以是不记名式，两种形式可以自由转换，债息收入免交预扣税，期限为 5~15 年。其初次发行由承销辛迪加办理，外国金融机构可以参加进去。过去承销辛迪加的牵头单位必须是日本四大证券公司（野村、日兴、大和、山一）之一，1985 年后无此限制。非居民投资者在初级市场上只能购买新发行额的 25%，但二级市场上没有这种限制。

4．德国外国债券市场

德国外国债券市场是世界上第三大债券市场，在欧洲则占首位。联邦德国资本市场是世界上最自由的市场，本国和外国的投资者在资本交易上不受任何约束，外国投资者可以在任何时候把联邦德国马克调出，本国投资者也可把资本转移到外国而不受限制。在德国，国内债券、外国债券、欧洲债券的区别不像其他市场那样严格，外国债券、欧洲债券与国内债券的区别仅在于非居民购买国内债券要交 25% 的利息税。马克欧洲债券和马克外国债券的区别则在于：倘若销售国际债券的银行辛迪加只是由德国银行经营，这种债券就是马克外国债券；如果辛迪加成员包括非德国银行，就叫作马克欧洲债券。

5. 瑞士外国债券市场

瑞士国家不大，经济规模也不很大，却拥有目前世界上最大的外国债券市场，其原因在于：（1）有一个稳定的政治制度并保证其持续性；（2）有一种深深植根于其民族传统中的企业自由经营原则，以及与此密切相连的财产权保证；（3）中央银行有一套独立的目标导向政策；（4）有一个安全发达的银行系统。

1984 年以前，瑞士国民银行规定瑞士法郎债券的发行量，债券通常由瑞士三大银行（瑞士银行公司、瑞士联合银行、瑞士信贷银行）之一牵头经营，借款人获得的瑞士法郎需按一定比例兑成其他货币。非居民购买国内债券要交 35% 的预扣税，如果买的是外国债券，则不需要交纳。外国债券是不记名式，债息每年支付一次。但自 1984 年瑞士国民银行放松管制后，外国银行设在瑞士的分行也可担任牵头经理，但外国银行行使这一权利的例子不多。凡由瑞士银行辛迪加经手的外国债券，对借款人资信要求很严，绝大多数是 A 级，但对私募的外国债券，对借款人资信的要求就低得多。

（三）国际股票市场

1. 股票

股票是股东在股份公司中拥有股权的凭证。股东凭持有的股票向公司要求得到相应的各项权利，而公司则按股票兑现其向股东做出的各种承诺。股票有许多种类，根据有无记名可分为记名股票与无记名股票，记名股票以公司股东名册上登记在册的股东作为股权拥有者；无记名股票以当时持有人为股权拥有者。根据有无面额可分为有面额股票和无面额股票，有面额股票指股票票面记载着股票的票面价值，票面价值的含义是该种股票的每张票面是多少股并且每股价值为多少；无面额股票只标明每股占公司资本总额的比例，其价值随着公司财产价值的增减而增减。根据风险与收益享受权利大小可分为普通股票与优先股票，普通股票同时赋予其持有人参与公司经营管理决策的权利和根据公司剩余利润大小分配剩余利润的权利；优先股票的持有人享有优先于普通股票分得公司利润的权利，但却以丧失其他权利为代价，这些权利包括：经营管理权、表决权等。

2. 股票发行市场

股票交易是在股票市场上进行的。股票市场由发行市场和流通市场组成。股票发行市场也叫一级市场或初级市场，它是发行新股票的场所。股票的发行有两种情况，一是新设立的股份公司发行股票，二是原有股份公司增资扩股发行。股票发行大体经历四个阶段：一是股票发行前的策划准备阶段；二是申请核准注册或审批阶段；三是股本募集阶段；四是股本划入公司账户及公司最终成立。从发行程序来看，在本国发行股票与在国际上发行股票的程序大体上是相同的；只是国际股票的发行在程序上更复杂一些，涉及的当事人更多一些，审查更加严格。

3. 股票流通市场

股票流通市场是指股票转让的场所，又叫股票的二级市场。长期以来，随着股票发行规模的扩大和股票转让的经常化、规范化，股票的转让方式逐渐分成两大类：一类是有组织的、集中在一个场所的、大批量的转让；另一类是非统一组织的、分散在各个不同交易点的、零售式的转让。前者采用拍卖方式，在证券交易所内进行，因此被称为拍卖交易或交易所交易；后者是在股票交易所之外，通过专门从事证券买卖的证券公司或直接在股票买卖双方之间进行的。所以，股票流通市场由证券交易所和场外交易市场两部分组成。

目前，世界上主要的股票市场都是高度国际化的。这一方面体现在各主要股票交易所之间有现代化的通信联系，任一股市的行情可以迅速传递到其他股市。另一方面，世界上主要的股票交易所还不仅是国内公司的股票交易市场，它们都有大量的外国公司的股票上市交易，外国公司上市的数量有的甚至接近或超过本国公司的数量。股票市场已经成为国际金融市场的重要组成部分，它对投资者和筹资者都具有国际性。

但是，西方各国的股票市场又有不尽相同之处。在美国，它拥有世界上最大的，同时也是最著名的股票交易所——纽约股票交易所，还拥有美国股票交易所、波士顿股票交易所、中西部股票交易所、太平洋股票交易所等交易量远低于纽约股票交易所，但在国际上同样声名卓著的交易所。此外，美国还拥有世界上规模最大的场外交易市场，该市场的"证券交易商自动报价系统国民协会"（NASDAQ）是由相互联结的6000余家证券投资机构组成的。英国的股票市场则基本上是一个交易所市场。而且，与美国的交易所体制不同，英国的股票交易所是"大、一、统"的，到目前为止，英国只有一个统一的股票交易所——伦敦股票交易所。欧洲大陆的股票市场绝大部分设在欧共体成员国和瑞士。在欧洲大陆，国家的股票交易机制中，有一个既区别于美国，又不同于英国的最大特点，这就是商业银行在股票市场占据着统治地位。美国的有关法律明确禁止商业银行进入股票市场，商业银行既不能代理发行股票，也不能自己或代理客户买卖股票。在英国，投资人可以通过自己的往来银行委托经纪人买卖股票，但银行本身不能直接进入股票交易所代客交易。欧洲大陆的商业银行却没有这方面的限制，它们自由进出于股票市场，并通过股票市场运用大量资金，获得巨额利润，掌握和控制大量公司的经济命脉。欧洲大陆股票市场还有一个显著特点，就是外国公司股票挂牌上市的比例较高。例如，在法兰克福股票交易所的约500种上市股票中，有150多种是外国公司的股票；在阿姆斯特丹交易所的800多种上市股票中，有300多种是美国公司的股票。

三、国际黄金市场

黄金市场就是集中进行黄金买卖的场所。黄金买卖一般有固定的交易场所，称为黄金交易所。世界上的黄金交易所都设在各国的国际金融中心，成为国际金融市场的重要组成部分。

（一）黄金市场的供给与需求

1. 黄金市场的供给

世界黄金市场的供给主要来源于：（1）黄金生产。南非是世界上最大的产金国，其最高年产金量在1970年超过了1000吨，大多数年份维持在700吨左右，约占世界黄金总供给量的50%。此外，俄罗斯、加拿大、美国等也是著名的产金国。（2）国际货币基金组织、各国政府和私人抛售的黄金。1976 年 1 月，国际货币基金组织正式承认黄金非货币化，存放在各国政府和基金组织中的黄金被大量拍卖，如 1978 年基金组织拍卖黄金 182 吨，1979 年拍卖 170 吨。在政府当局黄金拍卖中，以美国的数量最多，意义最大，1978 年拍卖 126 吨，1979 年拍卖 365 吨。世界黄金生产大国前苏联自 70 年代以来，因外汇短缺，在黄金市场上大量出售黄金，成为市场黄金的重要来源。（3）其他来源，如出售金币或发行黄金证券等。

2. 黄金市场的需求

目前世界黄金市场的需求主要来源是：（1）工业用途及饰品加工业。随着科学技术的发展，黄金在工业生产中的用途不断扩大，被广泛应用于电子电器工业、航天工业、医疗和军工等方面。近年来，西方世界黄金饰品加工业对黄金的需求也呈增大趋势，1989 年，西方世界金矿产量较前一年增加了 7%，而黄金饰品加工业所耗用的黄金则增加了 23%。（2）投资者与收藏家。目前，投资者和收藏家对黄金的需求已占市场总需求的三分之一以上。投资与收藏不同，前者指投资者将黄金视作普通资产并与其他资产比较，根据它们的赢利性和可靠性及变现性，决定资金投向哪里；后者指收藏家将黄金视作保存储备资金的可靠手段，为了积累而购买黄金。（3）国家官方储备。这曾是黄金非货币化之前黄金的最主要用途，但自从黄金的货币职能逐步丧失后，作为官方储备的黄金要求不断减少，并在许多年份保持不变。不过，官方储备仍不失为黄金市场的重要需求来源。（4）其他需求，如投机等。

（二）黄金市场的交易方式

黄金市场上的交易方式有两种，一是现货交易，二是期货交易。

1. 黄金的现货交易

这是指双方成交后立即或在两个工作日内付款交割的黄金交易。黄金现货交易的价格较为特殊，在伦敦市场分为定价交易和报价交易两种。每日上午 10 点 30 分和下午 3 点，伦敦市场五大金商代表聚集在英国最大的金商洛希尔父子公司的交易大厅，由该公司的代表以主席身份先报一个金价，然后各代表迅速将开价报回各交易室。各交易室回答顾客有关金价的询问，并根据得到的指令，通知他们的代表宣布是买还是卖，以及买卖多少。如果主席开价后未出现买或卖，或买卖额不等，则同样的程序重新开始，对原报价适当调整，直至买与卖平衡，主席就宣布"达成定价"。世界其他黄金市场则参照这个定价，根据本市场的供求状况决定本市场的价格。伦敦市场在定价交易以外的时间实行报价交易。报价交易由买卖双方自行达成，价格水平在很大程度上受定价交易的限制，但一般来说报价交易达成的现货交易数量高于定价交易达成的数量。在世界黄金市场进行现货交易时，除了支付黄金价款外，还需向金商支付手续费。目前瑞士是最大的黄金现货市场。

2. 黄金期货交易

这是指双方成交后先订合同，交付押金，约定在一定日期办理交割的黄金交易。它有保值交易和投机交易两种。保值交易是指为了避免通货膨胀、政治动乱和金价变动而遭受损失进行的黄金买卖活动。投机交易是指利用金价的涨落，买空或卖空，从中牟取投机利润的黄金买卖活动。黄金期货交易价格一般以现货价格为依据，再加上期货期限的利息而定。在黄金期货市场上只要交部分金额即可成交，节省了储存和保险费，不像现货交易那样要付足全部金额，因此黄金期货交易是一种低成本的投资黄金手段，吸引了众多顾客。目前，纽约是世界上最大的黄金期货市场。

黄金期货交易与现货交易除在交易目的、交易方式和交割时间等方面有区别外，还表现在现货市场无论买方或卖方均有较高的垄断性，买方只有少数几个国家，卖方也主要是南非等几个产金大国。而参与期货交易者甚众，有黄金保值者、投机商、政府部门、金融机构等，他们彼此买进卖出，关系错综复杂，再加上期货交易还具有远期外汇市场套利、套汇、逃税等活动的特点，成为黄金市场所在国管理的重要内容。可以说，黄金期货市场较其现货市场开放性更强、复杂性更大。

（三）世界主要黄金市场

黄金市场的历史较长，经历了很多变迁。目前，世界上有 40 多个黄金市场，其中比较著名的在欧洲的有伦敦、苏黎世、法兰克福、巴黎等，在美洲的有纽约、芝加哥等，在亚洲的有东京、香港、新加坡等，在非洲的有开罗、亚历山大等。在这些黄金市场中，影响最大的是伦敦、苏黎世、纽约、芝加哥、香港黄金市场，号称世界五大黄金市场。

1. 伦敦黄金市场

在众多的黄金市场中，伦敦市场的历史最长。早在 19 世纪，伦敦就已经是黄金提炼、储藏和销售的中心。第二次世界大战前，伦敦市场可称作世界上最大的黄金市场。第二次世界大战爆发后，伦敦市场曾关闭 15 年之久，直到 1954 年 3 月才重新开放。构成伦敦黄金市场中坚的是五家著名的大公司：塞缪尔·蒙塔古公司、莫长塞·固史密脱公司、沙普·毕思理公司、洛希尔父子公司和约翰·马塞公司。其中以洛希尔父子公司业务量最大、地位最高。伦敦黄金市场的主要特征除现货市场每日实行两次定价制度外，还有两点值得注意：一是由于黄金交易数量巨大，倾向于经营批发交易，是唯一可以成吨购买黄金的市场。二是伦敦黄金现货市场传统上以美元计价。

2. 苏黎世黄金市场

苏黎世黄金市场的兴起和发展与伦敦黄金市场有密切的关系。第二次世界大战爆发后，伦敦黄金市场关闭，瑞士的银行和金商就逐渐负起西欧黄金交易的责任，苏黎世日益发展为一个国际性黄金市场。由银行操纵黄金市场是苏黎世黄金市场区别于伦敦市场的一个重要特征。瑞士三大银行拥有大量黄金储备，从事黄金冶炼，亲自进行黄金交易，操纵市场运行。苏黎世市场的黄金报价也与伦敦市场不同，它是在营业时间内随供求情况变动，由操纵市场的上述三大银行根据市场讨价还价的中间差距报价。在苏黎世黄金市场上，经营零售业务者较多，金融交易在零售业务中占重要位置，该市场是欧洲也是世界上的一个重要金币市场。

3. 美国的黄金市场

美国黄金市场的历史比伦敦和苏黎世短，它是 1974 年底美国政府取消了私人藏金的禁令后才逐渐发展起来的。目前美国共有五个黄金市场：纽约、芝加哥、底特律、旧金山和布法罗，以纽约和芝加哥居统治地位。与伦敦、苏黎世不同的是，美国以发展黄金期货交易为主。由于纽约本来就是世界著名的国际金融中心，再加上美国财政部和国际货币基金组织在此拍卖黄金，因此，它在黄金市场建立不久后，就迅速发展壮大，跃居世界黄金市场的领导地位，成为世界最大的黄金期货市场。

4. 香港黄金市场

香港黄金市场历史悠久，大半个世纪以来，凭其传统的守信精神和灵活可靠的买卖制度，致使黄金交易十分活跃。特别是 20 世纪 70 年代香港当局取消外汇管制后，黄金交易完全自由，香港很快从一个区域性的黄金交易中心发展为国际性黄金市场。目前，伦敦五大金商、苏黎世三大经营黄金交易的银行都在香港设有机构，美国、加拿大和其他黄金市场的金商也参与这个市场的交易活动。香港黄金市场是世界上唯一星期六不歇业的市场。这个市场的黄金，主要来自欧洲和澳大利亚，其金价主要受美国黄金市场金价的影响，因为在时差上香港市场当天开盘正值美国市场收盘。

第三节 欧洲货币市场

一、欧洲货币市场的性质和特征

前已指出，进入 20 世纪 60 年代以后，美国和西欧主要国家的跨国公司和银行为了逃避管制、纷纷把资金转移到国外，形成了大量的境外货币和境外货币市场，所有的境外货币市场结合成整体，就是通常所说的欧洲货币市场。之所以冠以"欧洲"字样，是因为它起源于欧洲，主体在伦敦。因此，这里所说的欧洲货币，泛指境外货币市场上经营使用的各种有关货币，例如，美元、英镑、马克、日元、法国法郎、瑞士法郎等。由于这些货币是在货币发行国境外的市场上交易使用，在这些货币前面加上"欧洲"一词，于是这些货币也就称为"欧洲美元"、"欧洲英镑"、"欧洲马克"、"欧洲日元"、"欧洲法国法郎"、"欧洲瑞士法郎"等。

欧洲货币市场产生于欧洲，现已扩展到亚洲、北美和拉丁美洲，成为一个世界性的货币市场。它不仅包括伦敦、巴黎、法兰克福、卢森堡、米兰、布鲁塞尔、阿姆斯特丹等欧洲金融中心的境外货币市场，而且包括中东、远东、加勒比地区、加拿大和美国的主要金融中心的境外货币市场。因此，欧洲货币市场是真正意义上的国际金融市场。

欧洲货币市场与传统的国际金融市场不同。传统的国际金融市场一般是在国际贸易和金融业务极其发达的中心城市，要受到所在国家的法规、条例、政策、法令的约束，其交易只是国内放款人与国内借款人，国内放款人与外国借款人的交易，借款货币仅限于金融市场所在地国家的货币。欧洲货币市场则突破了传统国际金融市场的界限，主要表现在：

第一，欧洲货币市场不受任何法规管制，也不受当地是否为发达的国际贸易中心以及国内资金力量是否雄厚的限制，在一些不太著名的地方如拿骚、开曼、巴拿马、巴林、百慕大也有它的存在。

第二，欧洲货币市场由经营欧洲货币业务的一个世界性的国际银行网所构成，这些银行被泛称为"欧洲银行"（Euro-Bank）。欧洲银行以伦敦为中心，散布在世界各地的金融中心，它们的业务是通过电话、电传、电报等在银行之间、银行与客户之间进行的。

第三，欧洲货币市场的借贷货币由企业、银行、机关团体和个人的闲置资金组成，通过金融中介机构提供给另一些国家的企业、银行、机构及个人，既包括境外货币也包括本国货币，而不是如传统国际金融市场，一般交易货币仅限于所在国的货币。

第四，欧洲货币市场的利率与国内金融市场不同，以伦敦银行同业拆借利率为标准。一般来说，其存款利率略高于国内金融市场，而放款利率又略低于国内金融市场。利差很小，只有 0.25%~0.5%，从而使欧洲货币市场的存放款业务更富有吸引力和竞争性。

二、欧洲货币市场的形成和发展

欧洲货币市场的发端是欧洲美元市场。当非居民将美元资金以存款形式存放在美国境外的其他国家商业银行或美国商业银行分行时，欧洲美元就形成了。银行吸收了境外美元后当然要贷放，于是就形成了欧洲美元市场。最初的欧洲美元市场是以伦敦为中心的欧洲各国金融中心经营，以后逐步扩展到欧洲以外其他金融中心，所经营的货币，也不只限于美元，任何可自由兑换的货币都能以欧洲或境外的形式存在，因而，欧洲美元市场逐渐演变成欧洲货币市场。

欧洲货币市场产生和发展的根本原因在于第二次世界大战后，世界经济和科学技术革命的迅速发展促进了国际分工以及生产国际化和资本流动国际化的发展，这使得传统的国际金融市场不能满足需要，借贷关系必须进一步国际化。此外，还存在一些促成欧洲货币市场形成和发展的直接原因：

第一，由于美国政府在朝鲜战争时期冻结了我国存放在美国的全部资产，前苏联和其他东欧国家唯恐当时在冷战形势下同样遭到美国冻结资产的危险，纷纷将存放在美国的资产转移到美国境外的其他银行，主要是存放在伦敦的各大商业银行。而当时的英国政府正需要大量的资金以恢复英镑的地位和支持国内经济发展，所以准许伦敦的各大商业银行接受境外美元存款和办理美元信贷业务。于是欧洲美元市场的雏形出现了。

第二，1957 年，英镑发生了危机。英国政府为了维持英镑的稳定而加强外汇管制，禁止英镑的商业银行向非英镑区居民发放英镑贷款。于是，英国的各大商业银行为了逃避外汇管制和维持其在国际金融市场的地位，纷纷转向经营美元业务，吸收美元存款并向海外客户贷款，从而一个在美国境外大规模经营美元存款和放款业务的短期资金市场开始在伦敦出现了。

第三，1958 年以后，美国的国际收支开始出现逆差，并且规模不断扩大，于是美元资金大量流向国外，主要积存在西欧国家的商业银行，这为欧洲美元市场的顺利发展提供了不可缺少的条件。不断增加的国际收支逆差迫使美国政府采取一系列措施来限制资金的外流，例如，1963 年 7 月，美国政府对购买外国有价证券的美国居民征收"利息平衡税"；1965 年又颁布"自愿限制对外贷款指导方针"，要求美国的银行和跨国公司自愿限制对外贷款以及对外直接投资的规模，等等。而这些限制性措施却使美国的商业银行加强其海外分行的经营活动，纷纷把资金调往海外，以逃避政府的金融法令管制。这对欧洲美元市场的发展起了很大的推动作用，并且还为欧洲美元市场注入了中长期信贷资金来源。

第四，20 世纪 70 年代石油输出国组织两次提高石油价格，使这些国家获得了大量的盈余资金，其中大部分流向欧洲货币市场，这也促进了欧洲货币市场的发展。

第五，在 20 世纪 80 年代世界范围的金融自由化浪潮的冲击下，许多国家全面取消了对金融业务的管制，这使欧洲货币市场交易费用下降，交易额迅速上升。

第六，欧洲货币市场自身的一些特点，如存款利率高、贷款成本低、存贷利差较小等，从而吸引大量的存款者和贷款者，这也是促使其迅速发展的重要因素。

三、欧洲货币市场的业务

欧洲货币市场可以分为欧洲货币信贷市场和欧洲货币债券市场。

（一）欧洲货币信贷市场

欧洲货币信贷市场是欧洲货币市场的主要组成部分。根据借贷期限的长短，欧洲货币信贷市场的业务又可分为短期货币信贷业务和中长期货币信贷业务。

1. 欧洲货币短期信贷市场

这是欧洲货币市场最早的业务活动方式。迄今为止占有重要地位，它是指从事信贷期为一年以内的欧洲货币借贷业务。这种短期资金借贷活动，虽然是在银行之间进行，但大多是由银行同非银行机构的资金交易引起的。

欧洲货币短期信贷市场的资金来源包括：银行间的存款；非银行的存款；一些国家的中央银行和政府的存款；国际清算银行的存款，石油输出国组织的存款；派生存款等。其中，欧洲银行间存款是主要的资金来源。欧洲货币短期信贷市场的资金需求包括：商业银行、跨国公司和其他工商企业；西方国家的地方和市政当局等。其中，商业银行是该市场上最大的借款人。

欧洲货币短期信贷市场的主要特点是：（1）借贷期限短。该市场的借贷期限最短为 1 天，最长不超过 1 年，以 3 个月期为最普遍。这种交易常在欧洲银行与熟悉的客户之间进行，主要凭信用，无需提供任何担保，一般也不签订合同，通过电话或电传即可成交。（2）借贷灵活方便。该市场有许多深受客户欢迎的方便之处：借款不需担保，借款可随意决定借款期限，可任意选择借款的币种，借款地点可由客户自行选择，借款额度也可在一定限度内由借款人决定。（3）借款额度较大。该市场的存款人和借款人都是一些大客户，每笔交易额很大，存款额最低起点为 10 万美元，借款额最低为 50 万美元，1000 万美元以上的交易也时常发生。（4）利率比较合理。该市场利率以伦敦银行同业拆借利率为基础，再加上一个附加额。在该市场上存款，不论是存一年还是存一天都支付利息，存款利率略高于国内，且没有最高幅度的限制。借款利息略低于国内，存贷利差很小，因此对借贷双方都比较有利。

2. 欧洲货币中长期信贷市场

这是指从事借贷期限为一年以上的欧洲货币借贷业务的市场。该市场的资金来源主要有：接受短期欧洲货币存款；银行间的借款；发行中长期欧洲票据；发行欧洲货币存款单；利用本国总行的资金。该市场的资金需求者主要是大跨国公司、各国政府、中央银行和国际机构。从这些需求者的国别结构来看，发达国家所占比重最大。

欧洲货币中长期信贷市场的主要特点是：（1）借贷期限较长。该市场的借贷期限一般为2到3年，也有5年、7年、10年或10年以上的，有的社会团体和官方机构的借款可长达20年。近年来，这种借贷的期限还有延长的趋势。（2）借款金额巨大。该市场通常每笔交易额都在2000万到5000万美元，也有1亿到5亿美元，乃至10亿美元的巨额贷款。所以，该市场不仅个人不能参加，个别银行也很少单独参加。同时，由于交易金额大，双方必须签订合同，有时尚需借款方的政府或官方机构担保。（3）贷款方式以银团贷款为主。该市场的贷款方式有独家银行贷款和银团贷款两种。独家银行贷款成本较低，金额一般不超过1亿美元，期限也仅3~5年。银团贷款可以承担巨额贷款，又可以分散贷款风险，因此，银团贷款逐渐占据主要地位。（4）实行浮动利率。该市场由于贷款期限长，金额大，利率变动频繁，对借贷双方都可能带来风险，所以采用浮动利率，一般是每隔3个月或半年根据当时市场利率水平重新调整一次。借入银团中长期信贷，除支付利息外，还要支付管理费等各项费用。

（二）欧洲货币债券市场

1. 欧洲债券市场的产生与发展

欧洲债券是指发行人在本国之外的市场上发行的、不以发行所在地国家的货币计值，而是以其他可自由兑换的货币为面值的债券。作为欧洲货币市场一个重要组成部分的欧洲货币债券市场，是在20世纪60年代与欧洲美元市场同时形成和发展起来的，1961年2月1日在卢森堡发行了第一笔欧洲债券。不过，整个70年代以前，欧洲债券市场的发展并不迅速，只是在70年代后半期才得以迅速发展。

2. 欧洲债券的种类

欧洲债券的种类很多，主要有：（1）固定利率债券，也称普通债券。这种债券的期限一般为5~10年，利息固定，票面利率根据发行时的市场利率决定，每年付息一次，利息免税。（2）浮动利率债券。这是指在债券的有效期内，债券利率随市场利率波动而波动的债券。通常是3个月或半年按伦敦银行同业拆借利率或其他基准利率进行调整。由于利率适时调整，使投资者可免受利率波动带来的损失，所以在利率动荡时期特别有吸引力。（3）零息债券。这是一种不支付利息而是以低于债券面值额折价发行的债券。（4）可转换债券。这是指可以在指定的日期，以约定的价格转换成债券发行公司的普通股票，或其他可转让流通的金融工具的债券。（5）附有认购权证的债券。这是一种在债券发行时附有一个给予投资者在一定时期以内按照一定比例认购发行公司一定数量证券的权利的债券。认购权证分为股票认购权证和债券认购权证。

3. 欧洲债券市场的特点

欧洲债券市场包括发行市场和流通市场。欧洲债券的发行市场，也就是欧洲债券的发行和认购过程中形成的初级市场。欧洲债券的流通市场也就是已发行的欧洲债券经投资者的再销售所形成的二级市场，即欧洲债券的交易市场。欧洲债券市场的特点是：

第一，欧洲债券市场是一个自由而有弹性的市场。在欧洲债券市场上发行债券等有价证券，不需要经市场所在国的官方批准，也不受任何国家法律的约束。同时，在利率、汇率等方面也具有较大的弹性，这是其他证券市场所不可比拟的。

第二，欧洲债券市场为借款人和投资者提供了较大的选择性。欧洲债券种类繁多，除前面提及五种债券外，从币种来看，它还包括欧洲美元、英镑、德国马克、日元、法国法郎、瑞士法郎等不同货币面值的债券，借款人可以根据各种货币的汇率，不同的利率和期限，选择发行对自己更有利的债券。这在任何一个国家的外国债券市场上是无法做到的。

第三，欧洲债券市场的发行费用低、税收优惠。在欧洲债券市场上发行债券的费用大约是债券面值的 2.5%，债券的利息收入不纳所得税，债券以不记名形式发行，可以保存在投资者的所在国以外，逃避国内所得税。这些对投资者具有较大的吸引力。

第四，欧洲债券市场具有安全性和流动性。欧洲债券市场的主要借款人是各国政府、国际组织和跨国公司，这些借款人一般来说具有极好的资信，对投资者来说是比较安全的。同时，欧洲债券市场拥有一个活跃的二级市场，可使债券的持有人比较容易地转让债券取得现款，从而保证了债券的流动性。

四、欧洲货币市场对世界经济的影响

欧洲货币市场产生以后，随着其规模的不断扩大、活动方式的日趋多样化，对世界经济的影响越来越广泛、越深刻。欧洲货币市场对世界经济的影响有积极的一面，也有消极的一面。

(一) 欧洲货币市场的积极作用

第一，欧洲货币市场使国际金融市场之间的联系更加密切。相当长的一段时间内，由于国界关系，国际金融市场实际上是分散的、相互隔绝的。欧洲货币市场的产生，在很大程度上打破了这种隔离状态，把各个国际金融市场连接为一个整体，从而促进了国际资本流动和国际金融的一体化。

第二，欧洲货币市场为世界经济的发展提供了资金便利。例如，20 世纪 60 年代后期，日本从欧洲货币市场借入 42 亿美元的贷款，1974—1977 年又从该市场借入资金 63 亿美元，这对战后日本经济的高速发展起了重要的促进作用。发展中国家也从这个市场获得大量资金，据统计 70 年代发展中国家私人企业所借入的资金中，有四分之三来自欧洲货币市场。

第三，欧洲货币市场为贸易逆差国提供了资金，促进了国际贸易的发展。在两次石油危机之后，一些工业发达国家和非产油发展中国家出现巨额的贸易逆差，欧洲货币市场为这些国家提供了资金融通的便利，缓和了这些国家国际收支的困境，满足了它们对国际清偿能力日益增长的需要，促进了国际贸易的发展与扩大。

（二）欧洲货币市场的消极作用

第一，欧洲货币市场影响了国际金融市场的稳定。布雷顿森林体系崩溃后，美元地位虽然削弱了，但仍然是主要的国际支付手段和国际储备货币，承担着国际清算和干预市场的功能。而欧洲货币市场是一个巨额的国际短期资金市场，欧洲美元又在欧洲货币中占主要地位，大量欧洲美元在世界各个金融市场移动，就会给国际外汇市场带来巨大冲击，引起有关国家货币汇率的波动，助长一系列金融投机活动，加剧国际金融市场的动荡不定。

第二，欧洲货币市场会影响各国外汇储备的稳定。欧洲货币市场上的各种欧洲货币，特别是欧洲美元，是当前数额最大的国际游资，其大量流动，往往引起有关国家外汇储备的巨大波动。这是因为，中央银行是本国外汇市场清算差额的最后承担者，当一国的银行和其他部门在外汇市场发生大量美元买入净额，并超过该国国际交易量范围时，该国的中央银行就得动用美元储备予以弥补，从而导致美元储备下降；反之，则会出现美元储备上升。结果，该国外汇储备的稳定性就会受到严重影响。

第三，欧洲货币市场会影响各国货币金融的稳定。欧洲货币市场的交易活动是不受各国有关金融法规限制的，因此，欧洲货币市场的活动，往往会使一国的某些金融政策措施不能收到预期的效果。例如，当一个国家认为有必要在金融方面采取紧缩措施时，而欧洲货币市场却继续提供信贷，结果必然抵消该国紧缩政策的效果，影响该国货币金融的稳定。

五、亚洲货币市场

亚洲货币市场就是指亚太地区的银行经营境外美元和其他境外货币的借贷业务的场所，由于该市场最初交易额的90%是境外美元，所以又称为亚洲美元市场。

（一）亚洲货币市场的形成和发展

1968年10月1日，新加坡政府允许美洲银行新加坡分行在其内部设立一个亚洲货币经营单位，以欧洲货币市场同样的方式吸收境外货币存款，为非居民提供外汇交易以及资金借贷等各项业务。从此，一个以新加坡为中心的亚洲货币市场出现了。1978年，香港地区放松了外国银行进入香港的限制，1982年又取消了对外币存款利息收入征收15%的预扣税的规定，从而使香港也迅速成为亚洲货币市场的重要组成部分。东京自1984年政府逐步放松金融管制，并推行日元国际化政策以来，其国际金融中心的地位迅速上升，特别是1986年东京正式建立境外金融市场，从而使东京成为亚洲地区境外货币的另一个重要交易场所。

亚洲货币市场的形成和迅速发展，其原因也是多方面的：

第一，它是20世纪60年代以来亚太地区经济迅速发展的结果。60年代中期以后，以美国和日本为首的西方跨国公司加强了在东南亚地区的投资活动，使这一地区经济迅速发展，并出现了如新加坡、韩国、中国香港地区和台湾地区等新兴工业化国家和地区。这些国家和地区的政府、跨国公司和一些私人手中积累了大量美元和其他外汇储备资金，但在本地区金融市场不发达的条件下，盈余资金只能投向遥远的欧洲货币市场生息，而不能流向亚太地区资金匮乏的产业。在这个背景下，经美洲银行的策划和率先行动，诞生了亚洲货币市场。

第二，亚洲货币市场具有独特的时空优势。亚洲货币市场在地理位置上正好处于美国西海岸与欧洲之间，它的时区又正好联系美洲各金融中心与欧洲金融中心的交易，从而实现了欧洲货币 24 小时不间断交易。这是其他金融中心所不具备的客观条件。

第三，有关国家政府的鼓励性政策措施对亚洲货币市场的形成起了关键性作用。例如，为了使新加坡成为国际金融中心，新加坡政府采取了一系列鼓励措施，主要包括：1969 年取消了对非居民外币存款征收的利息税；1973 年允许新加坡居民投资亚洲货币市场；1977 年将亚洲货币经营单位的所得税从 40% 降为 10%；1978 年取消外汇管制等。这些措施不仅吸引了大量的国际资本，也吸引了大量的跨国银行，从而推动了亚洲货币市场的发展。其他亚洲国际金融中心的发展也都与政府的鼓励性措施分不开。

(二) 亚洲货币市场的业务

亚洲货币市场也可分为亚洲货币信贷市场和亚洲货币债券市场。其中，亚洲货币信贷市场是亚洲货币市场的主要组成部分。

亚洲货币市场的资金来源主要有：外国中央银行的部分储备资产或财政结余；跨国公司的调拨资金或闲置资金；东南亚或中东国家因战争、政治动乱或经济不稳而外逃的资本；外国侨民、进出口商或个人等非银行客户的外币存款。亚洲货币市场的资金主要运用在：贷给银行同业；贷给非银行客户，主要是贷给亚洲国家和地区的政府、企业以及其他各类非银行金融机构。

在最初阶段，亚洲货币市场的主要功能是在亚洲美元市场和欧洲美元市场之间沟通，将亚洲地区的盈余资金聚积起来，贷向欧洲货币市场生息盈利。进入 70 年代以后，大量跨国银行的涌入使亚洲本地区的借贷关系网络迅速形成，从而资金的流动方向发生了变化。亚洲货币市场不仅集中了本地区的外汇盈余资金，而且还吸引了大量欧洲货币市场、其他金融中心的资金。这些资金流向本地区经济增长最快、经济效益最好、资金相对缺乏的国家和地区，极大地促进了亚洲经济的发展。

第四节 国际金融市场创新

一、金融创新与国际金融市场创新

金融创新是各种金融要素重新组合的过程和结果，是金融机构和金融管理当局为了追求微观利益和宏观效益而对金融机构设置、金融业务品种、金融工具及制度安排所进行的创造性的变革和开发活动。广义的金融创新是指金融理论领域、金融体系内部和金融市场上出现的一系列新事物，包括金融理论创新、金融产品创新、金融市场创新、金融制度创新等内容。狭义的金融创新仅指金融产品创新，包括金融工具创新、金融技术创新、金融业务创新等内容。

国际金融市场创新是金融创新的重要组成部分，是指国际金融市场上出现的一系列新事物，包括新的交易对象、新的交易形式和新的交易场所。

二、国际金融市场的发展趋势

从 20 世纪 70 年代开始，尤其是 20 世纪 80 年代以来，国际金融市场经历了空前的发展，并发生了惊人的变化，不仅表现在量的扩大，而且更重要的是出现了许多重大的质的改变。

（一）国际金融市场全球化

20 世纪 80 年代以来，为了应对日益加剧的金融服务业全球竞争，各国大银行和其他金融机构竞相以扩大规模、扩大业务范围和推进国际化经营作为自己的战略选择。90年代以后，一些国家先后不同程度地放松了对别国金融机构在本国从事金融业和设立分支机构的限制，从而促进了各国银行向海外的拓展。同时，由于通信技术的高度发展和广泛应用，全球金融市场已经开始走向金融网络化，即全球金融信息系统、交易系统、支付系统和清算系统的网络化，形成了全球范围内的经营网络。不仅如此，跨国银行在海外大量设立分行，形成全球范围的经营网络，随着国际金融市场全球化的发展，投资者和融资者都可在全球范围内选择符合自己要求的金融机构和金融工具，资本不断在全球范围内流动。银行跨国化、全球金融中心和金融机构网络化、投融资国际化促进了国际金融市场的创新。

（二）国际金融市场的证券化

证券化是指金融业务的比重不断扩大，作为信贷流动的银行贷款转化为可买卖的债务工具。证券化在国际金融市场主要表现出以下两个特征：

1. 国际金融市场的融资证券化

国际金融市场的融资证券化，是指在国际金融市场上出现了持续性的筹资方式证券化和贷款债权证券化。筹资方式证券化是指向商业银行借款的筹资方式逐步让位于发行证券的筹资方式，这在国际金融市场表现为商业票据、债券和股票等有价证券的发行日益扩大。贷款债权证券化是指商业银行日益扩大以贷款债权作为担保的证券发行，从而赋予贷款债权以流动性。20 世纪 70 年代以来，西方国家开始放宽或取消金融管制，为外国债券的发行和流通创造了宽松的条件。80 年代初爆发的国际债务危机使西方发达国家的商业银行出现了巨额的国际贷款呆账，国际信用风险极大地提高，一些国际性的大银行为解决债务困难，提高国际贷款债权的流动性，纷纷开始从国际贷款向贷款债权证券化转变。

2. 银行资产负债的流动性提高

在资金运用上，银行可以作为代理人和投资者直接参与证券市场，还可以将自己传统的长期贷款等项目进行证券化处理，衍生出新的金融产品。例如，将住房抵押贷款转给专门机构，以此发行长期证券融资；通过出售部分或全部债权收回资金，以加速资金周转。此外，银行国际资产的可买卖性也在增大。

（三） 国际金融市场的自由化

金融自由化在进入 20 世纪 90 年代以来表现得尤其突出。国际金融市场的运行自由化是指由于西方发达国家纷纷放宽或取消金融管制，促使作为有关国际国内金融市场延伸的传统国际金融市场在业务上日益自由和灵活。具体而言，减少或取消国与国之间对金融机构活动范围的限制，放宽和取消对金融机构在存款、贷款利率上的限制，放宽对金融机构业务活动范围的限制并允许发展混业经营，要求世界贸易组织成员扩大金融市场准入并允许外国在其境内建立金融服务公司并按竞争原则进行，放宽或取消外汇管制，并允许资本的自由流入和流出，使资本的国际流动进程大大加快。

（四） 国际金融市场竞争激烈化

在国际金融市场全球化和自由化的背景下，国际金融市场内部和各国金融市场之上竞争不断加剧。在国际金融市场上，证券交易所之间、期货交易所与证券交易所之间、银行间市场或柜台交易协议之间竞争十分激烈。商业银行、投资银行、证券公司和保险公司等机构之间为类似的业务范围也开展激烈的竞争。在某一市场内部，如国际市场之间，国际信贷市场资金竞争更是愈加激烈。在国际金融市场的竞争中，由于地区一体化的加强，地区之间的竞争也在形成新的格局。欧美金融市场之间、亚欧金融市场之间也正在掀起竞争的热潮。竞争推动了国际金融市场的进步和发展，同时也使国际金融市场为了竞争而创新业务，为了提高自身的市场竞争力，最终又通过并购、重组，走向联合。

（五） 国际金融市场多元化

金融市场和金融产品多元化发展主要表现为衍生金融工具市场的发展远快于现货市场，场外交易市场的发展远快于有组织的场内交易所。

在外汇市场，目前衍生金融工具市场已经取代现货市场的传统优势地位，互换、远期合约、期货和期权等衍生金融工具交易额的增加都极大地超过了现货交易额的增加。场外交易之所以有这样强劲的增长势头，主要是因为它很少受到管制的约束，从而具有传统交易所难以匹敌的灵活性。例如，交易所只能交易给定数量的特定合同，而场外交易经营者除能提供来自任何交易所的产品外，还能设计新产品。他们除了能按客户特定需要裁剪提供来自任何交易所的产品之外，还能设计新产品。场外市场便是以其特有的灵活性使投资者有可能进入本来很难进入的市场部门，从而获得投资者的青睐，得到迅速发展，以致衍生品交易所不得不对场外市场的竞争性作出灵活反应，积极仿效场外交易的做法，发展极类似场外市场的新产品。

（六）国际金融创新不断增强，金融新产品丰富多样

国际金融市场的不确定性增加了国际金融市场的波动性，导致国际金融市场风险加大。为了增加流动性、规避金融风险、创造信用，从 20 世纪 70 年代以来，国际金融市场上新的金融产品层出不穷。最初的工具主要是金融期货和期权产品，随着市场的发展，票据发行便利、远期利率协议、货币互换等不断出现，在此基础上更多衍生品不断出现，如互换期权、期货式期权和期权的期权等，极大地丰富了国际金融市场的产品结构，有效地了发挥国际金融市场的融资功能。从产品对象上看，利率、股票、外汇和其他产品都可以用这些创新工具从事交易。20 世纪 70 年代初引入了外汇、股票等的期货和期权，第一笔利率和货币互换交易于 20 世纪 80 年代交易。国际金融市场的工具创新，推动了国际金融市场的发展，特别是在浮动利率制、利率市场化及金融自由化的背景下，对投资者提供了良好的套期保值机会。

三、国际金融市场创新的原因

国际金融市场金融创新层出不穷，原因可以从需求和供给两个方面加以分析：

（一）需求因素

1. 生产与资本国际化发展的客观需要

第二次世界大战以后，生产与资本的国际化有了巨大发展，这要求一种能促进资本流动、便利资金借贷和富有效率的金融体制作保证，也需要金融机构提供多功能、多用途的金融工具以提高资本流动的效率。

2. 规避金融管制的约束

在严格金融管制下，只要回避金融管制的金融创新收益大大高于被管制时的收益，金融机构为降低管制成本，追求高额盈利必然会产生超越管制的创新冲动。美国政府在 20 世纪五六十年代实施了一系列带有管制性质的金融政策，如控制国内储蓄利率，强迫银行持有无利息准备金的"Q 条例"，针对外国人在美发行债券而规定的利息平衡税等，助长了金融机构的"脱媒"现象，产生逃避管制的创新需求。

3. 转移价格风险

1973 年，在美元危机冲击下，以美元-黄金双挂钩和固定汇率制为特点的布雷顿森林体系彻底瓦解，各国纷纷转而实行浮动汇率制，汇率变动频繁，波动浮动大为增加，金融资产价格波动给金融头寸带来了巨大风险，从而产生了转移价格风险的创新需求。

4. 增强资产流动性

20 世纪 70 年代的两次石油危机对世界经济形成冲击，主要工业国的通货膨胀急剧上升，宏观经济出现紊乱局面，陷入滞涨的泥潭。管制手段的僵化和市场利率不断高升的要求之间的矛盾，削弱了金融业吸收存款的能力。高利率使传统金融工具的机会成本提高，需要新的技术来提供交易的流动性。另外，对银行信誉的担忧使投资者从银行存

款转向流动性较小的资本市场工具，这种流动性的损失刺激了对流动性增强创新的需求。已有的创新金融工具强大的杠杆作用意味着债务负担加重，因而产生了对预防性、流动性的更大需求，促进了具有更大流动性的技术和工具的创新。

5. 转移信用风险

信用风险是交易一方无法履约而形成的风险。20 世纪 80 年代，以墨西哥宣布无力偿还外债本息为始的国际债务危机，严重损害了国际银行业信贷资产的安全，导致银行信贷资产收益率的下降和信贷资产的直接亏损，银行存款来源与银团贷款都相应缩小。许多银行感到传统的借贷方式存在巨大的信用风险，产生了改变交易方式以规避信用风险的创新要求，一方面国际借贷流向发生重大转移，发达国家间的双向相互借贷取代了发达国家向发展中国家单向放款的主流方式，另一方面传统借贷业务让位于证券业务，产生了改变交易形式的创新要求。

6. 防范利率波动风险

20 世纪 70 年代以来，货币主义学说和新古典主义经济学说借助西方世界经济萧条的时机，逐步占据西方经济学的主流派学说地位。理论观点在行政管理中渗透的结果，是各发达国家纷纷以货币供给量作为货币政策的控制目标，放宽和取消对利率的管制，利率结构的旧有平衡被打破，其波动的不确定性与频率都大大加强，产生防范利率波动风险的创新要求。

（二）供给因素

1. 科技进步

电子通信、计算机的广泛运用，大大降低了金融交易的成本，缩短了交易过程和清算时间，使世界各地的金融中心形成一个 24 小时不间断的全球性金融市场。许多新的金融工具的设计和定价也不断依赖于先进的信息处理技术。

2. 金融市场竞争的压力

国际金融市场激烈的竞争，使每个金融机构时刻都面临着生存和发展的危机。金融市场的竞争主要体现在两个方面，即一国之内银行与非银行金融机构之间的竞争以及不同国家之间的金融系统的竞争。竞争的加剧迫使市场主体增强内部约束，不断探索新的产品、新的服务方式，以降低交易成本，减少投资风险，在扩大市场份额的同时争取更大的获利空间。

3. 金融管制的放松

20 世纪 70 年代中期以来，西方金融管制出现逐渐放松的趋势。1974 年美国取消外汇管制，1980 年又取消对商业银行定期存款利率上限的限制。1979 年英国取消外汇管理。日本自 1984 年起采取了 20 多条放宽管制的措施，实现了欧洲日元债券、东京外国债券及东京股票市场的开放。金融管制的放松对于新型金融市场的建立、新型交易工具的创造和新型金融服务的兴起起到全面促进作用，国际金融创新业务不断涌现。

4. 金融创新本身的供给支持

任何新生事物自其诞生之日起，就有一种向前发展的惯性与动力。金融创新是有时间性的，随着时间的推移，原有的金融创新自然转化为一般的、普通使用的金融工具。

而新的金融创新也就成为发展必然，而且随着创新工具在市场上被普遍接受，又会从中分化出一系列新的金融创新。

四、国际金融市场创新的内容

国际金融市场创新始于 20 世纪 70 年代，在 80 年代进入一个席卷全球、蓬勃发展的时期，国际金融市场创新的内容主要包括以下几个方面：

（一）新型市场

20 世纪 60 年代和 70 年代，美国银行在世界各地建立分支机构，进行国际贷款、支付、清算和外汇交易，此后美国的证券公司纷纷在国外设立分支机构进行国际证券交易，带动了全球性证券市场的逐渐形成，这个市场的实质是跨越边境的股票和债券发行及交易。

20 世纪 80 年代的主要创新是国际股票市场的建立。国际股票市场的创新经历了三个阶段：首先，复合证券如可转换债券的发展，使得债券和股票在国际金融市场的联系加强；其次，带有股票性质的金融工具的创新，使得各国的许多投资机构和个人进入外国股票市场。最后，把欧洲债券发行技巧广泛应用于股票发行，形成欧洲股票市场。

第二个创新的市场是在商品期货基础上发展起来的国际性金融期货市场。20 世纪 70 年代初金融期货首先在芝加哥商品交易所推出，到 20 世纪 80 年代已形成伦敦、新加坡、东京、巴黎等全球性的金融期货市场，它主要包括利率期货、货币期货和股票指数期货三种主要形式。

第三个创新的市场是在原有辛迪加信贷市场和欧洲债券市场的基础上形成的把信贷债券流动性结合起来的欧洲票据市场，由于在某种程度上兼具短期银行贷款和流动性有价证券双重属性，它逐步取代了 20 世纪 70 年代的欧洲大额存单而成为短期借贷活动的主要方式。

（二）新型金融工具与融资技术

20 世纪 70 年代以来国际金融创新的核心就是金融工具的创新。

1. 传统金融工具和融资技术推陈出新

20 世纪 60 年代，随着银行的国际化，银行经营战略也更趋国际化，其国际业务的重点已从传统的贸易融资转向直接进行大规模的境外贷款活动，从而创立了欧洲辛迪加贷款市场。20 世纪 70 年代，欧洲辛迪加贷款市场把循环技术与辛迪加技术结合起来，使国际信贷得以飞速发展。其中，循环技术是在银行参加的贷款中，承诺在一个给定的阶段提供资金，它可以延续 10~12 年，而贷款的利率每隔一个阶段都进行调整，通过这种方法使得银行在长期贷款时最大限度地降低了融资的利率风险。20 世纪 80 年代，国际金融市场的工具创新主要是贷款出售和可转让贷款。贷款出售是 80 年代国际金融市场走向证券化时大银行为夺回它们失去的份额而进行的创新，直到 90 年代欧洲信贷市场上可销售贷款的概念已发展为可转让贷款。可转让贷款包括基于转让基础发展起来的可转让贷款工具（TLIF）和基于新基础的可转让贷款存单（TLC）。

　　近几年来，多种选择贷款正取代传统的信贷方式。许多贷款是作为商业票据发行活动的备用贷款，它带有的选择包括商业票据发行、银行承兑、贷款承诺等多种形式，当然它并不需要包括所有这些形式，其主要目的是把多种融资技术最大限度地结合在一起。传统的可转让性工具也在不断创新，欧洲可转换债券使股票与债券之间的差别不断减少，另外一种把股票与债券结合起来的创新工具就是认股证书，它是一种按照固定价格在未来某一时间购买一定数量股票的权利，它本来是附在债券上的，但由于它本身具有市场价值而分离开来进行单独交易。

　　2. 新型金融工具与融资技术不断出现

　　20世纪70年代以后，为避免或转移价格风险、信用风险，一些新型金融工具和融资技术如期货、期权、互换、远期利率协议、票据发行便利等相继出现。

　　金融期货交易产生于20世纪70年代的美国，1975年芝加哥商业交易所开展房地产抵押券的期货交易，标志着金融期货交易的开始。期货合约是两个对手之间签订的一个在确定的将来时间和地点按确定的价格购买或者出售特定数量的某项资产的协议。世界上最大的期货交易所是芝加哥交易所和芝加哥商品交易所。在这些以及其他的期货交易中，期货合约标的资产的范围非常广泛，包括猪肉、活牛、糖、羊毛、木材、铜、铝、黄金、锡等商品和股票指数、外汇、短期国库券、债券等金融资产。目前，金融期货的许多方面已经走在商品期货交易的前面，占整个期货市场交易量的80%以上。

　　金融期权是指以金融商品或金融期货合约为标的物的期权交易。购买者在向出售者支付一定费用后，就获得了能在规定期限内以某一特定价格向出售者买进或卖出一定数量的某种金融商品或金融期货合约的权利。金融期权赋予其购买者在规定期限内按双方约定的价格（称协议价格或执行价格）购买或出售一定数量某种金融资产的权利。

　　金融互换是指有关的双方或三方，通过互换协议约定在将来一段时期交换一系列现金流量，以得到某种利益（如节约筹资成本等）。货币互换和利率互换是互换的两种基本类型。货币互换是将一种货币贷款的本金和固定利息与几乎等价的另一种货币的本金和固定利息进行交换。利率互换是指一方同意向另一方支付若干年的现金流，这个现金流是名义本金乘以事先约定的固定利率产生的利息；同时，另一方同意在同样的期限内向该方支付相当于同一名义本金按浮动利率产生的利息的现金流。在利率互换中，两种利息现金流使用的货币是相同的。

　　远期利率协议是双方同意按在某一未来时间（指清算时间）对某一具体期限的名义上的存款支付利息的合同。合同期限通常为几个月后开始的几个月期，双方对本金只认定一个数量，但不交换，到期用现金清算双方原先协议的利率和到期时的现行利率的差额。远期利率协议是银行和某些非银行机构用来专为利率风险保值的工具，风险性较小。

　　票据发行便利是一种提供中期周转性便利、具有法律约束力的约定。签订这种约定后，借款人（即短期票据发行人）可以在一个中期时期内（如5~7年）用自身名义发行一连串短期票据（进行周转性借款）；承包银行（即安排票据发行便利人，指单个银行或银行集团）则依约购买借款人所卖不出去的全部票据或提供信用支持。这种约定的借款人如果是银行，它发行的票据通常为短期存款证；如果是非银行机构，则通常为本票。票据发行便利的优越性在于它把传统的辛迪加信用中本该由单个机构承担的职能分解为由不同机构分别承担，其中安排票据发行便利的人并不贷出货币，而只是在借款人需要资金时提供信用，把他们发行的票据卖给其他投资者，并且按承包约定保证借款人在中期内不断获得短期资金，从而使风险得以分散。

3. 综合性金融工具不断出现

20 世纪 80 年代之后，新的综合工具不断被创造出来，它们将现存的金融工具和融资技术结合起来适应了不同投资者的需要。主要有以下几种：

与认股证书相联系的金融工具。其特点是把现有的金融工具与选择权认股书联系起来，给予投资者在将来某一时间以某一固定价格购买另一种资产的权利。

与期权相关的工具。其特点是将金融工具的发行与期权联系起来，在将来的一定时间投资人可以进行利率或货币的期权交易，如期货期权、调换期权等。

与互换联系的工具。其特点是带有互换业务，它可以进行利率、汇率等互换业务。如它是按浮动利率发行的工具，投资人可以将它与另外一种固定利率的金融工具进行互换。

复合证券。其特点是将不同货币的不同金融工具复合成一种证券，如双重货币债券以一种货币发行而以另一种货币赎回；可转换股票使得债券可以在一定时期转成股票。

指数债券。其特点是将债券的本金及利率和某一商品或股票的价格指数联系起来，使得这类债券的投机性增强。

（三）　新型金融交易过程

计算机广泛运用于金融服务业大大提高了金融市场的效率，使电脑代替传统电话成为主要的交易手段。这一电子化过程在国际金融市场上首先伴随着银行的国际化发展起来。它表现在通过计算机终端把各个银行联络起来，形成银行的电子计算机网络，并成为银行同业交易的最重要工具。一个系统是 CHIPS 系统，另一个是 SWIFT 系统。其中，SWIFT 系统在 50 多个国家和地区拥有 1000 多家银行成员。不仅如此，电脑在各国的证券业和证券交易所也得到广泛应用，形成了以电脑屏幕为基础的交易过程而逐步代替了在交易大厅分开竞价的方法，如美国的 NASDAQ 系统、英国的 SEAQ 系统。在此基础上，各个市场的交易所正在逐步向外建立正规的电脑网络系统，促进金融产品交易的国际化，从而使它们适用于不同时区的投资者的需求，这也使得全球性 24 小时的证券交易市场得以形成。此外，欧洲债券灰色市场的建立是金融交易方式的著名改变，这种形式的金融过程创新使得证券正式发行前有一个前期市场，它可以使债券等金融工具的发行有一个适应的价格水平，使债券供给与现有的需求达到均衡。

五、国际金融市场创新的影响

国际金融市场创新给国际金融领域带来深刻变革。

（一）　国际金融市场创新的积极影响

1. 金融市场创新丰富了金融市场的交易品种，促进了金融市场一体化

金融工具的创新使金融市场的交易品种增加，投资者的选择余地增大。金融市场交易品种的增多，增加了投资者防范风险的能力。金融市场品种的增多、交易手段和技术的创新及与其相伴的交易风险的防范降低了金融市场的交易成本。金融市场自身的创新，无论是欧洲货币市场的发展，还是金融衍生市场的扩张，都促进了金融市场的一体化趋势。

2. 金融市场创新促进了金融改革，推动了经济发展

从市场角度来看，金融创新后，对于广大投资者而言，提高了持有金融资产的收益，增加了金融资产的流动性，能够享受更方便、更完善的金融服务。对筹资者而言，金融创新使金融市场的融资渠道增多、融资成本下降、融资方式灵活，可以在时间、空间、数量、成本等多方面满足筹资者的需要。因此，金融创新促进了经济的发展。

3. 金融市场创新提高了金融机构的运行效率和经营效益

一方面，金融业务的创新和金融组织的创新，使金融机构的服务领域大大拓宽，渗透性大大增强。另一方面，金融创新使新的金融工具、服务品种、金融交易不断涌现，可以不断满足不同类型消费者及不同层次的消费需求，金融创新促使竞争加剧也使金融机构服务成本下降，消费者的支出相应下降。当代金融创新进程中，金融机构资产的增长和盈利水平也在不断提高。

（二）　国际金融市场创新的消极影响

1. 金融市场创新对金融体系的安全性造成威胁

在当代金融创新过程中，随着金融自由化、资产证券化及金融市场一体化的推进，一方面促使金融机构间竞争加剧，金融业务呈现多元化的发展趋势，金融机构也趋于同质化，由此导致金融体系的稳定性和安全性下降，金融机构破产数急剧上升，不良资产迅速增加；另一方面，各种信用形式得到充分应用，金融市场的价格呈现高度的易变性，金融业面临的风险也相应增加。

2. 金融市场创新促使金融监管的有效性遭到削弱

相对于金融机构的业务和工具创新，金融监管措施的创新显得滞后，传统监管措施的有效性被大大削弱。

3. 金融市场创新制约了各国货币政策的实施

金融创新产生了许多高流动性的金融资产，一方面模糊了传统货币的定义，使货币供应的统计变得异常困难与复杂化，削弱了各国政府对货币供应量的调控能力；另一方面又使国际游资大量增加，降低了银行和非银行金融机构对中央银行利率和存款准备金调整的敏感性，削弱了金融当局运用货币政策的自主性和有效性。

第五节 人民币离岸市场

人民币离岸市场是指人民币在不可自由兑换以及存在资本项目管制的情况下，在中国内地金融体系以外的独立经济体内形成的仅为非居民提供人民币离岸业务的国际金融市场。由于当前的跨境贸易人民币结算是在人民币没有完全可兑换的情况下开展的，通过贸易流到境外的人民币不能够随意进入国内的资本市场。在这种情况下，发展人民币贸易结算，就需要解决流出境外的人民币流通和交易的问题，这就需要发展离岸人民币市场，使流到境外的人民币可以在境外的人民币离岸市场上进行交易。

目前，人民币离岸业务主要集中在我国香港地区，香港已经成为最重要的人民币离岸市场。其原因在于香港自身拥有独立的货币体系，可以帮助人民币在离岸市场中形成一个完全市场化的利率指标和汇率水平；此外，人民币在香港完全可自由兑换，可以在人民币可兑换过程中发现问题，为人民币国际化和境内人民币自由兑换积累经验。因此，中央政府出台了一系列相关政策支持香港发展离岸金融中心，财政部、商业银行和企业在香港发行人民币债券，支持第三方利用香港离岸市场办理人民币贸易投资结算，提高各境外机构投资者的额度，扩大试点机构范围和放宽投资比例限制等。

一、香港离岸人民币市场

（一）香港离岸人民币市场的发展历程

香港人民币离岸市场从无到有，经过十多年的发展已颇具规模。2003 年，中央政府与香港特别行政区政府签署《内地与香港关于建立更紧密经贸关系的安排》（*Closer Economic Partnership Arrangement*，*CEPA*）后，香港银行就开始为居民提供人民币存款服务。2004 年 2 月，香港银行开始试办个人人民币业务，包括存款、汇款、兑换及信用卡业务，其人民币业务清算行是中国银行（香港），人民币离岸市场雏形开始形成。2007 年 1 月 10 日，中国政府允许内地金融机构在香港发行债券。2007 年 7 月，国家开发银行在香港发行首支人民币债券，同时香港金融管理局升级了人民币实时结算系统（Real Time Gross Settlement，RTGS），实现了人民币、港元、美元和欧元的实时结算。2009 年 1 月 20 日，中国人民银行和香港金融管理局签署货币互换协议，货币互换协议实施的有效期为三年，所提供的流动性规模为 2000 亿元人民币，香港离岸人民币的供给得到了中央政府的支持。2010 年 2 月，香港金融管理局发布《香港人民币业务的监管原则和操作安排的诠释》，该诠释说明如不涉及两地资金跨境流动，香港银行业金融机构可按照香港本地的法规、监管要求及市场因素发展企业和机构人民币业务，为人民币在香港自由流通奠定法理基础。2010 年 12 月，跨境贸易人民币试点企业已经从 365 个增加到 67359 个。2014 年 11 月 17 日，沪港通开通。香港人民币存款规模超过万亿，占人民币离岸资金的一半以上。2015 年之后，香港人民币存款量呈现出明显的下降趋势，其主要原因在于人民币贬值预期，以及为维稳而收紧流向境外的人民币。截至2016年5月香港人民币存款7321亿元人民币。

（二）香港人民币离岸货币市场

香港离岸人民币货币市场是指融资期限在一年以下的金融市场。根据香港金融管理局的统计，香港人民币存款约有40%来自与跨境贸易有关的人民币结算。此外，通过香港开展的跨境贸易人民币占内地跨境贸易人民币结算量的80%以上。香港离岸人民币存款的第二大来源是境外直接投资，截至2013年第三季度，银行累计办理人民币跨境直接投资结算金额1376.6亿元。第三大来源是其他国家和周边地区的贸易伙伴。

（三）香港人民币离岸债券市场

境外持有的人民币资金需要进行投资以保值增值，离岸人民币债券市场的发展就成为离岸人民币市场的自然结果和内在要求。目前，香港是离岸人民币债券最大发行和托管机构。2007年6月，中国人民银行和国家发展和改革委员会发布《境外金融机构赴香港特别行政区发行人民币债券管理暂行办法》，允许商业银行经中国人民银行和国家发展和改革委员会核准在香港发人民币债，国家发展和改革委员会核定发债规模，国家外汇管理局备案债券本息兑付。2007年6月国家开发银行在香港发行第一支总额50亿元的人民币债券，拉开了香港人民币债券发行的序幕。2009年9月财政部在香港发行60亿元人民币债券。2011年11月，宝钢集团作为首家境内非金融机构在香港发行人民币债券。2012年5月，国家发展和改革委员会颁布《国家发展和改革委员会关于境内非金融机构赴香港特别行政区发行人民币债券有关事宜的通知》，明确允许内地企业赴香港发行人民币债券，并对债券发行作了具体规定。香港人民币债券市场发展初期，人民币债券规模小，被称为"点心债"（dim sum bond），2007—2009年的年均发债量只有120亿元。2010年后，随着香港人民币池子的不断扩大，人民币债券迅速发展。截至2013年12月，由香港债务工具中央结算系统（CMU）托管及结算的人民币债务工具余额为3819.8亿元，金融机构占主导地位。

1. 发债主体

香港人民币离岸债券市场的发债主体由内地政策性银行、商业银行、财政部、中资企业香港子公司、香港本地公司、跨国公司、外国金融机构与国际金融组织等组成。根据香港金融管理局的规定，除募集资金调回内地情况外，境内外任何一家公司和国际组织都可以在香港发行人民币债券。2010年以前，离岸人民币债券市场的发行人以内地为主，主要发债机构是中资金融机构和财政部，合计占人民币债券发行总额的70%，公司债份额较小，仅占19%。2011年以来，香港本地及境外发行人逐渐增多，发行额比重超过50%。同时，离岸人民币债券市场以高质量的超过投资级别的低风险债券为主，低信用等级的高风险债券偏少，德意志银行估计两者的比重分别是88%和12%。

2. 投资主体

在香港拥有人民币账户的个人和持有人民币存款许可证的机构投资者可以用所持有的人民币购买"点心债"。人民币债券购买人以银行为主，2010年7月清算协议修订后允许非银行类金融机构开设人民币账户，基金管理公司开始成立，人民币基金逐步发展成为主要投资者。在投资者结构方面，商业银行和资产管理公司是离岸人民币债券市场最重要的投资者，且主要以亚洲商业银行和资产管理公司为主，对冲基金的参与比重较低，意味着市场投机性较小。

香港发展离岸人民币业务具有天然优势，在香港发行人民币国债，是支持香港发展成为离岸人民币业务中心的一项重要举措。2009年9月，财政部首次在香港发行60亿元人民币国债。这是中国国债首次在内地以外地区发行，也是首次在内地以外发行人民币计价的主权债券。2010年11月，财政部第二次在香港发行人民币国债，总额80亿元，其中50亿元面向机构投资者，30亿元面向个人投资者零售。

由于美元进入加息周期、人民币单边升值预期破灭等因素强烈威胁到离岸市场的汇率稳定，2015年底央行出台了一系列政策措施收紧离岸市场流动性，包括暂停人民币合格境内机构投资者（RQDII）新增资金出海、暂停向境外参加行提供跨境融资、暂停个别外资行跨境人民币购售业务等。因此，离岸市场流动性收紧直接影响境外债券的发行成本和主体积极性，导致了"点心债"发行遇冷。截至2016年6月20日"点心债"发行数量为177支，超过2014年和2015年的一半，但发行金额仅为2015年的1/4，体现出当前"点心债"发行分散化以应对市场变化的趋势。

人民币国债在香港发行是一项着眼于未来的长期举措，对于香港地区和我国内地经济的发展以及人民币的国际化都大有裨益。首先，随着人民币国债的期限结构不断丰富，将优化内地机构在香港发行人民币债券的定价基准，带动更多内地机构在香港发行人民币债券，从而稳步扩大香港人民币债券市场。其次，香港人民币国债市场的发展将进一步丰富香港人民币投资品种，扩大人民币跨境使用，促进香港离岸人民币业务的发展，推动人民币在周边国家和地区的结算和流通，有利于推动人民币区域化进程。最后，香港人民币债券市场的发展将有利于深化内地和香港的经济合作，拓展香港和内地人民币资金循环流通渠道，推动香港发展成为离岸人民币中心。

（四）香港人民币离岸股票市场

自1993年内地企业在香港首发H股（也称国企股，指注册地在内地，上市地在香港的外资股）以来，境外IPO范围已扩展至香港、纽约、新加坡、伦敦等地。尽管H股、红筹股等各类中资概念股均以IPO所在地货币计价交易，但为境外投资者由认识和接受中国企业到认识和接受人民币创造了基础，也是境外人民币股票的潜在和重要供给来源。2013年，共有80家内地企业在香港上市，融资规模达1515亿港元。这些企业包括光大银行、信达资产管理公司、中石化炼化工程集团、徽商银行、银河证券等。由于目前内地A股市场以中小型IPO为主，预计内地城市商业银行、农村商业银行将倾向于赴香港上市，香港将是内地企业的重要融资地。

2011年4月12日，香港交易所推出首支以人民币计价的房产投资信托基金（RETTs）"汇贤房托"。"汇贤房托"以北京东方广场38年租金收入为基础资产，融资额约104.8亿元人民币。"汇贤房托"的上市标志着香港人民币产品已进入了可在公开市场认购、交易和清算的阶段。一般而言，RETTs产品本身的风险和收益高于债券，低于股票，因此被视为发行人民币计价股票的过渡性产品。2012 年 10 月，香港主板上市公司合和基建配售的人民币计价新股在香港交易所挂牌上市，融资额约 3.9 亿元人民币，成为境外首支人民币交易股本证券。2012 年 2 月 14 日，首支人民币交易所买卖基金（ETF）产品在香港交易所挂牌上市。为使香港人民币产品的交易量不受存量人民币的限制，香港交易所积极研究推动"人证港币交易通"（TFS）机制，确保香港的人民币股票市场可持续发展。

（五）香港人民币离岸保险市场

东亚人寿保险有限公司在 2010 年第三季度和 2011 年第一季度推出了"智尊宝"人民币保险计划，保费交费为人民币和港元，保费交付期为 3 年，产品年限为 6 年，年度保证收益率为 2%。香港的保险产品比内地有更大优势，保额高且保费低。香港的商业重大疾病险保障范围涵盖 50 种以上的疾病，而内地一般只有 30 种。香港保险业监理处（2013）的数据显示，2013 年香港向内地居民发出的新增保单中，整付保费的人寿保单和年金保单 988 件，保费 34.88 亿港元。内地访客在香港的新造保单保费逐年上升，所占个人新增保单保费之比也由 2008 年的 5.4% 上升到 2013 年的 16.1%。除了重大疾病险，储蓄险和万能险也是投资热点，香港储蓄性保险回报率在 5%～10%，其中，人民币计价的保险产品占比很高。

（六）香港人民币离岸期货市场

2011 年，芝加哥商品交易所（CME）所有期货产品接受离岸人民币作为抵押品，推出人民币美元期货（USD/CNY）。2012 年 6 月，香港联合交易所有限公司成功收购伦敦金属交易所（LME），使得香港联交所成为全球顶级的商品交易所。2012 年 9 月 17日，香港联交所推出美元人民币期货（USD/CNH），每张合约初始保证金为 7880 元，且有 80 倍杠杆撬动。2013 年 11 月，香港交易所发布公告，拟在收市后期货交易时段加入更多产品，于 2014 年初增设首批小型恒指期货、小型 H 股指期货及人民币货币期货，这将有助于三个时区离岸人民币交易的联动。香港人民币期货的结算价以香港财资市场工会的美元兑人民币即期汇率定盘价为基准，有助于香港离岸市场取得离岸人民币定价权。相比之下，CME 的人民币期货比香港交易所人民币期货虽然起步较早，但发展较慢，2013 年的成交合约数只有香港交易所的 1/4。

二、其他人民币离岸市场建设

（一）伦敦人民币离岸市场

在香港快速发展人民币业务的同时，伦敦、新加坡等人民币离岸市场也在崛起。2011 年 9 月第四次"中英经济财金对话"会议上，中英双方一致同意在伦敦发展人民币离岸市场。与香港相比，伦敦的人民币市场很小。但是，伦敦有成熟的法律体系和监管架构、活跃的金融市场和深厚的金融历史渊源，拥有时区优势和成熟的金融机构，这些都使发展人民币离岸业务有独特的优势。2011 年，伦敦离岸人民币外汇交易量占全球的 40% 以上，伦敦的人民币存款总量超过 142 亿元。2012 年，伦敦启动了"人民币业务中心计划"，中国银行、巴克莱银行、汇丰银行等十家银行加入了该计划。

根据伦敦金融城的报告，2012 年伦敦进口融资量为 270 亿元人民币，出口融资量为 66 亿元人民币，人民币商业贷款业务额达 2.8 亿元人民币。日均即期人民币交易量大幅增长至 25 亿美元，比 2011 年增长 240%，其他可交割外汇产品的日交易量也大幅上升，远期交易量增长 80%，达 12.9 亿美元，外汇互换交易量上升 250%，达 33.6 亿美元；期权交易量增加 390%，达 5.5 亿美元，交叉货币互换交易量增加 17%，达 1380 万美元。主管部门认为，无论是从产品的范围来看还是从业务量来看，伦敦在全球人民币市场中的地位迅速上升。这是因为虽然伦敦在人民币存款规模上并不占优，但是离岸人民币市场选址的关键指标并不是存款水平，而是像贸易金融、外汇交易、债券交易和债券发行这样的交易流量。衡量市场发展水平的是交易量，而不是存款存放的实际地点。

2013 年 6 月，中国和英国签署了总额为 2000 亿元人民币/200 亿英镑的双边本币互换协议。2013 年 10 月 5 日，中国政府和英国政府签署协议，以伦敦为基地的投资者获得 800 亿元人民币的 RQFII（人民币合格境外机构投资者）额度，可用于投资中国股票、债券和货币市场工具。这是 RQFII 首次正式扩展至亚洲之外，具有里程碑意义。2013 年 12 月，中国农业银行与渣打银行合作在伦敦推出人民币清算业务。2014 年，易方达基金管理公司香港分公司与欧洲最大的大宗商品交易提供商伦敦 ETF Securities 合作推出人民币理财产品，允许欧洲投资者通过购买伦敦上市的 RQFII A 股 ETF，投资在上海或深圳上市的中国公司的股票。2014 年，伦敦的人民币外汇交易规模同比增长 143%，人民币存款规模达到 200 亿元，同比增长 37%。2015 年 10 月，中国人民银行在伦敦成功发行了 50 亿元人民币央行票据，是中国首次在境外发行以人民币计价的央行票据；2016 年 5 月，中国财政部也在伦敦发行 30 亿元人民币的国债，成为中国首次在香港以外地区发行的离岸国债。北京时间 2016 年 6 月 24 日，英国脱欧公投结果公布，伦敦作为人民币离岸中心的地位预计将会受到不小的影响。

（二）新加坡人民币离岸市场

与香港相似，新加坡也是成立较早的人民币离岸中心之一，而且发展比较成熟。新加坡的外汇交易量长期居全球前五名，而且与中国有着共同的语言和相似的文化传统。近年来，新加坡着力打造稳定可靠的离岸人民币业务基础设施，很多跨国公司的亚太总部和区域结算中心也设在新加坡，促使新加坡成为迅速崛起的人民币结算中心。2009 年 8 月，新加坡成为首批完成人民币跨境贸易结算的国家。2011 年，汇丰银行、大华银行、星展银行等银行开始接受人民币存款。工商银行、中信银行在新加坡先后开业。2013 年 2 月，中国人民银行宣布由工商银行新加坡分行担任新加坡人民币业务清算行。2013 年 3 月，中新双边本币互换协议规模由 1500 亿元扩大至 3000 亿元人民币，规模仅次于香港地区的 4000 亿元和韩国的 3600 亿元。2013 年 11 月，工商银行新加坡分行发行 20 亿元"狮城债"。"狮城债"受到新加坡和东南亚投资者的热烈追捧，认购火爆。

截至 2014 年第三季度末，新加坡人民币存款规模达到 2570 亿元。根据 SWIFT 的数据，新加坡人民币贸易融资占到香港以外人民币贸易融资总量的 60%。与此同时，新加坡各类人民币投资产品日益丰富，人民币债券市场迅速起步，2014 年发行了"狮城债"127 亿元。其中 2014 年 9 月 15 日发行的 40 亿元离岸人民币债券，创"狮城债"单笔发行金额最高纪录。

三、人民币离岸市场建设中面临的主要问题与对策

（一）人民币离岸市场建设中面临的主要问题

第一，境外人民币绝对规模偏小，人民币投资渠道有限。与世界上其他成熟的离岸市场相比，人民币离岸市场的资产池规模还比较小，截至 2014 年底，香港人民币离岸市场人民币存款虽然突破万亿元人民币大关，但是相对于香港每天巨大的金融交易规模，同时如考虑到内地机构在香港发行人民币债券的回流作用，那么在香港可供于离岸用户的人民币资产就十分有限了。另外，可供境外投资者选择的投资渠道主要包括以下四种：各个人民币离岸市场上的人民币存款、在人民币离岸市场上发行上市的人民币债券、在人民币离岸市场上发行的以人民币计价的 IPO 以及通过机构投资者投资内地的银行间债券市场，投资渠道还十分有限。

第二，离岸市场的人民币流出过于依赖单一的渠道。目前人民币离岸市场上的人民币资金来源包括内地的游客携带出境的人民币、贸易结算中我国的进口商用于支付货款的人民币、境外人民币直接投资、走私或投机性的"热钱"、货币互换协议等，但跨境贸易人民币结算是离岸市场人民币流出的最大的渠道。2014 年，我国跨境贸易结算总额为 6.56 万亿元人民币，其中 5.9 万亿为货物进口结算，占总量的近 90%，这意味着境外人民币主要由进口支付流出的人民币构成。

第三，人民币回流机制不健全。以香港人民币离岸市场为例，在香港人民币离岸市场上，绝大多数人民币以存款的方式存在香港银行，香港银行又将其存到中国银行（香港）。作为清算行的中国银行（香港）最后将人民币存款存到中国人民银行深圳分行。香港人民币绝大部分是以现钞渠道回流至内地市场的。人民币的回流渠道不顺畅，流通到境外的人民币则有可能成为走私洗钱者与投机者进行非法套利与投机的载体。同时，如果大量境外的人民币流入国内，将会影响国内金融市场的稳定与货币政策的实施效果。

（二）促进人民币离岸市场发展的对策

第一，拓展人民币离岸市场范围，加快在香港之外的地区发展人民币离岸业务。当前人民币跨境使用集中在贸易结算方面。想要扩大人民币的使用范围，可以在新加坡、伦敦、纽约等地开展离岸人民币业务。新加坡开展离岸人民币业务将提高东盟各国对人民币的接受和使用度，疏通人民币流向东盟国家的渠道，在纽约与伦敦等城市开展人民币业务将有利于扩大欧美地区的人民币市场。而且，对于不同地区离岸人民币业务应该

有不同的规划。香港可以作为人民币的海外融资中心和借贷中心；新加坡是全球主要外汇和衍生品交易中心。伦敦和纽约是人民币在全球范围内实行投资运用多元化的重要渠道。

第二，拓展人民币离岸业务广度和深度，支持人民币业务品种的创新。一是要逐步放宽人民币业务的相关限制，如个人客户兑换限制和贷款限制、人民币业务参与行境外外汇头寸额度限制等。其次要继续丰富人民币业务品种。如在现有 DF、NDF 交易产品的基础上，研究开发基于本地市场的人民币期权、货币期货等产品，继续鼓励黄金市场推出以人民币计价交易的黄金投资产品，为人民币持有者提供更多的保值避险渠道。三是要继续开发人民币直接融资产品，推进人民币 IPO 的进一步发展，做好相关配套服务，稳步发展 RQFII、离岸人民币保险、理财产品等。总之，香港的人民币离岸市场应集中力量把有关人民币业务的金融产品做精、做细、做好、做大。

第三，完善人民币回流机制。一是要继续加强对已有回流渠道的管理和监控，建立健全相关回流操作的流程，按照相关规范进行管理，确保回流资金在可控的范围之内，减少回流资金对在岸人民币市场的干扰和冲击。二是进一步拓展离岸市场上发行债券的主体范围，鼓励发行一些具有较高信用评级的高收益率债券。三是适当增加境外机构进入上海银行间债券市场进行交易，进一步完善人民币合格境外投资者（RQFII）的管理机制，逐渐扩大人民币合格境外投资者进入 A 股市场的规模。四是要进一步加强人民币的"体外循环"，减少因人民币的大量回流而对境内汇率和资本市场产生的负面影响。

◎ 本章思考题

一、名词解释

国际金融市场　国际货币市场　国际资本市场　离岸金融市场　欧洲美元　欧洲货币　欧洲货币市场　外国债券　欧洲债券　金融创新　国际金融市场创新　人民币离岸市场

二、问答题

1. 国际金融市场包括哪些类型？

2. 离岸金融市场有哪几种类型？各有哪些特点？

3. 国际金融市场形成需要哪些基本条件？

4. 国际金融市场对世界经济发展的促进作用表现在哪些方面？

5. 传统的国际金融市场主要是指哪些市场？

6. 简述国际货币市场的构成与特点。

7. 简述国际资本市场的构成与特点。

8. 欧洲货币市场包括哪些类型？其主要特点是什么？

9. 欧洲货币市场形成和发展的原因是什么？

10. 欧洲债券市场的主要特征是什么？

11. 试述欧洲货币市场对世界经济发展的作用。

12. 国际金融市场创新的原因是什么？主要内容包括哪些？

13. 国际金融市场创新的影响是什么？
14. 人民币离岸市场发展的作用是什么？
15. 当前人民币离岸市场发展中面临的主要问题是什么？

第六章 | 国际资本流动

国际资本流动是国际经济交易的基本内容之一。随着经济全球化的发展，国际资本流动日趋频繁。同时，国际资本流动又推动了世界范围内资源的合理配置，促进了国际贸易和世界经济的加速发展。本章详细介绍了国际资本流动的基本含义及其具体分类，回顾了国际直接理论的演化历程，并对国际资本流动的动因与效应进行了分析，同时对20世纪以来国际资本流动的发展过程与现状进行了论述。最后一节介绍我国利用外资的概况并在此基础上提出了我国现阶段面临的国际资本流动方面的问题与政策建议。

第一节　国际资本流动概述

一、国际资本流动的含义

国际资本流动也被称为跨境资本流动，是指一个国家（地区）的政府、企业或个人与另外一个国家（地区）的政府、企业或个人之间以及国际金融组织之间资本的流出和流入，它是国际经济交易的基本内容之一。一国（地区）的国际收支平衡表中的资本项目，集中反映着该国（地区）在一定时期内同他国（地区）的资本流动的综合情况。由于资本既可表现为货币形态，又可表现为实物形态（如生产设备、技术、劳动力等生产要素），因此，从广义上讲，国际资本流动是指由于国际经济交易而引起的货币资金和生产要素在国际上的转移和流动。在资本流动过程中，货币资本和实物资本是相互转化的，但本章所涉及的资本一般是指货币或现金资本，而不包括纯属贸易往来的商品或实物资本（但与投资活动相联系的商品资本和生产资本则包含在内）。国际资本流动作为国际经济交往的一种基本类型，不同于以所有权的转移为特征的商品交易，它是以使用权的转让为特征的，但一般仍以盈利为目的。国际资本流动的含义，可以从以下五个方面来理解。

第一，从资本流动方向看，可分为资本流出（capital outflows）和资本流入（capital inflows）。前者是指本国资本流至外国，即本国对外输出资本，它包括本国在外国的资产减少、外国对本国的债务增加、本国对外国的债务减少、本国在外国的资产增加四种方式。后者是指外国资本流入本国，即本国输入资本，它也包括四种形式，即外国在本国的资产增加、外国对本国的债务减少、本国对外国的债务增加和本国在外国的资产减少等。资本流入和资本流出两者相抵后的净额，即为资本项目的差额。在国际收支平衡表中，资本流入属于收入项目，记入贷方科目，而资本流出属于支出项目，记入借方科目。

第二，从资本流动的规模看，在一国国际收支平衡表中，资本项目的流出（入）总额以及流出（入）净额等指标可直观地反映资本流动的规模。

第三，从资本流动的回流期限看，可分为长期资本流动和短期资本流动。

第四，从资本流动的性质上看，既有有政府间的资本流动，也有私人间的资本流动。

第五，从资本流动的方式看，可区分为直接投资、间接投资和国际信贷等形式。

由于国际资本流动是国际经济关系的一个重要方面，因此，国际资本流动的流向、规模、种类、性质及方式等的发展变化在很大程度上反映了国际经济关系的发展变化。

同时，弄清国际资本流动与各相关概念的关系，也有助于正确理解其含义。

其一，国际资本流动与国际收支的关系。国际资本流动作为国际金融活动的组成部分，其内容被纳入国际收支的考核之列。一国在一定时期内同其他国家或地区之间资本流动的总体情况，主要反映在该国国际收支平衡表的资本账户中。此外，还反映在经常账户的单方面转移项目和平衡账户中的官方储备项目。单方面转移项目包括各项私人的与官方的、单方面的、无偿支付的资金移动。官方储备项目则表明有关国家政府之间为结算国际经济交易差额而发生的金融资产转移的金额。另外，通过对国际资本流动的控制，可以达到调节国际收支状况的目的。

其二，国际资本流动与资本输出入的关系。这两个概念一般可通用，但资本流动并不一定就是资本输出入。资本输出入通常是指与投资和借贷等金融活动相联系并以谋取利润为目的的资本流动，因而不能涵盖资本流动的全部内容。如一国用黄金外汇来弥补国际收支赤字，就不是资本输出，因为这部分资金外流不是为了获取高额利润，而只是作为国际支付的手段以平衡国际收支。

其三，国际资本流动与对外资产负债的关系。资本流出反映了本国在外国的资产增加（或负债减少），或者反映了外国在本国的负债增加（或资产减少），而资本流入则正好相反。可见，一国资本流动总是同其对外资产负债的变动密切相关的。

其四，国际资本流动与资金流动的关系。在日常用语中，资金和资本两者往往混用，但就经济学意义而言，资金流动和资本流动是互有区分的。资金流动是指一次性的、不可逆转性的资金款项的流动或转移，相当于国际收支中经常项目的收支，如进出口贸易到期货款的支付是一次性的资金转移，属于经常项目的支付。资本流动即资本转移，是可逆转性的流动或转移，如投资或借贷资本的流出伴随着利润、利息的回流以及投资资本或贷款本金的返还。但要特别注意的是，进出口贸易下的资金融通（如延期付款），应属资本流动的范畴；而投资利润和贷款利息的支付，并非投资资本或贷款本金自身的回流，应归属于资金移动或经常项目支付；政府或官方的无偿援助或捐赠，一般列入国际收支平衡表的经常项目，不属于资本流动范畴。

其五，国际资本流动与国内资本流动的关系。国内资本流动限定在一国之内，而国际资本流动则指的是实际资本在国家与国家之间的流动，伴随着资源和商品的转移。

一般而言，国际资本流动的顺利进行，必须具备两个条件：一是取消外汇管制或放松外汇管制。国际资本能否在各国间顺利实现流动，流动的范围、方式、规模等都要受到各国外汇管制条例的制约。如果一国实施严格的外汇管制，则国际资本在该国的流出、流入势必受到极大限制，甚至是不可能的。因此，只有在外汇管制较松或没有外汇管制的国家，才可能发生资本的流出与流入。二是必须有健全、完善、发达的国际金融市场。因为国际资本流动一般是通过国际金融市场进行的，因此，建立、健全和完善国际金融市场（主要是长期资本市场和短期资本市场）是国际资本流动得以顺利进行的前提条件。

二、国际资本流动的形态

国际资本流动通常按照资本使用期限的长短分为长期资本流动和短期资本流动，而每种类型又各有诸多具体的方式。

（一）长期资本流动（long-term capital flow）

长期资本是指使用期限在一年以上或未规定到期期限的资本，它包括实际资本（如对厂矿企业的投资）、财务资本（如对债券、股票的投资）和对外资产与负债（如贷款）。按资本转移方式的不同，长期资本流动又可分为国际直接投资、国际间接投资和国际信贷三种方式。

1. 国际直接投资（Foreign Direct Investment，FDI）

它是指一国居民（政府、企业或个人）对另一国的工业、商业和金融服务等领域进行投资，并拥有对该工业、商业和金融服务企业的全部或部分管理控制权。它是以控制企业经营管理权为核心，以获取利润为目的的投资活动。本国对外国的直接投资为资本流出，外国对本国的直接投资则为资本流入。但直接投资的资本如在接受投资国国内筹措，也可不涉及资本流动。据调查，2014 年，全球外国直接投资流入量下降 16%，为 1.23 万亿美元，2015 年预计增加到 1.4 万亿美元，而流入发展中国家的外国直接投资创历史新高，为 6810 亿美元。

直接投资的主要形式主要有四种：（1）在国外创办新企业（独资和合资）。它包括开办新厂，设立分支机构、附属机构及子公司，同东道国或第三国联合创办合资企业，直接收买现有的外国企业等。（2）以收购和兼并的方式，购买外国企业的股权并达到一定比例，从而拥有对外国企业进行控制的股权。例如，IMF 规定，拥有外国企业 25%

的股权可视为直接投资，而美国则认为拥有外国企业股权达 10%，即属直接投资。（3）利润再投资（reinvestment of profit or plough back）。它是指投资者将在国外投资企业所获得的未分配利润（指经营收入扣除利息、地租、工资及税收后的保留利润），不汇回本国企业或股票投资者，而是全部或部分用来购买新的生产要素或者企业的股票，以扩大原有企业生产规模或其他外国企业进行再投资，它不引起资本的流出或流入。利润再投资是当代跨国公司对外直接投资的一种重要方式，到 2013 年，利润再投资占直接投资的比例达到破纪录的 67%。（4）业务控制，即"不出资的对外直接投资"形态。通过资金、技术、销售等方面的联系以达到控制企业的目的，实现直接投资的功能。

2. 国际间接投资（international indirect investment）

间接投资也称证券投资或对外间接投资，它是指投资者以利息或股利等资本增长为目的，在国际债券市场上购买外国政府和企业发行的中长期债券，或在股票市场上买卖公开上市的外国股票等有价证券所进行的投资活动。国际货币基金组织（International Monetary Fund）将间接投资定义为，为了获得投资收入或资本收益而不是对企业的经营有直接兴趣的一种投资。对债券发行国来说，是资本流入；对购买国债券来说，是资本流出。

间接投资与直接投资的主要区别在于：

第一，管理控制权的差别。间接投资者只能获取债券、股票等证券投资的股息、红利，而对被投资企业无管理控制权；而直接投资者除了直接承担被投资企业的风险盈亏外，还必须拥有对该企业的控制管理权。

第二，投资的稳定性。直接投资会涉及企业的经营管理，生产运营的周期会比较长，投入的资本会转化为固定资产、存货等运营成本，投资会从利润中收回。并且，直接投资在转换股权时需征得合作者的同意，并需到政府有关管理部门改变注册，相对来说是比较稳定的；间接投资主要在金融市场进行，不涉及企业的生产经营，有价证券会逐步具有较强的流动性，投资者可以随时增加或是撤回投资。间接投资所获得的证券可以随时易手，同时股权、权债易人。

第三，投资的方式。直接投资，往往是投资者与东道国或其合作企业进行商议，达成一致之后进行投资活动。间接投资则是通过多样的国际金融市场来进行跨国资本的转移。间接投资额中购买债券部分一般构成证券发行国的外债，而直接投资则不构成被投资国的外债。

3. 国际信贷（international credit）

国际信贷是指除上述两种形式以外的各种长期资本流动方式，包括政府援助贷款、国际金融机构贷款、国际银行贷款以及其他信贷等。国际信贷的主要特征在于，它是单纯的借贷资本流动，不涉及在外国设立企业或收购企业股权，也不涉及国际证券的发行买卖；国际信贷的收益形式是利息及相关费用，风险主要由接待人即筹资者自身承担。国际信贷这种长期资本流动方式在 20 世纪 70 年代发展很快，成为发展中国家最为灵活的外资来源；但 20 世纪 80 年代后，由于证券化的影响，国际信贷的增长速度减慢。国际信贷的具体方式有以下几种：

政府援助贷款。它是指各国政府或政府间的贷款。该贷款条件优惠（如低息或无息、期限较长等），带有援助性质，一般是工业发达国家对发展中国家提供的双边贷款。这类贷款一般有特定用途，如用于支付从贷款国进口的资本货物、用于某些特定的开发援助项目等。除了上述双边贷款之外，经济合作与发展组织的"发展援助委员会"成员国对发展中国家提供的官方发展援助、工业发达国家中央银行之间提供的"互惠贷款"（主要用于帮助国际收支逆差国家摆脱困境）、贷款国对无力偿还旧贷款的借款国另行提供的新贷款（主要用于偿还到期贷款）等，也属于政府贷款的范畴。除规定用途外，政府贷款往往附带条件，如要求贷款国必须采取特定的经济政策，贷款国要对资金的使用进行监督等。

国际金融机构贷款。国际金融机构贷款是国际金融机构向其成员国政府提供的贷款。如世界银行、国际货币基金组织等全球性国际金融机构对会员国的贷款；泛美开发银行、亚洲开发银行等区域性国际金融机构对发展中成员国的贷款等。

国际银行贷款。主要包括双边银行贷款和银团贷款两类。前者是指国际商业银行对外国银行、企业或政府的贷款，后者是指在国际金融市场上由一家或若干家银行为牵头银行和经理行，邀请多家银行组成银团，共同向某个国家的银行、企业或某项工程项目提供贷款。自 20 世纪 60 年代中后期以来，银行贷款一直是国际银行中长期信贷的主要形式。有些经济主体无法申请到政府援助贷款和国际金融机构贷款，它们可以通过国际银行贷款来解决自身资金不足以及降低融资成本。

其他贷款。包括中长期出口信贷和租赁信贷等。前者主要指买方信贷，即一国政府为支持和扩大本国出口，提高国际竞争能力，通过银行直接向外国进口商提供中长期贷款；后者是目前西方较为流行的一种信贷方式。租赁信贷的主要特点是：承租人通过定期支付租金，即可租用国外出租人的机器设备甚至整个工厂，这对于缺乏足够资金的承租人来说，可扩大投资能力，而对有支付全部设备能力的投资者而言，可避免资金积压，实际上等同于利用了一笔长期贷款。

（二）短期资本流动（short-term capital movements）

它是指期限为一年、一年以下或即期支付的资本，也包括货币现金。短期资本流动包括政府和私人短期资本流动，内容复杂，种类繁多，一般借助于各种信用工具——票据进行。这些票据包括短期政府债务（如国库券）、可转让银行定期存单、商业票据、银行承兑汇票、银行活期存款凭证等。按照资本流动的原因和特征的不同，短期资本流动主要分为贸易结算和资金短期融通、银行资金流动、保值性资本流动和投机性资本流动四种方式。

1. 贸易结算和资金短期融通

它是指在国际贸易中进出口双方相互提供的短期信用，如出口方提供延期付款信用、进口方提供预付货款，以及结算中发生的早付迟收或早收迟付（leads and lags）等。它是传统的短期资本流动形式，在短期资本流动中占重要地位；同时，它多是由商品或劳务的进出口引起的，反映一国的进出口状况。

2. 银行资金流动

它是指经营外汇业务的银行，由于业务经营的需要而进行资金调拨所引起的短期性资本的国际转移或流动，包括套汇、套利、掉期、多空头寸抛补、头寸调拨和短期同业拆借。

3. 保值性资本流动

即资本逃避（capital flight），指资本持有者为了避免受到损失，保证其资本的安全性和自身价值，而在国际上进行的短期资本转移活动，也称资本外逃。引起资本逃避的因素主要有：（1）资本原所在国政局动荡不稳，影响资本的安全，于是资本大规模地向他国转移，力求安全。这种短期资本流动易引起国际资金流通的混乱，使资本外逃国家出现巨额国际收支逆差，同时又引起大规模的货币投机风潮，以致该国政府不得不实行货币管制，防止资本过度外流。（2）由于一国国际收支持续逆差，其货币有可能贬值，于是资本转移到币值较稳定的国家和地区。这种资本转移由于受害怕货币贬值的心理影响，是很难控制的，它往往直接导致外汇管制。（3）一国外汇管制趋紧使资本的运用受到限制，或者颁布并实施加征资本税等法令，也可引起资本外逃。

4. 投机性资本流动

它是指各种投机者利用国际金融市场上行情涨落的差异以及对行情变动趋势的预测，进行投机活动以牟取预期利润而引起的短期资本流动。如果投机者预测准确并能把握机会，即可获利；否则，就会蒙受损失。引起投机性的短期资本流动的因素主要是：

第一，利用市场汇率的变动进行投机性外汇买卖。它又可分为两种情况：（1）一国国际收支出现暂时性逆差时，该国货币汇率会暂时下跌，投机者预测到这种汇率下跌具有暂时性，不久就会回升，于是按较低汇率买进该国货币（意味着该国的资本流入），待汇率上升后按较高汇率卖出（意味着资本输出）；反之，一国国际收支出现暂时性顺差，该国货币汇率会暂时上升，投机者于是按较高汇率卖出该国货币（意味着该国的资本流出），待汇率下跌后再按较低汇率买进（即资本流入）。低价买进而高价卖出，或高价卖出而低价买进，这两种汇率的差价即是投机者获得的投机利润。这种投机性的资本流动可缩小汇率波动幅度，并最终使汇率趋于稳定。（2）一国国际收支出现持续性顺差时，该国货币汇率会持续坚挺，投机者预期该国货币将升值，于是卖出他国货币而购进该国货币。这种投机性的资本流动能使汇率波动幅度扩大（加速货币贬值或汇率下浮，或加速货币升值或汇率上浮的进程），从而使汇率更加不稳定。

第二，利用利率的变动或国别利率的差异，将资本从利率较低的国家调往利率高的国家，以牟取利差收益。这种资本流动的前提是两国货币汇率较稳定，即在无汇率风险的前提下，使资本流动以赚取利率差。若汇率波动比较大，则有可能得不偿失。国际收支逆差国往往采取提高利率的方式吸引短期资本流入以改善其国际收支状况。

第三，利用国际金融市场上证券价格的变动，调动短期外汇资金，参与证券买卖，贱买贵卖以牟取利润。

另外，利用黄金市场金价的变动和国际商品市场价格的变动也可从事投机性的短期资本流动。前者如投机者利用某些政治事件或某种货币可能升值、贬值等谣言，运用投机资本冲击黄金市场，以某种货币抢购黄金或抛售黄金换取某种货币，哄抬或压低金价，从中获利。后者如投机者根据重要商品的价格涨落，低价买进而高价卖出，或高价抛出而低价补进，赚取投机利润。

171

可见，短期资本流动具有方式多样、内容繁多、流动频繁且变化无常等显著特征。由于短期资本大多属货币范畴（即狭义的货币供给）或准货币（near money）范畴，故短期资本流动对货币供应量有直接影响，进而影响到一国金融当局货币政策的执行；还有，国际收支的暂时性逆差多半借助于短期资本流入加以弥补。

第二次世界大战后国际金融市场上游资（hot money）充斥，主要也是短期资本流动使然。国际游资也称国际投机资本，主要包括现金、银行活期存款、短期政府债券、商业票据、各种基金、金融衍生产品及其他流动性很强的资产。它既不隶属于任何一个产业，也不隶属于任何一个国家。它是由无数个集团和个人所拥有的巨额闲散资金组成的超级资本集团。嗜利是其本性，套利套汇是其主要手段。只要哪里有利可图，哪里有空子可以钻，它就会通过现代化的国际金融交易网络流向哪里。其势力之大足以摧毁一个中等国家的经济，并且有与日俱增的趋势。数量巨大的国际游资已成为全球金融界的公害。进入 20 世纪 90 年代以来，国际游资一个明显的动向就是频繁、大量流入经济迅速发展的新兴经济体，主要是亚洲和拉美地区，在此期间发生的墨西哥金融危机、东南亚金融危机，无不与国际游资在其中兴风作浪有非常直接、重要的关系。在 2008 年的金融危机中，国际游资同样起到了巨大的推动作用，国际游资利用金融衍生工具在金融繁荣时期赚取高额利润，也可以收购陷入金融危机国家的优质资本，进而控制这些国家的经济命脉。

此外，有些经济组织也根据对资本流动主体的不同将资本流动分为官方资本流动和私人资本流动。官方资本流动主要指的是政府部门间的资本流动，而私人资本流动的范围则更广泛，如外国直接投资、外国商业银行贷款、发行国际债券等。近年来，官方资本流动的地位逐渐下降，私人资本流动在国际资本流动中占的比例进一步增加。据国际货币基金组织统计，在 21 世纪的前十几年，私人资本流动净值已经超过国际金融机构和政府投资的 4 倍以上，而机构投资者资金则占全球资本流动 75% 左右。

第二节　国际资本流动的动因和效应

一、国际资本流动的内在动力与影响因素

马克思曾经指出："如果资本输往国外，那么，这种情况之所以发生，并不是因为它在国内已经决定不能使用。这种情况之所以发生，是因为它在国外能够按更高的利润率来使用。"[①] 第二次世界大战后的实践证明，获取高额利润仍然是国际资本流动的内在动力和根本原因。资本主义制度的建立带来了生产力的飞速发展，社会资本迅速积累，在此过程中，发达的欧美国家资本过剩日趋严重，资本的预期收益率下降，而在发展中国家则相反地出现了经济连续高速增长，涌现出大量的投资机会。由于世界经济发

[①]　马克思：《资本论》第三卷，人民出版社 1975 年版，第 285 页。

展的不平衡，各国资本的预期收益率必然形成差异，资本的本性——追求利润最大化，驱使它从一国流向另一国。资本的预期收益率水平是影响资本流动的最基本因素之一。若一国资本的预期收益率高于他国，在其他因素相同的情况下，资本便会从他国流向该国；反之，若一国资本的预期收益率低于他国，且有较大风险，不仅国外资本会从该国抽走，而且本国资本也势必大量外流。可见，资本从预期收益率低的国家或地区流向预期收益率高的国家或地区，这是国际资本流动的最基本原因。当然，过剩资本所追求的不仅仅是较高的收益率，更为重要的是追求利润的最大化。正如马克思所说："超过一定界限，利润率低的大资本比利润率高的小资本积累得更迅速。"① 第二次世界大战后，尽管在发展中国家投资的平均收益率要高于在发达国家投资的收益率，但国际资本流动主要是在发达国家之间进行，原因正基于此。追求较高的资本预期收益率，尤其是追逐高额利润是国际资本流动的内在动因。同时，还有一系列因素也对国际资本流动产生重大影响，这些因素具体包括：

第一，利率水平。世界各国的经济发展水平不一，各国之间的利率水平也不一，利差由此存在。利率的高低直接影响到资本的收益率，从而导致国际资本从利率较低的国家或地区向利率较高的国家或地区流动。因此，利率是导致国际资本流动的基本因素之一。例如，2008年金融危机后美国实行的量化宽松货币政策，使得资本在美国本土的投资收益大幅下降，国际资本纷纷流入新兴经济体。随着美国经济的缓慢复苏，2013年开始美联储逐渐缩小资产购买规模，开始逐渐退出量化宽松政策，美国利率水平逐渐上升，资本逐步回流至美国资本市场。

第二，汇率预期。对未来汇率升跌的预测是导致国际资本流动，尤其是短期资本流动的主要因素之一。当资本持有者预测某种货币的汇率呈下浮趋势，为了规避汇率浮动带来的风险，他显然会将其持有的货币资产转换成另一种货币资产存放于国外，使资本从汇率不稳或定值过高的货币，向汇率稳定的货币流动，从而促使资本在国际上流动。例如，亚洲金融危机之时，泰国央行推出取消固定汇率的政策，导致泰铢贬值50%，大大超出泰国央行的贬值预期，导致资本大量外逃，股市房市相继崩溃，国内经济遭受了巨大的打击。

第三，通货膨胀差异。一般而言，通货膨胀相对严重的国家或地区，其居民为避免他们的资产因通货膨胀而贬值，通常要将国内资产转换为外国债权，以减少通货膨胀带来的损失。因此，通货膨胀差异程度也是导致国际资本流动的因素之一。例如，次贷危机爆发后，美联储宽松的货币政策在市场上释放了大量的流动性，货币供应量的增加提高了通货膨胀率，导致美元贬值，美国企业大量向海外转移资本。

第四，技术水平。许多国际投资者在国外开展投资经营活动的目的是想获取那里的技术和管理技能，这主要指发达国家之间的相互渗透和利用。例如，近年来，西欧、日本一些大企业纷纷进军美国本土，大量收购中小型从事研究和开发的企业，目的是为了获取技术。

第五，投资环境。一国或地区投资环境的好坏，也是影响国际资本流动至关重要的

---

① 马克思：《资本论》第三卷，人民出版社1975年版，第279页。

因素之一。具体体现在三个方面：（1）政治和社会文化因素。包括政局稳定性，政策是否具有连续性；法律制度的完备性，有关投资的法律、法规及条例是否健全和完善；消费水平、传统文化、社会价值观和民族习俗等诸方面的差异性等。（2）经济因素。包括经济发展水平及吸纳资本的容量和潜力，基础设施是否完善，金融市场条件状况，对外资的政策和措施等。（3）风险因素。主要是经济风险和政治风险程度。一旦资本的持有者感到某国或地区的投资环境不理想，如政局不稳、市场容量有限、投资安全系数不高，则该资本持有者就会将资本从该国或地区转移到其他国家或地区。如海湾战争中，大量资金涌入美国等发达国家进行保值正是出于规避政治风险的考量。又如 2011年，叙利亚国内爆发大规模抗议活动，美国、欧盟联合阿拉伯国家对叙利亚进行了制裁，两年多的战争使得国内环境急剧恶化，叙利亚国内金融行业遭受重创，银行资金大量外逃。国际金融协会调查显示，叙利亚经济总量从 2011 年开始大幅度下降，其原因正是恶劣的政治环境推动了资本的流出，造成经济环境的恶化。

二、国际直接投资理论

国际投资理论的形成与发展同国际投资实践有着密切的关系。从 20 世纪初到 50 年代末期，西方关于外国直接投资理论的研究基本上是经验性、归纳性的，不足以形成完善的理论体系。当时，国际投资理论的主流旨在对海外投资实践中占主导地位的证券投资行为进行研究，其中占统治地位的理论是赫克歇尔和俄林的要素禀赋理论（theory of factor endowment）。该理论以世界各国产品市场和要素市场是完全的竞争市场为前提，认为各国金融利率的差异是导致资产在国际上移动的根本原因，资本投向是由资本丰裕国流向资本稀缺国，它导致资本资源在世界范围内重新优化配置，使资本丰裕国与资本稀缺国均收益。该理论对当时海外证券投资行为的阐释是有一定说服力的。第二次世界大战以后特别是自 20 世纪 50 年代后期起，跨国公司海外直接投资迅猛发展，日益成为国际投资的主流和世界经济发展的指导因素，引起了西方经济学者的普遍关注。于是，自 20 世纪 60 年代初期开始，以美、英为代表的许多西方经济学者从政治、经济、文化等方面对跨国公司海外直接投资行为进行了深入、系统的研究，形成了分析视角各异、理论派别众多的当代国际直接投资理论。从理论发展方向看，各学派主要可归纳为三大类：一是结构性市场非完善理论（structural market imperfection），如垄断优势理论；二是自然性市场非完善理论（natural market imperfection），如市场内部化理论；三是试图把结构性与自然性市场非完善理论融为一体的综合理论，如国际生产折中理论。另外，有的学者不再单纯从经济学的角度去研究跨国公司海外直接投资现象，还从人类种群生态现象、制度与组织发展、组织集体的学习过程去开辟新的研究方向，如流行于管理理论领域的权变学派（contingincy theory）试图运用新的理论框架去阐释跨国公司的行为。20 世纪 80 年代以后，随着各国国际直接投资的发展，国际直接投资内容越来越丰富，跨国公司的影响进一步扩大，学者们开始从金融的角度来对国际直接投资进行理论分析。与此同时，新兴工业化国家海外投资规模逐步扩大，发展中国家跨国公司发展极其迅速，部分研究也逐渐将发展中国家的直接投资作为研究重点，发展出了一些着重于分析发展中国家对外直接投资的理论。下面，我们选择三大类学派中最具代表性的理论进行简要分析，并简要介绍20世纪80年代以后的国际直接投资理论的发展，以期对跨国公司海外直接投资动力机制的研究有所参考和借鉴。

（一）　垄断优势理论及其发展

1960年，美籍加拿大人海默（Stephen H. Hymer）在攻读麻省理工学院博士学位的论文中，率先提出了有关外国直接投资的一般性理论，即垄断优势理论，从而开创了以外国直接投资为研究对象的新的研究领域。海默认为，外国直接投资不仅仅是一个简单的资产交易过程，它还包括非金融和无形资产的转移，是跨国公司使用和发挥其内在组织优势的过程。美国企业之所以能从事海外直接投资，其主要决定因素在于美国企业拥有技术和规模等垄断优势，而垄断优势源于美国企业控制了技术的使用以及实行水平一体化和垂直一体化经营。尽管海默的理论最初便得到了其导师金德尔伯格（Charles P. Kindleberger）的认同和支持，但当时其在学术上的重要贡献并未受到应有的重视。1974年，海默英年早逝，随后，金德尔伯格系统阐述了垄断优势理论，使得该理论在西方学术界被广为重视，而直到1976年，海默关于对外直接投资的开拓性著作才得以正式出版。也正因为如此，金德尔伯格和海默被并称为垄断优势理论的创立者，该理论也被称为"海默-金德尔伯格学说"（the hymer-kindleberger theory）。

海默和金德尔伯格根据第二次世界大战后美国跨国公司迅猛发展、对外直接投资迅速超过证券投资的客观事实，从批判以要素禀赋差距为基础的传统国际资本流动理论入手，对美国跨国公司海外直接投资的前提和动因进行了深入分析和系统总结，其主要观点是：

第一，对外直接投资是结构性市场非完善性尤其是技术和知识市场非完善性的产物，因而"纯正"的经济学和贸易理论并不适用于解释对外直接投资。由于在完全竞争条件下，企业生产同类产品且具有获得所有生产要素的平等权利，企业不具有市场力量，因而不会出现跨国公司这种组织形式及其相应的海外直接投资。一国企业之所以甘愿承受比当地企业更高的生产成本和组织成本而到海外从事直接投资，其根本前提在于市场的非完善性。金德尔伯格指出："直接投资的兴旺必定是因为存在着产品或要素市场的非完善性（包括技术市场非完善性），或是存在着造成市场分割的政府或企业对竞争的某些干预。"具体而言，市场非完善性主要表现为：（1）商品市场的非完善性，包括产品特异、商标、特殊的市场技能或价格联盟等；（2）要素市场的非完善性，如特殊的管理技能、在资本市场可获得性及专利技术保护方面的差异等；（3）规模经济导致市场非完善性，如内部或外部规模经济均可能引致市场不完全竞争；（4）政府政策及管理导致市场非完善性，如政府有关税收、关税、利率和汇率的政策及管制，也可能产生市场非完善性。可见，由于规模经济、技术垄断、商标及产品特异等因素引致的偏离完全竞争的市场结构，即不完全竞争市场结构构成跨国公司海外直接投资的前提条件。

第二，企业在不完全竞争条件下所获得的各种垄断优势是该企业从事海外直接投资的决定因素或主要推动力量。由于市场非完善性的存在，美国企业在海外生产中拥有下述现实或潜在的优势：对有专利权的技术或没有专利权的专门技术的控制；获得资本和市场的特殊便利；对某些特殊原材料来源的垄断；规模经济优势；垂直的或水平的一体化的经济性；产品开发和更新能力及其所导致的产品特异优势等。这些优势是当地企业不具备而为美国企业所独有的，因而成为美国企业跨国公司克服不利因素并在竞争中取胜的根本原因。美国跨国公司正是凭借其垄断优势，获取所必需的超额利润，有效地与当地企业竞争，从而使其得以在海外生存；或者与当地企业合谋，共同赚取超额利润。为此，金德尔伯格指出，跨国公司海外直接投资的真正原因不在于各国利率间的差异，海外证券投资才是利率差异作用的结果；同时特别强调，海外直接投资虽然是对利润差异的反应，但只有在跨国公司能够获得高于当地企业的利润时才可能发生，可见，"不完善竞争"不仅是直接投资的特征，也是必要的。只有通过在不完善的且利润并不统一的市场上经营，跨国公司才能凭借其垄断优势获取所必需的超额利润；也只有高于平均利润率，跨国公司才能抵消海外生产与经营的不利和风险，因而仅仅强调国外利润高或国外劳动力成本低并不足以说明海外直接投资发生的原因，跨国公司在市场非完善性条件下所拥有的知识资产和规模经济等垄断优势能确保其获取高于当地企业的利润，才是跨国公司从事海外直接投资的关键所在。

第三，跨国公司倾向于以海外直接投资方式来利用其独特的垄断优势。海默认为，这主要是因为市场结构的非完善性，尤其是技术和知识市场的非完善性，企业通过出口或许可证交易方式不能获得知识资产的全部收益。正如金德尔伯格所说："凡是通过许可证方式不能获得技术优势全部租金的地方，就会采取直接投资。"同时，海外直接投资可加强跨国公司的垄断优势。如纵向投资可通过"前部纵向联合"（即跨国公司建立统一的分配和销售渠道的过程）和"后部纵向联合"（即跨国公司通过子公司获取原材料及其他中间品供应的过程），加强现有企业的力量，从而使新兴的企业难以在本行业立足；而横向投资是跨国公司利用海外生产的便利条件来扩充自身生产能力的有效手段，其目的在于将一个行业的经济实力集中在少数几个占统治地位的卖主手中，从而将市场从竞争或垄断竞争状态引向少数厂商垄断即寡头垄断的状态。为此，海默特地用寡头反应行为（即各国寡头企业通过在竞争对手的领土上建立地盘来加强自己在国际竞争中的地位）来解释发达国家之间的相互直接投资，认为互相直接投资只是国内寡头竞争行为在国际范围内的延伸，其基础仍然是各国寡头企业的各种垄断优势，但进一步巩固和加强了其垄断优势。

海默-金德尔伯格理论在解开跨国公司海外直接投资之谜方面迈出了重要一步，不少西方经济学者随后对垄断优势理论进行了补充和发展。凯夫斯（R. E. Caves）认为，技术优势在跨国公司垄断优势中的核心作用主要体现在新产品和新生产工艺方面，尤其是产品特异化能力具有十分重要的意义。跨国公司可根据不同的消费层次和消费偏好，依靠对产品物质形态的少量变化（如质量、包装及外形等）、主观心理差异（如广告、商标及品牌等）以及不同销售条件和附带条件等方法，形成跨国公司产品的特异之处。产品的特异化既可确保对产品价格和销售额的一定控制，又可使产品免受别人的直接仿造，从而形成跨国公司海外直接投资的真正优势所在。凯夫斯在随后的研究中，除了强调产品特异化是跨国公司海外直接投资的重要决定因素，还引进了外国子公司拥有的

（相对于竞争对手）其他竞争优势，如多厂企业在市场和研究方面的经济性超过单个有效规模工厂的技术经济性，国外子公司可以得到企业中利用不足的企业家资源等，从而将其理论分析进一步深化和发展。

克尼克波克（F. T. Knickerbocker）则进一步发展了跨国公司的寡头反应行为模式。他通过对 187 家美国跨国公司投资形式的分析，发现在一些寡头垄断的制造业中，外国直接投资在很大程度上取决于各竞争者之间相互的行为约束和反应。他将寡头垄断市场结构分为紧性和松性两种形式，并认为在一个紧性寡头垄断市场（一般其竞争者数目不超过 4 个）中，几家寡头基本上控制了大部分市场份额，而每家寡头都拥有相当程度的垄断能力，因此，寡头之间倾向于合谋（collusion）而不是竞争以避免两败俱伤。但在一个松性寡头垄断市场（竞争者数目一般为 4~20 个）中，各寡头之间的竞争性战略行为会相互制衡或产生强烈的反应。克尼克波克进而提出，寡头企业把相互追随进入新的国外市场作为一种防御性战略，一旦有任何一个寡头到国外建立制造业子公司，其他寡头就会追随而至，以抵消领先者可能得到的任何优势，从而保证市场均势。

阿利伯（R. Z. Aliber）则从分析国家货币政策、利率、汇率等宏观经济变量对海外直接投资影响的角度，对垄断优势理论进行补充和发展。其主要观点有二：一是国际资本市场上的债券以各种不同通货定值，债券持有者承担该种货币相对贬值的风险，因此，该债券利率必然反映该通货的预期贬值率，即必须包括一项货币溢价（currency premium）以弥补投资者的汇率风险。实际上，在国际资本市场借款时，这种贷款所承担的利率就包括一项溢价因素，而这种溢价反映了有关货币可能贬值的风险。二是对外直接投资预期收益中也应包括一些国内企业无法企及的收益，即通货溢价。阿利伯指出：对外直接投资反映了"母国企业（跨国企业）投资于预期收益相当的部门，能获得比东道国企业更高的收益率"这样一种类型的经济活动；跨国公司之所以能够做到这一点，是因为资本输出国的通货相对坚挺，因而存在通货溢价。由于各种货币币值因存在于不同的通货区而各不一致，通货坚挺国家的跨国公司便会因通货溢价而获益，这是跨国公司海外投资的基本动因。

维农从工业设备最优化逻辑中引出市场逻辑，对跨国公司作为卖主控制市场的行为进行了极富成效的分析。1966 年，维农借鉴有关销售的研究成果，提出了著名的产品生命周期理论，从而将关于跨国公司垄断优势的分析动态化。维农认为，一般产品在市场上会经历初创、成长和成熟三个基本阶段。在不同阶段，企业的市场营销活动应相应调整，以达到产品、价格、促销方式和销售渠道四者之间的最优组合。据此他得出结论：在国际市场范围内，某一产品所处的生命周期不同，决定了其生产产地不同，而企业的对外直接投资是企业在产品生命周期运动中，由于生产条件和竞争条件的变动而作出的相机决策，即跨国公司海外直接投资是生产过程或产地转移的必然结果，旨在延长在本国市场已处于最后阶段的产品的寿命。例如，当产品处于成长阶段时，技术领先的企业通过出口扩大其市场，以增加期初投资（研究、开发、工业化）的赢利，并由此实现规模经济，使跨国公司可在第三方市场上报出竞争价格；而当产品进入成熟期以至标准化后，企业的技术领先地位丧失，竞争变得极为激烈，产品创新企业必须进行新的革新，而将标准化产品生产转移到海外，这样既可以延长产品寿命，又可在当地市场获取商业利益以弥补失去技术领先地位所造成的损失。维农认为，一种产品在发展中国家的生命周期在与发达国家的生命周期相比要滞后一到两个阶段，因此，美国跨国公司海外直接投资随着技术优势的相对变化，经历了自美国到西欧等发达国家、再到发展中国家的梯度转移的过程。尽管从表面上看，海默与维农的研究结论似乎是相悖的，前者认为技术领先是海外投资的动力，而后者认为失去技术领先地位则推动企业生产转向海外。但从实质上看，两者均从同样的群体，即美国在西欧的跨国公司出发，在一些基本点上不谋而合：技术优势是企业海外直接投资的关键因素；直接投资是一种强调工业或商业方面利益甚于眼前财务收益的战略的结果，旨在力图加强企业自身在市场上的优势以获取长期的综合利益；直接投资只是企业国际化的形式之一，而且即使海默和维农可能没有预感，直接投资也可以与其他形式相结合。

维农早期的产品生命周期模型主要提供了用于分析第二次世界大战后初期美国跨国公司在西欧扩展投资的理论框架。维农在随后的论著中对此进行了修正，着重强调了跨国公司的寡头行为以及拥有技术优势的跨国公司的多样化。他在产品生命周期中加进了所谓"滞退"阶段，而且各阶段均被视为与寡头垄断行为相联系。尽管研究与开发的发展仍同国内市场条件一致，但强调非美国寡头企业也是新产品的来源。20 世纪 70 年代中期的一项对 500 种新发明的调查显示：1953 年，美国企业拥有大约 80% 的新发明，1973 年则下降到 60%；而同期，欧洲及日本企业所拥有的新发明数却不断增加。正如 J. E. S 帕克的研究指出：大约有一半的欧洲跨国公司是研究密集型的，美国跨国公司的技术偏好也适用于西欧等非美国跨国公司。修正后的产品生命周期理论与克尼克波克的寡头理论相呼应，前者说明了跨国公司的"进攻性"海外直接投资，后者旨在说明跨国公司的"防御性"海外直接投资。

（二）市场内部化理论

市场内部化理论（the theory of internalization of market）是当代解释跨国公司海外直接投资动机及决定因素的又一种广为流行的理论。"内部化"这一概念是由美国学者科斯（R. H. Coase）在其有关公司国际化的研究中首先提出来的，但市场内部化理论的主要代表人物是英国里丁大学学者巴克利（P. J. Buckley）、卡森（M. Casson）以及加拿大学者拉格曼（A. M. Rugman）。巴克利和卡森认为，以前有关跨国公司动因的阐释缺少综合的理论基础，因而不可能对跨国公司海外直接投资提供一个综合的、系统的理论解释。为此，他们发掘和沿用了科斯关于企业起源和均衡规模的理论观点。科斯理论的基本观点是，任何协作生产都需要一定的社会机制来指挥和协调，具体调节方式有二：一是在企业外部，生产由市场机制协调；二是在企业内部，市场交易被取消，而由企业家来指挥和协调整个生产的进行。对于某些类型的交易而言，由于市场的交易成本（transaction cost）很高，从而导致市场失灵（market failure），因而只要能在企业内部组织交易且所需成本比利用外部市场的交易成本低，企业便会自己来从事这些交易并使之内部化。巴克利等人由此得到启示：只要在某个地方国际资源配置内部化比利用市场的成本低，企业就会利用这种方法将其所拥有的特殊优势资本化和跨国化，即跨国公司是市场内部化过程的产物。因此，市场内部化理论渊源于科斯定理，是交易成本学说在国际投资领域的发挥。概括而言，市场内部化理论的基本观点是：

第一，用自然性市场非完善性代替结构性市场非完善性，并以此作为市场内部化理论的关键性前提，显然，在市场完全竞争的地方，内部化并不能改进外部市场资源配置的效率，因而巴克利等人承袭了海默的市场非完善性假设。但他们认为，市场非完善性并非规模经济、寡占或关税壁垒等，而是指由于市场失灵，以及由于某些产品的特殊性质（如知识产品在一定时期内具有"自然垄断"的性质）或垄断势力的存在，导致市场的交易成本增加。因此，要探究跨国公司产生的动因，必须考虑除生产以外的许多活动（如研究与开发、市场营销、就业培训、建立管理班子等），这些都是相互依赖且与中间产品（不仅仅是半成品和原材料，更为重要的是结合在专利权、人力资本之中的各种知识）密切相关的。而中间产品尤其是知识产品市场是不完善的，它与最终产品市场的不完善同样重要。上述市场非完善性构成企业内部化动机的关键前提。

第二，由于市场和企业是组织、配置要素和商品交换的两种基本途径，当企业内部交易成本低于市场交易成本时，交易应在企业内部即跨国公司所属各企业间进行，从而形成一个内部交易、内部转让的内部化市场。中间产品市场的不完善性，使得企业不能有效地利用外部市场来协调其经营活动，这是因为：（1）知识产品的特殊性质使得通过外部市场的交易成本很高。其特殊性质表现在：研究与开发耗时长、费用大，难以准确估价；具有"公共产品"（public goods）的特征且交易中仅涉及使用权的转让；具有"自然垄断"性，企业倾向于通过价格歧视（price discrimination）而不是许可证交易来使用它；市场交易中卖方与买方之间存在严重的信息不对称现象，产生交易的不确定性等。（2）资本密集的制造业中的中间产品、受自然影响较大的农产品以及矿藏地理分布集中的原材料产品等，作为行业特殊要素或地区特殊要素也有促使企业实行内部化经营的愿望和动机。因此，为了寻求利润最大化，面临上述市场不完善性的企业将力求使中间产品在其体系内实行内部化转移，即通过建立企业内部市场，利用企业管理手段来协调企业内部资源配置与产品交换，避免外部市场不完善对企业经营的影响。当然，市场内部化不可避免地要增加成本，如增加计算和控制信息的成本、增加通信联络成本、政治歧视等国际风险成本和管理成本等，但只要内部化进程所得到的优势能抵消且大于上述成本，市场内部化就会成为现实。

第三，内部化过程超越国界，跨国公司便应运而生，因此，内部化优势促成了企业的海外直接投资。但巴克利等人强调，外部市场的自然性、非完善性是相对于效率而言的，因此，内部化优势并不是指给予企业拥有特殊优势的这种资产本身，而是指这种资产的内部化过程（相对于把这种资产出售给外国生产者而言）赋予跨国公司以特有的优势。换言之，进行海外直接投资的跨国公司并不一定需要拥有垄断优势，而只需要创造比外部市场更有效的行政机构或内部市场。正如巴克利等人所说：跨国公司的优势是对"它过去投资于：（1）研究与开发设施（创造技术上的优势）的报酬；（2）发明紧密结合的一组技能（它能创造出大于个别技能总合的收益）的报酬；（3）创建信息传递网络的报酬。这种网络不仅可以使它以较低成本在企业内转移（1）和（2）的优势，而且可以保护这些信息（包括市场知识在内）不受外人染指"。拉格曼也明确指出，内部化实质上是指"把市场建立在公司内部的过程，以内部市场取代原来固定的外部市场，公司内部的调拨价格起着润滑内部市场的作用，使它能像固定的外部市场一样有效地发挥作用。"可见，基于自然性市场非完善性的市场内部化的实质是以有效的行政机构代替被扭曲的市场结构，跨国公司海外直接投资是为了更有效地转让技术或知识，避免因交易不确定性而导致的高成本交易。从一定意义上讲，跨国公司不仅仅是通过市场内部化谋取高额利润，而且也是一种全球范围内有效配置资源的社会组织形式。

第四，海外直接投资在跨国公司的国际经济交易方式中居于主导地位。这是因为，出口方式由于关税壁垒等的存在而不易采取许可证方式易导致技术扩散，仅适用于技术周期的后期；而对外直接投资有利于跨国公司获得在全球范围内分配专业技术所产生的全部利润，即通过内部技术转让以开发利用"无形资产"优势，并形成全球一体化生产网络，从而获得利润最大化。

（三）国际生产折中理论

国际生产折中理论（the eclectic theory of international production）是英国经济学家J. H. 邓宁于1976年提出来的。邓宁试图综合结构性市场非完善性理论和自然性市场非完善性理论的基本观点，建立一个有关国际生产的统一的、综合的一般理论模式，并用于阐释跨国公司海外投资所必须具备的各种决定因素。1981年，邓宁出版了名为《国际生产与跨国企业》的论文集，对其折中理论进行了系统的整理和阐述。

邓宁认为，自20世纪60年代以来有关国际生产的理论主要有产业组织理论、厂商理论和金融理论三种类型，但这三种理论均只对国际生产进行了片面的解释，且缺乏将国际生产与贸易或其他资源转让形式有机结合起来的统一模式。于是，邓宁博采众家之长，将上述三种理论的基本观点与有关区位理论的分析融为一体，形成了一种被广泛接受的最完全的国际生产理论模式，即国际生产折中理论或综合理论。该理论的核心内容是，企业从事海外直接投资是由该企业本身所拥有的所有权优势（ownership advantage）、内部化优势（internalization advantage）和区位优势（location advantage）三大基本因素共同决定的。这就是跨国公司海外直接投资的所谓OIL（Ownership-Internalization-Location）模式。

所有权优势在邓宁的几篇论文中的定义不尽相同，但主要是指企业拥有或能够得到的，别国企业没有或难以得到的无形资产和规模经济优势。具体包括：（1）技术优势。包括专门技术、专利和商标、生产诀窍、营销技能、研究与开发以及产品特异化能力。（2）企业规模优势。它是由于规模、垄断和获得资源的能力所产生的优势。如规模大的企业研究与开发能力强，产品创新优势突出；寡头企业易控制原材料和产品市场；大规模企业能充分利用各种要素禀赋、市场和政府干预等方面的国际差异，分散企业经营风险，获得规模经济优势等。（3）组织管理优势。大公司拥有完善的生产管理体系、组织体系和销售体系，拥有丰富的组织管理经验和大批各种类型的专业人才，且一些在小企业中无法施展才华的高级专业化管理人才在大企业中能得到充分利用，因而大公司易形成组织、管理等方面的优势。（4）金融与货币优势。大公司拥有雄厚的资金实力和较高的信用等级，因而其筹资渠道广泛，且能利用利率及汇率差异，筹措到相对廉价的资金。邓宁认为，跨国公司所拥有的所有权优势的大小直接决定其从事海外直接投资的能力。显然，邓宁有关"所有权优势"的观点承袭了海默-金德尔伯格理论的传统思想。

内部化优势是指企业为避免市场的非完善性而将企业所有权保持在企业内部所获得的优势。邓宁所说的市场非完善性既包括结构性市场非完善性（如竞争壁垒、政府干预等），也包括自然性市场非完善性（如知识性市场上信息不对称及高交易成本等）。邓宁认为，企业将其所有权优势内部化，可避免世界资源配置的外部市场非完善性对企业经营的不利影响，保持和利用企业技术创新的垄断地位，从而有利于获取最大化的利润。概括而言，内部化优势主要表现在：节约市场交易成本；回避特殊技术和商标的使用成本、买方的不确定性及政府的干预措施；确保商品品质并利于实施市场差别价格；有效控制投入物（包括技术）的供给及销售的条件；企业内相互补助可使市场中缺乏之物从内部弥补等。邓宁强调内部化对跨国公司国际生产具有十分重要的意义。跨国公司的国际竞争能力不仅是凭借其对技术的占有或传统的垄断优势，而主要是来自技术优势的内部化，因为只有通过内部化，在一个共同所有的企业内部实行供给和需求的交换关系，用企业自己的程序来配置资源，才能使企业所有权优势发挥最大效用。从这种意义上讲，内部化优势决定了企业海外直接投资的目的和形式。但市场内部化的目的仍在于保持和扩展垄断优势，因此，所有权优势和内部化优势还不足以解释跨国公司的海外直接投资的必要条件。显然，邓宁有关"内部化优势"的观点源于巴克利等人的市场内部化理论。

区位优势是指国内外生产区位的相对禀赋对跨国公司海外直接投资的吸引与推动力量。在现实经济生活中，区位优势是由东道国和母国的多种因素综合决定的。若东道国经济中的有利因素吸引外国投资者前去投资，则形成直接区位优势；若母国经济中的不利因素迫使企业到海外从事直接投资，则称为间接区位优势。概括而言，区位优势主要取决于：（1）劳动成本。由于国际劳动力市场的不完全性，尤其是妨碍各国之间劳动力转移的移民管制，导致实际工资成本的差异；而跨国公司在全球范围内配置资源的目标之一就是要使总生产成本最小。因此，企业在选择海外直接投资的区位时，必然优先考虑劳工成本较低的地区，特别是当产品技术已经标准化以后，企业更倾向于将生产活动转移到劳动投入的来源地。典型的例证是东道国廉价而丰富的劳动力会吸引国外企业前来从事劳动密集型的投资。（2）市场购销因素。尽管寻求廉价劳工成本的投资一直在迅速发展（尤其是在发展中国家增长很快），但在数量上相对并不重要（尤其是与在发达国家直接投资相比仍只是很小数目）。这主要是因为，国际性的竞争不只是包括为了提高生产率和降低劳动成本而在全球范围内选择投资地点，更重要的问题是在哪里出售产品和占有市场。正如亚当·斯密所指出的，"交换力"和"市场范围"最终限制着因分工带来的生产率的提高。因此，东道国市场规模、市场潜力、发展阶段以及当地竞争程度等市场购销因素对企业海外直接投资的决策有至关重要的影响。例如，市场位置相距遥远的国家，由于运输成本和通信成本较高而不利于开展贸易活动，但却能吸引海外直接投资活动；又如，若东道国竞争激烈，出口厂商会考虑在对方市场投资生产，以"当地制造"标签推销其产品。而更为重要的是，迎合东道国不同口味和需要的生产和营销活动，严重仰赖于东道国足够的市场规模和市场潜力。从一定意义上讲，全球经济增长的桎梏不是来自供给，而是来自需求，不管是对消费品，还是对工业品，跨国公司能在多大程度上从事专业化的生产和出售复杂的产品将取决于成熟的市场。为了寻找市场需求，当代跨国公司打破了所有国家间、地区间的界限，将生产性的环球工厂与环球购物中心相互补充，从而将全世界都作为其目标市场。但发展中国家相对于发达国家而言，其市场规模和市场潜力极其有限，这在很大程度上决定了当代跨国公司海外直接投资主要是在发达国家之间进行。（3）贸易壁垒。东道国关税和非关税壁垒的存在，会直接影响到跨国公司在直接投资和出口之间的选择。许多东道国一直有意识地将利用关税、配额和当地标准等手段作为吸引外国直接投资的重要手段，尤其是那些实行进口替代战略的发展中东道国，贸易壁垒可诱使那些过去向其出口的外国企业到当地进行直接投资。（4）政府政策。一般而言，政治、社会和经济环境等直接关系到企业海外直接投资的国家风险。母国和东道国的产业结构调整政策、母国对外投资的鼓励与限制政策、东道国引进外资鼓励与限制政策等，都会对外国企业进入东道国市场的方式产生直接或间接的影响。如母国的投资鼓励政策和东道国的引资优惠政策能增强企业海外直接投资的区位优势。（5）心理距离。前述由于经济条件不同形成的国内市场与国外市场的物质和经济距离是跨国企业区位优势的主要决定因素，而由于历史、文化、语言、风俗、偏好、商业惯例等因素形成的心理距离，也是区位优势的重要决定因素。一般而言，心理距离越小，企业海外直接投资的区位优势就越大。邓宁认为，区位优势不仅决定着企业从事国际生产的倾向，而且也决定着企业海外直接投资的部门结构和国际生产类型。不难看出，邓宁有关区位优势的阐释，不仅吸取了传统国际贸易理论关于国家比较优势的思想，而且承袭和发展了不少国际经济学者有关区位因素的分析。

邓宁在抽象出上述三个决定跨国公司行为和外国直接投资的基本因素的基础上，根据三种优势的不同组合来说明跨国公司如何在技术转移、出口和海外直接投资三种国际经济活动方式之间做出选择。若一国企业仅拥有所有权优势，则将选择许可证安排方式进行技术转移；若一国企业具有所有权和内部化两项优势，而无区位优势，则将选择国内生产然后出口的方式；而一个企业只有同时拥有所有权、内部化和区位三种优势时，才会选择对外直接投资方式。

（四）20世纪80年代后国际直接投资理论的新发展

1. 国际金融中心化理论

20世纪80年代，里德（H. C. Reed）从金融的角度来分析国际投资理论，提出了"国际金融中心化"。里德认为，以前的国际投资理论都没有意识到国际金融中心对国际投资区域的范围、规模的大小的影响，而且在国际投资活动中，金融中心起到了非常重要的作用。金融中心与全球证券投资管理、国际清算、跨国银行、通信交流和国际直接投资紧密相连。

里德指出，跨国公司的国际化是为了营运利益的最大化即股票和债券的利息最大化而不是收入的最大化又或者是成本的最小化。这样的目的这可使得企业致力于增强在资本市场和商品市场的竞争力。国际金融中心会对跨国公司的运营效应进行评估，而评估的依据主要是跨国公司股票、债券的价格。举例来说，若国际金融中心对某个跨国公司的评估结果显示出该公司的海外资产扩张过快且借贷比例过高时，国际金融中心便会降低该公司证券的市场价格，导致公司的营运效益开始下降，股东和债权者的收入下降，而在这样的压力下，该公司不得不调整经营方针和投资战略，降低海外投资。而此时如果该公司对金融中心的评估表现出不在乎的态度并拒绝采取任何措施，金融中心便会进一步压低其证券的价格，压迫该公司作出反应。由此可以看出，国际金融中心在国家直接投资活动中有着绝对的领导地位。

里德认为企业营运效益的下降是企业证券价格下跌的结果，这一观点有失偏颇，因为股票和证券价格的下降不是营运效益减少的原因，而应该是表象。但总体而言，里德的国际金融中心理论准确地指出了国际金融寡头，其中以国际金融中心为代表，对国际资本流动的影响和控制。

2. 小规模技术理论

自 20 世纪 50 年代起，西方已经诞生了很多有关直接投资的理论，但随着发展中国家跨国企业的发展与崛起，有更多的问题引起了理论界的思考，例如发展中国家的跨国企业如何进行海外投资、如何建立海外子公司？发展中国家的跨国公司如何与发达国家的跨国公司进行竞争？美国经济学家刘易斯·威尔斯（Louis J. Wells）早在 1977 年在题为《发展中国家企业的国际化》的文章中提出了"小规模技术理论"，他认为在大规模地生产中，现代化的技术是公司的竞争优势，但与此同时，小规模的生产技术也可以在竞争中占据优势。

1983 年，威尔斯才在其专著《第三世界跨国公司》中，对小规模技术理论进行了更详细的论述。威尔士认为，发展中国家的跨国公司的竞争优势体现在：其一，相较于大企业而言，发展中国家的市场规模小，生产技术具有成本低、劳动密集型等特点，因而具有相对优势。而低收入国家的商品市场的需求量有限，大规模的生产技术在小市场中难以实现规模效益，发展中国家在需求有限的市场中反而获得了竞争优势；其二，发展中国家跨国企业可以在国外进行民族产品的生产，据威尔斯的研究显示，以民族为特点的对外投资在印度、新加坡、我国香港等的投资中都占有很大的比例。独特的文化风格也为发展中国家海外市场的竞争提供了有力支撑；其三，低价营销战略，与发达国家跨国公司相比，发展中国家跨国公司往往采用低价策略，生产成本低、宣传费用少、物美价廉是发展中国家跨国公司的一大竞争优势，有助于快速抢占市场份额。

小规模技术理论被西方理论界认为是对于发展中国家跨国公司直接投资研究的早期代表性成果。威尔斯把发展中国家的市场特征与跨国公司的竞争优势结合起来，在理论上给后人提供了很多启发。

3. 辅助型国际直接投资理论

20 世纪 80 年代中期以来，跨国公司在本土化压力的驱使下逐渐开始发展本地的供应商，同时在母国进行人员的培训来对海外资源进行管理。考虑到传统的直接投资理论主要从海外生产的角度来进行研究，而忽略了新型的直接投资形式的发展，蒂姆·克雷格通过对松下电子公司全球化的研究，提出了辅助型国际直接投资理论。

他认为，传统的对外直接投资侧重于跨国企业的海外生产投资，试图解释为什么企业不以出口商或特许人的身份而以生产者的身份进入国外市场，以及与在一个熟悉的商业环境内经营的当地企业相比不具优势时，企业如何在国外市场进行成功的竞争。而对于今天的大多数的对外直接投资，首先，经验丰富的跨国公司正在逐渐获得对外国市场的知识，显著地降低了它们和国内竞争者在当地企业经营市值方面的差距；其次，跨国企业在很多外国市场的竞争不是来自拥有本土优势的地方性企业，而是来自同属非地方性的跨国企业；最后，许多非生产性对外投资的目的是以一种直接或间接的方式增强一个企业在世界范围内的竞争力而不是在海外市场与其他企业竞争。辅助型对外直接投资的主体是跨国公司，它指的不是具体某一类的投资，而是对跨国企业经营投资活动起到辅助作用的各种投资的集合。辅助型国际直接投资理论提出"向心力"指的是能够"拉动"后续阶段的对外直接投资流向初始投资项目，导致整合的、自成为一体的海外价值链的产生，而其中价值链分析的目的是试图界定链条上的每一活动是如何潜在地构成公司的相关成本，这有助于人们了解直接投资的动机。

4. 技术创新产业升级理论

20世纪90年代初期，英国学者坎特韦尔（J. Cantwell）和托兰惕诺（P. E. Tolentino）提出了"技术创新产业升级理论"，主要用来解释80年代以来发展中国家尤其是新兴工业化国家和地区对经济发达国家的直接投资速度增加的趋势，该理论认为，发展中国家对外直接投资的地理分布和产业分布是随时间变化而且可以预测的。

为了解释发展中国家和地区对发达国家和地区的直接投资活动，作者主要以技术累积论为基础，提出了两个假设前提：首先，发展中国家和地区产业结构的升级与进步是一个逐步积累的过程，这个过程表明，发展中国家的企业技术能力是稳定增强的；其次，发展中国家的企业技术能力的提高与对外直接投资的增长是有直接关联的，发展中国家的跨国企业的对外直接投资的形式与扩大速度和国际生产活动都受到现有的技术能力水平的影响。

根据他们的研究，发展中国家跨国公司对外直接投资受到两个因素的影响，一是国内产业结构是否合理，二是内生技术创新的能力是否足够。在"心理距离"的影响下，发展中国家跨国公司的对外直接投资的发展顺序可以理解为：首先，利用种族联系在周边国家进行投资；接下来，种族的重要性随着海外投资经验的累积逐渐下降，直接投资的范围由周边国家向其他发展中国家扩张；最后，工业化开始高速发展，产业结构发生变化，跨国企业的生产活动开始涉及高科技领域，因此对于先进的制造业技术的需求逐步增大，发展中国家开始向发达国家进行投资。如新加坡的跨国企业在计算机、基因工程、生物技术等领域，韩国跨国企业在软件开发、电信技术等领域都有着十分突出的地位。

技术创新产业升级理论对发展中国家以对外投资为手段来提高自身的技术创新与经验积累，进而优化产业结构、加强国际竞争力具有重要的指导意义，受到了西方经济理论界的高度赞赏。

（五）　对西方国际直接投资理论的简要评价

上述三类当代最具代表性的跨国公司海外直接投资理论，分别从各种不同角度对跨国公司海外直接投资的动力机制进行了分析考察，提出了各种各样的独立见解。各类理论尽管在分析角度、框架体系等方面各不相同，但它们至少有两大共同或相似之处：其一，跨国公司海外直接投资是遍及全球的产品和要素市场不完善性的产物。不完全竞争既是海外直接投资的一个基本特征，又是跨国公司形成一定优势并进而在国外市场竞争取胜的不可或缺的条件。尽管各流派对不完全竞争市场的阐释各异，但西方经济学中不完全竞争理论是当代国际直接投资理论的共同的理论基石。其二，要确保跨国公司海外投资活动有利可图，跨国公司必须具备当地竞争者所没有的各种独特优势，这是所有跨国公司海外直接投资理论分析的出发点。海默认为一系列垄断优势形成跨国公司海外直接投资的根本动因；维农基于产品周期各阶段比较优势的变化，认为维持长久的垄断优势是跨国公司海外直接投资的持续性动因；巴克利等人认为市场内部化优势促成企业海外直接投资；而邓宁则强调所有权优势、内部化优势与区位优势的综合作用。可见，海外直接投资是企业具备相应优势条件下展开的对外经济扩展行为。

从一定意义上讲，西方主流经济学关于对外直接投资的理论分析，均有一定道理，对我们研究跨国公司海外直接投资动力机制是有所裨益的。但深入分析之后，我们不难发现各种理论存在的缺陷：

第一，垄断优势理论是第二次世界大战后最早的有关外国直接投资的独立的一般性理论。在海默之前，没有人清楚地区分直接投资和有价证券投资，因而垄断优势理论的最大贡献在于开创了对外直接投资研究领域的范例，在解开跨国公司之谜方面迈出了重要一步，对我们今天理解跨国公司直接投资行为仍至关重要。该理论为垄断资本主义制度下跨国公司开展海外直接投资提供了理论依据，在一定程度上说明和解释了发达国家跨国公司在海外的纵向投资及相互水平型投资发展的动机和原因，特别是较好地阐释了美国跨国公司海外直接投资急剧发展的动因。但是，垄断优势理论作为海外直接投资动力的分析大多是经验性和描述性的静态分析，缺乏抽象的实证分析以及动态分析；不能解释拥有垄断优势的跨国公司为什么不以技术转移、出口及其他形式进入国家市场，也不能解释并不拥有绝对垄断优势的中小企业的海外直接投资行为。

产品生命周期理论作为垄断优势理论一个颇具影响的流派，动态地分析了企业在产品的各个市场阶段中，主要由技术因素组成的比较优势的增减变化，在解释技术创新国海外直接投资的动因方面更有说服力，尤其是能较好地解释劳动密集型产业在不同经济发展程度的国家间的梯度转移的进程。但基于美国跨国公司海外直接投资活动概括得出的产品生命周期理论，难以解释20世纪70年代中期以后对外直接投资中的新现象。如由于产品的初创期缩短，成熟期早日到来，使得对外直接投资提早发生，许多产品在产品初创期就同时在国内和国外生产。如日本索尼公司首先掌握生产彩电的新技术后，却立即把生产地点移至拥有更大市场的美国。公司总裁盛田绍夫解释说："尽管1970年我们在圣地亚哥建立电视机厂时，日元对美元的比价是360∶1，运营费在美国要比在日本高得多，但我们的政策是哪里有市场就把工厂建在哪里。"而技术创新国增多，尤其是发达国家间技术差距日趋缩小，发达国家间产业内双向投资发展迅速，这是产品生命周期理论难以解释的。同时，在真实的市场经济中，产品竞争优势中的成本因素并不是唯一因素，且其重要性在下降；而各种非价格因素（如在标准化阶段，产品的质量、品牌、售后服务及其区别于其他产品的独特性等）正越来越引人瞩目，出现了产品"标准化后的非标准"现象。因此，仅考察生产成本（尤其是劳动成本），而忽视其他综合成本因素，难以对跨国公司海外投资活动作出令人信服的解释。

第二，市场内部化理论以市场失灵为起点，以消除交易费用和经济风险为目的来论证内部化的必要性和优越性，在理论上有一定的创建性。在该理论中，跨国公司被认为是当代企业内部国际分工的组织形式，因此该理论从生产一般的分析角度，较好地解释了跨国公司的性质及其海外直接投资行为。但是，企业内部化优势在商品经济社会中是始终存在的，而企业海外直接投资是商品经济发展到一定阶段的产物，因此，市场内部化不足以阐释海外直接投资的初始动力。同时市场内部化理论虽然阐明了企业如何用直接投资取代出口的国际经济活动方式，特别是极好地解释了跨国公司为什么常常运用转移定价这一策略，但它不能解释对外直接投资的地理方向和跨国公司经营的布局，也不能解释产业在国际上转移、传递的实践。

第三，国际生产折中理论作为迄今最完备的、被人们最广为接受的综合性国际生产模式，被誉为国际直接投资领域中的"通论"。该理论对各家学说兼收并蓄，创建了"一个关于国际贸易、对外直接投资和国际协议安排三者统一的理论体系"，因而该理论使用范围广泛，解释性强。特别是该理论从企业最优化经营的角度分析跨国公司海外直接投资的各主要决定因素，既可阐释跨国公司海外直接投资的动力机制，又可阐释吸收外国直接投资的引力机制，其战略决策和经营方法值得借鉴和研究。但该理论"没有说明三大优势的相互关系及其时间过程中的动态发展"，同时，"将所有权优势分离出来单独存在的合理性值得怀疑，在逻辑上是多余的"。更为突出的是，"平庸的折中与杂烩式的兼容"使该理论算不上独辟蹊径的新论，且它并没有超出厂商理论的框架，未涉及社会经济关系和第二次世界大战后国际政治经济环境的重大变化，与国际直接投资实践活动时有脱节，不能从根本上揭示跨国公司海外直接投资的本质及其发展的社会历史条件。

第四，20世纪80年代后出现的国际直接投资理论在前人的基础上有了发展与进步，同时也不免有其局限性。

里德的国际金融中心化理论指出了国际金融中心，其中以金融寡头为代表，在20世纪80年代后对国际资本流动和国际直接投资的影响与控制，为从金融角度分析国际直接投资理论的发展提供了基础与启示。但是，在国际金融中心化理论中，里德认为企业营运效益的下降是企业证券价格下跌的结果，这一观点有失偏颇，因为股票和证券价格的下降不是营运效益减少的原因，而应该是表象。

小规模技术理论将发展中国家的市场特征与跨国公司的竞争优势相联系，因而也被西方理论界认为是对发展中国家跨国公司研究理论中的早期代表理论，同时该理论为发展中国家跨国企业在国际化早期阶段如何更好地赢得国际竞争优势提供了启示。但是，小规模技术理论以产品生命周期理论为基础，将发展中国家跨国公司的竞争优势仅仅局限在小规模生产技术的使用范围内，使得该理论难以解释为什么发展中国家内拥有高新技术的跨国企业出现大量投资行为，也难以解释为什么发展中国家向发达国家的直接投资日益增加。

辅助型国际直接投资理论指出了传统的对外直接投资理论的局限性，试图对新型的投资形式进行解释，它将各种对企业经营投资活动起到帮助作用的投资集合视作辅助型投资，为海外价值链的产生与发展提供了理论支持，但是该理论同时也忽略了知识创新与知识转移在投资过程中起到的重要作用。

技术创新产业升级理论对发展中国家以对外投资为手段来提高自身的技术创新与经验积累，进而优化产业结构、加强国际竞争力具有重要的指导意义，受到了西方经济理论界的高度赞赏。

三、国际资本流动的效应

（一）理论模型

李嘉图认为，在国际上，财物是可以自由流动的，但是生产要素不能自由流动，因为在国内，生产要素的移动受到制约，也就是说，财物和生产要素的流动在国际上具有不对称性，能在国内流动的资本很难在国际市场上流动，总结来说，就是生产国际化不可行而交换国际化可行。然而，实际上，生产要素在国际上是可以自由流动的，而且流动范围和深度在逐渐加强。

国家对于生产的物品的用途往往有二：一是消费，二是投资。消费是为了满足目前的需求，投资是用来满足未来的需求。当下可以通过减少消费来增加投资，从而带来未来消费与投资能力的增加，也就是说，未来的消费与当下的消费可以进行交换。而在国际上进行资本流动的时候，如果一国向另一国借款，说明该国当下需要的消费量已经超过其自身的生产水平，借款也同时意味着还款时会支付相应的利息，必然会挤占未来的消费，导致未来消费的降低，而一国向另一国贷款的情况则与此相反。假设 r 为实际利率，那么未来的归还量则是借入量的（$1+r$）倍。利用图 6-1 来对国际资本流动效应进行分析。

图 6-1 中横轴指的是资本使用量，纵轴表示的是资本边际生产率，AN 线指的是本国的资本边际生产率与资本使用量之间的关系，BL 线指的是外国的资本边际生产率与资本使用量之间的关系，从这两条线可以看出资本的边际收益是递减的，OJ 为本国的资本量，PJ 是外国的资本量，可以看出，本国资本富裕而外国资本短缺。

在资本不流动的情况下，当本国将资本 OJ 投入生产时，总产量为 $OAIJ$ 表示的面积，资本收益为 $ODIJ$ 表示的面积，而其他要素的收益为这两者之差，即 ADI 表示的面积。而外国将资本 PJ 投入生产时，总产出为 $GLPJ$ 表示的面积，资本收益为 $GKPJ$ 表示的面积，而其他要素的收益为这两者之差，即 GLK。

在资本流动的情况下，本国和外国的资本边际生产率分别是 OD 和 PK，OD 小于 PK，此时，本国资本向外国流动，也就是从低收益的国家向高收益的国家流动，而本

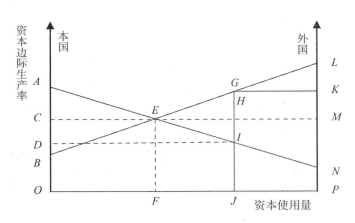

图 6-1　国际资本流动分析示意图

国流向外国的资本量用 *FJ* 来表示。

首先，在生产方面，本国的总生产随着资本的流出而下降，下降的量为 *OAIJ* 减去 *OAEF*，即 *EFJI* 表示的面积。外国的总生产会随着资本的流入而上升，上升的量为 *PLEF* 减去 *PLGJ*，即 *GEFJ* 表示的面积。由此可以看出，外国由于资本流入而上升的产量大于本国由于资本流出而降低的产量，大于的值为两者的差值，即 *GEI* 表示的面积。

其次，在收入方面，虽然本国的总产量下降了，但是国民收入反而上升了，由图中可以发现，*FJ* 的扩大会带来 *FGI* 及 *EHI* 的增加，而 *EFI* 又是构成 *EHJF* 即资本收益的一部分，而 *EFJI* 代表的是本国减少的生产量，国民收入的增加部分为两者之差，即 *EHI* 表示的面积。同理，对于外国来说，*GEH* 表示的面积为国民收入增加的部分。

上述分析表明，不考虑现实中种种复杂情况，仅仅从理论上来说，国际资本流动一方面可以促进资本流入国获得更高的净收益，另一方面也可以提高资本流出国的资本收益，同时通过资源的合理配置来提高世界的总产量。

（二）国际资本流动的双重效应

国际资本流动在本质上是生产要素的国际化配置和组合。国际资本流动的大规模发展对资本输出国、资本输入国以及国际经济势必产生深远的影响。一般来讲，这种影响是双重的，即既有积极的作用，也不乏消极影响。

1. 对资本输入国的影响

对资本输入国的积极影响：

第一，促进和加快资本输入国的经济发展。国际间接投资可以通过资本市场将资金补充到资金缺乏的部门和地区，直接投资则可以直接弥补产业的资金缺口。如第二次世界大战后美国对西欧大规模的资本输入，为西欧各国经济恢复和发展补充了资金来源，带去了先进的技术并促进了西欧新兴工业部门的建立和发展；同时，使西欧各国的管理水平也大为提高。又如资金和技术都较紧缺的发展中国家，引进外资并能妥善管理和使用者效益显著，当今世界新兴的工业化国家和地区即是明证。

第二，促进资本输入国某些相对落后地区的工业发展，并在一定程度上加速了资本输入国经济结构的改造。如英国的北爱尔兰和苏格兰是英国相对落后而有待进一步发展的地区，国际资本尤其是美国资本的流入，使该地区的工业基础得到加强，并在某种程度上改造了上述地区原先落后的经济结构。

第三，从长期来看，资本输入国通过逐步建立外向型企业，扩大资本输入国的出口规模，增强国家的出口创汇能力，进而改善国际收支。

第四，增加国家财政收入。在发展中国家或是发达国家，流入的资本主要用于企业的创设和改建，通过对旧有企业的改建来提高企业的生产能力、引进先进的生产技术与设备，通过对新企业的创立来提供就业岗位、扩大生产规模。这样，资本的流入可以起到增加就业机会，提高国民生产总值，进而增加国家的财政收入的作用。

对资本输入国的消极影响：

第一，在一定程度上加深了对国际资本的依赖程度，有些经济领域甚至可能在某种程度上为国际垄断资本所控制。对于那些外资依附性较高的国家，一旦世界经济情况发生逆转或国际金融市场发生重大变化，外资就会抽走，势必导致该国经济陷入困境，如亚洲金融危机即是明证。

第二，对资本输出国的国内外市场形成某种程度的威胁。如20世纪80年代以来，国际资本大量涌入美国的意图就是要绕过各种关税和非关税壁垒，打入美国国内市场，同时挤占美国国外市场。又如20世纪末，俄罗斯遭遇严重资金短缺问题，资本大量流入，在国际贸易市场中遭受到不公平的经济待遇，受到发达国家在政治和经济方面的控制。

第三，外国资本对本国国际收支平衡的影响程度加深。资本输出国将投资收益汇回母国时意味着输出国在资本流动方面掌握了主动权，而资本输入国相对陷入了被动的境地，当输入资本过多时，若资本超过本国的承受能力，输入国可能会出现无力偿还债务的情况，爆发债务危机，又或者是资本过多但是没有进行有效管理时，本国的经济难以获得长远的发展，这都会导致国际收支失衡。

第四，资本输入国的某些尖端技术、科技情报、技术诀窍可能为资本输出国获得，从而使资本输入国丧失在某些部门的领先地位。

2. 对资本输出国的影响

对资本输出国的积极影响：

第一，有利于占领世界市场，促进商品输出。如一直是国际资本的重要输出大国的英国，与世界80多个国家和地区有贸易关系，其贸易自1966年以来一直顺差，2008年顺差高达836亿美元。

第二，有利于资本输出国获取国内经济发展所急需的原料、燃料和其他紧缺资源。若一国拥有丰富的原料、燃料或其他资源，而另一国在这些方面有着需求缺口，则后者可以作为资本输出国，可以通过对他国输出商品或者是对外贷款等方式来进行资源的交换，以彼之长，补己之短。

第三，大量对外输出资本可加强本国垄断资本的实力。大量资本的输出有利于优先寻找海外商品销售市场，同时也有助于迅速扩大市场，从而获得更多的利润，与此同时，资本输出国可以将巨额利润汇回，汇回的资本可以帮助扩大资本积累及改善国际收支，国内的资本扩张进一步促进了资本的输出，形成一个良性循环的过程。

第四，有利于提高国家的国际地位。资本输出一般代表着国际的物质与能源丰厚，在进行政治与经济联系时更有基础与能力，更有利于国家国际地位和声誉的提高。资本输入国容易在经济上依赖于资本输出国，经济上的依赖性必然会导致政治上主导权的削弱，所以相较于资本输入国，资本输出国在政治与经济上有着更高的地位。

对资本输出国的消极影响：

第一，如果资本输出国本身的投资需求量较大却过多输出资本，将会促使利率上升，而不利于国内经济增长。短期资本的大量流出会加剧国际收支不平衡，进而引起利率的上升和汇率的剧烈波动，若资本输出国难以有效地稳定汇率、控制通货膨胀，必然引起国内经济的不稳定，国内的投资需求没有办法得到满足，国内的经济发展必然受阻。

第二，资本输出过多可能加速国内传统工业部门的衰落，使结构性失业日趋严重。资本输出伴随着国内投资的下降，而先进技术和投资带来的相关经济效益可能会转移到资本输入国，从而导致本国的传统工业部门的发展受到影响，生产水平下降，降低国内的就业供给，国内的就业市场不景气，传统工业部门陷入困境，国家财政收入下降，进而对国内的政治与经济环境造成不良影响。

第三，资本输出过多，风险性较大。如 21 世纪以来，以美国为代表的发达国家的资本输出使国际市场出现了普遍性的流动性过剩，资本收益率下降，大量逐利资金流向投机型行业，成为催生 2008 年金融危机的重要原因之一。

3. 对国际经济的影响

国际资本流动的发展对国际贸易、国际货币金融乃至整个世界经济都产生了深远的影响。

对世界经济的影响。由于国际资本流动不仅仅是资金在国际上的流动，它还包括资源、技术和管理技能的国际转移，发达国家的先进技术、管理经验、机器设备和人才资源等会向发展中国家流动，它有利于生产要素在全球范围内优化配置，加速新国际劳动地域分工的形成与发展，促进全球经济效益的提高，从而带动整个世界经济的发展，加速了全球经济一体化进程。国际资本的流动也有助于经济主体跨越贸易壁垒与经济管制，国与国之间的交流与协作更加自由。而在另一方面，国际资本流动的发展增加了世界各国经济的相互联系和依赖，扩大了国际经济合作的广度和深度，加速了世界各国经济发展的不平衡性，尤其是南北差距进一步扩大；加剧了各国在世界经济领域的竞争，在某种程度上激化了世界各类国家之间的矛盾；虚拟经济的过度发展，使整个世界经济发展的不稳定性增强等。

对国际贸易的影响。（1）国际资本流动扩展了国际贸易的领域，联合国贸发组织数据显示，全球跨国企业生产活动继续扩大，盈利处于历史较高水平。截至 2014 年底，全球最大的 5000 家跨国企业共持有 4.4 万亿美元现金，比 2008—2009 年危机期间的平均水平高 40%。2015 年，发展中国家跨国公司投资达到纪录水平，亚洲投资量最大。在世界科技开发和技术贸易的领域，来自美国、德国、日本、英国等 12 个发达国家的跨国公司，占据着主导地位。（2）国际资本流动扩大了国际贸易的规模，国际资本的流动促进发达国家之间的贸易往来，并且影响了发展中国家的经济环境，从而带动更多地区加入世界经济一体化的进程中，促进国际贸易规模的全球化扩大。第二次世界大战后国际贸易的增长速度明显快于世界经济的增长速度，国际资本流动的推动作用不可低估。（3）国际资本流动对第二次世界大战后国际贸易的商品结构和地区结构的变化起到了巨大的推动作用。如战后国际资本流动主要在发达国家之间进行，这在很大程度上决定了国际贸易也主要在发达国家之间进行。国际资本流动还促进了国际技术转移，扩大了技术贸易在整个贸易中的比例。

对国际货币金融的影响。一方面，促进了国际银行业的发展，有利于个别经济主体利用虚拟交易回避风险，加深了金融业的国际化，对银行业的影响尤为明显，如今，银行网络遍布全球，跨国银行迅速发展。另一方面，国际金融市场游资充斥，资本流动性过大，在各个国家、各个区域、各个经济主体之间非均衡流动，加剧了国际金融市场的不稳定性；各国在制定和执行货币金融政策等方面也增加了难度，等等。

第三节　当代国际资本流动的特点

一、21 世纪以前国际资本流动的回顾

（一）1914 年以前的初始阶段

这一阶段从 18 世纪末 19 世纪初开始到第一次世界大战前夕。随着两次产业革命的进行，生产力迅速发展，国际分工体系和发达资本主义国家相对过剩格局初步形成，使国际资本流动具备了物质基础。在这一个多世纪的时间里，国际投资增长了两倍多。到 1914 年，各主要工业国的对外投资总额超过了 410 亿美元。

在投资方式上，国际间接投资占主导。1913 年英国占全球投资总额的 1/2，其中 70.7% 的对外投资为证券投资；法国以债权资本输出为主，故而有"高利贷帝国主义"之称。直到 1914 年，国际资本流动的 90% 都是证券投资，生产性直接投资仅占 10%。

这一阶段，国际投资的主要特点有：投资国主要为英国、法国、德国等少数国家，且以英国为主；投资来源主要是私人资本；投资形式主要是国际证券投资；投资主要用于东道国的资源开发和基础设施建设；资本输出国获得巨大收益。

（二）1914—1945 年的低迷徘徊阶段

这一阶段为两次世界大战的时期。两次世界大战的爆发使这一期间的国际资本流动受到严重的影响。除在战争之间的少数几年有暂时的恢复和发展外，国际投资几乎没有。到 1945 年战争结束时，主要国家的对外投资总额下降到 380 亿美元。

在这一阶段，国际投资的主要特点有：国际长期资本来源地由英国转向美国；投资

来源仍以私人资本为主，但官方投资的规模在迅速扩大，主要表现在美国政府的对外投资；国际投资仍然以间接投资为主，资本主义国家的海外直接投资不足 1%，1920 年美国的私人海外投资 60% 为证券投资，1930 年英国的对外投资 88% 为间接投资。

（三）1945—1979 年的恢复增长阶段

从第二次世界大战到 20 世纪 70 年代末，世界政治局势平稳，经历了第三次工业革命，因而国际投资迅速恢复并开始增长。发达资本主义的对外投资总额由 1945 年的 510 亿美元增长到 1978 年的 6000 亿美元。

这一阶段资本流动的特点是：国际投资活动逐渐复兴，呈现出快速增长的势头；整个国际投资活动以美国为主导；此阶段的投资方式以对外直接投资占主导地位，国际直接投资总额从 1945 年的 200 亿美元上涨到 1978 年的 3693 亿美元，占国际投资总额的比值由 39.2% 上升到 61.6%；主要发达国家的私人海外直接投资存量从 1960 年的 537 亿美元上涨到 1979 年的 4472 亿美元，增加了 7 倍多。

（四）1980—1999 年的迅猛发展阶段

由于科技进步、金融创新、自由化、跨国公司全球经营战略的共同作用，20 世纪 80 年代以来国际投资迅猛发展，出现了直接投资和间接投资齐头并进的局面。据世界银行统计，1989—1999 年的 10 年间，全球总投资流量占 GDP 比重由 8.5% 上涨到 18.3%，其中直接投资由 2% 上涨到 4.6%，间接投资由 6.5% 上涨到 13.7%。美国仍然是最大的投资国，日本迅速发展成为投资大国，以德国、英国为首的欧共体由于经济区域集团化趋势的加强，对外投资速度大大增加，整个国际投资领域呈现出美国、日本和欧共体成员国"大三角"国家的三足鼎立的态势。

二、21 世纪以来国际资本流动的新特点和新趋势

（一）国际资本流动总量的变化

进入 21 世纪，全球对外投资随着世界经济发展状况呈现出较大波动。全球对外投资经历了 2000 年的历史高点后，连续两年大幅下降，在 2003 年微量调升，全球外国直接投资总额为 6530 亿美元。2004 年至 2007 年进入高速增长阶段，世界各大经济体引资量和投资平均每年增长 37% 左右。2008 年以来，全球外国直接投资遭受了经济和金融危机的严重影响。2013 年全球外国直接投资从 2012 年的 1.32 万亿美元上升至 1.46 万亿美元，比 2012 年提高了 11%。2014 年全球外国直接投资流入量减少至 1.23 万亿美元，下降 16%，主要原因是全球经济脆弱、投资者的政策不确定以及地域政治风险高。

但是，从长远来看，考虑到以生产为基础的国际分工日益深化、贸易和投资政策日趋自由化、世界经济全球化发展的趋势以及科技进步等因素影响，国际直接投资的增长仍大有余地。联合国贸发会议（UNCTAD）发布的《2015 世界投资报告》指出，2015

年，全球外国直接投资流入量将增加到 1.4 万亿美元，2016 年预期将进一步增加到 1.5 万亿美元，2017 年增加到 1.7 万亿美元。

（二）　国际资本的区域流向变化

21 世纪以来世界经济发展产生了诸多变化，进而使得趋利避险的国际资本也作了适时的调整，地域流向发生了相应的变化。

第一，国际投资格局由"三足鼎立"发展到"多足鼎立"，呈分散化、全球化趋势。21 世纪以来，国际投资区域格局呈现出多元化的格局，发展中国家在国际投资领域占据越来越重要的作用。2008 年的全球金融危机改变了全球外国直接投资的投资格局，流入发达国家的国际投资大幅下降至 28%，发展中经济体和转型经济体占全球外国直接投资流量的比例急剧上升到 43%。2013 年发展中经济体吸收的外国直接投资占全球总流入量的 52%。2014 年流入发展中国家的外国直接投资达到历史新高，为 6810 亿美元，占全球外国直接投资总流量的 55%。在世界上前 10 名外国直接投资接受国中，有 5 个是发展中经济体。2014 年发达国家的流量下降到 4990 亿美元，下降了 28%。其中，2014 年流入美国的外国直接投资减少到 920 亿美元，对欧洲的外国直接投资减少到 2890 亿美元，下降了 11%。而中国的 FDI 流入量达到 1290 亿美元，占到东亚流入量的一半以上，成为世界上最大的外国直接投资接受国。由此可见，国际投资格局逐渐由 20 世纪 90 年代日益发展的美国、欧盟和日本"三足鼎立"发展到"多足鼎立"，国际投资格局已呈分散化、全球化趋势。

在外国直接投资流出量方面，发展中经济体外国直接投资流出量超过世界总计的三分之一。2014 年，发展中经济体的多国企业在国外投资近 4680 亿美元，比 2013 年增加了 23%。发展中和转型期经济体在全球 20 个最大投资经济体中占了 9 个。发展中经济体流向其他发展中经济体的外国直接投资存量增加三分之二，从 2009 年的 1.7 万亿美元增加到 2013 年的 2.9 万亿美元。从发达国家流出的外国直接投资 2014 年稳定地保持在 8230 亿美元。其中，从欧洲流出的外国直接投资大致保持在 3160 亿美元，德国作为欧洲最大的直接投资国，其流出的外国直接投资几乎增加了两倍，法国的外流量也大幅度增加。其他主要投资国，如加拿大和美国，直接投资流出量都只略有增加，日本资本外流减少 16%。

从资本类型来看，发达和发展中经济体的外国直接投资外流在组成方面各有不同，一半以上的发展中国家外流的资本主要是股权投资，而发达国家的外流资本则包含较多的再投资收益股份。

第二，转型经济体吸收外资难度加大、对外投资减少。转型经济体系指东南欧国家、独立国家联合体和格鲁吉亚。2014 年，流入转型经济体的外国直接投资为 480 亿美元，减少了 52%，这主要是由于区域冲突、油价下跌和国际制裁削弱了外国投资者对独立国家联合体的信心。俄罗斯是该区域最大的东道国，但在 2014 年外国直接投资流量下降了 70%，主要原因是国内的负增长前景和俄罗斯联邦石油公司 Rosneft 与英国石油公司 BP 的一笔巨额交易。在俄罗斯国内，投资者的来源地分布发生变化，来自发达国家多国企业的新投资放慢，其他国家的投资在增加，中国在 2014 年成为俄罗斯的第五大投资国。以自然资源为基础的多国企业，主要是俄罗斯的多国企业，因国际金融市场的限制和大宗商品价格低廉而减少了它们在国外的投资，因此转型期经济体的对外直接投资在 2014 年减少到 630 亿美元，减少了 31%。

第三，拉丁美洲和加勒比地区的外国直接投资流量经过十几年的强劲增长后开始下降。由于大宗商品价格飙升，引起南美洲采掘业的外国直接投资的急剧增长，这种增长推动拉丁美洲和加勒比地区的外国直接投资十多年的强劲增长。但是，随着大宗商品价格下降，中美洲的跨境并购大幅减少，使得对南部拉丁美洲采掘业的投资减少，该区域的外国直接投资前景不再乐观。2014 年流向拉丁美洲和加勒比地区的外国直接投资减少了 14%，为 1590 亿美元，2014 年向南部拉丁美洲的投资连续第二年减少，下降14%，为 1210 亿美元，除智利以外，所有的主要接受国的外国直接投资都出现负增长。

第四，流向结构薄弱、脆弱和小型经济体的外国直接投资出现此起彼伏的态势。在2004 年至 2014 年间，最不发达国家和小岛屿发展中国家的外国直接投资存量翻了三番，内陆发展中国家翻了四番。2014 年，流向最不发达国家的外国直接投资达 230 亿美元，增加 4%，主要表现在埃塞俄比亚、赞比亚、缅甸和老挝外国直接投资的增加。莫桑比克的外国直接投资流量大幅度减少。其他接受国，包括孟加拉国、柬埔寨、刚果民主共和国以及坦桑尼亚联合共和国等也出现了外国直接投资增长薄弱或者负增长的情况。2014 年，流向内陆发展中国家的外国直接投资减少 3%，为 290 亿美元。在这些国家中，亚洲国家的减少量最大，其中蒙古国投资流入量连续三年减少。虽然呈现减少的趋势，但是外国直接投资仍然是内陆发展中国家外部融资的主要来源，它在全球金融危机后超过了官方发展援助。2014 年，流入小岛屿发展中国家的外国直接投资增加 22%，达到 70 亿美元，主要是由于跨境并购销售的增加。其中，特立尼达和多巴哥、巴哈马、牙买加和毛里求斯是流向小岛屿发展中国家的外国投资的最大目的地国，占总量的72% 以上。特立尼达和多巴哥流量因石化业的一次 12 亿美元的收购而大幅度增加，跨境收购也推动了毛里求斯外国直接投资流量的增加，巴布亚新几内亚的石油和气体业发生了一些跨境巨额交易。

（三）国际资本流动方式的变化

21 世纪以来，国际资本流动的方式发生了深刻变化，主要表现为国际资本证券化趋势加强，跨国公司国际化程度得到很大提高，成为推动经济全球化的中坚力量。

第一，国际资本证券化趋势加强。21 世纪以来，国际证券投资发展迅速。主要表现为：（1）国际债券市场总额从 2002 年到 2014 年的十多年间增长了 2 倍多。近十几年来，以跨国银行为主体的国际金融机构的资产规模急速增长，随着融资证券化趋势的发展，国际信贷在国际金融市场中所占的比重不断降低，跨国银行成为重要的国际债券发行人和投资者，国际金融机构在国际债券市场上占据绝对主导地位。对于国际债券，从发行主体看，发达国家占绝对优势，且金融机构发行者占主导地位；从期限结构来看，国际债券以中长期为主，货币市场工具占比较低；从发行的币种看，美元和欧元的竞争格局逐渐形成。同时，随着金融全球化趋势的加深，各国国内债券市场的开放程度日益扩大，各国国内债券越来越吸引国外投资者。对于国内债券，发达国家仍占主导地位，国债市场是主导市场。（2）国际股票市场经历大幅波动后逐渐回暖。2001—2002年，随着新经济泡沫的破灭，全球经济增速放缓，"9·11"事件和安然事件等不利因素的影响，使得以美国为代表的发达国家股市开始出现大幅下跌，带动国际股票发行大幅下降。2003年以后，全球经济较为平稳，国际股票发行随之增长，直到2007年底爆发全球金融危机，使得2008年国际股票发行下降到3922亿美元，2009年，全球经济逐渐回暖，国际股票发行又出现了新一轮的增长。（3）各种金融衍生工具日新月异，无论是在品种还是规模上都取得了巨大的发展。21世纪以来，随着金融市场全球化趋势的加强，各国金融管制进一步放松，特别是欧盟取消成员国之间对证券投资和衍生交易的限制，推动了衍生金融市场的发展。目前，场外衍生市场已经发展成为各类金融产品市场中国际化程度最高的市场，金融衍生品交易在国际间接投资中占据越来越重要的地位。

第二，跨国公司国际化程度得到很大提高，成为推动经济全球化的中坚力量。主要表现为：（1）跨国公司数量急剧增加。2008年，世界跨国母公司大约有82000家，相较于20世纪90年代初的37000家，增长了1.21倍。其中，发达国家和地区跨国公司母公司为58000家，其海外分支机构约为366000家，发展中国家和地区、东南欧以及独联体国家跨国公司母公司23000家，其海外分支机构约为440000家。（2）跨国公司的集中化趋势更加突出。21世纪以来，发达国家仍旧在国际直接投资领域占主导地位，美国、德国、英国、日本和法国这五国的对外直接投资约占世界对外直接投资总额的2/3，而它们的对外直接投资主要由为数不多的大型跨国公司完成，集中化趋势明显。（3）跨国公司的国际化经营程度得到很大提高。这突出表现为世界最大的100家跨国企业的平均TNI[①]指数由2007年的62.4%上升到2012年的64.6%，发展中国家最大50家跨国企业的TNI指数由2007年的50.7%上升到2012年的55.3%。从行业的角度，国际化程度最高的是电子、电器设备、计算机、制药、食品、饮料、烟草、电信、化工、机械与工程以及金属加工，在世界最大的100家跨国公司中，它们的平均TNI指数在65%以上。

（四）国际资本流动部门结构的变化

在第一产业中，初级产品部门的投资在国际直接投资行业格局中的地位逐步降低，2004—2013年，初级产品部门的比重在发达国家为6%，发展中国家为11%。其中，矿业、采掘业和石油业占主导地位，不论是发达国家还是发展中国家，流向初级产品部门的FDI的90%以上集中于这几个行业。

21世纪以来，第二产业在国际直接投资行业格局中的比重也在下降。2004—2013年，制造业部门的比重在发达国家为42%、发展中国家为46%。制造业的投资由原来的资源、劳动密集型转向资本、技术密集型行业，投资形式上出现了低股权、非股权安

---

　　①　跨国化指数（Transnationality Index，TNI）。跨国化指数＝（国外资产/总资产＋国外销售额/总销售额＋国外雇员数/总雇员数）/3×100%。该指数用来综合评价企业国际化程度，即跨国化指数越高，企业的国际化程度就越高。

排和跨国公司战略联盟。

国际直接投资的行业重点是第三产业——服务业，全球每年的投资流量中有55%～60%投向服务业，受2008年金融危机影响，这一数值有所下降，随后开始回升。向服务业投资的长期转变仍在继续，2012年，服务占全球外国直接投资存量的63%，几乎是制造业的占比（26%）的2.5倍，是第一产业的占比（7%）的9倍。由于服务业占全球附加值的70%，因此原则上服务业外国直接投资在全球外国直接投资中的比重可能会进一步上升。除了世界经济结构的长期趋势以外，在服务业外国直接投资额和比例增加的背后还有一些其他因素，其中包括：东道国服务部门自由化程度提高，使服务更易于交易的信息和通信技术发展，全球价值链的兴起推动了制造业方面的服务国际化。

三、21世纪以来国际资本流动变化的主要原因

（一）世界经济一体化趋势的加强

世界经济一体化是当代国际经济关系日益密切的反映，它既是跨国公司在全球范围内进行大规模国际直接投资、组织跨越国界的生产经营活动的结果，又为其更大规模国际直接投资的展开提供了畅通的渠道。世界经济一体化一方面表现为生产的国际化。生产国际化主要是指生产力的发展突破了国家疆界的限制和束缚，开始了使各国的社会再生产日益交织和密切的过程。现代生产由于国际分工和合作在广度和深度上的发展已在一定意义上成了国际性生产。世界经济一体化的另一个表现形式是组织结构的一体化。跨国公司建立起有效的网络管理体系，使生产、贸易、投资、技术开发等机构围绕总体战略目标而有机进行。

（二）产业结构的国际调整和国际分工的深化

21世纪以来，世界各国都开始结合经济发展战略进行产业结构调整，产业结构升级成为世界经济中的普遍现象。发达国家产业机构进一步"软化"，知识和技术密集部门迅速膨胀，信息产业迅速发展；新兴工业化国家和地区，以及工业化迅速并已具备相当工业基础的国家，资本和技术密集型产业比重在增加。这样，不同层次产业的跨国界转移，既有必要，又有可能。发达国家间，在高度发达的生产国际专业化的基础上，各国结合自身特点，进行更高层次的产业扩散；同时，在保持技术优势的前提下，将部分资本密集型产业转移到工业基础较好的发展中国家和地区，并进行部分高技术领域投资。而后者由于产业结构的升级，也向其他发展中国家转移部分劳动密集型产业。而发展中国家则利用发达国家经济转型造成的部分市场空缺，发挥自身优势，进入发达国家市场，以获取先进技术和管理经验。从世界范围看，由不同生产要素和产业结构层次形成的各国经济上的互补性大大加强，国际分工在深化。结果，一体化的国际生产格局渐趋形成。它既得益于国际直接投资的增长，反过来又直接带动了国际直接投资的进一步发展。在跨国公司和区域经济集团化大发展的21世纪，国际直接投资的增长，更多地通过两条途径得以实现：一条是通过跨国公司全球化战略及其网络组织结构所形成的公

司内部国际生产一体化体系；另一条则为通过区域及跨区域的规模性产业转移。

（三）投资方式和投资工具的不断创新

随着区域经济一体化和各国相继放松投资管制，企业间的跨国兼并和收购成为全球对外直接投资的主要形式。国际投资的另一方式参股合资以及股权和非股权形式的跨国联合投资体——国际战略联盟也日趋增多。此外，国际金融领域的创新浪潮不断，加强了融资证券化、注重资产负债表表外业务以及金融市场一体化的趋向。这些因素促进了国际资本流动规模的扩大，并且使国际资本流动更加灵活和方便。

（四）自由化、便利化的国际投资政策

21 世纪以来，国家的投资政策措施以投资的自由化和便利化为主导。贸发会议的数据表明，2014 年 37 个国家和经济体采取了至少 63 项影响外国投资的政策措施，其中有 47 项涉及投资的自由化、便利化，只有 9 项实行对投资的新的限制或监管，其余 7 项措施为中性。自由化和便利化的份额显著增加，从 2013 年的 73%增加到 2014 年的 84%。一些国家实行或修正了它们的投资法律或准则，以给予新的投资奖励或者使投资程序便利化。若干国家放松了对外国所有制的限制，或者向外国投资开放新的商业活动，比如在基础设施和服务行业。新实行的投资限制或监管主要涉及国家安全方面的考虑以及战略部门，如运输、能源和国防部门。

随着区域层面的加紧努力，国际投资协定的领域在继续扩大。截至 2014 年年底，国际投资协定制度已增加到 3271 项条约，其中 2926 项为双边投资条约，345 项为其他国际投资协定。2014 年缔结国际投资协定最积极的国家和地区是加拿大（7 项）、哥伦比亚（3 项）、科特迪瓦和欧盟（各 3 项）。同时，深化区域融合的政策措施，密切了东亚与东南亚地区的联系，尤其是在基础设施领域，跨国公司是该区域在这方面的主要投资者。另外，深化互联互通的政策措施，如中国的"一带一路"战略，以及东盟成员国向外国投资者开放交通行业的政策均有望刺激区域基础设施投资。

第四节　中国利用外资与对外投资

一、中国利用外资概况

利用境外资金发展本国经济是促进中国经济持续、快速、健康增长的重要因素之一，对外资的利用已成为我国经济活动中不可分割的部分。

从中华人民共和国建立之初到 1978 年我国实行对外开放政策以前，我国利用外资的增长速度和发展规模均相当有限。20 世纪 50 年代初，我国政府开始利用外资，当时主要是向前苏联政府借款 74 亿卢布的政府贷款，约合 14.27 亿美元，主要用于我国第一个五年计划时期的 156 项重点建设工程；同时也利用东欧国家资金建设了一些项目。

两者合计共使用外汇贷款 27.1 亿美元。20 世纪 50 年代末，由于中苏关系恶化，我国基本上终止了与前苏联、东欧国家的经济合作关系。到 20 世纪 60 年代中期，我国基本上提前还清了上述贷款，我国的外资引进工作受到了严重冲击。

20 世纪 60 年代以后，我国改变了利用外资的方式，主要是另行开辟外资来源。一方面，利用延期付款方式向日本和西欧引进设备；另一方面，利用中国银行吸收的境外存款建立了一支规模可观的远洋舰队。1961—1966 年，我国与日本、美国、联邦德国、法国、意大利、瑞典等国签订了 84 项合同，用延期付款的出口信贷方式，使用外资 2.8 亿美元，主要用于购进纺织、化工、石油、机械和建材等行业所需要的机器设备及关键性紧缺技术。20 世纪 70 年代，我国继续以延期付款的形式利用外资。1961—1978 年，我国共计使用出口信贷 26 亿美元，其规模尚低于 20 世纪 50 年代使用前苏联、东欧国家的信贷。

可见，从 20 世纪 50 年代到 70 年代我国利用外资的主要特点是：规模不大，总计 53.1 亿美元；结构单一，主要是政府贷款和延期付款等国际信贷方式；发展速度不快，有些年份甚至处于停滞状态。之所以形成这种状况，主要是当时特殊的国际政治和经济环境导致了我国经济的过度封闭；同时，我国在利用外资的指导思想方面的偏差，也是重要因素。

改革开放以来，我国利用外资发展本国经济大致经历了以下五个阶段（见表 6-4）。

表 6-4　　　　　　　　　　我国实际利用外资概况（亿美元）

年份	总计	对外借款	外商直接投资	外商其他投资
1979—1983 年	130.60	106.90	17.69	6.01
1983 年	22.61	10.65	9.16	2.80
1984 年	27.05	12.86	12.58	1.61
1985 年	46.47	26.88	16.61	2.98
1986 年	72.58	50.14	18.74	3.70
1987 年	84.52	58.05	23.14	3.33
1988 年	102.26	64.87	31.94	5.45
1989 年	100.59	62.86	33.92	3.81
1990 年	102.89	65.34	34.87	2.68
1991 年	115.54	68.88	43.66	3.00
1992 年	192.02	79.11	110.07	2.84
1993 年	389.60	111.89	275.15	2.56
1994 年	432.13	92.67	337.67	1.79
1995 年	481.33	103.27	375.21	2.85
1996 年	548.04	126.69	417.25	4.10

续表

年份	总计	对外借款	外商直接投资	外商其他投资
1997 年	644.08	120.21	452.57	71.3
1998 年	585.57	110.00	454.63	20.94
1999 年	526.59	102.12	403.19	21.28
2000 年	593.56	100.00	407.15	86.41
2001 年	496.72	—	468.78	27.94
2002 年	550.11	—	527.43	22.68
2003 年	561.40	—	535.05	26.35
2004 年	640.72	—	606.30	34.43
2005 年	758.86	—	724.06	34.80
2006 年	698.76	—	658.21	40.55
2007 年	783.39	—	747.68	35.72
2008 年	952.53	—	923.95	28.58
2009 年	918.04	—	900.33	17.71
2010 年	1088.21	—	1057.35	30.86
2011 年	1176.98	—	1160.11	16.87
2012 年	1132.94	—	1117.16	15.78
2013 年	1187.21	—	1175.86	11.34
2014 年	1197.05	—	1195.62	1.44
2015 年	1262.7	—	1262.7	–
2016 年 1—3 月	354.2		354.2	

资料来源：《中国贸易外经统计年鉴》相关各期及商务部网站：http：//www.mofcom.gov.cn/。①

（一）1976—1986 年的起步阶段

以 1978 年 7 月全国人大五届二次会议通过并颁布《中华人民共和国中外合资经营企业法》为开端，以 1980 年中央先后批准广东、福建两省在对外经济活动中实行特殊政策和灵活措施，并在深圳、珠海、汕头和厦门 4 城市设立经济特区，我国利用外资正式起步。1984 年以后，国家又先后开放了沿海 14 个港口城市和 13 个沿海经济开发区，对其利用外资实行优惠政策，同时采取了扩大地方外商投资审批权限等一系列有力措施，外商对华直接投资逐渐增加。1979—1986 年间，我国外商投资累计项目为 7819

———————

① 从 1997 年起将对外发行股票从对外借款项中剔除，列入外商其他投资额中；从 2001 年起，中国对外公布的利用外资数据中不包括对外借款。

项，年均项目数为 977.38 项；外商投资协议金额为 191.59 亿美元，年均规模为 23.95 亿美元；外商投资的实际资金额为 65.95 亿美元，年均规模为 8.24 亿美元。同时，我国也出现了对外借款高峰，年均借款近 26 亿美元，其总额占同期利用外资总额的 70% 以上。

（二）1987—1991 年的稳步发展阶段

1987 年以后，我国利用外资的环境逐步改善，国家陆续制定和实施了鼓励外商直接投资的政策并注意产业导向，也开始控制对外借款增长速度。1987 年 12 月，国家有关部门制定了指导吸收外商投资方向的有关规定；1988 年中央决定将沿海经济开放区扩大到辽东半岛、山东半岛及沿海省市，建立海南特区；1990 年，国家又决定开发和开放上海浦东新区。上述规定和一系列重大政策与措施的出台，旨在框定一个适当的外资产业、地区投资范围和构筑一个较为宽松的外商直接投资环境。从而带来了外商对华直接投资的持续稳步发展。1987—1991 年间，外商投资项目累计达 34208 项，年均项目数为 6841.6 项；外商投资协议金额达 331.79 亿美元，年均规模为 66.36 亿美元；外商投资实际金额为 167.53 亿美元，年均规模为 33.51 亿美元。同期，我国对外借款在利用外资总额中所占的比重有所下降，但仍占 45%。

（三）1992—2000 年入世前的调整阶段

1992 年邓小平南方讲话使外商基本上打消了顾虑，而且中国连续三年经济增长率高于 10%，市场需求越来越大，因此外商更加大胆地向中国投资。这一时期，国务院又决定进一步开放 6 个沿江城市，13 个内陆边境城市和 18 个内陆省会城市，全方位、多层次地扩大开放，进一步改善投资环境，使吸收利用外资达到了一个新的高度，协议利用外资项目从 1983 年的 522 个扩大到 1993 年的 83423 个，几乎增长了 160 倍，协议金额从 1983 年的 34.3 亿美元增长到 1993 年的 1226.81 亿美元，扩大了近 36 倍，实际利用外资额也以大致相当的速度增长。外商投资上升势头迅猛，世界 500 强企业中已有 200 多家来中国投资，投资额中资金、技术密集型项目明显增加，投资行业涉及国民经济许多部门，投资区域也不再限于东南沿海，开始向广大中西部地区辐射，大型跨国公司投资增加是这一时期我国利用外资逐步走向成熟的重要标志，表明中国进入了一个由以劳动密集型产业为主向资本密集型产业为主的产业结构转换时期，也预示着利用外资将进入一个崭新的阶段。

1997 年亚洲金融危机后，面对错综复杂的国内外形势，我国坚定不移地贯彻扩大对外开放、提高利用外资水平的方针，采取了一系列措施鼓励外商投资，加强全口径外债管理，优化利用外资结构，取得了可喜成绩。1999 年利用外资规模约 560 亿美元，其中：吸收利用外商投资 450 亿美元（外商直接投资 403.96 亿美元，以加工装配、发行股票等方式利用外资 46.04 亿美元），借用国外贷款 110 亿美元（国际金融组织贷款 29 亿美元，外国政府贷款 32 亿美元，国际商业贷款 29 亿美元，飞机融资租赁 20 亿美元）。2000 年我国实际使用外商直接投资金额为 407.72 亿美元，比 1999 年增长

0.93%。截至 2000 年年底，我国累计批准外商投资企业 364345 家，合同外资金额 6767.18 亿美元，实际使用外商直接投资额已达 3486.24 亿美元。

（四）2001 年至今的成熟稳定阶段

2001 年我国加入 WTO，标志我国的对外开放迈上一个新台阶，外商直接投资占利用外资总额（不包括对外借款）的比例不断提升，基本维持在 95% 以上。2001 年至 2007 年我国利用外资呈稳步上升态势，这一时间段内，我国利用外资总额从 2001 年的 496.72 亿美元上升到 2007 年的 783.39 亿美元，上涨了 57.71%。其中，外商直接投资从 468.78 亿美元上升到 747.68 亿美元，上涨了 59.49%。2008 年由于欧美发达国家受到金融危机的严重冲击，全球的投资目光转向亚洲，我国利用外资达到了一个新的高点 952.53 亿美元。2009 年至 2015 年我国利用外资总额稳步增加，截至 2015 年底，我国实际利用外资金额为 1262.7 亿美元，相较于 2009 年增长了 37.54%。2016 年第一季度实际利用外资总额为 354.2 亿美元，同比增长 4.5%，新设立企业数 5956 家，同比增长 1.6%。

就投资方式而言，除直接投资外，外商其他投资方式主要包括海外发行股票、国际租赁、补偿贸易和加工装配，其中补偿贸易是外商其他投资的主要投资方式，海外发行股票成为我国利用外资的一种有益的补充形式。就投资行业而言，吸引外资的主要是服务部门，如零售业、运输业和金融行业。据 2014 年统计数据，中国服务部门 FDI 占比约 55%，呈现上升趋势，投向制造业特别是那些对劳动成本上升敏感行业的 FDI 呈下降趋势，约占 33%。

总的来看，我国利用外资现状可概括为以下三点。一是，多种投资领域和多样化的投资方式，投资领域除一般加工项目外还有工业、农业、银行、金融、房地产及会计事务所等；投资方式从最初的补偿贸易和加工装配业务发展到中外合资、中外合作、外商独资、海上石油开发、国外贷款、国际证券投资、BOT 投资及国际租赁等多种形式，其中利用外商直接投资在近几年占主导地位。二是，投资来源地多元化及投资地区的多层次、全方位格局。投资来源地由最早的港澳台地区发展到新加坡、韩国、以色列、日本、美国及法国、英国、德国、意大利、加拿大等国，2014 年，韩国在中国的投资增加 20%，欧盟有轻微的增长，美国和日本在中国的投资分别下降了 39% 和 21%。投资地区也逐渐由过去集中于沿海、沿江、沿边地区向内陆渗透。三是，大型跨国公司主导趋势正在形成，对外直接投资主要集中于大型跨国公司，截至 2010 年 11 月底，世界 500 强企业累计有 137 家在我国设立了地区总部。

外资对我国加强基础设施建设、扩大出口、提高企业技术水平均发挥着积极作用。外商投入的大量资金、先进的技术和管理经验，促进了沿海经济发展和全国产业结构调整，增加了劳动就业和财政收入，推进了社会主义市场经济体制的建立和国有企业经营机制的转换，加深了中国和世界经济的交往与合作，提高了中国的综合国力和人民生活水平。

二、中国利用外资的主要问题与对策

(一) 我国利用外资的主要问题

1. 利用外资结构不合理

第一，外商投资区域结构不合理。改革开放以来，我国鼓励外商在沿海开放城市投资，使得外商投资的 90% 集中在东部沿海地区。得益于政府的优惠政策，我国东部沿海地区经济得到突飞猛进的发展。近年来，随着西部大开发、中部崛起战略的推进，国家制定了一系列鼓励外商向中西部投资的优惠政策，使得中西部地区外商直接投资比例有所上升，但是占全国总面积 2/3 以上的中西部地区吸引外商直接投资的比例只占到 15% 左右。外商投资区域的不平衡扩大了东西部地区经济发展的不平衡，不利于我国经济的平稳增长。

第二，外商投资的产业结构不合理。从外商投资的实际情况看，其总是倾向于收益高、回收期短的行业。1979—1990 年外商投资的各行业占总额的比例为：工业部门 58%，房地产服务业 22%，商业部门 4.15%，农业 2.85%，交通运输部门 1.8%，科技部门 0.12%，产业结构严重失衡。随着我国加入 WTO，国外大财团、大公司来我国投资增多，带动了投资项目档次的提高，但是也拉大了产业间外商投资规模的差异。对于第一产业而言，虽然比重有所上升，但不论与其他发展中国家相比，还是与国内其他行业相比，我国农业利用外资的项目数、投资额，都远不能适应农业与农村经济发展的需要。对于第二产业而言，投向制造业，特别是那些对劳动成本上升敏感的行业的外资呈现下降趋势。对于第三产业而言，外资投入比重有所上升，2014 年，投入零售业、运输业和金融业等服务业的 FDI 约占 FDI 总量的 55%，但第三产业的发展不平衡，金融业、房地产业外商投资占第三产业外商投资比重较高，而科技含量较高的科学研究、技术服务和地质勘查业所占比重仍旧很低。外商投资产业结构不合理，加剧了我国产业结构的失衡，不利于国民经济的健康发展。

第三，外商投资的来源结构不合理。2015 年中国商务部的数据显示，2015 年 1—12 月，对大陆投资前十位的国家和地区依次是：我国香港地区、新加坡、我国台湾地区、韩国、日本、美国、德国、法国、英国、我国澳门地区。其中，来自东盟、欧盟、"一带一路"相关国家和我国香港、澳门地区的投资分别增长 22.1%、4.6%、25.3%、8.8% 和 53.7%，来自日本、美国和我国台湾地区的投资分别下降 25.2%、2% 和 14.1%。由此可见，亚洲国家和地区仍是我国吸收外资的主体，而全球最大的投资输出国美国在大陆投资所占的比例较小。

2. 金融危机以来国际经济增长放缓制约我国引进外资

国际金融危机对中国引进外资的影响可以从两个角度加以阐释，即外商对中国直接投资的投资意愿和投资能力。

首先，从外商对中国直接投资的投资能力看，其在很大程度上取决于国际经济状况。自 2008 年金融危机以来，全球经济特别是主要发达国家经济体进入了"长期停滞"（secular stagnation）时期，其典型特征是较低的经济增长率与较高的失业率并存。劳动生产率下降、人口结构与劳动力市场恶化、收入分配恶化，这些因素抑制了发达经济体的增长潜力。基于长期停滞特征，各国经济均陷入"去杠杆化"和"修复资产负债表"的两难境地，使得经济恢复进程缓慢。同时贸易保护主义加剧，地缘政治紧张，局部战争频发，贸易增长率连续3年低于全球GDP增长率，导致"去全球化忧虑"。国际金融危机导致的全球经济"长期停滞"使得各个经济体出现流动性不足，从而使信贷成本上升，获取信贷变得困难，此时，即使中国对外商具有足够的吸引力，但由于资金约束，境外企业对中国的直接投资也会受到制约。

其次，从投资意愿看，其主要取决于东道国的经济状况。全球经济长期低迷，已经并将持续对中国经济产生负面影响。其一，全球经济"长期停滞"的表现及深层结构原因，在我国或多或少存在；其二，全球经济低迷将持续向我国输入通货紧缩因素。2014年12月5日，中央政治局会议首次提出我国经济处于从高速到中高速的增长速度换挡期、结构调整阵痛期、前期刺激政策消化期"三期叠加"的新常态。经济新常态下，中国经济结构性减速。中国社会科学院宏观经济运行与政策模拟实验室对未来潜在增长率的预测结果显示，在2016—2020年、2021—2030年，中国潜在增长率区间分别为5.7%～6.6%和5.4%～6.3%，增速递减的趋势很明显。

导致我国经济结构性减速的原因主要有：一是要素供给效率放缓。近年来，中国劳动力供给的增长率总体上放缓，人口老龄化趋势明显。随着人口老龄化、传统工业化结束以及消费率缓慢提高等，储蓄率下滑。同时，资本回报率低、技术进步缓慢。总之，劳动力、资本投入增长率下降，技术进步缓慢导致未来我国的经济增长率趋于下降。二是资源配置效率放缓。过去30余年我国的经济增长，主要依靠大量资源从农业部门转移到工业部门，从效率低的第一产业转移到效率高的第二产业，带来了劳动生产率的大幅提高。现在，中国的制造业份额（占GDP比重）已近饱和，人口、资源等开始越来越多地向以服务业为主的第三产业转移。然而，作为世界普遍规律，服务业的劳动生产率显著低于制造业。在中国，由于服务业多处于低端，这种生产率差距尤其明显。当越来越多的人口和资源从制造业转移到劳动生产率相对较低的服务业时，中国经济整体的劳动生产率将下降，并累及经济增长速度下滑。三是资源环境约束增强。改革开放以来推行的以经济建设为中心的发展战略，在很大程度上使我国忽视了对环境生态的保护。资源环境约束已经成为阻滞我国经济快速增长的硬约束。

从上述结构性因素可以看出，我国将长期面临经济下行的压力，而这影响到了境外企业对中国的投资意愿，因此即使拥有充沛的资金，其对中国的投资也会受到制约。

另外，在经济新常态的背景下，我国的招商引资面临新常态压力，随着税费奖励政策变化和土地指标越来越稀缺，传统的用地补贴和低地价政策作为廉价资源吸引外来投资的优势将不复存在，拼资源、拼政策的老路已经成为过去时。

3. 吸引外资面临激烈的国际竞争

国际金融危机爆发后，国际经济增长放缓，为提振经济、促进就业和增强国家竞争力，发达国家纷纷实施再工业化战略，采取多种措施吸引海外资本回流。这种战略实施后，出现发达国家企业从我国撤回或部分撤回现象，比如福特、阿迪达斯等。发达国家在重塑其制造业优势的过程中，十分重视在本土发展绿色新兴产业，抢占未来科技进步的制高点。我国在高端制造、高端服务和新兴产业上的引资压力将增大。与此同时，我国土地、劳动、资源等要素价格呈刚性上涨，低成本优势趋于弱化，而东南亚国家、印度等发展中国家经济体凭借低廉劳动力成本对外资产生较强的吸引力。2014 年，印度尼西亚的 FDI 增加 20%，达到 230 亿美元，越南 2014 年 FDI 流入量增加了 3%，尽管越南最低名义工资 15 年来增加了 17 倍，但是相较于中国，越南仍然具有劳动成本优势。因此，追求投资效率的 FDI 更多地投资于这些劳动成本低的国家。

4. 地缘政治风险增加，东亚生产网络可能受到不利影响

国际金融危机爆发后，地缘政治冲突呈多发态势。美国重返亚太并高调推动建立"跨太平洋伙伴关系协议"（TPP），在南海问题、东海问题等一系列国际关系中挑起事端，参与东北亚自贸区，加强与我国周边东南亚国家、印度等的经济往来，中美在贸易领域的摩擦呈深化趋势，整个东亚地区的安全格局更加复杂。加之钓鱼岛等问题的持续发酵，东亚生产网络的运转受到不利影响，区域内各经济体的跨国投资可能趋缓。

（二）促进中国合理利用外资的对策

1. 大力调整外资结构，使之与经济发展情况相适应

第一，积极采取各项措施，推动发达国家资本对华投资，改善外资来源结构。一直以来，我国主要从港澳台地区、东盟、韩国、新加坡等亚洲国家和地区引进外资，但是这几个国家和地区在全球对外资直接投资中占比较小，潜力有限。发达国家的投资在我国吸收的外商直接投资中占比不足 20%，西方发达国家对我国的潜在投资能力还远未充分开发和利用。面对日趋激烈的竞争，我们必须改善引资结构，把引资重点转向发达国家。有研究表明，西方发达国家的企业，尤其是大型跨国公司来华投资主要是因为它们在中国生产的产品如药品、饮料、电梯等几乎在中国市场出售，出口或返销比例极低。所以，我国可以适当放松内销比例限制，为获得更多的技术出让部分市场。同时还应重视吸引更多的欧美中小企业，因为在欧美各国，大型企业仅占全部企业数量的小部分，中小企业则占绝大部分。其经营灵活，技术也很先进。积极引进这些企业，对我国有资金支持作用，而且对我国中小企业尤其是私营企业可以起到模范作用，促进我国经济的多样化发展。

第二，改善中西部地区的投资环境，优化引资区域结构。中西部地区由于交通运输条件不利、经济基础薄弱，再加上优惠政策滞后，利用外资和经济发展也相对滞后。中西部地区幅员辽阔，自然资源丰富，劳动力成本较低，对外资尤其是资源开发型的外国投资有一定吸引力。个别地区对一些资本和技术密集型的外国投资同样具有较强的吸引力。政府应加大对中西部地区的政策倾斜和扶持力度，着力改善中西部地区的投资环境，加强对中西部基础设施投资，大力扶持中西部国有企业的改造等。其次是对中西部地区吸引外资给予产业政策、税收政策等方面的优惠，允许中西部地区根据自身情况通过减免税支持地方急需发展的农业开发和能源交通等基础设施，充分利用中西部地区资源丰富、劳动成本低、三线工业和科技人员潜力大的优势，对中西部地区农牧业的开发、资源开发、能源和原材料工业项目制定相应政策，给予特别鼓励。另外，还要适当

安排一些政策性贷款，扩大对中西部地区吸引外资的国内配套资金贷款规模。

第三，优化外商投资的产业结构。经过 30 多年的发展，中国经济的要素供给条件发生很大变化。过去土地劳动力资源相对充裕，利用外资空间大。目前传统产业投资相对饱和，环境承载能力接近上限，再走大面积铺摊子的路子已经行不通。国务院总理李克强在政府工作报告中指出，要更加积极、有效利地用外资，修订外商投资产业指导目录，重点扩大服务业和一般制造业开放，把外商投资限制类条目缩减一半。具体而言，随着经济全球化趋势，全球产业结构呈现出两大趋势：一是高新技术产业在各国 GDP 和出口总值中的比重在不断增加，二是服务业占 GDP 的比重在不断提高。我国应鼓励外商投资于集成电路、生物工程等高新技术产业，鼓励外资企业引进、创新技术，设立更多的先进技术型项目，并适当在企业注册资本比例限制、工业产权出资条件等方面加大政策力度，为高新技术企业的创办创造有利条件。同时，我国应进一步加大服务贸易领域的开放程度，尽快颁布外商投资会计、医疗、商业、外贸等方面的法律规范，健全规范公开的外商投资服务领域的市场准入制度，积极稳妥地全面实现服务领域的对外开放。

2. 落实供给侧改革，缓解经济下行压力，优化投资环境

世界经济环境自 2008 年国际金融危机以来发生了深刻、复杂的变化，全球经济结束了大稳定的"旧常态"而进入了"新常态"。我国经济在"三期叠加"阶段，面临着生产成本不断上升、产品供需错配、资本边际效率下降、市场机制运行不畅等结构性问题，要求我国必须推进去产能、去库存、去杠杆、降成本、补短板的供给侧结构性改革。落实供给侧改革，必须全面贯彻落实党的十八届五中全会精神，坚持创新、协调、绿色、开放、共享的发展理念，把创新摆在国家发展全局的核心位置，优化资源配置，释放新需求，创造新供给，促进经济稳定协调可持续发展。

供给侧改革由政策传递到企业，再由企业进行技术创新和产业升级的生产过程需要长期才能见效。供给侧改革应注重以中长期的高质量制度供给统领生产的创新模式，取代以短期需求调控为主的凯恩斯主义模式，在优化供给侧环境机制中，强调以高效的制度供给和开放的市场空间，激发微观主体创新创业、创造产能。供给侧改革可以有效降低企业成本，创造有效需求。但是，供给侧在淘汰落后产业的过程中，可能会导致一定的社会矛盾，这需要政府进行适当的干预。但如果干预过多、过激，可能产生权力腐败，导致市场失灵、制度创新不到位、破坏社会公正，激化社会矛盾，陷入"中等收入陷阱"。为此，要紧紧围绕供给侧结构性改革的核心是正确解决政府与市场的关系，通过规范公权力，保护私权利，积极稳妥地推进社会主义市场经济体制改革，才能实现经济可持续发展，缓解经济下行压力，创造良好的经济环境，提高对外资的吸引力。

3. 鼓励跨国公司参与治理过剩产能

产能过剩是当前中国经济发展的一大问题。数据显示，到 2010 年年底一些行业产能利用率为：钢铁 72%，水泥 73.7%，电解铝 71.9%，平板玻璃 73.1%，船舶 75%，到 2013 年船舶行业的产能利用率跌到 65%，电解铝出现全行业亏损。中央目前已经决定采取综合措施来根治产能过剩，其要点可概括为消化一批、转移一批、整合一批、淘汰一批。同时，提出解决产能过剩要有全球视野，要在全球产业分工格局以及未来产业

深化发展的背景下探讨解决国内产能过剩问题。产能过剩为跨国公司提供了在华投资合作的新空间，我国应进一步放宽市场投资准入，鼓励外资参与治理产能过剩。制定开放发展长远战略，完善多边双边投资合作，鼓励跨国公司参与治理产能过剩，与中国企业合作开展产品结构和工艺技术升级，在华设立研发中心开展协同创新。应该注意到，产业政策导向上的趋同，导致普遍的产业结构同质化现象，是产能过剩的重要原因，如果在适当的产业政策导向下鼓励跨国公司参与产能治理，不仅能加速去产能的进程，也能促进我国合理利用外资，一举两得。

三、中国对外直接投资的发展

在生产和资本高度国际化的今天，一个实行外向型经济的国家，既要大量吸收外国直接投资以加速自身经济的发展，又要积极参与国际资本大循环，极力拓展其对外直接投资，以实现外向型经济的良性循环。中国是一个发展中的大国，大量引进外资以加速现代化建设是现阶段中国对外经济关系的重要内容之一。同时，根据"利用国内外两种资源，开拓国内外两种市场，学会国内建设和对外经济两套本领"的原则，中国自实行改革开放政策以来也积极开拓了对外的直接投资。

（一）中国对外直接投资发展的主要特点及动因

1. 中国对外直接投资的主要特点

中国作为最大的发展中国家，对外直接投资起步晚、金额小，但发展速度较快。2014 年，中国的对外直接投资净额达 1231 亿美元，相较于 2013 年的 1078 亿美元，增长率为 14.19%。近年来，中国对外投资呈现以下主要特点：

第一，投资主体逐渐由国有企业主导向多元化方向发展。在"走出去"战略实施之初，境外产业多以国有企业为主。截至 2012 年，在非金融类存量中，国有企业境外对外直接投资存量占总额的 59.8%，有限责任公司位列第二，占 26.2%。随着改革开放的不断深入，国家逐渐放宽了对外投资政策，对外直接投资主体逐渐由国有企业主导向投资主体多元化方向发展。国有企业占整个投资主体的比重由 2003 年的 43% 降至 2012 年的 9.1%，而有限责任公司由 2003 年的 22% 上升至 2012 年的 62.5%，超过国有企业跃居对外投资主体首位，私营企业则位居对外投资主体的第三位。有限责任公司和民营企业已逐渐发展成为我国对外投资的新生力量，投资主体结构进一步优化。

2015 年，地方和民营企业对外投资发展迅猛。在非金融领域对外直接投资中，地方及民营企业投资额占比首次过半。2014 年，中央企业对外直接投资额为 524.8 亿美元，同比下降 6.8%，而同期地方企业对外直接投资额为 547.3 亿美元，同比大增 50.3%，地方企业占同期对外投资的比重上升至 51%。2015 年，106 家中国内地企业进入《财富》杂志世界 500 强排名，较上年增加 15 家。其中央企 47 家，地方及民营企业 59 家，还有 65 家中国内地企业入选美国《工程新闻记录》杂志（ENR）全球最大国际工程承包商 250 强排名，比上年增加 3 家。2015 年，在非金融领域对外直接投资中，地方及民营企业投资额占比也首次过半。

　　第二，对外投资区域扩大，分布高度集中。一方面，中国对外投资区域向"一带一路"沿线国家集中。2015 年，中国企业对"一带一路"沿线的 49 个国家开展直接投资，投资总额为 148.2 亿美元，同比增长 18.2%。沿线的 60 个国家承揽对外承包工程项目 3987 个，新签合同额 926.4 亿美元，占同期中国对外承包额的 44%。另一方面，中国对外直接投资地域分布高度集中，资金主要流向亚洲、北美和欧洲。2014 年，中国对外直接投资净额的地域分布为：亚洲 69%，其中我国香港地区为 57.56%；欧洲为8.80%；北美洲为 7.48%。

　　第三，国际产能合作和基础设施建设稳步上升。近年来，中国加大国际产能合作推进力度，与处于产业价值链上游的欧美发达国家开展资本和要素对接，同时与处于价值链下游的新兴国家开展应用市场合作，起到多方共赢的作用。2015 年，中国产能合作增幅很大。装备制造对外直接投资 70.4 亿美元，同比增长 154.2%，投向电力、交通运输和通信等优势产业的直接投资为 116.6 亿美元，同比增长 80.2%。高铁、核电等高端装备建设项目取得历史性突破。同时，基础设施建设成为对外投资的热点，2015 年，中国对外承包工程业务合同达到 2100.7 亿美元，同比增长 9.5%。随着业务规模的不断提升，模式不断创新。近年来，商务部积极鼓励企业承揽特许经营类工程项目（包括BOT、BOO、PPP 等），2015 年中国企业新签和在建（包括运营）的特许经营类项目 30个，涉及合同金额超过 100 亿美元。

　　第四，对外投资与东道国双赢效果明显。截至 2014 年底，中国 1.85 万家境内投资者在国（境）外共设立对外投资企业 2.97 万家，分布在全球 186 个国家（地区），年末境外企业资产总额达到 3.1 万亿美元。2014 年，境外企业向投资所在国缴纳各种税金总额 191.5 亿美元，年末境外企业员工总数 185.5 万人，其中雇佣外方员工 83.3 万人，来自发达国家 13.5 万人，较上年末增加 3.3 万人。

　　2. 中国对外直接投资发展的动因

　　第一，政府简政放权，释放活力。为了推进境外投资便利化，中国为对外投资监管大幅松绑，国务院、发展和改革委员会、商务部、外汇局及中国证券监督管理委员会等，在 2014 年出台了一系列境外投资/并购的管理办法及目录，大幅度简化企业对外投资的审批程序，也进一步简化相关的监管流程，便于中国投资者轻松出海。中国对《境外投资管理办法》进行修订和完善，并于 2014 年 10 月 6 日实施，确立了对境外投资采取"备案为主、核准为辅"的管理模式，同时引入了国际上的负面清单管理模式，把需要政府核准的投资国别地区和领域列入清单，清单外一律实行备案制。同时，将核准的时限缩短为 5 个工作日。大幅简政放权，能更有效地确立企业在对外直接投资中的主体地位，落实企业投资决策自主权。

　　第二，加入 WTO 和全面深化改革开放带动对外直接投资。自 2001 年 12 月 11 日正式成为 WTO 第 143 个成员国起，中国已走过 14 个发展年头。加入 WTO 后，各成员国不仅逐步降低对中国的贸易壁垒，同时也逐步取消对中国的投资限制，为中国企业与他国企业在国际投资领域开展平等竞争提供了机会，为中国企业对外投资创造了更加开放的外部环境。加入 WTO 后，国内市场竞争日益向全球化竞争转变，为了获取发展所需的各类资源、扩大市场竞争空间、提升国际竞争力，"走出去"成为国内很多企业的主动战略诉求。为适应国际分工从"产业内"向"产品内"深化的发展趋势，通过对外资直接投资主动将产品和服务价值链的不同环节配置在效率最高的国家，以提升企业全球资源配置和利用效率，尽可能获取对外直接投资的"反向知识和技术溢出"效应，日渐成为加入 WTO 后中国企业积极开展对外直接投资的内在动力。

加入 WTO 为中国经济社会体制改革注入新的活力，加速了中国对外开放进程。近年来，我国的对外开放更是步上了新台阶，这为对外投资提供了新的发展空间。党的十八届三中全会作出了《关于全面深化改革若干重大问题的决定》，提出要构建开放型经济新体制，放宽投资准入，扩大企业及个人对外投资，确立企业及个人对外投资主体地位，允许发挥自身优势到境外开展投资合作，允许自担风险到各国、各地区自由承揽工程和劳务合作项目，允许创新方式"走出去"开展绿地投资、并购投资、证券投资、联合投资，为企业开展对外投资创造了良好的政策环境。2014 年 12 月，"丝绸之路经济带"和"21 世纪海上丝绸之路"正式被提升为国家战略。"一带一路"将中亚、东南亚、南亚、西亚通至欧洲部分区域联系起来，覆盖人口 44 亿，经济总量约 21 万亿美元，约分别占全球经济的 63% 和 29%。在"一带一路"战略下，我国把一部分产业转移到沿线国家和地区，把相对成熟的工业如核电、轨道交通、工程、机械、汽车产业作为到国外投资的强项，为中国企业对外投资提供了新的战略机遇。

第三，化解过剩产能的压力促使中国企业"走出去"。中国是制造业大国，当前面临的产能过剩问题日益显现，造成了很大的资源浪费，对经济运行带来很大的负面效应。通过向海外转移过剩产能是化解过剩产能的一条有效途径，这是多数工业化国家的实践经验，是中国政府未来一段时期的政策导向。从客观上看，过剩产能并不等于落后产能。比如，中国的水泥、钢铁、电解铝等产业，技术装备处于世界领先水平，尽管目前在国内产能过剩，但是在非洲等地区则有很强劲的市场需求。中国在某些高端制造业具有优势，能够通过高端设备出口带动中端制造业"走出去"。

（二）　对外直接投资在中国经济中的作用

实践证明，中国对外直接投资在经济发展中的作用是不容低估的：

第一，促进和扩大了中国的出口。一方面，中国对外直接投资活动的展开，可以绕开各种贸易障碍，维持固有的出口市场；另一方面，也有利于开辟新的出口市场。发展中国家为了发展本国的民族经济，一般以优惠政策鼓励海外投资者在本国直接投资诸如制造、加工和装配生产等企业，生产进口替代品，以逐步提高产品的自给率。中国扩大对其的直接投资，与东道国合作兴办上述企业，既可以为中国品牌扩展海外市场，提高市场占有率，又能带动国产原料、辅料和半成品的出口。

第二，提供了从海外获取短缺资源的新渠道。如中国到外国合资经营冶金厂、化工厂、纺织厂，既协助了外国开发了当地资源，又弥补了国内资源的不足。

第三，有利于吸收和利用国外先进技术和企业管理经验。海外的合营企业，可以起"技术窗口"和"信息窗口"的作用，引进先进技术和设备，促进行业技术改造，提高中国产品在国际市场上的竞争力。例如，首都钢铁公司由于购买了美国麦斯塔公司 70% 的股份，充分吸收和利用该公司多年从事冶金设计的经验，从而大大提高了首钢的冶金设计水平。

第四，开展对外投资也是中国利用外资的一种重要形式。由于对外投资的资金来源并非全部来自国内的资金输出，大量的资金要通过国际金融市场和在东道国筹集，因而，对外投资的发展实际上也就扩大了中国利用外资的规模。目前，中国海外直接投资总金额中，有50%以上是利用国外资金，它清楚地说明开展对外直接投资和利用外资是并行不悖、相得益彰的。

第五，有利于培养和锻炼一批从事跨国企业生产、经营、管理诸方面的高级专门人才，从而为中国参与市场竞争，带动及改善国内企业的经营与管理起到良好的作用。

第六，有利于增加外汇收入，并改善中国国际收支状况。一方面，对外投资可带动本国商品出口，增加创汇；另一方面，一旦对外投资产生收益并汇回时，外汇储备会相应增加，使国际收支状况得以改善。

（三）　中国对外直接投资面临的主要问题及其对策

1. 中国对外直接投资面临的主要问题

第一，国际政治风险影响中国对外直接投资。受金融危机的影响，世界经济发展面临巨大的风险和不确定性。近年来，国际政治形势日趋复杂，国际社会动荡不安。根据保险经纪和风险管理机构达信（Marsh）发布的2015年政治风险和地图和报告，不断恶化的地缘政治紧张形势、政治暴力、民族分裂运动、商品价格下跌等因素正在加剧全球的政治风险，让外国直接投资面临更多挑战。根据《中国企业国际化报告（2014）》蓝皮书，2005—2014年，在120起失败的中国企业"走出去"案例中，有25%是政治原因，其中8%是因在投资审批环节东道国反对派阻挠；17%是因东道国政治动荡、领导人更迭遭遇损失。同时，国际贸易投资规则竞争日趋激烈，美欧等发达国家和地区开始推进由其主导的《国际服务贸易协定》（TISA）和《信息技术协定》（ITA）扩围，美国主导的《跨太平洋战略经济伙伴关系协议》（TPP）已结束谈判，美国还在推动《跨大西洋贸易与投资伙伴关系协定》（TTIP）谈判，意欲强化其国际规则主导权，为中国企业全球化设置障碍。与此同时，美联储加息对我国企业海外投资带来复杂影响。

第二，中国企业海外投资的社会责任意识薄弱。对企业社会责任影响最大的是OECD提出的《跨国公司指南》，其自1976年推出之后，经历数次修改，对信息披露、人权、劳工标准、环境保护、反贿赂和敲诈等有详尽的规定，尽管不具有法律效力，但影响越来越大。同时，国际标准组织在2010年推出了ISO26000，也强调企业要承担社会责任。近年来，中国企业在境外投资取得了一定成绩，然而部分企业在海外投资中表现出社会责任意识缺失。有的企业为了拿到订单，采取低价策略甚至进行恶性竞争；有的企业中标以后，偷工减料、降低工程质量以达到降低成本的目的。企业违背合同条款，既给企业自身造成很大的信用损失，也损害了中国企业在海外市场的整体形象。这些行为引起了东道国政府、当地居民及社会舆论的强烈不满，给企业的声誉和国家形象带来巨大的负面效应。

中国对外投资中引发的国际社会对"中国生态环境热钱"的忧虑，在国家政府层面表现为缺乏与对外投资配套的环境法律法规，在地方政府和企业层面表现为片面强调短期经济利益而忽视环境保护。同时，发达国家绿色运动起步较早，人们对企业社会责任问题高度重视，而我国企业社会责任意识薄弱，与发达国家存在很大差距。

第三，中国企业海外并购风险评估和监管不到位。国际经济发展的实践表明，不同国家有关对外直接投资的政策和法律大不相同，涉及国家安全、环保、反垄断、税务、劳工及行业限制等方面的规定也有很大差异。同时，基于国内外经济环境的变化，不同国家会对引进外资的政策与法律进行适度调整，这增加了企业的对外投资风险。中国企业国际化水平仍然较低，对国外法律的本土化特征认识不够到位，这使企业在海外投资中面临较大的法律风险。中国大多数企业在海外并购时，对被并购企业所在国的政治、法律、劳工等外部风险未进行科学准确的评估，对被并购企业的组织框架、财务状况等内部风险的评估也不够有效。同时，东西方文化差异与冲突产生的商业文化差异，给中国企业海外投资和并购后的整合工作带来很大的障碍。中国企业在完成对外企的并购后，在监管方面不够到位。由于我国企业的管理人员缺乏对当地的法律法规和市场情况的了解，海外子公司的部分核心业务必须依靠当地的管理层进行管理，为了有效监管，通过独立审计监管、约束企业行为和运行尤其重要，但语言和文化差异弱化了企业对下属公司的监管，导致海外企业问题频繁发生。

第四，应对对外投资争端机制有待进一步完善。国际协调不畅，无法有效维护企业在外的利益。企业在对外投资过程中往往在国外政府审批环节遇到阻力，在经营环节还需要应对来自当地社区、民众和公司经营层面的各种问题。中国初步建立了应对贸易争端的解决机制，但应对对外投资争端的机制还有待进一步完善。

2. 促进中国对外直接投资发展的对策

中国对外直接投资的迅速发展及发展中存在的诸多问题，势必要求我们大力加强对对外直接投资活动的科学管理，并采取相应的、切实可行的策略。

第一，主动参与和发起双边或者多边投资协定的谈判和签订，避免双重征税条约的谈判和签订。通过投资协定来保护中国企业的对外投资，获得市场准入，促进投资的便利化，是未来中国促进对外投资的重要手段。20 世纪 80 年代之前，关于国际投资的协定尚属不多，且主要集中于投资保护。20 世纪 80 年代之后，与贸易有关的投资措施被列入 WTO 的乌拉圭回合谈判议题，并最终签署了《与贸易相关的投资措施》（TRIMs）。同时，涉及知识产权、服务业的国际投资也有了相应的协议，即《与贸易有关的知识产权》（TRIPs）和《服务贸易总协定》（GATS）。进入 21 世纪之后，围绕国际投资的谈判更加深入：（1）关于投资的保护不仅包括对有形资产的保护，而且越来越多地涉及对知识产权的保护；（2）新的国际投资协定强调投资自由化原则，要求保障一国投资者在另一国自由投资的权利，而且逐渐涉及对服务业的投资；（3）新的国际投资协议对投资争端解决机制进行了较大的改进，国际投资争端解决机制更加多元化，解决投资争端国际中心、联合国国际贸易法委员会、各国商会和企业家联合会都可以为国际投资争端调解提供便利。所涉及的投资争端范围也日益扩展到与健康、安全、环境、劳工权利等有关的问题。

全球统一的国际投资体系尚未建成，现有的投资协议并非一成不变的国际标准，而是正在磨合、谈判中的新规则。未来一段时期，既是全球投资体系面临重大改革的时期，也是中国对外投资高速增长、综合实力不断壮大、对外开放更加全面和深入的时期。中国有必要在全球投资协议谈判中发挥更为积极主动的作用，提高议题设计和参与谈判的能力，更加注意保护中国对外投资的当前利益，而且要统筹兼顾，制定有利于中国未来发展过程中具有动态优势的投资规则，促进中国对外投资，保障中国发展的长远利益。

第二，逐渐完善与对外投资相关的企业社会责任和环境保护法律法规。中国对外投资法律法规门类残缺不全，且出自多个部门，对外投资法中涉及环境保护的条文条例很少，导致企业在境外投资的环境行为基本不受中国法律约束，这成为影响中国境外投资健康有序发展的一大制约因素。中国应在借鉴发达国家立法经验基础上，逐步建立符合国际规范和世界其他国家通用做法的涉外投资环境法律法规体系，以《对外投资管理办法》为基础，补充完善与企业投资环境行为相关的细节，并颁布配套的执行细则，为企业提供国际环境政策法规指导，约束其在对外投资中的环境行为。同时建立对外投资的环境影响评价与绿色信贷制度。同时，促进制度化管理手段创新，引进绿色信贷理念，积极开展环境培训，培养高素质的跨国环境管理人才。

第三，完善海外投资环境评估体系，加强风险防控。中国企业在"走出去"推进国际化战略实施的过程中，其风险管理水平与发展现状和势头之间存在很大差距，因此，如何规避风险是跨国企业必须面对的现实问题。要完善对外投资的法律法规，积极推动商签投资保护、避免双重征税等多边投资协定谈判。要健全中国企业境外投资促进体系，防范各类风险，维护中国企业海外投资权益。"走出去"的企业应该在产业选择、区域选择和投资方向上采取差异化战略，在投资主体、投资方式上多元化；通过风险递延、出口信用保险等途径，转移境外投资风险。高度关注国别风险、社会风险和安全风险，要以透明的方式运作，以负责任的态度经营，经常与利益相关方保持沟通与合作，与当地社区建立广泛、深厚的互信互利关系，慎重处理好公共关系和劳资关系，以最大限度地避免冲突。

第四，加快推进丝绸之路经济带和21世纪海上丝绸之路合作建设。为促进对外投资的发展，中国应构建全方位的中国对外开放新格局，切实推进丝绸之路经济带和21世纪海上丝绸之路合作建设，有效推进互联互通、大通关和国际物流大通道建设。在"一带一路"战略构想下，对外投资扮演着重要的角色。"一带一路"沿线新兴国家由于发展的需要，在基础设施建设方面需求很大，为中国企业"走出去"提供了很大的空间，能够带动中国国内基础设施、设备、技术、服务等的出口，带动中国资源配置的全球化拓展。由中国主导的亚洲基础设施投资银行通过亚洲基础设施建设基金的投入，既可为民营基建企业打开基础设施项目进入的通道，也能够为其提供更好的公平竞争环境。"一带一路"等战略的实施，将有利于我们从全方位对外开放的高度来推动产业和产能转移，从而缓解国内的产能过剩问题。但是，像高铁、电信等行业在"走出去"的过程中，会面临如技术标准等各种壁垒的制约，也就是说，单个企业开拓国际市场可能会难以承受高额的成本，这就需要从国家层面予以支持。

◎ 本章思考题

一、名词解释

国际资本流动　国际直接投资　国际间接投资　国际信贷　短期资本流动　长期资本流动　保值性资本流动　投机性资本流动　市场内部化理论　国际生产折中理论

二、问答题

1. 如何理解国际资本流动的含义？它包括哪些具体形态？国际资本流动有哪些特点？

2. 国际直接投资的形式主要有哪些？影响国际直接投资的因素有哪些？

3. 国际间接投资与国际直接投资的区别有哪些？

4. 试述国际资本流动的内在动因和影响因素。

5. 国际直接投资理论有哪些？它们的具体含义是什么？

6. 试用模型分析国际资本流动的效应。

7. 21 世纪以来国际资本流动有哪些新特点和新趋势？原因是什么？

8. 面对国际资本流动的新特点和新趋势，我国应如何管理国际资本流动？

9. 简述我国利用外资的概况及外资利用中应注意的问题。

10. 我国对外直接投资发展现状如何？存在哪些问题？如何加以改进？

第七章 | 国际收支

国际货币关系的产生源于国与国之间实际经济往来的需要，而国与国之间所有经济往来的货币记录即为国际收支。一国国际收支的状况是影响其他国际金融现象如汇率和货币体系的根本原因，也会深受其他国际金融现象的影响，从而更进一步影响到国内经济的均衡。因此，了解各国国际收支状况是了解其他国际金融现象的基础。本章将首先介绍国际收支和国际收支平衡表的主要内容和编表原则，如何通过国际收支平衡表判断一个经济体的国际收支状况；然后分析国际收支出现失衡的一般原因和影响，国际收支出现问题后的解决途径；最后介绍国际收支领域的主要理论和中国近年来国际收支的概况。

第一节　国际收支和国际收支平衡表

一、国际收支的概念

国际收支（balance of payment）概念最早出现于 17 世纪初。根据当时的实际情况，国际收支只是被简单地解释为一国的对外贸易差额。在这以后很长的一段时期，一直通行这种观点。19 世纪末 20 世纪初，随着资本主义国际经济交易的内容、范围不断扩大，特别是国际资本流动的重要性与日俱增，原来的概念显然已不再适用。所以，当20 世纪国际金本位制崩溃以后，国际收支的内涵就扩展为一国的外汇收支，凡是在国际经济交易中必须通过外汇收支进行清算的交易，都属于国际收支的内容，这就是目前所称的狭义的国际收支。第二次世界大战以后，国际收支的概念又有新的发展，它包括一个国家一定时期内的全部经济交易。这一概念的含义很广，它把不涉及外汇收支的各种经济交易，如清算支付协定项目上的记账、易货贸易等也包括在内。这就是目前所称的广义的国际收支，现在世界上大多数国家采用这一概念。

1977 年，国际货币基金组织根据广义的国际收支概念，在其编制的《国际收支手册》中制定了国际收支的下述定义：国际收支是在一定时期内一国居民对其他国家居民所进行的全部经济交易的系统记录。它包括：（1）一个经济体与其他经济体之间的商品、劳务和收益的交易；（2）该经济体货币黄金、特别提款权的所有权以及与其他经济体之间债权、债务关系的变化和其他变化；（3）从会计意义上说为平衡前述不能相互冲抵的交易和变化所必需的无偿转让和对应分录。

1993 年，国际货币基金组织在《国际收支手册》第五版中对国际收支重新定义如下：国际收支是一特定时期的统计报表，它系统地总结一经济体与世界其他经济体之间的经济交易。交易绝大部分是居民与非居民之间进行的，包括：商品、服务和收益；对世界其他经济体的金融债权及债务；转让（如赠品）——单方交易；还包括其会计意义上用于平衡的对应分录。交易本身作为经济流量，反映经济价值的创造、转移、交换、转让或消减，商品和金融资产的所有权变化，及服务的提供或劳务及资本的提供。

国际货币基金组织的国际收支定义具有以下特征：

第一，它强调国际收支是一个流量概念。当人们提及国际收支时，总是需要指明它是属于哪一段时期的。这里的时期可以是一年，也可以是一个月或一个季度，完全根据分析的需要和材料来源的可能来确定。从实际情况来看，各国通常以一年为报告期。

第二，它强调国际收支所反映的内容是经济交易。所谓经济交易是指经济价值从一个经济体向另一个经济体的转移。这里的经济体多指一个独立的国家或地区。根据转移的内容和方向的不同，可以把国际经济交易划分为五类：商品和劳务与商品和劳务的交换，即物物交换；金融资产与商品和劳务的交换，即商品和劳务的买卖；金融资产与金融资产之间的交换；无偿的、单向的商品和劳务转移；无偿的、单向的金融资产转移。

第三，它强调国际收支所记载的经济交易必须是在一个经济体的居民与非居民之间进行的。一个经济体的居民包括该经济体的各级政府及其代表机构，以及在该经济体领土上存在或居住一年（含一年）以上的个人及各类企业和团体（但使领馆、外交人员、留学人员等均一律视为原经济体的居民而不论其居住时间是否超过一年）。居民与居民或非居民与非居民之间的交易一般不在国际收支统计范围之内，只有居民与非居民之间的交易才是国际经济交易，因而必须在国际收支中反映出来。

与狭义的国际收支概念相比，广义的国际收支概念由于包括了前者所排除的易货贸易等不产生实际货币收支的国际交易项目，因而能够更加全面地反映国际经济交往。另外，随着资本主义的发展，尤其是垄断资本主义阶段后，资本输出急剧增加，国际信用关系空前扩展，国际贸易和国际资本流动相互渗透、相互推动，所以广义的国际收支概念比狭义的国际收支概念更加符合不断发展的世界经济实际。最后，广义的国际收支概念还含蓄地反映了一国对外经济交易与国内经济的联系，从而比狭义的国际收支概念更深刻地揭示了国际收支的本质及其丰富的内部联系。当然，狭义的国际收支概念不是完全没有意义的，贸易收支是一国对外经济交易的基础，贸易收支差额直接影响有关国家国际储备的增减，因此，狭义的国际收支应该成为广义国际收支的补充，专门用来考察一定时期的国际收支对于该国国际储备的影响。

作为对于客体的反映，国际收支概念还依人们考察的角度不同而有不同的定义：

第一，市场国际收支（the market balance of payments）。这是一个"事前"（Ex-ante）概念，是关于外汇市场的一种模型，描述在既定汇率及假设汇率水平上的外汇供求，主要用来分析汇率变动对于外汇供求量的可能影响。

第二，规划国际收支（the programme balance of payments）。这也是一个"事前"概念，它表明未来一年或几年内根据国内投资和消费需要来规划国外资金的来源和用途，主要供制订计划、进行预测和对外谈判之用。

第三，会计国际收支（the accounting balance of payments）。这是一个"事后"（Ex-post），概念，是关于过去一年或几年期内一国居民与其他国家居民之间全部商品、劳务和金融交易的复式簿记记录。

就概念是对客观事物本质的反映而言，"事后"的概念应当是基本的，"事前"的概念不过是人们对"事后"概念的能动发挥而已，所以，会计国际收支的概念更有现实意义。但是，市场国际收支和规划国际收支同样具有其特殊意义。市场国际收支的特殊意义在于：一方面，它有助于分析汇率水平对于外汇供求的作用；另一方面，它可以作为衡量国际收支状况的参考指标，因为一国一定时期的对外经济交易及其货币收支的绝大部分毕竟还是表现在外汇供求上。规划国际收支的最大优点是明确揭示了一国国际收支与其内部经济发展之间的内在联系，它和市场国际收支一样体现了人们对经济活动的预测，但又比市场国际收支更进一步，它表现出人们对经济活动的计划性，这对于制定国民经济中长期发展战略无疑是有积极意义的。

总之，国际收支是一定时期内一国与其他国家之间商品、劳务和收入的交易，无报酬转移，该国货币黄金、特别提款权以及对其他国家债权债务所有权变化和其他变化的总和。国际收支是决定或影响有关国家货币汇率和国际储备的重要因素之一，是连接一国内部经济和外部经济的纽带。

二、国际收支平衡表及主要内容

（一）国际收支平衡表的概念

国际收支平衡表是一国根据国际经济交易的内容和范围设置项目和账户，按照复式簿记原理，系统地记录该国在一定时期内各种对外往来所引起的全部国际经济交易的统计报表。它集中反映了一国国际收支的构成及总貌。

国际收支平衡表有以下特点：

第一，它记载所有国际经济交易，这一点与外汇统计及海关统计都不同。外汇统计仅包括外汇收支，并未将没有外汇收支的进出口、实物资本移动等计算在内。海关统计则不问有无对等支付，而以通过海关的商品为统计对象，这虽与平衡表相似，但海关统计，仅以商品进出口为限，而未包括劳务交易与资本流动等，其范围较国际收支小。

第二，采用复式记账法。设借贷双方，每一笔经济交易借贷双方必有相等的数字与之对应，双方才是平衡的；单方面转移项目例外，它没有相对应的项目。

第三，国际收支失衡，在平衡表中可以用平衡项目来平衡，并不意味着一国的债权与债务必然相等。

第四，国际收支平衡表既不是资产负债表，也非损益计算书。资产负债表是指一个企业在某一时点上的债权债务情况，无法显示整个期间的情况，属于静态情况，而国际收支平衡表显示了动态的情况，是反映一段时间内由债权债务变动所发生的外汇收支的总和。另外，损益计算书中的若干项目，在国际收支平衡表中不予列入，如毛利率、所得税等。另外，损益计算书中的若干项目，在国际收支平衡表中不予列入，如毛利润、所得税等。

第五，国际收支平衡表中记录的时间原则为：每笔经济交易的所有权改变的时间为记录的时间，具体是指一定时点上，记录全部结清的交易项目，记录已到期（法律规定所有权应变更）必须结清的部分（不管实际上是否结清），记录交易已经发生（所有权已变更），但需要跨期结清的部分。

（二）国际收支平衡表的基本内容

根据国际收支发生的不同原因，即不同类型的国际经济交易，国际收支平衡表可以分为三个基本账户，即经常账户、资本和金融账户、错误和遗漏账户。

1. 经常账户（current account）

经常账户是对实际资源在国际上的交易行为进行记录的账户，它包括商品贸易、劳务贸易、收益及经常转移四个子账户。

商品贸易（goods），也称有形贸易，指一般的商品、用于加工的货物、货物修理、各种运输工具在港口购买的货物或非货币黄金等有形物品在居民与非居民之间的交易。根据国际收支的一般原则，货物的进口和出口应在货物的所有权从一国居民转移到另一国居民时记录下来。通常，货物按边境的离岸价格（FOB）计价。

劳务贸易（service），也称无形贸易，主要包括运输、银行、保险、旅游、通信等行业的收支及广告费、专利费、使领馆费用等项的收支。

收益（income）。包括居民和非居民之间的两大类交易：一是职工报酬，主要指支付给非居民工人（如季节性的短期工人）的工资报酬。二是投资收益，包括直接投资、证券投资和其他投资的收入和支出，以及储备资产的收入。

经常转移（current transfer）。是排除了以下资产所有权转移的单方面价值转移：一是固定资产所有权的转移；二是同固定资产收买/放弃相联系或以其为条件的资产转移；三是债权人不索取任何回报而取消的债务。

经常转移包括各级政府的转移（如政府间经常性的国际合作、对收入和财政支付的经常性税收等）和其他转移（如工人汇款）。

2. 资本和金融账户（capital and financial account）

资本与金融账户是指对资产所有权在国际上的流动行为进行记录的账户，它包括资本账户（capital account）和金融账户（financial account）两个二级账户。

资本账户。包括资本转移和非生产非金融资产的收买和放弃。资本转移包括固定资产所有权转移、与固定资产收买/放弃相联系的或以其为条件的资产转移、债权人不索取任何回报而取消的债务。非生产、非金融资产的收买或放弃是指各种无形资产如专利、版权、商标、经销权以及租赁和其他可转让合同的交易。

金融账户。包括引起一个经济体对外资产和负债所有权变更的所有权交易。根据投资类型或功能，金融账户又可以分为直接投资（direct investment）、证券投资（portfolio investment）、金融衍生产品（储备除外）和雇员认股权（financial derivatives（other than reserves）and employee stock options）、其他投资（other investment）、储备资产（reserve assets）。

直接投资的主要特征是一经济体的居民对另一经济体的居民企业实施了管理上的控制或重要影响。直接投资可以采取在国外直接建成分支企业的形式，也可以通过购买国外企业一定比例的股权的形式。如果直接投资者在直接投资企业中拥有50%以上的表决权，则认为存在控制。如果直接投资者在直接投资企业中拥有10%～50%的表决权，则认为存在重要影响。

证券投资的主要对象是股本证券和债务证券。对于债务证券而言，它可以进一步细分为期限在一年以上的中长期债券、货币市场工具和其他衍生金融工具。

金融衍生产品（储备除外）和雇员认股权主要反映居民与非居民之间金融衍生工具和雇员认股权交易情况。其中金融衍生合约是一种金融工具，该金融工具与另一个特定的金融工具、指标或商品挂钩，通过这种挂钩，可以在金融市场上对特定金融风险本身（例如，利率风险、外汇风险、股权和商品价格风险、信用风险等）进行交易。雇员认股权作为一种报酬形式，是向公司雇员提供的一种购买公司股权的期权。

其他投资是一个剩余项目，它包括所有直接投资、证券投资或储备资产未包括的金融交易。它包括一些贸易信贷、贷款、货币和存款等账户。

储备资产是由货币当局控制，并随时可供货币当局用来满足国际收支资金需求，用以干预汇兑市场影响货币汇率，以及用于其他相关目的（例如，维护人们对货币和经济的信心，作为向外国借款的基础）的对外资产。形式包括货币用黄金、特别提款权、在基金组织的储备头寸、外汇资产和其他债权。

3. 错误和遗漏账户（errors and omissions account）

国际收支账户运用的是复式记账法，因此所有账户的借方总额和贷方总额相等。但是，由于不同账户的统计资料来源不一、记录时间不同以及一些人为因素（如虚报出口）等原因，会造成结账时出现净的借方或贷方余额，这时就需要人为设立一个抵消账户，数目与上述余额相等而方向相反。错误和遗漏账户就是这样一种抵消账户，它归结了各种统计误差和人为差异，其数值与经常账户、资本和金融账户余额之和相等，方向相反。

三、国际收支平衡表编制原则

（一）国际收支平衡表记账原则

国际收支平衡表有两大记账原则：

第一，复式簿记原则，即"有借必有贷，借贷必相等"。对每一笔国际经济交易都要以相等数额记录两次，一次记在贷方，另一次记在借方。贷方交易是接受非居民支付的交易；借方交易是对非居民进行支付的交易。贷方交易记作正号（+），借方交易记作负号（−）。有两个经验法则值得注意：（1）凡是引起本国从国外获得外汇收入的交易，记入贷方，凡是引起本国对国外有外汇支出的交易，记入借方。（2）凡是引起本国外汇供给的交易，记入贷方，凡是引起本国外汇需求的交易，记入借方。

第二，权责发生制原则，即以经济交易的所有权改变时间为记录日期。在国际收支平衡表中，应该以什么日期为标准进行记录，这也是一个十分重要但又容易引起争议的问题。因为事实上存在着与经济交易有关的各种不同日期，如签订买卖合同日期、货物装运日期、结算日期、交货日期、付款日期等。国际货币基金组织对此作出的原则规定是以所有权变更日期为标准进行记录。按照这一标准，国际收支平衡表中记录的各种经济交易应该包括：在编表时期全部结清的交易；在这一时期已经到期必须结清的部分（不管事实上是否结清）；在这一时期已经发生（指所有权变更），但需要跨期结算的部分。

（二）国际收支平衡表记账实例

我们以本国为例，列举一些具体的国际收支交易来说明国际收支平衡表的记账方法。使用实例有助于正确掌握国际收支账户中的记账原理，同时也有助于我们理解各账户之间的关系。假设本国发生了如下几笔交易，我们先把这些交易的会计分录做好，然后再编制本国的国际收支平衡表。

例1：本国企业出口价值为50万美元的商品到外国，将所得收入存入银行。

在该笔交易中，本国资金来源是出口商品所得的收入，本国的资金运用形成金融资产，具体记作：

借：其他投资——银行存款　　　　　　　　　　　　　　50万美元
　贷：货物（出口）　　　　　　　　　　　　　　　　　50万美元

例2：本国居民到外国旅游花销2万美元，该居民用国际信用卡支付了该款项，并在回国后用自己的外汇存款偿还。在此过程中，本国的资金来源是金融资产的减持，本国的资金运用是购买服务（相当于进口服务），具体记作：

借：服务——旅游　　　　　　　　　　　　　　　　　　2万美元
　贷：其他投资——银行存款　　　　　　　　　　　　　2万美元

例 3：外国商人以价值 500 万美元的设备投入本国，兴办合资企业。

在此过程中，本国的资金来源是外商的直接投资，本国的资金运用是进口外国商人投入的该笔等值设备。具体记作：

借：货物（进口）　　　　　　　　　　　　　　　　　　500 万美元

贷：外国对本国的直接投资　　　　　　　　　　　　　　500 万美元

例 4：外国居民用美元支票向居住在本国的亲属汇款 20 万美元，居住在本国的亲属将汇款存入银行。

在此过程中，本国的资金来源是经常转移，本国的资金运用是形成金融资产。具体记作：

借：其他投资——银行存款　　　　　　　　　　　　　　20 万美元

贷：经常转移　　　　　　　　　　　　　　　　　　　　20 万美元

例 5：外国居民购买本国政府债券 2000 万美元，购买者用国外银行汇票支付款项，本国政府将融资金额调回国内向中央银行结售，换得本币后，将资金用于公共支出。

在该笔交易中，本国的资金来源是外国居民的证券投资，本国资金的运用是兑换为本币（反映为央行储备资产的增加）。具体记作：

借：储备资产　　　　　　　　　　　　　　　　　　　　2000 万美元

贷：证券投资　　　　　　　　　　　　　　　　　　　　2000 万美元

例 6：本国居民通过劳务输出取得收入 10 万美元，并将收入汇回国内，存入银行。

在该笔交易中，本国资金的来源是劳务收入，本国的资金运用是形成金融资产。具体记作：

借：其他投资——银行存款　　　　　　　　　　　　　　10 万美元

贷：收入——职工报酬　　　　　　　　　　　　　　　　10 万美元

例 7：本国某企业在海外投资所得利润为 200 万美元，其中 100 万美元直接用于当地的再投资，另外 100 万美元调回国内向中央银行结售，换得本币后，将相当于 40 万美元的本币用于股东分红，将相当于 60 万美元的本币用于购买国产设备重新投入外国企业。

这些国际收支交易分为两笔记录。第一笔是海外投资所得，一部分用于再投资，另一部分用于汇回国内。该笔交易中，本国资金的来源是投资收益，本国资金的运用是直接投资和储备资产。第二笔交易是将国产设备重新投入外国企业。该笔交易中，本国的资金来源是设备出口，本国的资金运用是直接投资。因此两笔投资分别记作：

借：直接投资　　　　　　　　　　　　　　　　　　　　100 万美元

储备资产　　　　　　　　　　　　　　　　　　　　100 万美元

贷：收入——投资收益　　　　　　　　　　　　　　　　200 万美元

借：直接投资　　　　　　　　　　　　　　　　　　　　60 万美元

贷：货物（出口）　　　　　　　　　　　　　　　　　　60 万美元

将上述 7 笔交易编制成一个完整的国际收支平衡表。

表 7-1 **7 笔交易构成的国际收支账户（单位：万美元）**

项目	借方	贷方	差额
货物	500	50+60	−390
服务	2		−2
收入		10+200	210
经常转移		20	20
经常账户合计	502	340	−162
直接投资	100+60	500	340
证券投资		2000	2000
其他投资	50+20+10	2	−78
储备资产	2000+100		−2100
资本与金融账户合计	2340	2502	162
总计	2842	2842	0

第二节 国际收支平衡与失衡

一、国际收支平衡与否的判断

国际收支可能出现顺差、逆差、均衡、危机几种情况。如果仅从国际收支平衡表各项目的记录综合在账面上看，国际收支平衡表总是均衡的，这是由以复式记账法原理记录国际收支各个项目所致（有借必有贷，借贷必相等）。但是，现实中的均衡是很少见的，也就是说，一国的对外交易中的收入和支出，一般不可能完全相等。各种原因的存在，经常导致各国国际收支的不平衡，然后通过人为的调节才使得国际收支平衡表达到基本均衡。

具体的判断标准可以分为理论和实践两种。理论上，按照交易目的，可以将国际收支平衡表中的所有经济交易分为自主性交易和调节性交易两种不同类型，只有通过自住性经济交易实现的国际收支均衡才是真正的国际收支均衡。

自主性交易主要是指各类微观经济主体（如进出口商、金融机构或居民个人等）出于自身的特殊目的（比如追求利润、减少风险、资产保值、逃税避税、避税管制或投机等）而进行的交易活动。这种交易活动体现的是微观经济主体的个人利益，具有自发性、分散性的特点。

调节性交易是指中央银行或货币当局出于调节国际收支差额、维护国际收支平衡、维持本国货币汇率稳定等目的而进行的各种交易，也称弥补性交易。这类交易活动由政府出面实现，体现了一国政府的意志，具有集中性和被动性的特点。

这两种交易类型的区分，给我们讨论国际收支均衡与不均衡提供了判断标准。调节性交易只是在自主性交易出现缺口或差额时，由货币当局被动地进行的一种事后弥补性的对等交易，是为了弥补自主性交易的不平衡而人为做出的努力。所以，衡量一国国际收支平衡与否的标准，就是要看其自主性交易是否达到了平衡。如果自主性交易差额能够相互抵消，不需要调节性交易来加以弥补，则说明这个国家的国家收支是均衡的。这种由自主性交易所维持的国际收支平衡状态，就是国际收支的均衡。反之，如果自主性交易的差额不能相互抵消，必须依靠调节性交易来弥补，才能维持其国际收支的均衡，则只能说这个国家的国际收支从形式上看是均衡的，而实际上是不均衡的，因为这种均衡的基础不稳，不能长久地维持下去。这种以调节性交易所维持的国际收支均衡，就是国际收支的不均衡。在现实的经济活动中，由于自主性交易很难完全达到收支平衡，总会发生或多或少的顺差或者逆差。因此可以说，一国的国际收支在较短时间内和较小范围内的不均衡是正常的现象。只有国际收支长期、持续、大量不均衡而得不到改善，才会导致国际收支危机。

在实践过程中，我们往往采用画线分析的方法。即指在国际收支平衡表的一个项目与下一个项目之间画一水平直线，仅分析线之上项目的贷方和借方净差额。净差额为零，表示国际收支平衡，否则表示国际收支失衡。目前对国际收支状况的衡量主要采用五种差额（见表 7-2），即贸易差额、经常项目差额、基本差额、官方结算差额和综合差额。

表 7-2　　　　　　　　　　国际收支局部差额的内容及其关系

项　　目	
+商品出口	
−商品进口	
	=贸易差额
+无形收入	
−无形支出	
+单方转移收入	
−单方转移支出	
	=经常项目差额
+长期资本流入	
−长期资本流出	
	=基本差额
+私人短期资本流入	
−私人短期资本流出	

续表

项　　目	
	=官方结算差额
+官方贷款	
−官方借款	
	=综合差额
−储备增加（+储备减少）	

注：（1）贸易差额将水平直线画于商品贸易项目之下。（2）经常项目差额将水平直线画于经常账户之下，此时线之上的商品、劳务和单方转移等流量的借贷方净差额就是经常项目差额。（3）基本差额是将商品贸易、劳务贸易、单方转移及长期资本流动置于水平直线之上而得出的贷方和借方净差额。（4）官方结算差额将私人短期资本流动加入基本差额之中，便得到官方结算差额。（5）综合差额将水平直线画于官方储备项目之下，线之上项目差额便是综合差额。

二、国际收支失衡的影响

（一）开放经济中的国民收入恒等式

在封闭经济中，居民既不能购买外国产品，也不能把本国产品出售给外国居民，所以国民收入全部由国内的消费、投资和政府购买组成。然而，在开放经济中，居民可以出口本国产品，也可以进口外国产品，因此，开放经济下的国民收入核算与封闭经济下的国民收入核算有较大的区别。通过研究开放经济下的国民收入核算，可以深入了解国际贸易在开放宏观经济理论中的核心地位。

在封闭经济中的国民收入包括消费、投资、政府购买三个部分：消费（consumption）指被私人部门购买以满足当前需要的那部分国民收入，用 C 表示，例如对电影票、食品、服装、理发服务等的购买都属于消费。投资（investment）是被私人企业用于生产未来产品的那部分产出，投资可以视为用于增加一国资本存量的那部分国民收入，用 I 表示。政府购买（government purchases）是指政府对商品和服务的购买，用 G 表示，这里政府既包括中央政府，也包括地方政府。

在封闭经济中，任何最终商品和服务，如果不被家庭或政府消费，就会被企业用来建立新的工厂，生产新的设备和存货。因此，用 Y 表示 GDP，则在封闭经济中国民收入恒等式为：

$$Y = C + I + G \tag{7-1}$$

然而在开放经济中，一些产品和服务会出口到国外，也会进口一些国外产品和服务，因此开放经济下的国民收入恒等式将发生变化。在开放经济下，用 IM 表示本国居民进口商品和劳务的价值，用 EX 表示本国出口给外国居民的商品和劳务的价值，开放经济下的国民收入是本国和外国花费于本国生产要素生产的商品和服务的总和。因此，开放经济下的国民收入恒等式为：

$$Y = C + I + G + EX - IM$$

设经常账户余额（currency account balance）表示本国出口的商品和劳务的价值与进口的商品和劳务的价值之差，用 CA 表示，则：

$$CA = EX - IM \tag{7-2}$$

当一国出口小于进口时，称该国经常账户赤字；如果一国出口大于进口，则称该国经常账户盈余。经常账户之所以重要，是因为它度量了国际借贷的规模和方向，当一国进口大于出口时，该国从外国居民那里购买的商品和劳务的价值比卖给外国居民的商品和劳务的价值多，因此，该国必须为消除经常账户赤字而筹措资金。当该国用于进口的资金超出了从出口获得的收入之后，再要进口时就必须从外国居民借入资金，从而形成对外净负债。反之，如果一国经常账户盈余，则可以形成对外净资产。

通过开放经济下的国民收入恒等式，可以得到：

$$CA = Y - (C + I + G) \tag{7-3}$$

(7-3) 式表明，如果一国居民想要消费超出本国生产的产品和劳务，即 $C + I + G > Y$，则本国居民只能通过向国外借款来实现，从而形成对外净负债，即 CA<0。

为了进一步分析国际贸易在国民收入中的作用，定义国民储蓄（national saving）为国民收入中没有用于家庭消费和政府购买的部分。用 S 表示国民储蓄，在封闭经济中：

$$S = Y - C - G \tag{7-4}$$

根据国民收入恒等式有：$I = Y - C - G$，从而有：

$$S = I \tag{7-5}$$

即在封闭经济中，只能通过投资来储蓄。然而，在开放经济中，根据国民收入恒等式有：$Y - C - G = I + CA$。因此，在开放经济中：

$$S = I + CA$$

或：

$$I = S - CA \tag{7-6}$$

这说明开放经济中，一个国家的储蓄既可以用于国内投资，也可用于对外投资；另一方面，一个开放经济体不一定只能通过储蓄才能利用有利可图的机会，开放经济体可以通过对外负债来为好的投资机会融资。在 $S = \bar{S}$ 不变时，$I = \bar{S} - CA$，当 CA 下降时，在储蓄不变的情况下，投资水平会上升，这是与封闭经济非常不同的地方。

（二）国际收支失衡影响的具体表现

1. 对外汇储备的影响

一国居民出口时可以获得外汇，而进口时需要支出外汇，当国际收支不平衡时，就会造成外汇储备的增加或减少。当国际收支出现顺差时，出口大于进口，则本国出口获得的外汇大于进口花费的外汇，因而外汇储备增加；相反，当国际收支出现逆差时，进口大于出口，本国进口花费的外汇大于出口获得的外汇，因此，本国居民必须使用外汇储备。当一个经济体长期处于国际收支逆差时，则外汇储备会持续减少；相反，如果一个经济体长期处于国际收支顺差，则外汇储备会持续增加。无论是持有大量的外汇储备还是很少的外汇储备，对于经济的发展都是不利的。当外汇储备持续增加，则货币当局必须大量发行货币，从而造成本国通货膨胀压力；如果外汇储备持续减少，则一国难以应付突发风险。

2. 对外汇汇率的影响

国际收支的贷方代表外汇的供给，借方为外汇的需求，因此贷方数额的增加表示外汇供给的增多，借方数额的增加则表示对外汇需求的增加。如果借贷双方不平衡，意味着外汇供求的不平衡，外汇汇率必定发生变动，也就是本国货币对外价值发生变化。因此，国际收支的状况直接影响到该国汇率的升贬，对一个国际收支持续顺差的国家来说，由于外汇总体来说供过于求，会使得本国货币的汇率上升，外币的相对价值下降。如果出现持续的逆差，但由于采取了向外国或国际货币基金组织借款的方式来平衡其国际收支，则其货币汇率不会受到很大的影响，但如果这个情况没有得到改变，长期来看，本国货币汇率将会下降。

3. 对国内物价的影响

国际收支失衡会通过影响国内货币供应量而影响国内物价水平。当一经济体出现持续顺差时，外汇市场上外汇供给增加，货币当局为了维持汇率稳定，会发行本币购买外币，从而稳定外汇市场上外汇的供求，保持汇率的稳定。货币当局发行货币会增加经济体货币供应量，本国货币需求不变的情况下，货币供应增加会导致本国物价上升。反之，当国际收支持续逆差时，外汇市场上外汇需求增加，为了维持汇率稳定，货币当局会使用外汇储备增加外汇供给，从而减少外汇储备。货币当局不会增发货币，甚至可能减少货币发行，从而经济有通货紧缩的压力。

4. 对国内投资和经济增长的影响

根据国民收入恒等式 $S = I + CA$，居民储蓄有两种利用方式：第一是投资，通过投资居民可以在未来获得回报，进而转化为未来的消费；第二是净出口，当期居民出口更多的产品，则可以储存较多的外国货币，未来则可以进口更多产品，从而实现消费的跨期配置。因此，当国民储蓄保持不变时，本国居民面临投资与净出口的权衡，当净出口增加时，即通过储存国外产品的方式储蓄，则本国投资水平会下降；反之，当净出口下降时，本国投资水平会上升。因此，当国际收支顺差时，由于国民储蓄保持不变，投资水平会下降；而当国际收支逆差时，投资水平会上升。

在开放经济中，国民收入恒等式为 $Y = C + I + G + EX - IM$，即国民收入由消费、投资、政府购买和净出口构成。因此，当净出口增加时，外国居民对本国的需求增加，从而导致本国产出增加，促进经济增长，反之，当净出口下降时，外国居民对本国产品的需求下降，从而导致本国产品水平下降，阻碍经济增长。因此，当出现国际收支顺差时，会促进本国经济增长，而出现国际收支逆差时，会阻碍本国经济增长。

5. 对证券价格和市场利率的影响

国际收支状况能够间接影响证券价格和市场利率。国际上黄金与有价证券的交易，与国内价格和市场利率的波动有关。如果国内货币供应量受到金融当局控制而不变，则外国净投资可增加本币的流通速度，也可以减少人们藏币的余额，收藏的余额减少表示投资的边际效益增加。货币供应量既然不变，而资金需求激增，其后果将使市场利率上升，从而吸引国外黄金、外汇及有价证券的流入。如果这时金融当局允许货币供应量随黄金、外汇及有价证券进口的增加而增加，则外国净投资可促进国内经济的繁荣，使市场利率降低。

6. 对国际投资的影响

一般来说，一国的国际收支出现持续性的顺差，就会形成资本过剩的局面。为了寻找有利的投资场所，就会引起资本外流，到投资环境良好的国家或者地区去投资。另外，顺差国的政府也会鼓励国内资本到国外去投资，甚至采取一系列鼓励资本外流的优惠措施。这样，就会在一定范围内形成国际投资的热潮。相反，对于逆差国来说，国内资本就会出现短缺现象。为了改善这种环境，逆差国政府往往会采取一系列的措施来吸引外资，同时限制自己的资本外流，这样，就可能通过吸引外资来发展自己的经济，逐渐扭转自己的逆差局面。因此，我们说，国际收支状况影响对外投资的增减，即国际收支顺差国的对外投资将增加或扩张，反映在国际收支平衡表上就是资本输出增加；而国际收支逆差国的对外投资将减少或收缩，利用外资将增加，这反映在国际收支平衡表上就是资本输出减少，资本输入增加。

7. 对外汇管制的影响

国际收支状况的好坏会直接影响一国外汇管制措施的松紧。一般来说，当一个国家的国际收支处于逆差时，在这个国家会想方设法采取一系列外汇管制措施。譬如说，这个国家可以通过数量管制，对外汇买卖的数量进行限制，通过进口限额、许可证等方式，集中对外汇收入进行管理，同时控制外汇支出，对进出口数量进行统筹管制。另外，这个国家还可以通过对汇率的管制，实行复汇率制，或通过建立外汇缓冲基金来稳定汇率水平，利用基金进入外汇市场买卖外汇来稳定汇率；当外汇汇率上升时，抛出外币，收回本币，防止外汇汇率继续上升；当外汇汇率下降时，用本币买进外币，阻止外汇汇率下跌。逆差国可通过采取一系列外汇管制措施来鼓励出口，限制进口，以获得更多的外汇，扭转本国国际收支的颓势。而对于国际收支大量顺差的国家来说，其官方储备充裕，可能会受到其他国家的压力，而采取放宽外汇管制的措施，放松进口管制，阻止本币比值的过分坚挺，以有限度地削弱本国的出口能力，增加进口，使国际收支顺差稍稍降低，以此防止他国的不满，防止他国采取报复性措施。

三、国际收支失衡的类型

（一）偶然性的失衡

偶然性失衡是指偶发性因素引起的国际收支失衡，比如战争、自然灾害等。这种失衡的实际表现既可能是国际收支顺差，也可能是国际收支逆差。例如，1990 年伊拉克入侵科威特，国际社会对伊拉克实行全面经济制裁，世界各国曾一度中止与伊拉克的一切经济往来，伊拉克的石油不能输出，引起出口收入剧减，贸易收入恶化；相反，由于国际市场石油短缺，石油输出国扩大了石油输出，这些国家的国际收支从而得到了改善。这种性质的国际不平衡，程度一般较轻，持续时间也不长，带有可逆性，调节起来相对容易。

（二）周期性的失衡（cyclical disequilibrium）

周期性不平衡是一国经济周期波动引起该国国民收入、价格水平、生产和就业发生变化而导致的国际收支不平衡。周期性不平衡是世界各国国际收支不平衡常见的原因。因为，在经济发展过程中，各国经济不同程度地处于周期波动之中，周而复始出现繁荣、衰退、萧条、复苏，而经济周期的不同阶段对国际收支会产生不同的影响。一般而言，由于产品的丰富程度和利率等原因。在经济繁荣和高涨期阶段，国际贸易和国际投资会表现得异常活跃，出口扩大，劳务输出可能减少，从而使国际收支可能出现顺差；在经济衰退和萧条阶段，经济增长放慢，贸易和投资活动可能收缩，出口可能减少，经常账户可能出现负的缺口，国际收支总水平降低，从而使国际收支可能出现逆差。但是由于收入性因素和价格因素等原因，随着经济周期的演变，这种顺差、逆差的现象也可能会出现相反的表现。如日本在 1974 年，国民生产总值增长 19.4%，国际收支却出现 46.9 亿美元的逆差；1976 年日本经济萧条，但国际收支却出现顺差 36.8 亿美元。

世界上主要资本主义国家的经济危机影响其他国家的现象，在第一次世界大战前虽已存在，但其影响程度较小。自第一次世界大战之后，主要资本主义国家的经济危机影响其他国家的程度越来越深，自第二次世界大战后，这种现象更加显著。主要资本主义国家爆发经济危机以后，往往会使其他国家经济危机的发展加快，特别是一国发生支付危机以后很快会牵涉一系列国家。其所以如此，原因很多，其中最重要的原因就是各国的经济关系更趋紧密，各国的国民经济越来越受到世界经济的影响，各国的经济发展越来越依赖于国际市场。因此，从目前来说，西方主要工业国家的经济危机极易引起世界性的经济危机，从而使各国的国际收支发生周期性的不均衡。

（三）货币性的失衡（monetary disequilibrium）

货币性不平衡是指一国货币价值与其他国家相比发生较大变化而引起的国际收支不平衡。这种不平衡主要是由于国内通货膨胀或通货紧缩引起的，一般直观地表现为价格水平的不一致，故又称价格性的不平衡（price disequilibrium）。例如，一国发生通货膨胀，其出口商品成本必然上升，使用外国货币计价的本国出口商品的价格就会上涨，就会削弱本国商品在国际市场上的竞争能力，客观上起着抑制出口的作用。相反，由于国内商品物价普遍上升，相比较而言，进口商品就显得便宜，鼓励了外国商品的进口，从而出现贸易收支的逆差。货币性不平衡可以是短期的，也可以是中期的或长期的。

一国货币价值还会体现为汇率和利率的变化，这也会引起一国国际收支的变化和不均衡。如果一国货币汇率出现贬值，会引起本国出口商品价格折合成外币后出现下降，而进口商品折合成本币的价格出现上涨，这会使得本国出口量上涨、进口量下降，如果进出口量变化较大，则可能导致本国出现贸易顺差。利率变化则主要通过影响资本金融账户对国际收支有较明显影响，如果一国利率相对于国外出现上涨，在资本可自由流动条件下，会引起大量国外资金流入本国，带来资本金融账户的顺差。

（四）收入性失衡（income disequilibrium）

收入性不平衡是指由于各种经济条件的恶化引起国民收入的较大变动而引起的国际收支不平衡。国民收入变动的原因很多，一种是经济周期波动所致，这属于周期性不平衡，另外一种是因经济增长率的变化而产生的，即这里所指的收入性不平衡。一般来说，国民收入的大幅度增加，全社会消费水平就会提高，社会总需求也会扩大，在开放型经济下，社会总需求的扩大，通常不一定会表现为价格上涨，而表现为增加进口，减少出口，从而导致国际收支出现逆差；反之当经济增长率较低时，国民收入减少，国际收支出现顺差。

（五）结构性失衡（structural disequilibrium）

结构性不平衡是指当国际分工的结构（或世界市场）发生变化时，一国经济结构的变动不能适应这种变化而产生的国际收支不平衡。

世界各国由于地理环境、资源分布、技术水平、劳动生产率差异等经济条件和历史条件不同，形成了各自的经济布局和产业结构，从而形成了各自的进出口商品和地区结构，各国的产业、外贸结构综合成国际分工结构。若在原有的国际分工结构下，一国的进出口尚能平衡，但在某一时期，若世界市场对该国的出口需求或对该国进口的供给发生变化，则该国势必要改变其经济结构以适应这种国际变化，即原有的相对平衡和经济秩序受到了冲击。若该国经济结构不能灵活调整以适应国际分工结构的变化，则会产生国际收支的结构性不平衡。

譬如，美国从20世纪70年代以来发生了持续性国际收支逆差，其原因是多方面的，但引起逆差最重要的因素之一，莫过于贸易出现大量逆差，商品入超过大，以及传统出口商品在国际市场上竞争能力减弱。众所周知，美国传统出口产品中以机械制造产品占主导地位，其中出口比重较大的是汽车，美国汽车耗油量较日本、意大利等其他国家的汽车耗油量要大，由于20世纪70年代石油价格猛涨，各国的消费者当然不愿意购买耗油量大的汽车，因此，美国的汽车就无法与日本、意大利等国的汽车竞争，从而贸易赤字越来越大，使该国国际收支出现持续性逆差。

改变结构性不平衡需要重新组织生产，并对生产要素的使用进行重新组合，以适应需求和供给的新结构，否则这种不平衡现象难以克服，而生产的重新组合阻力较大，进展缓慢，因此结构性不平衡具有长期性，扭转起来相当困难。结构性不平衡在发展中国家尤其普遍，因为发展中国家进出口商品具有以下两个特点：其一，产品出口需求的收入弹性低，而产品进口需求的收入弹性高，所以出口难以大幅度增加，而进口则能大幅度增加；其二，产品出口需求的价格弹性大，而产品进口需求的价格弹性小，于是进口价格上涨快于出口价格上涨，贸易条件恶化。

第三节　国际收支调节

国际收支不平衡在世界各国都是经常发生的。但是巨额的、连续的国际收支逆差或顺差不利于国家的经济稳定和发展，因此有必要对国际收支失衡进行调节。国际收支失衡的调节渠道存在于两个不同的层面：一方面，市场机制的存在使得市场上存在着国际收支失衡的自动调节机制；另一方面，政府采用的宏观政策措施可以对国际收支失衡起到一定的调节作用。

一、自动调节机制

国际收支失衡会引起国内某些经济变量的变动，在完全或接近完全的市场经济中，这些经济变量的调节又会使国际收支自动恢复平衡。因此，国际收支的自动调节机制是指由国际收支失衡引起的国内经济变量变动对国际收支反作用，使国际收支自动恢复平衡的过程。下面，我们将选择几个重要的变量加以分析。需要说明的是，自动调节机制是在市场中客观存在的，其调节作用的发挥依赖于自由的市场，其运行机制一旦某环节遭到破坏，调节作用就可能受阻，并且市场的调节有相当的时滞性。

（一）物价调节机制

"物价调节机制"是在纸币流通制度下，国家收支通过物价实现的一定程度的自动调节。这与18世纪英国哲学家和经济学家大卫·休谟（David Hume）提出的"价格-铸币流动机制"的国际收支自动调节原理是相同的，区别仅在于货币形态不同。

当一个国家国际收支发生逆差时（顺差情况正好相反），意味着对外支付大于收入，货币外流；在其他条件既定的情况下，物价下降，本国出口商品价格也下降，出口增加，贸易差额因此而得到改善。物价自动调节机制的过程描述如图7-1所示。

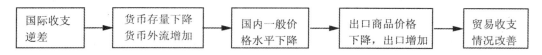

图7-1 物价自动调节机制过程

上述过程描述的是国内货币存量与一般物价水平变动对国际收支的影响。"物价调节机制"的另一种表现形式是相对价格，而不是一般价格水平变动对国际收支的影响。当国际收支发生逆差时，对外支出大于收入，对外币需求的增加使本国货币的汇率下降，由此引起本国出口商品价格相对下降、进口商品价格相对上升，从而出口增加、进口减少，贸易收支得到改善。这一过程如图7-2所示。

图7-2 物价自动调节机制的另一种表达形式

（二）汇率调节机制

当一国出现国际收支失衡时．必然会对外汇市场产生压力，促使外汇汇率变动。如果该国政府允许汇率自发变动，而不进行干预，则国际收支的失衡就有可能会被外汇汇率的变动所消除，从而使该国国际收支自动恢复均衡。例如，当一国出现国际收支逆差时，必然会引起外汇市场上的外汇需求大于外汇供给，在政府不对外汇市场进行干预的前提下，外汇汇率将上升，而本币汇率会下跌。如果该国满足马歇尔-勒纳条件，那么本币贬值将会改善该国国际收支状况，并使其国际收支趋于均衡；反之，当一国出现国际收支顺差时，本币汇率的自发上升也会使该国的国际收支自发趋于均衡。

（三）收入调节机制

收入调节机制是指当国际收支失衡时，国民收入的水平也会随之改变，从而通过影响总需求及进口需求使贸易收支改善。收入机制的自动调节过程如图7-3所示。

图7-3　收入自动调节机制过程

（四）利率调节机制

在固定汇率制度下，国际收支失衡会通过货币供应量的调整，引起利率水平的变化，从而减轻一国国际收支的失衡。例如，在出现国际收支逆差的情况下，如果货币当局采取严格的稳定汇率政策，就必然会干预外汇市场，抛售外汇储备，回购本币，从而造成本国货币供应量的下降。货币量的减少会产生一个提高利率的短期效应，导致本国资本外流减少，外国资本流入增加，从而使该国资本和金融账户得以改善，并减轻国际收支逆差的程度；反之，国际收支顺差会通过货币供应量的上升和利率水平的下降，导致本国资本外流增加，外国资本流入减少，使其国际收支顺差减少甚至消除。其作用过程如图7-4所示。

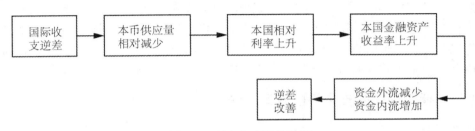

图7-4　利率自动调节机制

国际收支市场调节机制能够自发地促使国际收支趋向平衡，不需要政府付出调节代价，可以避免各种人为的价格扭曲。因此，各国政府都不同程度地为市场调节机制创造适宜的环境。

二、政策调节机制

市场调节机制有诸多局限性：现实生活中的市场体系存在不健全性，如市场结构的不完整性、资源缺乏完全流动性、信息的不对称性、垄断势力促成的价格刚性等；由于市场主体相互作用的环节很多，市场机制充分发挥作用需要很长时间；市场调节机制无力解决社会制度、生产力国际差异等因素造成的国际收支失衡等。因此，当一国面临国际收支失衡时，政府或货币当局有必要采取相应的政策措施对国际收支进行政策调节。这些政策措施不仅会改变国际收支，而且会给国民经济带来其他影响。

（一）国际收支失衡调节的一般原则

各国在不同时期出现的国际收支失衡的原因和表现不尽相同，不同的国际收支失衡的调节措施的效果有异，而且各国在出现国际收支失衡时面临的国内外经济形势也有差异，因此对于国际收支的调节没有固定的方法和模式。一般来说，一国在对国际收支失衡进行调节时需要遵循以下原则：

第一，根据国际收支失衡的不同原因选择相应调节方式。造成国际收支失衡的原因较多，例如临时不平衡、结构性不平衡、货币性不平衡、周期性不平衡、收入性不平衡等，针对不同的原因，应该选择不同的调节方式，否则可能加剧国际收支不平衡。例如临时性不平衡，其影响时间较短且该种国际收支失衡带有可逆性，因此可以采取暂时性的副作用小的事后调节方法，例如外汇缓冲。如果管理当局采取不合适的财政政策或者货币政策，反而可能会加剧国际收支不平衡。

第二，考虑所采取调节措施对国内经济影响，尽可能兼顾内外经济的平衡。经济的正常运行是要国内经济平衡和国际收支平衡同时实现，如果为了实现国际收支平衡而牺牲国内经济平衡，则会降低本国居民的福利水平。例如国内经济处于衰退时期，而国际收支顺差，如果为了实现国际收支平衡而采取紧缩性的货币政策，则紧缩性的货币政策会加速国内经济不平衡，这会加深本国居民的效用损失。

第三，考虑对其他国家的影响，避免采取过分损人利己的措施。如果一国调整国际收支失衡时不考虑调节政策对贸易伙伴的影响，例如货币贬值，则可能会遭到贸易伙伴采取报复行为，也采取货币贬值的方式，从而形成竞相贬值的局面，最终双方都会损失。因此，在采用政策调节国际收支失衡时应该考虑贸易伙伴的反应、对策。

（二）调节国际收支失衡的政策方法

1. 财政货币政策

当一国国际收支失衡时，政府也可以运用紧缩性或扩张性的财政货币政策加以调节。在财政政策方面，可供采用的措施主要是增减财政支出和改变税率；在货币政策方面，当局可以调整再贴现率和存款准备金比率，或在公开市场买卖政府债券。

财政货币政策可以通过三个渠道来影响国际收支，分别称为收入效应、利率效应和相对价格效应（或称替代效应）。当一国国际收支赤字时，政府当局应采取紧缩性的财政货币政策。首先，紧缩性财政货币政策通过乘数效应减少国民收入，由此造成本国居民商品、劳务支出的下降。只要它能够降低本国的进口支出，就可以达到纠正国际收支赤字的效果。这一收入效应的作用大小显然取决于一国边际进口倾向的大小。其次，紧缩性货币政策通过本国利息率的上升、吸引资金从国外的净流入来改善资本账户收支。这一利率效应的大小取决于货币需求的利率弹性与国内外资产的替代性高低。最后，紧缩性财政货币政策还通过诱发国内生产的出口品和进口替代品的价格下降提高本国产品的国际价格竞争能力，刺激国内外居民将需求转向本国产品，从而获得增加出口、减少进口的效果。这一相对价格效应的大小主要取决于进出口供给和需求弹性。

2. 汇率调整政策

汇率调整政策是指运用汇率的变动来纠正国际收支失衡的调节政策。在不同的汇率制度背景下，实施汇率调整政策的做法不尽相同，主要有：（1）汇率制度的变更。在一国原先采用固定汇率或钉住汇率的情况下，如果出现巨额国际收支赤字，货币当局可以采用浮动汇率制或弹性汇率制，允许汇率由外汇市场供求自行决定，让汇率的自发变动来纠正国际收支逆差。（2）外汇市场干预。在汇率由市场决定的情况下，一国货币当局可以通过参与外汇交易、在外汇市场上购入外汇出售本币的方法，操纵本币贬值以增加出口减少进口，改善其国际收支状况。（3）官方汇率调整。在实行外汇管制的国家，汇率由一国货币当局人为规定，而非由市场供求决定。货币当局可以通过公布官方汇率贬值，直接运用汇率作为政策杠杆实现奖出限入，以消除其国际收支逆差。

不论具体做法如何，汇率调整政策对国际收支的影响是通过改变汇率水平来实施的。在一国出现国际收支逆差时，通过本币贬值来改善国际收支状况，需要注意以下四个方面的问题：（1）进出口商品的弹性需要满足马歇尔-勒纳条件、毕肯戴克-罗宾逊-梅茨勒条件或其他相关条件。（2）本币贬值对国际收支所产生的影响可能会存在时滞效应，即短期内国际收支状况不仅不会改善，反而会恶化。（3）如果一国通过本国货币竞争性的贬值，以求本国国际收支盈余，促进本国国民收入和就业增加，往往会引起其他国家国际收支状况恶化，经济增长放慢和失业率提高。因此，竞争性贬值往往是一种"以邻为壑"的政策，理所当然地会引起对方报复，从而引发货币战。（4）在一定的条件下，虽然本币贬值可以改善一国经常账户的收支状况，但本币贬值往往也会诱发资本外逃，恶化一国资本和金融账户的收支状况，最终对该国国际收支所产生的影响存在不确定性。

3. 直接管制政策

财政货币政策和汇率调整政策的实施有两个共同的特点：一是这些政策产生效应需要通过市场机制；二是这些政策实施后不能立即收到效果，其发挥效应的过程较长。因此，在许多情况下，一国往往需要借助于直接管制政策来调节国际收支失衡。直接管制政策是指对国际经济交易采取直接行政干预的政策，包括财政管制、贸易管制和外汇管制等。

财政管制是指政府通过管制进出口商品的价格和成本来达到调节国际收支目的的政策措施。各国经常采用的财政管制方法主要有：（1）进口关税政策，通过提高进口关税税率来限制进口数量，或者通过降低进口生产资料的关税来扶持本国进口替代和出口替代产业的发展；（2）出口补贴政策，如对出口商品发放价格补贴或出口退税等；（3）出口信贷政策，如由官方金融机构向本国出口商或外国进口商提供优惠贷款等。

贸易管制是指政府采取的直接限制进出口数量的政策措施。各国经常采用的贸易管制方法主要有：（1）进口配额制，即由政府规定在一定时期内部分进口商品的数量限制；（2）进口许可证制，即由政府通过发放进口许可证来限制进口商品的种类与数量；（3）规定苛刻的进口技术标准，包括卫生检疫条件、安全性能指标、技术性能指标、包装和标签条例等；（4）歧视性采购政策，即要求政府部门和国营企业必须尽量采购本国产品，限制购买进口商品；（5）歧视性税收，即政府对进口商品征收较高的销售税、消费税等。

外汇管制是一国政府为平衡国际收支而对外汇交易所进行的限制，包括对外汇买卖、外汇汇价、国际结算以及资本流动等诸多方面的外汇收支与交易所做的规定。各国经常采用的外汇管制方法主要有：（1）贸易外汇管制，要求出口所得外汇收入必须全部或部分卖给外汇指定银行，而进口所需外汇支出需要在外汇管制机构的批准下从外汇指定银行购汇；（2）非贸易外汇管制，要求对于绝大部分非贸易外汇实行许可证制、规定限额制、预付存款制，以及课征非贸易外汇购买税等；（3）对资本输出入进行管制，通常广大发展中国家采取优惠政策与措施，吸引国际资本特别是长期资本流入，限制本国资本流出；（4）对非居民银行账户进行管制，根据非居民银行账户产生原因的不同，通过设立自由账户、有限制账户以及封锁账户等形式，对外汇交易以及国际结算等加以限制；（5）对黄金现钞输出入进行管制；（6）实行复汇率制，由外汇管制当局根据外汇的不同来源和使用情况，主动人为地制定和利用多重汇率并存，以达到改善国际收支的目的。常见的做法主要有固定的差别汇率制、外汇转让证制以及混合汇率制等。

以直接管制政策作为国际收支调节政策的优点，首先在于其效果迅速而显著。需求管理政策和汇率调整政策必须先通过对生产活动和外汇供求产生影响后，才能产生效果。因此，不但需要一段时间，而且不一定能够完全达到预期目的。但实施直接管制政策，只要政策当局处理得当，即可迅速达到预期目的。其次，在国际收支失衡的原因为局部性因素时，较易针对该部分实施管制，因而不必使整个经济发生变动，而需求管理政策和汇率调整政策则较难做到这点。然而，直接管制政策也有若干明显的弊端：（1）直接管制会对价格机制产生阻碍作用，不利于自由竞争和资源最佳配置，社会福利也难以实现最大化；（2）由于直接管制措施易于察觉，因而比需求管理政策和汇率调整政策更易招致他国的责难或报复；（3）暂时得到政策保护的受益者，在这种政策措施已经变得没有必要之后，也总是不愿让它废止，因而直接管制措施有一种长期持续的倾向。

4. 外汇缓冲政策

各国都持有一定的国际储备，即黄金、外汇、国际货币基金组织的储备头寸，以及特别提款权，用以对付国际收支短期性不均衡。各国均备有专门基金，即所谓外汇稳定或平稳基金（exchange stabilization fund）作为外汇的缓冲体。在一般情况下，国际收支出现不均衡时，必定引起国际储备的增减，因而会影响国内金融的稳定。例如，国际收支出现逆差，国际储备必然减少，政府金融当局或外汇银行便会在市场上吸引与国际储备减少额相同的国内资金。反之，如果出现顺差，国际储备必然增加，政府或外汇银行将在市场上抛售与国际储备增长额相同的外汇。这些交易一般由中央银行在外汇市场上进行买卖，以调节外汇的供求。如果经营得当，可以起缓冲作用。但动用国际储备，实施外汇缓冲政策，仅能解决国际收支短期性的逆差，而不能解决持续性的长期逆差。如果一国国际收支出现根本性失衡，发生长期性逆差，运用此政策就会使它的黄金、外汇储备枯竭。另外，如果一国货币币值不稳定，使人们对该国货币的信心产生动摇，因而引起大量资本外逃，在这种情况下，即使动用国际储备也很难达到缓冲的效果。

5. 产业和科技政策

从供给角度讲，调节国际收支的政策有产业政策和科技政策。调整产业政策的核心在于优化产业结构，根据一国资源拥有状况和世界市场需求的变化，制订合理的产业结构规划，对部分产业部门进行调整与限制发展，而对一国优势产业和战略性产业采取政策措施促进其发展壮大，从而提高一国产业的国际竞争力，减少甚至消除结构性国际收支失衡。科学技术是第一生产力，现代各国之间的经济竞争本质上是科技的竞争，通过制定合理的科技政策，可以提高一国整体的科技水平，增加出口商品的技术含量与附加值，提高进口替代商品的竞争力，从而达到改善国际收支状况的目的。制定合理的科技政策包括：加强科学基础理论的研究，鼓励技术发明与创新，加快科技成果的应用与推广，增加教育投入提高劳动者素质等。供给调节政策是一种长期性的政策措施，虽然在短期内难以取得显著的效果，但它可以通过提高国民经济的综合实力和国际竞争力，从根本上改善一国国际收支状况。

6. 国际经济合作

在一国国际收支不平衡时，还可以寻求国际社会的帮助和支持，加强国际经济和金融的合作。如成立国际金融机构、协调各国金融政策，以及开展贸易谈判、利用国际信贷等。国际货币基金组织（IMF）、世界银行（WD）、世界贸易组织（WTO）就是国际经济合作较为成功的典范。国际货币基金组织调节各国国际收支的短期不平衡，协调各国金融政策，维持国际金融秩序等；世界银行帮助各国调节国际收支的长期不平衡，提供国际信贷支持等；世界贸易组织协调各国贸易收支不平衡，组织国际贸易谈判等，它们从不同方面对世界各国国际收支失衡的调节起着不同程度的帮助作用。

国际收支的国际协调机制有相机性协调和规则性协调两种协调方式。相机性协调是指根据各国国际收支的具体情况，在没有既定协调规则的条件下，通过各国之间的临时性协商确定各国应该采取的政策组合。相机性协调的优点在于可以针对具体情况就更为广泛的问题进行协商，但有两个主要缺点：一是可行性较差，每次政策协调行动实际上都是各国政府之间的一次讨价还价过程，不仅政策协调的决策成本很高，而且很难对各国政府真正形成制约作用；二是缺乏可信性，很难在缺乏明晰规则的情况下，通过一些临时性的措施来合理影响公众的心理预期，从而给政策协调带来相当大的不确定性。规则性协调是指通过制定出明确的规则来指导各国采取相应的政策措施进行协调。规则性协调的优点在于决策过程清晰，政策协调的可行性与可信性较高，政策协调的效果也比较明确，因而受到各国的普遍重视。布雷顿森林体系和欧元区成员国的政策协调，都是规则性协调的典型案例。

虽然国际收支的国际协调机制可以给参与协调的国家带来许多利益，但在许多情况下，这种协调带来的利益存在相当大的不确定性。首先，从协调行为来看，各国国家利益的差异往往会导致相互间缺乏信任，从而使各国产生用较少付出获得较多收益的行为；其次，从协调效果来看，由于各国协调目标不尽相同，协调政策工具的偏好不同，政策发挥作用的条件与传导机制也不同，都使政策协调的效果大打折扣；最后，经济政策的协调在许多时候还需要有政治上的合作，如果缺乏强有力的政治支持，有时经济政策的协调将无法进行。综上所述，国际收支的国际协调机制是一个涉及众多因素的系统工程，如何不断改善国际协调的方式与效率，提高协调效果与收益，仍然是今后国际金融学所需要解决的重大课题。

三、内外均衡与政策搭配

（一）宏观经济政策目标

宏观经济政策是指政府有意识、有计划地运用一定的政策工具，调节控制宏观经济运行，以达到一定的政策目标。从西方国家战后的实践来看，国家宏观调控的政策目标，一般包括充分就业、经济增长、物价稳定和国际收支平衡等。

经济增长是指在一个特定时期内经济社会所生产的人均产量和人均收入的持续增长。它包括：一是维持一个高经济增长率；二是培育一个经济持续增长的能力。一般认为，经济增长与就业目标是一致的。经济增长通常用一定时期内实际国民生产总值年均增长率来衡量。经济增长会增加社会福利，但并不是增长率越高越好。这是因为经济增长一方面要受到各种资源条件的限制，不可能无限地增长，尤其是对于经济已相当发达的国家来说更是如此。另一方面，经济增长也要付出代价，如造成环境污染，引起各种社会问题等。因此，经济增长就是实现与本国具体情况相符的适度增长率。

充分就业是指包含劳动在内的一切生产要素都以愿意接受的价格参与生产活动的状态。充分就业包含两种含义：一是指除了摩擦失业和自愿失业之外，所有愿意接受各种现行工资的人都能找到工作的一种经济状态，即消除了非自愿失业就是充分就业。二是指包括劳动在内的各种生产要素，都按其愿意接受的价格，全部用于生产的一种经济状态，即所有资源都得到充分利用。失业意味着稀缺资源的浪费或闲置，从而使经济总产出下降，社会总福利受损。因此，失业的成本是巨大的，降低失业率、实现充分就业就常常成为西方宏观经济政策的首要目标。

物价稳定是指物价总水平的稳定。一般用价格指数来衡量一般价格水平的变化。价格稳定不是指每种商品价格的固定不变，也不是指价格总水平的固定不变，而是指价格指数的相对稳定。价格指数又分为消费物价指数（CPI），批发物价指数（PPI）和国民生产总值折算指数（GNP deflator）三种。物价稳定并不是通货膨胀率为零，而是允许保持一个低而稳定的通货膨胀率，所谓低，就是通货膨胀率为 1%～3%，所谓稳定，就是指在相当时期内能使通货膨胀率维持在大致相等的水平上。这种通货膨胀率能为社会所接受，对经济也不会产生不利的影响。

国际收支平衡具体分为静态平衡与动态平衡、自主平衡与被动平衡。静态平衡，是指一国在一年的年末，国际收支不存在顺差也不存在逆差；动态平衡，不强调一年的国际收支平衡，而是以经济实际运行可能实现的计划期为平衡周期，保持计划期内的国际收支均衡。自主平衡，是指由自主性交易即基于商业动机，为追求利润或其他利益而独立发生的交易实现的收支平衡；被动平衡，是指通过补偿性交易即一国货币当局为弥补自主性交易的不平衡而采取调节性交易而达到的收支平衡。

国际收支平衡的目标要求做到汇率稳定，外汇储备有所增加，进出口平衡。国际收支平衡不是消极地使一国在国际收支账户上经常收支和资本收支相抵，也不是消极地防止汇率变动、外汇储备变动，而是使一国外汇储备有所增加。适度增加外汇储备看作改善国际收支的基本标志。同时由于一国国际收支状况不仅反映了这个国家的对外经济交往情况，还反映出该国经济的稳定程度。

以上四大目标相互之间既存在互补关系，也有交替关系。互补关系是指一个目标的实现对另一个的实现有促进作用。如为了实现充分就业水平，就要维护必要的经济增长。交替关系是指一个目标的实现对另一个有排斥作用。如物价稳定与充分就业之间就存在两难选择。为了实现充分就业，必须刺激总需求，扩大就业量，这一般要实施扩张性的财政和货币政策，由此就会引起物价水平的上升。而为了抑制通货膨胀，就必须紧缩财政和货币，由此又会引起失业率的上升。又如经济增长与物价稳定之间也存在着相互排斥的关系。因为在经济增长过程中，通货膨胀已难以避免。再如国内均衡与国际均衡之间存在着交替关系。这里的国内均衡是指充分就业和物价稳定，而国际均衡是指国际收支平衡。为了实现国内均衡，就可能降低本国产品在国际市场上的竞争力，从而不利于国际收支平衡。为了实现国际收支平衡，又可能不利于实现充分就业和稳定物价的目标。

由此，在制定经济政策时，必须对经济政策目标进行价值判断，权衡轻重缓急和利弊得失，确定目标的实现顺序和目标指数高低，同时使各个目标能有最佳的匹配组合，使所选择和确定的目标体系成为一个和谐的有机的整体。

（二）米德冲突

英国经济学家詹姆斯·米德（James Meade）于 1951 年最早提出了固定汇率制下的内外均衡冲突问题，被誉为内外均衡矛盾的经典论述。在上述四大宏观经济政策目标之中，我们可以把国际收支平衡定义为外部经济均衡，经济增长、充分就业和物价稳定定义为内部经济均衡。米德指出，在汇率固定不变时，政府只能主要运用影响社会总需求的政策来调节内外均衡，这样，在开放经济运行的特定区间便会出现内外均衡难以兼顾的情形。例如，在开放经济下，经济可能面临着如表 7-3 所示的内外经济状况的组合（假定失业与通货膨胀是两种独立的状况、外部均衡就是经常账户平衡）。

表 7-3 固定汇率制下内部失衡与外部失衡的组合

	内部经济状况	外部经济状况
Ⅰ	经济衰退，失业增加	国际收支逆差
Ⅱ	经济衰退，失业增加	国际收支顺差
Ⅲ	通货膨胀	国际收支逆差
Ⅳ	通货膨胀	国际收支顺差

在表 7-3 所示的内外经济状况的组合中，第二种、第三种情况意味着内外均衡之间是一致的，而第一种、第四种情况则意味着内外均衡的冲突，因为政府在通过调节社会总需求实现内部均衡时，会引起外部经济状况距离均衡目标更远。例如，在第四种情况下，为了实现物价稳定，政府实施紧缩性财政政策和货币政策以减少总需求，会引起进口减少，在出口不变时，会使原有的顺差进一步扩大。显然，此时运用影响社会总需求的政策来调节内外均衡的目标是无法实现的。

从严格意义上讲，无论是在固定汇率制下还是在浮动汇率制下，内外均衡冲突的问题是始终存在的。在浮动汇率制下，政府不可能完全依赖外汇市场对国际收支的自发调节功能，所以同样面临着外部均衡问题。

（三）政策搭配

既然在开放条件下单纯运用控制品需求的政策会造成内外均衡之间的冲突，那么开放经济条件下的政策调控就必须采取新的思路。20 世纪 50 年代以来，关于政策配合的丁伯根原则与政策指派的有效市场分类原则等理论的出现，发展了开放经济条件下的政策调控理论，对经济政策研究起了巨大的推动作用。

1. 丁伯根原则

首届诺贝尔经济学奖得主、丹麦经济学家简·丁伯根（Tinbergen）最早提出了将政策目标和政策工具联系在一起的正式模型，即"经济政策理论"，也就是"丁伯根原则"（Tinbergen's rule）。他指出，要实现若干个独立的政策目标，至少需要相互独立的若干个政策工具。根据这一原则，在一国可灵活调整汇率水平的条件下，实现内外均衡目标是不成问题的。但是，丁伯根原则对目标的实现过程具有如下特点：一是假定各种政策工具可以供决策当局集中控制，从而通过各种工具的紧密配合实现政策目标；二是没有明确指出每种工具有无必要在调控中侧重于某一目标的实现。这两个特点与实际情况不尽符合，因而不能满足实际调控的需要。

2. 罗伯特·蒙代尔的政策指派和政策搭配理论

诺贝尔经济学奖获得者蒙代尔（Mundell）20 世纪 60 年代提出了关于政策指派的有效市场分类原则。他指出，在许多情况下，不同的政策工具实际上掌握在不同的决策者手中。如果决策者不能紧密协调这些政策，而是独立地进行决策，就不能实现最佳的政策目标。如果每一种工具被合理地指派给一个目标，并且在该目标偏离其最佳水平时按规则进行调控，那么在分散决策的情况下仍有可能实现最佳调控目标。针对每一工具应如何指派给相应目标，蒙代尔提出了"有效市场分类原则"（effective market classification），其含义是：每一目标应当指派给对这一目标有着相对最大的影响力，因而在影响政策目标上有相对优势的工具。如果在指派问题上出现错误，则经济会产生不稳定性而距均衡点越来越远。依据这一原则，蒙代尔区分了财政政策、货币政策对内外均衡的不同影响，提出了货币政策和财政政策的指派方案。蒙代尔主张把内部均衡目标分派给财政政策，外部均衡目标分配给货币政策，以此达到经济的全面均衡。正因为如此，这一原则又被称为"政策搭配论"（policy mix approach）。

在图 7-5 中，*IB* 表示国内经济均衡线，*IB* 上方区域表示经济处于膨胀状态，*IB* 下方区域表示经济处于衰退状态；*EB* 表示国际收支平衡线，*EB* 上方区域表示国际收支逆差，*EB* 下方区域表示国际收支顺差；*IB* 和 *EB* 把平面分成了四个区域，分别用 1、2、3、4 表示，则区域 1 表示国内经济处于衰退而国际收支逆差，区域 2 表示国内经济衰退而国际收支顺差，区域 3 表示国内经济膨胀而国际收支顺差，区域 4 表示国内经济膨胀而国际收支逆差，*IB* 和 *EB* 相交于 *E* 点，表示是国内经济和国际收支同时达到均衡。蒙代尔认为经济处于不同的状态，应该使用不同的货币政策和财政政策的组合，从而使经济回到均衡状态。

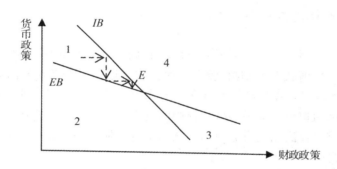

图 7-5 财政政策与货币政策的搭配

以区域 1 为例，区域 1 中，国内经济衰退而国际收支逆差，为了使经济回到均衡点 *E*，政府应该实施扩张性财政政策和紧缩性货币政策，扩张性财政政策如增加政府购买，通过乘数效应刺激本国经济，为了防止经济过热，同时实施紧缩性货币政策，如提高利率，由于利率提高，外国资本会流入本国从而使国际收支上升。通过扩张性财政政策和紧缩性货币政策，经济最终趋于均衡位置。同样的方法分析其他区域的经济政策，综合可以得到财政政策和货币政策搭配表（见表 7-4）。

表 7-4　　　　　　　　不同内外经济失衡状况下财政和货币政策的搭配

内部经济	国际收支	财政政策	货币政策
衰退	逆差	扩张性政策	紧缩性政策
衰退	顺差	扩张性政策	扩张性政策
膨胀	逆差	紧缩性政策	扩张性政策
膨胀	顺差	紧缩性政策	紧缩性政策

第四节 国际收支理论

在国际收支调节过程中，采用何种手段来进行调节，其条件和结果如何，是经济学家长期研究的内容。本节着重介绍西方经济学家创立的调节国际收支的主要理论。大卫·休谟1752年提出了物价-现金流动机制（price-specie-flow mechanism），它是西方国家最早对国际收支进行系统分析的理论，在20世纪30年代金本位制崩溃以前，它一直支配着西方国家关于国际收支的分析。金本位制崩溃以后，各国国际收支陷入极度混乱的局面，物价-现金流动机制设想的国际收支自动恢复均衡无法解释当时各国的国际收支失衡现象，于是国际收支弹性分析方法便应运而生。随后，解释国际收支调节的吸收论和货币论相继诞生。这些理论大大丰富了国际收支的理论分析，为货币当局调整国际收支提供了理论依据。

一、物价-现金流动机制

1752年，大卫·休谟提出了物价-现金流动机制，用于说明在金本位制下，国际收支可以自动调整到均衡状态。物价-现金流动机制可以通过图7-6来说明。一国国际收支持续发生逆差时，其汇率即会下跌至黄金输出点，从而发生黄金外流现象。这种现象不会持续太久，因为黄金的流出会减少该国的货币供给量，从而使物价水平下降。该国物价下降，使得该出口商品更有竞争力，从而出口增加、进口减少，国际收支逐渐恢复平衡。反之则反是。

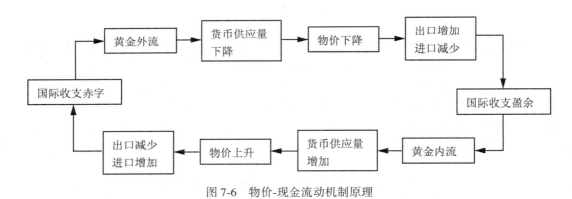

图7-6 物价-现金流动机制原理

大卫·休谟的物价-现金流动机制认为任何国家不会发生黄金持续流出，以致黄金储备流尽。市场机制能够自发地调节国际收支，因而政府无须采取调节国际收支的政策措施。

物价-现金流动机制提倡自由贸易和政府不干预主义，这在当时迎合了资本主义当时自由放任的思潮。该理论以货币数理论为基础，认为货币量变动直接导致国内物价的变动，从而影响贸易差额，但这个过程需要满足一个既定的弹性条件，但大卫·休谟并没有对此进行深入的分析。

二、弹性论（elasticities approach）

20世纪30年代金本位制崩溃，世界各国纷纷实行浮动汇率制，各国国际收支陷入极度混乱的局面，而大卫·休谟提出的物价-现金流动机制并不能解释各国国际收支失衡现象，于是国际收支弹性论便应运而生。弹性论最早由 A. 马歇尔（Afred Marshall）和 A. 勒纳（Abba Laerner）提出，随后由 J. 罗宾逊（Jane Robinson）和 L. 梅茨勒（L. Metzler）发展和完善，该理论主要用于分析一国货币当局实行货币贬值对该国的国际收支差额的影响，着重分析了汇率贬值改善贸易逆差需要的弹性条件和汇率贬值对贸易条件的影响。

（一）弹性的基本概念

根据微观经济学基本原理，商品价格变动会影响商品需求和商品供给数量的变动。定义需求价格弹性为需求量变动的百分比与价格变动的百分比之比，简称需求弹性；定义供给价格弹性为供给量变动的百分比与价格变动的百分比之比，简称供给弹性。弹性衡量了商品需求（或供给）对价格的敏感程度，弹性越高，意味着商品需求（或供给）数量对价格的变动越敏感。在进出口方面，存在着四个弹性：进口商品的需求弹性（E_m）、出口商品的需求弹性（E_x）、进口商品的供给弹性（S_m）、出口商品的供给弹性（S_x），其公式分别为：

$$E_m = \frac{进口商品需求量的变动率}{进口商品价格的变动率}$$

$$E_x = \frac{出口商品需求量的变动率}{出口商品价格的变动率}$$

$$S_m = \frac{进口商品供给量的变动率}{进口商品价格的变动率}$$

$$S_x = \frac{出口商品供给量的变动率}{出口商品价格的变动率}$$

（二）理论假设

弹性论的假设条件如下：（1）贸易商品的供给弹性为无穷大。此假设条件下，按本国货币表示的出口商品价格不随需求增加而上涨，与本国出口商品相竞争的外国商品价格也不因需求减少而下降。当进口需求减少时，以外国货币计价的进口商品价格不下降；当进口替代商品（即与进口商品相竞争的本国产品）需求上升时，进口替代商品的价格也不上升。值得注意的是，该假设条件隐含地认为进出口厂商都采用生产者货币定价（PCP），该定价方式下，汇率完全传递，即汇率变动1%，进出口价格相应变动1%。（2）没有资本流动，国际收支等于贸易收支。在该假设下，我们可以把国际收支均衡问题简化为贸易收支余额的均衡问题。（3）在进出口市场上，只考虑汇率变化而假定其他条件不变（如收入、其他商品价格、偏好等不变）。该假定下，进出口需求曲线本身的位置不变，因而货币贬值的收入效应和价格效应被抽象掉了。（4）假设最初贸易是平衡的，汇率的变动幅度很小。

（三）基本内容

1. 马歇尔-勒纳条件（Marshall-Lerner condition）

根据假设条件（1），本币贬值会引起进出口商品价格变动，进而引起进出口商品数量发生变化，最终引起贸易收支发生变动。为了更加形象地理解这个过程，我们举一个例子：中国（本国）与美国（外国）相互进出口衣服，假设汇率变动之前为 $1/¥6①，变动之后为 $1/¥8，现考虑如下几种情况（见表7-5）：

表7-5　　　　　　　不同弹性情况下货币贬值对贸易收支的影响

A. 出口情况

	以本币表示的国内价格（¥）	汇率	以外币表示的国外价格（$）	出口数量（件）	出口收入（$）	价格变动率	出口数量变动率
0	6	$1/¥6	1	1000	1000	—	—
1	6	$1/¥8	0.75	1200	900	25%	20%
2	6	$1/¥8	0.75	1400	1050	25%	40%

B. 进口情况

	以外币表示的外国价格（$）	汇率	以本币表示的国内价格（¥）	进口数量（件）	进口支出（¥）	价格变动率	进口数量变动率
0	1	$1/¥6	6	1000	6000	—	—
1	1	$1/¥8	8	800	7200	33.3%	20%
2	1	$1/¥8	8	600	4800	33.3%	40%

从表7-5A可以看出，第一种情况下汇率从 $1/¥6 变为 $1/¥8，贬值25%，而出口数量从1000（件）上升到1200（件），数量上升20%，需求价格弹性为0.8<1，出口收入不但没有上升，反而下降为 $900；第二种情况下汇率贬值25%，出口数量上升40%，需求价格弹性为1.6>1，出口收入上升为 $1050。这个例子说明，当出口数量的变动率小于贬值引起的价格变动率时（出口需求价格弹性小于1，第一种情况），出口的美元收入不能增加；而当出口数量变动率大于汇率贬值引起的价格变动率时（出口

---

① 该例子只为方便说明问题，数据并非真实数据。

需求价格弹性大于 1，第二种情况），出口的美元收入才能增加。同样的道理，对于 B 情况，当进口数量变动率小于汇率贬值引起的价格变动率时（进口价格弹性小于 1），进口的支出不会下降反而上升；而当进口数量变动率大于汇率贬值引起的价格变动率时（进口价格弹性大于 1），进口的支出下降。

因此，从上面的例子可以总结出弹性分析法的马歇尔-勒纳条件：

只有当进口商品的需求弹性和出口商品的需求弹性的绝对值之和大于 1 时，贬值才能改善贸易收支：$E_x + E_m > 1$

该条件是本币贬值改善贸易收支的充分必要条件，它表明为使本币贬值能减少国际收支赤字或升值能减少国际收支盈余，出口商品和进口商品需求价格弹性的绝对值的总和必须大于 1。

接下来我们使用更严格的数学推导证明马歇尔-勒纳条件。令 E 表示外汇汇率（单位外币的本币价格），X 表示以本币表示的出口额，M 表示以外币表示的进口额，B 表示以外币表示的经常账户差额，则有：

$$B = X/E - M \tag{7-7}$$

对外汇汇率 E 求导，得：

$$\frac{dB}{dE} = -\frac{1}{E^2}X + \frac{1}{E} \cdot \frac{dX}{dE} - \frac{dM}{dE} \tag{7-8}$$

经过简单的代数变形，有：

$$\frac{dB}{dE} = -\frac{X}{E^2}\left(1 - \frac{dX}{X}\bigg/\frac{dE}{E} + \frac{ME}{X} \cdot \frac{dM}{M}\bigg/\frac{dE}{E}\right) \tag{7-9}$$

设 E_x、E_m 分别表示贬值国出口商品和进口商品需求价格弹性的绝对值，则（7-9）式可表示为：

$$\frac{dB}{dE} = -\frac{X}{E^2}\left[1 - E_x - \frac{ME}{X}E_m\right] \tag{7-10}$$

本币贬值是否能改善一国贸易收支状况，取决于 dB/dE 的符号。显然，当 $dB/dE > 0$，即 $E_x + ME/X \times E_m > 1$ 时本币贬值能改善其贸易收支状况。特殊地，假设一国贸易收支在贬值前的汇率水平上处于均衡状态，即 $ME = X$，则问题可简化为判断：

$$\frac{dB}{dE} = -\frac{X}{E^2}[1 - E_x - E_m] \gtreqless 0 \tag{7-11}$$

于是就有：如 $E_x + E_m > 1$，那么 $dB/dE > 0$，国际收支因本币贬值而改善（向盈余方向发展）；如 $E_x + E_m = 1$，那么 $dB/dE = 0$，国际收支状况保持不变；如 $E_x + E_m < 1$，那么 $dB/dE < 0$，国际收支因本币贬值而趋于恶化（向赤字方向发展）。

2. 罗宾逊-梅茨勒条件（Robinson-Metzler condition）

罗宾逊和梅茨勒放松了马歇尔-勒纳条件关于进出口商品供给弹性无穷大的假设，研究汇率贬值对贸易收支的影响，进而发展了国际收支的弹性分析法。他们认为，货币贬值带来了相对价格的变化，这些相对价格的变化会通过商品贸易条件的变化而影响贬值国的实际收入。

贸易条件（term of trade）又称交换比价，是指出口商品单位价格指数与进口商品单位价格指数之间的比例，用公式表示为：$TOT = P_x/P_m$。其中，TOT 表示贸易条件，P_x 表示出口商品单位价格指数，P_m 表示进口商品单位价格指数。贸易条件表示的是一国对外交往中价格变动对实际资源的影响。贸易条件改善（TOT 上升），表示该国出口相同数量的商品可换回较多数量的进口商品；贸易条件恶化（TOT 下降），表示该国出口相同的数量的商品可换回较少数量的进口商品。以表 7-5 的例子来看，本币贬值之前，本国出口 1000 件衣服，可以收到 \$1000，然后再用这 \$1000 可以进口 1000 件外国衣服；当贬值出现第一种情况下（需求弹性小于 1），本国出口可得到 \$900，然后再用这 \$900 可以进口 900 件外国衣服，本币贬值后出口数量增加了（从 1000 件到 1100 件），出口的本币收入增加了（从 \$1000 * 7 = ￥7000 到 \$900 * 8 = ￥7200），但能换回的外国的衣服却减少了 100 件（从 1000 件到 900 件），说明贸易条件恶化，这是因为出口商品单位价格指数下降（从 \$1 到 \$0.75）而进口商品单位价格指数不变造成的。第二种情况下贸易条件得到改善。

罗宾逊和梅茨勒认为，货币贬值究竟是改善还是恶化贸易条件，在于进口商品的供给价格弹性之积（$S_x S_m$）大于还是小于进出口商品的需求价格弹性之积（$E_x E_m$）。从而我们得到罗宾逊-梅茨勒条件：

货币贬值使得贸易条件得到改善的条件为：

$$\frac{E_x E_m (S_x + S_m + 1) + S_x S_m (E_x + E_m - 1)}{(E_x + S_x)(E_m + S_m)} > 0 \tag{7-12}$$

罗宾逊-梅茨勒条件放松了供给弹性无穷大的假设，它表明货币贬值对贸易条件的影响不仅取决于需求弹性，还取决于供给弹性。如果 $S_x S_m > E_x E_m$，贸易条件恶化；$S_x S_m = E_x E_m$，贸易条件不变；$S_x S_m < E_x E_m$，贸易条件改善。

3. 货币贬值的 J 曲线效应

J 曲线效应的含义是：当一国货币贬值时，最初会使其贸易收支状况进一步恶化而不是改善，只有经过一段时间以后贸易收支状况的恶化才会得到控制并开始好转，最终使贸易收支状况得到改善，如图 7-7 所示。

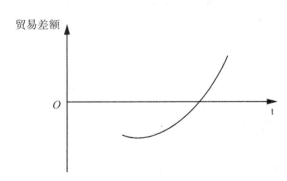

图 7-7 J 曲线效应

本币贬值并对贸易收支状况产生影响的时间可划分为三个阶段：（1）货币合同阶段，进出口合同都是事先签订好的，进出口商品的价格和数量不会因贬值而发生改变，因此，本币贬值必定会恶化该国的贸易收支。（2）传导阶段，进出口商品的价格在签订合同时已开始改变，而数量还没有发生变化。（3）在数量调整阶段，进出口数量不仅能够变动，而且其变动的幅度将逐渐增大并超过价格变化的幅度，实现贸易收支的顺差。

（四）对弹性论的简要评价

弹性论适合了当时西方国家制定经济政策的需要，并在许多国家调节国际收支的实践中取得了一定的效果。其局限性在于：（1）该理论是建立在局部均衡分析的基础上，只考虑汇率变动对一国贸易收支的影响，而假定其他条件保持不变。（2）该理论没有涉及国际资本流动，在资本流动规模巨大的今天，其对问题的解释力就被削弱了。（3）该理论只是一种静态的比较分析，在现实世界中本币贬值对贸易收支的影响则是一个动态过程。

此外，在应用该理论时，也可能会存在技术上的困难。

三、吸收论

1948 年，墨西哥出现国际收支逆差，其外汇储备突然下降，墨西哥当局不得不迅速中止该国货币比索的兑换比价，任其汇率下浮，并向国际货币基金组织申请短期贷款以平衡国际收支逆差。西方经济学家西德尼·亚历山大（Sidney S. Alexander）等研究了墨西哥的情况，认为墨西哥国际收支逆差来源于国内预算赤字，因而运用降低比索汇率（弹性论）的办法不能从根本上解决墨西哥的逆差问题。从而，国际收支调节的吸引分析法（absorption approach）在与弹性论的激烈争论中被正式提出来。该分析法主张以凯恩斯宏观经济理论为基础，从一国国民收入与支出的关系出发研究国际收支问题。

（一）基本理论框架

在凯恩斯主义宏观经济理论中，国民收入恒等式为：

$$Y = C + I + G + X - M \tag{7-13}$$

移项整理后得：

$$X - M = Y - (C + I + G) \tag{7-14}$$

以 B 代表国际收支经常项目账户差额，则有：

$$B = X - M = Y - (C + I + G) \tag{7-15}$$

用 A 代表国内支出总额，即 $A = C + I + G$，亚历山大将其命名为"吸收"，则上式变为：

$$B = Y - A \tag{7-16}$$

从（7-16）式可以看出：如果国内总产出 Y 超过总吸收（即本国所消费掉的产出量），则该国把其多余的产出部分出口到国外，从而形成国际收支顺差；如果总吸收超过国内总产出，则该国必须从国外进口额外的产品来满足该国总吸收超过总产出的部分，从而形成国际收支逆差。因此，国际收支均衡意味着总产出等于总吸收。

（二）政策主张

根据（7-16）式，吸收论所主张的国际收支调节政策主要从调节总收入和总吸收两个方面着手。当国际收支逆差时，表明一国总吸收（总需求）超过总收入（总产出），这时就可以运用紧缩性的财政政策来减少总需求进而减少对进口品的需求，以纠正国际收支逆差；但紧缩性的财政政策还会使总收入下降，因此还必须同时使用支出转换型政策（汇率）来消除紧缩性政策的不利影响，使进口减少的同时出口能增加，从而总收入增加。

（三）货币贬值效应分析

对货币贬值效应的分析是吸收理论的核心内容之一。将（7-16）式改写为增量形式可得：

$$\Delta B = \Delta Y - \Delta A \tag{7-17}$$

由此式出发，亚历山大将弹性理论关于贬值效应的研究作了进一步推进。他认为，如果货币贬值影响经常项目账户差额，只可能通过两种方式进行：一是收入变化和收入引致的吸收变化；二是实际吸收量。货币贬值对收入有直接效应 ΔY，而对支出的效应则可分为两部分：收入变动引起的支出变动和收入以外的其他原因变动引起的支出变动。在凯恩斯宏观经济理论中，消费、投资、政府支出都与总收入有关，而总吸收是三者之和，那么收入变动必引起总吸收量的变动，假设总收入变动引起的总吸收的变化量为 $c\Delta Y$，其中 c 是边际吸收倾向；设总收入以外其他原因引起的总吸收变化记为 ΔA_d，称为贬值对吸收的"直接效应"。由上述分析可知：$\Delta A = c\Delta Y + \Delta A_d$，所以

$$\Delta B = (1 - c)\Delta Y - \Delta A_d \tag{7-18}$$

基于(7-18)式知货币贬值对国际收支状况的实际效果取决于三个因素：（1）贬值对实际收入所产生的直接效应，即 ΔY；（2）边际吸收倾向的大小，即 c；（3）贬值对吸收的直接效应，即 ΔA_d。

1. 货币贬值对收入的影响

即贬值的收入效应。主要表现在如下三个方面：

第一，闲置资源效应。指当经济中存在闲置资源时，因贬值而使外币表示的出口价格降低，诱发消费和投资，从而导致实际国民收入的增加。

第二，贸易条件效应。当贬值引起进出口相对价格发生变动时，由于贸易条件的变化而导致国民收入的变化。

第三，资源配置效应。贬值会引起资源的重新分配和转移，从而带来收入的变化。

2. 贬值对吸收的影响

即贬值的吸收效应，从某种程度上可以认为是货币贬值导致通货膨胀的结果。主要通过如下四种渠道影响总吸收：

第一，实际现金余额效应。贬值后该国货币供应量不变，则物价上涨，贬值导致进口产品价格上涨（如表 7-5 中进口品从 ￥6 变为 ￥8），使公众手中的现金余额减少，为

保持原有现金余额，只能减少直接吸收。

第二，收入再分配效应。贬值导致的物价上涨能促进收入的再分配。一方面，若收入的一部分从边际消费倾向高的阶层转移到边际消费倾向低的阶层，就会增加直接吸收；另一方面，若收入的一部分从边际消费倾向低的阶层转移到边际消费倾向高的阶层，就会减少直接吸收。

第三，货币错觉效应：当工资与物价同比例增长时，人们一般认为工资的增加意味着实际收入的增加，从而增加储蓄，但消费未相应增加，所以直接减少吸收。

第四，价格预期效应。贬值引起的物价上涨，使人们更愿意持有流动性较强的现金，而不愿意持有长期证券资产，从而抛售证券资产，使证券资产价格下降，市场利率上升，投资和消费会受到抑制，从而减少直接吸收。

（三）对吸收理论的简要评价

吸收论用一般均衡分析的方法分析国际收支问题，克服了国际收支弹性理论局部均衡分析的局限性，较之弹性理论前进了一大步。同时，吸收理论还具有强烈的政策配合的涵义。但是吸收理论也有其局限性，主要表现在：（1）该理论是建立在国民收入核算会计恒等式基础上的，并没有对收入吸收与贸易收支之间的因果关系提供令人信服的逻辑分析。（2）吸收论对本币贬值效应的分析有两个重要的假定，即贬值是出口增加的唯一原因和生产要素的转移机制运行顺畅，这与现实存在较大的差距。（3）吸收论同样忽略了资本项目在国际收支中的作用，其所做的分析不够全面。

四、货币论

20 世纪 60 年代末 70 年代初，芝加哥大学的罗伯特·蒙代尔（Robert Mundell）和哈里·约翰逊（Harry Johnson）等人将起源于芝加哥学派的国内货币主义向国际经济领域延伸和扩展，形成了国际收支的货币论（monetary approach）。

（一）理论假设

货币论的假设条件是：（1）一国经济处于长期充分就业状态，其实际货币需求是实际收入和利率等变量的稳定函数；（2）贸易商品的价格是由世界市场决定的，从长期看，一国的价格水平和利率水平接近世界水平；（3）从长期看，货币需求是稳定的，货币供给变动不影响实际产量；（4）购买力平价成立。在世界范围内，贸易可以自由进行，因而套利行为可以在世界范围内进行，达到无套利均衡时，"一价定律"成立。

（二）基本理论

根据货币学派观点，货币需求函数可以写作：

$$M^d = kPY \tag{7-19}$$

其中：M^d 表示货币需求，k 是一个常量，P 是国内价格水平，Y 是本国实际收入水平。设外国物价水平为 P^*，汇率为 E（采用直接标价法，即一单位外币的本币价格），根据假设 4 知：$P = P^* E$。将其代入(7-19)式可得：

$$M^d = kP^* EY \tag{7-20}$$

而货币供给函数可以写作：

$$M^s = m(R + D) \tag{7-21}$$

其中：M^s 表示货币供给，m 是货币乘数，R 表示国际储备，D 表示国内基础货币，即中央银行的国内信贷或支持货币供给的国内资产。为了方便分析，我们假设 $m = 1$，则(7-21)式可以改写为：

$$M^s = R + D \tag{7-22}$$

当货币市场达到均衡时，货币需求和货币供给相等，即 $M^d = M^s$，则：

$$M^d = R + D \tag{7-23}$$

(7-23)式等式两边取差分得到：

$$\Delta R = \Delta M^d - \Delta D \tag{7-24}$$

(7-24)式是货币论的最基本方程式，ΔR 表示国际储备的变动，ΔM^d 表示名义货币需求的变动，ΔD 表示国内名义货币供应量的变动。基于（7-24）式，我们可以得到货币论关于国际收支的分析框架：

国际收支是一种货币现象，国际收支逆差实际上是因为一国国内名义货币供应量超过国内名义货币需求量。国际收支的调节，实际上反映的是实际货币余额对名义货币供应量的调整过程。

基于国际收支货币论的观点，假定由于某种原因（如中央银行扩大的国内信贷量），使得一国国内名义货币供应量超过名义货币需求量（$\Delta D > \Delta M^d$），则人们持有的货币存量将超过他们意愿持有的水平，人们必然会增加对国外商品和金融资产的需求，最终导致国际收支逆差；相反，若由于某种原因（如收入增加），造成名义货币需求量上升，超过名义货币供应量（$\Delta M^d > \Delta D$），则人们持有的货币存量将小于他们意愿持有的数量，人们必然会减少对国外商品和金融资产的需求，最终导致国际收支顺差。

（三）货币论下国际收支失衡的调节

货币论对国际收支失衡调节的看法，主要包括以下三方面的内容：

第一，一国国际收支的失衡现象是暂时的，可以通过货币调节机制自行消除。当 $\Delta D > \Delta M^d$ 时，国际收支出现逆差，该国的国际储备 ΔR 下降，结果导致货币供应量 M^s 下降，直到 $M^s = M^d$ 时，国际储备停止流出，国际收支恢复均衡。

第二，本币贬值对国际收支失衡的调节作用。货币论认为，本币贬值会提高国内价格，物价水平的提高将意味着实际货币余额的下降，从而导致对名义货币余额需求的增加。在货币供应量不变的情况下，人们必然会通过出售商品和金融资产来满足增加的名义货币需求，从而国际收支状况将会改善。但需要注意的是，本币贬值对改善一国国际收支状况的效应只有在货币供应保持不变的情况下才会发生。因此，本币贬值对国际收支的影响只是暂时的，从长期来看，控制货币供应量的增长是影响国际收支状况的关键因素。只有将货币供应量的增长率维持在适度水平上，才能从根本上保证国际收支平衡。

第三，在浮动汇率制下，国际收支失衡可以立即由汇率的自动变化而得到纠正。国际收支失衡由汇率的自发变动纠正，不发生国际储备的流出流入，一国货币当局可以保持对货币供给和制定货币政策的自主权。因此，货币论更赞成浮动汇率制。

（四）对货币论的评价

货币论较以前的国际收支理论前进了一大步，主要表现在：（1）国际收支理论分析重心的一个重大转移，使国际收支理论更具一般性，正如货币分析学派所声称的，它所要提供的是关于国际收支，而不是经常项目的理论。（2）在政策主张上，货币论把国际收支的货币调节放在首位，强调货币政策的运用。

但是，货币论仍存在着缺陷，主要表现在：（1）过于强调货币因素对国际收支的影响，忽视对收入水平、支出政策等实物因素的分析。（2）货币论的假定条件不一定能成立，例如购买力平价不一定成立。

五、国际收支乘数理论

在 20 世纪 30 年代和 40 年代，以哈罗德（R. F. Harrod）、劳埃德·梅茨勒（Laoyd Metzler）、弗里茨·马克鲁普（Fritz Machlup）等为代表的经济学家运用凯恩斯的乘数理论揭示了国际收支的收入调节机制，形成了国际收支的乘数理论（multiplier approach）。其基本观点是，进口是国民收入的函数，任何自主性支出的变动都会通过乘数效应引起国民收入变动，进而影响国际收支状况。

（一）基本假设

国际乘数理论的假定条件是：（1）当一国经济处于非充分就业时，劳动力供给和产品供给具有完全弹性，从而进出口和收入的变动不会改变价格水平；（2）不考虑国际资本流动；（3）只考虑国际收支的收入调节机制。

（二）基本理论

在开放经济中，国民收入（Y）是由消费（C）、投资（I）、政府支出（G）以及出口净额（$X - M$）所决定的。若设消费及进口均为国民收入的线性函数，投资与出口均为自主性变量（外生变量），并假定政府的经济活动与转移支付不存在，则开放经济的宏观经济模型为：

$$\begin{cases} Y = C + I + G + X - M \\ C = C_0 + cY(0 < c < 1) \\ M = M_0 + mY(0 < m < 1) \end{cases} \tag{7-25}$$

其中：c 及 m 分别代表边际消费倾向与边际进口倾向。由此可得开放经济下的均衡国民收入为：

$$Y = \frac{1}{1 - c + m}(C_0 + I + X + G - M_0) \tag{7-26}$$

由于边际储蓄倾向 $s \equiv 1 - c$，（7-26）式又可表示为：

$$Y = \frac{1}{s + m}(C_0 + I + X + G - M_0) \qquad (7\text{-}27)$$

如果外国居民收入增加，会引起本国出口增加，假设本国出口增加了 ΔX，则它对国民收入的影响为：

$$\Delta Y = \frac{1}{s + m} \Delta X \qquad (7\text{-}28)$$

方程（7-28）表明了出口增加与国民收入增加额之间的数量关系。其中 $1/(s+m)$ 称为对外贸易乘数（foreign trade multiplier）。由于 $0 < m < c < 1$，所以对外贸易乘数必大于1，换句话说，出口增加将导致国民收入倍数增加。边际储蓄倾向和边际进口倾向越小，对外贸易乘数越大，国民收入的倍增幅度也越大。由于 $1/(s + m) < 1/s$，可见，开放经济中的乘数作用小于封闭经济中的乘数作用。

（三）乘数论下国际收支收入调节机制

1. 出口增加对国际收支的影响

对外贸易乘数反映了出口及国内支出的任何自主性变动对国民收入的影响，而国民收入的变动又会影响到一国国际收支状况。因此，出口增加对于国际收支调节的作用可以分为两种效应：直接效应和间接效应。一国的出口增加，在其他条件不变的前提下，会产生改善国际收支状况的直接效果，另一方面还会产生恶化国际收支状况的间接效果。为了方便说明，我们通过数学表达式的方法进行论证。假设不存在国际资本流动，一国国际收支差额为：

$$B = X - M \qquad (7\text{-}29)$$

对(7-29)式等式两边取差分得到：

$$\Delta B = \Delta X - \Delta M \qquad (7\text{-}30)$$

由进口方程 $M = M_0 + mY$ 可以得到：$\Delta M = m\Delta Y$，把公式(7-28)代入 $\Delta M = m\Delta Y$ 中可以得到：

$$\Delta B = \Delta X - \Delta M^* = \frac{s}{s + m} \Delta X \qquad (7\text{-}31)$$

其中：$\Delta M^* = \dfrac{m}{s + m} \Delta X$

从(7-31)式可知，出口对贸易收支的影响可分为直接效果 ΔX 和间接效果 ΔM^*。直接效果 ΔX 可以增加国际收支，间接效果 ΔM^* 会减少国际收支。因为 $m > 0$，$s/(s + m) < 1$，所以 $\Delta B/\Delta X < 1$。由此可见，当一国出口增加时，其国际收支状况将会得到改善，但改善的程度要比出口增加的程度小。其最终效果大小取决于边际储蓄倾向与边际进口倾向的相对大小，边际储蓄倾向越大，$s/(s + m)$ 的值越大，出口增加对于增加国际收支的效果越大。

2. 国内支出增加对国际收支的影响

当一国的国内支出增加时，可通过乘数作用促使国民收入水平提高，而国民收入水平的提高又会引致该国进口的增加，从而造成其国际收支状况趋于相对恶化。因此一国国内支出增加 ΔA，对国际收支状况仅产生趋于恶化的间接效果。其数量关系为

$$\Delta B = -\Delta M^* = -\frac{m}{s+m}\Delta A \tag{7-32}$$

由于 $m/(s+m) < 1$，因此可以得出结论：当一国国内支出自主增加时，该国国际收支将转趋恶化，但恶化的程度要小于国内支出的增加额。

（四）哈伯根条件

乘数论不仅对出口和国内支出变动对国际收支的影响进行了分析，还对货币贬值的间接效果作进一步的分析说明，完善了关于吸收论对改善国际收支的分析。货币贬值引起进出口的变动从而直接导致国际收支的变动，同时货币贬值还会通过引起进出口的变动而影响国民收入和进口的变动，从而间接影响国际收支状况。基于此，一些学者将贬值对国际收支的影响由弹性理论所说明的价格效应与由乘数理论所说明的收入效应结合起来，修正了贬值能够改善国际收支的条件，这一条件不再是马歇尔-勒纳条件，而是更富有现实意义的哈伯根条件（Harbergen condition）：

本国货币贬值改善本国国际收支状况必须满足如下条件：$E_x + E_m > 1 + m$

其中，E_x 表示出口商品价格弹性绝对值，E_m 表示进口商品价格弹性绝对值，m 表示边际进口倾向。

哈伯根条件表明，从一般均衡的角度考虑，要使货币贬值能改善本国国际收支状况，进口商品价格弹性与出口商品价格弹性的绝对值之和必须大于1与边际进口倾向之和。这是对马歇尔-勒纳条件的完善。

（五）哈伯根条件的扩展

哈伯根条件隐含地假定了外国经济是外生的，并不能对本国经济产生作用。如果放开这个假定，考察大国之间的贸易，就需要考虑国外回应（foreign repercussion）的问题。

假设世界只由两个大国 A 国和 B 国组成。显然，A 国的出口就是 B 国的进口，而 A 国的进口就是 B 国的出口。假定最初 A 国出口增加，则 B 国的进口增加，B 国的国民收入会随之下降（在小国情形这种效应不明显，可忽略不计），导致 B 国的进口支出减少，从而引起 A 国出口收入的减少。因此，在考虑到国外回应的情况下，A 国的对外贸易乘数将要比原来的小。

如果在分析本币贬值对一国贸易收支影响时考虑到国外回应，则上面讨论的哈伯根条件就需要进一步修正为：

本国货币贬值改善本国国际收支状况必须满足如下条件：$E_x + E_m > 1 + m + m^*$

其中：E_x 表示出口商品价格弹性绝对值，E_m 表示进口商品价格弹性绝对值，m 表示本国边际进口倾向，m^* 表示外国边际进口倾向。

扩展的哈伯根条件表明，在假定进出口供给弹性为无穷大的情况下，大国只有在进出口需求价格弹性之和大于1、本国边际进口倾向和外国边际进口倾向之和时，本币贬

值才会有效地改善一国贸易收支状况，而 $E_x + E_m > 1 + m$ 只适用于小国情形。

（六）　对乘数理论的评价

乘数理论建立在凯恩斯宏观经济分析框架之上，从国民收入恒等式出发，着重从收入角度研究贸易收支问题，揭示了国际收支的收入调节机制，是国际收支理论的重大进展。但它也有其局限性：（1）其分析方法仍然属于局部均衡分析法；（2）假定非充分就业以及汇率、物价等保持不变；（3）没有考虑国际资本流动。因此，乘数论对国际收支所做的分析也是不全面的。

六、国际收支理论的新发展

20 世纪 80 年代以来，国际收支理论出现了一系列新的发展趋势。例如，维伦·布特（Willen H. Buiter，1981）在吸收分析法的基础上引入消费的时间偏好和叠代模型，对吸收理论作出新的阐述。萨克斯（Jeffrey Sachs，1981）提出经常项目差额是居民和企业跨时预期行为的结果，在很大程度上受到经济主体跨时选择和跨时预期行为的约束。罗伯特·墨菲（Robert G. Murphy，1989）在汇率超调模型的基础上，结合产业组织理论在开放经济中的应用，阐述了汇率的动态变化、进口价格与国际贸易收支之间的相互作用关系。奥伯斯特菲尔德和罗格夫（Obstfeld & Rogoff，1995）对动态跨期分析方法进行改进，使之具备了坚实的微观基础。随后，诸多学者逐渐放松了奥伯斯特菲尔德和罗格夫文中提到的不足和进一步研究方向，如时间偏好不一致、利率可变、资本存量调整成本、贸易条件变化、多种商品等假定，将经常项目决定跨期分析框架作了进一步的扩展。

其中，以消费平滑为基础进行的经常项目跨期分析法是近 30 年来国际收支理论最重要的发展成果。跨期分析法（intertemporal approach），又被称为消费平滑论，是 20 世纪 80 年代以后在拉姆奇-卡斯-库普曼斯经济增长模型的带动下逐步发展起来的，随后被一些经济学家引入经常项目决定的研究之中。跨期分析方法强调经常项目收支实际上是一种跨期现象，经常项目的平衡是前瞻性的、动态的储蓄和投资决策的结果。之所以这样认为，是因为从基本的国民收入方程式来看，经常项目收支等于储蓄减去投资，而储蓄和投资都是经济主体基于跨期因素，如生命周期和投资项目的预期收益等来做出决策。

跨期分析法的理论基础是消费平滑思想，其核心观点是：经常项目差额，即国外净资产变动额，亦即国内储蓄与投资的差额，在允许国际借贷存在的条件下，居民跨时消费的结果使一国的储蓄不必等于投资，从而形成经常项目差额。当储蓄大于投资，会导致该国对外输出资本，意味着居民延时消费，经常项目为顺差；反之，当投资大于储蓄，会导致该国从国外借入资本，意味着居民超前消费，经常项目逆差。简单地说，经常项目收支的变化实际上就是包括厂商在内的居民对于外部冲击跨时动态优化的结果，所以，跨期分析方法又被称为动态优化方法。

最基本的跨时期的经常项目模型：

$$CA_t = A_{t+1} - A_t = (Y_t - \tilde{Y}_t) - (I_t - \tilde{I}_t) - (G_t - \tilde{G}_t) \tag{7-33}$$

其中，A_t 表示经济体在第 t 期期末对外净资产存量，Y_t 为第 t 期的国内净产值（产出），C_t 为私人消费，G_t 为政府支出，I_t 为净投资，S_t 为国民储蓄。该式表明，由于居民消费平滑的原因，当产出高于持久水平时，将增加经常项目顺差。具体说，当产出暂时高于它的长期贴现平均值时，消费者不会将这部分高出的产出全部消费掉，而是采取积累国外资产的方式，以备未来之需，即平滑消费，形成了经常项目顺差。同样，当人们面临不寻常的高投资需求时，将会从国外融资，以缓解消费的急剧下降，即经常项目为逆差。最后一个影响因素是政府支出，假如政府支出非常巨大，其结果与一个非常低的产出一样。简而言之，人们为减轻外部冲击所引起的经常项目逆差，都会通过平滑消费将其分散在未来各期之中，而非集中消化解决。

在上述跨期理论分析的基础上，国内外众多学者对经常项目收支的决定因素问题进行了深入研究，归纳起来，这些因素主要有储蓄—投资缺口、财政收支、生产率冲击、汇率波动、金融发展水平、人口年龄结构、经济增长和收入变动、对外贸易状况等。另外，诸多学者还在此基础上对经常项目失衡的可维持性问题进行了深入探讨，包括经常项目失衡可维持性的内涵和测度、经常项目失衡逆转的临界点及其经济效应等问题。

第五节　中国的国际收支

一、中国国际收支统计的发展沿革

改革开放以前，中国没有编制过系统的国际收支平衡表，而只有外汇收支平衡表用以反映对外收支和侨汇收入情况。虽然中国是国际货币基金组织的创始国之一，中华人民共和国成立以后，1980 年 4 月 17 日国际货币基金组织才正式恢复中国在该组织的代表权。恢复 IMF 会员国地位之后，中国从 1982 年开始按照 IMF 规定的格式和内容编制国际收支平衡报表。

中国国家外汇管理局负责按照《国际收支统计申报办法》采集和发布国际收支统计数据，1996 年 1 月 1 日正式施行的《国际收支统计申报办法》是国际收支统计的基础性法规。2015 年以前按国际货币基金组织《国际收支手册》（第五版）规定的各项原则编制，采用复式记账法的原理记录国际经济交易。该时期中国公布的国际收支平衡表包括四大账户：经常账户、资本与金融账户、净误差与遗漏、储备资产和相关项目。

国际货币基金组织《国际收支和国际投资头寸手册》（第六版）于 2009 年颁布，2013 年 11 月，国务院公布了修改后的《国际收支统计申报办法》，新办法自 2014 年 1 月 1 日起施行。从 2015 年起，国家外汇管理局按照国际货币基金组织最新国际标准《国际收支和国际投资头寸手册》（第六版）编制和发布国际收支平衡表。与之前相比，主要变化：一是将储备资产纳入金融账户统计，并在金融账户下增设"非储备性质的金融账户"，与原金融项目包含的内容基本一致；二是项目归属变化，如将经常账户下的转手买卖从原服务贸易调整至货物贸易统计，将加工服务（包括来料加工和出料加工）从原货物贸易调整至服务贸易等；三是项目名称和细项分类有所调整，如将经常项目、资本项目和金融项目等重新命名为经常账户、资本账户和金融账户，将收益和经常转移重新命名为初次收入和二次收入等；四是借方项目用负值表示。

二、中国国际收支平衡表的主要内容

根据国际外汇管理局的《国际收支平衡表编制原则与指标说明》，中国国际收支表是反映特定时期内我国（不含中国香港、澳门和台湾地区）与世界其他国家或地区的经济交易的统计报表。

现阶段中国的国际收支平衡表根据国际货币基金组织《国际收支和国际投资头寸手册》（第六版）编制和公布，国际收支平衡表包括三大账户：经常账户、资本账户和金融账户。经常账户细分为货物和服务账户、初次收入账户、二次收入账户。金融账户细分为直接投资、证券投资、金融衍生工具、其他投资和储备资产。目前公布的国际收支数据细分到第六级子账户，共包括 50 多个具体账户的 113 个数据。各部分具体内容如下：

（一）经常账户

该账户包括货物和服务、初次收入和二次收入四个子账户。具体又分为：

1. 货物和服务

包括货物和服务两部分。

货物。指经济所有权在中国居民与非居民之间发生转移的货物交易。贷方记录货物出口，借方记录货物进口。货物账户数据主要来源于海关进出口统计，但与海关统计存在以下主要区别：一是国际收支中的货物只记录所有权发生了转移的货物（如一般贸易、进料加工贸易等贸易方式的货物），所有权未发生转移的货物（如来料加工或出料加工贸易）不纳入货物统计，而纳入服务贸易统计；二是计价方面，国际收支统计要求进出口货值均按离岸价格记录，海关出口货值为离岸价格，但进口货值为到岸价格，因此国际收支统计从海关进口货值中调出国际运保费支出，并纳入服务贸易统计；三是补充部分进出口退运等数据；四是补充了海关未统计的转手买卖下的货物净出口数据。

服务。包括加工服务，维护和维修服务，运输，旅行，建设，保险和养老金服务，金融服务，知识产权使用费，电信、计算机和信息服务，其他商业服务，个人、文化和娱乐服务以及别处未提及的政府服务。贷方记录提供的服务，借方记录接受的服务。

2. 初次收入

指由于提供劳务、金融资产和出租自然资源而获得的回报，包括雇员报酬、投资收益和其他初次收入三部分。

雇员报酬。指根据企业与雇员的雇佣关系，因雇员在生产过程中的劳务投入而获得的酬金回报。贷方记录中国居民个人从非居民雇主处获得的薪资、津贴、福利及社保缴款等。借方记录中国居民雇主向非居民雇员支付的薪资、津贴、福利及社保缴款等。

投资收益。指因金融资产投资而获得的利润、股息（红利）、再投资收益和利息，但金融资产投资的资本利得或损失不是投资收益，而是金融账户统计范畴。贷方记录中国居民因拥有对非居民的金融资产权益或债权而获得的利润、股息、再投资收益或利息。借方记录中国因对非居民投资者有金融负债而向非居民支付的利润、股息、再投资收益或利息。

其他初次收入。指将自然资源让渡给另一主体使用而获得的租金收入，以及跨境产品和生产的征税和补贴。贷方记录中国居民从非居民获得的相关收入。借方记录中国居民向非居民进行的相关支付。

3. 二次收入

指居民与非居民之间的经常转移，包括现金和实物。贷方记录中国居民从非居民处获得的经常转移，借方记录中国向非居民提供的经常转移。

（二）资本与金融账户

该账户下设资本账户和金融账户两个子账户。

1. 资本账户

指居民与非居民之间的资本转移，以及居民与非居民之间非生产非金融资产的取得和处置。贷方记录中国居民获得非居民提供的资本转移，以及处置非生产非金融资产获得的收入，借方记录中国居民向非居民提供的资本转移，以及取得非生产非金融资产支出的金额。

2. 金融账户

指发生在居民与非居民之间、涉及金融资产与负债的各类交易。根据会计记账原则，当期对外金融资产净增加记录为负值，净减少记录为正值；当期对外负债净增加记录为正值，净减少记录为负值。金融账户细分为非储备性质的金融账户和国际储备资产。

非储备性质的金融账户包括直接投资、证券投资、金融衍生工具和其他投资。

直接投资。以投资者寻求在本国以外运行企业获取有效发言权为目的的投资，包括直接投资资产和直接投资负债两部分。相关投资工具可划分为股权和关联企业债务。股权包括股权和投资基金份额，以及再投资收益。关联企业债务包括关联企业间可流通和不可流通的债权和债务。

证券投资。包括证券投资资产和证券投资负债，相关投资工具可划分为股权和债券。股权包括股权和投资基金份额，记录在证券投资项下的股权和投资基金份额均应可流通（可交易）。股权通常以股份、股票、参股、存托凭证或类似单据作为凭证。投资基金份额指投资者持有的共同基金等集合投资产品的份额。债券指可流通的债务工具，是证明其持有人（债权人）有权在未来某个（些）时点向其发行人（债务人）收回本金或收取利息的凭证，包括可转让存单、商业票据、公司债券、有资产担保的证券、货币市场工具以及通常在金融市场上交易的类似工具。

金融衍生工具。又称金融衍生工具和雇员认股权，用于记录中国居民与非居民金融工具和雇员认股权交易情况。

其他投资。除直接投资、证券投资、金融衍生工具和储备资产外，居民与非居民之间的其他金融交易。包括其他股权、货币和存款、贷款、保险和养老金、贸易信贷和其他。

国际储备资产指中国中央银行拥有的对外资产，包括外汇、货币黄金、特别提款权、在国际货币基金组织的储备头寸。

货币黄金。指中国中央银行作为国际储备持有的黄金。

特别提款权。指国际货币基金组织根据会员国认缴的份额分配的，可用于偿还国际货币基金组织债务、弥补会员国政府之间国际收支赤字的一种账面资产。

在国际货币基金组织的储备头寸。指在国际货币基金组织普通账户中会员国可自由提取使用的资产。

外汇储备。指中国中央银行持有的可用作国际清偿的流动性资产和债权。

其他储备资产。指不包括在以上储备资产中的、中国中央银行持有的可用作国际清偿的流动性资产和债权。

（三）净误差与遗漏

国际收支平衡表采用复式记账法，由于统计资料来源和时点不同等原因，会形成经常账户与资本和金融账户不平衡，形成统计残差项，称为净误差与遗漏。

表7-6为国家外汇管理局公布的用美元表示的包括全部子账户信息的2015年中国的国际收支平衡表。

三、中国国际收支的状况与特点

附录1显示了1982—2015年中国国际收支平衡表的主要信息。根据表中数据，我们可以看出在1982年到2015年间中国的国际收支总体状况和各分账户变化呈现出不同特点：

（一）中国国际收支总体变化趋势与特点

从总体来看，中国的国际收支差额在1994年以前规模都不大，在1994年到2002年之间差额开始增加，2002年之后国际收支差额明显加大。而且从1994年开始，经常账户持续顺差，资本金融账户持续逆差。如果不考虑资本与金融账户中的储备资产，中国的国际收支在1994年以后持续出现"双顺差"（除2012年外），且2009年后资本项下顺差占比总体上升。但是2014年以来，中国国际收支格局基本形成经常账户顺差、资本和金融账户逆差的格局。

图7-8显示了1982—2015年间中国经常账户、资本金融账户、净误差与账户三大主账户以及官方储备项目的变化趋势。

表 7-6　　　　　　　　　　**2015 年中国国际收支平衡表（单位：亿美元）**

1.经常账户	3306.022	贷方	1141.094	借方	−18.944
贷方	26930.363	借方	−2921.999	1.A.b.12 别处未提及的政府服务	−15.015
借方	−23624.341	1.A.b.5 建设	64.552	贷方	10.642
1.A 货物和服务	3846.417	贷方	166.525	借方	−25.657
贷方	24292.932	借方	−101.973	**1.B 初次收入**	−453.626
借方	−20446.515	1.A.b.6 保险和养老金服务	−43.504	贷方	2278.048
1.A.a 货物	5669.979	贷方	49.763	借方	−2731.674
贷方	21427.535	借方	−93.267	1.B.1 雇员报酬	273.865
借方	−15757.556	1.A.b.7 金融服务	−3.103	雇员报酬贷方	331.047
1.A.b 服务	−1823.562	贷方	23.344	雇员报酬借方	−57.182
贷方	2865.397	借方	−26.447	1.B.2 投资收益	−734.175
借方	−4688.959	1.A.b.8 知识产权使用费	−209.378	贷方	1938.737
1.A.b.1 加工服务	202.75	贷方	10.846	借方	−2672.912
贷方	204.358	借方	−220.224	1.B.3 其他初次收入	6.684
借方	−1.608	1.A.b.9 电信、计算机和信息服务	131.403	贷方	8.264
1.A.b.2 维护和维修服务	22.862	贷方	245.489	借方	−1.58
贷方	36.05	借方	−114.087	**1.C 二次收入**	−86.769
借方	−13.188	1.A.b.10 其他商业服务	188.607	贷方	359.384
1.A.b.3 运输	−370.201	贷方	584.029	借方	−446.152
贷方	385.943	借方	−395.421	**2.资本和金融账户**	−1423.587
借方	−756.144	1.A.b.11 个人、文化和娱乐服务	−11.629	**2.1 资本账户**	3.161
1.A.b.4 旅行	−1780.905	贷方	7.314	贷方	5.123

续表

借方	−1.962	2.2.1.2.1.1 股权	−396.788	2.2.1.4.2 其他投资负债	−3515.383
2.2 金融账户	−1426.748	2.2.1.2.1.2 债券	−335.302	2.2.1.4.2.1 其他股权	0
资产	−490.671	2.2.1.2.2 证券投资负债	67.389	2.2.1.4.2.2 货币和存款	−1225.523
负债	−936.076	2.2.1.2.2.1 股权	149.645	2.2.1.4.2.3 贷款	−1666.672
2.2.1 非储备性质的金融账户	−4856.14	2.2.1.2.2.2 债券	−82.256	2.2.1.4.2.4 保险和养老金	23.926
资产	−3920.064	2.2.1.3 金融衍生工具	−20.871	2.2.1.4.2.5 贸易信贷	−622.832
负债	−936.076	2.2.1.3.1 资产	−34.2	2.2.1.4.2.6 其他	−24.282
2.2.1.1 直接投资	620.583	2.2.1.3.2 负债	13.329	2.2.1.4.2.7 特别提款权	0
2.2.1.1.1 资产	−1878.006	2.2.1.4 其他投资	−4791.152	2.2.2 储备资产	3429.392
2.2.1.1.1.1 股权	−1451.87	2.2.1.4.1 资产	−1275.768	2.2.2.1 货币黄金	0
2.2.1.1.1.2 关联企业债务	−426.136	2.2.1.4.1.1 其他投资资产	−0.123	2.2.2.2 特别提款权	−2.875
2.2.1.1.2 直接投资负债	2498.589	2.2.1.4.1.2 货币和存款	−1001.22	2.2.2.3 在国际货币基金组织的储备头寸	9.109
2.2.1.1.2.1 股权	2196.265	2.2.1.4.1.3 贷款	−474.643	2.2.2.4 外汇储备	3423.159
2.2.1.1.2.2 关联企业债务	302.324	2.2.1.4.1.4 保险和养老金	−31.979	2.2.2.5 其他储备资产	0
2.2.1.2 证券投资	−664.701	2.2.1.4.1.5 贸易信贷	−459.662	**3.净误差与遗漏**	−1882.435
2.2.1.2.1 证券投资资产	−732.09	2.2.1.4.1.6 其他	691.858		

资料来源:国家外汇管理局官方网站。

在 1994 年之前,中国国际收支平衡表的各大账户差额大部分时期都不超过 100 亿美元,且各账户顺差和逆差基本交替出现。1994 年后,各账户差额规模开始加大,经常账户和资本金融账户的差额规模迅速增加到 100 亿美元进而数百亿美元,尤其是官方储备资产项目增加幅度明显上升。而且自 1994 年开始,中国从此呈现经常账户连年顺差,资本金融账户连年逆差,国际储备资产连续增加的局面。2002 年后,中国国际收支平衡表各大账户的差额规模进一步显著增加,从 2005 年开始,经常账户、资本金融账户与官方储备资产差额开始超过 1000 亿美元。在收支差额最大的 2008 年,经常账户顺差达到 4206 亿美元,资本与金融账户逆差达到 4394 亿美元,而中国的储备资产当年增加了 4795 亿美元。

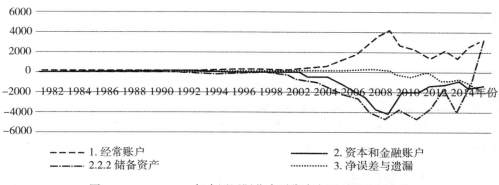

图 7-8　1982—2015 年中国国际收支平衡表主要项目差额变化

（二）经常账户发展趋势与特点

中国经常账户差额在 1997 年之前规模并不大，且顺差逆差交替出现，其中在 1985 年和 1986 年、1988 年和 1989 年、1993 年出现逆差，逆差规模最大为 1993 年的 119 亿美元。1997 年后经常账户差额规模开始迅速增大，而且逐年连续顺差，2005 年后顺差规模开始超过 1000 亿美元，2008 年顺差规模达到顶峰的 4206 亿美元。2008 年后经常账户差额有所下降，但仍然是每年高达 1000 亿美元以上的顺差。

图 7-9 显示了中国经常账户下各子账户的构成与变化趋势。可以看出，经常账户各子账户在 1982—2015 年间的比重与变化趋势并不一致。在货物和服务、初次收入和二次收入中，1997 年以前虽然二次收入相对规模较小，但三个部分的差异并不明显，但是 1997 年后货物和服务差额大幅度增加，在经常账户中占据绝大部分份额并主导了经常账户差额的变化方向。初次收入差额和二次收入差额在 30 多年的时间内虽有增加，但相对来说变化不大，其中初次收入差额逆差和顺差一直交替存在，但逆差年份居多，逆差最大的是 2013 年的 784 亿美元，顺差最大规模为 2008 年的 286 亿美元。二次收入差额在大多数年份为顺差，除了 2013 年和 2015 年出现了逆差，且 2002 年后差额有所增加，顺差规模最大的为 2008 年的 432 亿美元。

在货物和服务账户下，货物和服务项目的变化趋势也有明显的差异。货物账户的收支差额占据绝对主导地位，且货物收支差额决定了经常账户收支差额的规模和走向。服务收支差额在 1998 年前基本呈现顺差，但是在此之后一直是逆差，在 2008 年后逆差超过 100 亿美元，2013 年后更超过 1000 亿美元。在服务账户下面 12 个子项目里，收支差额较大的有加工服务、运输、旅行、保险和养老金服务和知识产权使用费，其中加工服务连年为顺差，差额近年来维持在 200 亿美元以上；运输差额基本是逆差，2009 年后逆差额均超过 200 亿美元，逆差最大在 2014 年达到 579 亿美元；旅行项目在 2009 年以前均为顺差，但规模不超过 100 亿美元，2009 年后开始连续呈现逆差，且逆差规模增长迅速，2012 年旅行服务逆差超过 500 亿美元，2015 年更达到 1781 亿美元；保险和养老金服务在 1994 年后一致呈现逆差，规模在 2008 年后超过 100 亿美元；知识产权使用

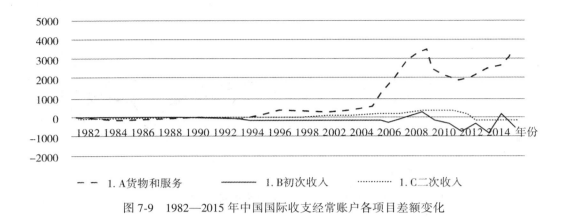

图 7-9　1982—2015 年中国国际收支经常账户各项目差额变化

费一直是逆差，且在 2000 年以后有明显增长，2009 年后逆差规模开始超过 100 亿美元。

（三）资本与金融账户发展趋势与特点

1997 年以前，中国的资本与金融账户顺差与逆差交替出现且差额规模不大，其中在 1982—1984 年和 1990—1991 年出现逆差，其他年份均为顺差，除了少数年份，该账户差额都不超过 100 亿美元。1997 年以后，资本与金融账户开始连年呈现逆差，且规模增长迅速，2005 年后该账户的逆差一直超过 1000 亿美元，顶峰时期超过 4000 亿美元。

通过图 7-10 可以看出，中国资本与金融账户差额基本由金融账户决定，资本账户每年的规模非常小。而在金融账户下，非储备性质的金融账户与储备资产账户的变化方向基本相反。仅在 1982 年、1983 年、1990 年、1998 年、2012 年和 2014 年，非储备性质的金融账户与储备资产差额均出现逆差，1985 年和 1986 年两个账户均出现顺差。在其他年份，非储备性质的金融账户与储备资产差额符号相反，且基本表现为非储备性质金融账户的顺差与储备资产的逆差，这在很大程度上是由于储备资产属于典型的调节性交易引起的。但是 2015 年出现了较大的反转，该年非储备金融账户出现高达 4856 亿美元的逆差，而储备资产出现高达 3429 亿美元的顺差。出现这一改变的主要原因是中国境内经济主体主动调整了对外资产负债结构，2015 年我国保持了较大规模的对外投资，累计净增加 3920 亿美元，而对外负债减少了 936 亿美元。

如果不包含具有平衡项目性质的储备资产，1982—2015 年间中国的资本与金融账户在大部分时间呈现顺差，且规模较大。但这一趋势在 2012 年后开始出现变化，除了 2013 年资本与金融账户（不包含储备资产）又出现了较大顺差，其他年份该项目均为逆差。而中国的储备资产在 1984—1986 年和 1992 年、2015 年出现顺差（即储备资产下降），其他年份均为逆差，储备资产连续多年持续上升，这也使得中国在 2006 年成为拥有全球最高储备资产的国家。

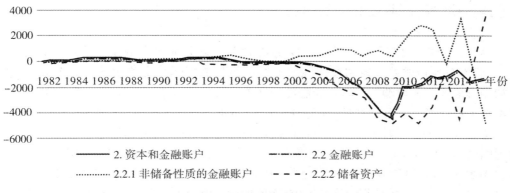

图 7-10 1982—2015 年中国国际收支资本与金融账户各项目差额变化

（四）净误差与遗漏账户趋势与特点

2001 年以前，大部分时间为逆差，表明此段时期有对外支出类交易没有被合法渠道统计到，不过 1990 年以前误差与遗漏数额较小，每年只有平均十亿美元左右。1990 年开始净误差与遗漏差额增大，年均达到-100 亿美元，在 1997 年亚洲金融危机期间规模达到最大规模-223 亿美元。

2002 年至 2009 年期间，净误差与遗漏账户开始出现持续的顺差，其中 2005 年达到最大规模 229 亿美元。表明有大量引起资金流入的交易没有通过合法交易渠道完成统计，这与此期间人民币升值预期与国内股市和楼市价格上升背景下大量的热钱进入中国有关。

受 2008 年美国次贷危机影响，2009 年后，中国的净误差与遗漏账户又开始呈现持续的逆差，且规模不断上升，该账户差额在 2009 为-414 亿美元，到了 2015 年增加到-1882亿美元。净误差和遗漏账户既反映了统计上存在的差错和统计口径不一致，也在一定程度上反映了有大量非法对外支出的经济交易的存在。

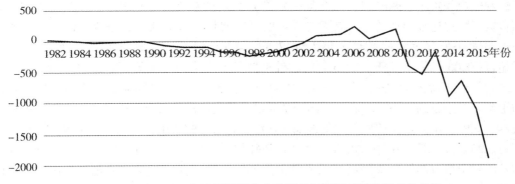

图 7-11 1982—2015 年中国国际收支净误差与遗漏项目差额变化趋势

四、中国国际收支存在的问题

第一，2003 年以后，中国国际收支经常账户和资本与金融账户连续呈现"双顺差"，且部分年份顺差规模超过国际警戒线。但目前国际收支差额基本处于合理区间，已初步形成经常账户顺差，资本金融账户逆差的格局。对于国际收支差额在多大程度为根本性失衡或具备不可持续性，Caroline L. Freund（2000）认为，经常项目差额与 GDP 之比达到 5% 是一个界限。Guy Debelle 和 Gabriele Galati（2005）认为，当经常项目失衡达到国内 GDP 的 4%~5% 时，失衡不可持续，应该进行调整。2010 年二十国集团（G20）首尔峰会的参考性指南要求顺差国经常项目盈余和逆差国经常项目逆差不超过 GDP 的 4%。表 7-7 的数据显示，2005 年我国经常项目顺差占 GDP 比重一举跃过 4% 标准线，达 5.9%，并在 2007 年一度升至 10% 以上。这种局面在次贷危机爆发后有所缓解，我国经常项目顺差占 GDP 之比 2010 年回落至 4% 以下，2011 年进一步降至 1.8%。2012 年以后双顺差局面得到改观，形成经常账户顺差，资本金融账户逆差格局。

表 7-7　　　　中国国际收支经常账户与资本金融账户与 GDP 占比

项目	2003年	2004年	2005年	2006年	2007年	2008年	2009年	2010年	2011年	2012年	2013年	2014年	2015年
经常账户差额（亿美元）	431	687	1341	2327	3540	4124	2611	2378	1361	2154	1482	2774	3306
与 GDP 之比（%）	2.6	3.6	5.9	8.6	10.1	9.1	5.2	3.9	1.8	2.5	1.6	2.7	3.0
资本和金融账户差额（亿美元）	549	1107	1010	526	951	463	1808	2869	2655	−318	3461	−514	−4853
与 GDP 之比（%）	3.3	5.7	4.5	1.9	2.7	1.0	3.6	4.7	3.5	−0.4	3.6	−0.5	−4.5

资料来源：国家外汇管理局 2010 年和 2015 年中国国际收支报告。

第二，官方储备逐年增长，规模不断累积，带来较大的机会成本与通货膨胀压力。由于经常账户和资本金融账户（不含储备资产）长期的双顺差，除了少数年份，中国官方储备资产账户连续出现逆差，储备增产规模逐年增长。2002 年后，每年中国的储备资产增加超过 1000 亿美元，在 2008 年达到 4795 亿美元，而中国的外汇储备总规模在 2011 年后超过 30000 亿美元。虽然 2015 年中国外汇储备出现了大规模的下降，中国的外汇储备资产总额仍然高达 33303 亿美元。充足的官方储备表明一国具有较高的调节国际收支逆差和干预外汇市场的能力，也表明该国资金充足，但过高的储备资产同时意味着较高的机会成本。同时，不断增长的外汇储备带来了外汇占款渠道的货币投放增加，带来高通货膨胀压力。2002 年以后，中国人民银行投放的基础货币中外汇占款所占比重迅速上升，并成为基础货币投放的最主要渠道（见表 7-8）。2006—2011 年，人民币通过外汇占款投放的基础货币超过了当年基础货币投放总量，这意味着中国人民银行必须通过其他渠道回笼因外汇占款而过度投放的人民币，这给中国的货币和信贷政策带来很大压力。

表 7-8　　　　　　　　　　央行外汇资产和储备货币存量

指标　　年份	2003	2004	2005	2006	2007	2008	2009	2010	2011	2012	2013	2014	2015
外汇资产（亿元）	29841.80	45939.99	62139.96	84360.81	115168.7	149624.3	175154.6	206766.7	232388.7	236669.9	264270.0	270681.3	248537.6
储备货币（亿元）	52841.36	58856.11	64343.13	77757.83	101545.4	129222.3	143985.0	185311.1	224641.8	252345.2	271023.1	294093.0	276377.5
外汇占款/基础货币（%）	56.47	78.05	96.58	108.49	113.41	115.79	121.65	115.78	103.45	93.79	97.51	92.04	89.93

资料来源：中国人民银行网站央行资产负债表。

　　充足的官方储备表明一国具有较高的调节国际收支逆差和干预外汇市场能力，也表明该国资金充足，但过高的储备资产同时意味着较高的机会成本。同时，不断增长的外汇储备带来了外汇占款渠道的货币投放增加，带来高通货膨胀压力。2002 年以后，中国人民银行投放的基础货币中外汇占款所占比重迅速上升，并成为基础货币投放的最主要渠道。2006—2011 年期间，人民币通过外汇占款投放的基础货币超过了当年基础货币投放总量，这意味着中国人民银行必须通过其他渠道回笼因外汇占款而过度投放的人民币，这给中国的货币和信贷政策带来很大压力。

　　第三，国际收支平衡目标与国内经济目标之间经常出现冲突，给汇率政策和货币政策带来较大难题。由于国际收支的持续顺差，官方储备的不断增加，在 2002 年以后的相当长时期内，中国经济出现了米德冲突局面，即国际收支的顺差与国内经济过热之间的矛盾。国际收支顺差带来了人民币汇率升值的压力，国内经济过热导致了高通货膨胀，且升值压力带来的热钱流入加剧了流动性过剩与高通货膨胀。根据宏观经济政策调节理论，在缺乏灵活的汇率作为国际收支调节手段的情形下，对国际收支与国内经济的调节主要依靠财政与货币政策，而缓解国际收支顺差要求实行扩张型的货币政策，治理高通货膨胀又需要实行紧缩型的货币政策，这使得中国内外经济均出现失衡而货币政策陷入两难境地。

　　2008 年美国次贷危机以后，我国上述内外经济均衡冲突的情形有所缓解。这一方面是由于全球经济衰退，使得中国的国际收支顺差下降，国内经济过热也开始降温；另一方面得益于人民币汇率政策灵活性的不断提高，对国际收支起到了一定程度的自动调节。但是随着中国经济增长的放缓，2014 年以后金融账户（不包括储备资产）大量的逆差以及人民币贬值压力的出现，需要防范中国出现米德冲突的另一种情形，即国际收支的逆差与国内经济的衰退并存。

◎ 本章思考题

一、名词解释

国际收支　国际收支平衡表　自主性经济交易　调节性经济交易　米德冲突丁伯根原则　马歇尔-勒纳条件　J 曲线效应　贸易条件　罗宾逊-梅茨勒条件

哈伯根条件

二、问答题

1. 国际收支平衡表的主要内容有哪些？其记账符号和记账规则是什么？

2. 如何利用国际收支平衡表判断一个经济体的国际收支是否平衡？

3. 国际收支失衡会对国民经济带来哪些影响？

4. 国际收支失衡有哪些类型？

5. 国际收支失衡的自动调节机制有哪些？

6. 有关当局可以采取哪些政策措施对国际收支失衡进行调节？

7. 如何利用财政和货币政策的搭配实现内外经济的均衡？

8. 简述古典的物价-现金流动机制。

9. 马歇尔-勒纳条件的内容和推导。

10. 简述国际收支吸收理论的主要理论框架和货币贬值效应的分析。

11. 简述国际收支货币理论的主要理论框架和国际收支调节主张。

12. 简述国际收支乘数理论的主要理论框架和国际收支收入调价机制。

13. 简述经常项目跨期分析法的核心思想。

14. 结合最新的任意一独立经济体的国际收支平衡表，分析该经济体国际收支状况和出现该种状况的原因，了解该经济体针对该状况采取的政策措施并试着做出评判。

附录1 **1982—2015 年中国国际收支平衡表主要内容**

项　　目	1982	1983	1984	1985	1986	1987	1988
1. 经常账户	**57**	**42**	**20**	**−114**	**−70**	**3**	**−38**
1.A 货物和服务	**48**	**26**	**1**	**−125**	**−74**	**3**	**−41**
1.A.a 货物	42	18	−2	−131	−90	−13	−56
1.A.b 服务	6	8	2	6	16	16	15
1.A.b.1 加工服务	1	2	2	0	−2	−4	2
1.A.b.2 维护和维修服务	0	0	0	0	0	0	0
1.A.b.3 运输	−1	−2	−3	−5	−5	−4	−7
1.A.b.4 旅行	8	9	10	9	12	15	16
1.A.b.5 建设	1	1	1	1	2	1	0
1.A.b.6 保险和养老金服务	1	1	1	1	1	1	1
1.A.b.7 金融服务	0	0	0	0	0	0	0
1.A.b.8 知识产权使用费	0	0	0	0	0	0	0
1.A.b.9 电信、计算机和信息服务	0	0	0	0	0	0	0

项 目	1982	1983	1984	1985	1986	1987	1988
1.A.b.10 其他商业服务	−2	−2	−7	1	7	7	3
1.A.b.11 个人、文化和娱乐服务	0	0	0	0	0	0	0
1.A.b.12 别处未提及的政府服务	−1	−1	−2	−1	0	1	−1
1.B 初次收入	**4**	**12**	**15**	**8**	**0**	**−2**	**−2**
1.B.1 雇员报酬	0	0	0	0	0	0	0
1.B.2 投资收益	4	12	15	8	0	−2	−2
1.B.3 其他初次收入	0	0	0	0	0	0	0
1.C 二次收入	**5**	**5**	**4**	**2**	**4**	**2**	**4**
2. 资本和金融账户	**−60**	**−41**	**−32**	**139**	**83**	**11**	**48**
2.1 资本账户	**0**	**0**	**0**	**0**	**0**	**0**	**0**
2.2 金融账户	**−60**	**−41**	**−32**	**139**	**83**	**11**	**48**
资产	−71	−54	−58	50	13	−58	−45
负债	**11**	**13**	**25**	**89**	**70**	**69**	**93**
2.2.1 非储备性质的金融账户	−17	−14	−38	85	65	27	53
资产	−29	−27	−63	−4	−4	−42	−40
负债	**11**	**13**	**25**	**89**	**70**	**69**	**93**
2.2.1.1 直接投资	4	8	13	13	18	17	23
2.2.1.2 证券投资	0	−6	−16	30	16	11	9
2.2.1.3 金融衍生工具	0	0	0	0	0	0	0
2.2.1.4 其他投资	−21	−16	−34	41	32		20
2.2.2 储备资产	−42	−27	5	54	17	−17	−5
2.2.2.1 货币黄金	0	0	0	0	0	0	0
2.2.2.2 特别提款权	1	−1	−1	−1	−1	−1	1
2.2.2.3 在国际货币基金组织的储备头寸	0	−2	−1	−1	0	−1	0
2.2.2.4 外汇储备	−43	−19	7	56	12	−15	−4
2.2.2.5 其他储备资产	0	0	0	0	0	0	0
3.净误差与遗漏	**3**	**−2**	**12**	**−25**	**−12**	**−14**	**−10**

续表

项 目	1989	1990	1991	1992	1993	1994	1995
1. 经常账户	**−43**	**120**	**133**	**64**	**−119**	**77**	**16**
1.A 货物和服务	**−49**	**107**	**116**	**50**	**−118**	**74**	**120**
1.A.a 货物	**−72**	**70**	**62**	**19**	**−143**	**35**	**128**
1.A.b 服务	**23**	**37**	**54**	**31**	**25**	**39**	**−8**
1.A.b.1 加工服务	16	22	26	33	37	38	53
1.A.b.2 维护和维修服务	0	0	0	0	0	0	0
1.A.b.3 运输	−14	−10	−10	−27	−38	−48	−62
1.A.b.4 旅行	14	17	23	14	19	43	50
1.A.b.5 建设	1	1	1	0	0	0	0
1.A.b.6 保险和养老金服务	1	1	1	2	1	−2	−24
1.A.b.7 金融服务	0	0	0	0	0	0	0
1.A.b.8 知识产权使用费	0	0	0	0	0	0	0
1.A.b.9 电信、计算机和信息服务	1	1	2	3	4	6	5
1.A.b.10 其他商业服务	5	6	12	6	6	4	−32
1.A.b.11 个人、文化和娱乐服务	0	0	0	0	0	0	0
1.A.b.12 别处未提及的政府服务	−2	−1	−1	−1	−3	−3	1
1.B 初次收入	**2**	**11**	**8**	**2**	**−13**	**−10**	**−118**
1.B.1 雇员报酬	0	0	0	0	0	0	0
1.B.2 投资收益	2	11	8	2	−13	−10	−118
1.B.3 其他初次收入	0	0	0	0	0	0	0
1.C 二次收入	**4**	**3**	**8**	**12**	**12**	**13**	**14**
2. 资本和金融账户	**42**	**−89**	**−65**	**19**	**217**	**21**	**162**
2.1 资本账户	**0**	**0**	**0**	**0**	**0**	**0**	**0**
2.2 金融账户	42	−89	−65	19	217	21	162
资产	−15	−138	−160	−59	−109	−367	−247
负债	**58**	**49**	**94**	**77**	**326**	**389**	**409**
2.2.1 非储备性质的金融账户	64	−28	46	−3	235	326	387
资产	7	−77	−49	−80	−91	−62	−22
负债	**58**	**49**	**94**	**77**	**326**	**389**	**409**
2.2.1.1 直接投资	26	27	35	72	231	318	338
2.2.1.2 证券投资	−2	−2	2	−1	31	35	8

续表

项 目	1989	1990	1991	1992	1993	1994	1995
2.2.1.3 金融衍生工具	0	0	0	0	0	0	0
2.2.1.4 其他投资	40	−52	9	−74	−27	−27	40
2.2.2 储备资产	−22	−61	−111	21	−18	−305	−225
2.2.2.1 货币黄金	0	0	0	0	0	0	0
2.2.2.2 特别提款权	0	0	0	2	−1	−1	0
2.2.2.3 在国际货币基金组织的储备头寸	0	0	0	−3	1	−1	−5
2.2.2.4 外汇储备	−22	−55	−106	23	−18	−304	−220
2.2.2.5 其他储备资产	0	0	0	0	0	0	0
3.净误差与遗漏	**1**	**−31**	**−68**	**−83**	**−98**	**−98**	**−178**

续表

项 目	1996	1997	1998	1999	2000	2001	2002
1. 经常账户	**72**	**370**	**315**	**211**	**204**	**174**	**354**
1.A 货物和服务	**176**	**428**	**438**	**306**	**288**	**281**	**374**
1.A.a 货物	122	366	456	329	299	282	377
1.A.b 服务	54	63	−18	−23	−11	−1	−3
1.A.b.1 加工服务	74	97	15	37	48	61	75
1.A.b.2 维护和维修服务	0	0	0	0	0	0	0
1.A.b.3 运输	−72	−70	−45	−55	−67	−67	−79
1.A.b.4 旅行	57	39	34	32	31	39	50
1.A.b.5 建设	−4	−6	−5	−6	−4	0	3
1.A.b.6 保险和养老金服务	−1	−9	−14	−17	−24	−25	−30
1.A.b.7 金融服务	0	−3	−1	−1	0	0	0
1.A.b.8 知识产权使用费	0	−5	−4	−7	−13	−18	−30
1.A.b.9 电信、计算机和信息服务	2	−2	4	4	12	1	−4
1.A.b.10 其他商业服务	1	23	−1	−6	4	7	15
1.A.b.11 个人、文化和娱乐服务	0	0	0	0	0	0	−1
1.A.b.12 别处未提及的政府服务	−2	−2	−2	−5	1	2	−1
1.B 初次收入	**−124**	**−110**	**−166**	**−145**	**−147**	**−192**	**−149**
1.B.1 雇员报酬	0	2	−1	−4	−5	−6	−3

续表

项　目	1996	1997	1998	1999	2000	2001	2002
1.B.2 投资收益	−124	−112	−165	−141	−142	−186	−147
1.B.3 其他初次收入	0	0	0	0	0	0	0
1.C 二次收入	**21**	**51**	**43**	**49**	**63**	**85**	**130**
2. 资本和金融账户	**83**	**−147**	**−127**	**−33**	**−86**	**−125**	**−432**
2.1 资本账户	**0**	**0**	**0**	**0**	**0**	**−1**	**0**
2.2 金融账户	**83**	**−147**	**−127**	**−33**	**−86**	**−125**	**−432**
资产	−357	−788	−479	−452	−666	−541	−932
负债	**440**	**641**	**352**	**419**	**580**	**416**	**500**
2.2.1 非储备性质的金融账户	400	210	−63	52	20	348	323
资产	−40	−431	−415	−367	−561	−67	−177
负债	**440**	**641**	**352**	**419**	**580**	**416**	**500**
2.2.1.1 直接投资	381	417	411	370	375	374	468
2.2.1.2 证券投资	17	69	−37	−112	−40	−194	−103
2.2.1.3 金融衍生工具	0	0	0	0	0	0	0
2.2.1.4 其他投资	2	−276	−437	−205	−315	169	−41
2.2.2 储备资产	−317	−357	−64	−85	−105	−473	−755
2.2.2.1 货币黄金	0	0	0	0	0	0	0
2.2.2.2 特别提款权	0	0	−1	0	−1	−1	−1
2.2.2.3 在国际货币基金组织的储备头寸	−2	−9	−13	13	4	−7	−11
2.2.2.4 外汇储备	−315	−349	−51	−97	−109	−466	−742
2.2.2.5 其他储备资产	0	0	0	0	0	0	0
3.净误差与遗漏	**−155**	**−223**	**−187**	**−178**	**−119**	**−49**	**78**

续表

项　目	2003	2004	2005	2006	2007	2008	2009
1. 经常账户	**431**	**689**	**1324**	**2318**	**3532**	**4206**	**2433**
1.A 货物和服务	**358**	**512**	**1246**	**2089**	**3080**	**3488**	**2201**
1.A.a 货物	398	594	1301	2157	3117	3599	2435
1.A.b 服务	−40	−82	−55	−68	−37	−111	−234
1.A.b.1 加工服务	92	112	133	144	199	233	215
1.A.b.2 维护和维修服务	0	0	0	0	0	0	0

续表

项　　目	2003	2004	2005	2006	2007	2008	2009
1.A.b.3 运输	−103	−125	−130	−134	−120	−119	−230
1.A.b.4 旅行	22	60	75	96	74	47	−40
1.A.b.5 建设	1	1	10	7	25	60	36
1.A.b.6 保险和养老金服务	−42	−57	−67	−83	−98	−114	−97
1.A.b.7 金融服务	−1	0	0	−7	−3	−3	−3
1.A.b.8 知识产权使用费	−34	−43	−52	−64	−78	−97	−106
1.A.b.9 电信、计算机和信息服务	3	5	1	12	22	31	33
1.A.b.10 其他商业服务	24	−32	−24	−40	−57	−148	−40
1.A.b.11 个人、文化和娱乐服务	0	−1	0	0	2	2	−2
1.A.b.12 别处未提及的政府服务	−1	−2	−1	1	−3	−3	1
1.B 初次收入	**−102**	**−51**	**−161**	**−51**	**80**	**286**	**−85**
1.B.1 雇员报酬	2	6	15	20	43	64	72
1.B.2 投资收益	−104	−58	−176	−71	37	222	−157
1.B.3 其他初次收入	0	0	0	0	0	0	0
1.C 二次收入	**174**	**229**	**239**	**281**	**371**	**432**	**317**
2. 资本和金融账户	**−513**	**−819**	**−1553**	**−2355**	**−3665**	**−4394**	**−2019**
2.1 资本账户	**0**	**−1**	**41**	**40**	**31**	**31**	**39**
2.2 金融账户	**−512**	**−818**	**−1594**	**−2395**	**−3696**	**−4425**	**−2058**
资产	−1212	−1916	−3352	−4519	−6371	−6087	−4283
负债	**699**	**1098**	**1758**	**2124**	**2676**	**1662**	**2225**
2.2.1 非储备性质的金融账户	549	1082	912	453	911	371	1945
资产	−150	−16	−845	−1671	−1764	−1291	−280
负债	**699**	**1098**	**1758**	**2124**	**2676**	**1662**	**2225**
2.2.1.1 直接投资	494	601	904	1001	1391	1148	872
2.2.1.2 证券投资	114	197	−47	−684	164	349	271
2.2.1.3 金融衍生工具	0	0	0	0	0	0	0
2.2.1.4 其他投资	−60	283	56	136	−644	−1126	803
2.2.2 储备资产	−1061	−1901	−2506	−2848	−4607	−4795	−4003
2.2.2.1 货币黄金	0	0	0	0	0	0	−49
2.2.2.2 特别提款权	−1	−2	0	2	−1	0	−111
2.2.2.3 在国际货币基金组织的储备头寸	−1	5	19	3	2	−12	−23

续表

项　　目	2003	2004	2005	2006	2007	2008	2009
2.2.2.4 外汇储备	−1060	−1904	−2526	−2853	−4609	−4783	−3821
2.2.2.5 其他储备资产	0	0	0	0	0	0	0
3. 净误差与遗漏	**82**	**130**	**229**	**36**	**133**	**188**	**−414**

续表

项　　目	2010	2011	2012	2013	2014	2015
1. 经常账户	**2378**	**1361**	**2154**	**1482**	**2774**	**3306**
1.A 货物和服务	**2230**	**1819**	**2318**	**2354**	**2627**	**3846**
1.A.a 货物	2464	2287	3116	3590	4350	5670
1.A.b 服务	−234	−468	−797	−1236	−1724	−1824
1.A.b.1 加工服务	251	263	256	232	213	203
1.A.b.2 维护和维修服务	0	0	0	0	0	23
1.A.b.3 运输	−290	−449	−469	−567	−579	−370
1.A.b.4 旅行	−91	−241	−519	−769	−1293	−1781
1.A.b.5 建设	94	110	86	68	105	65
1.A.b.6 保险和养老金服务	−140	−167	−173	−181	−179	−44
1.A.b.7 金融服务	−1	1	0	−5	−4	−3
1.A.b.8 知识产权使用费	−122	−140	−167	−201	−219	−209
1.A.b.9 电信、计算机和信息服务	64	89	108	95	94	131
1.A.b.10 其他商业服务	5	72	87	99	155	189
1.A.b.11 个人、文化和娱乐服务	−2	−3	−4	−6	−7	−12
1.A.b.12 别处未提及的政府服务	−2	−3	−1	0	−10	−15
1.B 初次收入	**−259**	**−703**	**−199**	**−784**	**133**	**−454**
1.B.1 雇员报酬	122	150	153	161	258	274
1.B.2 投资收益	−381	−853	−352	−945	−125	−734
1.B.3 其他初次收入	0	0	0	0	0	7
1.C 二次收入	**407**	**245**	**34**	**−87**	**14**	**−87**
2. 资本和金融账户	**−1849**	**−1223**	**−1283**	**−853**	**−1692**	**−1424**
2.1 资本账户	46	54	43	31	0	3
2.2 金融账户	−1895	−1278	−1326	−883	−1691	−1427
资产	−6536	−6136	−3996	−6517	−5806	−491

续表

项　　目	2010	2011	2012	2013	2014	2015
负债	**4641**	**4858**	**2670**	**5633**	**4115**	**−936**
2.2.1 非储备性质的金融账户	2822	2600	−360	3430	−514	−4856
资产	−1819	−2258	−3030	−2203	−4629	−3920
负债	**4641**	**4858**	**2670**	**5633**	**4115**	**−936**
2.2.1.1 直接投资	1857	2317	1763	2180	1450	621
2.2.1.2 证券投资	240	196	478	529	824	−665
2.2.1.3 金融衍生工具	0	0	0	0	0	−21
2.2.1.4 其他投资	724	87	−2601	722	−2788	−4791
2.2.2 储备资产	−4717	−3878	−966	−4314	−1178	3429
2.2.2.1 货币黄金	0	0	0	0	0	0
2.2.2.2 特别提款权	−1	5	5	2	1	−3
2.2.2.3 在国际货币基金组织的储备头寸	−21	−34	16	11	10	9
2.2.2.4 外汇储备	−4696	−3848	−987	−4327	−1188	3423
2.2.2.5 其他储备资产	0	0	0	0	0	0
3.净误差与遗漏	**−529**	**−138**	**−871**	**−629**	**−1083**	**−1882**

资料来源:国家外汇管理局官方网站。

第八章 | 国际储备

国际储备是国际货币体系的重要内容之一，国际储备规模是否恰当、储备币种结构和资产结构是否合理、储备管理是否科学，不仅关系到各国调节国际收支、稳定汇率和化解金融危机的能力，而且影响世界物价水平和国际贸易的发展。因此，长期以来，国际储备受到各国政府和国际金融组织的普遍重视，尤其是 1997 年亚洲金融危机以后。本章介绍国际储备的含义、构成与作用，并着重论述国际储备的管理。国际储备的管理包括国际储备规模和结构两个方面的管理。此外，本章还介绍了中国国际储备的特点与外汇储备的管理等问题。

第一节　国际储备概述

一、国际储备的含义

国际储备（international reserve）是指一国货币当局为了弥补国际收支逆差、维持本国货币汇率稳定以及应付其他紧急支付的需要而持有的国际上普遍接受的所有资产的总称。国际储备资产必须同时具备三个特征：（1）可获得性（availability），一国货币当局必须能够无条件获得并在必要的时候动用这类资产，非官方金融机构、企业和私人持有的这类资产不能算作国际储备，所以国际储备又被称为官方储备（official reserve）；（2）流动性（liquidity），该资产必须具有充分的变现能力；（3）普遍接受性（acceptability），该资产必须得到国际上的普遍接受。

国际储备与国际清偿力（international liquidity）是两个既相互联系，又相互区别的概念。所谓国际清偿力，是指一国在无需影响本国经济正常运行的情况下，平衡国际收支逆差及维持汇率的总体能力，它由自有储备和借入储备构成。自有储备就是我们通常所说的国际储备，是一国具有的现实的对外支付和清偿能力，其数量多少反映一国金融实力的强弱。借入储备是一国具有的潜在的或可能的对外清偿能力，主要包括：（1）备用信贷，它是成员国在发生国际收支困难或预计要发生困难时，同基金组织签订的一种备用借款协议。协议一经签订，成员国在需要时可按协议规定的方法提用，不需要再办理新的手续。这种协议通常包括可借用款项的额度、使用期限、利率、分阶段使用的规定、币种等。备用信贷协议中规定的借款额度，有时并不被完全使用。对于未使用部分的款项，只需缴纳1%的年管理费。有的成员国与基金组织签订了备用信贷协议以后，甚至根本不去使用它。凡规定可随时使用但未使用的部分，计入借入储备。备用信贷协议的签订，表明政府干预外汇市场的能力和决心，对外汇市场上的交易者和投机者具有一种心理上的作用①。（2）互惠信贷和支付协议，又称货币互换协定，是指两个国家签订的使用对方货币的协议。按照互惠信贷协议，当其中一国发生国际收支困难时，可按协议规定的高低限额和最长使用期限，自动地使用对方的货币，然后在规定的期限内偿还。（3）其他类似的安排。诱导储备是指一国私人部门的外汇资产，主要是指本国商业银行的对外短期可兑换货币资产，这些资产的所有权不属于政府，也不是政府所借入，但因其具有高流动性、投机性，一国政府可以通过政策的、新闻的、道义的手段来诱导其流动方向，从而间接地达到调节国际收支的目的。所以，国际清偿力的内涵比国际储备更广泛，既包括国际储备的全部内容，又包括该国政府筹措各种国际流动资金的能力；一国国际储备可显示其对外金融实力和支付能力，国际清偿力则除此之外，还综合反映一国的国际经济地位和金融资信情况。

二、国际储备的构成

国际储备的具体构成随着历史的发展而有所变化。根据国际货币基金组织的统计口径，各成员国的国际储备主要由以下四种资产构成：

（一）黄金储备（gold reserve）

作为国际储备的黄金是指一国货币当局持有的货币化黄金（monetary gold），非货币用途黄金（如工业用途和民间收藏的黄金）不在此列。黄金作为国际储备由来已久。在国际金本位制和布雷顿森林体系下，黄金是重要的储备资产。布雷顿森林体系崩溃后，美元与黄金脱钩。国际货币基金组织于20世纪70年代中期实行的黄金非货币化（demonetization of gold）削弱了黄金的储备作用，黄金已不再是货币制度的基础，也不能用于政府间的国际收支差额清算。目前各国货币当局动用黄金储备时，必须将黄金在

---

① 借款总安排就是基金组织为补充资金而安排的第一个备用信贷额度。借款总安排产生的情况详见本书第十一章第三节。1983年，十国集团将借款总安排资金增加到170亿特别提款权，1984年瑞士加入十国集团，沙特阿拉伯作为联系国，借款总额提高到185亿特别提款权。1997年1月，IMF决定建立新的借款安排，包括25个国家和地区向IMF提供340亿特别提款权的款额。

市场上出售换成自由兑换货币后才能对外支付。然而，由于黄金是可靠的保值手段并且不受超国家力量干预，它仍是国际储备中的重要组成部分。

国际货币基金组织成员国的黄金储备实物量多年来基本稳定在 10 亿盎司左右。1970 年为 10.60 亿盎司[①]，1980 年为 9.56 亿盎司，1990 年为 9.39 亿盎司，2000 年为 10.63 亿盎司，2010 年为 9.82 亿盎司，2012—2015 年的黄金储备量如表 8-1 所示。若按照市价折算，黄金储备价值量波动很大，主要是因为金价波动很大。2000 年 1 月—2012 年 9 月这 12 年间，国际金价从 270 美元/盎司一路上涨到 1740 美元/盎司，之后有所回落，2016 年 7 月初约为 1370 美元/盎司。世界黄金储备的分布并不平衡，目前发达经济体所拥有的黄金储备是新兴经济体和发展中经济体的 3 倍左右。

表 8-1　　　　　　　　　国际货币基金组织成员国的黄金储备总额及其分布

单位：百万盎司（期末值）

年份	世界	发达经济体	新兴经济体和 发展中经济体	国际货币基金组织和 国际清算银行
2012	1018.58	706.44 （69.36）	204.94 （20.12）	107.2 （10.52）
2013	1024.14	706.92 （69.03）	215.57 （21.05）	101.65 （9.93）
2014	1029.82	706.81 （68.63）	223.96 （21.75）	99.05 （9,62）
2015	1052.40	706.71 （67.15）	251.82 （23.93）	93.87 （8.92）

注：不含括号的数字为储备值，括号内的数字为占比（%）。

资料来源：IMF. International Financial Statistics, 2016, 5：24-26.

（二）外汇储备

外汇储备是一国货币当局持有的外国可兑换货币及其他短期金融资产。各国普遍接受的可自由兑换的通货称为储备货币（reserve currency），储备货币必须具备下列条件：（1）在国际货币体系中占有重要地位；（2）能自由兑换成其他储备货币；（3）内在价值相对稳定；（4）为世界各国普遍接受作为国际计价和支付手段；（5）供给数量同国际贸易、国际投资乃至世界经济的发展相适应。第二次世界大战前英镑是最主要的储备货币，第二次世界大战后美元占统治地位。20 世纪 70 年代初布雷顿森林体系解体以后，储备货币呈现多元化的发展趋势，美元、英镑、日元、德国马克、法国法郎、瑞士法郎和荷兰盾等被用作储备货币。1994 年以后，国际货币基金组织将欧洲货币单位

[①]　1 盎司 = 28.3495 克。

（ECU，欧元的前身）列为新的国际储备货币。1999 年欧元启动以后，美元、欧元、英镑、日元和瑞士法郎成为最主要的储备货币。

外汇储备是目前国际储备的主体。就金额而言，它超过所有其他类型的储备资产的总和，目前全球外汇储备总额接近 8 万亿特别提款权。它在实际中使用的频率最高、规模最大。外汇储备更多地掌握在新兴经济体和发展中经济体手中，它们所拥有的外汇储备是发达国家的 2 倍左右（见表 8-2），这种分布情况和黄金储备正好相反。

表 8-2　　　　　　　　　国际货币基金组织成员国的外汇储备总额及其分布

单位：百万特别提款权（期末值）

年份	世界	发达经济体	新兴经济体和发展中经济体
2012	7125866	2411219 （33.84）	4714646 （66.16）
2013	7585776	2483358 （32.74）	5102418 （67.26）
2014	7998527	2661778 （33.28）	5336749 （66.72）
2015	7882141	2857630 （36.25）	5024511 （63.75）

注：不含括号的数字为储备值，括号内的数字为占比（%）。

资料来源：IMF. International Financial Statistics，2016，5：21-23.

（三）在国际货币基金组织的储备头寸（reserve position in IMF）

按照国际货币基金组织的规定，成员国加入时必须缴纳份额（quota），其中 25% 以可兑换货币缴纳，75% 用本国货币缴纳。当成员国发生国际收支困难时，有权以本国货币抵押的形式向国际货币基金组织提用可兑换货币，提用的数额分为储备部分和信贷部分。前者即成员国向国际货币基金组织缴纳份额中 25% 的可兑换货币，称为储备部分提款权，这部分提款权在成员国发生国际收支逆差时可以随时无条件地提取使用，无需基金组织批准。信贷部分的提款共分四档，每档为其认缴份额的 25%，均为有条件的信用提款权，提款条件逐档提高。

储备头寸又称普通提款权（general drawing rights），是成员国在国际货币基金组织的普通账户中可以随时自由提取和使用的资产，包括成员国在国际货币基金组织储备部分提款权余额、国际货币基金组织用去的成员国的本国货币份额部分以及国际货币基金组织向成员国的借款。其中，后两种属于债权头寸，代表国际货币基金组织对成员国货币的净使用。很显然，一国储备头寸的多少与该国向国际货币基金组织缴纳的份额成正比。近年来储备头寸的全球分布如表 8-3 所示。

表 8-3 在国际货币基金组织的储备头寸总额及其分布

单位：百万特别提款权（期末值）

年份	世界	发达经济体	新兴经济体和发展中经济体
2012	103244.4	77645.2 (75.21)	25599.2 (24.79)
2013	97508.3	73202.3 (75.07)	24306.1 (24.93)
2014	81735.9	60635.4 (74.18)	21100.5 (25.82)
2015	63453.5	46121.4 (72.69)	17332.1 (27.31)

注：不含括号的数字为储备值，括号内的数字为占比（%）。

资料来源：IMF. International Financial Statistics，2016，5：18-20.

（四）特别提款权（Special Drawing Rights，SDR）

1. 特别提款权的概念、特征和用途

特别提款权是国际货币基金组织对成员国根据其份额分配的，可用以归还基金组织贷款和成员国政府之间偿付国际收支赤字的一种账面资产。它实际上是基金组织为了解决国际储备不足，于 1969 年创设的国际储备资产。一国分配得到的尚未使用完的特别提款权构成其国际储备资产。特别提款权具有与其他储备资产不同的特征：（1）它是一种记账单位，不具有内在价值；（2）它没有商品贸易及金融交易基础，由国际货币基金组织按基金份额比例无偿分配给会员国；（3）它不能直接用于国际贸易支付和结算，也不能直接兑换成黄金，仅在成员国政府与基金组织及各成员国之间发挥作用。

成员国分配到的特别提款权是无附带条件的使用流动资金的权利，国际货币基金组织不能由于不同意成员国的政策而拒绝向其提供使用特别提款权的便利。只要一国发生逆差，并要求通过动用其掌握的特别提款权来弥补逆差，国际货币基金组织就有义务指定另一成员国接受特别提款权，或由自己动用其库存现金来换回这些特别提款权。作为取得特别提款权的条件，成员国必须承担两项义务：支付利息和在需要时按照国际货币基金组织指定的原则，接收特别提款权并兑出相应的货币。一般情况下，处于国际收支和储备地位相对强的国家才有可能承担第二种义务。

2. 特别提款权的分配和分布

截至 2015 年，国际货币基金组织累计创造了 2041.77 亿特别提款权（按照 2015 年年底的汇率 SDR1＝USD1.38573，相当于约 2829.34 亿美元）。与同时期总值 7.88 万亿特别提款权单位的外汇储备相比，特别提款权的规模并不大。特别提款权的分配有两种主要形式：一种是普通分配，也叫周期性分配，国际货币基金组织根据世界经济发展的实际情况，每隔一段时间（五年）决定是否进行分配；另一种是特殊分配。国际货币基金组织在 1970 年至 1972 年、1979 年至 1981 年进行过两次特别提款权的普通分配，累计 214 亿特别提款权。在随后的 20 多年，国际货币基金组织再没有分配过特别提款权。为应对全球金融危机、充实弱国的外汇储备，2009 年 8 月 28 日进行了一次金额为 1612 亿特别提款权的普通分配，2009 年 9 月 9 日进行了 215 亿特别提款权的特殊分配。近期特别提款权的总额及全球分布如表 8-4 所示。

表 8-4　　　　　　　　　国际货币基金组织成员国的特别提款权总额及其分布

单位：百万特别提款权（期末值）

年份	世界	发达经济体	新兴经济体和发展中经济体	其他
2012	204177.4	125724.6 （61.52）	65762.6 （32.21）	12690.2 （6.22）
2013	204177.4	125792.0 （61.61）	65240.3 （31.95）	13145.1 （6.44）
2014	204177.4	125527.2 （61.48）	64343.9 （31.51）	14306.3 （7.01）
2015	204177.4	126110.7 （61.77）	62281.5 （30.50）	15785.2 （7.73）

注：不含括号的数字为储备值，括号内的数字为占比（%）。

资料来源：IMF. International Financial Statistics. 2016，5：15-17.

3. 特别提款权的定值

特别提款权创设时以黄金定值，每一单位特别提款权含金量为 0.888671 克纯金，一单位特别提款权等于当时一美元的价值，但是不能按此兑换成黄金。从 1974 年 7 月 10 日开始以一篮子 16 种货币为基础，采用加权平均的方法来确定特别提款权的价值，篮子货币的入选标准：该货币在 1972 年之前的五年在世界商品和劳务出口总额中占 1% 以上的份额。从 1981 年 1 月 1 日起，使用五种货币（美元、英镑、日元、德国马克、法国法郎）作为计算基础，以五国各自对外贸易在五国总贸易中的百分比作为权数，分别乘以五国货币计算日当日（或前一日）在外汇市场上对美元的比价，来求得特别提款权当天的美元价值，然后再通过市场汇率，套算出特别提款权对其他货币的比价。定值货币篮子每五年评估调整一次。2015 年 11 月 30 日，国际货币基金组织执董会决定将人民币纳入特别提款权货币篮子，货币篮子相应扩大至美元、欧元、人民币、日元、英镑五种货币，人民币在 SDR 货币篮子中的权重为 10.92%（见表 8-5）。新的特别提款权篮子于 2016 年 10 月 1 日生效。特别提款权作为一篮子货币，其汇率比单一货币更为稳定。

表8-5 特别提款权货币篮子中各种货币的权重变化（%）

时间	美元	德国马克	日元	法国法郎	英镑	欧元	人民币
1981—1985 年	42	19	13	13	13	—	—
1986—1990 年	42	19	15	12	12	—	—
1991—1995 年	40	21	17	11	11	—	—
1996—1998 年	39	21	18	11	11	—	—
2001—2005 年	45	—	15		11	29	—
2006—2010 年	44	—	11		11	34	—
2011 年—2016 年 9 月 30 日	41.9	—	9.4	—	11.3	37.4	—
2016 年 10 年 1 日	41.73	—	8.33	—	8.09	30.93	10.92

注：1999 年 1 月 1 日欧元启动以后篮子中包括四种货币，德国马克和法国法郎在篮子中的货币数量分别由等量的欧元代替。

资料来源：根据 IMF 官方网站的信息整理。

（五）四种储备资产的占比与变化

第二次世界大战后，特别是 20 世纪 70 年代以来，世界国际储备总额迅速增长。如果按照每盎司黄金储备 35 特别提款权的价格折算，1970 年所有储备为 932.44 亿特别提款权，1990 年增至 6883.18 亿特别提款权，2015 年为 81704.78 亿特别提款权，也就是说，2015 年的国际储备总额是 1970 年的 88 倍。国际储备总额的增长主要是外汇储备迅猛增长所致，2015 年的外汇储备总额是 1970 年的 175 倍。

根据表8-6，从全球范围看，2015 年国际储备的四个组成部分在国际储备总额中所占比重很不平衡。外汇储备占据绝对主导，在国际储备总额中的占比为 96.47%，与国际货币基金组织有关的储备资产（Fund-related reserve assets）即储备头寸和特别提款权所占比重之和不到 4%。黄金储备所占比重最小，仅为 0.45%。从变化趋势来看，20 世纪 70 年代以来，黄金储备所占比重呈下降趋势；外汇储备所占比重不仅一直最高，而且呈迅猛的上升势头；储备头寸的下降趋势在 1985 年一度有所改变，占比达到峰值 8.84%，随后继续下降，目前的占比不足 1%；特别提款权的占比一直在 5% 以下波动。

表8-6 世界国际储备资产的构成和变化（%）

	1970 年	1975 年	1980 年	1985 年	1990 年
黄金储备	39.78	18.36	9.43	9.16	5.82
外汇储备	48.41	70.63	82.42	77.95	88.82
储备头寸	8.25	6.49	4.75	8.84	3.45
特别提款权	3.35	4.51	3.33	4.16	2.96

	1995 年	2000 年	2005 年	2010 年	2015 年
黄金储备	3.81	2.34	1.11	0.55	0.45
外汇储备	91.36	93.51	97.32	95.52	96.47
储备头寸	3.59	2.98	0.92	0.78	0.78
特别提款权	1.94	1.35	0.64	3.24	2.5

注：（1）由于四舍五入等原因，四种类型储备占比的合计数不等于1；

（2）表中黄金储备的价值按照每盎司黄金储备 35 特别提款权的价格折算，如果按照伦敦黄金市场价格折算，黄金储备占比会上升，其余则会相应下降。

资料来源：根据 IMF 2000 年、2011 年 *International Financial Statistics Yearbook*，2016 年 5 月 *International Financial Statistics* 的资料计算。

三、国际储备的作用

具体到一个国家，国际储备的作用是多层面的，概括起来主要包括以下几个方面：

第一，维持国际支付能力。国际储备可以作为应对国际收支逆差的缓冲体。如果国际收支逆差是因为偶然性因素或季节性因素导致的暂时性国际收支困难，可动用国际储备来弥补逆差而无需采取压缩进口等影响国内经济正常运行的限制性措施。如果国际收支发生根本性失衡而必须进行相应调整时，虽然动用储备不能从根本上解决问题，但至少可以缓和调整强度，减少因猛烈的调节措施而带来的经济震荡。

第二，支持本国货币汇率的稳定。国际储备作为一种干预资产，是支持本国货币汇率稳定的物质基础。在固定汇率安排下外汇储备的这个作用是很显然的。对于实行浮动汇率制的国家，尽管从理论上讲货币当局并不承担维护汇率稳定的义务，汇率应该随行就市，但实际上，各国或多或少、或明或暗地动用国际储备（主要是外汇储备）对外汇市场进行干预，使本国货币汇率稳定在与国内经济政策相适应的水平。当一国货币贬值过猛，该国货币当局通过在外汇市场上抛售储备购入本币，可使本币汇率上升；当一国货币升值过快，通过购入储备抛出本币，可减少市场上的外汇供给，从而使本国货币汇率下浮。例如，2008 年全球金融危机全面爆发以后，为了抑制本币的过度贬值，泰国、韩国、印度、印度尼西亚等国动用外汇储备入市干预，从而导致仅 2008 年 10 月印度尼西亚外汇储备缩水 10.5%，新加坡减少 3.9%，马来西亚则以每月外汇储备减少 100 多亿美元的速度为代价维持本币汇率的稳定。此外，一国可以通过调节其国际储备资产的构成来避免国际游资对本国货币的冲击。

需要说明的是，国际储备作为干预资产维持本国货币汇率稳定的功能，必须以充分发达的外汇市场为基础，并以本国货币的完全自由兑换为前提；同时，干预活动无法从根本上改变决定汇率的基本因素，只能在短期内对汇率产生有限的影响。

第三，充当一国对外举债的信用保证。按照国际惯例，一国持有的国际储备状况可以集中反映该国的对外资信，是国际银行贷款时评估其国家风险的重要指标之一。一国拥有的国际储备越充足，其在国际金融市场上筹措资金的能力就越强。同时，一国的国际储备状况还是债务国到期还本付息的基础和保证。

第四，维持并增强国际上对本国货币的信心。充裕的国际储备能提高公众对该国货币的币值与购买力的信心，因此，在国际外汇市场上愿意持有该国货币，则该国货币会走向坚挺成为硬货币。

第二节 国际储备的规模管理

国际储备管理是指一国货币当局对储备资产的适度规模、正确投放和合理使用所采取的战略和政策。因此，国际储备的管理主要涉及两个方面。一是规模管理，就是确定国际储备的适度规模；二是结构管理，就是在总额既定的前提下，实现储备资产结构上的优化。

如果一个国家的国际储备储备规模过低，不能满足其对外贸易及其他对外经济往来的需要，可能引起国际收支支付危机，缺乏对突发事件的应变能力。充裕的国际储备虽然具有较强的平衡国际收支的能力和抑制外汇市场波动的能力，但国际储备过多会牺牲经济增长的机会成本。另外，国际储备尤其是外汇储备数额的多少，与本国货币的投放量有着密切的关系，外汇储备很大，可能引起国内通货膨胀。那么，一国究竟持有多少国际储备为宜？对此，应首先分析影响一国国际储备的供给和需求因素。

一、国际储备的供给

从全球角度看，国际储备供给主要由以下几方面构成：（1）世界黄金产量减非货币用金量，这构成各国的黄金储备量。（2）IMF 设立的特别提款权。（3）储备货币发行国的货币输出，这构成各国的外汇储备及在基金组织的储备头寸。储备货币发行国通过国际收支逆差及资本输出对外输出货币，所输出的货币一旦进入官方手中，便形成一国外汇储备。而且输出货币若在货币发行国之外的国际银行间辗转存贷，便会创造出派生储备货币，从而扩大储备货币的供给。

从个别国家的角度看，国际储备供给包括：（1）国际收支顺差。国际收支顺差是国际储备最主要和最直接的来源。在汇率固定情况下，国际收支顺差意味着该国国际储备量的增加。就来源而言，经常项目顺差比资本项目顺差更为可靠，资本项目下的资本净流入，虽然也可以增加国际储备，但是还本付息和短期资本的频繁流动制约了储备积累的稳定性。（2）外汇市场干预。当一国的货币汇率升值太快，给内经济及对外贸易带来负面影响时，该国货币当局就会进入外汇市场抛售本币收购外汇，由此所得外汇一般列入国际储备。单个国家实施干预主要发生在 20 世纪 70 年代以前。到 80 年代以后发展成为联合干预。例如，日本大地震及之后的核危机令市场预期日本企业将抛出境外资产，赎回日元用于灾后重建，日元汇率因此飙升，由于日元升值将给日本出口商沉重打击，并给全球市场带来负面影响，因此 G7 央行于 2011 年 3 月 18 日联手干预日元汇率，其结果是使得相关国家的外汇储备增加。（3）收购黄金。这里指的是货币当局购买的货币性用途黄金。储备货币发行国若用本国货币在国际市场购买黄金，该国的国际储备可随之扩大。对非储备货币发行国而言，若从国际市场购买黄金必须动用外汇储备，其结果只能改变国际储备的构成而不能扩大其国际储备，只有用本国货币在国内市场购买黄金才会使国际储备量增加，不过靠这种方法来增大黄金储备量，是有一定限度的，因为这受黄金产量等条件的制约。（4）在国际货币基金组织的储备头寸和特别提款权。一国在国际货币基金组织的储备头寸可以增加国际储备，但是仅限于少数发达国家，国际货币基金组织收存的大多数成员国的货币现实中并无需求。一国分配得到的特别提款权的多少，与该国在国际货币基金组织中的份额大小成正比。（5）储备投资收益。管理外汇储备所获得的投资收益也是外汇储备的一部分。

二、国际储备的需求

国际储备需求是指一国在一定时期和一定条件下，为满足弥补国际收支逆差、对外进行支付及干预外汇市场需要而愿意持有的国际储备量。一国国际储备需求量由下列因素共同决定：

第一，经济规模和发展速度。在当今经济全球化加速发展的大背景下，一国的经济规模越大，发展速度越快，则对国外市场和资源的依赖程度越大，该国势必需要较为充足的国际储备以支持其大规模、高速度的经济发展。

第二，国际收支状况。一方面，一国的储备需求和国际收支赤字出现的规模和频率呈正相关关系，国际收支状况越不稳定，对国际储备的需求越高。另一方面，一国储备需求和国际收支失衡的性质有关，面临的国际收支逆差越偏向于短期性，需要的储备越多。若发生长期国际收支逆差，则只能通过吸收政策和转换政策进行调节。

第三，汇率制度和外汇政策。国际储备很重要的一个作用是干预外汇市场，维持汇率稳定。如果一国实行固定汇率制度，并且不愿意频繁调整汇率水平，它对国际储备的需求量就较多，以便能够随时入市干预以应对国际收支危机和汇率波动；反之，如果一国实行浮动汇率制度，汇率弹性越大，该国对储备的需求越小。外汇管制严格的国家，能有效控制进口和外汇资金的流动，因而较少的国际储备能够满足其需求；反之，如果一国取消或放松外汇管制，国际收支状况不确定性因素增加，则需要较多的国际储备。

第四，一国对外筹借应急资金的能力。国际储备需求量与其对外筹借应急资金的能力呈负相关关系。一国出现对外支付困难或外汇市场异常波动时，货币当局既可动用储备，也可通过国际金融市场筹借资金。如果一国资信等级较高，能够迅速以相对较低成本借入资金，说明该国筹借应急资金的能力就强，它所需要持有的国际储备就可以少一些；反之，若一国的国际资信较差，国际融资能力低，则需要保有较高水平的国际储备。

第五，本币的国际地位与国际货币合作状况。如果一国货币是储备货币，它可以通过增加本国货币的对外负债来弥补储备货币的不足，而不需持有较多的国际储备；反之，处于非储备货币地位的国家则需要较多的国际储备。如果一国政府同外国货币当局和国际货币金融机构有良好合作关系，如签订有较多互惠信贷和备用信贷协议，或者国际收支发生根本性失衡时，其他货币当局能协同干预外汇市场，则有助于减少一国储备需求；反之，储备需求就越多。

第六，金融市场的发育程度与国际收支调节机制的效率。一国金融市场越发达，其对利率、汇率等调节政策的反应越灵敏，则该国国际收支调节机制的效率就越高，储备需求就越少；反之，一国金融市场发育不充分，国际收支调节机制不畅或失灵，储备需求就越多。

第七，国际资本流动状况。随着全球金融一体化的逐步加深，国际资本流动规模越来越大。20 世纪 90 年代由于国际资本流入突然停止而引爆的货币和金融危机频繁发生，充足的国际储备可以在一定程度上抵御外部冲击和预防危机。因此，金融开放度越高，国际资本流动规模越大，为了增强本国经济抵御外部冲击的能力，储备需求就越多。

第八，持有国际储备的机会成本（opportunity cost）。国际储备代表着一定的实物资源，持有国际储备意味着放弃利用实际资源的权利，持有的国际储备量越大，闲置的实际资源就越多，由此造成的利润损失就越大。目前各国国际储备一般都是以现金之外的金融资产保留，具有一定的利息收益。因此，一般认为一国持有国际储备的机会成本等于该国的边际投资收益率与国际储备资产利息率之差。但是如果进一步分析，国际储备的机会成本还应包括因进行储备而减少的实际资源的投入，经过乘数作用会引起产出多倍减少的因素。所以，持有国际储备的机会成本越高，国际储备需求量越低。

需要指出的是，在确定一国对国际储备的需求量时，应将上述因素综合起来考察，仅从某个因素来考虑是片面的。

三、适度国际储备规模的确定方法

在西方国际储备理论中，形成了确定国际储备适度规模的多种方法。

（一）比率分析法

比率分析法是根据外汇储备与某些经济变量的关系测算适度储备规模。最广为人知的是美国耶鲁大学特里芬教授（R. Triffin）1960 年开创的外汇储备与进口额比率，即一国外汇储备的合理数量应为该国年进口总额的 20%～50%。对大多数国家来说，一国的最优外汇储备应满足三个月的进口需要。由于储备与进口额比率只考虑了商品交易的对外支付需要，20 世纪 80 年代以后，学者们进一步提出外汇储备与 GNP（或者用 GDP，适度标准为 10%）、外汇储备与外债余额（适度标准为 30%）、外汇储备与短期外债比率（即"greenspan-guidotti rule"，适度标准为 100%），对储备与进口额比率起到补充作用。比率法对适度储备水平的确定建立在经验统计的基础之上，尽管缺乏理论基础，但其最大优点是简便易行，因而时至今日仍被广泛运用于储备充足性的跨国或者跨期比较，不过一般仅能起到辅助说明作用，难以被独立使用。

（二）　回归分析法

自 20 世纪 60 年代末期开始，顺应经济数理化的发展趋势，许多经济学家尝试利用数学模型构造储备需求函数来确定一国储备的适度规模。

弗兰克尔（J. A. Frenkel）1974 年利用 Cobb-Douglas 生产函数所建立的回归方程如下：

$$\ln R = \alpha_0 + \alpha_1 \ln m + \alpha_2 \ln\delta + \alpha_3 \ln M + \mu \tag{8-1}$$

其中，R 代表国际储备量，m 为平均进口倾向，δ 为国际收支的变动率，M 为进口水平。

埃尤哈（M. A. Iyoha，1976）进一步引入动态分析过程，采用滞后调整模式建立了发展中国家的动态储备需求函数，实证研究的结果显示：发展中国家的储备需求取决于出口收入、进口支出的变动率、持有外汇资产的利率以及一国经济的开放程度。

储备需求函数的回归分析法克服了比率法的片面性，同时分析影响储备水平的多种独立变量，从而使储备需求的分析比较全面。通过实际数据进行回归和相关分析，能对储备需求和影响储备需求的各种因素之间的关系做出比较准确的描述，对储备需求水平的测算从粗略转向精确的定量。但是，这类研究用已有的数据进行回归分析却暗含了假设：以前的实际储备持有量即为最优储备需求量，事实上这种假设难以成立。

（三）　成本收益法

成本收益法是用微观经济学理论中关于商品生产边际成本等于边际收益，从而使经济福利最大化的原理来分析国际储备适度规模。海勒是成本收益分析的开拓者。在海勒（H. R. Heller，1966）的模型（固定汇率、没有资本流动等）中，调整国际收支赤字的唯一渠道是减少国民收入从而减少进口，进而消除赤字，因此持有储备的收益表现为调节成本的节约，可以用边际进口倾向的倒数与储备耗用概率的乘积来表示国际储备的边际收益；另一方面，持有储备会产生机会成本，即外汇储备用于国内生产性投资所产生的收益与储备资产投资收益之间的差额。一国适度的储备水平应该是边际收益等于边际成本时的储备水平。沿着这条思路，后人对海勒模型进行了修正，一种修正是调整赤字手段的多样化，除了减少收入以外，还包括贸易管制和外汇管制、汇率变化、利率变化以及从国外举债，如阿格沃尔（J. P. Agarwal，1971）针对发展中国家的外汇储备模型假设这类国家的国际融资能力较弱，主要采用直接的贸易管制和外汇管制来平衡国际收支差额，Sellekaertas（1973）、Kreinin 和 Heller（1973）分别考虑了利率和汇率的调整作用，Alessandrini（1975）考虑自身调整与外部融资相结合；另一种修正是将时间区间扩展到未来并且涉及更复杂的概率分析，如 Frenkel 和 Jovanovic（1981）。这些修正都没有改变海勒模型的基本思想，只是改变了成本收益的确定。

利用成本收益法对部分国家和地区国际储备量的估计获得了比较满意的效果，所以该模型具有一定的实用性。其不足之处在于忽视了国际收支调节中国际储备调节和其他调节方式的政策结构选择与可替代性问题，并且对国际储备的收益和成本估算也存在不够准确的问题。

(四) 福利函数最大化法

这种方法首先定义一个社会福利函数，然后针对各种约束条件对该函数求解最大化，得出静态背景下外汇储备的最优值或者动态背景下的最优时间路径。最早的研究（Clark，1970；Kelly，1970）假定目标函数是收入水平的增函数，同时又是收入水平变动性的减函数。约束条件是：可以采用动用储备的方法或调整收入的方法来应对国际收支的随机扰动。由于持有储备要做出收入方面的牺牲（即储备收入的机会成本），因此持有国际储备会降低收入水平。然而，若不持有国际储备则导致剧烈的收入变化。在这些约束条件下，将目标函数最大化，可以得到最优国际储备。Clark 、Kelly 所做的是静态分析，后来的学者如 Nyberg 和 Viotti（1976）是在跨时最优框架下进行分析。使用这种方法的主要困难在于目标函数的确定或者各目标权重的确定。此外，Claassen（1976）注意到与有国际收支赤字相比，货币当局面对国际收支盈余时的压力非常不同；类似地，Ben-Bassat 和 Gottlieb（1992）也注意到赤字和盈余给货币当局的压力是不同的，当货币当局陷入外债困扰时更是如此。

经过不断完善和发展，国际储备适度规模理论逐渐形成了比较严密、系统的理论体系。研究从最初仅仅注重贸易规模，到逐渐加入国际收支变动程度、经济规模、经济开放度、汇率弹性和机会成本等因素，综合衡量储备规模的适度性；从最初仅用均衡分析方法确定储备量与上述变量之间的关系，到后来采用非均衡分析方法考察储备量的长期均衡和短期调整过程，最终确定实际和意愿储备量与各变量之间的关系；从最初主观、规范的研究和简单的数量分析，到采用现代计量经济学的最新方法来量化各个变量对储备规模的影响程度以及一国适度国际储备规模的区间。理论的演进说明外汇储备适度规模的确定取决于一国经济体系的运行特征和所置身的国际货币体系，因此建立通用的外汇储备模型存在困难。

以上方法确定的都是一个最佳储备水平，更具实际意义的或许是确定国际储备的一个适度区域。概括而言，一国国际储备适度区域的确定原则是：根据该国经济发展状况来确定国际储备的上下限。上限是该国经济发展最快时可能出现的进出口量与其他金融支付所需要的最高储备量，称为"保险储备量"，下限是指该国经济缓慢增长，进口大量削减年份所需要的最低储备量，称为"经常储备量"。上限表示该国拥有充分的国际清偿能力，下限则意味着国民经济发展的临界制约点，上下限之间的范围则构成国际储备的适度区域。

第三节　国际储备的结构管理

国际储备结构管理是指一国如何确定其国际储备资产的构成，使黄金储备、外汇储备、储备头寸和特别提款权四种形式的国际储备资产的持有量之间保持合适的比例关系。由于一国所持有的储备头寸和特别提款权数额是由该国向国际货币基金组织缴纳份额的多寡决定的，份额调整必须具备一定条件并经过一定程序，一个国家自己很难将其改变。所以只有黄金储备和外汇储备是一国的货币当局能够自己掌控的。20 世纪 70 年代黄金非货币化以后，黄金储备在国际储备中所占比重有日益下降的趋势，并且多年来各国的黄金储备量保持相对稳定。因此，国际储备结构管理的核心是外汇储备的结构管理，具体又分为外汇储备币种结构管理和期限结构管理。

一、国际储备结构管理的原则

国际储备本质上是一种随时用于对外支付的准备金，这个特点决定了国际储备结构管理的基本原则是坚持安全性、流动性和盈利性的统一。

安全性。指储备资产存放可靠，风险最小。这就要求各国在选择储备资产的存放国家及银行、币种及其汇率走势、信用工具时，要预先做好充分的风险评估工作。特别是在当今浮动汇率制为主的体制下，尤其应注意对储备货币发行国的政治、经济、金融等情况的调查，对其货币的汇率做出中长期预测，并根据短期内国际金融市场的利率、汇率以及其他重大政治、经济突发事件的影响等，及时调整各种储备货币的结构。

流动性。指储备资产要有较高的变现能力，一旦有对外支付或干预市场的需求，能随时兑现，灵活调拨。各国在安排外汇储备资产时，应该根据对本年度外汇支付的时间、金额、币种的估算，将外汇储备做短、中、长期的投资，以使各信用工具的期限与国际经贸往来中对外支付的日期相衔接。

盈利性。指在满足安全性和流动性的基础上，尽可能地使储备资产获得较高的收益，实现资产增值。不同储备货币的资产收益率不同，选择时要注意分析利率、通货膨胀率和汇率的变化趋势。另外，同一币种的不同投资方式，收益率也不同，应当进行合理的投资组合，实现收益的最大化。

储备资产的安全性、流动性和盈利性，三者之间往往相互排斥。如果强调资产的流动性，在国外银行的活期存款、外币商业票据和外国短期政府债券就成为首选，这样盈利性比较低；而强调盈利性，就得将资产做长期投资，这样流动性较差，风险较大。因此，国际储备资产的管理应该综合权衡，统筹兼顾。根据传统的储备管理理念，央行的储备管理决策有别于私人投资者，私人投资者通常把盈利性放在首位，而储备管理者更看重安全性和流动性，只有在确保安全性和保持适度流动性的前提下，才考虑储备资产组合的盈利性。近年来，随着国际储备（主要是外汇储备）规模的不断增加以及金融市场上汇率、利率的频繁波动，收益性越来越引起各国重视。

二、四种储备资产的结构管理

国际储备的四个组成部分各自的安全性、流动性和盈利性都是不同的，它们之间的不同组合，会导致国际储备总体不同的风险收益特性，会影响到一国国际储备的使用效率。外汇储备的流动性最高，使用时随时可以变现，缺点是存在汇率和利率风险，价值不稳定，安全性较差。黄金储备的安全性好但流动性差，使用时必须先兑换成外汇资产。特别提款权兼具外汇储备和黄金储备的优点，它的定值是按几种货币加权平均计算，比外汇储备的价值稳定，流动性又高于黄金储备。储备头寸因为提取方便，所以流动性高。不同国家或者同一个国家在不同的时期，其经济发展目标不同，对国际储备流动性、安全性和盈利性这三个方面的要求也不同。因此，一国的货币当局必须针对国情特征，扬长避短地调整四种储备资产的数量组合，实现结构上的最优化。

目前世界各国关于国际储备结构管理的普遍做法，是坚持以外汇储备为主，黄金储备、储备头寸和特别提款权为辅（见表 8-6）。很显然，储备头寸和特别提款权的数量是一国不能主动增减的，无法在储备资产中占据主导地位。对一国货币当局来说，储备资产构成主要是指确定黄金和外汇储备资产所占的比例。对于黄金储备，多数国家的做法是不做过多的调整，保持实物数量的相对稳定。

三、外汇储备的结构管理

（一）外汇储备的币种结构管理

20 世纪 70 年代以后，国际货币体系发生重大变革，多种储备货币并存的局面取代了以美元为中心的单一的国际储备体系。各种储备货币在汇率、利率和通货膨胀率上存在很大差异，使得储备币种结构管理的重要性凸显。

为了明确货币当局外汇储备币种结构管理的思路以及币种结构的决定因素，西方学者做过一些实证研究，如以马科维茨（Markowitz，1952）的资产组合理论为基础的资产选择模型、海勒-耐特（H. Heller-M. Knight）模型、杜利（M. Dooley）模型等。研究发现，外汇储备的币种构成取决于该国的贸易收支结构、外债结构、汇率安排、不同货币的实际收益率、收益率的波动性、储备管理者的风险厌恶程度等。这些发现对储备资产的管理具有一定的指导意义。

一般而言，一国确定外汇储备币种结构时应考虑以下标准：（1）币种结构尽可能与一国国际贸易结构和国际债务结构相匹配，这样做的好处是避免兑换风险，节约交易成本。（2）储备货币要与弥补赤字和干预外汇市场所需的货币保持一致，保证储备的使用效率。（3）应尽可能多地持有硬货币储备，而尽可能少地持有软货币储备，并根据软硬货币的走势，及时调整和重新安排币种结构。（4）实行储备货币的多元化，以抵消或降低汇率风险。

表 8-7 显示的是 2011 年至 2015 年的官方外汇储备货币构成数据。

表 8-7　　　　　　　　　　世界外汇储备币种结构（%）

年份	2011	2012	2013	2014	2015
美元	61.66	61.57	61.72	62.02	64.08
欧元	25.27	24.34	23.79	23.04	20.28
日元	3.66	4.04	3.84	3.94	3.98
英镑	3.97	4.00	3.90	3.84	4.56

年份	2011	2012	2013	2014	2015
瑞士法郎	0.15	0.25	0.26	0.26	0.31
其他	4.99	5.08	3.02	3.11	3.09

说明：COFER 数据分为三种：世界外汇储备币种结构总量、发达国家外汇储备币种结构、发展中国家外汇储备币种结构。本表选用的是世界外汇储备币种结构的总量数据。

资料来源：IMF, Currency Composition of Official Foreign Exchange Reserves（COFER）数据库。

从表 8-7 中，我们可以明显地看出，即便是在布雷顿森林体系崩溃已久之后，美元在世界储备体系中依然占据统治地位。欧元所占比例仅次于美元，基本保持在 20%～25%。英镑、日元、瑞士法郎的份额相对较小，合计不到 10%。

（二）外汇储备的资产结构管理

外汇储备资产结构管理就是通过优化配置不同类型的资产，实现外汇储备的系统优化，保持流动性、安全性和收益性的动态有效平衡。

一般来说，在外汇储备资产组合管理时，各国政府通过储备资产的分级管理来进行。根据流动性的不同，储备资产可分为三部分：首先是一级储备，指可以立即用以直接支付以适应各种需求的储备资产部分，即现金或准现金，如活期存款、短期国库券或商业票据等；其次是二级储备，指收益率高于一级储备，但流动性仍然较高的资产，如中期债券等；最后是三级储备，指流动性较低的长期投资工具，如长期债券、股票等。由于持有储备的最直接目的就是满足对外支付需求和干预外汇市场，所以一直以来，各国都把储备资产的安全性和流动性置于首位。相应地，官方的外汇储备投资以一级储备为主，如金融秩序良好的国家所发行的国债。在此基础上，持有一定数量的流动性较高、容易变现的二级储备以应付一些难以预期的偶然性变动。剩余部分才考虑进行长期投资，获得较高收益。各层次的储备资产之间并不存在泾渭分明的界限。例如，即将到期的中长期债券的流动性并不亚于短期国库券。因此，只要合理安排持有的中长期债券的到期时间，则即使中长期债券所占比率较高，仍能确保国际储备资产的充足流动性。

外汇储备规模的迅猛增加以及金融资产价格和收益率的频繁波动，使得储备管理者越来越重视收益性。一些国家尝试创新外汇储备管理模式，即变被动管理（passive management）为积极管理（active management）。一般的做法是，将国家外汇资产划分为流动性部分与投资性部分：前者保留在央行资产负债表中，供货币政策操作，后者由财政部或专设机构持有，用于投资用途的积极储备管理。如何在一定风险限度内合理配置投资性资产组合、实现收益最大化，渐渐成为高额储备持有国外汇储备结构管理的重点。

第四节　中国的国际储备问题

一、中国国际储备的构成

中国从 1977 年开始公布有关黄金储备和外汇储备的情况。自 1980 年国际货币基金组织正式恢复我国的合法席位以来，中国的国际储备同样由黄金储备、外汇储备、在国际货币基金组织的储备头寸及特别提款权四部分构成。

如表 8-8 所示，截至 2015 年 12 月，外汇储备在国际储备中占比 97.78%，黄金储备占国际储备的 1.77%，储备头寸和特别提款权占比非常低，分别为 0.13% 和 0.30%，两者之和不到储备资产总额的 0.5%。

表 8-8　　　　　　　　　　　　2015 年 12 月中国国际储备的构成

类别	亿美元	在国际储备中的占比（%）
外汇储备	33303.62	97.78
储备头寸	45.47	0.13
特别提款权	102.84	0.30
黄金	601.91	1.77
其他储备资产	7.27	0.02
合计	34061.11	100

资料来源：中国人民银行数据。

二、中国国际储备的特征

下面逐项分析中国国际储备四个组成部分的特征。

（一）黄金储备

中国黄金储备主要用作国家后备战略资源和国家向外借债的基础和保证。表 8-9 反映了中国黄金储备的变化情况。2001 年以前中国执行稳定的黄金储备政策，从 1981 年至 2001 年 11 月，长达 20 年时间中国官方黄金储备实物量一直稳定在 1267 万盎司的水平上，没有任何变化。央行增持黄金储备主要发生在 2001 年之后。2001 年 12 月增持黄金至 1608 万盎司，2002 年 12 月进一步增持至 1929 万盎司，2009 年 4 月又有一次较大幅度的增持，从过去 1929 万盎司的持有量猛增到 3389 万盎司并保持至 2015 年 5 月。2015 年 6 月以后中国一改以往黄金储备一旦增加会稳定数月或者数年的传统，变为逐月增持。截至 2015 年年底，官方黄金储备达到 5666 万盎司。

表 8-9 中国的黄金储备 单位：万盎司

时　　间	黄金储备量
1981 年—2001 年 11 月	12.67
2001 年 12 月—2002 年 11 月	16.08
2012 年 12 月—2009 年 3 月	19.29
2009 年 4 月—2015 年 5 月	33.89
2015 年 6 月	53.32
2015 年 7 月	53.93
2015 年 8 月	54.45
2015 年 9 月	54.93
2015 年 10 月	55.38
2015 年 11 月	56.05
2015 年 12 月	56.66

资料来源：中国人民银行数据。

根据世界黄金协会 2016 年 2 月发布的数据，美国持有的黄金储备最多，为 8133.5 吨，排在第二位的德国为 3381.0 吨，之后依次为国际货币基金组织、意大利和法国。中国以 1762.3 吨的持有量排在第六位（见表 8-10）。值得注意的是黄金储备占非黄金储备之比这项指标，中国最低，仅为 1.8%，工业发达国家中仅有日本与中国的情况比较接近，因为中国和日本分别是全球外汇储备的第一和第二大持有者。

表 8-10 全球官方黄金储备排名 单位：吨

国家或国际组织	黄金储备量	占非黄金储备的比重（%）	排名
美国	8133.5	72.2	1
德国	3381.0	66.3	2
IMF	2814.0	—	3
意大利	2451.8	64.0	4
法国	2435.6	60.1	5
中国	1762.3	1.8	6
俄罗斯	1392.9	13.0	7
瑞士	1040.0	6.0	8
日本	765.2	2.1	9
荷兰	612.5	54.6	10

资料来源：世界黄金协会数据。

（二）外汇储备

1. 外汇储备的统计口径

1977—1992 年，中国对外公布的国家外汇储备包括两部分，即国家外汇库存和中国银行外汇结存。国家外汇库存是指国家通过中国银行兑进与卖出外汇相抵之后的余额。中国银行外汇结存实际上是中国银行的运营资金，即：中国银行的自有外汇资金，加上它在国内外吸收的外汇存款与对外借款，再减去它在国内外的外汇贷款与投资之后的余额。国家外汇库存实为国家对外债权，是真正意义上的国际储备，这一点是毫无疑义的。中国银行的外汇结存只有使用权没有所有权，不能算作外汇储备，但是由于中国银行的国有性质，中国一直将之列入外汇储备的范畴。为了同国际货币基金组织关于外汇储备的概念保持一致，中国从 1993 年起将外汇储备的统计口径改为仅指国家外汇库存。1994 年中国实行新的外汇管理体制，用商业银行结售汇取代了实行多年的中央银行结汇制，通过制定商业银行结售汇头寸限额的办法保证国家外汇储备进入中央银行的账户内，从而从根本上改变了中国外汇储备的来源构成。

2. 外汇储备的规模特征

中国的外汇储备随着改革开放和经济高速发展逐渐积累并不断增加。表 8-11 揭示了 1978 年以来中国外汇储备的积累情况。1978 年至 1993 年，中国外汇储备规模较低。1994 年出现了一个明显的阶段性跳跃式数量增长，当年外汇储备是前一个年度的 2.44 倍。1994 年以后，外汇储备呈现迅猛增长态势，1996 年首次突破 1000 亿美元，2000 年以后随着中国综合国力的提升，外汇储备积累提速。外汇储备规模分别于 2006 年、2009 年、2012 年突破了 1 万亿、2 万亿、3 万亿美元大关，2014 年 6 月达到 3.99 万亿美元的峰值。自 2014 年 9 月份以来，中国外汇储备呈现不断下降态势，2015 年比 2014 年减少了 5126 亿美元，这是 1992 年以来中国外汇储备的首次缩水，也意味着中国外汇储备规模步入"有增有减'的新时代。

从世界排名来看，从 1995 年开始，中国外汇储备一直仅次于日本，稳居世界第二；2006 年 2 月底，中国首次超越日本，跃居世界第一。虽然自 2007 年以后中国外汇储备增速逐年放缓，2014 年下半年以后更是出现了负增长，但由于之前的巨额外汇储备基础及惊人的增长速度，中国外汇储备量仍稳居世界经济体的第一位（见表 8-12）。截至 2015 年 12 月，中国的外汇储备规模约为 3.33 万亿美元，占当年 GDP 的 32%，约占全世界外储总额的三分之一，超过了 G7 国家（包括美国、日本、英国、德国、法国、加拿大、意大利）的总和。

3. 外汇储备的结构特征

中国和世界上大多数国家一样，对官方外汇储备的构成严格保密，所以缺乏中国外汇储备币种结构和资产结构的准确数据①。只能根据近似数据进行估计或者利用计量方法进行推算。

---

① 自 2015 年 10 月起，中国首次向国际货币基金组织提供官方外汇储备货币构成的季度数据，不过国际货币基金组织没有披露每个汇报国各自的外汇储备构成数据，而是仅提供世界、发达国家和发展中国家的汇总数据。

表 8-11　　　　　　　　　**1978—2015 年中国的外汇储备规模**　　　　　单位：亿美元

年份	金额	年份	金额	年份	金额
1978	1.67	1991	217.12	2004	6099.32
1979	8.4	1992	194.43	2005	8188.72
1980	-12.96	1993	211.99	2006	10663.44
1981	27.08	1994	516.2	2007	15282.49
1982	69.86	1995	735.97	2008	19460.30
1983	89.01	1996	1050.29	2009	23991.52
1984	82.20	1997	1398.90	2010	28473.38
1985	26.44	1998	1449.59	2011	31811.48
1986	20.72	1999	1546.75	2012	33115.89
1987	29.23	2000	1655.74	2013	38213.15
1988	33.72	2001	2121.65	2014	38430.18
1989	55.50	2002	2864.07	2015	33303.62
1990	110.93	2003	4032.51		

注：如前所述，1993 年前后外汇储备的统计口径不一致。

资料来源：国家外汇管理局数据。

表 8-12　　　　　　　**2015 年外汇储备最多的 10 个国家和地区**　　　　　单位：亿美元

排名	国家（地区）	储备值	截止时间
1	中国内地	35140	2015 年 9 月
2	日本	12489.36	2015 年 9 月
3	沙特阿拉伯	6721.06	2015 年 7 月
4	瑞士	6001.80	2015 年 7 月
5	中国台湾地区	4263.98	2015 年 7 月
6	俄罗斯	3773.00	2015 年 9 月
7	韩国	3681.10	2015 年 9 月
8	巴西	3613.70	2015 年 9 月
9	印度	3535.27	2015 年 10 月 16 日
10	中国香港地区	3344.37	2015 年 8 月

资料来源：IMF 数据。

从币种结构来看，在中国巨额的外汇储备中，美元资产占到了很高的比重，根据国际货币基金组织 COFER 数据，发展中国家持有的外汇储备中美元资产的占比约为

65%，中国的外汇储备币种结构可能与之类似。另外，中国虽然没有公布外汇储备的币种结构，但是从美国财政部 TIC 系统的数据来看，2015 年中国持有的美国国债约为 1.8 万亿美元，占同期外汇储备总额的 54%①，再加上其他投资方式，美元在中国外汇储备中的占比可能更高。根据盛柳刚、赵洪岩（2007）的估计，中国外汇储备中美元欧元分别占比 73.3% 和 26.7%。

从资产结构来看，中国所持有的美元资产主要可以分为股权投资和债券投资者两部分，而其中的债券投资又可分为长期债券投资和短期债券投资两种，长期债券中又具体包括了长期国债、长期政府机构债以及长期公司债券。中国外汇储备中的美元资产投资于长期债券的数量最多，比重最大。而在长期债券中又主要以长期国债为主。2003—2011 年间，长期国债和长期政府机构债券投资在美元资产总额中平均所占比重分别为 58.64% 和 29.66%，相对来说股权投资和短期债券投资所占的比重很小，平均仅占 5.74% 和 3.45%。中国自从 2007 年成立了中国投资有限责任公司后开始专门从事外汇资金投资管理业务，股权投资有所增加，相应的比重也有所上升。

中国外汇储备经营目标被设定为"安全、流动、增值"。中国外汇储备的结构管理一直非常注重安全性目标，主要投资于发达国家尤其是美国国债等安全性资产即为明证。随着全球金融一体化的加深，国际资本流动日益频繁，然而国内经济体系仍不发达，中国对外汇储备的安全性目标会有持久的重视。不过，2007 年 9 月中投公司的成立，说明中国货币当局加大对外汇储备投资收益率的关注。

（三）在国际货币基金组织的储备头寸和特别提款权

中国在国际货币基金组织的储备头寸以及分配到的特别提款权随着份额的调整而变化。总体上，二者在中国的国际储备中不占重要地位（见表 8-8）。这是由两方面原因造成的，一是高额的外汇储备稀释了两种提款权的占比，二是中国在国际货币基金组织的出资份额有限。

《国际货币基金组织协定》规定，各成员国向国际货币基金组织认缴的股本为该成员的份额。这一份额将决定各成员获得基金组织投票权的多少、贷款的额度以及特别提款权的数量。份额的多少取决于其经济规模、经济开放度、波动性及外汇储备水平等因素，从而反映一国的"相对经济地位"。国际货币基金组织每隔 5 年进行一次投票权份额总检查，以对份额调整的必要性做出判断。但 20 世纪 90 年代以来中国等新兴经济体国家经济实力迅速提升，国际货币基金组织执行董事会并没有对国际货币基金组织份额做出符合实际的调整，其结果是国际货币基金组织份额分配格局与世界经济版图格局的差异日益扩大。从 2001 年开始，在国际货币基金组织的实际份额中，中国占到 2.98%，与加拿大并列第八位。在 2006 年 9 月的国际货币基金组织新加坡年会上，特别增加中国、韩国、土耳其、墨西哥的份额和投票权，中国的份额上升至 3.72%，位居第六。

① 由于中国存在外汇管制和资本管制，所以私人部门持有美国国债并不多，而是以官方持有为主。

2008 年第 13 次份额评估之后，作为事后调整，国际货币基金组织提高了包括中国在内的 54 个成员缴纳份额的比重。2010 年 12 月，国际货币基金组织第 14 次份额评估决定将超过 6% 的份额向有活力的新兴市场和发展中国家转移。经历了五年的博弈和等待，2015 年年底，美国国会终于通过了国际货币基金组织 2010 年份额和治理改革（quota and governance reforms，即第 14 次份额总检查）。至此，中国一跃成为第三大份额国（6.394%），仅次于美国（17.407%）和日本（6.464%）。份额调高会提高中国在国际货币基金组织贷款或特别提款权的额度。同时中国会承担更多的责任，甚至可能以承担责任为名对中国的国际贸易与汇制改革提出苛刻的要求。

三、中国国际储备管理的机构与职能分工

中国在改革开放以前实行的是由中国人民银行集中管理、统一经营的国际储备管理体制，国际储备管理很不规范。1983 年中国人民银行专门行使中央银行职能后，储备管理开始实行集中管理下的分工负责制：中国人民银行负责制定国家的国际储备宏观管理政策和经营原则，并直接管理头寸、黄金和特别提款权；中国银行作为国家外汇专业银行，主要负责外汇储备的技术性运营，并具体监督企业及个人的外汇收支活动，以保障储备资金的流动性和完整性；国家外汇管理局受中国人民银行的委托，具体制定有关外汇储备管理的制度、法规和规章，并负责对外汇储备收支活动进行全面监督。

1986 年国务院发布《中华人民共和国银行管理暂行条例》，明确规定国家外汇储备由中国人民银行管理。1995 年 3 月颁布《中华人民共和国人民银行法》，进一步将"持有、管理、经营国家外汇储、黄金储备"作为中国人民银行的重要职责之一。

四、中国外汇储备规模管理的问题及改革方向

1994 年以后，中国逐渐建立起可观的外汇储备规模，高额的外汇储备给货币当局带来了更高的管理要求。中国外汇储备规模管理的目标被设定为：保证外债偿付、满足进口支付和稳定人民币汇率。然而实际上，中国外汇储备规模的各项指标均突破了国际通行标准，远远高于发展中国家的平均水平。中国外汇储备规模是否适度这个问题一直是社会各界较有争议的话题。

（一）1994 年至 2014 年外汇储备规模不断扩大的原因

1994 年至 2014 年上半年，中国外汇储备的积累规模和增长速度令世界瞩目，究其原因，主要包括国际因素和国内因素两个方面。就国际而言，全球经济失衡是主要原因，这个问题应该放在更大的背景下讨论。这里仅分析国内方面的成因。

1. 国际收支双顺差

国际收支双顺差是外汇储备增长最主要的驱动力。自 1994 年以来（除了 1998 年以外），中国一直保持国际收支双顺差的格局。其中，经常账户顺差主要来源于不断攀升

的货物出口，资本和金融账户顺差中最主要的部分是随着外商直接投资（FDI）进入的资本流入。特别是进入 21 世纪以后，随着 2001 年中国加入 WTO，作为"世界工厂"的中国在经常项目下出现了巨额而且增长额年年递增的盈余，其对外汇储备增长的贡献从 2002 年的 47% 增长到了 2008 年的接近 91%。

2. 强制结售汇制

结售汇制是我国外汇储备增长的制度基础。1994 年的外汇管理体制改革以银行结售汇制度取代外汇上缴和留成制度。该制度要求境内的中资机构必须将其外汇出售给指定银行。大量的出口贸易企业将其所获得的外汇出售给外汇银行，由于外汇银行所持有的外汇头寸受到中国人民银行规定的结售汇周转头寸限额管理，超过外汇银行头寸额度的部分只能进入银行间外汇市场。当出口的增长持续而稳定时，各外汇银行的外汇皆可能超过其头寸限额，于是外汇最终由中国人民银行吸纳，形成官方的外汇储备。这一制度使得出口企业挣得的外汇能够快速、充分地流入中国人民银行的储备池。

尽管 2008 年后外汇管理条例得到修正，规定外汇收入可以在自行保留和拍卖给银行之间自行选择，以及 2011 年起企业外汇可以存于境外，但是并不是无条件的，相应的审批难以避免。这意味着从本质而言，中国的强制结售汇体制并没有终结。在这样的制度安排下，货币当局的外汇储备实际上包含了本应属于企业和银行的大部分外汇。所以中国外汇储备的年年增长不难理解。

3. 固定汇率安排

1994 年至 2005 年 7 月 21 日，中国实行了长达 12 年之久的单一钉住美元政策。即使 2005 年实施了旨在与美元脱钩的汇率形成机制改革，多项研究结果表明，改革初期人民币所参考的货币篮子中美元仍然占据 80% 以上的权重。2008 年全球金融危机爆发以后，为了遏制中国出口的下滑，汇率安排重新回到钉住美元的轨道，直到 2010 年 6 月 19 日中国重新启动汇率形成机制改革。在长期的双顺差格局下，为了维持汇率稳定，货币当局不得不频繁到外汇市场上实施干预，将市场上超额供给的美元吸纳进来，从而引起外汇储备的增长。

4. 国际游资的流入

2003 年以后大量国际游资在人民币升值的预期下流入中国，也被认为是中国外汇储备快速增长的另一个重要原因。

（二）持有高额外汇储备的积极作用和风险

1. 高额外汇储备的积极作用

高额外汇储备是我国对外经济实力增强的必然结果和重要标志，为人民币自由兑换奠定了物质基础，为我国降低金融风险、防御金融危机提供了物质力量。

2. 过度持有外汇储备的风险

过度持有外汇储备的风险具体表现在：（1）通货膨胀和泡沫经济风险。高额外汇储备对国内经济影响增大，国际储备量的变化会对货币供应量，进而对物价、利率、经济增长等方面产生较大影响，并使货币政策有效性下降。（2）美元贬值的汇率风险。

官方集中进行巨额外汇储备，实际上集中承担了汇率风险。（3）美国国债、长期机构债价值重估及收益率下跌的双重损失。一方面，我们高成本地借入外债（一些商业性外债成本尤其高），另一方面，储备资产则主要以低收益的银行短期存款和国债形式持有，利差损失较大。

（三）外汇储备规模管理的改革方向

在关于中国外汇储备规模的研究中，很多学者认为储备是过量的。亚洲金融危机以后，外汇储备对危机的预防和屏蔽作用越来越受到重视，有些学者因此判断中国的外汇储备规模是适度的。对这个问题的讨论可谓仁者见仁、智者见智。根据2014年下半年以来外汇储备规模的新格局，有学者预测中国长达20多年的外汇储备积累或将画上句号。也有不少学者预测中国外汇储备仍将持续增长，因为从根本上，无论是全球经济失衡还是国内储蓄过剩造成的国际收支顺差，都是由一系列实体经济因素和体制因素造成的，要在短期内矫正它们绝非易事。但是，不管未来外汇储备的规模是增是减，都不可能在短期内改变中国外汇储备绝对规模居高不下的事实，改革传统的外汇储备管理体制，创造一个灵活且有效的制度框架，已成当务之急。

第一，转变经济发展战略，实现经济均衡发展。中国外汇储备非均衡增长的一个根本原因是中国实行的出口导向型发展战略，以追求国际收支顺差为主要目标，而忽视国内需求的培育和发展，造成国内有效需求不足特别是消费需求不足，进而形成外汇储备的大量累积。所以未来应该实行出口与内需并重的经济发展战略，努力实现经济的均衡发展。

第二，实现国家外汇资产持有主体的分散化。将原先集中由中国人民银行持有并形成官方外汇储备的格局，转变为由货币当局（形成"官方外汇储备"）、其他政府机构（形成"其他官方外汇资产"）和企业与居民（形成"非官方外汇资产"）共同持有的格局。这样做的目的有二：其一，隔离外汇储备与国内货币供应的直接联系，保证货币当局货币政策的独立性；其二，为外汇资产的多样化创造适当的体制条件。

第三，转变利用外资战略，提高外资利用效果。中国外汇储备中有较大的比例是由外商直接投资转化而来的，在当前我国内资外资"双溢出"情况下，应该在继续积极引进外资的同时，转变利用外资的战略，实现内外资同等待遇，提高外资利用效果，确保中国经济金融安全。

第四，随着人民币国际化的推进，资本账户完全开放势在必行，有必要从维护金融安全的角度确定中国的外汇储备需求。

五、中国外汇储备结构管理的问题及改革方向

（一）外汇储备结构管理中存在的问题

中国货币当局将外汇储备的绝大部分投资于以国债为主的美国有价证券上。以美元资产为主的外汇储备结构面临极大的汇率风险，尤其是在美元贬值的大背景下，美元汇

率的走低会直接引起我国外汇储备账面资产的缩水。2008 年金融危机严重打击了美国经济，导致美元疲软。从 2007 年 8 月美国次贷危机全面爆发到 2008 年年底，美元对人民币汇率持续走低，贬值高达 9.6%。若以中国当时 1.9 万亿美元的外汇储备测算，汇率风险造成的损失就高达 13782.6 亿元。

资产结构较为单一，导致风险较为集中。为摆脱金融危机，美国政府通过的救市计划需要通过发行大量的国债来实现，这导致已发行的国债市场价格下跌，而且美联储为刺激经济所采取的连续降息政策，也导致国债收益率下降，这无疑进一步给我国外汇储备造成损失。

（二）外汇储备结构管理的改革方向

在中国外汇储备规模和对美证券投资稳居世界第一的情况下，如何通过结构管理，实现储备资产在安全前提下的保值增值是当前必须解决的迫切问题。

第一，进一步加强外汇储备的多元化投资。除讨论较多的投资于不同币种之外，在国外资产上，目前中国投资品种仍较为有限，在美国主要集中于美国长期国债及机构债券，且单笔投资金额较大。中国需在投资领域、投资地区、投资方式等方面多元化发展。在外汇储备多元化过程中，需根据外汇储备管理目标缓慢调整各币种的构成。

第二，根据经济变化动态调整外汇储备投资策略。近年来，中国货币当局逐渐开始关注外汇储备的收益率。在美国表现为股权投资的投资比例增加，长期债券的投资比例下降；在外汇储备管理主体上表现为目前形成中投公司与外汇管理局并存的格局。在不同时期中国货币当局需在安全性及收益性目标之间权衡。可能某些阶段会以安全性目标为主，某些阶段会以收益性目标为主，相应的投资组合策略是不同的。

◎ 本章思考题

一、名词解释

国际储备 国际清偿力 储备货币 普通提款权 特别提款权

二、问答题

1. 简述国际储备与国际清偿力的区别与联系。

2. 简述国际储备的构成。

3. 为什么多数国家将美元作为主要的储备货币？

4. 简述特别提款权的特征、用途和定值方法。

5. 国际储备的作用是什么？

6. 简述一国国际储备需求量的影响因素。

7. 简述特里芬关于一国的国际储备与进口的关系的论点。

8. 简述国际储备适度规模的确定方法。

9. 1994 年至 2014 年我国外汇储备规模不断扩大的主要原因是什么？

10. 你认为目前我国外汇储备的规模是否合适，为什么？

11. 结合实际，谈谈巨额外汇储备对我国经济的影响。

12. 你认为我国应如何实现"藏汇于民"？

13. 一国外汇储备的币种结构管理需考虑的因素有哪些？

14. 试述外汇储备结构管理的基本原则及内容，你认为我国应如何加强外汇储备的结构管理？

第九章 | 国际金融危机

　　2007 年美国次贷危机肆虐全球，成为自 1929 年大萧条以来最为严重的一次金融危机，世界主要经济体的股票市场都经历了剧烈震荡，诸多金融机构和企业破产倒闭，金融危机已经深深影响到了实体经济，主要经济体的经济增速都经历了大幅下滑。这些经济体至今还陷在低利率的泥潭之中，美国加息如悬在头顶上的一把达摩克利斯之剑，唯恐踏入另一次的经济萧条，次贷危机的影响犹在。

　　金融危机是什么？金融危机为什么会发生？被格林斯潘称为百年不遇的金融海啸的次贷危机是否真的与其他危机不一样？历史上所发生的金融危机能够为我们提供哪些思考？能否从金融危机的诸多不一样之中提取出有规律可循的东西？本章首先分析金融危机的定义、发达国家和发展中国家金融危机的原因及其演进过程，然后介绍三个经典的金融危机理论模型：第一代货币危机模型、第二代货币危机模型和主权债务危机模型。

第一节　金融危机概述

一、金融危机的定义

　　根据《新帕尔格雷夫经济学大辞典》中金融危机的定义：金融危机指的是全部或大部分金融指标——短期利率、资产（证券、房地产、土地）价格、商业破产数和金融机构倒闭数——急剧、短暂和超周期的恶化，基于预期资产价格下降而大量抛出不动产或长期金融资产，换成货币，而金融繁荣或不景气的特征则是基于预期资产价格上涨而大量抛出货币，购置不动产或长期金融资产。

　　金融危机是以资产价格急剧下跌与企业破产倒闭为特征的金融市场的大动荡。它有两个显著的特征：第一是资产价格急剧下跌；第二是金融企业和非金融企业的破产倒闭。以 2007 年美国爆发的次贷危机（subprime mortgage crisis）为例，2009 年 3 月，美国股票价格指数已经从 2007 年 10 月的峰值下跌 50%；2007 年 4 月，美国第二大次级抵押贷款公司新世纪金融公司（New Century Financial Corporation）因无力偿还债务而申请破产保护；2008 年 3 月，美国第五大投资银行贝尔斯登（Bear Stearns）由于投资了巨额与次贷相关的证券，以不到前一年 5% 的价格出售给摩根大通（JP Morgan）；2008 年 9 月 15 日，美国第四大投资银行雷曼兄弟（Lehman Brothers）由于在次贷市场上遭受严重损失，申请破产；2008 年 9 月 16 日美国国际集团（American International Group，AIG）由于次级抵押证券可能出现损失，需要偿付巨额保险合约，遭受了流动性危机，美联储随后介入，向其提供 850 亿美元贷款；2008 年 9 月 25 日，美国第六大银行华盛顿互助银行（Washington Mutual，WAMU）被联邦存款保险公司接管，并出售给摩根大通。

金融危机可以分为货币危机（Currency Crisis）、银行业危机（Banking Crisis）、主权债务危机（Sovereign Debt Crisis）等类型，它们有互补的特征，很可能会同时发生。Kaminsky 和 Reinhart（1999）的研究表明，在货币危机期间，银行业危机发生的可能性是平时的 1.6 倍，在银行业危机期间，货币危机发生的可能性是平时的 1.5 倍；Reinhart（2002）的研究表明，在货币危机期间，债务危机发生的可能性是平时的 3 倍以上，在债务危机期间，货币危机发生的可能性是平时的 5 倍以上。近期爆发的金融危机表现为混合形式的危机。

货币危机有狭义和广义两种含义。按狭义的界定，在固定汇率制度下，投资者对一国固定汇率制度失去信心时，便开始抛售该国资产，导致该国货币急剧贬值，固定汇率制度崩溃瓦解，这种汇率制度的崩溃瓦解称为货币危机。按广义的界定，一国货币的汇率在短期内贬值超过一定幅度即可称为货币危机。概括而言，货币危机指的是货币的大幅贬值。现实中，发达国家的货币贬值达到 10%~15%，贬值幅度被认为是比较大的；新兴经济体的货币贬值达到 20%~25%，这样的贬值幅度被认为是比较大的。1992 年，欧洲货币体系（European Monetary System，EMS）出现危机，英国退出欧洲货币体系，英国货币（英镑）、葡萄牙货币（埃斯库多）、意大利货币（里拉）、瑞典货币（克朗）、西班牙货币（比塞塔）以及芬兰货币（马克）在一年之内都对德国马克贬值 15%~25%。1997 年亚洲金融危机爆发，泰国货币（泰铢）、韩国货币（韩元）以及印度尼西亚货币（印尼盾）都对美元贬值了 50%~75%。

银行业危机是指由于银行经营陷入困境，其负债的市场价值超过其资产的市场价值，引起了银行挤兑，并导致银行破产倒闭、合并或被接管的事件；或者银行并未出现破产倒闭、合并或被接管，但是政府对银行实施了大规模的救助计划的事件。银行业危机具有较强的传染性，如果一家银行出现挤兑或濒临破产倒闭，那么由于信息不对称，人们对其他银行的经营信息不了解，即便其他银行经营状况良好，人们也会去这些银行提取存款，出现挤兑，造成银行业恐慌，进而导致大量银行破产。在 1929 年至 1933 年的西方国家大萧条中，美国股票价格指数持续下跌，经济萎缩提高了企业经营的不确定性，信贷市场信息不对称问题变得愈发严重，1930 年后有三分之一的银行破产，作为信息生产者的银行数量锐减，这进一步紧缩了社会经济的信贷规模，1929 年至 1933 年间，商业贷款余额减少了二分之一，投资支出较 1929 年的水平下降了 90%。

主权债务危机指的是一国在国际借贷领域借来大量债务，超过了借款者自身的清偿能力，造成无法履行法定义务以偿付债务或必须延期偿付债务的现象。由于主权国家之间形成的借贷关系有其特殊性，债权人向债务人追讨债务的成本很大。首先，军事行动的代价非常高，并且不被国际社会所接受；其次，要求主权国家偿还债务的法律途径还不完善，增加了索偿成本。衡量一国外债清偿能力的有多个指标，其中最为主要的指标是外债清偿率，它指的是一国在一年中外债的还本付息额占当年或上一年出口收汇额的比率。一般情况下，外债清偿率应保持在 20% 以下，如果该指标超过 20%，那就说明该国外债负担过高，可能出现违约。20 世纪 80 年代以来，部分发展中国家受到巨额债务的严重困扰，墨西哥政府在 1982 年宣布其没有能力偿付到期外债本息，拉开了拉美债务危机的序幕，危机逐步蔓延至巴西、阿根廷等国家。过去发达国家也屡次发生主权债务危机，1557 年，西班牙菲利普二世拖欠了部分短期借款；19 世纪，德国、葡萄牙、奥地利和希腊也各出现了 4 次债务违约。

二、发达国家的金融危机

（一）发达国家金融危机产生原因

发达国家金融危机产生的主要原因是金融创新管理不当和宏观经济政策制定不当。发达国家进行金融创新是因为金融创新有助于促进金融的发展，提高金融配置资源的效率；然而，金融创新也带来了负面效应，比如，金融创新会导致金融机构采取过度冒险的行为，金融机构可能在放松监管的领域大规模进行放贷，出现信贷繁荣。当金融机构经营管理风险的技术和能力无法满足其业务发展需要时，信贷风险便会上升。

此外，银行存在"大而不能倒"的问题，银行是信息的生产者，在资金融通中扮演了十分重要的角色，能够有效地配置资金。如果银行出现破产倒闭的情况，那么整个社会经济中的信息不对称问题将变得更加严重，金融摩擦将会加剧，资金融通受到抑制。由于信息不对称的问题，即便其他银行没有倒闭的风险，单个银行的倒闭会迫使人们相信银行体系存在问题，出现银行挤兑。银行体系的重要性使得银行经营者相信政府在银行出现危机的时候会扮演最后贷款人的角色，救助陷入困境的银行，因此，银行经营者会采取更加冒险的行为，因为即使银行经营出现了问题，政府也会加以救助。

存款保险制度也弱化了市场对银行的约束。存款保险制度使得存款者在银行破产倒闭后会得到相应补偿，降低了存款者对银行资金运用方面监督的激励。并且，银行得到存款者的资金也会选择从事过度冒险的行为，因为即使发生了损失，不能偿付储户的存款，存款保险也能予以支付。

以美国次贷危机为例，美国次贷危机爆发的原因可概括为两个方面。首先是金融创新监管的不当。1999 年《金融服务现代化法案》结束了美国金融机构长达 66 年的分业经营的格局，重启了混业经营的时代。2000 年《商品期货现代化方案》放松对场外衍生品市场的监管，金融机构开始利用监管漏洞开发金融产品，场外衍生品呈现爆发式的增长。金融监管的失当使得金融机构普遍存在风险管理的失控，金融杠杆不断上升，金融产品证券化的过度发展。部分金融机构严重依赖回购和商业票据市场的短期融资，并持有大量与住房风险高度相关的金融产品，比如次级抵押贷款（subprime mortgage）、可选优质抵押贷款（subprime and alt-a mortgages）以及由次级抵押贷款所衍生出来的一系列金融产品。次级抵押贷款指的是向信用记录较差的借款人发放的抵押贷款；可选优质抵押贷款指的是向预期违约率高于优质借款人，但信用记录优于次级借款人的借款人发放的抵押贷款。金融机构的这些行为一方面提高了金融机构的流动性风险，另一方面使得金融机构的经营风险过于集中。此外，由于信用评级机构面临利益冲突，其收入既来自于信用评级，又来自于提供如何搭配证券才能获得高信用评级的投资建议服务，当信用评级机构的监管出现滞后失灵时，信用评级机构便难以对复杂的金融产品做出客观的信用评级。

其次是货币政策制定不当，美联储宽松的货币政策为住房市场过度繁荣提供了低利率的环境。2001年"9·11"恐怖袭击后，美国经济陷入衰退，美联储开始采取扩张性的货币政策，数次下调银行间的隔夜拆借利率，降低了住房贷款的利率水平，引起了各种短期浮动利息房贷金融产品的泛滥，这些都直接或间接推高了美国住房价格。住房价格上升使得房贷金融产品需求上升，这又进一步加剧了房贷金融产品的泛滥。随着美联储不断紧缩货币，提高利率水平，资信较差借款人的利息压力逐步显现，住房价格也开始下降，基于住房抵押贷款衍生出来的各种房贷金融产品违约率上升。这导致房贷金融产品的需求下降，房贷金融产品的价格下跌，最终导致持有这些资产的微观主体的资产负债表恶化。

（二）发达国家金融危机的演进

发达国家金融危机的演进可以划分为三个阶段，即金融危机的爆发阶段、银行业危机和债务通缩（debt deflation）。

第一阶段：金融危机的爆发。

随着政府金融管制的放松、金融创新工具的出现、监管当局对金融创新工具监管不当，经济出现了信贷繁荣，形成了资产泡沫。资产泡沫的破灭使得持有这些资产的微观主体，包括非金融企业、金融机构等的资产负债表受到负面冲击。

非金融机构除了经营之外，会持有部分资产，比如股票资产。当股票价格下跌，非金融机构的资产端的价值也会下降。由于净值（net worth）等于总资产减去总负债。给定总负债价值不变，如果总资产的价值下降，那么净值也会下降。净值在资金融通过程中发挥着重要作用。净值是企业在偿付负债之后剩余的资产，因此，净值能扮演抵押品的角色，高价值抵押品能够缓解信息不对称造成的逆向选择和道德风险问题，企业更容易借到资金。一方面，在资金融通过程中，由于信息不对称，最积极的借款人往往是风险偏好程度最大的借款人，这使得资金提供方不愿意提供资金，逆向选择问题抑制了资金的融通。借款人提供的抵押品可以降低资金提供方的损失，进而降低了逆向选择的危害，因此，资金提供方更愿意提供资金。另一方面，在资金融通过程中，当资金提供方将资金借出时，由于信息不对称，资金提供方并不清楚借款人使用资金的具体情况，借款人可能会去从事高风险的投资项目，因为即便项目出现损失，损失的资金也是来自于资金提供方，如果项目成功，获得的收益则主要归属于借款人，这使得资金提供方不愿意提供资金，道德风险问题抑制了资金的融通。借款人提供的抵押品使得借款人违背资金提供方意愿行事的诱惑大大减少，因为如果高风险项目遭受损失，那么抵押品将难以赎回，借款人也就承担了投资高风险项目所造成的损失。

金融机构在资产配置过程中也会选择股票、债券等证券。当这些证券价格下跌后，金融机构的资产端的价值会下降，金融机构的净值也会出现下降。对于金融机构而言，其净值下降会使得金融机构放贷资源减少，从而降低整个社会经济中的信贷规模。考虑一种情况，金融机构资产包括证券和贷款，当企业面临优质企业贷款要求，而又没有闲余资金时，金融机构可以卖出证券，将所得资金放贷给企业，如果资产端证券的价值下降，那么贷款来源也在下降。此外，监管当局一般有资本充足率的要求，银行净值也是银行资本（bank capital），当银行净值下降时，银行资本减少，资本充足率会下降。当资本充足率达不到监管要求时，银行会收回风险比较大的资产——贷款，并出现惜贷的情况，整个社会经济中的信贷规模也会出现下降。

第二阶段：银行业危机。

银行业危机用英语可以表示为 Banking Crisis，一家银行或多家银行危机用 Bank Failure 来表示。如果发生银行挤兑，并且由此导致银行破产倒闭或者没有发生银行破产倒闭，但却出现了政府对银行施以大规模救助，那么银行业危机就产生了。

当信贷繁荣向相反方向发展时，资产价格出现急剧下跌，银行及非金融企业的资产负债表都会受到负面冲击，净值下降。净值下降阻滞了资金的融通，净值下降一方面使得银行放贷资源收缩，另一方面也加剧了非金融企业的融资摩擦，加大了这些企业获取信贷的难度。如果银行不愿意放贷给企业，那么企业将得不到银行信贷支持，企业经营会出现问题，出现无法偿付贷款的情况。银行的不良贷款也会因此增加，导致银行资产端中最大的资产项——贷款的价值急剧下跌，这又进一步恶化了银行的资产负债表，使得银行陷入困境。当资产价值下跌到负债价值以下，出现资不抵债的情况时，银行就面临着破产倒闭。

第三阶段：债务通缩。

债务通缩并不是债务出现了萎缩，它具体是指经济主体的过度负债和通货紧缩这两个因素会相互作用、相互增强，从而导致经济衰退甚至引起严重的萧条。1932 年 Olrving Fisher 在 *Booms and Depressions：Some First Principles* 一书中，首次提出了债务通缩，并以此来解释西方国家在 1929 年发生的大萧条。

如果名义利率不变，那么通货膨胀情况下，债务人支付利息的购买力下降，债务人实际背负的债务减轻，因此通货膨胀对债务人有利，而对债权人不利。通货紧缩则正好相反。通货紧缩会使得实际债务膨胀，加重企业的债务负担。

如果经济持续衰退引起了价格的急剧下降，出现通货紧缩，那么金融危机就会进入到第三阶段，即债务通缩阶段。价格水平的急剧下跌，产生通货紧缩，在固定利率情况下，债务人支付利息的购买力增强，债务人实际利息负担加重。企业往往是债务人，其债务负担也会因通货紧缩而加重，导致企业净值下降。逆向选择和道德风险因此变得愈发严重，贷款、投资支出和经济活动长期陷入萎靡状态。

三、发展中国家的金融危机

（一）发展中国家金融危机产生原因

发达国家金融危机产生的原因主要是金融创新管理不当以及宏观经济政策制定不当。发展中国家金融危机产生的原因则主要是金融自由化的管理不当以及政府财政的严重失衡。

金融自由化的管理不当方面，发展中国家一般存在较为严重的金融抑制，金融自由化程度一般低于发达国家。金融抑制是与金融自由化相反的概念。金融抑制具体指的是政府通过对金融体系的过多干预扭曲了金融价格，抑制了金融发展，其弊端体现在金融所具有的资金筹集功能和资金分配功能并没有充分发挥出来。根据 Reinhard 和 Sbrancia（2011）的界定，金融抑制政策包括明确或间接的利率和信贷管控；政府拥有金融机构的所有权，并制定较高的行业准入标准，限制进入；制定较高存款准备金率，限制金融机构的投资渠道；资本项目的管制。金融自由化便是打破金融抑制格局的过程。Abiad 等（2009）构建了跨国的金融自由化指标，该指标越高表示金融自由化程度越高，金融抑制程度越低。1973 年，发达国家、亚洲新兴经济体以及拉丁美洲国家金融自由化指标依次为 0.36、0.17 和 0.11，发达国家金融自由化程度较高；2005 年，发达国家、亚洲新兴经济体以及拉丁美洲国家这个指标赋值依次为 0.94、0.69 和 0.75，虽然金融自由化程度都出现了幅度不一的增长，但是发达国家金融自由化程度仍高于亚洲新兴经济体及拉丁美洲国家。

McKinnon（1973）和 Shaw（1973）基于发展中国家普遍存在金融抑制这一现象，提出了金融深化理论。发展中国家经济发展落后的原因在于政府采取了金融抑制的政策，对金融体系的过度参与，阻止了金融发展，而金融发展的滞后又抑制了经济的发展。比如，政府对利率实施管制，将利率制定在较低水平，这降低了人们的储蓄意愿，进而降低了储蓄，而储蓄是投资的主要来源，投资又是经济发展的重要驱动力量之一，因此，金融抑制不利于经济发展。金融自由化有助于实现资源的优化配置，在国内，金融自由化能够促进国内金融市场的发展，使储蓄转化为投资的效率提高，并能够通过市场机制将资源配置于效率最高的领域。从全球范围角度而言，金融自由化将使得发展中国家能够获得更多的国际资本，以支持投资，促进经济发展。正是基于的金融深化理论，发展中国家也开始逐步打破金融抑制格局，采取金融自由化政策。

然而，发展中国家政府对银行部门监督管理上有所不足，银行会采取更加冒险的行为，放低借贷标准，潜在信贷风险上升。发展中国家政府监督管理落后的原因主要是委托-代理问题在发展中国家更加严重。政府部门的官员，包括银行部门的监管者是民众的最终代理人，他们的目标应该是保护民众的利益，但是，如果由于监管不力造成了损失，最终承担银行部门救助成本的是民众，因此，政府监管部门缺乏足够的激励履行职能。此外，代表企业利益的群体会劝服政府削弱银行监管者的权力，阻止监管者限制银行从事高风险的业务，强势的本土企业利益群体将金融自由化进程引入了歧途。

发展中国家的银行也缺乏甄别和监督借款人的专门技术，这会导致信贷风险上升。伴随信贷风险上升的是信贷繁荣，高风险的贷款都会产生损失，发展中国家的银行开始向海外借款，为了吸引海外资金，它们愿意支付高利息，由此扩大信贷规模。政府也采取固定汇率制度，稳定本币与美元兑换比例，这给海外投资者造成了低风险的错觉，因而也刺激了海外资本流入。最终高风险贷款导致的贷款损失将使得银行的资产负债表恶化，银行收缩贷款，经济体系的信贷规模开始下降。

严重的政府财政失衡方面，发展中国家往往缺乏严格的财政纪律，且中央银行的独立性不强。当政府出现财政赤字时，政府可以通过发行政府债券的方式来为财政赤字筹措资金。如果政府财政赤字得不到改善，公众会对政府偿债能力有所质疑，公众购买政府债券意愿下降，政府通过发行政府债券的方式向公众融资变得困难，此时，政府会强迫银行来购买政府债券。政府财政赤字变得愈发严重，投资者对政府偿债能力丧失信心，投资者对政府债券需求下降，抛售政府债券，引起债券价格下跌。由于政府债券是银行的一项资产，其价格下降将会恶化银行的资产负债表。此外，由于中央银行的独立性不强，政府会要求中央银行发行货币来为政府财政赤字融资，此时本币供给增加，本币需求不发生改变的情况下，本国利率水平下降，本币计价的资产吸引力下降，投资者抛售本币资产，本币出现贬值。企业以外币计价的债务按照本币计价就会增加，企业净值也会因此受到负面影响。

除了金融自由化的管理不当和严重的政府财政失衡以外，发展中国家金融危机产生的原因还包括以下几点。发展中国家的企业一般借入外币计价的债务，如果世界主要国家采取了紧缩性的货币政策，导致利率水平上升，那么发展中国家的企业借贷成本将会上升。从事高风险项目的企业，才有可能获得高的收益，并负担高的借贷成本，因此，愿意支付较高利率水平的往往是风险偏好程度较高的企业，这会产生逆向选择问题，进而导致银行惜贷，信贷萎缩。并且，利率上升，意味着企业需要支付的利息增加，导致现金支出增加，企业内部现金流下降，此时企业融资将更依赖于外部融资，当企业向外部融资时，信息不对称的问题就会产生，这会抑制资金的融通。

此外，发展中国家的股票市场发达程度、股票市场参与程度均不及发达国家，因此，股票价格的下跌对发展中国家的企业、金融机构等微观主体资产负债表的影响较弱，但是股票价格下跌同样会导致非金融企业和金融机构净值的下降。

最后，发展中国家政治体系往往不稳定，政治体系不稳定是不确定性的一个重要来源。不确定的增加使得贷款人难以甄别信用风险的高低，监控借款企业业务活动的难度也随之加剧，逆向选择和道德风险问题变得愈加严重。

（二）发展中国家金融危机的演进

发展中国家金融危机的演进也可以划分为三个阶段，即金融危机的爆发阶段、货币危机和全面的金融危机。

第一阶段：金融危机的爆发。

　　发展中国家金融危机爆发遵循两条路径：金融全球化管理不当和严重的政府财政赤字。金融自由化过程之中，取消了金融管制，向其他国家的资本和金融企业开放本国市场。这些国家对银行部门监督乏力，银行缺乏甄别和监督借款人的专门技术。因此，金融自由化时期的贷款繁荣导致了信贷风险的上升。贷款会出现损失，本国银行开始向海外借款，为了吸引海外资金，支付高利率，扩大信贷规模。同时，政府保持本币与美元汇率稳定的政策给海外投资者造成了低风险的感觉，因而也刺激了海外资本流入。所有高风险贷款最后都会造成贷款损失，银行资产负债表恶化，收缩贷款。

　　政府出现严重财政失衡时，政府难以通过发行债券的方式向公众来融资，在这种情况下，政府会强迫银行购买政府债券。当财政失衡难以改善，投资者对政府偿债能力丧失信心后，抛售国债，引起国债价格下跌，持有国债的银行资产端会受到负面冲击，银行净值下降，收缩贷款。银行收缩贷款会导致企业难以获得足够信贷，陷入经营困境，企业会出现无法偿付银行贷款的情况，银行资产端的价值又会进一步下降，资产负债表进一步恶化。

　　第二阶段：货币危机。

　　与美元保持固定汇率的货币十分容易遭受投机性冲击，投资者大量的抛售这种货币，市场充斥着对该货币的抛售，货币价值暴跌，货币危机爆发。

　　一旦银行与其他金融机构陷入困境，投资者对该经济前景悲观，出现资金流出，此时政府所面临的选择十分有限，政府为了维护货币稳定而提高利率水平会吸引资金流入，减缓资金流出压力，但是，如果利率得到提高，银行要获取资金就必须支付更高的利息，这将削弱银行的盈利能力，导致银行资不抵债。

　　外汇市场投资者看清了该国金融部门所面临的困境以及政府捍卫本国货币的能力受限，就会做空该国货币，中央银行外汇储备也会耗尽，最终该国只能选择本币贬值。政府财政失衡如果让投资者失去了信心，那么投资者也会将资金撤离，抛售该国货币，对政府财政状态失控的共识可以引发针对该货币的投机性冲击，最终导致货币贬值。

　　第三阶段：全面的金融危机。

　　如果债务合约以外币计价，本币的贬值将会加重本国企业以本币表示的债务负担，企业需要更多的本币来偿付外币计价的债务。由于大部分本国企业生产的产品和服务都是以本币计价，企业以本币表示的资产没有增加，但债务却出现了增加，企业净值减少，企业净值可作为企业融资时的抵押品，抵押品价值下降导致企业融资的困难程度提升，企业经营陷入困境。

　　货币贬值还会导致通货膨胀，形成通货膨胀预期。本国货币贬值导致进口商品按照本币计量的价格上涨，本国商品价格指数会上升，出现通货膨胀。根据费雪效应，预期通货膨胀的上升导致名义利率上升，名义利率上升导致企业利息支出增加，进而减少企业内部的现金流，内源融资的来源下降，企业更加依赖于外部资金。当企业向银行申请借款时，信息不对称问题出现，这会抑制资金的融通，企业经营陷入困境。在这种情况下，经济进一步萎缩，企业资产负债表进一步恶化，不良贷款增加，银行资产负债表恶化，导致银行业危机的爆发。此时，孪生危机（twin crisis）出现，即货币危机和银行业危机同时爆发。

第二节 第一代货币危机模型

货币危机、银行业危机、主权债务危机是金融危机的主要表现形式。当一个国家货币急剧贬值时，该国以外币计价的负债按照本币计量时会增加，这会导致该国财富的下降，从而对消费、投资等产生负面影响，引起企业破产倒闭，企业破产倒闭也会引起相应金融资产价格崩盘。当一国银行出现大规模倒闭破产情况时，整个社会经济中信息生产者数量下降，信息不对称问题变得严重，资金融通受到抑制，信贷规模下降，造成企业破产倒闭。当一国违约，不履行偿债义务时，投资者会对该国失去信心，选择抛售本币资产，购买外币资产，这会导致资本外流，对本国经济产生负面影响，严重的将导致大量企业破产倒闭和金融动荡，同时，投资者抛售本币资产还会导致本币贬值，有可能引起货币危机。在本章以下部分，我们将介绍三个危机模型：第一代货币危机模型、第二代货币危机模型和主权债务危机模型。

一、第一代货币危机模型简介

第一代货币危机理论始于 Salant 和 Herderson（1978）对国际商品价格稳定计划研究的启发。这项计划旨在建立国际商品储备，以此干预商品市场，实现商品价格的稳定。这与固定汇率制度下，中央银行为实现本币稳定，干预外汇市场十分相似。Krugman（1979）在此基础上，以小国开放经济为分析框架，以固定汇率制度为分析对象建立了第一代货币危机模型。中央银行在实行固定汇率制度时面临着困境，如果政府采取与固定汇率制度相矛盾的经济政策，那么将会导致固定汇率制度的崩溃瓦解。货币危机产生于政府宏观经济政策与稳定汇率政策之间的不协调。

考虑扩张性财政政策的情况，政府财政赤字持续扩大，中央银行通过购买政府债券为政府财政赤字融资，同时释放大量货币。如果采取浮动汇率制度，中央银行投放货币，货币需求不发生变化的情况下，货币供给增加导致本国利率水平下降，使得人们持有货币机会成本下降，增加人们持有货币的意愿，同时本币贬值。但是，中央银行要保持固定汇率制度，本国货币政策将追随货币钉住国的货币政策，如果货币钉住国利率不发生变化，那么本国利率水平也不应发生调整。由于本币需求不会出现如本币供给同等幅度增加，人们持有资产的结构就会发生相应的调整，人们会将本币资产转换为外币资产，外汇储备出现下降。如果政府财政赤字得不到解决，中央银行为政府财政赤字融资将最终耗尽外汇储备，一旦外汇储备耗尽，中央银行便无法通过卖出外汇的方式干预外汇市场，固定汇率制度崩溃瓦解。第一代货币危机模型较好地解释了 20 世纪 70 年代以来发展中国家爆发的一系列危机。

第一代货币危机模型具有两个显著特点：第一，该模型认为货币危机爆发是因为宏观经济政策与维系固定汇率制度的政策不一致导致的，不断恶化的政策财政赤字是货币危机发生的基本原因。第二，在货币危机发生机制上，该模型一方面强调国内信用扩张导致外汇储备流失，另一方面强调投机性攻击导致的外汇储备流失是货币危机爆发的一般过程。该模型的政策含义在于政策制定者需要保证宏观经济政策间的一致性，不断强化宏观经济基础变量。下面我们将分两种情形来介绍第一代货币危机模型。

二、模型的假设

第一代货币危机模型的基本假设条件包括：（1）假定有两个国家（本国和外国），本国采取固定汇率制度，本国货币钉住外国货币，中央银行通过干预外汇市场以钉住汇率，汇率 e 采取直接标价法，汇率上升表示本币贬值，汇率下降表示本币升值。（2）国外利率 i^* 给定，国外价格水平 p^* 给定，本国利率为 i，本国价格水平为 p，本国采取固定汇率制度可信，$\Delta e/e = 0$，那么根据利率平价 $i = i^* + \Delta e/e$，可知国外利率等于本国利率 i，即本国的货币政策追随货币钉住国的货币政策。（3）初始时期，国外价格等于本国价格，并且本国价格可以充分调整。（4）本国产出或收入 Y 外生给定。（5）根据凯恩斯流动性偏好理论，实际货币需求 M^d/p 可以表示为利率和收入的函数，即 $M^d/p = L(i, Y)$，上标 d 表示需求，Y 为产出或者收入。其中，实际货币需求是本国名义利率的反函数，因为名义利率衡量的是持有货币的机会成本，持有货币的机会成本越高，人们越不愿意持有货币；实际货币需求是收入的正函数。

三、危机的演进

我们首先考虑人们没有预见能力的情形，人们没有预见到固定汇率制度的崩溃，货币的贬值。本国出现财政困境，政府财政赤字 DEF 得不到改善，并且财政赤字规模不断扩大。假定政府需要发行政府债券来为财政赤字融资，并且政府债券的规模按照速度 μ 增长。

中央银行缺乏独立性，通过印发货币来为政府财政赤字融资，即中央银行购买政府债券。考虑一个简化的中央银行资产负债表，资产端由两个部分组成，一是国内资产 B，一是国外资产 R，国内资产即央行购买本国微观主体发行的债券，在这里即为本国政府发行的债券，国外资产为中央银行所购买的外国资产，这些资产称为外汇储备。

由于政府财政赤字规模不断扩大，政府债券按照速度 μ 增长，这也意味着中央银行资产负债表中国内资产按照 μ 的速度增长，即 $\mu = \Delta B/B$。中央银行的负债端是中央银行发行的货币 M^s，上标 s 表示供给。由于资产等于负债，可以得到 $M^s = B + R$。均衡时，货币供给等于货币需求，即 $M^s = M^d$。

当中央银行通过购买政府债券的方式来为政府赤字融资时，如果固定汇率制度能够得到维系，那么根据利率平价，本国利率等于外国利率，本国利率不发生变化，收入水平外生给定，同样也未发生变化。由于实际货币需求是本国利率和收入水平的函数，因此，实际货币需求保持不变。

由于 $M^s = B + R$，国内资产的增加意味着外汇储备的下降，微观主体会将本国货币转为外币资产，一旦外汇储备下降至 0，中央银行无法通过卖出外汇的方式干预外汇市场，固定汇率制度无法维系下去，汇率由固定转为浮动，假定汇率在 T 时刻转为浮动。在 T 时刻，$M^s = B$ 成立，由于国内资产的增速为 μ，货币供给也将以速度 μ 增长，$\Delta M/M = \Delta B/B = \mu$。在 T 时刻，货币供给增速由 0 变为 μ，过多的货币追逐过少的商品将导致通货膨胀，此时货币供给增速的增加将导致预期通货膨胀率增加，由 0 增加到 μ，根据费雪效应，本国名义利率上升 μ，由于实际货币需求是利率的反函数，收入外生给定，不发生变化，因此，实际货币需求下降。

需要注意的是，汇率转为浮动那一时刻 T，货币供给的增速发生了改变，但是货币供给自身并没有发生变化，时刻 T 货币供给增速的变化影响下一时刻的货币供给。由于均衡时 $M^s = M^d$，而实际货币需求 M^d/p 出现了下降，因此，在 T 时刻，物价水平会向上跳跃，根据购买力平价理论，$e = p/p^*$，e 将上升，本国货币在 T 时刻贬值。

假定人们没有预见能力并不符合现实，持有本币的投资者会发现在 T 时刻，他们手中持有的本币会突然贬值，因此，投资者会选择在 T 时刻之前抛售本币。我们在这里考虑人们具有完全预见能力的情形，人们能预见到中央银行外汇储备将因其为政府预算赤字融资而消耗殆尽，固定汇率制度届时崩溃瓦解，货币贬值。

所有投资者将在同一时刻抛售本国货币，这种行为称为投机性冲击（speculative attack），一旦投机性冲击发生，外汇储备即刻耗尽，汇率制度将从固定汇率制度转为浮动汇率制度。这一刻一定发生在 T 时刻之前，否者持有本币的投资者会因本币贬值而遭受损失。我们先假定这一时刻为 T_1，再来分析 T_1 时刻，各个关键变量的关系和变化。

首先，投资者在 T_1 时刻抛售本币，外汇储备耗尽。T_1 时刻之前，货币供给增速为 0，T_1 时刻后货币供给按照 μ 的速度增长，$\Delta M/M = \Delta B/B = \mu$，预期通货膨胀率也从 0 上升至 μ，根据费雪效应，本国名义利率上升 μ，由于实际货币需求是利率的反函数，收入外生给定不发生变化，因此，实际货币需求下降。

其次，投资者在 T_1 时刻抛售本币这一行为并没有导致 T_1 时刻出现本币贬值。试想如果 T_1 时刻由于投资者抛售本币导致本币贬值，那么尚未抛售本币的投资者会因本币贬值而遭受损失，因此，有完全预见能力的投资者会选择在 T_1 时刻之前抛售本币。

再次，所有投资者在 T_1 时刻抛售本币这一行为并不会导致 T_1 时刻出现本币升值。试想如果 T_1 时刻本币升值，那么持有本币的投资者会从其他投资者抛售本币这一行为中获益，因此，有完全预见能力的投资者会选择在 T_1 时刻本币升值后再抛售本币。

由于在 T_1 时刻，实际货币需求（M^d/p）出现了下降，同时本币未出现贬值和升值的情况，根据购买力平价理论，本国价格水平将不能发生任何变动，实际货币需求（M^d/p）的下降只能表现在 M^d 的下降，由于均衡时 $M^s = M^d$，这也意味着 M^s 出现与 M^d 相同幅度的下降。

考虑到 $M^s = B + R$，政府债券的增长速度为 μ，固定汇率制度崩溃前，利率平价表明本国利率等于货币钉住国利率，保持不变，收入外生给定不变，货币需求不变，因此，货币供给在固定汇率制度崩溃之前保持不变。人们只是改变所持有资产的构成，将本币资产转为外币资产，B 增加的幅度即为 R 下降的幅度。在人们有预见力的情况下，M^s 在 T_1 时刻出现下降，由于政府债券变化速度是固定的，这意味着外汇储备在 T_1 时刻出现一个大于政府债券增幅的降幅，即外汇储备在 T_1 时刻会出现一个向下的跳跃，以至于外汇储备完全耗尽。T_1 时刻之前，本国还存在足够的外汇储备，但 T_1 时刻外汇储备便消耗殆尽。

这告诉我们一个重要的教训。在某一时刻，中央银行还持有较多的外汇储备，并且下降速度在可控范围之内，貌似并不存在危机爆发的可能，但是，下一时刻中央银行的外汇储备便会由于投机性冲击而消耗殆尽，固定汇率制度突然崩溃瓦解。

第三节　第二代货币危机模型

一、第二代货币危机模型简介

第一代货币危机模型主要从政府财政赤字出发，强调经济基本面的因素，揭示了危机爆发的内在逻辑。然而，现实情况往往错综复杂，1992 年至 1993 年爆发的欧洲货币体系（European Monetary System，EMS）危机无法由第一代货币危机模型来解释，本质上，欧洲货币体系为一种固定汇率制度安排。首先，当时被迫退出欧洲货币体系的英国、意大利等国家并不依赖中央银行来为财政赤字融资，它们都可以进入海外市场融通资金；其次，这些国家在危机爆发前后都没有出现严重的通货膨胀，经济情况良好，有充分的政策手段来维系本币币值稳定。

以英国为例，1990 年英国加入欧洲货币体系，采取固定汇率制度，由于 20 世纪 80 年代以来，联邦德国中央银行有效地保留了货币政策的独立性，其他国家加入欧洲货币体系也就意味着这些国家货币钉住联邦德国马克。然而，1989 年柏林墙倒塌，民主德国和联邦德国统一，为了维系统一，德国政府采取了扩张性的财政政策以支持针对民主德国的社会服务、失业人员福利、基础设施现代化等开支。为了防止扩张性财政政策导致经济过热，德国中央银行采取紧缩性的货币政策，来提高德国利率水平。如果英国要维持固定汇率制度，英国也必须提高本国的利率水平，否则投资者会抛售英镑资产，购买马克资产，因此，英国中央银行也必须紧随德国中央银行，采取紧缩性的货币政策，这会导致英国产出下降。1992 年，英国政府得出结论，成为欧洲货币体系中的一员所带来的收益要小于其成本，因此，加入欧洲货币体系两年后，英国选择了退出。

在这个例子中，英国并没有因政府财政失衡，采取扩张性货币政策而导致固定汇率制度崩溃瓦解，第一代货币危机模型的解释力受到质疑。Obsifeld（1996）由此提出了第二代金融危机模型，该模型强调多重均衡和危机的自我实现（self-fulfilling）机制。

第二代货币危机模型强调政府是否维持固定汇率制度由维护汇率的成本和收益来决定。如果本国出现内外政策不协调，比如英国退出欧洲货币体系的例子中，英国不愿追随德国的货币政策，投机者会预期英镑贬值，提前抛售英镑资产，这种投机行为将最终导致本国经济状况提前恶化，政府维系固定汇率制度成本增加，危机提前到来。因此，预期会导致危机出现，这便是第二代货币危机模型强调的危机的自我实现机制。

二、模型的假设

第二代货币危机模型的基本假设条件包括：（1）假定有两个国家（本国和外国），本国采取固定汇率制度，本国货币钉住外国货币，中央银行通过干预外汇市场以钉住汇率。（2）政府不承诺在任何情况下都实行固定汇率制，固定汇率制度仅仅是一种权宜承诺（contingent commitment）。（3）产出低于充分就业的水平，且产出可变动，政府愿意采取紧缩性的政策。（4）与第一代货币危机模型不同，该模型假定价格具有黏性，即短期价格不发生调整，并且价格水平假定为1，那么这也意味着实际货币需求等于名义货币需求。（5）考虑两个市场的均衡：产品市场和货币市场，产品市场的均衡是产品的供给等于产品的需求，货币市场的均衡是货币供给等于货币需求。（6）根据凯恩斯流动性偏好理论，实际货币需求可以表示为利率和收入的函数，即 $M^d/p = L(i, Y)$，其中实际货币需求是本国名义利率的反函数，因为名义利率衡量的是持有货币的机会成本；实际货币需求是收入的正函数。

三、危机的演进

我们考虑三种情形下危机的演进。首先是经济面临较小的负面冲击，并且固定汇率制度可信的情形。第二代货币危机模型强调，政府考量的是固定汇率制度带来的收益和成本，当固定汇率制度带来的收益大于成本时，那么固定汇率制度得到保持；当固定汇率制度带来的收益小于成本时，那么固定汇率制度将崩溃。固定汇率制度具有的优势是给采取固定汇率制度的国家和地区带来的收益，其一，固定汇率制度有助于促进贸易，因为汇率波动风险得到消除，贸易商对利润有一个确定性的预期。其二，固定汇率制度有助于控制通货膨胀，相对购买力平价表明，预期货币贬值率取决于本国通货膨胀率和货币钉住国通货膨胀率，本国采取固定汇率制度，预期货币贬值率即为0，本国进口货币钉住国的通货膨胀率，这也是为什么现实中看到许多发展中国家在经历恶性通货膨胀后采取固定汇率制度的原因。其三，固定汇率制度可以应对负债美元化的问题，发展中国家对外负债一般是外币计价，如果本币贬值，那么对外负债按照本币计量将会膨胀，这会产生负的财富效应。我们在这里将固定汇率制度产生的收益记为 b。固定汇率制度带来的成本即为放弃货币政策独立性可能引起的产出缺口，记为 c。如果采取固定汇率制度的成本大于收益，那么一国会选择放弃固定汇率制度，转向浮动汇率制度。

较小的负面经济冲击是外生给定的，比如国外需求萎靡，引起本国产品需求下降，产品市场均衡意味着本国产品供给下降，即产出下降。在货币市场上，货币需求是产出的正函数，这意味着货币需求下降，如果货币政策不做调整，那么货币市场均衡要求利率水平下降，降低持有货币的机会成本，使得人们愿意持有货币。由于人们认为固定汇率制度可以保持下去，根据利率平价理论，在固定汇率制度下，预期货币贬值率等于0，本国利率水平等于外国利率水平，这意味着要维持固定汇率制度，本国应保持原有利率不变，这就需要紧缩货币供给，使得货币供给等于货币需求，实现货币市场均衡，紧缩货币供给又会引起产出损失。但是，由于是较小的负面经济冲击，维系固定汇率制度所造成的产出损失小于其收益，即 $c < b$，固定汇率制度可以得到维系。

其次是经济面临较严重的负面冲击，并且固定汇率制度可信的情形。较严重的负面经济冲击同样是外生给定的，比如国外需求萎靡，引起本国产品需求下降，产品市场均衡意味着本国产品供给下降，即产出下降。在货币市场上，货币需求是产出的正函数，这意味着货币需求下降，如果货币政策不做调整，那么货币市场均衡要求利率水平下降，降低持有货币的机会成本，使得人们愿意持有货币。人们认为固定汇率制度可以保持下去，这说明人们预期到为了实现货币市场均衡而紧缩货币供给所带来的产出损失要小于固定汇率制度所带来的收益，即 $c < b$，固定汇率制度仍然可以保持下去。

最后是经济面临较严重的负面冲击，并且固定汇率制度不可信的情形。较严重的负面经济冲击是外生给定的，还是考虑外部需求的负面冲击引起本国产出下降，货币需求下降。由于人们认为固定汇率制度不可信，即维系固定汇率制度的产出损失要大于固定汇率制度所带来的收益，固定汇率制度将崩溃瓦解。固定汇率制度变得不可信时，人们认为未来本币会因为固定汇率制度瓦解而贬值，即存在货币贬值预期，$\Delta e/e$ 大于零，由利率平价理论可知，$i = i^* + \Delta e/e$。在国外利率不变的情况下，本国利率上升，由于产出大幅缩减，货币需求大幅收缩，本国利率本应大幅下降来出清货币市场。如果本国在当期仍要维持固定汇率制度，那么本国需要紧缩货币供给，提高本国利率水平，使得 $i = i^* + \Delta e/e$ 这一式子成立。如果 $i < i^* + \Delta e/e$，那么人们持有外币资产的收益率高于持有本币资产的收益率，人们就会抛售本币资产，购买外币资产。

我们可以将货币供给的紧缩分为两个部分，首先货币供给紧缩要消除掉由于产出大幅缩减所带来的货币需求的下降，这与固定汇率制度可信时的情况一样；其次货币供给紧缩要使得利率水平提高至 $i^* + \Delta e/e$，在固定汇率制度不可信的情况下，人们认为未来固定汇率制度会崩溃瓦解，本币出现贬值，因此产生了货币预期贬值率，$\Delta e/e$ 不再为 0。因此，在固定汇率制度不可信的情况下，货币紧缩的幅度要大于在固定汇率制度可信情况下的货币紧缩幅度。这也意味着在固定汇率制度不可信的情况下，产出损失要大于在固定汇率制度可信情况下的产出损失。

根据固定汇率制度是否可信，我们可以区分进行讨论。我们设定两个成本，当期遭受经济不利冲击后，维系固定汇率制度的成本为 $c(e_{fix})$ 和 $c(e_{float})$，其中，$c(e_{fix})$ 为固定汇率制度是可信时，政府为了维系固定汇率制度所付出的成本，$c(e_{float})$ 为固定汇率制度是不可信时，政府为了维系固定汇率制度所付出的成本，$c(e_{float})$ 大于 $c(e_{fix})$。如图 9-1 所示，整个经济的均衡存在以下三种情况。

情形 1：$b > c(e_{float}) > c(e_{fix})$，维系固定汇率制度的收益高于维系固定汇率制度的成本，此时经济存在唯一的均衡，固定汇率制度继续保持下去，人们也相信钉住汇率制度会持续下去。如图 9-1 所示，区域 1 存在唯一的均衡，固定汇率制度维系下去。我们考察本国受到了较小的负面经济冲击的情况，在固定汇率制度可信的情况下，维持固定汇率制度造成的产出损失为 c_1，该产出损失明显小于维持固定汇率制度所带来的收益 b；在固定汇率制度可信的情况下，产出损失是 c_6，该产出损失同样小于维持固定汇率制度所带来的收益 b，固定汇率制度得到维系。最终的均衡是固定汇率制度可信，且固定汇率会维持下去。

情形 2：$c(e_{\text{float}}) > c(e_{\text{fix}}) > b$，维系固定汇率制度的成本高于维系固定汇率制度的收益，此时经济存在唯一均衡，固定汇率制度将转为浮动汇率制度，人们也相信固定汇率制度会转为浮动汇率制度。如图 9-1 所示，$c(e_{\text{float}}) > c(e_{\text{fix}}) > b$ 意味着经济处于区域 3，此时存在唯一的均衡，固定汇率制度崩溃瓦解。我们考察本国受到了十分严重的负面经济冲击的情况，严重的负面经济冲击使得维持固定汇率制度所需要货币大幅度的紧缩，造成严重的产出损失。在固定汇率制度可信的情况下，维持固定汇率制度造成的产出损失为 c_4，该产出损失明显大于维持固定汇率制度所带来的收益 b；在固定汇率制度不可信的情况下，产出损失是 c_5，该产出损失同样大于维持固定汇率制度所带来的收益 b，固定汇率制度崩溃瓦解。最终的均衡是固定汇率制度不可信，且固定汇率制度崩溃瓦解，转为浮动汇率制度。

情形 3：$c(e_{\text{float}}) > b > c(e_{\text{fix}})$，当固定汇率制度不可信时，维系固定汇率制度的成本高于固定汇率制度带来的收益，当固定汇率制度可信时，维系固定汇率制度的成本要小于固定汇率制度带来的收益。如图 9-1 所示，区域 2 存在双重均衡，当人们相信固定汇率制度可信时，维系固定汇率制度的成本要低于维系固定汇率制度的收益，固定汇率制度继续保持下去；当人们认为固定汇率制度不可信时，维系固定汇率制度的成本要高

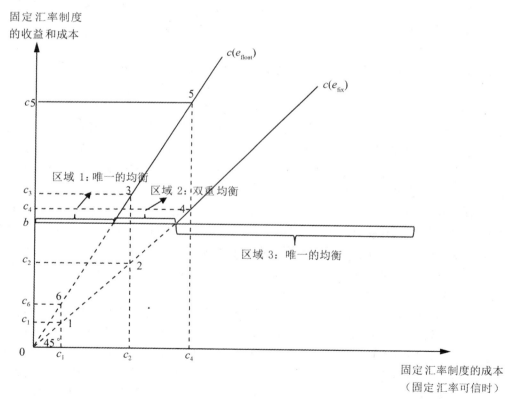

图 9-1 危机的多重均衡与自我实现机制

于维系固定汇率制度的收益，固定汇率制度会崩溃瓦解。在区域 2，经济处于哪一个均衡取决于人们是否相信固定汇率制度可以持续下去。此时，经济存在双重均衡，如果人们相信固定汇率制度会崩溃瓦解，由于 $c(e_{\text{float}}) > b$，因此，实际上固定汇率制度也会崩溃瓦解；如果人们相信固定汇率制度会保持下去，由于 $b > c(e_{\text{fix}})$，因此，实际上固定汇率制度也会保持下去。我们考察本国受到了较严重的负面经济冲击的情况，在固定汇率制度可信的情况下，维持固定汇率制度造成的产出损失为 c_2，该产出损失明显小于维持固定汇率制度所带来的收益 b，此时固定汇率制度将保持下去；在固定汇率制度不可信的情况下，产出损失增加到 c_3，该产出损失变得大于维持固定汇率制度所带来的收益 b，固定汇率制度崩溃瓦解。经济处于哪一个均衡取决于人们的信念。

第四节　主权债务危机模型

一、主权债务危机模型简介

当主权国家不去履行偿付债务本金和利息的义务时，那么主权债务违约就发生了。现实中，我们会看到发展中国家违约的案例，比如，墨西哥、阿根廷、委内瑞拉、俄罗斯等都发生过主权债务危机；也会看到发达国家违约的案例，比如，19 世纪的德国、葡萄牙、奥地利等都爆发过主权债务危机。

主权债务危机的爆发在于一国决定不去履行债务合约，出现债务违约的情况。一国为什么会选择债务违约呢？我们在这里提供一个主权债务违约模型来对政府违约行为进行解释。国家是理性的主体，在违约的收益和成本中进行权衡，当违约的收益大于违约的成本时，该国选择违约；相反，当违约的成本大于违约的收益时，该国选择履行合约。违约的收益是违约的国家不再需要支付债务的本金和利息。如果没有违约成本，背负外债的国家都会选择违约，显然，违约是有成本的。违约的成本来自于两个方面，首先是金融市场的处罚，违约国家的信用会下降，违约发生之后，违约的国家将被排除在国际金融市场之外，这些国家需要借贷资金时将无法借到资金或者支付较高的风险溢价。其次是宏观经济成本，国家信用的下降增加了不确定性和风险，外商会选择撤资，国家之间的贸易会下降，债权国也会采取相应的处罚措施，这都会使得违约国产出下降。宏观经济方面出现较高的风险溢价、大规模资本流出等还可能造成货币危机。

二、模型的假设

主权债务危机模型的基本假设条件包括：（1）静态模型。此处考虑的是一个静态的主权债务危机模型，只有一期，期初一国借款，期末一国偿付债务本金和利息。（2）一国产出水平具有不确定性，产出的最大值为 $\bar{Y}$，最小值为 $\bar{Y} - V$，最大值与最小值的差为 V，产出服从均匀分布。（3）一国借债的目的是为了平滑本国的消费。由于经济周期因素或者外部经济冲击的因素，本国产出会有所波动，为了使消费平滑，本国会在产出下降时借债来满足消费需求。（4）政府是唯一的借债者，它在期初产出还没有实现的时候得到了一笔一次性贷款，贷款数额为 L，贷款利率为 r，贷款利率等于世界无风险利率水平加上风险溢价，该国可以按照该利率水平在国际金融市场中进行借贷。世界无风险利率水平为 r_w，保持不变。（5）一国在期末产出水平实现之后才决定是否偿付债务的本金和利息。（6）一国选择违约的成本假定为产出的一个固定比例 c，违约成本记为 cY，能够支持消费的产出为 $(1-c)Y$。

三、危机的演进

（一）债务国的选择：履行合约 VS 违约

我们先分析债务国已经借到了债务，债务国会如何选择，是选择履行合约还是选择违约呢？债务国履行合约的情况下，该国的产出为 Y，但要需要支付债务的本金（L）和利息（rL），因此，能够支持该国消费的产出是 $Y-(1+r)L$。

债务国违约的情况下，该国产出不变，依然为 Y。债务国选择违约，它不需要支付债务的本金和利息，但是由于金融市场的惩罚以及违约造成的宏观经济动荡，债务国需要承担违约的成本，这个成本是产出的一个固定比例 cY，因此，能够支持该国消费的产出是 $(1-c)Y$。

债务国是否违约事实上就是比较履行合约时能够支持消费的产出和违约时能够支持消费的产出的大小，债务国期望能够最大化消费。如果履行合约时能够支持消费的产出大于违约时能够支持消费的产出，那么该国选择履行合约；如果违约时能够支持消费的产出大于履行合约时能够支持消费的产出，那么该国选择违约。

用数学符号来表示，如果 $Y-(1+r)L \geqslant (1-c)Y$，即偿付债务本金和利息后的产出大于违约情况下的产出，那么该国会履行合约，偿付债务。将该式子整理，我们可以得到 $Y \geqslant (1+r)L/c$，当该式子成立的时候，即当一国实现的产出水平大于等于 $(1+r)L/c$ 时，债务国会履行合约。我们将 $(1+r)L/c$ 这一产出水平设为债务国偿付债务的产出临界值，该临界值记为 $\hat{Y}$。当债务国实现的产出水平大于等于 $\hat{Y}$ 时，该国会履行合约；当债务国实现的产出水平小于 $\hat{Y}$ 时，那么该国会选择违约。由于产出水平服从均匀分布，并且产出水平大于 $\hat{Y}$ 时，债务国才会偿付债务，因此，债务国偿付债务的概率 p 等于 $(\bar{Y}-\hat{Y})/V$，即大于 $\hat{Y}$ 水平的产出在所有可能产出中所占比例。

债务国偿付债务的概率与 $\hat{Y}$ 有关，如果 $\hat{Y}$ 较低，那么产出大于 $\hat{Y}$ 的可能性就越高，该国履行合约，偿付债务的概率也就越高；如果 $\hat{Y}$ 较高，那么产出大于 $\hat{Y}$ 的可能性就越低，该国履行合约、偿付债务的概率也就越低。影响债务国偿付债务的因素有两个：一个是产出变动幅度 V，另一个是债务负担 L。其中债务负担影响影响 $\hat{Y}$。

首先，我们看一下产出波动幅度对债务国偿付债务的影响。债务国偿付债务的概率

为 $(\bar{Y} - \hat{Y})/V$，如果产出波动幅度 V 增加，那么偿付债务的概率就会下降；如果产出波动幅度 V 下降，那么偿付债务的概率就会上升。其次，我们看一下债务负担对债务国偿付债务的影响。影响债务国偿付债务概率的因素还包括影响 $\hat{Y}$ 的因素，由于 $\hat{Y} = (1 + r)L/c$，因此，债务规模 L 增加会导致 $\hat{Y}$ 增加，债务国偿付债务的概率会下降。债务规模 L 减少会导致 $\hat{Y}$ 下降，偿付债务的概率会上升。如果债务水平足够高，使得 $\hat{Y}$ 超过债务国产出的最大值，那么债务国的产出无法支持其所负担的债务，在这种情况下，负债国偿还债务的概率为零，违约成为常态。如果债务水平足够低，使得 $\hat{Y}$ 低于债务国产出的最小值，在这种情况下，债务国偿付债务的概率为百分之百，履行合约成为常态。

（二） 资金的供给和需求分析

从资金的提供方来看，如果债务国偿还债务的概率小于 1，而贷款利率等于世界无风险利率水平，那么谁愿意将资金借给债务国呢？显然，资金提供方可以按照世界无风险利率水平获取安全的收益，而将资金借给债务国的收益却具有不确定性。资金提供方可以购买安全资产，获得世界无风险利率水平带来的回报 $1 + r_w$；资金提供方也可以将资金借给债务国，获取的回报为债务国偿付债务的概率与偿付债务情况下的收益，即 $p \times (1 + r)$。如果 $p \times (1 + r)$ 大于等于 $1 + r_w$，资金提供方才愿意拆出资金给债务国。资金提供方的盈亏平衡条件为 $p \times (1 + r) = 1 + r_w$。由于偿付债务的概率取值为 0 到 1，因此，贷款利率 r 会大于等于世界无风险利率 r_w，贷款利率超出世界无风险利率的部分为风险溢价，即为了补偿资金提供方承担的债务国无法履行合约这一风险所提供的回报。偿付债务的概率越低，资金提供方所要求的风险溢价就越高，贷款利率就越高；偿付债务的概率越高，资金提供方所要求的风险溢价就越低，贷款利率就越低。

资金提供方借给债务国的资金就是债务国的债务规模，如果资金提供方借给债务国较多的资金，那么债务国的债务规模会较高。由于债务规模与偿付债务的概率之间是反向变动的关系，较高的债务规模对应的是较低的偿债概率。资金提供方此时就会要求较高的风险溢价，贷款利率水平也就较高。如果资金提供方借给债务国较少的资金，那么债务国的债务规模会较低，较低的债务规模对应的是较高的偿债概率。资金提供方此时要求的风险溢价较低，贷款利率水平也就较低。资金供给与贷款利率呈现出正相关的关系。

有两种情况需要考虑，第一种情况是债务国偿付债务的概率为 0，即债务国一定会违约，当债务水平超过了产出所能支持的债务水平，那么违约一定会发生。我们将偿债概率的表达式以及债务国偿付债务的产出临界值表达式联立起来，可以求得债务国所能承担的最大债务规模 L_{Max}，即通过 $p = (\bar{Y} - \hat{Y})/V$ 和 $\hat{Y} = (1 + r)L/c$，求出 $L_{\text{Max}} = c\bar{Y}/(1 + r)$。当债务规模大于等于 L_{Max} 时，债务国偿付债务的概率始终为 0，无论多高的贷款利率，资金提供方都不愿意将资金借给债务国。第二种情况是债务国偿付债务的概率为 1，即债务国一定会履行合约，偿付债务，当债务水平足够低时，这种情况会发生。我们将偿债概率的表达式以及债务国偿付债务的产出临界值表达式联立起来，可以求得债务国偿付债务概率为 1 时，对应的债务水平 L_V，$L_V = (\bar{Y} - cV)/(1 + r)$。当债务规模小于等于

L_V 时，债务国偿付债务的概率将始终为 1，此时贷款利率等于世界无风险利率。

从资金的需求方来看，由于产出具有不确定性，资金的需求方，即债务国借债是为了平滑消费，这里我们只关注常规的需求曲线，即借贷成本越高，借贷需求就会越少；借贷成本越低，借贷需求就会越大，资金需求和贷款利率是反向变动的关系，资金的需求曲线向下倾斜。

资金的供给和需求决定了均衡的贷款利率和债务水平。我们可以用图 9-2 来展示偿债概率和债务水平之间的关系。图 9-2 中，纵轴是偿债概率，横轴是债务水平。当债务小于等于 L_V 时，偿债概率为 100%，即债务国一定会偿付债务；当债务大于等于 L_{Max} 时，偿债概率为 0，即债务国一定会违约；当债务介于 L_V 和 L_{Max} 之间时，债务水平与偿债概率之间呈现出负相关的关系，债务水平越高意味着偿债概率越低，债务水平越低意味着偿债概率越高。接下来，我们用图 9-3 来展示资金供给和需求曲线。图 9-3 中，纵轴是贷款利率，横轴是债务水平。当债务水平小于等于 L_V 时，债务国一定会偿付债务，风险溢价为 0，资金供给是一条平行于横轴的直线，债务国可以按照世界无风险利率水平借入资金。当债务水平大于等于 L_{Max} 时，债务国一定会违约，风险溢价变为无穷大，不论多高的贷款利率，资金供给方都会提供资金。当债务水平介于 L_V 和 L_{Max} 之间时，随着债务水平的提高，偿债概率在下降，资金供给方要求的风险溢价上升，贷款利率上升，所以我们观察到向上倾斜的资金供给曲线。资金需求曲线向下倾斜，它与资金供给曲线的交点决定了均衡的贷款利率（r^*）和均衡的债务水平（L^*）。

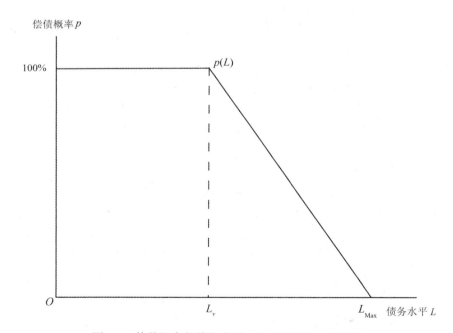

图 9-2　偿债概率与债务水平：产出波动较小的情况

发展中国家面临的问题就是产出波动性往往更高。如果产出波动性提高，那么这些

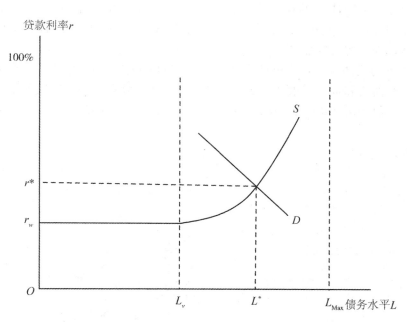

图 9-3 资金的供给与需求：产出波动较小的情况

国家所能借到资金规模和贷款利率会发生怎样的变化呢？

首先，我们用图 9-4 来分析产出波动性增加对债务国偿付债务的概率产生的影响。

如果产出波动性增加，根据偿付债务概率的表达式 $p = (\bar{Y} - \hat{Y})/V$，偿付债务的概率将

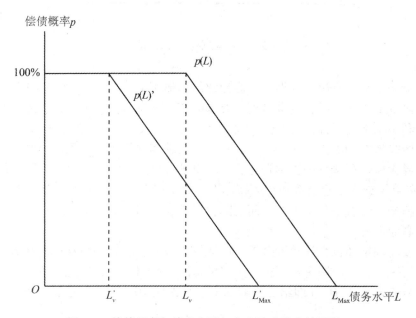

图 9-4 偿债概率与债务水平：产出波动较小的情况

会下降，因此，给定任何的债务水平，偿付债务的概率都在下降，我们可以观察到 $p(L)$ 曲线向下移动至 $p(L)'$，此时，对应偿债概率为零的债务临界值从 L_V 下降到 L_V'，对应偿债概率为 1 的债务临界值从 L_{Max} 下降到 L_{Max}'。

其次，我们用图 9-5 来分析产出波动性增加对资金供给曲线和资金需求曲线的影响。资金供给曲线和资金需求曲线的变化会导致均衡贷款利率和均衡债务水平变化，这样就可以分析出产出波动性对均衡贷款利率和均衡债务水平的影响。

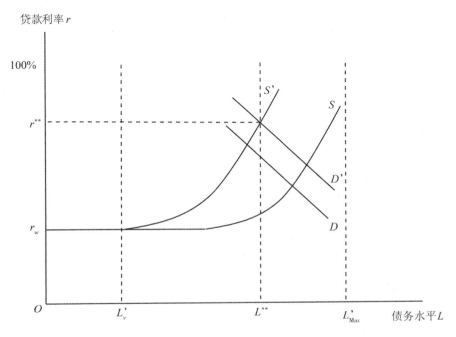

图 9-5　资金的供给与需求：产出波动较大的情况

给定债务水平，产出波动性上升会导致偿债概率下降，$p \times (1+r) = 1 + r_w$ 这一资金供给方的盈亏平衡式表明，资金供给方要求的贷款利率水平会上升，因此，给定债务水平，贷款利率水平会上升，资金供给曲线从 S 上升到 S'。当债务水平小于等于 L_V' 时，偿债概率始终为 1，根据 $p \times (1+r) = 1 + r_w$，贷款利率等于世界无风险利率，资金供给方按照世界无风险利率水平提供资金；当债务水平大于等于 L_{Max}' 时，那么偿债概率始终为 0，资金供给方不论贷款利率多高都不会提供资金；当债务水平介于 L_V' 和 L_{Max}' 之间时，偿债概率随着债务水平提高而下降，根据 $p \times (1+r) = 1 + r_w$，贷款利率随着债务水平提高而上升。

产出波动性增加也会导致资金需求曲线发生位移，较高的波动性意味着给定其他条件不变的情况下，一个国家期望得到更多的保险来平滑消费，因此，资金需求曲线会向右移动，从 D 移动至 D'，即给定贷款利率水平，该国期望获得更多的贷款，债务水平提高。

新的资金供给曲线和新的资金需求曲线的交汇点决定了新的均衡。在这个均衡，资金供给等于资金需求，由于资金供给曲线向上发生位移，资金需求曲线向右发生位移，这将导致资金价格，即均衡贷款利率上升，但是均衡的债务水平是否增加则并不确定。如果资金供给曲线的位移幅度大于资金需求曲线的位移幅度，那么均衡的债务水平会下降；如果资金需求曲线的位移幅度大于资金供给曲线的位移幅度，那么均衡的债务规模会上升。对于发展中国家来说，我们看到更多的是产出波动增加导致该国所能够借到的债务水平下降，并且为了借到资金，还需要提高资金的价格，即承担更高的贷款利率水平。

◎ 本章思考题

一、名词解释

　　金融危机　货币危机　银行业危机　主权债务危机 孪生危机

　　债务通缩　金融抑制

二、问答题

1. 孪生危机爆发的原因有哪些？

2. 政府严重的财政失衡如何引发金融危机？

3. 2007 年美国房价泡沫的破灭如何引发了次贷危机？

4. 简述第一代货币危机模型的内容和推导。

5. 简述第二代货币危机模型的内容和推导。

6. 简述主权债务危机模型的内容和推导。

7. 简述发展中国家金融危机的起因及演进。

8. 1986 年的秘鲁危机：20 世纪 80 年代，秘鲁从社会动荡（军方执政）恢复，积累了大量外部负债，世界利率上涨，大宗商品价格下降，债务积累越来越多，最后依赖通货膨胀税；1985 年加西亚当选总统，采取了钉住汇率的政策；财政赤字依然存在：1986 年中期，财政赤字占 GDP 比重超过 5%；下半年该比重达到 8%～9%；国内信贷增加：1985 年，国内信贷增加 84%，1986 年增长 77%，1987 年增长 146%；外汇储备从 1986 年的 20 亿美元下降到 1988 年的 5 亿美元；1988 年外汇储备耗尽之前，秘鲁当局宣布货币贬值，汇率浮动。请用第一代货币危机模型，作图说明货币危机发生的机制，并分析其原因。

9. 英国 1990 年加入欧洲货币体系，采取固定汇率制度。1992 年，英国保守政府得出结论，成为欧洲货币体系中的一员所带来的收益相对于其成本是比较小的，于是退出了欧洲货币体系。在英国决定退出前夕，资本大鳄索罗斯下了很大赌注，借入英镑，买入德国马克，并最终获利。请用第二代货币危机模型，作图说明索罗斯参与外汇交易对最终英镑贬值的影响。

第十章 最优货币区理论和实践

第二次世界大战以后，世界经济一体化的趋势不断加强。随着经济一体化的发展，还出现了货币一体化，尤其是区域性的货币一体化引人瞩目。本章先阐述货币一体化的理论基础——最优货币区理论，然后分析欧洲货币一体化的演进和发展中国家的美元化"道路"，最后介绍亚洲国家和地区货币一体化的探索。

第一节 最优货币区理论

20 世纪 60 年代初，为了解决国际经济学界长期以来关于固定汇率制与浮动汇率制优劣之争难以分出高下的问题，罗伯特·蒙代尔（Mundell Robert，1961）另辟蹊径，在重新系统地阐述不同汇率制度利弊的基础上提出了"最优货币区"（Optimal Currency Area，OCA）思想，即如果通过适当的方式将世界划分为若干个货币区，各区域内实行共同的货币或固定汇率制度，不同区域之间实行浮动汇率制度，就可以兼顾两种汇率制度的优点而克服两种汇率制度的弱点。

按照蒙代尔的提法，所谓"货币区"指的是由两个（以上）不同国家或地区组成的、相互之间汇率永久固定、对外统一浮动或采用单一货币的区域货币联盟。后来的大部分学者认为，最优货币区中的"最优"指的是不同国家或地区通过组成货币区，能够最大化其宏观经济政策效果，能够更有效地实现经济的内外均衡，即对内达到物价稳定、充分就业，对外实现国际收支平衡。

蒙代尔之后，众多学者如麦金农（Mckinnon R.，1963）、克鲁格曼（Krugman P.，1990）等从多种角度补充和发展了最优货币区理论。一般认为，最优货币区理论可分为三个阶段：早期最优货币区理论、最优货币区的成本—收益分析以及现代最优货币区理论。

一、早期最优货币区理论

早期的最优货币区理论侧重于最优货币区的判别标准的研究，而且多为单一判别标准，如要素流动性标准、经济对外开放度标准、生产的多样化程度标准等。

（一）要素流动性标准

蒙代尔认为，选择固定汇率还是浮动汇率，不能仅看工资和物价水平是否具有刚性，还要看该地区内劳动力、资本等生产要素的自由流动程度。当劳动力、资本等生产要素能够在区域内充分自由流动时，即使工资和物价水平具有刚性，因外部需求转移而引起的非对称冲击也能得到自动的调整。在此情况下，固定汇率制度能够更有效地调节经济的内外均衡，经济中不会产生大量的失业或是严重的通货膨胀，经济运行调节至均衡状态的成本非常小。并且，蒙代尔还认为应该根据劳动力、资本等生产要素的流动性来划分货币区，而不是以传统意义上的国家边界来划分货币区。

（二）经济对外开放度标准

麦金农在蒙代尔理论的基础上，提出应该将经济对外开放度作为衡量一个货币联盟是否为最优货币区的标准。他将经济对外开放度定义为一国生产或消费中贸易品占社会总产品的比率，贸易品占社会总产品的比率越大，该国家的经济对外开放程度就越大。他认为，从总体上来看，经济对外开放度越大，浮动汇率作为对外平衡调节器的作用越小，对国内物价水平水平的稳定性危害越大。因为如果采用浮动汇率改变贸易商品的相对价格，从而调节外贸条件以实现对外均衡，势必造成贸易商品价格的波动，进而造成国内物价总水平的波动，同时还容易引起对本币的投机。因此，在经济对外开放度较大时，最好实行固定汇率，同时运用财政政策或货币政策来调节各部门的开支，通过对特定商品消费开支的调整来改善贸易收支。

（三）生产的多样化程度标准

1969 年，美国经济学家彼得·凯南（Kenen P.）提出了一个新观点，主张将生产的多样化程度作为衡量最优货币区的标准。理由如下：一个国家或者经济体如果生产的产品多样化程度较大，其出口或者进口的产品多样化程度也较高。若此时发生非对称冲击，对其中一种出口商品的需求下降，造成生产该产品的劳动者失业，由于该产品占所有出口产品的比重不会太大，总体产出水平和总体就业不会受到太大的影响。反之亦然。生产的多样化在某种程度上成为应对外部冲击的"稳定器"。

然而，麦金农的经济对外开放程度与凯南的生产多样化程度看似却有些相悖的地方。实际上，麦金农的经济对外开放程度标准的前提之一是外部经济稳定，其着眼点在于国内物价总水平的波动，他关注的是内部冲击，而凯南的生产多样化程度标准的前提之一是外部经济存在不稳定，更多地侧重于讨论来自外部的对本国出口产品的冲击。

（四） 金融一体化程度标准

上述标准讨论的均为实体经济的某个特征或某项指标。与此不同的是，英国经济学家英格拉姆（Ingram James，1969）将注意力放在了考察目标国家的金融特征上，他提出应将金融一体化程度作为判断最优货币区的一个标准。其实从某种程度上来说，这一观点与蒙代尔的生产要素流动性标准具有相似性，只不过在这里英格拉姆强调的是资本要素的流动性。英格拉姆指出，在金融高度一体化的条件下，没有必要实行浮动汇率，因为国际收支失衡导致的利率微小波动会引起足够多的跨国资本流动来恢复均衡，因此降低了通过汇率的波动来改变地区之间的贸易条件的必要性。因此，金融一体化程度较高的地区更适合形成货币联盟。

（五） 物价水平与工资弹性标准

在 20 世纪 60 年代经济学家们关于固定汇率制度与浮动汇率制度孰优孰劣展开的激烈争论中，物价水平与工资是否刚性对所达成的结论起着重要的影响。正是由于在现实经济生活中，物价水平与工资通常呈现出一定的刚性，故弗里德曼才更倾向于浮动汇率制度。在此基础上，卡瓦伊（Kawai，1987）进一步指出，灵活的物价和工资机制充当着自动调节器的功能，面对来自外部的供给或需求冲击，物价和工资的弹性可以使市场快速出清，缓解失业和通货膨胀的压力，而不再需要通过调节汇率来维持均衡。灵活的物价和工资机制可以取代汇率机制发挥调节作用。故此，物价水平和工资弹性较高的国家或地区更适宜组成货币联盟，而物价水平与工资缺乏弹性的国家或地区应是独立的货币区。

（六） 政策一体化程度标准

根据传统的菲利普斯曲线，名义工资变化率（通货膨胀率）和失业率之间存在着反向关系，这意味着政府就必须在通货膨胀率和失业率两个政策目标之间选择其一，鱼与熊掌不可兼得。每个国家或经济体由于其基本经济特性、经济发展周期、经济发展阶段、经济发展历史等方面的差异，对通胀率和失业率存在不同组合偏好的国家，其形成货币联盟之后能否在政策上保持一致性是很值得怀疑的。科登在 1972 年更进一步指出，政策偏好的不同意味着其中至少一个成员需要付出相当的成本，反过来说，如果各成员国对通货膨胀和失业率组合的偏好相似度较高，那么缔结货币联盟的成本将降低，更符合最优货币区的标准。

不过，随着研究的深入，经济学家们普遍认识到国家间的实际情况非常复杂，通过单一标准很难判断一组国家是否适合建立货币区。因此，在各种单一标准的基础上，一些学者通过汇总、筛选和排序，提出了一些复合标准。例如，巴尤米和莫罗（Bayoumi & Mauro，1999）对最优货币区标准的具体指标进行了比较全面的归纳，并将它们划分为三类：一是经济基本面指标，包括贸易一体化程度、直接投资与产业联系程度、出口产品结构相似性、金融一体化程度、经济开放度；二是经济冲击指标，包括要素市场灵活性、经济波动的一致性、外部经济冲击的对称性；三是货币一体化成本指标，包括宏观经济的稳定性与相似性、政治的协调性、金融体制的相似性。

二、最优货币区的成本——收益分析

（一）传统的最优货币区成本-收益分析

从 20 世纪 70 年代开始，随着人们对最优货币区标准了解的深入以及欧洲货币一体化进程的加快，最优货币区理论关注的重点开始转向对货币一体化的成本和收益问题的分析。在这一领域涌现出了一大批文献，其中具有代表性的经济学家主要包括格鲁博（Grubel H.，1970）、戈登（Gordon W.，1972）、石山（Ishiyama Y.，1975）、托尔（Tower Edward，1976）和威利特（Willett Thomas，1976）等。根据这一时期的研究成果，可以将加入货币区的收益和成本归纳如下：

1. 加入货币区的收益

第一，避免汇率波动带来的不确定性。通过货币区的建成，区域内国家之间不再存在汇率的波动，进出口交易不再需要通过外汇套期保值等金融手段规避外汇风险，节省了手续费和佣金，有助于贸易的增长。

第二，交易成本的降低。货币区采取单一货币，则区域内货币兑换所需缴纳的手续费，银行买卖外汇的差价皆不复存在。

第三，官方外汇储备的成本降低。为保证本国货币在允许范围内波动，各国中央银行需要保持足够多的数量的外汇储备。在组成货币区之后，区域内的汇率波动彻底消除，货币区的中央银行只需保留一定数量的外汇储备，以应付共同货币对其他世界（如美元）的非正常波动。

第四，减少投机性资本流动。形成货币区后，区域内汇率固定下来，消除了投机性资本对经济运行的扰动。

第五，有助于区域内部资本流动性的提高，甚至劳动力流动性的提高。由于区域内部汇率固定，跨国投资/工作成本收益更明晰，投资/工作意愿将更确定。

第六，有利于提高价格透明度和资源配置效率。区域内单一货币的使用，使价格透明度提高，信息采集成本降低。并且使区域内商品市场竞争更加激烈，促使市场优化，提高资源配置效率，有利于提高商品生产者在世界市场上的竞争力。

第七，成为世界货币的可能性，在世界货币体系中地位的提升。随着货币区的组成，若成员本身拥有雄厚的经济实力，其共同货币将有可能被其他国家或地区认可信赖，成为结算货币，甚至增加其外汇储备所占权重。且货币区中央银行在国际金融市场上的话语权也将远远超过任何一个单一成员，对国际金融市场的干预能力将大大提高。

2. 加入货币区的成本

第一，失去货币政策和汇率政策的自主性。货币区内成员无法再依靠调节汇率或者采用与其他成员国不一致的货币政策来调节经济的内外均衡。根据"不可能三角定理"，一国政府最多只能实现资本的自由流动、汇率稳定和独立的货币政策这三个政策目标的两项。而结成货币联盟的成员国只能实现资本的自由流动、汇率稳定这两个政策目标，不再拥有独立的货币政策。

第二，各成员国财政政策的制定也将受制于共同货币政策。例如，欧元区实施的《稳定与增长公约》对于成员国的财政政策有着一系列相对较为严格的限制，如公共赤字占当年 GDP 的比例不得超过 3% 的上限；公共债务总额占 GDP 的比例不得超过 60%，同时中期预算应实现平衡。

第三，转换成本。微观经济主体对本国的国家货币存在着天然的偏好和信任。取消原国家货币，采用区域货币，其转换成本不可忽视。

但是，20 世纪 70 年代的研究只是从理论上笼统地介绍了货币区的成本和收益，对单个国家应该如何进行选择并没有提出明确的判断标准。最为重要的是，70 年代的理论只是从经济的角度来研究货币区的成本和收益，而忽略了政治因素的影响，但是各个国家能否组成最优货币区，政治因素恰恰是非常关键的因素，因为长期以来，国家货币是一国主权的象征，各国在进行经济活动的时候考虑的首要因素是各国的国家利益。

（二）克鲁格曼的 GG-LL 模型

20 世纪 90 年代后，欧洲的货币一体化进程在加快，许多国家面临着是否加入货币区的问题，因此，根据成本和收益方法系统分析区域内经济体是否应该加入最优货币区的理论层出不穷，其中最为著名的是保罗·克鲁格曼（Krugman P., 1990）的 GG-LL 模型。

如图 10-1 所示，在克鲁格曼的 GG-LL 模型中，GG 曲线表示加入货币区的收益与区域经济一体化程度的关系。因为货币区内的固定汇率安排避免了结算、交易成本损失以及浮动汇率带来的不确定性，所以货币区的一体化程度越高，加入货币区的收益越大，GG 曲线向右上方倾斜。LL 曲线表示加入货币区的成本与区域经济一体化的关系，因为随着区域经济一体化程度的提高，区域内部协调机制的作用加强，降低了加入货币区的成本，LL 曲线向右下方倾斜。GG 曲线和 LL 曲线的交点表示收益等与成本的平衡点。当经济一体化程度的值等于或大于平衡点的值时，该国应该加入货币区，加入货币区是有利可图的；而当经济一体化的程度的值小于平衡点的值时，该国应该暂时不要加入货币区。

克鲁格曼的 GG-LL 模型在早期成本收益分析方法的基础上，以单个国家为分析的基点，分析了加入货币区的成本和收益，这就使得现实中国家能够更直观的进行判断，可以说 GG-LL 模型是确定一国加入固定汇率货币区的重要工具。但是，克鲁格曼的 GG-LL 模型也并不完善，一是模型中成本和收益往往是定义模糊的概念，无法进行明确的测算。二是成本和收益往往采用不同的计算单位，无法进行直接比较。三是该模型虽然指出产出波动的频率和范围会影响 LL 曲线的移动，但并没有指出是哪些因素影响产出波动的频率和范围。而且在现实中，一国很难画出自身的 GG 曲线和 LL 曲线，因而也就很难判断加入货币区的临界点。正因为如此，GG-LL 模型虽然为最优货币区理论的发展提供了新的视角，但在实践中的应用却并不广泛。

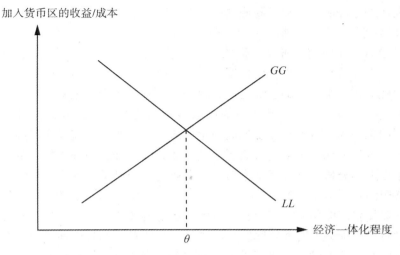

图 10-1　克鲁格曼的 GG-LL 模型

三、现代最优货币区理论

20 世纪 80 年代宏观经济学的发展为最优货币区理论的发展奠定了新的理论基础，宏观经济学的许多概念被运用到最优货币区理论的研究中。与此同时，数量模型对最优货币区理论的实证研究陆续开展。从实践来看，20 世纪 80 年代末 90 年代初欧洲各国致力于建立起一个高度一体化的货币联盟，欧元最终于 1999 年问世并于 2002 年进入流通领域，为最优货币区理论的研究提供了一个现实中的最佳案例。在理论与实践两方面发展的推动之下，产生了现代最优货币区理论，主要包括理性预期下的最优货币区理论，以及最优货币区的内生性理论。

（一）理性预期下的最优货币区理论

随着宏观经济学的发展，一些经济学家将理性预期思想应用到最优货币区理论的研究中，从时间的不一致性、可信度和政策的规则等方面来分析加入最优货币区的成本和收益。

早期的最优货币区理论的分析是建立在向下倾斜的菲利普斯曲线的基础上，实行浮动汇率可以通过选择一定的通货膨胀率和失业率的组合，即菲利浦斯上合适的一点，而加入货币区的国家就会失去这种独立的选择权。但是，这种通胀与失业相互替代的观点受到了弗里德曼（M. Friedman，1953）和卢卡斯（R. Lucas，1981）的质疑。他们认为，由于理性预期的存在，在长期，菲里普斯曲线是垂直的，失业率是与自然失业率相关，与通货膨胀率无关，在平衡通货膨胀率和失业率方面，货币政策是无效的。由此不难推断，实行浮动汇率的唯一好处是选择个与别国不同的通货膨胀率，建立货币区的收益很大，付出的代价是很小的。

另外，传统的最优货币区理论将通货膨胀率的相似性作为组成货币联盟的重要条件，但是现代理论证明了当通货膨胀率差异非常大时，只要中央银行能够建立一个可信的控制通货膨胀的政策规则，货币一体化的收益更大。巴罗和戈登（R. Barro & D. Gordon，1983）在他们的研究中证明了这一点。他们将声誉机制引用到模型中，考察了政府在追求经济利益最大化的情况下，在面临着短期利益和声誉损失时应该如何抉择。研究发现，在完全信息的情况之下，单一货币规则尽管不是最理想的，但欺骗的结果（最优相机抉择政策效应）比单一规则政策效应更差。这是因为，当存在时间的非一致性时，如果一国一直实行多变的高通货膨胀率的政策，也就是在时间上是缺乏连续性的，是不一致的，那么公众就失去了对政府政策的信任，而失去信任的政策肯定没有效力的。根据上述分析，开放经济中就存在着政府信誉的借入问题，货币信用低的国家可以通过联盟向货币信用高的国家借入信用，其向经济人的保证就是加入货币区采取统一货币，从而使自己的信用得到提升，以解决遭受的通货膨胀问题。这样对于通货膨胀低的国家没有什么损失，对通货膨胀高的国家有所收益，而且理性预期的存在使得长期的菲利普斯曲线是垂直的，加入货币区的成本并不高，反而能获得通货信誉。

笛·格劳威（Paul De Grauwe，2004）运用巴罗—戈登模型对此进行了进一步的分析。模型采用了理性预期的假定，即只有不被预测到的通货膨胀率才能影响失业率。格劳威分封闭经济条件下和开放经济条件下两种情况进行了分析，最后得出类似的结论：政策的可信度是影响货币区成本的重要因素，而且高通胀的国家与低通胀的国家组成货币区，低通胀的国家没什么损失，而高通胀的国家可以获得政府信誉。

在研究理性预期对最优货币区理论的影响时，部分学者将理性预期的概念加入到模型的假设条件之中，研究前瞻性理性预期约束对最优货币区的影响。米歇尔·鲁塔（Michele Ruta，2008）通过将国家政府的政治影响力模拟成为一个理性预期下的共同代理博弈，分析货币政策的政治化在货币联盟中是否可取，结果表明这个问题的答案严重依赖于货币联盟共同的中央银行对于遵循其政策问题上会不会出现违约。彼得·蒂尔曼（Peter Tillmann，2010）考察前瞻性的新凯恩斯菲利普斯曲线在欧元区的解释力问题时，利用VAR预测评估假设模型是否与欧元区的实际通胀相吻合。回归结果表明实际上假设模型的解释力在实证样本期内有很大的变化。潜在货币框架的机制变化，比如欧洲货币体系的危机调整，《马斯特里赫特条约》的引入以及最终欧洲货币联盟的成立最终都会导致前瞻性的新凯恩斯主义菲利普斯曲线对欧元区经济的解释能力降低。

理性预期不仅作为一个前提条件，有些学者还将其作为一个新兴的最优货币区重要标准来进行分析。安杰伊·托罗基（Andrzej Torój，2011）的研究表明存在诸多最优货币区标准来限制或降低最优货币区成员国宏观经济的波动性，比如市场灵活性、经济开放度、金融一体化程度或通货膨胀率的一致性。而货币联盟成员国之间宏观经济波动还取决于各国预期形成机制，也就是说预期形成机制会影响货币区成员国宏观经济波动。这主要是因为预期可能会平滑掉可能发生的经济波动。在一个两国两部门的新凯恩斯主义DSGE模型中，作者运用了5种不同的预期类型：理性的、自适应的、静态的、推定预期的和自回归的，以及它们的混合体。模拟结果显示，理性预期在最小化宏观经济波动方面起了最主导的作用，并且这个结论是具有一般性的。

（二）最优货币区的内生性理论

内生性最优货币区理论的核心观点是，一个国家更可能在加入货币联盟后满足有关标准而不是加入之前，即评定一国是否适合加入货币联盟不能完全取决于历史条件。因为即使该国事前（ex ante）指标达不到标准，在加入货币联盟后，由于货币联盟能极大地促进货币区内的贸易，收入水平和经济周期也会随之与其他国家逐渐趋同，以致事后（ex post）达到了标准。

最早提出内生性最优货币区理论的是弗兰克尔和罗斯（Frankel & Rose，1998），他们通过建模对 21 个工业化国家从 1959—1993 年共 35 年的数据进行了回归分析，结果显示两国间紧密的贸易联系将持续并显著地引起两国间经济更为密切的联系，同时，当贸易增多后，国家间商业循环周期也将变得更加相似。罗斯和恩格尔（Rose A. & Engel C.，2000）也指出，货币联盟不仅能提高成员国的经济周期的相关度，而且在开放度、贸易一体化、专业分工度和价格一体化等方面比加入联盟前均有较大加强，并且在风险分担上也有所改善。这进一步说明了事前与事后的关系。

夏沃·斯特凡诺（Stefano Schiavo，2008）研究了欧元区的贸易、金融一体化和商业周期同步之间的关系。研究表明，欧元区资本市场一体化对成员国产出产生了积极影响。这一结论产生了两个重要作用：首先，它证实了最优货币区的内生性假说的存在，即加入最优货币区后的国家能更好满足最优货币区标准，其次，它提供给欧洲政策决策者进一步实现金融一体化的理论基石。布科夫斯基（Bukowski，2008）指出，货币联盟不仅能够提高成员国的商业周期相关度，还可以应对非对称性冲击风险。在成立了货币区后，由于各国采用统一货币和统一的货币政策，非对称性风险就成了它们所面临的主要风险。而在应对此类风险时，成员国失去了稳定经济的货币政策工具，财政政策又并非有效的工具。在这种情况下最优货币区标准的内生性假设就可以提供解决方案。而实证研究结果也证实了该假设在欧盟成立。

然而也有学者并不赞成内生性假说。曼登萨、西尔维斯特和帕索斯（Mendonca, J. Silvestre & J. Passos，2011）首先承认最优货币区标准的内生性已经得到了广泛认可，过去的大多数文献也表明在贸易强度和商业周期之间存在一个明显的正向关系，如同 Frankel 和 Rose 1998 分析了 20 个国家之间的贸易强度和商业周期的关系，发现这两个最优货币区标准之间有一个积极的正向关系，可以起到相互促进的作用，这样使得即使事前不满足最优货币区条件的国家，在事后也可以得到满足。但是该文接下来使用 β 回归模型进行实证分析时，却发现贸易强度对商业周期有一个递减的边际效应。这事实上对内生性在现实中的存在性提出了质疑。

C. 维埃拉和 I. 维埃拉（C. Vieira & I. Vieira，2012）也通过欧洲货币联盟作为实例分析最优货币区是否具有内生性的问题，根据对欧元区的评估，观察欧元区成员国汇率变化和最优货币区决定因素之间的相互关系，并用面板数据估计模型，发现并不是所有的成员国都表现出了内生性特征。内生性假设其实质认为经济和货币一体化是一个可以不断自我得到强化的过程。而在此之前关于内生性的假设已经得到了很多支持，并且激励了很多欧元区外围国家在第一时间就加入欧洲货币联盟（EMU），以期望加入后能向核心国逐步靠近，实现真正的经济收敛。然而结果表明，经过十年的货币一体化过程，并不是所有的成员国都满足了内生性假设，内生性并不是存在于所有成员国之中。

第二节 欧洲货币一体化

在欧洲货币一体化的发展过程中，成员国之间建立起一个稳定的货币区域，使它们得以免受区域外金融不稳定的影响，区域内的固定汇率安排更是方便了成员国之间的经济交往和合作。因此，欧洲货币一体化被公认为是迄今为止最优通货区理论最为成功的一次实践。

一、欧洲货币一体化的历史过程

（一）跛行货币区阶段

欧洲货币一体化的起源可以追溯到 20 世纪 50 年代。1950 年欧洲支付同盟成立，这是欧洲货币一体化的开始。1957 年 3 月，法国、原联邦德国、意大利、荷兰、比利时和卢森堡六国在意大利首都罗马签订了"罗马条约"，决定成立欧洲经济共同体。1958 年欧洲经济共同体各国签署了"欧洲货币协定"以代替欧洲支付同盟。不过，这些组织或协定虽然提到了货币一体化的形式，却没有涉及各国的汇率安排和储备资产形式。因此，一般将之称为跛行货币区。

跛行货币区开始了欧洲货币一体化的尝试，但由于其内部缺乏支持其稳定存在的基础，因而在整个货币一体化的发展过程中地位并不重要。另外，尽管欧洲经济共同体在 20 世纪 60 年代首次提出了建立欧洲货币联盟的概念，有关的巴尔报告也强调各国应该采取更有效的措施以实现区域内各国间的政策协调，并倡议建立能够使逆差国从顺差国获取信贷资助的体系，但整体上看，20 世纪 60 年代欧洲货币一体化并没有取得实质性的进展。

（二）魏尔纳计划

20 世纪 60 年代末布雷顿森林体系瓦解之际，欧洲经济共同体国家为了减少世界货币金融不稳定对区域内经济的不利影响，同时也为了实现西欧经济一体化的整体目标，于 1969 年提出了建立欧洲货币联盟的建议。1970 年 10 月，欧洲经济共同体负责此项工作的专门委员会向理事会提交了一份《关于在共同体内分阶段实现经济和货币联盟的报告》。由于此专门委员会由当时的卢森堡首相兼财政大臣魏尔纳负责，所以该报告又被称为魏尔纳报告。

魏尔纳报告在 1971 年 2 月 9 日欧洲经济共同体部长会议上被正式通过。该报告为经济与货币联盟的实现制订了一个十年计划。这个计划分三个阶段实行：第一阶段，从 1971 年初到 1973 年底，缩小成员国货币汇率波动幅度，着手建立货币储备基金，以稳定汇率；加强有关货币政策与经济政策的协调。第二阶段，从1974年初到1976年底，集中成员国的部分外汇储备以巩固货币储备基金，汇率进一步稳定甚至固定下来，资本流动逐步自由化。第三阶段，从1977年初到1980年底，共同体将成为一个商品、资本、劳动力自由流动的经济统一体，固定汇率向统一货币发展，货币储备基金向联合中央银行发展。

但是，由于魏尔纳报告提出时正值布雷顿森林体系处于崩溃的边缘，由美元困境引起的国际货币危机很快使人们看到欧洲经济共同体在货币和经济政策上的设想离他们能采取的共同行动太远。1973年的石油危机以及1974年的经济危机更是加剧和扩大了共同体内部的不平衡，各成员国的经济差距拉大，各自推行了一些不相同的经济政策。因此，1971年到1979年初欧洲货币体系成立前的8年中，魏尔纳报告并未得到系统实施，只是根据当时需要在稳定欧洲经济共同体各成员国货币汇率以及调整区域性货币体系与国际货币体系的关系上作出了一些安排：一是建立起的联合浮动机制。1972年欧洲经济共同体六国达成联合浮动协议，按照汇率波动幅度不超过当时公布的美元平价的±1.125%。在图形上，由于欧共体6国货币汇率对外的集体浮动犹如隧道中的蛇，故又称其为蛇形浮动。二是于1973年4月3日建立了欧洲货币合作基金，并创立欧洲计算单位（European Unit of Account，EUA）。建立欧洲货币合作基金的初衷是进行外汇市场的干预，维持共同体内汇率稳定并对共同体逆差国提供短期信贷，但成立后并未发挥实质作用。不过，作为确定联合浮动汇率机制的核算砝码，欧洲计算单位实质上是共同货币的萌芽。

（三）欧洲货币体系

20世纪70年代末期，随着欧洲经济共同体的工业品与农业品共同市场的逐渐巩固和发展，资本和劳动力流动的自由化自然成为共同体下一个亟待实现的目标，这不仅需要各国经济政策上的协调，而且有赖于共同体货币一体化的进程。20世纪70年代石油危机的冲击，使西欧各国国际收支面临极大困难，在国际金融形势动荡不定的条件下，各国也需要结成一个区域性的货币集团来提供互相的资金支持。与此同时，美国汇率的剧烈波动，也给欧洲经济共同体的关税同盟、统一对外贸易政策等造成极大困难。

在上述背景下，从欧洲经济共同体官方到共同体一些主要的国家都产生了重新开始货币联盟建立的愿望。1977年10月，欧洲经济共同体委员会主席伊·詹金斯在佛罗伦萨发表演进，强调有复兴经济与货币联盟的需要，认为货币联盟对于保证汇率稳定、阻止投机、缓和通货膨胀、振兴投资和增加就业等都是必要的。1978年3月，欧洲经济共同体委员会专门为此制定了一份行动纲领。1978年4月在哥本哈根召开的欧洲经济共同体首脑会议上，联邦德国总理施密特和法国总统德斯坦提出了一项更切合实际的复兴货币联盟的建议——建立欧洲货币体系（European Monetary System，EMS），且于同年12月5日在布鲁塞尔欧洲经济共同体首脑会议上最终达成协议，决定成立欧洲货币体系。1979年3月13日，欧洲货币体系协议正式实施运作。

建立欧洲货币体系的主要目的是制止汇率的剧烈波动，促进共同体各国的经济发展。其内容主要包括以下三个方面：

第一，创立欧洲货币单位（European Monetary Unit，ECU），并在欧洲经济共同体内得到广泛应用。欧洲货币单位是在原欧洲计算单位基础上，由欧洲货币体系各成员国的货币按一定比重构成的一篮子复合货币，最初由 9 国货币构成，随着希腊、西班牙和葡萄牙加入共同体，后来变成由 12 国货币构成。欧洲经济共同体编制预算、制定农业共同价格、各货币当局相互清算都使用了欧洲货币单位，欧洲货币单位成为各国仅次于美元和德国马克的储备货币，欧洲汇率机制的中心汇率也以欧洲货币单位作为计算单位。欧洲货币单位事实上已经成为欧洲经济共同体的准货币。

第二，确定"超蛇形联合浮动"机制，稳定成员国汇率。各成员国以欧洲货币单位中本币权重乘以 1979 年 3 月 12 日与其他成员国货币的市场汇率加总得到本币对欧洲货币单位的法定一篮子比价，即中心汇率；同时规定波动幅度为 ±2.25%。为维护汇率机制，欧洲货币体系还规定了各国必须进行干预的警戒线，达到警戒线，相应国家就需要联合干预：

$$警戒线 = 0.75 \times 允许的汇率幅度 \times (1 - 本币在 ECU 中的比重)$$

第三，成立欧洲货币基金（European Monetary Fund，EMF）。欧洲货币体系集中了各成员国（包括英国）黄金和外汇储备的 20%，用两年时间建立起了欧洲货币基金，以便增强欧洲货币体系干预外汇市场的力量，为共同货币欧洲货币单位提供物质准备，以及给予国际收支困难的成员国更多的信贷支持。

（四）《马斯特里赫特条约》与欧洲经济货币联盟

20 世纪 80 年代下半期，欧洲经济一体化步伐开始加快。1985 年 12 月，欧洲理事会卢森堡会议拟就《单一欧洲法案》。该法案规定，于 1992 年实现的欧洲经济共同体内部统一大市场是一个没有内部边界的地区，区域内实现商品、人员、劳务和资本的自由流通。据此，进一步加强欧洲货币体系就成为形成统一内部市场、实现资本流动完全自由化的必要条件，卢森堡会议也就此将欧洲货币体系确定为深化货币合作的出发点。1988 年 6 月，欧洲经济共同体汉诺威首脑会议决定，成立由当时的欧洲经济共同体委员会主席雅克·德洛尔主持的经济和货币联盟委员会。1989 年 6 月，该委员会向欧洲理事会马德里会议提交了《欧洲共同体经济和货币联盟的报告》，又称为德洛尔报告，并获批准。

德洛尔报告继承了 20 世纪 70 年代魏尔纳报告的基本框架，认为货币联盟应是一个货币区，区域内各国的政策要受到统一的管理，以实现共同的宏观经济目标。报告指出，货币联盟的建立必须具备三个条件：保证货币完全和不可取消的自由兑换；在银行和其他金融市场充分一体化的基础上，实现资本的完全自由流动；取消汇率的波动幅度，实行不可改变的固定汇率平价。该报告虽然没有明确提出在货币联盟内部必须有单一的货币，但把单一货币看作货币联盟的一个自然和理想的进一步发展，并提出了建立一个欧洲中央银行体系的设想。

鉴于各成员国对德洛尔报告的反应各不相同，为实现欧洲经济和货币联盟，推进欧洲的统一，欧洲经济共同体成员国的首脑们又于 1991 年 12 月在荷兰的马斯特里赫特城召开会议，正式修订作为欧洲经济共同体成立基础的《罗马条约》，并在德洛尔报告的基础上签署了《欧洲联盟条约》（又称《马斯特里赫特条约》，以下简称《马约》）。《马约》的核心内容有三个方面：一是于 1993 年 11 月 1 日建立欧洲联盟，密切各国在外交、防务和社会政策方面的联系；二是于 1998 年 7 月 1 日成立欧洲中央银行，负责制定和实施欧洲的货币政策，并于 1999 年起实行单一货币计划；三是实行共同的外交和防务政策等。《马约》的签署与实施，标志着欧洲货币一体化进程进入了一个崭新的阶段。

二、欧元的启动及其意义

1999 年 1 月 1 日，欧洲单一货币——欧元正式启动，欧元作为储备、投资、计价和结算货币，开始在货币市场、银行间同业拆借市场的所有经济活动中享有与信用卡、支票、电子货币等同的功能。2002 年 1 月 1 日，欧元货币和硬币正式进入流通。各成员国货币经过半年时间的混合流通后宣布退出历史舞台。2002 年 7 月 1 日起，欧元成为欧元区市场流通中唯一的合法货币。欧洲中央银行也从 1999 年开始运行，负责维护欧元稳定、统一管理主导利率、货币储备及货币发行等，制定统一的货币政策，建立和完善货币政策机制。与此同时，各成员国中央银行自动成为欧洲中央银行的执行机构，不再单独制定货币政策。截至 2015 年，欧元区国家共有 19 个：奥地利、比利时、芬兰、法国、德国、希腊、爱尔兰、卢森堡、荷兰、葡萄牙、西班牙、斯洛文尼亚、马耳他、斯洛伐克、塞浦路斯、爱沙尼亚、拉脱维亚和立陶宛。

欧元的诞生是区域经济一体化和欧洲货币体系发展的结果，其启动对现行的国际金融体系提出了挑战，还对世界经济的发展产生了深远影响。

第一，对美元在国际金融体系中主导地位提出了挑战。第二次世界大战后，美国以无可比拟的经济实力强力支撑着强势美元，使其主宰布雷顿森林体系运行近 30 年，担当着"稳定者"的角色。布雷顿森林体系崩溃后，依靠制度惯性和新经济的发展，很长时期内美元仍然保持了强势的国际货币地位。统计数据表明，美国在各国外汇储备中所占比重接近 60%，占国际金融交易总额的 80% 以上，作为国际贸易计价和结算货币金额也超过一半。更严重的是，无论是在国际经济舞台上还是在重要的国际金融组织中，美国意志的影响似乎都在发展。这种现实对于整体实力已经接近甚至可能超过美国的欧盟来说，很难接受。欧洲要影响全球化趋势，单凭一国或几国力量根本办不到。但是，欧洲可以充分发挥统一货币优势，完善和发展统一市场，在此基础上采取进一步行动，在参与全球化的进程中提高效率，提高竞争力，提高欧盟的地位和作用。因此，欧元的出现在某种程度上是对美元地位的纠偏。而且，欧元与美元的竞争关系必然对世界经济格局产生实质性影响。无论美国愿意与否，这都是一个不可逆转的大趋势。

第二，对现行国际货币体系提出了挑战。欧元启动后，首批 11 个国家在国际货币基金组织中的份额合并达到 37%，而且这些国家已经就在国际货币基金组织及其他相关国际机构中的代表权问题达成一致。与美国不足的 20% 的基金份额相比，欧盟国家在此后国际经济政治中将掌握更多更大的话语权，改变国际政治力量对比，从根本上打破美国一家主宰国际货币和金融事务的局面。相应的，以美元为主导的国际货币体系必然发生重大变化，甚至进行彻底改革。所以学术界普遍认为，欧元的诞生标志着国际金融进入重大调整阶段，并将为现行国际货币体系乃至国际金融体系的改革创造条件。

第三，对传统的国家主权提出了挑战。金融是一国经济的命脉，货币不仅是经济主权的象征，还是一国宏观经济政策的核心。在经济全球化背景下，各个国家在平等、互利的基础上，在政治主权没有合并的前提下，在区域集团利益的驱使下，主动放弃本国货币，创造一个区域共同货币，以欧洲中央银行的统一货币政策替代各国独立的货币政策。这种多国一制的货币制度创新，无疑是人类文明史上的创举。从传统的国家主权来看，放弃本民族钟爱的货币，追求一种全新的仍然充满变数的区域共同货币，是各国让渡经济主权的冒险之举。在放弃了货币、汇率、贸易等诸多政策权力以后，一旦内部均衡问题的严重性超过了外部均衡，欧元区的稳定性就会面临冲击和危险，现实中统一货币政策与分散财政政策之间始终难以协调。而且，欧洲政策一体化的理想真的能够付诸实践吗？这对于已经取得经济、货币一体化阶段性成果又有怎样的意义？事实上，迄今为止对区域共同货币的怀疑态度仍然存在，关于欧洲实践能否经得起实践的考验的争议还在继续。不过从各国经济发展长远利益来看，欧元区各国获得的是超过本国领土范围几倍甚至十几倍的货币疆界，为本国和地区经济争取了前所未有的发展空间、更加充裕的生产要素、更高的全球市场份额，以及区域经济更大的稳定性。

第四，对世界经济发展具有深远影响。受到欧元成功启动的鼓舞，建立区域共同货币的议题也被许多其他国际经济组织提上日程。东南亚中央银行研究和培训中心、中非和西非货币同盟、中美洲经济一体化银行、阿拉伯货币基金组织、北美自由贸易区等纷纷兴起，一时间地区性货币一体化成为国际金融领域最热门的话题。这些组织尽管在金融和货币一体化方面的成就十分有限，但仍然在区域性货币经济协调方面发挥了重要作用。近几年来，有关东亚区域合作规划的讨论也在升温，甚至已经有学者开始设想是否会在亚欧大陆的另一端诞生东亚区域共同货币——亚元。

三、欧元运行的效果及其面临的挑战

（一）欧元的运行效果

欧元自启动和运行到现在已有十多年的时间。作为 20 世纪 70 年代初布雷顿森林体系瓦解和实行浮动汇率体制以来国际货币体系最为重要的事态发展，欧元取得了显著的成效，促进了成员国的经济发展，增强了欧盟的整体经济实力，同时也对现行的国际货币体系格局产生了重要影响。

第一，减少货币交易费用，降低生产成本。欧盟成员国直接经贸联系密切，人员往来频繁，在使用不同货币的情况下，货币交易手续繁琐，交易费用较高。据欧盟委员会公布的材料，在欧元启动之前，欧盟每年用在各国货币兑换和佣金上的支出近 450 亿美元。实施单一货币之后，不仅简化了手续，节省了时间，加快了商品与资金流通的速度，而且还减少了货币交易费用，使欧盟企业无形中降低了生产成本。它们将节省的费用投向新产品、新技术的研发，必然会大大增强在国际市场的竞争力。

第二，增加社会消费，刺激企业投资。在欧盟内部尽管统一大市场早已建立，但如果使用不同的货币，统一的商品和服务在不同的国家会有不同的价格。这种现象长期存在下去将会扭曲各国的产业结构和投资结构，不利于统一大市场的健康发展。实行单一货币后，各国的物价、利率、投资收益将逐步缩小差别或趋于一致形成物价和利率水平的总体下降，居民社会消费扩大，企业投资环境改善，最终有利于欧盟总体经济的良性发展。

第三，减少内部矛盾，防范和化解金融风险。欧盟虽是当今世界一体化程度最高的区域集团，然而在浮动汇率机制下，各自为政的各国货币币值"软硬"不一，经常由于利率的差别和汇率的变动而引发欧盟内部金融秩序的混乱。在面对国际金融市场动荡的冲击时，显然缺乏抵御能力。譬如 1995 年的墨西哥比索危机和 1996 年的日元危机都曾一度导致欧盟经济出现增长滑坡、出口下降、就业减少。欧元作为单一货币正式使用后，由于其依托的是更大规模的经济体，因而防范和化解金融风险的能力大大增强。2007 年年底以来，尽管面对国际金融市场动荡、美国经济减速、能源价格上涨及欧元升值等不利因素，然而 2008 年第一季度欧元区经济同比增长却出乎意料地达到 2.2%，超出了市场普遍预期。尽管次贷危机的后续影响现在难以预料，但不可否认的是，单一货币的使用对维持欧元区内部的经济稳定发挥了重要作用。

第四，推动经济改革，实现国民经济持续和稳定发展。欧元问世有力地推动了欧元经济改革，这主要表现在下几个领域。首先，通过统一的欧洲货币政策和协调合作的财政政策来促使欧洲经济稳定增长，避免经济出现过大的区域性差异和时间性波动；其次，要求欧洲面向新经济进行经济结构改革，包括促进企业重组与企业文化演进，推进市场自由化以及资本、技术、劳动力市场改革等，最后，要求欧洲重新调整国家与市场、政府与企业、社会与公民、雇主与雇员的关系等。

这些领域的改革，进一步激发了欧洲经济的活力。其重要表现之一是欧元区的失业率连续下降，2007 年欧元区共增加就业 248 万人，失业人数减少了 116 万人，失业率从 2006 年第四季度的 7.9% 下降到 2007 年第四季度的 7.2%。2008 年 2 月，失业率则下降为 7.1%。这是自 20 世纪 90 年代以来欧元区的最低失业率。据欧盟委员会统计，欧元区 10 多年来创造了 1600 万个就业机会，超过了美国同期数量。这不仅是欧元区经济仍然具有活力的表现，也反映了欧元区的结构改革取得了较大成就，劳动力市场的灵活性和劳动生产率的提高正在为欧元区经济提供源源不断的经济动力。

第五，增强经济竞争能力，改变国际货币体系格局。目前，欧元区共有 19 个成员国，有超过 3.2 亿的人口。根据官方对 2007 年 GDP 数据的预测，欧元区已经超过美国成为世界上最大的经济体。欧元区经济的庞大规模及其不断扩大的影响力，支持了欧元的稳定及其各项货币职能的发挥，使其成为国际货币体系中的一个重要支柱，在国际事务、全球投资和国家贸易的竞争中发挥越来越重要的作用。

随着欧元作用、地位的日趋重要和世界经济的发展，国际货币体系将真正走向"多元化"格局，美元的垄断地位必定会弱化，当今汇率体系中过分依赖美国的现象将有所改变。一方面，欧元的出现打破了美元的垄断，世界商业交易与金融交易所使用货币的一部分从美元转到欧元，削弱了美元在国际结算货币中的超级地位；另一方面，欧元的成功推广，引发了外汇储备置换，为降低储备与资产的汇率风险，各国根据双边贸易和债务量增加了欧元储备，削弱了美元在国际储备货币中的支配地位。

（二）欧元运行中面临的挑战

欧元的运行虽然取得了卓越的成效，但是，自欧元启动之日开始，就面临着各种严峻的挑战。

1. 财政政策面临的挑战

按照《马约》的规定，欧元区的货币政策由欧洲中央银行统一制定，而财政政策则仍由各成员国自行制定。但是，经济学理论告诉我们，货币政策和财政政策必须协调使用才能起到稳定经济的作用，这就为欧洲经济的稳定埋下了隐患。例如美国次贷危机爆发后，欧元区各成员国对于如何应对危机经常发生意见分歧。由于欧元区对预算赤字有着严格的规定，即预算赤字占 GDP 的比例不得超过 3%，因而各成员国政府在通过财政赤字政策刺激经济增长方面显得缩手缩脚。相比之下，美国却不惜背负财政赤字，连续推出大手笔的财政救援计划。在这种情况下，人们就有理由怀疑，那些经济不景气、失业率过高的国家还能否遵守《马约》和《稳定与增长公约》所规定的共同财政标准。这使得欧洲经贸联盟处于两难境地，如果对财政状况继续严格要求，将会使市场预期财政政策在未来收紧并影响财政刺激的效果，如果听任成员国政府推行财政赤字政策，不仅会恶化《马约》和《稳定与增长公约》的公信力，而且部分成员国财政状况的恶化将进一步加剧欧元区内经济失衡的状况。欧盟目前采用了折中的状态，即暂时适当放松公约的要求，但仍强调必须坚持有利于财政可持续的政策框架。

2. 货币政策面临的挑战

就货币政策来看，主要存在以下四个方面的问题：一是最后贷款人的问题。在一个主权国家内，中央银行扮演着最后贷款人的角色，有责任保证国际支付体系的流动性，国家的资源总存量是货币的实物基础和最后担保。名义上，欧元区的最后贷款人是欧洲中央银行，但《马约》并没有赋予欧洲中央银行行使最后贷款人的权利。即使欧洲中央银行被欧元区国家授权来承担这个责任，也由于自有资本（各成员国按比例缴纳 500 亿欧元）及其储备太少而不可能担此重任。实际上欧元区没有真正的最后贷款人，一旦出现流动性危机，最后贷款人的缺位就会弱化欧元。二是金融监管问题，欧元区缺乏统一的中央当局对金融体系的监管，《马约》规定了欧洲中央银行有一定的监管职能，但最主要的监管权力由各成员国的中央银行承担。这意味着一旦发生欧元区范围内的金融危机，不仅问题很难解决，欧元区金融体系的稳定性也难以得到根本保证。三是货币政策权分割，按照《马约》的约定，欧洲中央银行独立执行货币政策，但汇率机制由欧盟财政部长理事会决定。四是欧洲中央银行和欧元区的货币政策决策缺乏透明度。

3. 汇率政策面临的挑战

与货币政策一样，欧元区的汇率政策也面临着严峻的挑战。尽管一些欧盟的银行家认为不能把汇率当作政策工具，应当把汇率交由市场来决定，但实际上欧元区一直在通过统一汇率政策的执行，试图巩固和提高欧元的地位，扩大欧元的影响。但是，由于加入欧元区的国家间始终存在明显的经济差距，近年来随着欧盟扩张步伐的加快，各国之间的经济差距甚至出现了扩大的趋势，这使得统一的汇率政策越来越难以维持。例如，以单位劳动成本计算，如果假定 1999 年的欧元汇率是 100，对于国际竞争力较强的德国来说，虽然欧元的汇率上升了，但是由于德国劳动生产率提高很多，欧元目前实际汇率低估了 10%，对德国的出口有利，但又没有什么通胀风险。但是对于国际竞争力较差的希腊、西班牙、葡萄牙和意大利等国，欧元目前的汇率却高估了 20% 至 30%。近来，就连法国也感到欧元的坚挺难以承受，所以法国总统萨科齐呼吁欧洲中央银行降低欧元汇率，以刺激欧盟出口，但遭到德国总理默克尔的反对，欧洲中央银行夹在中间左右为难。

4. 政治背景面临的挑战

欧洲经济货币联盟能否成功主要依赖于其成员国的政治意愿，欧洲政治的前景就是欧洲经济货币联盟的未来。这是因为，欧元本身就是欧洲政治一体化的产物，单纯的经济因素不足以催生欧元。正是由于战后欧洲的政治联合以及随之而来的欧洲经济一体化，才带来了货币联盟，并保证了货币联盟的成功运行。然而使人担忧的是，尽管欧元已经问世 10 多年了，它的超国家和泛欧洲特征在欧洲民众中却始终存在疑虑。众所周知，欧洲的基本政治单元仍然是民族国家，各国政府和议会首先必须对本国选民负责。如果欧元不能带来预期的经济增长，不能为民众带来实惠，就有可能引发政治危机和社会危机。一旦引发政治危机和社会危机，欧元区的各国政府首先考虑的必然是它们自己的命运。这就可能导致某些国家退出经济货币联盟，甚至退出欧盟。例如，2005 年《欧盟宪法条约》相继在法国和荷兰全民公决中遭到抵制。2008 年 6 月其修订版《里斯本条约》又在爱尔兰被民众否决，欧洲走向政治联合的理想接连受挫。如果政治联合最终失败，货币联盟长存的基础就不牢固。

四、欧洲债务危机与欧元的前景

（一）欧洲债务危机的爆发及发展

欧洲债务危机是指自 2009 年以来在欧洲部分国家爆发的主权债务危机。其中，主权债务是指一国以自己的主权为担保借贷的债务，债权人主要有国际货币基金组织、世界银行和其他国家。当一个国家出现财政赤字时，该国政府往往会选择主权债务。随着主权债务不断增加，而国家经济发展形势恶化导致财政赤字时，就会使得债务国面临大规模债务违约风险，形成主权债务危机。2008 年美国金融危机以后，欧洲各国纷纷采取宽松的财政政策，大举借债进行基础建设和刺激内需，使得那些原本就已负债很高的国家，负债水平进一步提高，最终引发了欧洲主权债务危机。

希腊主权债务危机拉开了整个欧洲主权债务危机的序幕，成为第一个倒下的多米诺骨牌。2009 年 11 月，希腊新政府发现上一届政府掩盖了本国真实财务状况。新政府公布了当年财政赤字和公共债务占比，预期占同期 GDP 分别为 12.7% 和 113%，这一比例远远超出《稳定与增长公约》规定的 3% 和 60% 的上限。在这一消息的冲击下，国际三大评级机构标准普尔、惠誉和穆迪纷纷调低希腊主权信用等级，并且一降再降，最后降至垃圾级。在这样的信用评级之下，希腊根本难以借到新债来偿还旧债，政府财务状况进一步恶化，并且引发了市场恐慌。希腊政府难以通过自身努力解决危机，只能寻求外界帮助。2010 年 4 月 23 日希腊政府向欧盟以及国际货币基金组织正式申请救助。欧盟在 5 月 2 日启动希腊救助计划，5 月 10 日批准 7500 亿欧元的希腊援助计划，并在三个月后追加了 65 亿欧元的贷款。国际货币基金组织为希腊提供了 2500 亿欧元的救助。2012 年 2 月，欧盟和国际货币基金组织又向希腊增加了 1300 亿欧元的贷款合约。

随着希腊主权债务危机不断发展和升级，在其造成的多米诺骨牌效应下，爱尔兰、葡萄牙和西班牙也因负担不了沉重的债务而相继倒下，接着意大利也深陷债务泥潭，难以脱身。爱尔兰、葡萄牙分别于 2010 年 11 月 21 日和 2011 年 4 月 6 日向国际货币基金组织和欧盟提出援助申请；而意大利和西班牙国债收益率不断上升、世界评级机构对其主权的信用评级不断下调。最终连德国、法国和英国这些欧洲传统强国的主权信用评级展望也被国际信用评级公司定为负面，或是直接被国际信用评级公司降低了主权信用评级等级。

欧债危机从希腊、爱尔兰和葡萄牙等周边小国蔓延至意大利和西班牙等大国，最后影响到德国和法国等欧元区核心国。这次危机的影响范围和程度都是欧元区建立以来最大、最严重的一次。欧债危机给欧洲经济发展的各个领域都带来了巨大的冲击，股市和实体经济出现了不同程度的下滑，欧元区面临着成立以来最大的考验。

（二）欧债危机的影响

1. 给全球金融市场带来了巨大冲击

欧债危机的影响领域首先是金融领域。由于评级机构对欧洲主权信用评级不断下降，使得欧元对美元持续贬值。并且债务危机对银行业也造成了严重影响，三大评级机构相继降低对欧洲多国银行的信用评级，使得人们对欧洲银行业充满了担忧，信心降低。如果欧洲不能及时采取有效措施来遏制信用下滑和补充资本，那么欧洲银行在欧债危机不断升级的威胁之下将会暴露出巨大的风险，最终导致它们难以应对希腊等多国债券贬值所造成的潜在损失，引发欧洲银行业的危机，进而引起全球金融市场的剧烈震荡。

2. 阻滞了世界经济复苏的步伐

欧债危机给正处于复苏中的世界经济增加了更多的不确定性，再一次打压了人们的投资与消费信心。欧元区在采取了一系列救助措施使危机得以暂缓后，各国均开始实施紧缩性的财政政策。欧洲作为受次贷危机影响严重的地区，本应采取实施宽松的财政政策来刺激经济增长。但在欧债危机的影响下，只能收紧银根。加上欧元利率处于历史低位，使得货币政策没有作用的余地，市场普遍担心，财政紧缩将使欧洲陷入长期衰退。

欧债危机还通过贸易渠道阻碍世界经济复苏。随着经济全球化进程的加快，国际贸易成为一国经济增长不可缺少的动力。贸易在欧洲各国都占有重要的地位，同时欧盟作为一个联盟整体，在世界贸易中扮演者不可或缺的角色。欧债危机使欧元区内外贸易遭受重大打击，欧洲作为国际经济复苏引擎的作用也受到制约，世界经济复苏的脚步又被拖慢了一拍。

3. 加深欧盟内部矛盾

欧盟成员国并没有达到经济趋同的标准，它们在经济发展方面本来就存在着差异，而欧债危机使得这种差异进一步加大。因此，统一的货币政策下，不同的财政政策将更难运行。同时，欧元区为应对债务危机要求实施紧缩性的财政政策，很可能给经济发展带来更严重的下滑和通货紧缩风险。而工资和福利水平的相对刚性可能会使得一些经济本就较弱的国家出现新的社会和政治局势变化。此外，欧债危机还加深了南欧和北欧的矛盾，使得社会和政治风险上升，欧元地位受损。未来内部协调难度加大，结构改革迫在眉睫。

4. 对危机国造成的影响

欧债危机导致投资者的恐慌情绪加剧、负债成本上升和资产价格缩水，这会迅速加大危机国的负债率和杠杆率。除此之外，各种家庭负债、企业负债和金融、非金融机构债务都会因此变得更加严重。同时，由于危机国的国外债权人和本国的银行业债权人所持有的政府债务比例较高，因此本轮欧洲主权债务危机通过债权人渠道对国外债权人和本国银行业的负面影响也十分明显。

当然，危机也为危机国带来了机遇，欧元贬值，有利于促进出口、抑制进口，从而增加净出口，拉动国内经济发展。并且，这次危机也为许多国家敲响了警钟，迫使它们的政府开始重视国内经济结构和各种政策制度的不足，促进经济结构调整，改进国家福利制度，减轻债务负担。

（三）欧债危机产生的原因分析

1. 经济结构失衡

经济结构失衡往往是经济危机爆发的诱因，就像已经发生过的世界经济危机往往都是由世界经济结构失衡引起的。欧元区建立在最优货币区理论之上，其基础性条件是生产要素的完全自由流动，此外还需要考虑的指标包括经济开放程度、经济发展水平、进出口贸易的商品结构和地域分布、金融市场深度和广度及其与国际金融市场的一体化程度、通货膨胀率等。但是，不管是从要素自由流动还是其他指标看，欧元区成员国的经济周期、经济结构、劳动生产率和单位劳动力成本等宏观经济指标都存在较大差异且有逐渐扩大的趋势，各国产品和劳务价格的竞争依然存在，成员国在经济上的异质性仍然十分明显。在欧洲，欧元经济区就是一个缩小的小世界，在这个区域里面，它的成员国之间的经济结构存在着巨大差异。德国作为欧元区的核心国，是一个出口大国，而同为欧元区国家的西班牙、法国、意大利和希腊等国却都是贸易赤字国。与此同时，德国居民储蓄率偏高，但是投资水平却没有那么高，就出现了部分资金闲置，于是德国银行业将资金出借给西班牙、希腊、爱尔兰等国。德法两国银行持有大量外围小国的债务，但是这些负债国因为债务过高，并且经济发展动力不足，因此形成一个债务负担不断加重的恶性循环，出现违约风险。

正是由于欧元区各国经济发展水平差距较大、结构失衡，再加上只有统一的货币政策而没有与之相适应的财政政策、外贸政策与劳工政策，因而在加入欧元区后，各个国家自身的优势与劣势就逐步显现出来。具有优势的国家会从统一联盟中获取更大的利益，发展速度加快，而具有劣势的国家，可能就在内部竞争中被边缘化，如"欧猪五国"就是这样的情况。随着实践的推移，核心国的核心地位更加稳固，而贸易赤字国的贸易状况却没有得到显著的改善。国家间的差距被拉大，当危机来临时弱势的国家就难以应对。

2. 制度缺陷的放大效应

欧元区天生的体制缺陷，即货币政策和财政政策的"二元性"是导致主权债务危机的根本性原因。欧元区成立之初，只在货币政策上达成了共识，却没有对财政政策进行统一规定，出现了统一货币政策而不同财政政策的格局。因此，我们可以看到负债率不及美国和日本等高负债率国家的欧元区，却因巨额债务引发社会恐慌和经济危机。所以，希腊债务危机之所以发展成了欧元区的危机，是因为它暴露了欧元区的内在弱点，即缺乏统一的政策支持。在这种制度之下，很难对欧元区成员国进行有效的监督，使得成员国为了自身利益，不惜大举借债来满足本国需要。也由于缺乏有效地监督和监管，《稳定和增长公约》对财政赤字和负债水平3%和60%的上限形同虚设。许多成员国屡屡突破赤字和债务水平上限，为这场危机埋下了祸根。再就是，当希腊债务危机暴露出来以后，欧元区由于没有统一的财政政策，各个国家只顾及自身眼前利益，错过了在最优时间采取最佳措施处理危机的机会，从而使得欧债危机进一步恶化和蔓延。

3. 国际金融危机是主要导火索

实际上，欧洲主权债务危机是美国次贷危机引发的国际金融危机的延续与深化。一般来说，在一国经济繁荣时期，私人借贷会相对较高，而当经济形势恶化的时候，国家财政赤字扩大，会增加主权债务。美国次贷危机引发的华尔街金融风暴波及全球金融市场，导致世界经济全面衰退。经济衰退使得各国政府税收收入减少，财政恶化，政府财政赤字增加，加大了财政收支缺口。欧洲许多国家就是这种情况，债务水平不断提高面临违约风险。评级机构对其信用平级的下调使得融资成本上升、难度加大，最终导致债务危机爆发。

4. 国际投机资本和评级机构的推波助澜

2001年希腊加入欧元区时，为达到《马斯特里赫特条约》提出的要求，即政府预算赤字不超过GDP的3%、未清偿债务总额不超过GDP的60%，希腊政府通过与美国投行高盛集团合作，利用一系列金融衍生品协议将财政赤字降为1.5%。最近披露，当时希腊的真实财政赤字是GDP的5.2%，远远高于3%。尤其是，进行债务水平造假的不只是希腊，还有意大利、葡萄牙和西班牙，甚至欧盟核心国德国也存在造假情况。《马斯特里赫特条约》里面的规定成为空谈，为债务危机埋下了祸根。债务危机爆发后，高盛等投行又大肆做空欧元，导致全球市场一片恐慌，美欧股市连连下挫，欧元大幅贬值，经济出现"二次探底"风险。在对冲基金等游资推波助澜下，希腊等债务危机国家的融资成本飙升，使其无法借新债偿还旧债，由此助长了危机爆发，使其蔓延至整个欧元区。

全球三大评级机构惠誉、标普和穆迪不断下调欧元区多国主权评级。2011年7月末，标普已经将希腊主权评级从2009年底的A-下调到了cc级（垃圾级），意大利的评级展望也在2011年5月底被调整为负面，继而在9月份和10月初标普和穆迪又一次下调了意大利的主权债务评级。葡萄牙和西班牙也遭遇了主权评级被频繁下调的风险。主权评级被下调使上述四国借入资金成本大幅度提高，进一步加深了危机。

5. 成员国各自的内部原因

第一，实体经济空心化，经济发展脆弱。其中希腊以旅游业和航运业为支柱产业，意大利以出口加工制造业和房地产业来拉动经济，西班牙和爱尔兰则依靠房地产和建筑业投资带动经济发展。它们各自的经济发展模式和支柱产业都存在很大缺陷，在危机来临时难以抵御。总体看来，"欧猪五国"属于欧元区中相对落后的国家，它们的经济更多依赖于劳动密集型制造业出口和旅游业。随着全球贸易一体化的深入，新兴市场的劳动力成本优势吸引全球制造业逐步向新兴市场转移，南欧国家的劳动力优势不复存在。而这些国家又不能及时调整产业结构，使得经济在危机冲击下显得异常脆弱。

第二，人口结构失衡，老龄化趋势加快。随着生活水平提高和医疗条件的改善，人们的平均寿命延长，再加上生育率下降，欧洲人口结构出现老龄化，并且人口老龄化趋势还在不断恶化，造成劳动力不足，社会生产力下降。

第三，欧洲大多数国家具有较高的刚性福利制度。我们都知道欧洲许多国家的福利水平非常高，覆盖到社会生活的方方面面。这种"从摇篮到坟墓"式的社会保障制度对于促进欧盟经济的发展，保障国民生活水平的不断提高以及社会的稳定都发挥了巨大的作用。但是，过高的福利支出加重了政府的财政负担，只能通过高税收来弥补。但是过高的税收又抑制了经济发展的活力，降低了劳动力市场的资源配置能力，使成员国在经济全球化的竞争中逐渐失去了区位优势。同时，与本国经济发展水平不符的过高的福利水平，不仅造成了社会资源的浪费，也降低了人们的工作意愿，造成劳动力不足、科技进步缓慢和生产率低下等弊端。这种以政府为主导的高福利社会保障体系，使欧盟各国不同程度地背负着巨额的财政赤字。欧洲各国曾让世人羡慕的高福利制度，最终也成了某些经济落后国产生债务危机的原因之一，阻碍经济的发展。

（四）欧元前景

欧元区主权债务危机的爆发，给欧元区成员国的经济带来了巨大冲击。欧盟、国际货币基金组织和欧洲央行联合推出了一系列的救助措施，但是收效缓慢，欧元不断贬值。于是国际社会上关于欧元崩溃、欧盟解体之类的言论不绝于耳。我们需要以更客观的角度去看待欧元的未来。从短期来看，受到欧债危机和高额救援措施的影响，欧元区付出了高昂的成本，欧元地位受挫。但长远来看，危机却有利于欧洲重新审视一体化进程中存在的缺陷，开始重视他们一直以来忽视的问题，并致力于解决相关问题。

欧元区的存在和发展对国际社会有着重大影响，它的解散并不是想象中那么简单。同时，欧债危机虽然给欧元带来了沉重一击，但是并不是只有解散或退出的选择。它自身有着许多优势。首先，欧元区具有规模优势。一种货币的国际地位主要取决于其经济实力、金融市场的发达程度和币值的稳定性。从经济规模看，欧元区是第二大经济体，在贸易规模上欧元区远远超过美国。从金融市场看，欧元区也具有相当的优势，是全球最大的银行业市场，资本市场仅次于美国。因此，欧元地位仍然有很大的上升空间。其次，欧洲债务问题虽然严重，但是相较于美国和日本还是要低一些。但是最终却遭遇债务危机，这与美国在投行、对冲基金和信用评级机构方面的控制权有关。欧洲国家已经确定要建立属于自己的评级机构，这有利于提升欧元地位。再次，从国际货币体系的现状看，只有欧元有能力挑战美元的霸主地位。最后，欧元贬值具有两面性。欧元贬值虽然使得投资者信心下降，但是却能够促进欧洲国家的出口贸易。一方面，欧元贬值将刺激欧洲的出口贸易和旅游等方面的发展。另一方面，欧元贬值会让欧元区的核心国家德国受益，作为出口型国家，在欧元贬值的作用下，出口贸易将会增加，从而带动本国和欧元区其他国家的经济复苏。

欧元的存在不仅有着巨大的经济意义，同时也有着重大的政治和文化意义，欧元如果退出市场，造成的损失将不可估量。欧元的诞生并非一帆风顺，其中包含了欧元区各国为达成一致目标而作出的让步和努力，是各种力量长期博弈和权衡的结果。欧元区现有 19 个国家，是全球第二大货币，在全球外汇储备中占据近 1/3 的份额，欧元的国际地位决定了欧元区解体的成本将不可估量。对于危机国如希腊和葡萄牙等小国也不愿退出欧元区，它们愿意选择接受欧盟监督并采取紧缩性的财政政策。因为退出欧元区不仅为它们带来高昂的费用和时间成本，也会使得它们因失去欧元区的庇护而难以运行，这无疑会加重国家负担，使国民失去信心。

欧元创立至今，不仅推动了欧元区国家经济融合，而且已经成为重要的国际储备货币，在国际金融体系和金融市场中发挥着重要作用。欧元作为人类历史上的一种创举，经历危机是难免的，欧元区国家必然将从危机中汲取教训，不断推进改革，推动欧元的发展，稳固其在国际货币体系中的地位。因此，从积极的角度来看，欧债危机相当于对欧元区国家的一次真实的压力测试。为各国敲响警钟，迫使它们开始重视欧洲一体化进程中存在的问题和自身发展的弊端。从而采取措施解决问题、弥补缺陷，促进欧洲经济的持续、稳定发展。

欧元的前景取决于欧元区各国的发展前景和政治意愿。如果各国都能在协调整体利益的基础上，遵循有利于欧元区整体发展的策略，加强对本国债务、福利的管理，促进本国经济发展，从而带动整个欧洲市场的繁荣，那么欧元也将有更加广阔的前景。

第三节　发展中国家的"美元化"道路

美元化在早期的理论研究中被看作一种货币替代现象，目前主流的研究方法则将美元化看作一种可供选择的汇率制度。由于美元化直接涉及汇率联合管理（其中包括汇率政策的国际协调）和货币政策的国际协调，因此在某种程度上也可以把它看作区域货币合作的一种方式。更具体地说，美元化是最优货币区的更普遍的形式，而欧元可以看成是美元化的一种特殊形式。

一、"美元化"概述

美元化有狭义美元化与广义美元化之分。狭义美元化是指美元化的目标币种仅仅为美国的通货——美元的美元化，就像 20 世纪初巴拿马和近几年厄瓜多尔、萨尔瓦多等国所做的那样。广义美元化则是指目标币种是任意一种外国货币的美元化。在美元化的历史和现实中，使用美元、欧元、澳大利亚元、新西兰元和瑞士法郎甚至已经退出历史舞台的法国法郎、德国马克等货币替代本国货币的现象，都属于广义的美元化。

根据国际货币基金组织和国外研究文献的分类，美元化可以分为三个层次：

第一，非官方美元化，即虽然政府法律规定的唯一法偿货币是本币，但某一特定的外国货币已经显著地被国内居民广泛接受，在国内流通和使用，替代了本国货币的部分职能。在一个社会经济环境持续恶化，通货膨胀率居高不下、本币汇率大幅贬值。国内居民对本币失去信心的国家，很容易出现非官方美元化。非官方美元化的持续扩张，通常会倒逼政府放弃本币、实施完全美元化。

第二，半官方美元化，即政府在保留本国货币作为第一法偿货币的同时，允许某一特定的外国货币作为第二法偿货币，两种货币同时在国内流通和使用，也有人称之为二重货币体系。半官方美元化通常是一个国家由非官方美元化向官方美元化过渡的一个特殊阶段，几乎没有哪个国家能够长期坚持半官方美元化。

第三，官方美元化，也称完全美元化，是一国完全放弃本国货币，法律规定将某一特定的外国货币作为本国唯一的法偿货币，完全替代本国货币的所有职能。

从操作或实施的角度，美元化可以细分为两类，其一是单边美元化，其二是双边美元化。前者指的是美元化国家在不与货币发行国签订任何条约的情况下自行让其他货币取代本国货币，巴拿马就是按照这种单边方式实行的美元化。其好处在于它不需要货币发行国政府的批准，也不会受到货币发行国金融当局的约束，还避免了复杂的谈判。后者则是指美元化国家和货币发行国签订有限的条约，以求得货币发行国的赞同。这样的好处是可以在后面提到的铸币税方面从货币发行国获得某种程度的补偿，还可以让自己的商业银行进入货币发行国金融体系中，当遇到金融恐慌时可以获得货币发行国金融当局的救助，从而使自身的金融体系更加稳定。一般来说，如果真要实行双边美元化，货币发行国需要考虑接纳各美元化经济体为其金融体系成员，并在金融决策体系中留出位置，甚至还需要设计出某种方式补偿美元化经济体。这种过于复杂的事项让双边美元化只是处于讨论阶段，而没有实施过。

国际货币基金组织 2014 年统计，目前无单独法定货币的国家，除去欧元区国家外，另有 30 多个国家采用其他国家货币作为本国法定的流通货币，其中完全废除本国货币的国家如表 10-1 所示。厄瓜多尔、巴拿马等小国属于典型的本国货币，但对于存量本币仍然允许与美元并行流通，直至钞票和硬币本身不宜继续使用为止。另外，20 世纪 90 年代后期以来，美洲的许多国家也围绕本国货币的美元化问题展开了激烈的争论。

二、美元化的成本和收益

美元化对放弃货币主权的经济体而言，其成本与收益大体上可以用货币联盟理论加以分析。

表 10-1   选择美元化汇率安排的国家和地区（2014 年 12 月 31 日）

指定其他国家货币作为法定流通货币		厄瓜多尔、萨尔瓦多、马绍尔群岛、密克罗尼西亚、帕劳、巴拿马、东帝汶、英属维尔京群岛、北马里亚纳群岛、特克斯和凯科斯群岛、津巴布韦、英属印度洋领地
东加勒比货币同盟		安提瓜和巴布达、多米尼加、格林纳达、圣基茨和尼维斯、圣卢西亚、圣多美和普林西比
CFA 法郎区	西非经济货币同盟	贝宁、布基纳法索、科特迪瓦、几内亚比绍共和国、马里、尼日尔、塞内加尔、多哥
	中非经济和货币共同体	喀麦隆、中非、乍得、刚果、赤道几内亚、加蓬

（一）美元化的成本

1. 失去独立的货币政策

独立的货币政策有两种相关但又不同的含义，一是广义的政策独立性，即某经济体依据经济运行状况来实施货币政策的能力，包括利率升降、货币供应量的调节和汇率变动等；二是狭义的政策独立性，即在实施货币政策时不受其他因素的干扰，如不必为了捍卫固定汇率而提高利率。丧失独立的货币政策，将使得美元化经济体在遇到"不对称冲击"而使经济变化对美元区内各不同成员的影响各异时，无法采取积极地、有针对性的措施加以应对。特别是当遇到对一组商品的需求向另一组商品之需求的转移时难以处理。对甲经济某种商品的需求转移到乙经济将对前者的就业造成威胁。扩张的货币政策将有助于减轻甲经济失业压力，但却会加剧乙经济的通货膨胀压力。紧缩的货币政策其影响恰恰相反。此时，汇率政策便是一个很好的调整机制，即甲经济相对于乙经济的货币贬值，将会在降低甲经济的失业的同时减轻乙经济的通货膨胀之压力。但美元化使汇率政策不复存在。与之密切相关的一点是，实施美元化或建立美元区后，其统一的、并且主要是以美国利益为优先考虑的货币政策，可能因发展不平衡和周期因素而损害美元化经济体的利益。

2. 铸币税流失

所谓铸币税，原指铸币成本与其在流通中的币值之差，现通常指中央银行通过发行货币而得到的收入。在纸币制度下，当不存在通货膨胀时，铸币税来自于随经济增长而来的对货币需求的增加。当存在通货膨胀时，铸币税也被称为通货膨胀税（靠印发钞票获得铸币税的做法仅在短期内有效，从长期看其效果将被人们的通货膨胀预期所抵消）。在货币局体制下，铸币税来自于货币局用储备货币购买的有价证券所带来的收益与维持正常流通所带来的成本之差。按照一般的估算，铸币税通常仅占一国 GDP 的0.2%。从广义上看，美元化经济体损失的铸币税还应该包括它们所拥有的、被用来实施美元化的外汇储备。这笔储备资产或来源于经常项目盈余，或来源于资本项目盈余，且构成美元化经济体对美国或其他接受美元化经济体的债权。一旦实施上面提到的单边美元化，不仅以储备资产之利息表现的狭义铸币税消失了，而且这笔至少理论上可动用的储备资产本身——广义铸币税也荡然无存了。

（二）美元化的收益

美元化经济体从美元化中得到的好处，尤其是对那些与美国在贸易与投资方面联系密切的经济体而言，主要表现在以下两个方面：

1. 汇率风险将消失或极大地降低

第一，美元化的积极影响表现为交易成本大大降低。交易成本在这里主要指的是因货币不同而引起的成本，其中包括货币兑换的手续费，因汇率风险的存在而阻碍的贸易机会的收益，以及为规避汇率风险而采取的措施所引发的成本。目前，全球数万亿美元的衍生金融工具市场中的相对部分，都是为了对付各国货币间的浮动汇率而存在的。另外，尽管美加自由贸易区的建立已有 10 年之久，两国在地理上为近邻，并拥有共同的语言和文化，但加拿大城市与城市之间的交易竟然是加拿大城市与美国城市之间贸易的20 倍，其主要原因，据认为当首推货币的不同和浮动的汇率。这其实也构成了欧盟坚持创立欧元的基本原因之一。

第二，币值的稳定将为美元化经济体带来一个良好的发展环境，它将使美元化经济体的实际利率降低。如 1999 年，阿根廷比索和美元 30 天贷款利率之间有 50—44 个基本点的利差，即使其美元的利息率，也比美国国内平均高出 1 个百分点。同时，它还会使因汇率波动或私人投机资本造成的经济动荡出现的可能性大为降低，有助于人们行为的长期化，基本上可杜绝那种源于通货膨胀预期的"败德行为"。也恰因为此，早已美元化了的巴拿马也是整个拉美唯一的拥有 30 年固定抵押贷款利率的国家。

第三，稳定的币值是一国参与国际分工，具体讲是吸引外国投资和促进贸易发展的必要条件之一。规模不大的美元化经济体将因此获得融入美国市场以及世界市场的更加便捷的途径，为它们吸引更多的直接投资和证券投资，美元区内的分工和贸易亦会获得长足发展，从而为真正的自由贸易区（如美洲自由贸易区 AFTA）的建立奠定基础。

2. 带来更为严格的价格纪律

美元化为美元化经济体带来的严格的金融纪律有助于将"政治化"了的经济"非政治化"，进而为经济的长期稳定发展创造良好的政策条件。在许多新兴市场经济体中，当政者经常为了自身的短期政治利益需要而滥发纸币，进而引发恶性通货膨胀，最终损害了经济的持续增长。美元化将迫使当政者接受更为"硬"的预算约束，按照经济规律办事。因此得到的一个推论是：许多政治家之所以反对外币本位制，基本原因就在于美元化或欧元化过程中他们的权力将大为削弱，在于一旦如此其所犯的政治错误便会被立刻揭露出来，从而迫使他们为其不当的财政与管制政策承担责任。

第四节　亚洲货币合作

随着经济全球化和区域化的发展，世界范围内的区域金融合作也深入开展起来。欧元的成功实践为国际货币体系改革提供了宝贵的经验，也为亚洲国家和地区开展货币合作提供了良好的示范效应。

一、亚洲货币合作的动因

（一）贸易投资一体化的需要

20 世纪 70 年代以来，随着区域产业循环机制的形成和发展，亚洲国家和地区的内部贸易有了大幅扩张，区域内贸易占各国、各地区贸易量的比重迅速提高。表 10-2 显示，东亚区域内出口占总出口的比例由 1990 年的 39.6% 上升到 2009 年的 54.8%，区域内进口占进口总额的比例由 1990 年的 42.9% 提高到 2009 年的 62.1%。

表 10-2　　　　　　　　　东亚经济体内部贸易量占总贸易量比例

	出口			进口		
	1990 年	2000 年	2009 年	1990 年	2000 年	2009 年
EA1	22.2	27.4	30.7	19.6	26.7	31.5
EA2	32.0	37.3	44.8	30.1	41.0	50.3
EA3	39.6	46.5	58.4	42.9	54.9	62.1

注："EA1" 中的国家包括印度尼西亚、马来西亚、韩国、菲律宾、新加坡、泰国及中国香港和台湾地区；"EA2" 是在 "EA1" 的基础上加上中国内地；"EA3" 是在 "EA2" 的基础上加上日本。

资料来源：根据 IMF 贸易统计指南整理得出。

从区域内贸易额占 GDP 的比重来看，20 世纪 90 年代以来，东亚区域内相互间贸易额占区域 GDP 的比重也呈递增趋势。如表 10-3 所示，1991 年区内出口和进口占区域 GDP 的比重均为 7.3%，到 2003 年，区内出口占区域 GDP 的比重增加到 12.1%，区内进口占区域 GDP 的比重增加到 12.2%。对比欧盟在欧元启动前区内相互间贸易额占区域 GDP 的比重，出口为 12.8%，进口为 12%，两者已近乎相当。这说明东亚区域内贸易一体化程度达到了相当高的水平。

表 10-3　　　　　　　　　东亚区域内贸易额与区域 GDP 之比

类别	1991 年		1997 年		2003 年	
	出口	进口	出口	进口	出口	进口
区域内贸易额/GDP	7.3	7.3	10.2	10.1	12.1	12.2

资料来源：沈国兵.汇率制度的选择［M］.科学经济出版社，2003.

从国际投资来看，东亚地区长期以来一直是资本净流入地区，区域直接投资的来源以日本、美国和欧洲为主，其中韩国、中国香港、中国台湾、新加坡主要接收美国在

IT 产业的投资以及金融和保险行业的投资，而东盟四国则以来自日本和欧洲的投资为主。20 世纪 90 年代以来，日本、韩国、中国香港、中国台湾、新加坡同时加大了对中国内地的投资，使中国内地成为区域内直接投资的主要受益者。1997 年亚洲金融危机过后，尽管区域内相互直接投资格局有所变化，但中国内地和东盟国家仍然高度依赖区域内的资本投资。

在一个区域内，经济的发展依赖于区域内国家之间的贸易和投资，而区域内货币间汇率的不确定却成了区域内国家间贸易和投资发展的一个障碍，尽管短期汇率不确定性能够通过保值买卖加以消除，由此对国际贸易产生的负面影响不大。但对于东亚地区来说，由于缺乏发育良好的远期外汇市场，长期汇率不确定性难以通过市场加以消除，这必然会对国际贸易和投资产生显著的不利影响。因此，如果货币联盟存在的话，通过长期协议安排可能会消除这种不确定性。

（二）金融危机的启示

2008 年全球金融危机爆发以来使得 1976 年始以美元为本位的牙买加国际货币体系的诸多弊端暴露无遗，国际上对于现行货币体系改革的呼声日益高涨，特别是东亚国家多实行钉住美元的固定汇率制，美元、日元等国际货币的频繁波动使各国遭受到较大的贸易损失。货币体系改革其中一个重要的方向是实现国际货币多元化，从而分散国际货币体系过分依赖美元而产生的系统性风险。

更早地，在 1997 年亚洲金融危机中已经爆发出来的问题，即单个东亚国家由于缺乏有效的应对机制，也没有足够的资金实力抗御投机资本的冲击，无法应对经济形势变动下大规模的资本流入与流出，既难以遏制危机的"传染效应"，又无法求助于外部力量，无法有效防止危机的扩散，在国际游资的强烈冲击下不堪一击。而现有的国际经济组织和国际经济框架不足以迅速有效地解决东亚地区的问题，国际货币基金组织也只是在如何补救上做出有限的贡献，对于防止问题的发生仍然束手无策。金融危机的爆发引起了东亚国家关于汇率制度和金融安全的思考，更在两个层次上提出了亚洲货币合作的必要性：首先是全球国际货币体系存在严重缺陷（国际货币基金组织未向危机国家提供及时的援助，而且援助条件苛刻），这促使人们转而寻求区域货币合作的可能性；其次，亚洲缺乏像欧盟那样有效的区域货币制度安排以防止危机的蔓延，而进行广泛的区域货币合作将成为有效的解决方式。

（三）欧元的示范作用

尽管区域金融合作的主张在亚洲是对金融危机的一种反应，但在世界其他地区区域金融合作的主张已有很长的历史。2002 年欧元的正式运转支持了最优货币区理论，这是欧洲一些发达国家针对国际货币体系的重大缺陷所做出的集体行动，很大程度上是对美元的霸权地位的挑战。通过建立区域性的货币联盟，各国虽然在名义上放弃了本国的货币自主权，但在区域范围内却实现了真正的经济自主。独立的区域性货币政策提高了本地区的经济利益，改善了各成员国的福利水平。

欧元的成功极大地鼓舞了人们进行货币合作的信心，其启动对东亚起到了强大的示范作用：结成区域货币联盟，稳定区内货币汇率，是发展中国家或小国经济抵制外部冲击，加强内部经济联系的基本途径，也是国际货币体系向国际货币一体化演进的基础。货币一体化的成功要求具有一个或数个具有相当规模、国际竞争力强、币值稳定的区内核心国家。保持宏观经济趋同，是保持区内货币汇率稳定的基础，也是提高货币国际竞争力的基本途径。

二、亚洲货币合作的发展历程与现状

（一）1997 年亚洲金融危机爆发以前，亚洲货币合作尚未形成实质性的合作机制

亚洲区域合作的历史可以追溯到 1967 年东盟的成立，其初始的目的是基于政治和地区安全的考虑。20 世纪 80 年代之后，随着东亚经济相互依赖程度的加深，亚洲区域合作朝着经济贸易方向发展。1989 年举行亚太经济合作会议首届部长级会议，标志着亚太经济合作会议的成立。1993 年 6 月改名为亚太经济合作组织。1992 年东盟倡议建立区域内自由贸易协议。总体上来看，在 1997 年亚洲金融危机爆发之前，东亚各国在贸易和投资合作方面取得了相当大的进展，但在货币和金融合作方面确实一片空白，尚未形成实质性的货币合作机制。

（二）1997 年亚洲金融危机之后，亚洲各国纷纷提出货币合作的初步构想

1997 年 9 月，日本政府提出了建立"亚洲货币基金"（Asian Monetary Fund，AMF）的倡议。这个倡议设想组成一个由日本、中国、韩国和东盟国家参加的组织，筹集 1000 亿美元的资金，为遭受货币危机的国家提供援助。这一建议受到遭受金融危机打击国家的普遍欢迎，但是"亚洲货币基金"的构想提出后因受到美国和 IMF 的极力反对而搁浅，反对的主要理由是"亚洲货币基金"会引发道德风险问题，诱使亚洲国家产生推迟进行经济调整的动机，对以国际货币基金组织为中心的现存体系的辅助作用甚微，"亚洲货币基金"的存在是对国际货币基金组织不必要的重复。在美国和 IMF 提出反对意见后，东亚各国对 AMF 的支持热情立即减弱。

1997 年 11 月，"亚洲货币基金"提议被否决，取而代之的是"马尼拉框架"（Manila Framework）。"马尼拉框架"的目的是加强区域监督，以使 IMF 更好地履行职责，但是它没有制度上的机构，其基本的出发点是加强而非削弱国际货币基金组织的作用。

1998 年 10 月，日本又以大藏大臣宫泽喜一的名义提出"新宫泽构想"（New Miyazawa Initiative），倡议建立总额为 300 亿美元的亚洲基金，其中 150 亿美元用于满足遭受危机的国家中长期资金需求，150 亿美元用于满足其短期资金需求。这一提案相对来说受到了各方的欢迎，尤其是遭受货币危机的国家。美国和国际货币基会组织也没有提出反对意见，而且最后在 2000 年 2 月 2 日的时候，按照"新宫泽构想"为几个危机国家如韩国、马来西亚、菲律宾等提供了 210 亿美元资金，其中 135 亿美元为中长期贷

款，75 亿美元为短期贷款。"新宫泽构想"还为马来西亚、菲律宾和泰国提供了 22，6 亿美元的贷款担保。

1999 年 10 月 18 日，马来西亚总理马哈蒂尔在"东亚经济峰会"上提出建立"东亚货币基金"（East Asian Monetary Fund）的倡议。他主张从东亚开始进行多边协议，然后逐渐扩大到其他亚洲国家或地区。他倡议建立的"东亚货币基金"规模比国际货币基金小，是一个完全属于东亚地区的基金。

在亚洲建立区域货币基金的构想由于未能得到国际社会普遍的有力支持而被搁置。但是随着亚洲金融危机的发展，东亚国家政府特别是东盟十国以及中、日、韩之间加强了彼此之间的交流和协商，东亚货币合作逐渐取得了一定的进展。

（三）2000 年至今，亚洲货币合作进入实际推动阶段并取得一定成效

2000 年 5 月，在泰国清迈召开的亚洲开发银行年会上，东亚"10+3"的财政部长通过了日本提出的《清迈协议》（CMI），这标志着亚洲地区的区域货币合作从讨论阶段正式迈向实质推动阶段。《清迈协议》主要包括两个部分：

首先，它扩展了仅存在于东盟五国（泰国、马来西亚、新加坡、印度尼西亚、菲律宾）之间的货币互换协议（ASEAN Swap Arrangement，ASA）。货币互换协议起源于1977 年 8 月，泰国、马来西亚、新加坡、印度尼西亚和菲律宾建立了东盟内的双边货币互换安排，目的是对国际收支有困难的成员国提供短期的流动性支持。因为在对付投机性货币袭击时，援助资金的迅速启动和支付至关重要，所以货币互换协议下可得的款项是无条件的。2000 年 8 月，东亚"10+3"的中央银行将 ASA 的规模由 2 亿美元扩展到 10 亿美元。2000 年 11 月，货币互换协议扩展至日所存的东盟成员。虽然目前货币互换协议的规模和作用还很有限，但毕竟为成员国提供了危机时所需的紧急融资途径，反映了各国加强金融合作的动向，为今后区域内多边互换体系的建立奠定了基础。

其次，建立了中日韩与东盟国家的双边互换网络和回购协议（Network of Bilateral Swaps and Repurchase Agreements，BSA）。双边互换网络和回购协议是以美元和参与货币互换的形式提供短期的流动性援助机制。东亚"10+3"双边货币互换安排是对国际货币基金组织提供的国际融资的补充。在成员国发生流动性困难的时候，可以依据协议用本币向签约的另一方介入外汇，并在预定的期限内归还外汇换回本币。原则上双边互换网络和回购协议提供的金融援助与国际货币基金组织提供的贷款是相互联系的，因此也受国际货币基金组织贷款条件的约束。为了给危机国家提供快速救援，提款权最大金额的 10% 与国际货币基金组织提供的贷款是无关的，可以不通过国际货币基金组织直接支付。每个互换协议由签订双方协商互换的最大金额和互换的币种。双边互换网络和回购协议建立之后东亚"10+3"货币互换机制取得了实质性进展，在《清迈协议》框架下，东盟国家和中、日、韩之间已经达成了一系列双边互换协议，截至 2004 年 11 月10 日，中、日、韩与东盟十国共签署了 16 个双边互换协议，累计金额达 440 亿美元。其中日本和泰国的互换协议在 2004 年 7 月终止。2005 年 1 月 25 日，日本、泰国同意签订金额为 30 亿美元的双向互换协议（美元-泰铢，美元-日元）。

从 2004 年到 2005 年，"10+3"成员国对《清迈协议》进行了一系列的评估，其中

包括危机救援的形式、资金数额以及与 IMF 贷款条件的关联问题。在此基础上，2005年 5 月第八届"10+3"财长会议就改善《清迈协议》框架下的货币互换机制达成了具体可操作性的共识。2007 年 5 月第十届"10+3"财长会议同意建立外汇储备库以帮助危及国家应对短期流动资金困难。2008 年 5 月"10+3"财长会议审议了《清迈协议》多边化，同意区域储备基金总规模至少是 800 亿美元，东盟和中日韩出资比例为 20：80。2009 年 2 月的"10+3"特别财长会议审议并发布了《亚洲经济金融稳定计划》，将筹建中的区域外汇储备库规模由原定的 800 亿美元扩大至 1200 亿美元，并提议建立独立区域经济监测机构。随后 2009 年 5 月的第十二届"10+3"财长会议发表联合公报，宣布规模为 1200 亿美元的亚洲区域外汇储备库将在 2009 年底前正式成立并运作。2010 年 3 月 24 日，"10+3"财长和央行行长以及中国香港金融管理局总裁共同宣布，正式签署《清迈协议》多边化协议，亚洲首个区域外汇储备库正式成立。《清迈协议》多边化将通过货币互换交易向面临国际收支和短期流动性困难的《清迈协议》多边化参与方提供资金支持。2011 年 5 月 4 日，"10+3"财长会议宣布成立宏观经济研究办公室，以加强区域经济监测，为《清迈协议》多边化实施提供支持，同时要求区域信用担保和投资基金尽早开始运作，以促进本币债券的发行。2012 年 5 月 3 日，"10+3"财长会议决定将《清迈协议》融资额度提高一倍，由 1200 亿美元增加至 2400 亿美元。2013 年 5 月 3 日，"10+3"财长会议通过了将宏观经济研究办公室升级为国际组织的协议草案，加强其机构能力，使其切实履行经济监测职能，为《清迈协议》多边化有效运作提供了支持。2014 年 5 月 3 日，会议审核通过了《清迈协议》多边化操作指南修订和经济评估与政策对话分析模型。

《清迈协议》的签订和实施具有重要的意义，是东亚货币合作从构想走向现实的第一步，对于推动东亚区域货币合作走向深入具有深远的意义。在东亚 10+3 框架下，东亚货币互换机制取得了良好的发展，成为防御外部冲击的一种手段。但是，《清迈协议》也具有其自身的局限性，其最主要的缺陷在于缺乏制度性的安排。双边货币互换安排的主要目的是帮助解决成员国短期的流动性困难，通过双边磋商达成协议，在制度安排上不存在严格的监督和执行机构，因此其作用大打折扣。而且东亚各国（地区）在政治上的信任度不高，在危机来临时各国能否按照协议提供援助是值得怀疑的。缺乏有效的制度约束会诱发道德风险的产生，建立货币互换机制后各经济体可能更容易爆发金融危机。

除了上述的主要缺陷外，《清迈协议》还存在着以下缺点。第一，现有的货币互换安排都是在双边的框架下进行的，意味着要进行许多轮的双边谈判才可能在整个区域内建立起货币互换网络，这就有可能错过预防危机的最佳时机。而且在双边条件下，每个需要援助的国家能够得到的援助金额相对有限，如果把双边协议扩展到多边，由一个集中的机构管理，那么这些资金将会得到更有效地利用。《清迈协议》离建立"亚洲储备基金"的最终目标还有很大差距。第二，虽然与历史上其他区域性货币互换协议相比，《清迈协议》涉及的互换金额已经保持在较高水平上，但是与东亚各经济体的外汇储备以及金融危机时各国可能需要的援助资金相比，清迈协议的互换金额相对较小。2003年东盟 9 国（缺少文莱的数据）和中日韩的外汇储备总额达到 14643 亿美元，但 1997

年东亚金融危机中，仅泰国就向 IMF 要求了 172 亿美元的援助。第三，由于对贷款条件有限制，危机中各国能在短期内调用的资金很有限。在 IMF 提供援助之前，双边货币互换安排的签订国只能立即获得协议中规定的互换货币总金额上限的 10%。由于 IMF 为成员国提供贷款时要进行条件审核，对危机的反应存在时滞，很可能错过最佳的救援时机。东亚"10+3"双边货币互换安排作为 IMF 的补充对区域救援的效果是不明显的。第四，《清迈协议》的成员国有待扩展。目前双边互换网络和回购协议框架下签订的 16 个协议中包括了中日韩之间的 3 个协议以及东盟五国分别与中日韩签订的 13 个协议。如果要在整个东亚"10+3"框架内建立货币互换网络的话，那么还有 17 个双边协议需要签订。此外，在现有的双边互换安排中，协议互换的货币以美元为主，只有三个协议不涉及美元。为了减少东亚经济体对美元的依赖，各国（地区）可以尝试在互换协议中加大东亚地区大国的货币的使用。

尽管存在着自身的缺陷，《清迈协议》仍然是东亚货币合作中最重要的成果。《清迈协议》的履行及拓展表明了东亚国家（地区）在货币和金融合作方面的信心，极大地鼓舞了各方对于建立东亚货币合作体系的热情。《清迈协议》之后，东亚货币和金融合作引起了国际社会的广泛重视，各方对这一合作的立场和态度发生了重大变化。在 2005 年于伊斯坦布尔召开的第八届"10+3"财政会议上，就改善《清迈协议》框架下的货币互换机制达成了具体可操作性的共识。2007 年 5 月在日本东京召开的第十届"10+3"财长会议同意建立外汇储备库，由各成员国分别划出一定数量的外汇储备作为区域储备基金，以帮助危机国家应对短期流动资金困难。2010 年 3 月，总规模为 1200 亿美元的区域外汇储备库正式签约生效。

直至今日，亚洲区域合作不断加强。2015 年 12 月 25 日，由中国倡议设立的多边金融机构亚洲基础设施投资银行正式成立。对亚洲货币合作的呼声也越来越高，从长远利益来看，亚洲需要单一货币，亚洲货币合作乃是大势所趋。

三、亚洲货币合作的可行性分析

（一）生产要素的流动性

蒙代尔在探讨最优货币区标准时主要考虑了生产要素流动性，特别是劳动力和资本的流动性。由于受到语言、宗教、习俗等差异的影响，东亚国家在劳动力流动性方面还处于较低水平，不过学术界通过对比亚洲与欧洲的扰动因素规模，发现亚洲扰动因素较大，但调整速度却快，因此，相对于欧洲，东亚劳动力市场更为灵活。另外，对欧盟的实证研究发现，最初欧盟的劳动力流动性也不高，但仍然未影响其建立货币联盟，因为欧盟国家具有高度的资本流动性，从而在很大程度上弥补了劳动力流动性的不足。而自 20 世纪 90 年代以来，东亚地区的区域内外商直接投资增长迅速，区域内产业、投资和贸易循环正在形成。并且欧洲国家在 20 世纪 90 年代中期以来资本流动性大大提高，证实生产要素流动性标准具有内生性，货币联盟本身有助于要素流动性的提高。

（二）经济开放度标准

与其他地区相比，东亚地区普遍是出口导向型经济，经济开放度高。表 10-4 给出了 1997—2006 年东亚主要国家经济开放度的数据，除了日本经济外向度较低外，东亚其他国家经济外向度都较高，有的国家和地区如中国内地经济外向度提升迅猛，而新加坡、我国香港地区等经济体开放度甚至超过了 300%。

表 10-4 　　　　　　　　　　　　　东亚主要经济体对外开放度

年份	中国	日本	韩国	印度尼西亚	新加坡	菲律宾	泰国	马来西亚
1997	41.47	—	76.96	56.19	—	108.4	93.38	187.1
2000	46.92	17.65	70.29	62.39	295.46	93.53	99.92	201.15
2003	67.12	18.9	65.13	61.4	273.1	102.5	107.3	188.4
2006	82.3	20.3	73.2	66.3	323.3	108.3	114.6	245.7

注：对外开放度＝本国进出口总额/本国 GDP

资料来源：IMF，International Financial Statistics Yearbook.

（三）产品多样化

除中国、日本等建立有较为完整的工业体系外，其他国家与地区的产业结构呈现较大的类似性，产品大多集中在电子电器产品、石油产品、纺织品等少数品种上，产品的分散程度较低。

（四）通货膨胀相似度

就通货膨胀率指标而言，东亚各国的平均通货膨胀率是较低的，然而整个东亚地区的通货膨胀差别较大。与欧元区相比，通货膨胀率一致性较低，但是由于欧元区各国在统一货币后政策偏向具有一致性，即标准具有内生性，因此不可过分夸大东亚区通货膨胀率的差别。

（五）政策一体化程度

货币联盟各国的政策目标相似性越高，在对付经济冲击时，各国政策协调越容易，货币合作越容易成功。参加货币区后，各成员国丧失货币政策的自主权，只能依靠财政政策来调控自身的经济。但各国不同的经济增长目标和就业状况可能导致实施不同的财政政策手段，从而使各成员国之间难以维持其固定汇率。衡量各国政策目标是否一致的重要指标有通胀率、失业率、赤字占 GDP 比率和国债占 GDP 比率。欧元区通过《稳定与增长公约》对其进行了明确的规定。与欧元区相比，东亚在这些指标上，丝毫不逊色于欧盟国家，东亚各国有可能进一步合作，协调彼此的宏观经济目标。

（六）金融一体化程度

亚洲金融市场发展水平参差不齐，按发达水平大体分为三个层次，第一层次为日本、中国香港、新加坡，金融市场比较完善；第二层次为韩国、中国台湾、马来西亚、泰国，这些国家和地区场正在深化；剩余的国家和地区为第三层次，这些国家和地区金融市场发展缓慢。不平衡的金融市场发展水平是建立东亚货币区的不利因素。

综上所述，我们发现目前东亚各国对不同的最优货币区标准的符合程度不一致，虽存在着推动货币一体化的经济基础，但尚未全部达到"最优货币区"的各项标准，要在东亚组件最优货币区还任重而道远。但最优货币区理论的单一标准过于严苛，有学者认为欧洲也并非一个"最优货币区"，然而欧盟的成功经验是对最优货币区理论的补充和完善，表现了单一标准的内生性特点。由这一点看来，东亚区已初步具备了建立货币联盟的基础，甚至在东亚的亚区域，已经符合最优货币区的标准。只要有经贸合作机制和有力的法律保障，成员国可以先加入后逐渐达标，并且分批加入。从长远来看、从经贸合作的发展需求及规律来看，亚洲货币一体化是可行的。

四、亚洲货币合作面临的问题

近年来东亚货币合作取得了一些进展，特别是在亚洲金融危机后，各国加强合作的共识增多，货币合作的进程不断加快，但是与已有几十年历史的欧洲货币合作相比，东亚货币合作只是近几年才真正开始，在政治稳定、经济发展、社会意识、历史文化等等方面都存在着许多障碍，同时面临区域外政治经济社会发展的影响，制约着货币合作的深入开展。

（一）区域经济发展水平差距显著

目前东亚地区内发达国家、新兴工业国家和发展中国家等几种不同类型的国家和地区共同存在，按照经济发展水平（以人均 GDP 计）可以划分为四个层次：日本为第一层次，亚洲"四小龙"为第二层次，中国大陆与亚洲的"四小虎"为第三层次，其他国家如越南、柬埔寨、老挝为第四层次。从人均 GDP 来看，日本高出中国内地 10 多倍，新兴市场经济体也比中国内地高 4~7 倍；从产业结构来看，一些国家产业集中度和产业垄断程度长期居高不下，不同产业间的关联度偏低。凭借富余的廉价劳动力优势，东亚发展中国家的产业大部分集中于劳动密集型和技术含量低的纺织服装和电子器件等行业，附加值低，缺乏竞争力。日本的产业结构呈现多样化，在国际竞争中具有相对优势，但近年来，国内制造业的"空洞化"现象严重。韩国长期的政府主导型经济形成了大批的大型企业集团，这些集团在市场中往往处于垄断地位。中国长期以来实施粗放型经济增长方式，近几年逐步转向集约型增长方式。各国产业结构的非均衡性也是各国差异性的表现，同时阻碍各国经济的趋同发展。

(二) "核心货币" 的缺失

目前，有关东亚货币一体化的观点主要有"日元区"、"人民币经济圈"等，但从中国和日本的现状来看，两国都不具备领导东亚范围内的经济与货币联盟的现实条件。欧洲货币一体化的成功正在于有强大稳定的德国和强劲稳定的马克，而东亚还缺乏区域性货币合作所应具备的类似条件。

日本贸易金融实力的不断增强和东亚区域经济一体化的不断发展，使得日本逐渐取代美国成为东亚经济贸易和金融活动的核心和主导。如表 10-5 所示，日本在东亚国家和地区的进出口贸易、外商直接投资和外国银行贷款中所占的比重已经超过了美国，东亚各国在对外贸易和金融交易上高度依赖日本，日元也是国际性储备货币。然而，由于日元汇率非常不稳定，暴涨暴跌；日本经济自 20 世纪 90 年代以后陷入泡沫经济，发展速度明显放慢；日本国内金融市场开放程度不高，长期通货膨胀；同时，日元的国际化程度与美元和欧元差距明显。所有这些都制约了日本在东亚货币合作中作用的发挥，以目前日本的情况看，日本难以在该地区担当领头羊。

表 10-5 日本和美国在东亚十国（地区）的进口贸易、投资、贷款中的比重（2004）

	进口贸易	FDI	外国银行贷款
日本所占比重	18.7%	22.4%	36.8%
美国所占比重	14.2%	10.5%	5.1%

注：此处东亚十国（地区）指亚洲"四小龙"、东盟四国、中国大陆、越南。
资料来源：BIS；IMF, Direction of Trade Statistics, Quarterly.

中国自改革开放以来，经济实力迅速增强，并且在 1997 年的东亚金融危机中坚持人民币不贬值，显示出了政治与经济大国的风范。但是，雄厚的经济实力、开放的经济体系、稳定的汇率、富有弹性的经济政策以及较大的政治影响力，是一个区域货币中心国的必备前提，中国目前的状况与这些要求还有着不小的差距。

(三) 社会文化意识因素

长期以来，东亚各国和地区一直存在分歧，包括文化传统、宗教信仰、政治体制等差异，因此他们更多的是把彼此视作竞争对手，而不是潜在的合作伙伴。

东亚很多国家和地区受汉文化影响较多，文化差异不是很大，但是宗教、历史等方面差异巨大，如马来西亚主要信仰伊斯兰教，菲律宾信仰天主教，泰国佛教比较盛行等。由于宗教信仰不同而导致的冲突时有发生，宗教问题可能会成为影响东亚货币合作的一个不利因素。

东亚地区许多国家自 19 世纪以来就饱受殖民主义的迫害。第二次世界大战后，东亚各国的政治体制与社会制度非常多元化，既有社会主义国家，又有资本主义国家，还有介于两者之间的政治体制国家；既有民主制度国家，也有君主制国家。各国政体的不同直接导致了社会意识形态和经济体制的差异及各国价值观的不同。社会文化意识的认同对地区经济、货币合作至关重要。欧盟经济合作与货币一体化的成功推进，一个重要方面得益于欧盟国家拥有共同的意识形态、思想文化和价值认同。在经济全球化的浪潮中，这些问题如果不能得到顺利解决，将会在很大程度上影响各国之间的信任感，使得东亚今后的经济货币合作充满了不确定因素。

（四）政治因素

任何形式的货币合作离开政治合作都是不可能的，货币合作必须具备良好的政治基础。因为区域内部的国际调节涉及生产、分配乃至整个国民经济，这已超出了货币金融的范围。更具体地说，国际货币合作要求各个国家和地区在经济和社会方面进行调节，甚至要让渡一部分国家主权，尤其是货币主权，执行某些共同的政策，建立统一的协调区域内部经济政策的机构。欧元得以顺利诞生在很大程度上归功于欧洲有一个强大、统一的欧洲联盟。相比之下，东亚的区域货币合作缺乏坚实的政治基础。

首先，东亚的区域合作一直以来存在松散、非制度化的特征，形成了一种独特的"亚洲传统"，具体表现为以下两个特点：一是非正式性，如亚太经济合作组织（Asia-Pacific Economic Cooperation，APEC）就一直强调其论坛性质，未建立一种非常正式的制度，对成员国不具有约束力；二是强调寻求共识，将有分歧的问题搁置起来，这种非制度化和达成共识的"亚洲传统"是无法适应区域货币合作要求的。

其次，东亚内部错综复杂的政治形势是其货币合作的重要不利因素。一方面，历史上日本的侵略战争给广大的亚洲国家留下创伤，而日本对战争问题至今没有深刻反省，这使得东亚各国对日本政府心存疑虑。如果日本不对历史进行深刻的反省，东亚各国将很难同日本进行实质性的合作。另一方面，东亚地区领土争端一直未得到很好的解决，存在大量的领土、岛屿归属和海洋划界争端，如越、菲、马在中国南沙群岛主权问题上的矛盾、日韩的竹岛之争、中日之间的钓鱼岛问题等。众多的领土争端给东亚和平稳定造成了隐患，造成东亚地缘政治的复杂化。

因此，东亚地区尽管在某些方面已经满足建立货币联盟的条件，但是由于以上因素的存在，东亚地区真正实现高层次货币合作还有很长的路要走。

◎ **本章思考题**

一、名词解释

最优货币区　GG-LL 模型　跛行货币区　欧洲货币体系　联合浮动机制　超蛇形联合浮动机制　欧洲债务危机　美元化　亚洲货币合作　清迈协议

二、问答题

1. 早期最优货币区理论提出了哪些最优货币区的衡量标准？

2. 根据最优货币区的成本-收益分析，一国加入货币区的收益有哪些？需要付出哪些成本？

3. 简述理性预期下的最优货币区理论。

4. 最优货币区的内生性理论的核心观点是什么？

5. 简述欧洲货币体系的主要内容。

6. 欧元启动的意义有哪些?

7. 试述欧元运行的效果及其面临的挑战。

8. 欧债危机的发生对欧元的前景有何影响?

9. 试述美元化的成本和收益。

10. 试述亚洲货币合作的可行性及其面临的问题。

第十一章 | 国际货币体系

当不同的货币跨国流通时，便需要对其进行统一的管理和协调。于是，国际货币体系应运而生。国际货币体系是调节国际货币关系的一整套国际性的规则、安排、惯例和组织形式，它构成国际金融活动总的框架，各国之间的货币金融交往在各个方面都要受到国际货币体系的约束。国际货币体系既可以是自然缓慢发展的结果，也可以在短时期内通过国际会议确定。国际货币体系随着历史的发展而不断变迁，先后经历了国际金本位体系、布雷顿森林体系和牙买加体系。本章通过对国际货币体系演进的分析，揭示各种国际货币体系的制度缺陷以及解体原因，并阐述当今国际货币体系存在的问题及改革方案。

第一节　国际货币体系概述

一、国际货币体系的概念及其主要内容

（一）国际货币体系的概念

国际货币体系随着国际经济交往的不断扩大而产生。在奴隶社会和封建社会中，由于国际商品交易及其他交往较少，所以对国际货币合作没有要求。进入资本主义社会以后，由于资本主义生产方式的确立和世界市场的形成，商品经济在全世界范围内发展。各国之间的贸易往来、债务清算、资本流动等日趋频繁，它们最终都要通过货币进行结算和支付。由于世界上没有统一的货币，主权国家通常都有自己的法定货币，而这些货币在国际上不具备普遍接受性。那么，在国际交往中以本币还是以外币进行支付？以哪

一种外币进行支付？外币与本币的兑换比率如何？由此要求各国之间就国际本位货币、汇率等问题进行协商。随着国际贸易和金融往来的增加，各国出现了国际收支失衡问题，到底是由逆差国进行调整还是顺差国承担调节责任？由此要求各国之间就国际收支的调节问题进行协调。对诸如此类的问题进行国际政策协调的结果就形成了国际货币体系。

国际货币体系（international monetary system）也称国际货币制度，是指为了适应国际贸易和国际支付的需要，各国政府对货币在国际范围内发挥世界货币职能所作的一系列安排，包括为此所确定的原则、采取的措施和建立的组织机构。亚当·斯密（A. Smith）将国际货币体系称为"大车轮"（great wheel），"当它运转不灵时，将给各国福利带来负面影响"。

（二）国际货币体系的主要内容

1. 国际收支的调节方式

即当出现国际收支不平衡时，各国应采取什么方式弥补这一缺口，各国之间的政策措施如何互相协调。若调节机制失灵或不健全，若国与国之间政策协调不力，会使整个国际货币体系失去运行的基础。因此，国际货币体系的首要内容就是确定国际收支的调节方式，有效地帮助和促进国际收支失衡的国家进行调节，并使各国在国际范围内能公平地承担国际收支调节的责任和负担。

2. 汇率制度的确定

由于汇率在决定商品和服务的国际流动以及经济福利水平中具有重要意义，因此各国难免以国家利益为重，在安排汇率时常常以邻为壑，引发货币战和贸易战，从而损害世界经济交往，最终也不利于各国经济的发展。基于此，为了维护共同的利益，对汇率做出适当的制度性安排在国际货币体系中始终居于中心地位，主要是要解决一国货币与他国货币之间的汇率应该如何决定和维持、能否自由兑换这两个关键问题。具体包括：货币比价确定的依据、货币比价波动的界限、货币比价的调整、维持货币比价所采取的措施，对同一货币是否采取多元比价；一国对外支付是否受到限制、一国货币可否自由兑换成支付货币等。

3. 国际货币本位或储备资产的确定

确定以哪一种或哪几种货币作为国际支付货币，一国应持有何种国际货币或储备资产，用于满足国际支付和调节国际收支的需要。不同的国家，用什么作为储备资产，不但取决于各国本身的经济状况，也取决于国际协调或国际范围的普遍可接受性。在此基础上，整个国际社会需要多少储备资产，新的储备资产如何供应与创造等，都需要有国际性的规则与制度做出妥善安排。

4. 国际货币活动的协调与管理

国际收支调节、国际汇率制度、国际储备体制都牵涉到不同的国家，而这些国家的社会经济条件和政策目标不同，所以在国际货币体系中产生了国际货币活动的协调和管理问题。也就是各国货币当局和国际金融机构之间协调各国的国际货币活动和与此有关的经济政策。

国际货币体系实际上是一个有组织的、相互作用的有机整体，其构成要素几乎囊括了整个国际金融领域。理解和把握国际货币体系，应该抓住两条线索：货币本位和汇率制度，其他方面则是扩展和延伸。

二、国际货币体系的类型

国际货币体系可以从多个角度进行划分，最基本的分类从货币本位和汇率制度角度进行，还可以从货币制度运行的地域范围划分。

从货币本位角度划分，国际货币体系可以分为纯粹商品本位、纯粹信用本位和混合本位三种类型。货币本位（money standard）是一国货币制度的基准，是指在国际经济活动中，国家出于经济条件或政策上的考虑，用法律的形式将本国货币与之固定地联系起来，作为衡量价值的标准，以及国际交易的最终清偿手段。纯粹商品本位，指纯粹以某种商品或贵金属作为货币本位的货币体系，如国际金币本位制以黄金作为国际货币本位。纯粹信用本位，也称为不兑换纸币本位，是指只以外汇作为国际货币本位而与黄金无任何联系的货币体系，如牙买加体系以美元、英镑、德国马克、瑞士法郎、法国法郎、日元等外汇作为国际货币本位。混合本位，是指同时以黄金和可兑换黄金的外汇作为国际货币本位的货币体系，如国际金币本位制崩溃以后的金汇兑本位制，以及布雷顿森林体系。

从汇率制度角度划分，国际货币体系可以分为固定汇率制度和浮动汇率制度，以及介于两者之间的可调整钉住汇率制度、爬行钉住汇率制度、管理浮动汇率制度等。

从货币制度运行的地域范围划分，国际货币体系可以分为全球性的国际货币体系和区域性的国际货币体系两种类型。前者如布雷顿森林体系，世界上绝大多数国家都加入了；后者如欧洲货币体系，主要限于欧洲地区的国家。

实际上，我们在谈到一种货币体系时往往将这些分类标准结合起来，例如国际金本位制是一种以黄金为货币本位的固定汇率制，布雷顿森林体系是以黄金和不兑现的纸币（美元）为货币本位的固定汇率制，而牙买加体系是一种储备货币多元化、以浮动汇率制为主的混合体制。

三、国际货币体系的评价标准

巴里·艾肯格林（B. Eichengreen，1985）描述了理想的国际货币体系的特征："一个理想的、运行良好的国际货币体系应该使生产者生产具有本国比较优势的商品，使投资者可以超越国界寻找利润最大化的投资机会。货币体系通过将稳定性和灵活性结合起来达到这一目标。外汇市场的稳定减少了进出口价格的波动性，使生产者和消费者从国际专门化中获得充分的益处。国际货币体系的灵活性能协调各国当局的不同目标。"事实上，到目前为止，没有哪个体系能够完全符合上述要求，所有国际货币体系都有其优势和劣势。当一种国际货币体系严重阻碍世界经济运行，它就会被新的国际货币体系所取代。

理想的国际货币体系的基本功能是促进国际贸易和国际资本流动的发展，主要体现在能够提供足够的国际清偿能力、保持国际储备资产的信心、保证国际收支失衡能够得到有效而稳定的调节三个方面。

第一，充足的国际清偿力（liquidity）。理想的国际货币体系应使国际货币本位的发行保持与世界经济及贸易发展相当的增长速度，既应避免过快的增长加剧世界性的通货膨胀，也应避免过慢的增长而导致世界经济和贸易的萎缩。

第二，对国际储备资产的信心（confidence）。在理想的国际货币体系下，各国政府和私人都愿意继续持有国际储备资产，而不发生大规模的抛售国际储备资产的危机。

第三，有效的国际收支调节机制（adjustment）。理想的国际货币体系要能使各国公平合理地承担国际收支失衡调节的责任，并使调节付出的代价最小。

四、国际货币体系的形成和演变

国际货币体系的形成有两种途径：一是自然缓慢发展的结果。随着各国经济交往的不断增多，一定活动方式逐渐得到公认。当越来越多的参与者承认各国在实践中形成的约定俗成的规则和惯例，并给予法律的约束力时，一种体系就发展起来了，国际金本位制的产生就属于这种情况。二是在短期内通过国际会议建立起来。具体是在一个公共的国际组织的领导与监督下，拟定共同遵守的规定，要求各国必须遵照执行的过程中完成的。布雷顿森林体系和牙买加体系的产生都属于这种情况。在国际经济合作日益密切的当代，后一种途径更为多见。

国际货币体系随着历史的发展而不断演变。按照出现的先后顺序，经历了以下几个主要阶段：国际金本位制、布雷顿森林体系以及牙买加体系。在本章第二节我们对之分别介绍。

第二节　国际金本位制

一、国际金本位制的形成

金本位制（golden standard）是指以一定成色及重量的黄金为货币本位的一种货币制度。黄金是货币体系的基础。按照货币与黄金的联系程度，金本位制可以分为金币本位制（gold specie standard）、金块本位制（gold bullion standard）和金汇兑本位制（gold exchange standard）。

国际金本位制在 19 世纪下半叶随着西方主要国家相继过渡到金本位制而形成。最早实行金本位制的是英国，英国于 1816 年颁布了《金本位制度法案》（*Gold Standard Act*）。其后，各国鉴于英国金本位制的成功以及客观环境的需要，纷纷仿效实行（见表 11-1）。一般把 1880 年作为国际金本位制开始的年份，因为这个时候，欧美主要国家普遍实行了金本位制。1880—1914 年是国际金本位制的鼎盛时期，其后实行了金块本位制和金汇兑本位制。

表 11-1　　　　　　　　　　　各国实行金本位制的年份

国别	年份	国别	年份
英国	1816	荷兰	1875
德国	1871	乌拉圭	1876
瑞典	1873	美国	1879
挪威	1873	奥地利	1892
丹麦	1873	智利	1895
法国	1874	日本	1897
比利时	1874	俄国	1898
瑞士	1874	多米尼加	1901
意大利	1874	巴拿马	1904
希腊	1874	墨西哥	1905

资料来源：IMF, International Financial Statistics（1950—1972）.

二、国际金本位制的主要内容和特征

国际金本位制的典型形式是金币本位制，下面我们重点分析金币本位制的主要内容和特征。

（一）国际金本位制的主要内容

金币本位制本身是一种国内货币制度，其主要内容包括：（1）用黄金来规定货币所代表的价值，每一货币单位都有法定的含金量，价值符号（辅币和银行券）可以自由兑换金币。（2）金币可以自由铸造，任何人都可按本位货币的含金量将金块交给国家造币厂铸成金币。（3）各国的货币储备是黄金，国际的结算也使用黄金，黄金可以自由输出与输入国境。（4）金币是无限法偿货币，具有无限制支付手段的权利。

据此，金币本位制具有三个"自由"，即自由兑换、自由铸造和自由输出入。

（二）国际金本位制的特征

从世界角度看，国际金本位制的特征是：

第一，黄金充当国际货币，是国际货币体系的基础，英镑是国际货币体系的中心。国际金本位体系名义上要求黄金充当国际货币，用于国际贸易清偿及资本输出入。开始阶段的确如此，金币在国际上得到较为广泛的流通。随着时间的推移，金币流通的局限逐渐显露出来：黄金运输不便、风险大、持有黄金储备不仅不能生息还会产生额外的保管费用。另一方面，由于英国的政治经济大国地位和在贸易、海运、保险、金融等方面的绝对优势，人们逐渐以英镑代替黄金，国际贸易的80%～90%用英镑计价和支付，英镑发展成为各国主要的储备资产，伦敦国际金融中心为各国提供资金融通，英国充当其他国家的最后贷款人，其他国家可用英镑向英格兰银行自由兑换黄金。正是由于英镑在这个国际货币体系中占据中心地位，黄金只作为"价值的最后标准"和"最后清算手段"而存在。因此，国际金本位制实际上是一个以黄金为基础、以英镑为中心的国际货币体系。一些近代西方经济学家认为，国际金本位体系后期已发展成为英镑本位体系。

第二，两国货币间的汇率由各自的含金量之比——"铸币平价"（mint parity）决定。例如，1英镑的含金量为113.0016格令，1美元的含金量为23.22格令，铸币平价=113.0016÷23.22=4.8665，即1英镑折合4.8665美元。铸币平价固定了两国货币的市场汇率，这不是政府的人为规定而是通过市场行为实现的。假设英美两国之间运送1英镑黄金的费用为0.03美元，外汇市场上英镑兑美元的汇率将在黄金输送点（gold transport points）4.8665±0.03之间波动。如果英镑升值到4.8965美元以上，则美国进口商宁愿运送黄金到英国清偿债务，而不愿购买英镑。1英镑债务的美元成本最多为4.8965美元（4.8665美元+0.03美元）。这样会使英镑需求减少，汇率下跌。反之亦然。也就是说，国际金本位制下，汇率的波动自动维持在由铸币平价和黄金运输费用所决定的黄金输送点以内。因此，国际金本位制度是严格的固定汇率制度。

第三，国际金本位有自动调节国际收支的机制。即英国经济学家大卫·休谟（D. Hume）提出的"物价-现金流动机制"。这种自动调节机制的实现依赖于金本位下的几个前提条件或称作"金本位制的比赛规则"（rules of the gold standard game）：（1）各国货币当局维持本国货币的法定含金量，货币随时可以兑换黄金；（2）允许黄金自由输出输入，对黄金和外汇的买卖不加限制；（3）货币发行必须有一定的黄金准备。如果这几个条件得到严格遵守，国际收支就可以自动得到平衡。当一国发生国际收支逆差，黄金外流，国内货币供应量减少，物价下降，成本降低，这样会扩大出口和减少进口，国际收支转为顺差，黄金就会内流。相反，一国国际收支顺差，黄金内流，国内货币供应量增加，物价上升，成本升高，这样会扩大进口和减少出口，国际收支转为逆差，黄金就会外流。但是从当时的实际情况来看，由于多种因素的影响，各国的黄金流动量并不大。后来，在"英镑本位"阶段，黄金准备不足，影响了国际收支自动调节机制的发挥。

三、国际金本位制的演变和崩溃

由于国际金本位制不能适应战争时期增加通货的需要，1914年第一次世界大战爆发后，参战国均实行黄金禁运和停止纸币兑换黄金，国际金本位制中断运行。战争期间，各参战国为筹措战争经费而发行了大量不能兑换的纸币，这些缺乏黄金准备的纸币在战后大幅贬值，造成严重的通货膨胀和汇率的剧烈波动，极大地损害了世界经济和国际贸易。所以，第一次世界大战结束以后，各国着手恢复金本位制，但此时面临的世界黄金存量绝对不足与相对不均的局面更加严重了，许多国家不愿意把黄金投入流通，因而不可能恢复战前的国际金币本位制。1922 年在意大利热那亚召开的世界货币会议上决定采用"节约黄金"的原则，热那亚会议以后，只有美国继续采用金币本位制，其他国家实行金块本位制或金汇兑本位制（又称"虚金本位制"）。

（一）　金块本位制

金块本位制的特征是：（1）金币停止铸造和流通，银行券或政府发行的纸币成为主要的流通工具。（2）银行券或纸币仍规定法定含金量，其发行以一定数量的黄金作为准备。（3）居民可在一定范围内按照法定含金量自由地兑换金块。例如，英国在 1925 年规定，银行券每次兑换黄金的最低限额为 1700 英镑（400 盎司纯金）①。（4）中央银行掌管黄金的输出和输入，禁止私人输出黄金。中央银行保持一定数量的黄金储备，以维持黄金与货币之间的联系。

1924—1928 年间，实行金块本位制的主要有英国、法国、荷兰、比利时等国。

（二）　金汇兑本位制

第一次世界大战前，一些小国、弱国或殖民地附属国已经实行过金汇兑本位制。第一次世界大战结束以后，德国、奥地利、意大利、匈牙利、波兰等 30 多个国家实行金汇兑本位制，其特征如下：（1）国内不能流通金币，只能流通有法定含金量的纸币。（2）纸币在国内不能直接兑换黄金。将本国货币与另一实行金本位制国家（美国、英国或法国）的货币保持固定比价，并在该国存放黄金外汇储备作为发行准备，居民可按固定比价购买所挂钩的货币以后再兑换黄金。

实行金块本位制和金汇兑本位制节省了黄金的使用，使货币供给量摆脱了黄金的束缚。但是，二者都是削弱了的金本位制度，具有内在的不稳定性，具体表现为：（1）两种货币制度下，都没有金币流通，黄金不再起自发地调节货币流通的作用。（2）两种货币制度下，或是银行券兑换黄金受到最低数额的限制，或是需要先兑换成外汇才能间接兑换黄金，这些限制削弱了货币制度的稳定性。（3）实行金汇兑本位制的国家，使本国货币依附于外国货币，本币的币值常受联系国币值波动的影响，且在财政金融与外贸政策制定等方面都要受这些国家的制约。

（三）　国际金本位制的崩溃

第一次世界大战结束以后勉强恢复的金块本位制和金汇兑本位制，由于基础脆弱，终于在 1929—1933 年世界性经济危机中土崩瓦解。其历程大致如下：（1）1929 年 10 月美国证券市场发生危机，迅速蔓延到世界各国，巴西、阿根廷、澳大利亚等国遭受严重打击，不得不放弃金本位制。（2）1931 年初，大危机的风暴席卷欧洲大陆。奥地利、德国放弃了金汇兑本位制。（3）危机的风暴很快刮到了伦敦，伦敦发生了挤兑风潮，

---

①　1 盎司 = 28.3495 克。

英格兰银行应付不了黄金外汇的兑付，于 1931 年 9 月宣布停止黄金兑付，停止纸币兑现。从此，英国放弃了金块本位制。同英镑有联系的一些国家和地区，也相继放弃金汇兑本位制。（4）美国虽然黄金储备较多，但也经不起连续数次的黄金挤兑风潮，不得不于 1933 年 3 月宣布纸币停止兑现，禁止黄金输出。美国一直勉力支撑的金币本位制从此结束。（5）在英美陷入信用货币危机时，法国、瑞士、荷兰、比利时和意大利等国组成黄金集团，试图维持金块本位制和金汇兑本位制，他们惨淡经营了几年就无法维持。1935 年 3 月，比利时首先脱离黄金集团，宣布货币贬值，法国也因为黄金流失过多，于 1936 年 8 月采取了法郎贬值的紧急措施，实际上放弃了金本位制。紧接着，荷兰、瑞士和意大利都于同年 9 月底宣布货币贬值，放弃了金本位制。至此，国际金本位制宣告彻底崩溃。

四、对国际金本位制的评价

（一）国际金本位制的贡献

国际金本位制（特别是金币本位制）"三大自由"的特征决定了它是一种相对稳定的货币制度。由于金币可以自由铸造与熔化，金币的面值与其所含黄金的商品价值保持一致，金币数量能自发地满足流通中的货币需要；由于价值符号（辅币和银行券）能自由兑换金币，所以它们能稳定地代表一定数量的黄金进行流通，从而保证了货币价值和价格的相对稳定；由于黄金可在各国之间自由转移，这就保证了外汇行市的相对稳定与国际金融市场的统一。稳定的价格水平和汇率水平，有力地促进了世界经济的繁荣与发展。主要表现为：（1）由于币值比较稳定，有利于商品的流通和信用的扩大，同时，生产的规模和固定投资的规模不会因币值变动而波动，促进了当时资本主义各国生产的发展。（2）消除由汇率波动引起的不确定性，推动了国际贸易和国际投资的发展。（3）通过黄金的自由输出输入和物价的自由涨落，国际收支失衡得以自动调节。（4）实行金本位制的国家，把对外平衡作为经济政策的首要目标，而把国内平衡放在次要地位，服从对外平衡的需要，因而国际金本位制使主要资本主义国家有可能协调其经济政策。

（二）国际金本位制的缺陷

随着历史条件的变化，国际金本位制稳定的基础逐渐削弱，其缺陷逐渐暴露出来：（1）世界黄金产量的增长远远落后于世界经济增长的速度，由此造成的清偿力不足严重制约了经济发展，这也是金本位制崩溃的根本原因。（2）国际金本位制的自动调节机制受许多因素制约，它要求各国政府严格按照金本位制的要求实施货币政策，对经济不加干预。然而在金本位制度末期，各国政府经常设法抵消黄金流动对国内货币供应量的影响，使自动调节机制难以实现。（3）金本位制下的价格稳定只有当黄金与其他商品的相对价格较为稳定时才能实现。经验研究表明，国际金本位时期，价格并不是长期稳定的，其波动与世界黄金产量的波动直接相关。（4）金本位制要求各国的货币发行量不能超出其黄金存量可支持的货币量，这意味着难以根据本国经济发展的需要执行有利的货币政策。

综上所述，20 世纪 30 年代国际金本位制的崩溃虽然不可否认有第一次世界大战及 1929—1933 年大萧条的影响，但最主要的原因在于它自身的缺陷。

第三节 布雷顿森林体系

国际金本位制崩溃以后，国际货币体系经历了持续的动荡。由于国际竞争力下降和国际收支严重不平衡，英国从债权国沦为债务国，英镑地位动摇，美元、法郎上升为国际储备货币，英国、法国和美国为了在纸币流通制度下维持其势力范围内的固定汇率制，先后组建了英镑区、法郎区和美元区三个货币集团。在货币区内部以一个国家的货币为中心，并以此作为储备货币进行清算。各货币区内部的货币比价、货币波动界限及货币兑换与支付均有统一严格的规定；对货币区以外的国际支付则采取严格管制。相互对立的几个货币区频繁进行外汇倾销、货币战、汇率战。大危机过去之后，英美法三国为了恢复国际货币秩序，于 1936 年 9 月达成了一项"三国货币协议"（tripartite agreement），力图减少汇率波动，维持货币关系的稳定。这个协议因 1939 年第二次世界大战的爆发而很快瓦解。总的来看，这个时期的国际货币体系是松散的、局部的、无政府主义的，创建新的国际货币体系已经迫在眉睫。1944 年，国际货币体系进入新的阶段，即布雷顿森林体系（Bretton Woods System）阶段。

一、布雷顿森林体系的建立

第二次世界大战邻近结束时，美英就着手研究如何建立一个新的国际货币体系，为此，两国在 1943 年 4 月提出了各自的方案。

英国发表了由著名经济学家凯恩斯（J. M. Keynes）拟定的《国际清算同盟方案》（*Proposals for the International Clearing Union*），通称为《凯恩斯计划》（*Keynes Plan*）。主要内容包括：（1）按中央银行方式组建"国际清算同盟"，成员国中央银行在国际清算同盟开立往来账户，各国官方对外债权债务通过该账户用转账办法进行清算。（2）国际清算同盟账户的记账单位为"班柯"（Bancor），以黄金计值，会员国可用黄金换取班柯，但不可以用班柯换取黄金。（3）各国货币以班柯标价，未经国际清算同盟理事会批准不得随意变动。（4）成员国在国际清算同盟的份额，以战前三年进出口贸易平均额的 75% 来计算。（5）顺差国将盈余存入账户，逆差国在 300 亿美元的份额内可以向国际清算同盟透支，而不必使用贷款方式。（6）国际清算同盟总部设在伦敦和纽约，理事会会议在英、美两国轮流举行。《凯恩斯计划》在国际货币、汇率和国际收支调节三个方面，是针对国际金本位制和 20 世纪 30 年代体系的弊端而设计的。其意在创造新的国际清偿手段，降低黄金的作用并维持汇率稳定，因而受到多数国家赞同。这个计划也暴露出英国企图同美国分享国际金融领导权的意图。按照第 4 条的计算方法，英国可占世界货币总份额的 16%，包括殖民地后，整个英联邦的比例则高达 35%。这样的分配有利于英国在黄金储备减少的情况下延续英镑的地位，同时削弱美元和美国黄金储备的影响力。

美国财政部顾问怀特（H. D. White）提出了另一方案，即《国际稳定基金计划》（*Proposals for the United and Associated Nations Stabilization Fund*），通称为《怀特计划》（*White Plan*）。主要内容包括：（1）成立稳定基金，金额不低于 50 亿美元，由成员国用黄金、本国货币和政府证券认缴，认缴份额取决于各会员国的黄金外汇储备、国际收支及国民收入等因素。各成员国在基金组织里的发言权与投票权同其缴纳的基金份额成正比例。（2）创设一种国际货币"尤尼他"（Unita），每一尤尼他等于 10 美元或含纯金 137.142 格令（1 格令＝0.0648 克纯金）。（3）成员国货币与尤尼他保持法定平价，仅在必须纠正国际收支根本性失衡时，经基金组织同意才可调整平价。（4）成员国为了平衡临时性的国际收支逆差，可用本国货币向基金组织申请购买所需的外币，但数额最多不得超过它向基金组织所认缴的份额。（5）基金组织的主要任务是稳定汇率，并对成员国提供短期信贷，以解决国际收支逆差。《怀特计划》意在让美国凭借其黄金和经济实力操纵和控制基金组织，从而获得国际金融领域的领导权。

《凯恩斯计划》与《怀特计划》充分反映了两国各自的利益以及建立国际货币金融新秩序的深刻分歧。第二次世界大战结束后，英国经济军事实力衰退，而美国是当时世界最大的债权国和第二次世界大战最大的得益者，所以美国的《怀特计划》对布雷顿森林体系的形成发挥了主导作用。1944 年 7 月，44 个国家的代表在美国新罕布什尔州（New Hampshire）布雷顿森林市（Bretton Woods）召开国际金融会议，通过了以《怀特计划》为基础的《联合国货币金融会议决议书》以及《国际货币基金组织协定》和《国际复兴开发银行协定》两个附件，总称为《布雷顿森林协定》（*Bretton Woods Agreement*）。至此，一个新的国际货币体系——布雷顿森林体系正式建立起来。

二、布雷顿森林体系的主要内容和特征

（一）布雷顿森林体系的主要内容

1. 确立黄金和美元并列的储备体系

美元与黄金直接挂钩，各国确认 1943 年美国规定的 1 盎司黄金＝35 美元的官价。各国官方可按黄金官价随时用其持有的美元向美国兑换黄金。换言之，只有美元可以兑换黄金，其他货币要先兑换成美元，然后才能换成黄金。按此安排，美元是这一体系的关键货币，是最主要的国际储备货币。实践中，由于各种原因，绝大多数国家用美元兑换黄金的数量很少，甚至根本不兑换，因此这一体系实际上是美元本位制。

2. 实行可调整的钉住汇率制

美国公布美元的法定含金量为 0.888671 克纯金。基金组织成员国都要规定对美元的货币平价，要么通过与美元含金量的对比（即黄金平价之比）确定，要么遵守对美元的固定比价（这与通过黄金平价之比确定实际上是一回事，因为官方可以按照 35 美元 1 盎司黄金的官价将美元兑换为黄金）。各成员国汇率的波动幅度不得超过平价的±

1%，一旦突破规定的波幅，各国有责任进行干预。法定平价一旦经基金组织确认，一般不得随意更改。只有在国际收支发生根本性失衡并且经过基金组织同意以后，才能调整法定平价。这种汇率安排介于金本位制的永久性固定汇率和完全自由的浮动汇率之间，实际上是一种"可调整的钉住汇率制"（adjustable peg），即"钉住"法定平价，但在特定条件下可调整。由于各国货币均与美元保持可调整的固定比价，因此，各国相互之间实际上也保持着可调整的固定比价，整个货币体系就成为一个固定汇率的货币体系。

布雷顿森林体系的上述内容又被称为"双挂钩"：美元与黄金直接挂钩；其他国家货币与美元挂钩，如图 11-1 所示。

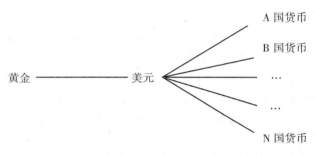

图 11-1 "双挂钩"示意图

3. 提供多渠道的国际收支调节机制

布雷顿森林体系提供的国际收支调节机制主要有两个渠道：（1）基金组织通过预先安排的资金融通措施，向国际收支赤字国提供短期资金融通。主要途径包括：普通提款权、特别提款权、出口波动补偿贷款、缓冲库存贷款、石油贷款、中期贷款、信托基金贷款、补充贷款和扩大基金贷款等。贷款的资金来源是成员国向基金组织缴纳的份额，以及向某些成员国的借款等。（2）当成员国发生国际收支根本性失衡，其他调节措施无效或代价太高时，经过基金组织同意，可以改变法定的汇兑平价。

4. 取消对经常项目的外汇管制，但允许对资本流动进行限制

20 世纪 30 年代国际金本位制崩溃以后，各国都采取了严厉的外汇管制措施，严重损害了国际经济交往。布雷顿森林体系的一项重要任务就是努力取消外汇管制，因而规定在经历必要的过渡期后，成员国不得限制经常项目的支付，不能采取歧视性的差别汇率，要在其货币可兑换性（20 世纪 50 年代末，货币普遍恢复了可兑换性）的基础上实行多边支付。但是，鉴于两次世界大战间国际资本流动的投机色彩浓厚，给国际货币体系的稳定带来了非常大的冲击，因此布雷顿森林体系允许对国际资本流动进行限制。

5. 制定稀缺货币条款（scarce-currency clause）

当一国国际收支持续盈余，并且该国货币在基金组织的库存下降到其份额的 75%以下时，基金组织可将该货币宣布为"稀缺货币"，允许其他国家对"稀缺货币"采取临时性限制兑换，或限制进口该国的商品和劳务。这一项内容未得到实际贯彻。

为了保证上述内容的贯彻实施，布雷顿森林体系协定决定建立一个永久性的国际金

融机构,即国际货币基金组织(International Monetary Fund,IMF),以促进国际政策协调。国际货币基金组织负责制定成员国间的汇率政策和经常项目的支付以及货币兑换性方面的规则,并进行监督;对发生国际收支困难的成员国在必要时提供紧急资金融通,避免其他国家受其影响;为国际货币合作与协商提供场所。

(二)布雷顿森林体系的特征

布雷顿森林体系以黄金为基础,黄金起着两方面的重要作用:一方面,它是官方储备资产的重要构成部分,并且是国际收支结算的最后工具;另一方面,各国货币的价格以美元或黄金表示,而美元的价格也以黄金来表示,因此各种货币的平价事实上都同黄金相联系。美元在这个货币体系中处于中心地位,由于它是储备货币和国际清偿力的主要来源,因而发挥着世界货币的作用,其他国家的货币则依附于美元。所以,布雷顿森林体系实际上是以美元为中心的国际金汇兑本位制(international gold exchange standard system)。美元可以直接兑换黄金和实行可调整的钉住汇率制,是构成这一货币体系的两大支柱。

与第二次世界大战前的金汇兑本位制相比,布雷顿森林体系有着很大的不同:(1)布雷顿森林体系以美元为主要储备货币,而战前有英镑、美元、法郎等多种主要储备货币;(2)第二次世界大战前美、法、英三国允许居民兑换黄金,布雷顿森林体系只满足中央银行用美元兑换黄金的要求;(3)布雷顿森林体系是一种可调整的钉住汇率制,而第二次世界大战前的金平价更具刚性。(4)国际货币基金组织则是维持布雷顿森林体系正常运行的中心机构,而第二次世界大战前没有这样一个促进国际货币合作的常设机构。因此,有人把布雷顿森林体系称为新金汇兑本位制(new gold exchange standard system)。

三、对布雷顿森林体系的评价

(一)布雷顿森林体系的贡献

第一,布雷顿森林体系结束了金本位制崩溃以后国际金融领域的混乱局面。布雷顿森林体系是一个以美元为中心的国际金汇兑本位制,它建立了一种新的国际金融秩序;国际货币基金组织成为维持国际金汇兑本位制正常运转的中心机构,为成员国在国际金融领域进行磋商和合作提供了场所,为稳定国际金融秩序确定了行为准则。

第二,布雷顿森林体系实行可调整的钉住汇率制度,在一定程度上消除了汇率风险,促进了国际贸易和国际投资的发展。就贸易而言,据统计,1948—1976年间,资本主义国家的出口贸易平均每年增长7.7%;就资本流动而言,据统计,1945年资本主义世界资本输出总额仅为510亿美元,到1970年达到3000多亿美元。

第三,布雷顿森林体系弥补了国际清偿力不足。一方面,在布雷顿森林体系中,美元处于关键货币的地位,是最主要的储备货币和国际清算与支付手段,在一定程度上弥补了因黄金数量不足而引起的国际清偿能力不足。另一方面,美国也有可能通过贷款、援助，以及购买外国商品和劳务等形式向世界输送美元，从而起到扩大世界购买力，扩大世界贸易的作用。

第四，国际货币基金组织向成员国提供资金融通，促进了国际收支的平衡，使有暂时性国际收支逆差的国家仍有可能对外继续进行商品交换，而不必借助贸易管制。

第五，布雷顿森林体系树立了开展国际货币合作的典范，开辟了国际金融政策协调的新时代。

（二）布雷顿森林体系的缺陷

布雷顿森林体系在 20 世纪 50 年代运行基本良好。但随着全球相对经济力量的不断变化，该体系的缺陷充分暴露出来。

第一，清偿力和信心之间的矛盾。美国在布雷顿森林体系中有两个基本责任：一是保证美元按固定官价兑换黄金，维持各国对美元的信心；二是提供足够的国际清偿力，即美元。但信心和清偿力同时实现是有矛盾的。美元供给太多就会有不能兑换黄金的危险，发生信心问题；美元供给太少则不能满足国际经济发展对清偿力的需求，发生清偿力不足的问题。第一次提出这一根本缺陷的是美国耶鲁大学教授特里芬（D. Triffin），故称为"特里芬难题"。这是任何以单一货币作为国际储备货币的货币体系的弱点。因此，布雷顿森林体系存在崩溃的必然性。

第二，僵化的汇率机制不适应经济格局的变动。布雷顿森林体系既有维持平价稳定的责任，又有改变平价的可能性。原则上，成员国在国际收支发生根本性失衡时可以申请调整平价。实践中，各国调整平价的次数屈指可数。原因在于：《国际货币基金组织协定》的条款中并未对国际收支根本性失衡给出明确定义，难以判断；美元是基准货币，即使美元汇率偏高或偏低，也不便做出调整；而其他国家往往是盈余国不愿升值、赤字国不愿贬值。僵化的汇率安排无法适应全球相对经济力量的不断变化。

第三，基金组织协调解决国际收支不平衡的能力有限。按照最初的设计，成员国发生国际收支逆差时，基金组织为之提供资金融通。一方面，基金组织通过份额筹集的资金规模有限；另一方面，由于通过调整汇率调节国际收支的渠道不畅，各国国际收支问题日益严重，对基金组织的贷款要求大大超过了其财力。而且按照贷款条件，份额与贷款额成正比例关系，发展中国家因为份额小得到的贷款就少，但是发展中国家的国际收支困难往往更严重。另外，尽管《布雷顿森林协定》规定，盈余国和赤字国双方都有调整国际收支失衡的责任，但实践中，绝大多数情况下这一责任落在赤字国一方。依据稀缺货币条款，国际货币基金组织可以正式宣布某个成员的货币为稀缺货币，其他成员应自动限制与这种货币的自由兑换，事实上，这个条款从未实际启用过。所以，规定盈余国与赤字国双方共同承担调整失衡责任的原则形同虚设。

第四，国内政策不得不服从外部平衡的需要。在布雷顿森林体系下，各国为了纠正国际收支失衡状况和稳定汇率，不得不牺牲国内经济目标。如赤字国的货币趋于贬值，为了维持与美元的固定汇率，中央银行必须在外汇市场卖出美元购进本国货币，从而缩减了国内货币供给，往往导致衰退和失业。反过来，盈余国的货币趋于升值，为了维持与美元的固定汇率，中央银行必须在外汇市场买进美元抛售本国货币，从而扩张了国内货币供给，往往导致通货膨胀。

第五，布雷顿森林体系确立了美元的霸主地位，助长了美国的对外扩张。具体表现在：（1）美国利用美元的储备货币地位，创造大量派生存款并以此对外发放贷款或投资，控制其他国家并获得高额的利息收入；（2）美国利用美元的储备货币地位，进一步增强其国际金融中心的作用，牟取利润收入并巩固其霸权；（3）由于美元等同于黄金，美国可以通过其纸币发行而不动用黄金，对外直接进行支付，以搜取其急需的初级产品及其他原料产品满足其生产与对外扩张的需要。

四、布雷顿森林体系的解体

布雷顿森林体系以美元为中心，美元的地位及其变动对体系有举足轻重的影响。要了解布雷顿森林体系的解体过程，必须首先了解第二次世界大战以后美元的变化情况。

（一）从美元荒、美元过剩到美元危机

布雷顿森林体系建立早期，世界经济经历了"美元荒"（dollar shortage）的冲击。当时，欧洲各主要资本主义国家因受战争的严重破坏，生产停滞，物资和资金短缺，必要的生活用品也需从他国进口，但各国的黄金储备经历第二次世界大战后消耗殆尽。美国的情况正好相反，生产蒸蒸日上，经济实力日益强盛，西欧各国所需要的各种商品得向美国购买，但各国又缺乏美元来支付。这种普遍缺乏美元的现象被称为"美元荒"。

从20世纪50年代中期起，世界经济力量组合的格局发生了很大变化，美元荒的局面得到缓解。一方面，当时，西欧各国由于得到"马歇尔计划"（Marshall Plan）的支援，其经济迅速复苏，国际收支状况逐渐好转，国际储备不断增加。另一方面，美国由于援助外国以及发动侵朝战争，军费开支猛增，加上美国国内低利率造成资本外流，各国手中持有的美元数量激增，"美元荒"演变为"美元过剩"（dollar glut）。

有些国家用手中的美元向美国政府兑换黄金，使得美国的黄金储备开始减少。1949年，美国的黄金储备达246亿美元，到了1959年年底，美国的黄金储备减少到195亿美元，同时期美国的对外流动负债却增加到了194亿美元。人们对美元的币值能否维持黄金官价产生怀疑。1960年10月爆发了第一次美元危机。所谓美元危机，即由于美元国际收支逆差严重，而引起美元对外汇率急剧下降，美国的黄金大量外流的经济过程。1960年10月，国际金融市场出现大规模抛售美元，抢购黄金和其他货币的风潮，伦敦黄金市场的金价暴涨到41美元1盎司，高出黄金官价的18.6%。

（二）挽救美元危机的措施未能阻止美元的衰落

为维持布雷顿森林体系运转，欧美各国和国际货币基金组织先后采取了一些措施：

1. 稳定黄金价格协定

第一次美元危机爆发以后，欧洲主要国家的中央银行达成君子协定，相互规定以不超过35.20美元1盎司的价格购买黄金，以抑制金价上扬和制止美元的下跌。

2.《巴塞尔协定》（*Basel Agreement*）

1961 年 3 月，德国马克和荷兰盾实行升值，使得外汇市场受到了巨大冲击。为了减缓国际投机资本对外汇市场的冲击，稳定美元汇率，英国、联邦德国、法国、意大利、荷兰、比利时、瑞士、瑞典等八国在国际清算银行所在地——瑞士巴塞尔达成君子协定：各国应在外汇市场上合作来维持彼此汇率的稳定，当某国货币发生危机时，其他国家不但要在一定时间内保持该国货币头寸，而且还应把该国所需要的黄金和外汇贷给该国，这就是《巴塞尔协定》。

3. 黄金总库（gold pool）

由于黄金储备连年下降，美国已没有足够的黄金来应付市场投机性需求。于是，美国要求其他西方国家也拿出黄金，共同承担平抑金价的义务。1961 年 10 月，美国联合英、法、意、荷、比、联邦德国和瑞士建立总价值为 2.7 亿美元的黄金总库。总库所需的黄金由八国分摊，分摊比例是美国 50%，联邦德国 11%，英国、法国、意大利各 9.3%，瑞士、荷兰、比利时各 3.7%，指定英格兰银行为总库的代理机构。当金价上扬时，就卖出黄金，所需黄金由各国中央银行按上述比例分摊；当黄金价格下跌时就买入黄金，所买入的黄金，也按上述比例分别卖给各国中央银行，其目的是使伦敦黄金市场的金价稳定在 35.20 美元 1 盎司的水平上。2.7 亿美元的黄金相对于吞吐量巨大的国际黄金市场而言，实为杯水车薪，无法达到稳定金价的效果，黄金总库实际上在 1968 年美国实行黄金双价制以后就解体了。

4. 借款总安排（Generel Agreement to Borrow，GAB）

1961 年 11 月，国际货币基金组织为了缓和美元危机，维持国际货币体系的运转，与 10 个工业国家（美、英、联邦德国、法、意、荷、比、瑞典、日本、加拿大）在法国巴黎开会，决定成立“十国集团”（Group of Ten），也叫“巴黎俱乐部”（Paris Club）。这次会议达成“借款总安排”的协议。规定国际货币基金组织在国际短期资金发生巨额流动可能引起货币危机时，从 10 个国家借入额度为 60 亿美元的资金，贷给货币危机发生国，以稳定该国货币。各国提供资金的分配金额，美国为 20 亿美元，英国和联邦德国各为 10 亿美元，法国和意大利各 5.5 亿美元，日本 2.5 亿美元，荷兰和加拿大各 2 亿美元，比利时为 1.5 亿美元，瑞典 1 亿美元。瑞士不是国际货币基金组织的成员国，但于 1964 年参加了“借款总安排”，出资 2 亿美元。当时签订该项借款协议的主要目的是从美国以外的 9 国获取借入资金以支持美元，缓和美元危机，维持国际货币体系的正常运转。因此，当时向“借款总安排”借用款项的主要是美国。

5. 《货币互换协定》（Swap Agreement）

1962 年 3 月，美国分别与 14 个国家签订了《货币互换协定》。规定相互交换一定数量的货币以稳定汇率，在约定期内双方均可随时动用对方货币干预外汇市场，相互偿还对方货币仍按原来商定的汇率折算，以免除汇率波动的风险。例如，当美元对德国马克的汇率遭到下浮压力时，美国可按协议规定的金额幅度向联邦德国借用马克，然后抛出马克收购美元，由此平抑马克资金对美元的投机性冲击和稳定美元与马克的比价，从而间接稳定美元与黄金的比价。然后，在规定的期限内，美国再一次或分批地归还所借用的马克。1962 年 3 月该协议签订时的总额为 117.3 亿美元，1973 年 7 月又扩大为 197.8 亿美元。

6. 黄金双价制（Two-Tier Gold Price System）

20 世纪 60 年代中期，越南战争扩大后，美国的财政金融和国际收支状况日益恶化，通货膨胀加剧，美元不断贬值，黄金储备不断减少。到 1968 年 3 月，美国黄金储备已下降到 121 亿美元，同期的对外流动负债增加到 331 亿美元，黄金储备只够偿付对外流动负债的 1/3，美元同黄金的固定比价又一次受到严重怀疑，爆发了第二次美元危机。仅在半个月之内，美国的黄金储备流失达 14 亿美元。抢购黄金风潮使西欧大多数黄金市场停止交易，伦敦的外汇、黄金、证券市场也随之关闭。在这种情况下，美国邀请黄金总库成员国在华盛顿举行紧急会议，达成了解散黄金总库，实行"黄金双价制"的决定。所谓黄金双价制，是指两种黄金市场实行两种价格：一种是官价，仍然维持 1 盎司黄金等于 35 美元的价格，但只是在各国官方结算时才使用；另一种是自由市场价格，它随市场供求关系而变化，美国不再按官价在自由市场上供应黄金。从此以后，自由市场的金价由供求决定，与官价完全背离。黄金双价制实际上意味着黄金与美元不公开地脱钩，布雷顿森林体系从根本上动摇。

7. 特别提款权（Special Drawing Rights，SDR）

1969 年 10 月，国际货币基金组织第 24 届年会通过了设立特别提款权的决议。由于特别提款权既不是货币，也不能兑换黄金，但可同黄金和外汇一样作为会员国的国际储备，所以被称为"纸黄金"（paper gold）。特别提款权的作用主要表现在：（1）它作为一种新型的集体创造的储备资产，可以在一定程度上缓解国际储备资产供给不足的问题。（2）它的分配参照各国在基金组织认缴的份额，美国分配到的特别提款权较多，因此，它提高了美国应付国际逆差的能力，减少了美国黄金储备的流失。

8. 《史密森协定》（Smithsonian Agreement）

第三次美元危机爆发于 1971 年，外汇市场上抛售美元、抢购黄金和联邦德国马克等西欧货币的风潮在 5 月和 7 月两度迭起。尼克松政府不得不于 1971 年 8 月 15 日宣布实行"新经济政策"，停止外国中央银行用美元按官价向美国兑换黄金，并征收 10% 的进口附加税，以避免国际收支进一步恶化。这意味着美元公开与黄金脱钩，布雷顿森林体系的两大支柱之一——美元可以直接兑换成黄金——已经坍塌。美国的新经济政策刺激了投机性资本大量进入国际金融市场，迫使许多国家关闭黄金和外汇市场。在国际金融市场重开之时，大多数国家实行了浮动汇率，这样一来，支撑布雷顿森林体系的另一支柱——其他国家货币与美元实行可调节的钉住汇率制度——正处在摇摇欲坠之中。

在国际金融市场极度混乱的情况下，"十国集团"经过四个多月的激烈争论，于 1971 年 12 月 18 日在华盛顿史密森学会大厦举行的国际金融会议上，达成了《史密森协定》，其主要内容有：（1）美元对黄金贬值 7.89%，将黄金官价从每盎司 35 美元提高到 38 美元；（2）调整主要发达国家货币的金平价；（3）将各国货币对美元汇率的波动幅度由原来不超过平价上下各 1%，扩大到上下各 2.25%；（4）美国取消 10% 的进口附加税。这个协定虽然对暂时缓解美国国际收支问题有所帮助，但它破坏了布雷顿森林体系的基本原则，使美元霸主地位日益衰落，它是以美元为中心的布雷顿森林体系瓦解的重要里程碑。

《史密森协定》并没有阻止美元危机的继续发展，也未能扭转美国国际收支的颓势。1972 年，美国贸易逆差猛增到 64.16 亿美元，国际收支赤字高达 108 亿美元，当时美国的对外流动负债也高达 680.50 亿美元（1972 年 4 月的数字），而黄金储备却只有 96.62 亿美元，只能偿还对外流动负债的 1/7。这样一来，人们对美元升值所抱的幻想彻底破灭，在国际金融市场上再一次掀起了抛售美元的浪潮。1972 年 6 月和 1973 年初，美元又连续爆发了两次危机。1972 年 8 月，国际黄金市场的金价每盎司上涨到 71 美元，高于官价 86.8%。在这种情况下，美国政府不得不在 1973 年 2 月 12 日宣布再次将美元贬值 10%，每盎司黄金官价提高到 42.22 美元。这是美元在 14 个月内的第二次贬值。同年 3 月，原欧共体和日本等国家和地区宣布本国货币对美元实行浮动。于是，各主要资本主义国家的货币进入了普遍浮动的时期，不再承担维持美元汇率的义务，美元也不再成为各国货币汇率所围绕的中心。美元停止兑换黄金和固定汇率制的垮台，标志着布雷顿森林体系的基础已全部丧失，第二次世界大战后建立起来的以美元为中心的布雷顿森林体系，终于在 1971—1973 年国际金融动荡中完全崩溃了。

综上所述，布雷顿森林体系的解体过程，就是美元危机不断爆发→拯救→再爆发直至崩溃的过程。每一次美元危机爆发以后，美国与其他国家采取的一系列拯救措施可以在短时间稳定金价和汇率，维持体系的正常运行，但无法根本改变"特里芬难题"所揭示的布雷顿森林体系在制度安排上的缺陷。

第四节　牙买加体系

布雷顿森林体系崩溃以后，国际金融形势更加动荡不安，国际上为建立一个新的国际货币体系进行了激烈的讨论。1976 年 1 月，国际货币基金组织"国际货币体系临时委员会"在牙买加首都金斯顿（Kingston）召开会议，达成了《牙买加协定》（Jamaica Agreement）。同年 4 月，国际货币基金组织理事会通过了《国际货币基金协定第二次修正案》，对国际金融体系做出新的规定，认可了 1971 年以来国际金融的重大变化，国际货币体系从此迈入牙买加体系时代。

一、牙买加体系的主要内容

（一）浮动汇率合法化

具体表现为：（1）承认固定汇率和浮动汇率制度同时并存，允许成员国自由选择汇率制度；（2）成员国的汇率政策应受国际货币基金组织的指导和监督，以确保有秩序的汇率安排和避免操纵汇率来谋取不公平的竞争利益；（3）在货币秩序稳定后，经国际货币基金组织总投票权的 85% 多数通过，可以恢复"稳定的但可调整的汇率制度"，事实上，至今仍然没有恢复这种汇率制度。

（二） 黄金非货币化

具体表现为：（1）废除黄金官价，取消成员国之间以及成员国与国际货币基金组织之间以黄金清算债权债务的义务，目的是使黄金与货币彻底脱钩，让黄金成为一种单纯的商品；（2）成员国中央银行可以按市价从事黄金交易，国际货币基金组织不在黄金市场上干预金价；（3）逐步处理国际货币基金组织所持有的黄金，按市价出售国际货币基金组织黄金份额的 1/6（约 2500 盎司），另外 1/6（约 2500 盎司）按官价归还各成员国，剩余部分（约 1 亿盎司）根据总投票权 85% 的多数作出处理决定。

（三） 增加国际货币基金组织的份额

具体表现为：（1）各成员国对国际货币基金组织缴纳的份额总量增加，从原有的 292 亿特别提款权增加到 390 亿特别提款权，增加了 33.6%。（2）各成员国应缴份额所占的比重也有所改变，主要是欧佩克国家的比重提高一倍，由 5% 增加到 10%，其他发展中国家维持不变，主要西方国家除联邦德国和日本略增以外，都有所降低。份额重新修订的结果是，发展中国家的投票权相对增加。

（四） 扩大对发展中国家的资金融通

具体表现为：（1）以在市场上出售黄金超过官价部分的所得收入建立信托基金，以优惠条件向最穷困的发展中国家提供贷款；（2）将国际货币基金组织的信贷总额由成员国份额的 100% 提高到 145%；（3）放宽出口波动补偿贷款，由原来占份额的 50% 提高到 75%，以满足发展中国家的特殊需要。

（五） 提高特别提款权的国际储备地位

未来的国际货币体系，应使特别提款权逐步取代黄金和美元成为国际货币体系的主要储备资产，成员国可以用特别提款权来履行对基金组织的义务和接收基金组织的贷款，各成员国相互之间也可用特别提款权来进行借贷。

二、牙买加体系的特征

牙买加协定后的国际货币体系实际上是以美元为中心的多元化国际储备和浮动汇率体系。

（一） 国际储备多元化

在布雷顿森林体系下，世界储备主要是美元和黄金，外汇储备 90% 以上是美元，结构比较单一。在牙买加体系下，国际储备形成了多元化的格局。美元在各国国际储备中的份额已经减少，但仍是最主要的储备货币。欧洲货币单位（ECU，即欧元的前身）、联邦德国马克、法国法郎、英镑、日元和瑞士法郎等相继跻身于国际货币之列。1999 年欧元启动以后，欧元取代欧洲货币单位成为重要的国际储备货币，联邦德国马克和法国法郎等退出国际储备体系。2016 年，人民币纳入特别提款权，成为储备货币的新选择。黄金的储备地位继续下降。尽管《牙买加协定》曾规定未来的国际货币体系应该以特别提款权为主要储备资产，但事实上，特别提款权在世界各国国际储备中的比重不但没有增加，反而呈下降趋势①。

（二） 以浮动汇率为主的混合体制得到发展

汇率制度实践形式的多样性及向浮动的汇率制度转变的国际趋势是牙买加体系的主要特点。从各国实际汇率安排情况看，工业发达国家以单独浮动、联合浮动或管理浮动为主，发展中国家的汇率安排更多地偏向固定汇率，如钉住美元或欧元、钉住（参考）自选的货币篮子、钉住特别提款权等。

（三） 多种国际收支调节机制相互补充

在牙买加体系下，国际收支不平衡的调节主要通过汇率机制、利率机制、国际金融市场、国际金融机构的协调、动用国际储备资产等方式进行，多种调节机制相互补充。

由于主要国家的货币采用浮动汇率，所以汇率机制是牙买加体系下国际收支调节的主要方式。当一国经常账户收支发生赤字时，该国货币汇率趋于疲软下跌，有利于增加出口减少进口，从而贸易收支和经常账户得到改善。反之，当一国经常账户收支盈余时，该国货币汇率坚挺上浮，导致进口增加出口减少，国际收支恢复均衡。

利率机制调节指通过一国实际利率与其他国家实际利率的差异来引导资金流入或流出，从而调节国际收支。实际上是通过国际收支资本账户的盈余或赤字来平衡经常账户的赤字或盈余，或者说利用债务和投资来调节国际收支。

牙买加体系与布雷顿森林体系一样，可以通过基金组织的干预和贷款活动来调节国际收支。此外，可以发挥国际金融市场的媒介作用，通过国际商业银行的活动或者通过外汇储备的变动来调节国际收支。

三、牙买加体系的作用

牙买加体系在一定程度上克服了布雷顿森林体系的缺陷，在保持全球流动性、调节国际收支和促进经济一体化发展等方面发挥了积极作用。牙买加体系与第二次世界大战后成立的联合国以及关贸总协定（1995 年被 WTO 取代）一起，构成当今国际秩序的三大支柱，促进了世界和平、全球经济发展和金融稳定。

第一，多元化的储备体系基本上摆脱了布雷顿森林体系时期基准货币国与依附国相互牵连的弊端，并在一定程度上解决了"特里芬难题"。牙买加体系由于实现了国际储备多元化和浮动汇率制，即使发生美元贬值，也不一定影响各国货币的稳定性；由于美元与黄金脱钩，即使发生美元贬值的预兆，各国也不可能用所持有的美元储备向美国联

---

① 特别提款权在非黄金国际储备中的比重，1971 年为 6.75%，1981 年为 4.89%，1991 年为 3.06%，2015 年为 2.50%。资料来源：IMF, *International Financial Statistics* 各期。

邦储备银行兑换黄金，所以，牙买加体系基本上摆脱了布雷顿森林体系时期基准货币国与依附国相互牵连的弊端。另外，美元不是牙买加体系下唯一的国际储备货币和国际清算及支付手段，即使美元不外流，也会有其他储备货币和国际清算及支付手段来弥补国际清偿力的不足；即使美国国际收支不断发生逆差和各国的美元储备超过美国的黄金储备，各国也不可能用美元储备向美国挤兑黄金，从而加重美国的经济困难，所以，牙买加体系在一定程度上解决了"特里芬难题"。

第二，以主要货币汇率浮动为主的多种汇率安排体系能够比较灵活地适应世界经济形势多变的状况；自由的汇率安排能使各国充分考虑本国的宏观经济条件，并使宏观经济政策更具独立性和有效性。

第三，多种国际收支调节机制并存和相互补充，能适应各国经济发展水平相差悬殊，各国发展模式、政策目标和客观经济环境都不相同的特点。

牙买加体系是在保留和加强基金组织作用的前提下对布雷顿森林体系的一种改革，是一种灵活性很强的国际货币体系，因为在许多方面都缺乏硬性的统一标准，所以西方有些学者把它称为"无体制的体制"（non-system）。

第五节　国际货币体系改革

一、现行国际货币体系存在的问题

现代国际货币体系是牙买加货币体系的延续，基本没有质的改变。牙买加体系与国际金本位制和布雷顿森林体系相比较，灵活性有余而稳定性不足。20世纪90年代以来一系列金融危机的爆发和蔓延，使得国际货币体系的弊端越来越明显。

第一，美元的权利和责任不对等，内部稳定与外部稳定发生冲突。以美元为中心的布雷顿森林体系虽然崩溃了，但并不意味着美元在国际支付与国际经济联系中的作用消失，相反，美元仍然是世界上最重要的储备货币、结算货币和外汇交易手段。日元在20世纪80年代的勃兴以及90年代末欧元的诞生都没有从根本上撼动美元的地位。可以说，现行的国际货币体系仍然是美元本位制（dollar standard）的延续。作为主导性国际货币，美元享受到了铸币税收入、对外融资成本降低和国际支付能力增强等好处，却没有或无力承担相应的责任。一方面，美元具有提供全球流动性的义务，但由于美元和黄金脱钩，美元的货币创造缺乏限制，致使流动性过多并流向非生产性的金融市场，引起以经济过热和资产价格暴涨为特征的信用泡沫，泡沫一旦破裂，金融危机的爆发不可避免。另一方面，美国需要对全球经济承担责任，但美联储制定货币政策时只考虑国内经济情况，很少顾及国际情况和外溢性，从而加剧了国际市场的波动性。

第二，汇率大幅波动和汇率失调成为常态。布雷顿森林体系解体后，主要工业国家实行了浮动汇率安排，其货币之间的汇兑关系经常发生波动，从而使整个体系缺乏稳定的基础。发展中国家更加倾向于固定汇率安排，因为其基本面的稳定性不如发达国家，若采用浮动汇率制度，较大幅度的汇率波动可能对国际贸易和投资产生负面影响；并且，固定汇率对于克服 20 世纪 80 年代发展中国家的高通胀发挥了重要作用。但是，固定汇率制不但使中央银行不能根据国内经济的需要调整货币供应量，货币政策失去了独立性；而且，人为确定的固定汇率容易偏离均衡汇率，汇率的变动经常与一国基本经济状况脱节，与一国贸易和经常项目变化不相关；持续的汇率失调如汇率高估会降低一国的出口竞争力，会降低对外借贷的名义成本，致使短期外债比重不断上升；汇率的低估会引发货币战和贸易战。此外，对于金融开放度相对比较高的新兴经济体，无论哪种形式的汇率失调都容易引起投机冲击甚至引发货币危机，一些采用软钉住汇率安排的经济体，不得不在货币危机的动荡中转换汇率制度，所以，汇率制度调整次数较高，不稳定性显著。

第三，全球范围内的国际收支失衡问题突出。《牙买加协定》达成以前，学者们普遍认为，浮动汇率可以为国际收支平衡和总体经济提供稳定性。然而事与愿违，国际货币之间汇率的变动没有起到调节国际收支不平衡的有效作用。对发达国家来说，由于存在 "J 曲线效应"，汇率机制的调节作用不灵敏；对发展中国家来说，"J 曲线效应" 同样存在，并且由于进出口需求弹性和出口供给弹性不大，满足不了 "马歇尔-勒纳条件"。利用利率机制调节国际收支也会产生副作用，利率过高会加重企业成本，利率过低会导致滥用资金。此外，由国际货币基金组织推动的国际收支调节过程存在不对称性。当发展中国家出现国际收支困难并向国际货币基金组织申请贷款的时候，国际货币基金组织放贷的条件是要求发展中国家实施紧缩和货币贬值等一揽子调整政策，也就是以经济衰退为代价来恢复外部平衡。当美国通过美元的特殊地位维持日益扩大的贸易逆差时，国际货币基金组织则无法要求美国做出任何调整。当发展中国家成为债权国，而国际货币发行国通过发行货币支付商品和债务时，传统的国际收支调节机制处于瘫痪状态，国际货币基金组织基本无能为力。现实中，从 1973 年石油输出国组织成员国大幅度提高石油价格开始，全球性的国际收支失衡非但没有得到妥善解决反而趋于严重。21 世纪以来，随着全球经济一体化的不断深入，全球国际收支不平衡更是成为影响国际货币体系的突出问题。

第四，跨境资本流动规模大且不稳定，影响金融稳定并增加宏观经济脆弱性。随着金融自由化浪潮的推进，越来越多的发展中国家在 20 世纪 90 年代逐渐实现了资本项目的自由兑换。受美国等发达国家经济形势的影响，新兴经济体出现国际资本的大规模流入。国际资本的流入可以有效缓解新兴经济体的资本短缺，促进本国经济增长。但是另一方面，资本流入激增导致国内经济过热、汇率快速升值、信贷繁荣、资产价格泡沫等现象。一旦出现国际资本流入的突然中断或逆转，就会引发国内风险爆发、泡沫破裂，严重影响金融稳定并增加宏观经济脆弱性。

跨境资本的无序流动和国际货币基金组织的推波助澜有一定关系。20 世纪 90 年代以来，在大多数成员国实现了经常项目的自由兑换以后，国际货币基金组织极力主张发展中国家尽快开放资本市场，而忽视了应当创造必要的条件和遵循一定顺序，这对后来单个国家的金融困难很快转化为体系性的金融危机起到了催化作用。对于发展中国家来说，资本市场开放应该具备一系列前提条件：国内利率应完全由市场力量决定，能够反映市场资金供求和资本的市场价格；建立完善的国内银行体系，有能够独立执行货币政策的中央银行和完善的银行监督制度，以保证银行业的资产质量和银行体系的整体稳健。如果条件不成熟，对资本流动实行一定形式和程度的管制是非常必要的。然而实际情况是，一些发展中国家在条件不具备的情况下过早开放资本市场，在爆发金融危机之后不得不重新实行部分的资本管制。

第五，全球一体化金融市场缺乏有效的国际监管。20 世纪 90 年代以来，信息技术飞速发展、金融自由化日益推进，这使资本的跨国流动出现了空前的规模和速度。但是，不论是主要国家的中央银行，还是国际金融机构都没有发展和建立与之相适应的监督管理机制。这加剧了全球资本无序流动的缺陷，大量投机性资本的盲目流动，必然增大爆发货币危机的可能性。

第六，国际协调效率有待提高而救援机制不够充分。货币体系作为制约和调节国际货币关系的总和，应适应金融全球化所带来的变化，通过协商合作，特别是提高广大发展中国家在国际金融领域的地位来加强国际货币的协调，所以国际协调的效率已成为影响国际货币体系稳定运行的重要因素。但基于国际货币基金组织的份额制和投票表决制度，以美国为首的西方国家基本主导了国际货币基金组织。例如，2007 年 6 月 15 日，基金组织的执行董事会以美国意志为主导，通过《对会员国政策双边监督的决议》，使其汇率监督职能偏离了对主要外汇储备币种发行国的监督，集中体现了汇率监督优势国家的利益，从而遭到大部分发展中国家的反对。

另外，世界主要工业国家通过七国首脑会议、七国财长和央行行长会议这些当今国际协调的主导形式，对世界经济事务发挥着决定性的影响。它们通过国际与地区性多边机构的框架，制定和推行关于国际经济事务与金融市场的原则和行为准则，也不可避免地将自己的意愿写入有关市场准则和多边合作的章程，造成发达国家和发展中国家的冲突更加尖锐。

二、国际货币体系改革的方案

布雷顿森林体系瓦解以后，有关国际货币体系改革的方案和建议层出不穷。亚洲金融危机之前的方案和建议基本上是围绕《牙买加协定》所涉及的关于国际汇率体系和国际储备体系而展开的。20 世纪 90 年代以来金融危机的爆发和蔓延，反映出来的新问题是金融全球化与现行国际货币体系之间的不适应性，保持国际金融市场的相对稳定和建立有效的国际货币监督体系，关系到各方面的共同利益，因而成为新时期讨论国际货币体系改革方案的出发点和基础。归纳起来，有关国际货币体系改革方案主要包括以下几个方面。

（一）有关货币本位和国际储备资产的改革方案

1. 恢复金本位制

美国哥伦比亚大学教授罗伯特·蒙代尔于 1981 年提出，主要针对 20 世纪 70 年代美、英和其他一些国家普遍面对滞胀和汇率大幅波动的难题，认为恢复金本位制是对付通货膨胀和经济不稳的唯一办法。只有恢复了纸币和黄金的兑换关系，才能使人们相信持有的资产的购买力在将来是有保证的，从而达到增加储蓄和投资，促进经济增长，实现充分就业的目的，同时也能消除国际金融市场的动荡。但是自 70 年代以来，金价起伏不定，很难确定准确的金平价；黄金产量的增长有限且不稳定，因此，很多学者反对恢复金本位制。这项提案在 1984 年 5 月发达国家十国部长的"罗马会议"上已被否决。

2. 恢复美元本位制

由于美元仍然是国际上最主要的储备货币、支付货币和计价货币，所以为使国际汇率趋于稳定，有人主张恢复美元本位制。但"特里芬难题"是以美元为单一货币本位不可逾越的障碍。同时，将全球经济金融重新置于美元独霸控制的体制，对日趋维护各国独立性的国际社会是难以接受的。

3. 实行特别提款权本位制

特别提款权是不受任何国家单独控制的储备资产，理论上可以满足各国对国际清偿能力日益增长的需求，因此，一直有人提出以特别提款权作为主要储备资产的改革方案。但是，特别提款权仅是跨国支付的记账单位，不能在国际贸易和非贸易收支中实现支付流通，要使其具备世界货币功能面临诸多障碍。另外，在全球经济由少数发达国家主宰的条件下，特别提款权与各国的经济实力相脱离并剥夺发达国家货币主导权的特征，使得追加发行困难重重，其在国际储备中的占比未见提高即为明证。

2008 年全球金融危机爆发以后，建立一个超主权货币主导的国际货币体系是一个呼声很高的改革方向。这是因为超主权货币的发行能够与任何国家的经常账户赤字脱钩（从而克服全球国际收支失衡），而且超主权货币发行不会面临国内货币政策与全球流动性需求之间的冲突。无论是中国人民银行行长周小川，还是联合国大会下的斯蒂格利茨委员会，都认为超主权货币的创建可以在特别提款权的框架下进行（周小川，2009；Stiglitz Commission，2009）。特别提款权具有超主权货币的特性和制度基础，但是要真正使其成为关键的国际储备货币还需要满足一些基本条件：第一，突破特别提款权的单一用途，使其成为在私人交易中可以使用而且愿意广泛使用的交易载体；第二，对特别提款权货币篮子进行调整，这一步已经在 2015 年完成，人民币被纳入特别提款权的定值货币篮子并成为第三大货币；第三，需要解决特别提款权供给的体制弊端，使得特别提款权能够足以提供与世界经济和国际金融体系相匹配的流动性和储备需求。

4. 替代账户（substitution account）

替代账户就是为了解决特别提款权供给不足，而在 1979 年由国际货币基金组织临时委员会提出的改革方案，具体是指在国际货币基金组织设立一个专门账户，发行一种特别提款权存单，各国中央银行将手中多余的美元储备折成特别提款权存入该账户内，再由国际货币基金组织用吸收的美元投资于美国财政部发行的长期债券，所得的利息收入返还给替代账户的存款者。替代账户机制本质上是一个基于特别提款权的全球外汇储备开放基金，通过主权货币资产和特别提款权的替代来缓解主权货币作为国际储备货币的矛盾。1970 年代初至 80 年代早期为期近 10 年的三轮政策协调中，由于存在机制、技术和政治博弈等的重大约束，替代账户机制始终停留在草案上。

2008 年全球金融危机爆发以后，如何构建特别提款权和替代账户机制以深化国际货币体系改革重新成为人们的议题。从替代账户机制的推进来看，相关的改革建议包括：第一，建立准强制性的替代账户机制；第二，改变特别提款权以份额分配作为控制规模的唯一方式，实行份额机制和发行准备机制相互结合的方式；第三，将替代账户机制作为特别提款权发行准备机制，由此扩大特别提款权规模。

5. 创立国际商品储备货币

阿尔伯特·哈特（A. Hart）、尼古拉·卡尔多（N. Kaldov）和简·丁伯根（J. Tinbergen）等人认为将储备货币的价值固定在黄金这一商品上，具有内在的不稳定性。他们建议成立一个世界性的中央银行，发行新的国际货币单位，其价值由一个选定的商品篮子来决定，商品篮子由一些基本的国际贸易产品特别是初级产品构成；现有的特别提款权将被融合到新的国际储备制度中，其价值重新由商品篮子决定；世界性的中央银行将用国际货币来买卖构成商品货币篮子的初级产品，以求达到稳定初级产品价格，进而稳定国际商品储备货币的目的。

这种方案理论上讲得通，但很难付诸实施。实行以商品为基础的储备制度，必须储存大量的初级产品，因此要付出高昂的成本，由谁来分担的问题有待解决。而且，由商品储备货币来取代美元、日元等储备货币不会是一个自然发展的过程，如果强制推行，有的国家不一定接受。另外，建立世界性的中央银行是发行商品储备货币的前提条件，可操作性不强。

6. 建立国际信用储备制度

该方案由特里芬（D. Triffin）教授于 1982 年提出，认为国际货币体系改革的根本出路在于建立超国家的国际信用储备制度，建议各国应将持有的国际储备以储备存款形式上交国际货币基金组织保管，国际货币基金组织将成为各国中央银行的清算机构。如果国际货币基金组织能将所有国家都吸收为成员国，那么国际支付活动就反映为国际货币基金组织的不同成员国家储备存款账户金额的增减。国际货币基金组织所持国际储备总量应由各国共同决定，并按世界贸易和生产发展的需要加以调整。储备的创造可以通过对成员国放款，介入各国金融市场购买金融资产，或定期分配新的储备提款权来实现，不应受黄金生产或任何国家国际收支状况的制约。特里芬的主张很有见地，影响颇大，但他的主张要求各国中央银行服从于一个超国家的国际信用储备机构，这需要很密切的国际货币合作，目前看来还不现实。

7. 建立多极主权货币共同主导的国际货币体系

在超主权国际储备货币短时间难以建立的情况下，建立一个多极主权货币共同主导的国际货币体系，不失为一个改良措施。国际储备货币的发行由若干主权国家共同掌握，可以更好地代表全球主要经济体的利益。多元制衡的国际货币格局顺应了国际经济和贸易格局的调整方向，有利于打破全球经济失衡和全球金融恐怖平衡的僵局，同时具有"良币驱逐劣币"的约束机制，为国际货币体系增添了稳定因素，可有效缓解系统性全球金融危机的压力。

从现实情况来看，能够与美元有所抗衡的货币可能包括欧元和人民币，欧元本身已是国际货币，但人民币还面临着国际化的任务。2008 年全球金融危机袭来，国际货币体系受到严重挑战，人民币获得了难得的国际化机遇。2009 年，国务院批准开展跨境贸易人民币结算试点。自此，人民币国际化出现了突飞猛进的发展，在支付结算、投融资、外汇交易、储备职能等方面取得长足进步。这一进程远未结束，我们对此拭目以待。

（二）有关汇率安排的改革方案

一些学者提出了通过国际政策协调避免主要货币间汇率的过度波动的方案，其中最为著名的当属麦金农的全球货币目标和威廉姆森的汇率目标区方案。

1. 全球货币目标方案（global monetary objective）

该方案的基本思想是在恢复固定汇率制的基础上进行国际政策协调。由罗纳德·麦金农（R. McKinnon）在 20 世纪 70 年代提出并在八九十年代加以完善。它以固定汇率为基础，允许汇率有 ±5% 的波动空间，货币当局按照确定的干预原则对汇率进行干预。

麦金农认为汇率波动的主要原因是货币替代。在资本自由流动的情况下，私人经济主体（如跨国公司、证券投资者等）愿意持有由各国货币构成的货币篮子。对货币篮子的总需求如同对本币的需求一样，是稳定的函数，但是全球货币篮子的期望构成可能不断变化，这意味着对单个国家货币供给的控制是不恰当的，应该将弗里德曼（M. Friedman）的单一货币规则，即货币供给必须以事先确定的不变比率增长，从国家层面转移到国际层面。

实践中，各国应根据购买力平价来确定彼此之间的汇率水平，一旦名义汇率确定了，世界货币供给的增长率就被固定了，各国货币当局要在外汇市场上通过非冲销式干预来维持固定汇率。这样的干预会改变本币供给（买外汇时货币供给增加，卖外汇时货币供给减少）。因此，国际经济主体货币替代的要求导致国家货币供给的变化，但世界总的货币供给保持不变，并且汇率固定。这样货币替代不会对国家经济产生影响。

全球货币目标方案遭到多方批评。首先是该方案的理论基础有问题，货币替代既非汇率波动的主要原因，也非汇率的主要决定因素。更准确地说，以各种货币定值的资产的替代行为在汇率的变化和决定中发挥着更重要的作用。其次是对固定汇率的质疑，将名义汇率固定使得实际汇率调整失去空间。与其说实际汇率的调整是通货膨胀差异（在该方案下，不可能出现通货膨胀的差异）的要求，还不如说是为了抵消各国生产率差异的要求。

2. 汇率目标区方案（exchange rate target zone）

该方案试图尽力把固定汇率和浮动汇率的优势结合起来，同时消除二者的劣势。最早提出"汇率目标区"这一汇率制度改革举措的是荷兰财政大臣杜森贝里（Duilsenbery）。他在 1976 年曾提出过建立欧洲共同体六国货币汇价变动的目标区计划。美国经济学家约翰·威廉姆森（J. Williamson）和弗雷德·伯格斯坦（Fred Bergsten）在 1985 年共同提出了详细的汇率目标区设想及行动计划。1987 年，威廉姆森和米勒（Miiller）将汇率目标区从政策协调角度进行了扩展，被称为"扩展的汇率目标区方案"。1991 年，保罗·克鲁格曼（P. Krugman）创立了汇率目标区的第一个规范理论模型——克鲁格曼的基本目标区理论及模型，引起了学术界对汇率目标区问题的浓厚兴趣。

汇率目标区具体包括两个要素。一是计算基本均衡汇率（Fundamental Equilibrium Exchange Rates，FEER）。假定一国尽最大努力追求内部均衡，并且不为国际收支问题而限制贸易，则均衡汇率是令经常账户盈余或赤字等于潜在的资本流动的汇率。考虑到均衡汇率的基本决定因素是变化的，应该定期重新计算均衡汇率。二是围绕基本均衡汇率在波幅至少±10%区间内波动，不过，这些边界应该是软边界，实行汇率目标区的国家的货币当局没有干预外汇市场维持汇率稳定的义务和承诺，目标区本身也可随时根据经济形势变化的需要进行调整，这样安排是为了避免出现布雷顿森林体系下的非稳定性投机。

与管理浮动汇率相比，汇率目标区为一定时期内汇率波动幅度设立了目标范围，并且根据汇率变动的情况调整货币政策，以防止汇率波动超出目标区。与固定汇率制相比，货币当局没有严格义务进行干预，并且目标区本身可随时根据经济形势变化进行调整。汇率目标区方案的目的是在保证各国维持各自货币政策和经济政策的独立性的同时，允许汇率在一定区间内灵活波动，但又不至于使其超出威胁到稳定的范围。因此，它是固定汇率和浮动汇率安排的一个折中。

汇率目标区方案遭到了多方面的批评，其中最核心的批评有两点：一是计算 FEER 的困难，尽管利用最复杂的经济计量技术和模型计算，仍然有发生误差的可能；二是有关汇率目标区的"信誉"，只有在公众发现汇率目标区是可信的时候，该制度才可行。1993 年 8 月前的欧洲货币体系（EMS）可以看作带有狭窄边界的目标区，它的经历表明，即使有汇率稳定机制（ERM）这样的合作协定，当汇率目标区缺乏信誉时，货币当局也无能为力。

尽管如此，汇率目标区方案仍是非常重要的。在西方，基本均衡汇率和购买力平价仍然是政府和学术界研究汇率水平是否合理时最为重要的两种依据。作为一种汇率的国际管理方案，汇率目标区方案在理论上的贡献远远超过其在现实实践中的价值。

（三）有关资本流动管理的方案

一些学者认为汇率不稳定是当今日益一体化的国际资本市场上的巨额国际资本流动造成的，因此必须对投机性资本流动实行严格控制。如詹姆斯·托宾（J. Torbin）在 20 世纪 70 年代提出的"托宾税"（Tobin tax）方案。该方案建议对现货外汇交易课征全球统一的交易税，从而"往飞速运转的国际金融市场这一车轮中掷些沙子"，目的是在不影响中长期资本正常流动的情况下抑制投机性资本流动。托宾税的特征是单一税率和全球性，它适用于所有外汇交易（资本流入和流出），不管资本的性质如何。实践中的问题是不能有效区分外汇交易是基于"投机"目的，还是其他目的。实际上，给定适度的税率，托宾税不会抑制商品贸易和对外国证券的长期投资，但却会打击买入外汇是为了数小时后卖出的即期外汇交易。

对于托宾税的讨论主要集中在两个方面：可行性和影响。有关可行性问题，反对托宾税的学者认为，如果不是所有的国家同时实施托宾税，那么资本流动的业务将只会流向尚未征收托宾税的金融中心（避税港）。因此，托宾税在现实中的问题是它要被普遍采用。也有人认为这个问题其实很好解决，只要主要的交易地点实施托宾税，同时对实施托宾税国家和避税港之间的交易实行惩罚性税率就够了。但托宾税的实施需要签订大量协定，国际社会存在政策协调方面的障碍。实际上，托宾税区域（Tobin area）的形成最终是政治意愿的体现，就像欧洲货币联盟的形成一样。

有关托宾税的影响问题，一般认为，与资本管制相比，托宾税的负面影响要小得多。托宾税的引入可以缓解短期投机性资金流动规模急剧膨胀造成的汇率不稳定，有助于宏观经济的稳定。此外，全球外汇交易数额巨大，即使对其课征税率很低的税收，筹集到的资金也相当可观，如果将这笔资金用于全球性收入分配，确实能对世界作出极大贡献。

综上所述，有关国际货币体系改革的主张可谓仁者见仁、智者见智，其中的缺陷和争议颇多。在此背景下，基金组织也提出了核心性改革内容，主张国际货币体系新架构包括五要素：透明度、金融体系的稳健、私人部门参与、有序的资本市场开放，以及建立现代化的国际资本市场的原则与标准。作为防范危机的重要措施，国际货币基金组织提出了进一步推广关于数据公布的特殊标准，建立国际收支危机预警系统的政策，旨在增加成员国经济信息披露。此外，为进一步增加成员国宏观经济状况和成员国政策透明度，1998 年以来国际货币基金组织还陆续提出关于《财政透明度手册》、《货币与金融良好行为准则》的报告，用于实施关于提高成员国公开经济信息和改善政策透明度的工作，并对成员规定了更多的监管和披露的要求。关于有序的资本市场开放，国际货币基金组织在全球金融危机之后一改以往对金融自由化的支持态度，承认了资本管制的合理性，并在 2011 年提出了资本流入管理框架作为新兴市场经济体应对资本流入激增风险的政策参考，其核心即为资本流动管理工具（CFMs）。

除了上述方案外，国际货币基金组织自身的改革也在近几年取得了突破性进展。例如，2009 年 3 月开始全面改革贷款机制，扩大贷款项目的灵活性，减少不必要的附加条件。2009 年 4 月的伦敦 G20 峰会上，各国领导人同意对国际货币基金组织进行增资达到 7500 亿美元，使得救援能力大幅提升。为体现新兴市场和发展中国家在全球经济中的权重上升，国际货币基金组织董事会于 2010 年通过份额和治理改革方案。根据该方案，国际货币基金组织的份额将增加一倍，约 6% 的份额将向有活力的新兴市场和代表性不足的发展中国家转移。几经坎坷，该方案终在 2016 年 1 月正式生效。

总之，国际货币体系对于全球经济活动影响深远，对它的改革关系到未来全球经济的稳健运行。完善且有效的国际货币体系的最终建立，需要未来很长一段时间内世界各国求同存异，化解分歧，凝聚共识，携手并进。

三、中国在国际货币体系改革中面临的机遇与挑战

全球金融危机之后的国际货币体系改革，为中国提供了如下机遇：

第一，中国政府能够进一步取得与自身经济实力相称的国际地位，显著提高在国际货币体系中的地位与影响力。周小川行长在 2009 年 3 月发表文章呼吁创建超主权储备货币，被国际社会解读为中国政府就国际货币体系的改革方向发出了自己的声音，该倡

议得到金砖四国领导人与 IMF 的支持。2011 年 7 月，国际货币基金组织首次打破延续了 67 年的管理层"一正三副"模式，为时任 IMF 总裁特别顾问的中国人民银行前副行长朱民增设了第四个副总裁职位，朱民由此成为首位进入国际货币基金组织高层的中国人，这意味着中国在国际货币基金组织的影响力进一步扩大。2016 年 1 月正式生效的份额改革方案使得中国成为国际货币基金组织的第三大份额国。2016 年 10 月 1 日，人民币作为首个新兴市场国家货币被正式纳入特别提款权货币篮子。随着人民币国际化的推进，人民币在全球货币体系中的地位将不断增强。

第二，通过积极参与和推动国际货币体系改革，中国能够降低在国际贸易与投资中对美元的过度依赖，实现外汇储备的进一步多元化与保值增值。人民币国际化的推进以及东亚区域货币金融合作的加速，都有利于降低外汇储备的进一步累积。多极化的国际储备货币体系为中国外汇储备的多元化管理提供了更广阔的空间。通过购买以特别提款权计价的债券，中国的外汇储备将得到进一步多元化。

第三，更积极地参与国际货币体系改革，有利于突破国内利益集团阻力，倒逼中国经济的结构转型和金融改革。例如，为了使得人民币顺利加入特别提款权计价货币篮，中国政府必须加快汇率与利率的市场化改革。又如，中国政府推进人民币国际化的举措，客观上促进了中国政府进一步完善国内金融市场、大力发展离岸人民币金融中心、增强人民币汇率形成机制弹性以及加快资本项目开放，这种倒逼机制的重要性，在某些经济学家看来，甚至不亚于联产承包责任制改革以及中国加入 WTO（黄海洲，2009）。

然而另一方面，中国政府在国际经济金融领域也将面临更大的挑战。随着中国国际地位与影响力的上升，世界各国自然也会要求中国承担更大的国际责任。

第一，中国将被要求为世界经济再平衡作出更大的贡献。这一方面要求中国政府通过刺激居民消费来降低储蓄投资缺口，另一方面要求中国政府降低对外汇市场的干预，通过人民币实际有效汇率升值来降低贸易顺差。

第二，中国将被进一步要求开放资本项目与金融市场。人民币加入特别提款权定值货币篮子的前提之一就是人民币应该在国际交易中被广泛使用。而广泛使用是指某种货币普遍被用于经常账户和资本账户交易，这意味着中国必须进一步开放资本项目。此外，为配合人民币成长为一种在国内外被广泛使用的国际化货币，中国金融市场也必须进一步对外开放，从而向海外投资者提供更大规模、更广泛的人民币计价的金融产品，同时允许中国投资者通过对外投资的方式向海外输出人民币。然而，如果资本项目与金融市场过快开放，又会增强中国的金融脆弱性，给中国宏观经济与资本市场带来新的风险。

中国政府可以从国际储备货币体系改革与国际金融机构改革两个层面入手，更加积极地参与和推动国际货币体系改革。

在国际储备货币体系改革层面，中国政府的核心利益在于，降低在国际贸易与国际资本流动过程中对美元的依赖程度，努力避免外汇储备的继续快速增长，并实现外汇储备存量的保值增值。本轮全球金融危机爆发后，中国政府事实上已经形成了"三位一体"的国际金融新战略，包括推动超主权储备货币的创建、促进东亚区域货币合作以及加速人民币国际化（Zhang，2009）。

在国际货币基金组织改革方面，中国应进一步推动其在治理结构、贷款、可贷资源与监测等方面的改革。在治理结构改革方面，尽管中国已经成为份额改革的最大受益国，但我们必须清醒地认识到，国际货币基金组织被美欧国家把持的局面并未得到根本改观，美国的一票否决权并未改变，因此，中国应和其他发展中国家一起，继续推动国际货币基金组织的份额改革。在贷款改革方面，中国政府应要求国际货币基金组织进一步改革贷款条件性，尤其是要将贷款条件性与华盛顿共识脱钩，国际货币基金组织的贷款条件应该既能够保证贷款的安全性，又能够帮助借款国度过危机以及实现经济持续增长。在可贷资源改革方面，中国政府应支持国际货币基金组织发行更多由特别提款权计价的债券，并认购更多的此类债券，中国政府还应推动国际货币基金组织推出替代账户。在监测改革方面，中国政府应敦促并促进开展全球经济的多边监测，提高监测结果的独立性与约束力。

◎ 本章思考题

一、名词解释

国际货币体系　国际金本位制　金本位制的比赛规则　布雷顿森林体系　特里芬难题　美元危机　牙买加体系　全球货币目标方案　汇率目标区　托宾税

二、简述题

1. 简述国际货币体系的内容及其评价标准。

2. 简述国际金本位制度的主要内容和特点。

3. 简述国际金本位制崩溃的原因。

4. 简述布雷顿森林体系的主要内容和特点。

5. 欧美国家和国际货币基金组织为挽救美元采取了哪些措施？

6. 简述布雷顿森林体系崩溃的原因。

7. 简述牙买加体系的主要内容及其运行特征。

8. 简述当前国际货币体系存在的主要问题。

9. 你认为今后国际货币体系的改革方向是什么？

10. 麦金农的全球货币目标方案的核心要点是什么？

11. 简述托宾税方案的特征、功能和缺陷。

12. 试述中国在国际货币体系改革中面临的机遇和挑战。

第十二章 国际金融机构与国际金融协调

国际金融机构是超国家的金融机构。按照覆盖地域范围分类，国际金融机构可分为全球性国际金融机构和区域性国际金融机构，前者主要包括国际货币基金组织和世界银行集团，后者如亚洲开发银行、泛美开发银行、非洲开发银行等。国际金融机构的建立和运行，对于加强国际经济、金融合作、发展世界经济起到了积极促进作用，推动了战后生产国际化和资本国际化进程以及战后国际经济、金融体制的变革。本章主要详细介绍以上国际金融机构的产生、宗旨和职能、组织结构、资金来源和业务活动，并阐述国际金融协调的相关理论和实践。

第一节 全球性国际金融机构

一、国际货币基金组织

国际货币基金组织（International Monetary Fund，IMF）作为布雷顿森林体系的产物，为稳定和发展战后世界经济作出了重要贡献。布雷顿森林体系崩溃后，仍然在国际经济、金融领域发挥着重大作用。

（一）国际货币基金组织的成立、宗旨及其组织机构

1. 国际货币基金组织的成立

国际货币基金组织（以下简称基金组织）于 1945 年 12 月 27 日经当时参加布雷顿森林会议的 44 个国家中占总份额 65% 以上会员国政府批准，正式成立，总部设在华盛顿，并于 1947 年 3 月 1 日开始营业，同年成为联合国的一个专门机构。当时在协定上

签字正式参加的国家称为创始会员国，共 39 个国家，中国是创始会员国之一，中华人民共和国于 1980 年 4 月 18 日恢复了合法席位。此后参加的则为其他会员国。两种会员国家在法律上享受平等的权利及义务。会员国每年都有增加，至 2016 年初，共有会员国 189 个。除了朝鲜、列支敦士登、古巴、安道尔、摩纳哥、图瓦卢和瑙鲁，所有联合国成员国而且只能是联合国成员国才有权直接或间接成为基金组织的成员。

2. 基金组织的宗旨和职能

基金组织的宗旨是：（1）为会员国在国际货币问题上进行磋商和协作提供所需要的机构，以此促进国际合作；（2）促进国际贸易的扩大与均衡发展，以此达到高水平的就业与实际收入，并增强会员国的生产能力；（3）促进汇率稳定和会员国间有条不紊的汇率安排，避免竞争性的货币贬值；（4）协助会员国建立经常性交易的多边支付和汇兑制度，并消除妨碍国际贸易发展的外汇管制；（5）在有适当保证的条件下，基金组织向会员国提供临时融资，使其有信心纠正国际收支失衡，而无需采取有损本国或国际繁荣的措施，争取缩短和减轻国际收支不平衡的持续时间和程度。

基金组织的职能主要有三项：（1）汇率监督，目的在于保证有秩序的汇兑安排和汇率体系的稳定，消除不利于国际贸易发展的外汇管制，避免会员国操纵汇率或采取歧视性的汇率政策以谋取不公平的竞争利益。（2）向国际收支发生困难的会员国提供必要的临时资金融通和金融援助，以使其遵守上述行为准则。（3）为会员国提供进行国际货币合作与协商的场所、技术援助和培训。

由基金组织的宗旨可以看出，基金组织的主要目标是维持战后国际货币制度的稳定，以此促进世界经济的发展。

3. 基金组织的组织机构

基金组织由理事会（board of governors）、执行董事会（board of executive directors）、总裁（managing director）和众多业务机构组成。理事会的执行董事会任命若干特定的常设委员会，理事会还可以建立临时委员会。各常设委员会向理事会提供建议，但不行使权力，也不直接贯彻执行理事会的决议。理事会和执行董事会决议的通过和执行，原则上是以各国在基金组织的投票权的多少作为依据。

基金组织的最高决策机构是理事会，由各会员国选派一名理事和一名副理事组成，任期五年，其任免由会员国本国决定。理事通常是由各国财政部长或中央银行行长担任，副理事只是在理事缺席时才有投票权。理事会的主要职权是：批准接纳新会员国；决定会员国退出基金组织资格；批准基金组织份额的修改；批准和调整各会员国货币平价；讨论决定其他有关国际货币制度改革等重大问题。理事会每年召开一次常会，必要时可以召开特别会议。鉴于理事会过于庞大，在 1974 年设立了临时委员会，由 24 个部长级成员组成，一年举行三至四次会议。临时委员会实际上是重要的决策机构，具有管理和修改国际货币制度和修改基金条款的决定权。

执行董事会是处理日常业务的机构，行使理事会委托的一切权力。由 24 人组成，其中 8 名由基金份额最大的 5 个国家（美、日、德、法、英）和另外 3 个国家（中、俄、沙）任命。其余 16 名执行董事由其他成员国分别组成 16 个选区选举产生；中国为单独选区，也有一席。执行董事每两年选举一次；总裁由执行董事会推选，负责基金组织的业务工作，任期 5 年，可连任，现任总裁是克里斯蒂娜·拉加德，另外还有四名副总裁。执行董事不得兼任理事，每两年由会员国指派或改选一次。执行董事可指派一名副董事，在执行董事缺席时代行职权。当执行董事出席时，副董事可参加会议，但无投票权。执行董事会每次会议的法定人数必须过半数执行董事，并持有不少于半数的总投票权。执行董事会的主要工作是：接受理事会委托，定期处理各种行政和政策事务；向理事会提出年度报告；对会员国经济、金融发展方向问题进行研究等。总裁是由执行董事会任命的，总裁担任执行董事会主席，是最高的行政领导人，在执行董事会的指示下处理基金组织日常工作。总裁任期五年，理事和执行董事不得兼任总裁。总裁平时没有投票权，只在执行董事表决时，双方票数相等的情况下，可以投一决定票。总裁可出席理事会，但也没有投票权。

(二) 国际货币基金组织的资金来源

国际货币基金组织的资金来源主要由三个部分组成，包括会员国认缴的份额、对外借款和信托基金。

1. 会员国认缴的份额

这是基金组织资金的主要来源。会员国要向基金组织认缴一定的份额，各会员国在基金组织的份额，决定其在基金组织的投票权、借款的数额以及分配特别提款权（SDRs）的份额。各会员国的份额大小，由理事会决定，要综合考虑会员国的国民收入、黄金与外汇储备、平均进出口额和变化率以及出口额占 GNP 的比例等多方面的因素。对各会员国应缴的份额，每隔五年重新审定一次，并对个别国家的份额进行调整。份额单位原为美元，1969 年后改为特别提款权。会员国交纳份额的 20% 原规定以黄金交纳，1976 年牙买加会议后改为特别提款权或外汇交纳；份额的 75% 以会员国本国货币交纳，存放于本国中央银行，当基金组织需要时可以随时动用。会员国在基金组织的投票权按照其缴纳份额的大小来确定，根据平等原则，每会员国有 250 票基本投票权。此外，再按各国在基金组织所缴纳的份额每 10 万特别提款权增加一票，两者相加，就是该会员国的投票总数。因此，会员国的份额越大，投票表决权也越大，可以借用的贷款数额也越大。所以美国在基金组织的各项活动中，始终起着决定性的作用，它拥有 20% 左右的投票权，而最小的会员国只拥有不到 1% 的投票权。基金组织的各国理事和执行董事的权力大小，实际是由他们所代表的会员国拥有票数的多少决定。一般的决议有简单多数票即可通过，但是对于重大问题的决议，如修订基金条款和调整会员国份额等，则需获得总投票权的 85% 的多数才能通过。

在会员国认缴份额中，美国所占份额最大。根据 1997 年 12 月基金组织《国际金融统计》的资料，基金份额的主要分配如下：发达国家占总份额的 60.85%，发展中国家占总份额的 39.15%。其中，美国占 18.25%，德国和日本各占 5.67%，法国和英国各占 5.10%，俄罗斯占 2.97%，荷兰占 2.37%，中国占 2.33%。

2010 年 12 月 15 日，基金组织最高决策机构理事会完成了第 14 次份额总检查，其中涉及关于基金组织份额和治理改革的意义深远的一揽子改革方案。这项改革方案带来了总份额增加一倍及份额比重大幅调整，从而更好地反映了基金组织成员国在全球经济中的相对权重的变化。改革后，超过 6% 的份额从代表性过高的成员国转移到代表性不足的成员国，超过 6% 的份额转移到有活力的新兴市场和发展中国家。美国占总份额的比重为 17.407%，仍然是基金组织份额占比最大的国家，但是基金组织份额占比最大的十个成员国中有了四个新兴市场和发展中国家，分别是巴西、中国、印度和俄罗斯。中国份额占比从之前的 3.72% 升至 6.39%，投票权从之前的 3.65% 升至 6.07%，排名从并列第六跃居第三，仅位列美国（17.407%）和日本（6.464%）之后。

2. 营运收入

基金组织在营运过程中会获得一部分收入，包括出售黄金所得和在发放贷款活动中所得的收入，这是基金组织资金的又一个来源。

1976 年 1 月，基金组织将其所持有黄金的 1/6，即 2500 万盎司分 4 年按市价出售，将所获得的利润（即市价超过 35 美元一盎司黄金官价部分）中的一部分，建立了"信托基金"。该项基金的借款国于 1981 年 4 月还清全部本息，总额达 27 亿特别提款权。基金组织最近一次的黄金出售发生在 2001 年，这次共出售了 1290 盎司黄金，出售所得作为重债贫困国家行动计划与减贫和增长贷款的资金支持。

像其他金融机构一样，基金组织还从其对外发放的贷款中收取一定的利息好费用作为其收入的来源。在 21 世纪初，全球经济和金融形势良好，许多新兴市场国家采取了适当的政策，提高了它们应对危机的能力，使得基金组织的非优惠性贷款数量下降，其盈利能力减弱。

3. 向会员国借款

为了阻止各种可能对国际货币体系稳定可能造成威胁和伤害的事件发生，特别是为了能够更加有效地处理各种货币危机与金融危机，基金组织在其储备资金可能不能满足成员国的需求时，可以通过向会员国借款的方式补充其资金。

1962 年 10 月，为稳定美元汇率，基金组织从"十国集团"借入的 60 亿美元的"借款总安排"（general agreement to borrow），是首次出现的这类资金来源。1974—1976 年间，为了解决非产油国家的石油进口和国际收支困难，基金组织设立了石油贷款，其资金来源也是通过借款筹得。目前基金组织通过"最新借款安排"和"借款总安排"两个多边借款协议，与许多国际和机构达成了总额最高为 340 亿特别提款权的借款协议，以备不时之需。同时，基金组织还与日本签订了一份双边借款协议，可以从日本获得最高为 1000 亿美元的借款。

（三）国际货币基金组织的业务活动

基金组织最主要的业务是向会员国的资金融通，此外还包括对会员国的汇率监督与政策协调、储备资产的创造与管理、向会员国提供各种培训咨询服务等。

1. 向会员国的资金融通业务

根据基金组织协定，当会员国发生国际收支短期失衡时，会员国可向基金组织申请资金融通。基金组织贷款对象只限于会员国政府，如财政部、中央银行、外汇平准基金组织或其他类似的财政金融机构。贷款期限较短，一般为 3 年到 5 年，主要用于弥补会员国国际收支逆差，用于贸易和非贸易的经常项目支付。贷款金额与会员国所认缴的份额成正比，即贷款越多，所需认缴的份额就越大，反之则越少。

在基金组织成立最初的 20 年，超过一半的贷款都流向了工业化国家，从 20 世纪 70 年代末开始，这些国家已经能够通过资本市场满足他们的资金需求，对基金组织的贷款需求下降。与此同时，70 年代的石油危机和 80 年代的债务危机导致许多低收入国家和中低收入国家开始向基金组织大量借款。到了 20 世纪 90 年代，中东欧的经济转型和新兴市场的经济危机导致了基金组织信贷数量的又一次大幅度上升。2004 年开始，世界经济运行良好，许多国家开始偿还基金组织的贷款，同时对基金组织贷款的需求下降，但是 2008 年，基金组织又开始为受到金融风暴和食品与能源价格上涨袭击的国家提供贷款。

基金组织的贷款种类较多，主要包括普通贷款、出口波动补偿贷款、缓冲库存贷款、中期贷款、补充贷款、信托基金、石油贷款、结构调整贷款等。其中石油贷款、信托基金贷款和补充贷款业务已分别于 1976 年 5 月、1981 年 4 月和 1982 年 2 月结束。

普通贷款。这是基金组织最基本的一种贷款，也称基本信用设施（basic credit facility），用于解决会员国一般短期国际收支逆差需要，期限为 3～5 年。贷款累计数的最高限额为成员国所缴份额的 125%。基金组织在发放此项贷款时区别用途实行不同政策，该贷款分几种不同的部分，主要有储备部分贷款和信用部分贷款。储备部分贷款是指申请人贷款额不超过份额的 25%，这部分贷款是无条件的，可自由提用，不付利息，由会员国以外汇或特别提款权交纳的份额作保证。信用部分的贷款是指申请贷款额超过份额的 25%，直至份额的 125%，可分为四档，第一档信用部分贷款，即贷款额度为其份额的 25%～50%，第二、三、四档也称高档部分信用贷款，即贷款额度为其份额的 50%～125%。会员国申请第一档信用部分贷款，条件是较松的，只需提出克服国际收支困难的计划，但要获得高档信用部分贷款，条件就较严格，如贷款额越大，审批越严。

出口波动补偿贷款。此项贷款创设于 1963 年 2 月，当初级产品出口国会员国发生出口收入下降或进口支出上升，而发生国际收支短期困难时，可在普通贷款外，另申请此项贷款。贷款期限 3～5 年，贷款最高限额为会员国所交份额的 100%。1989 年 1 月基金组织以 "补偿与应急贷款" 取代 "出口波动补偿贷款"，贷款最高额度为份额的 122%。其中应急贷款和补偿贷款各为 40%，进口成本补偿贷款为 17%，其余 25% 由会员国任意选择，用作以上二者的补充，贷款条件是出口收入下降或进口支出增加应是暂时性的，而且是会员国本身无法控制的原因造成的，同时借款国必须同意与基金组织合作执行国际收支的调整计划。

缓冲库存贷款。此项贷款设立于 1969 年 6 月，目的是为解决稳定国际市场初级产品价格而帮助初级产品出口国建立缓冲库存的资金需要。贷款期限为 3～5 年，贷款最高限额为会员国所交份额的 50%。

中期贷款。此项贷款设立于 1974 年 9 月，用于解决会员国长期的结构性国际收支逆差。其贷款限额大于普通贷款的限额，因此贷款条件比较严格，借款国必须提出整个贷款期限内有关政策、目标、计划及为实现这些目标将要采取的具体措施等。贷款期限为 4～10 年，贷款最高限额为会员国所交份额的 140%。由于该项贷款与普通贷款性质有相似之处，故又规定这两项贷款总额最高不得超过该国所交份额的 165%。

补充贷款。设立于 1977 年 8 月，用于解决会员国巨额和持续的国际收支逆差，以补充普通贷款和中期贷款之不足。1981 年 5 月，补充贷款业务结束后，基金组织又同原补充贷款的贷款国签订了追加借款协议，设立了扩大资金贷款。该贷款条件与原补充贷款一样，期限为 3~7 年，提款后每年偿还一次。贷款利率三年半内的为基金组织付给贷款国的利率加 0.2%，三年半以上的则加 0.325%。

信托基金。设立于 1976 年，基金组织废除黄金条款以后，在 1976 年 6 月至 1980 年 5 月间将持有的黄金的 1/6 以市价卖出后，用所获利润（市价超过 35 美元官价的部分）建立一笔信托基金，按优惠条件向低收入的发展中国家提供贷款。该项业务于 1981 年 4 月届满。

石油贷款。设立于 1974 年至 1976 年，是一种临时性信用设施，用于解决石油价格上涨等特殊原因引起的国际收支失衡。石油贷款的资金来源由基金组织向顺差国家（主要是石油输出国）借入，再转贷给逆差国家。贷款的最高额度为 125%，贷款期限规定为 3 年至 7 年，申请石油贷款也需提出中期的国际收支调整计划。石油贷款于 1976 年 5 月届满，共有 55 个会员国获得了 69 亿特别提款权的贷款资金。

结构调整贷款。设立于 1986 年 3 月，用于帮助低收入的发展中国家会员国克服国际收支长期巨额逆差。因为此项贷款的资金来源是信托基金借款国所偿还的本息，所以贷款条件与原信托基金贷款条件相同。贷款期限为 10 年，宽限期 5 年，宽限期之后每半年还本付息一次。贷款最高限额为会员国份额的 250%。

除了上述各项贷款外，基金组织还设置了在突发情况下的紧急贷款机制。这一机制可以保证当成员国国际收支账户出现危机或受到威胁可能引发危机时，基金组织能够立即做出反应，迅速进行相应的贷款安排，以便危机尽快解决。

2. 汇率监督与政策协调

在布雷顿森林体系条件下，会员国要改变汇率平价时，必须与基金组织进行磋商并得到它的批准。在目前的浮动汇率制条件下，会员国调整汇率不需再征求基金组织的同意，基金组织更多地起到汇率监督的作用。基金协定第四条款要求各国实现稳定的汇率安排以避免人为的竞争性货币贬值，第八条款要求各国逐步消除妨碍国际贸易正常发展的经常项目的外汇管制，通过维持一个稳定的国际金融环境来推动国际经济发展。为了达到这些目标，基金组织必须在密切监督各成员国汇率政策安排的同时还要保持各成员国的经常联系，主要通过与各成员国一年一度的磋商，使基金组织能够及时地对各国汇率政策的变动进行监督和协调。除了汇率政策协调外，基金组织的政策协调作用还表现在缓解债务危机，挽救证券市场的金融危机等方面，这些已被 20 世纪 80 年代发展中国家债务危机和 90 年代拉美地区国家证券市场金融危机的有效缓解所证实。

3. 储备资产的创造与管理

基金组织在 20 世纪 60 年代末创造的特别提款权是一种依靠国际纪律而创造出来的储备资产，仅限于会员国政府之间和政府与基金组织之间使用，对于会员国而言，除了可以划账的方式获得可兑换货币外，还可以用作缴纳基金份额、清偿与基金组织之间的债务、向基金组织捐款或者贷款、充当储备资产等。

4. 提供培训咨询服务

除上述贷款外，基金组织还对会员国提供包括培训、咨询在内的服务。基金组织帮助会员国组织人员培训，以提高会员国有关专业人员的素质。同时，基金组织派往各地的人员积极收集和反馈世界各国的经济金融信息，并派出代表，对会员国提供有关金融方面的咨询及技术援助。各成员国也可选派有关部门的工作人员到基金学院接受短期专业培训。

（四）当前基金组织存在的主要问题和改革方向

1. 基金组织存在的主要问题

基金组织对维持第二次世界大战以后国际货币金融秩序的稳定起到了积极作用，但是仍然存在许多需要解决的问题：

第一，贷款的限制性条款过严。基金组织的贷款往往附加一些限制性条款，要求受款国在使用基金组织的贷款时必须采取一定的经济调整措施，以便在有关贷款项目结束时能够恢复国际收支平衡。但是，造成国际收支不平衡的原因有很多，有些并不是能够简单地通过基金组织所要求的紧缩性政策解决的，相反，这些政策的使用有时还可能造成国际收支状况进一步恶化。因此，很多发展中国家对基金组织的限制条件十分不满，强烈要求放宽条件。基金组织先后对有关贷款条件作了修改，但是仍然没有从根本是解决贷款附加条件的缺陷。

第二，贷款资金分配不合理。基金组织对会员国的贷款数量是与该国缴纳的份额挂钩的，而发达国家的份额通常远高于发展中国家，这就导致了最需要信贷资金的发展中国家只能得到很少量的贷款。基金组织虽然多次增资，但是结果表明发展中国家的份额在总份额中的比重非但没有上升，反而普遍下降，这不符合发展中国家的利益。

第三，贷款规模不能满足需要。尽管基金组织从建立以来不断增资，但是一旦遭遇金融或债务危机，需要贷款的国家的数量大幅上升，基金组织很难满足这些国家的贷款需求，同时基金组织的对外借款手段有限，所以经常出现捉襟见肘的情况。

2. 基金组织的改革方向

针对基金组织存在的问题，理论和实际部门提出了众多改革方案，归纳这些方案，我们认为，基金组织未来的改革方向应当是：

第一，提高各会员国的永久性认缴的份额，以增加基金组织可调配的资金。

第二，强化基金组织的危机监控能力。2008 年国际金融危机表明基金组织必须强化其危机监控能力，但是实现这一目标的关键在于更加重视对全体会员国的公平监控，尤其是重视对那些有着巨额跨国资金流动、拥有主要国际金融中心的发达国家的监控。

第三，立即采取措施扩大发展中国家在基金组织中的话语权和代表权。

第四，改革贷款机制。2009 年基金组织对贷款机制进行了改革，包括加强备用贷款安排和设计了灵活贷款额度等。除此之外，还需从以下几个方面进行完善：提高贷款额度、调整和简化贷款成本与期限结构、简化贷款工具等。

二、世界银行集团

世界银行，也称国际复兴开发银行（International Bank for Reconstruction and Development，IBRD），它与基金组织一样是布雷顿森林会议的成果。世界银行下属两个机构，即国际开发协会和国际金融公司，三者统称为世界银行集团。

（一）世界银行

1. 世界银行的成立及其组织机构

世界银行是 1944 年 7 月布雷顿森林会议后与国际货币基金组织同时产生的另一个国际金融机构，它于 1945 年 12 月正式建立，1946 年 6 月开始营业。世界银行总部在华盛顿，它也是联合国的一个专门机构。1980 年 5 月世界银行恢复了中华人民共和国的合法席位。

根据有关规定，世界银行的宗旨是：（1）对用于生产目的的投资提供便利，以协助会员国的复兴与开发，并鼓励不发达国家生产与资源的开发；（2）以担保或参与私人贷款和私人投资的方式，促进私人对外投资；（3）用鼓励国际投资以开发会员国生产资源的方法，促进国际贸易的长期平衡发展，维持国际收支平衡；（4）在提供贷款担保时，应与其他方面的国际贷款相配合。

由上述宗旨可以看出，世界银行的主要目标是向发展中国家提供长期贷款，以促进该国的资源开发和经济发展。根据协定，凡参加世界银行的国家必须是基金组织的会员国；但基金组织的会员国不一定要参加世界银行。到目前为止世界银行已有成员国 187 个。

世界银行是按股份公司的原则建立起来的金融机构，凡会员国均需认购该行的股份，世界银行的组织机构与基金组织相似，其最高权力机构是理事会，理事会由各会员国选派一名理事和一名副理事组成，任期五年，连选可以连任。副理事只有在理事缺席时，才有投票权。各会员国一般委派其财政部长、中央银行行长或其他地位相当的高级官员担任世界银行理事或副理事。理事会的主要职权是：批准接纳新会员国；决定普遍地增加或者调整会员国应缴股本；决定银行净收入的分配以及其他重大问题。理事会通常在每年 9 月间与基金组织一起举行一次年会，必要时可召开特别会议。在平时，理事会授权执行董事会代行各项职权。

执行董事会是世界银行负责处理日常事务的机构，世界银行现有执行董事 25 人，任期两年，其中六人是常任执行董事，由持有股份最多的美、日、中、德、法、英六国指派。其余 20 名执行董事由其他成员国的理事按地区组成 20 个选区，每两年选举一次，其中沙特阿拉伯、俄罗斯为单独选区。

2010 年，世界银行发展委员会春季会议 4 月 25 日通过了发达国家向发展中国家转移投票权的改革方案，这次改革使中国在世界银行的投票权从 2.77% 提高到 4.42%，成为世界银行第三大股东国，仅次于美国和日本；韩国则将从 1% 提高至 1.6%。

2. 世界银行的资金来源

世界银行资金来源主要由四部分组成，包括会员国交纳的股金，对外借款，出让债权及利润收入。

会员国交纳的股金。世界银行建立之初，法定资本为 100 亿美元，分为 10 万股，每股 10 万美元。各会员国认缴股金总额为 76 亿美元，实交股金为认缴股金的 20%（其中 2% 需以黄金或美元交纳，其余 18% 用本国货币交纳），其余 80% 为待催交股金。随着会员国的增加以及三次增资，1959 年起，各会员国实缴股金降为 10%（其中 1% 需以黄金或美元交纳，其余 9% 用本国货币交纳），其余 90% 为待催缴股金。1981 年起，各会员国实缴股金又降为 7.5%（其中 0.75% 用可自由兑换货币交纳，其余 6.75% 用本国货币交纳），其余 92.5% 为待催交股金。经多次增资，截至 2010 年 6 月 30 日，IBRD 总认缴股本约 1899.43 亿美元，其中待缴股本约 1784.51 亿美元，实缴股本约 114.92 亿美元。各会员国股金的多少，由世界银行根据该国经济金融状况，并参照其在基金组织的交纳份额的大小而定。会员国的投票权与认交股金成正比。美国一直是股金认交最多的国家，所以它的投票权最大。

对外借款。即在国际金融市场上发行债券。由于世界银行自有资本有限，不能满足其业务活动的需要，因此资金主要来自于向国际金融市场借款，特别是在资本市场发行中长期债券。在 20 世纪 60 年代以前，世界银行的债券主要在美国的债券市场上发行，以后随着西欧和日本经济实力的增强，逐渐推广到联邦德国、瑞士、日本和沙特阿拉伯等国家。债券的偿还期限从 2 年到 25 年不等，利率依国际市场行情而定，但由于世界银行信誉较高，所以利率要低于普通公司债券和某些国家的政府债券。自 20 世纪 80 年代中期以来，世界银行每年在国际金融市场的债券总额都接近或超过 100 亿美元。实际上，目前世界银行是世界各主要资本市场上的最大非居民借款人。除了在国际资本市场上发行债券以外，世界银行也直接向会员国的政府、中央银行等机构发行中、短期债券筹集资金。

出让债权。为了提高银行资金的周转能力，世界银行将其所贷出款项的债权出让给私人投资者，主要是商业银行，这样可以收回一部分资金，扩大其贷款资金的周转能力。

利润收入。世界银行历年业务活动中的营业利润也是资金来源之一，由于该行信誉卓著、经营得法，每年利润相当可观，年净利润均在 10 亿美元以上。

3. 世界银行的业务活动

世界银行最主要的业务是向发展中国家提供长期贷款，此外还提供技术援助等服务项目。

世界银行成立之初的贷款重点在欧洲，20 世纪 50 年代以后重点转向亚、非、拉等地区的发展中国家。当前世界银行的贷款已成为发展中国家发展经济的一条较为重要的资金渠道。世界银行的重点一向是各种基础设施，近年来又逐渐增加了能源开发、农业、公用事业和文教卫生等福利事业的项目贷款。另外，自 20 世纪 80 年代以来，世界银行也设立了结构调整贷款，协助发展中国家解决因国际收支失衡而引起的经济调整问题。

世界银行贷款政策非常严格。根据世界银行协定，贷款对象只能是会员国，并主要给予中等收入水平的国家，接受贷款的部门只能是会员国政府，或必须经会员国政府、中央银行担保的公私机构。贷款一般须用于银行批准的特定项目，包括交通、运输、农业、教育等，即所得项目贷款只有特殊状况银行才能发放非项目贷款。只有申请贷款国确实不能以合理的条件从其他方面取得贷款时，银行才考虑给予贷款。同时，贷款只贷给有偿还能力的会员国。

世界银行贷款期限较长，从 5 年到 30 年不等，宽限期 4 年左右，宽限期内只付息不还本。贷款利率参照资本市场利率，但一般低于市场利率，采取固定利率；对贷款收取的费用很少，只对签约后未支用的贷款额收取一定的承诺费；贷款一般需与特定工程项目相联系，银行一般只提供项目所需的外汇资金，项目采取国际招标；贷款以美元计值，借款国借款货币与还款货币币种相同，并需承担该货币与美元的汇价变动风险；贷款必须如期归还。

申请世界银行贷款要遵循严格的程序。一般来说，世界银行首先要对申请借款国的经济结构现状和前景进行调查，以便确定贷款项目，然后还要派出专家小组对已确定的项目进行评估，最后才举行贷款谈判，并签署借款协议、担保协议等有关法律文件。贷款执行后还要接受世界银行的监督，世界银行在贷款后进行总结性评估，作为下一轮贷款的依据。

20 世纪 80 年代以来世界银行设立了结构调整贷款，贷款的对象不是某个特定项目，而是对那些必须在中长期内，改革体制，为调整经济结构，比较灵活和快速的贷款。调整贷款分为结构调整贷款和部门调整贷款两大类，前者是指跨越各个经济部门进行结构调整的贷款，而后者是以其中某个经济部门为对象进行的贷款。

自 20 世纪 70 年代以来，为了适应发展中国家不断增长的资金需求，世界银行发展了一种新的贷款方式即联合贷款（cofinancing），向会员国融通资金。这种贷款类似银团贷款，它由世界银行与官方的双边援助机构或多边援助机构、官方支持的办理出口信贷的机构、商业银行联合对某个项目贷款，今后主要的项目收益偿还贷款。这样做，一方面可以减轻世界银行本身资金的压力，增加贷款资金的来源；另一方面也增强商业银行贷放资金的安全感。同时，在利率、期限等条件上可进行一定范围内的调整。这种方式的贷款近年来越来越多，占贷款中的比例也大大增加。

向会员国提供技术援助也是世界银行业务活动的重要组成部分。这种技术援助往往是与贷款结合在一起的，该行派出人员、专家帮助借款过进行项目的组织和管理，提高项目资金使用效益。世界银行还设立由该行直接领导的一所经济发展学院，其任务主要是为发展中国家培训中高级管理干部。世界银行也经常帮助会员国制定社会经济发展计划，并为某些特殊问题提供资讯意见和解决方案。

（二）国际开发协会（International Development Association，IDA）

1. 国际开发协会的成立及组织机构

国际开发协会是世界银行的一个附属机构，是专门向低收入发展中国家发放优惠长期贷款的国际金融组织。国际开发协会成立于 1960 年 9 月，同年 11 月开始营业，会址设在美国华盛顿。国际开发协会的宗旨是：对落后国家给予条件较宽、期限较长、负担较轻、并可用部分当地货币偿还的贷款，以促进这些地区的经济发展，提高生产力和生活水平。

只有世界银行的会员国，才能成为国际开发协会的会员国，到 2016 年有成员国 170 个。协会的会员国分两组，第一组是高收入的和工业发达的国家，约占总数的 1/6，第二组为亚洲、非洲和拉丁美洲的发展中国家。会员国在理事会的投票权大小与其认缴的股本成正比。协会成立初期规定，每个会员国拥有基本票 500 票，另外每认缴股金 5000 美元增加一票。以后在协会第四次补充资金时，每个会员国有 3850 票，另外每增加 25 美元再增加一票。和其他国际金融机构一样，美国认缴的股本最大，投票权最多。1980 年 5 月，中国同时恢复了在国际开发协会的合法席位，中国在国际开发协会的投票权为 344829 票表决权，占总投票权的 1.88%。到 1988 年 6 月底，中国共认缴股金 3950.3 万美元，有投票权 117316 票，占总票数的 2%。从 1999 年 7 月起，国际开发协会停止对中国提供贷款。2007 年 12 月，中国向国际开发协会捐款 3000 万美元。截至 2010 年 6 月 30 日，国际开发协会全球累计承诺优惠贷款和赠款约 2215 亿美元，其中对中国提供的优惠贷款约为 100 亿美元。

2. 国际开发协会的资金来源

国际开发协会的资金来源主要有如下六个方面：

会员国认缴的股本。协会原定的法定资本为 10 亿美元，其中第一组国家（高收入国家）为 7.6 亿美元，第二组国家为 2.4 亿美元。第一组国家的资本额需以黄金或可自由兑换的外汇上缴，第二组国家（亚洲、非洲和拉丁美洲的发展中国家）的资本额，10% 以黄金或自由兑换的外汇上缴，其余 90% 可以本国货币上缴。以后随着会员国的增加，总资本进行了多次增资，截至 1994 年，会员国认缴的资本额为 1130 亿美元。

第一组会员国提供的补充资金。由于会员国缴纳的资本不能满足会员国的信贷需要，同时协会又规定不得依靠在国际金融市场发行债券来筹集资金，所以国际开发协会需要会员国政府来不断提供补充资金，其中绝大部分是第一组会员国捐助的，此外，瑞士和阿拉伯联合酋长国也提供过补充资金。自协会成立以来，进行过多次补充资金，总额超过 100 亿美元。

世界银行拨款。从 1964 年到现在，世界银行从其净收入中总共拨出了约 23 亿美元，作为国际开发协会的贷款资金来源。

协会本身的营业收入。由于国际开发协会的信贷十分优惠，所以净收入很少。

特别基金。国际开发协会于 1982 年 10 月设立了一项特别基金，该资金由开发协会的会员国捐款组成，以补充其贷放的正常资金。

非洲基金。1985 年 5 月，国际开发协会设立了一项非洲基金，该资金由世界银行及其他捐款国捐款组成，用于撒哈拉以南非洲地区。

3. 国际开发协会的业务活动

国际开发协会的主要业务活动是向较贫穷的发展中国家提供贷款。这些国家的人均收入不足 400 美元（按 1984 年美元计算）。贷款按规定可贷给政府或公私企业，但实际上只贷给会员国政府。开发协会的贷款称为信贷（credit），以区别于世界银行提供的贷款（loan），其特点是贷款条件极其优惠。贷款期限长达 50 年，平均 40 年左右。不收利息，对已支付额每年仅收取 0.75% 的手续费，对未付贷款每年收 0.5% 的承诺费。头 10 年不必还本，第二个 10 年起，每年还本 1%，其余 30 年，每年还本 3%。贷款可全部或部分用本国货币偿还。贷款主要用于农村建设、农业、交通运输、通信、教育、能源等基本建设。开发协会的贷款程序，与世界银行的要求相同。

（三）国际金融公司（International Financial Company，IFC）

1. 国际金融公司的成立及组织机构

国际金融公司成立于 1956 年，总部设在华盛顿，截至 2016 年有成员国 182 个，也是世界银行的一个附属机构。国际金融公司是一个专门对会员国私人企业发放贷款的金融机构，其宗旨是对发展中国家会员国私人企业的新建、改建和扩建提供贷款资金，促进发展中国家中私营经济的增长和国内资本市场的发展。按协定，只有世界银行的会员国才能参加国际金融公司。国际金融公司的组织结构与世界银行一样，最高决策机构是理事会，并设有管理日常业务的执行董事会。公司的正副理事、正副执行董事都由世界银行的正副理事和正副执行董事兼任。公司的经理则由世界银行行长兼任，其余内部机构人员也多数由世界银行的相应机构和人员兼管和兼任。

截至 2010 年 6 月 30 日，IFC 全球累计承诺贷款和投资约 1367.3 亿美元，其中对华累计承诺贷款和投资约 47.3 亿美元。IFC 联合商业伙伴，向发展中国家的私营企业提供贷款和进行投资，通过支持私人部门发展来推动经济增长。截至 2010 年 6 月 30 日，按投票权比例计算，投票权前五位的国家分别为美国（20.96%）、日本（6.01%）、德国（4.77%）、法国（4.48%）、英国（4.48%）。中国位列第 10 位，占比 2.29%。

2. 国际金融公司的资金来源

国际金融公司的资金来源主要由会员国交纳的股金、对外借款和业务经营的净收入构成。

会员国交纳的股金。国际金融公司成立时的总资本为 1 亿美元，分 10 万股，每股 1000 美元。认缴股份应以黄金或可兑换外汇缴付。每一会员国有基本票数 250 票，此外每增认一股，增加一票。国际金融公司成立以后，也进行了多次增资活动，资本总额目前达 20 亿美元左右，其中美国认缴的股金最多。

对外借款。向世界银行借款是国际金融公司资金的一个重要来源，向世界银行借入的资金只能用于贷款业务。从个别国家借入的资金可用于公司协定条款授权的任何业务。此外，公司还通过国际金融市场发行债券筹措资金，用途不限。

业务经营的净收入。由于国际金融公司一直将主要资助活动放在小而穷的会员国，所以业务经营收入数量有限。

3. 国际金融公司的业务活动

国际金融公司最主要的业务就是对发展中国家私营企业的融资，并无需会员国政府为贷款偿还提供担保。贷款规模一般不大，且一般只对中小型私营企业贷款，在融资时往往采取贷款与资本投资结合的方式，即购买借款方的公司股票，但是国际金融公司并不参与其投资企业的经营管理活动，而且国际金融公司通常与私人投资者共同对会员国的私营生产性企业进行联合投资，从而起到促进私人资本在国际范围流动的作用。国际金融公司的贷款期限一般为 7~15 年，还贷时需用原借入的货币，贷款的利息率不统一，视投资对象的风险和预期收益而定，一般要高于世界银行贷款。对于未提取的贷款资金，国际金融公司每年收取 1% 的承诺费。此外，近年来国际金融公司的业务越来越多样化。公司积极向一些发展中国家的企业提供市场信息及管理方面的技术援助，并参与发展中国家国有企业私有化企业改组活动。同时向重债国提供关于债务转换为股本、债务资本化方面的意见，帮助这些国家缓和危机。

第二节　区域性国际金融机构

区域性经济一体化是 20 世纪 60 年代以来世界经济发展的重要特征。区域性国际金融机构的成立对促进本地区的贸易和投资增长以及区域内各成员国的经济发展起到了巨大作用。它们更注重本地区的实际，有着全球性国际金融机构不可替代的优势，并与全球性国际金融机构、各国金融机构互相配合，共同促进世界经济的发展。本节主要介绍国际清算银行、亚洲开发银行、非洲开发银行和亚洲基础设施投资银行。

一、国际清算银行（Bank for International Settlement，BIS）

（一）国际清算银行的成立及组织机构

国际清算银行于 1930 年 5 月根据同年 1 月签订的海牙国际协定，由英国、法国、意大利、德国、比利时、日本的中央银行组成的银行团联合组成，行址设在瑞士的巴塞尔。国际清算银行成立的目的是用来处理第一次世界大战后德国对协约国赔款的支付和处理德国赔款的"杨格计划"有关的清算等业务问题。后来欧洲其他各国以及澳大利亚、加拿大和南非的中央银行也相继参加。目前参加国际清算银行的有 50 多个国家的中央银行，中国中央银行——中国人民银行于 1996 年被接纳为成员。随着战争赔偿问题的解决，国际清算银行的宗旨定为促进各国中央银行的合作，为国际金融活动提供更多的便利，在国际金融清算中充当受托人或代理人。尽管它现在已经是名副其实的国际性金融机构，但我们习惯上将其归于区域性金融机构。

国际清算银行的最高权力机构是股东大会，股东大会每年举行一次，由认购该行股票的各国中央银行派代表参加。董事会是国际清算银行的实际领导机构。董事会总数不得超过 21 人。董事会成员选举董事会主席，并任命国际清算银行总裁。第二次世界大战以后，这两个职位一直由一人兼任。董事会下设经理部、货币经济部、秘书处和法律处等。

（二）国际清算银行的资金来源

1. 成员国交纳的股金

国际清算银行建立时，法定资本为 5 亿金法郎。金法郎是 1865 年法国、瑞士、比利时等国成立拉丁货币同盟时发行的一种金币，含金量为 0.29032208 克。金法郎为记账单位，含金量至今不变。后来随着银行规模的扩大，其股票也在市场上交易，持股者于是包括与该行有业务关系的其他国家中央银行或金融机构，以及在市场上购进该行股份的私人口所有股东在分享该行利润方面都享有同等权利，但是私人持股者没有代表权和投票权。近年来，私人持股的数量和比重均有所下降，80%的股份是掌握在有关国家中央银行手中，其余 20% 是私人持有。

2. 向成员国借款

国际清算银行可向各国中央银行借款，以补充其自有资金的不足。

3. 吸收存款

该行也与一些国家大商业银行往来，并吸收客户存款。

（三）　国际清算银行的业务活动

办理各国中央银行之间的国际结算是国际清算银行的主要业务。目前约有 90 个国家的中央银行在国际清算银行开有存款账户，存有大量的外汇储备及黄金，国际清算银行一定程度上充当了中央银行的银行及结算机构。此外，国际清算银行还办理存款、贷款、贴现业务及黄金、外汇、有价证券买卖等业务。受许多国际组织委托，国际清算银行还担当了其金融代理人。各国中央银行充分利用每年一次的该行巴塞尔年会，在会上讨论世界经济与金融形势，探讨如何协调各国宏观政策和维持国际金融市场的稳定等重大问题。该行定期编写的金融统计资料也有较大的权威性。

二、亚洲开发银行（Asian Development Bank）

（一）　亚洲开发银行的成立及组织机构

亚洲开发银行（简称亚行）是面向亚洲和太平洋地区的政府间多边开发银行机构。它根据联合国亚洲及太平洋经社委员会的决议，于 1966 年 11 月建立，并于同年 12 月开始营业，总部设在菲律宾首都马尼拉。亚行的宗旨是，向会员国发放贷款、进行投资和技术帮助，并同联合国及其专门机构进行合作，协调会员国在经济、贸易和发展方面的政策，促进亚太地区的经济繁荣。

根据规定，凡属于联合国亚太经社委员的会员国和准会员国，以及参加联合国或联合国专门机构的非本地经济发展国家，均可以加入亚行。亚行的会员国除亚洲和太平洋地区的发达和发展中国家和地区以外，还有英国、德国、荷兰等几十个欧洲发达国家。亚行成立时，我国台湾地区政府以中国名义参加。1986 年 2 月 17 日，亚行理事会通过决议，接纳中华人民共和国加入该行，同年 3 月 10 日，中国成为亚行正式成员，台湾地区作为中国台北地区会员留在亚行。

亚行由理事会、董事会、行长和众多业务机构等构成。理事会是亚行的最高决策机构，由亚行每个成员国指派理事和副理事各一名组成，理事大多由会员国的财政部长或中央银行行长担任。理事会每年举行一次年会，即亚行理事会年会。理事会对重要事项以投票表决方式作出决定。并需有 2/3 以上的多数票才能通过。亚行的每个会员国均有 778 票基本投票权，另外每增加认股 1 万美元增加 2 票。理事会下设董事会负责亚行的日常事务，董事会由理事会选举产生，任期两年，由 12 名董事构成，其中本地区会员选举 8 名，非本地区会员选举 4 名。亚行的行长由理事会选举产生，并担任董事会主席，是亚行的最高行政负责人，行长必须是本地区会员的公民，自建行以来一直由日本人担任。2008 年 8 月，亚行董事会任命中国进出口银行副行长赵晓宇为亚行副行长。

（二）亚洲开发银行的资金来源

1. 普通资金

普通资金是亚行最主要的资金来源，主要由会员国认缴的股金或来自国际金融市场及国家政府的借款组成。亚行建立时法定股本为 10 亿美元，分为 10 万股，每股 1 万美元。股本分为实缴股本和待缴股本，两者各占一半，实缴股本分 5 次缴付，每次上缴 20%，每次缴纳的金额的一半以黄金或可自由兑换外汇来支付，其余以本国货币来支付，经理事会决议，亚行的股本可以增加。日本是亚行的最大出资者，美国次之，中国居第三位。借款也是亚行的重要资金来源，亚行在主要国际资本市场发行长期债券筹集资金，也向会员国政府、中央银行以及其他国际金融机构借入款项，有时还向国际商业银行直接借款。此外，亚行的营业收入，也构成普通资金来源。

2. 特别基金

一是亚洲开发基金，设立于 1974 年 6 月，由发达国家出资，用于对亚太地区的贫困会员国发放优惠贷款。二是技术援助特别基金，设立于 1967 年，也由各国的自愿捐赠和从股本中的拨款组成，为低收入的会员国提供长期低息贷款。三是日本特别基金，设立于 1988 年 3 月，主要用于以赠款形式对会员国进行技术援助，或者通过单独或联合的股本投资支持会员国私营经济的发展项目。2000 年 5 月 23 日，亚行决定建立"日本扶贫基金"，用以资助亚行的扶贫项目。日本计划向亚行捐款 100 亿日元，用于帮助亚行发展中成员的扶贫项目和其他社会发展项目。基金的重点支持那些直接向贫困人口提供经济和社会服务的项目，帮助贫困人口获得自我发展的能力，使亚行贫困成员的脱贫计划能持续进行。

（三）亚洲开发银行的业务活动

1. 贷款业务

贷款对象为亚行成员国或地区。亚行的贷款有软贷款和硬贷款之分。软贷款即优惠贷款，提供给贫困会员国，贷款期限 40 年，不收利息，仅仅收取 1% 的手续费。硬贷款的利率是浮动的，每半年调整一次，期限一般为 10 年至 30 年，含 2 年至 7 年的宽限期。除了通常的贷款业务外，亚行还组织联合贷款，与其他官方或私人投资者一起为会员国的开发项目或规划提供融资。

2. 提供技术援助

技术援助有多种形式：项目准备技术援助、项目执行技术援助及咨询性技术援助。此外，亚行对涉及区域性发展的重大问题，还提供资金举行人员培训班和区域经济发展规划研讨会等。亚行的技术援助主要是以贷款方式提供资金，也有一部分以赠款或联合贷款的形式提供。

三、非洲开发银行（African Development Bank）

（一）非洲开发银行的成立及组织机构

1960 年第一届非洲人民大会提出了关于成立非洲开发银行的建议，1963 年 8 月在喀土穆举行的非洲国家财政部长会议上通过了成立非洲开发银行的协定。1964 年 9 月，该行宣告正式成立，行址设在科特迪瓦首都阿比让，1966 年 7 月，非洲开发银行正式开业。非洲开发银行（简称非行）的宗旨是向非洲会员国提供贷款和投资，以及技术援助，充分利用非洲大陆的人力和自然资源，以促进各国经济的协调发展和社会进步，从而尽快改变本大陆贫穷落后的面貌。

非洲开发银行由理事会、董事会、行长及业务机构组成。非洲开发银行的最高权力机构为理事会，由各成员国指派一名理事组成，理事一般由各国财政部长或中央银行行长担任。理事会每年召开一次会议，以投票方式对重大事项作出决定。每个理事的投票表决权根据会员国缴付股本的多少来计算。入股后会员国在理事会的基本票为 625 票，另外每出资一股增加一票。理事会选出 18 名成员组成董事会，其中非洲国家董事 12 名，任期 3 年。董事会每月举行一次会议，决定日常重大事项。董事会选举非洲开发银行的行长，即董事会主席，任期 5 年，在董事会指导下安排非洲开发银行的日常业务工作。

为了扩大资金来源，非洲开发银行先后成立了四个下属机构，一是非洲投资开发国际金融公司。该公司成立于 1970 年 11 月，总公司设在日内瓦，目的是动员国际私人资本建设和发展非洲的生产性企业。二是非洲开发基金。非洲开发基金设立于 1972 年 7 月，由非洲开发银行和非洲开发银行以外 22 个发达国家出资，1973 年 8 月开始营业。该基金主要向非洲最贫困的会员国的发展项目提供长期无息贷款。三是尼日利亚信托基金。1976 年 2 月非洲开发银行和尼日利亚政府共同建立了该基金，同年 4 月开始业务活动，由尼日利亚政府出资，而非洲开发银行负责经营管理，向会员国提供项目贷款。四是非洲再保险公司。该公司由非洲开发银行投资建立，1978 年 1 月开始营业。公司的目标是加速发展非洲的保险业，通过投资和提供保险等技术援助，促进非洲国家的经济自立和加强区域性合作。总公司设在尼日利亚首都拉各斯。

（二）非洲开发银行的资金来源

1. 各国认缴的股金

非洲开发银行成立之初，只有除南非以外的非洲国家才能加入非洲开发银行。为广泛吸收资金和扩大非洲开发银行的贷款能力，非洲开发银行理事会在 1980 年 5 月通过决议接纳非洲以外的国家入股。截至 2009 年 8 月，非洲开发银行的成员共有 77 个成员国，除 53 个非洲国家外，还有 24 个区外国家。各会员认缴资本的 50% 为实缴资本，分

6 次缴付，另外 50% 待缴资本，在必要时由非行催缴。会员国首次缴纳股金需以黄金或自由兑换外汇，其余各次缴付方式由非洲开发银行理事会决定。会员国缴付待缴资本时，可用黄金、自由外汇和非洲开发银行履行债务所需的其他货币。中国于 1985 年 5 月加入非洲开发银行，截至 2006 年年底，中国在非洲开发银行持股 24230 股，占总股份的 1.117%。

2. 下属机构的营运资金

四个下属机构的资金也可用于贷款用途。

(三) 非洲开发银行的业务活动

非洲开发银行经营的业务分为普通贷款业务和特别贷款业务。普通贷款业务是该行用普通股本资金提供的贷款和担保偿还的贷款，特别贷款业务是用非洲开发银行规定专门用途的特别基金开展的优惠贷款业务。

非洲开发银行自成立以来，特别是 20 世纪 80 年代以后，业务发展非常迅速。非洲开发银行的贷款主要用于农业、交通运输、公用事业、工业和金融部门，对非洲经济的发展作出了应有的贡献。

四、亚洲基础设施投资银行（Asian Infrastructure Investment Bank，AIIB）

(一) 亚洲基础设施投资银行的成立及组织机构

亚洲基础设施投资银行是一个政府间性质的亚洲区域多边开发机构，重点支持基础设施建设，亚洲基础设施投资银行的宗旨是：促进亚洲地区基础设施建设、互联互通建设和经济一体化进程，实现亚洲地区共同繁荣发展。其总部设在北京，法定资本为 1000 亿美元，其中中国初始认缴资本目标为 500 亿美元左右，中国出资 50%，为最大股东。截至目前，亚洲基础设施投资银行意向创始成员国增至 57 个，其中有亚洲国家 34 个，欧洲国家 18 个，非洲国家 2 个，美洲国家 1 个，大洋洲国家 2 个。

2016 年 2 月 5 日，亚洲基础设施投资银行正式宣布任命 5 位副行长。这 5 位副行长分别来自英国、德国、印度、韩国、印度尼西亚。亚洲基础设施投资银行由理事会、董事会、管理层 3 个机构组成，并分为三层。理事会是最高决策机构，由每个成员国指派理事和副理事各一名组成。董事会有 12 名董事，其中域内 9 名，域外 3 名。在运行初期，亚洲基础设施投资银行设非常驻董事会，每年定期召开会议就重大政策进行决策。亚洲基础设施投资银行还将设立行之有效的监督机制以落实管理层的责任，并根据公开、包容、透明和择优的程序选聘行长和高层管理人员。管理层由行长和 5 位副行长组成。

(二) 亚洲基础设施投资银行的资金来源

亚洲基础设施投资银行的资金来源主要包括两个方面：普通资金和特别资金。

1. 普通资金

普通资金的构成主要包括：股本、借款、普通准备金、特别准备金和净收益。

股本。即亚洲基础设施投资银行成员认购的股本金，分为实缴股本与待缴股本。实缴股本分期缴付，每期缴付一定比例的黄金或者可兑换货币和本国货币。待缴股本无需每期缴付，而是亚洲基础设施投资银行为偿还其借款或担保金而导致资金不足时才向成员催缴。亚洲基础设施投资银行前五大股东（按资本金排序）依次为：中国、印度、俄罗斯、德国、韩国、澳大利亚。其中韩国和澳大利亚并列第五。

借款。自有资本将是亚洲基础设施投资银行在建立初期开展贷款业务的主要资金来源，但随着银行贷款规模的扩大，当自有资金不能满足贷款需求时，亚洲基础设施投资银行可以从国际金融市场借款，筹集自身发展所需资金，通常以发行债券的方式在国际金融市场上筹资，也可与有关国家政府、中央银行甚至其他金融机构直接安排证券的销售，通常以长期借款为主。此外，还可直接从区域内外的其他商业银行贷款等。

准备金。将亚洲基础设施投资银行每年净收益的一部分划作准备金，划拨比率由理事会商讨决定。

净收益。亚洲基础设施投资银行每年将从贷款项目中获得利息、承诺和佣金等收入，在支付银行的借款利息、财务费用、行政管理费用以及成员服务费用以后的结余即为净收益，直接构成银行的普通资金。

此外，亚洲基础设施投资银行也对区域内外的其他商业银行资金、私人资本敞开大门，吸引其他商业银行投资和私人资本参股入股。

2. 特别资金

特别资金包括：中国-东盟开发基金、中国特别基金等。

中国-东盟开发基金。基金来源主要是区域内发达国家或是经济发展水平较高的成员国的捐赠，主要用于向发展水平较落后的成员国发放优惠贷款。

中国特别基金。可将现有的"中国-东盟投资合作基金"、"中国-东盟海上合作基金"等各类资金纳入中国特别基金的范畴。

（三）亚洲基础设施投资银行的业务活动

作为由中国提出创建的区域性金融机构，亚洲基础设施投资银行主要业务是援助亚太地区国家的基础设施建设。在全面投入运营后，亚洲基础设施投资银行将运用一系列支持方式为亚洲各国的基础设施项目提供融资支持——包括贷款、股权投资以及提供担保等，以振兴包括交通、能源、电信、农业和城市发展在内的各个行业投资。

（四）亚洲基础设施投资银行的创立意义

第一，它对促进亚洲国家经济发展与区域经济一体化具有重要意义。创建亚洲基础设施投资银行，通过公共部门与私人部门的合作，有效弥补亚洲地区基础设施建设的资金缺口，推进了亚洲区域经济一体化建设。

第二，有利于扩大全球投资需求，支持世界经济复苏。

第三，有利于通过基础设施项目，推动亚洲地区经济增长，促进私营经济发展并改善就业。

第四，通过提供平台将本地区高储蓄率国家的存款直接导向基础设施建设，实现本地区内资本的有效配置，并最终促进亚洲地区金融市场的迅速发展。

第三节　国际金融协调

一、国际金融协调的理论基础

国际金融协调是指各国政府和有关国际机构为促进国际金融体系的完善和市场稳定与发展，在国际磋商和国际协调的基础上，在国内政策方面相互配合，或对国际金融活动采取联合行动。实施国际金融协调的主体是各国政府和主要的国际金融组织；目的是保持金融市场的稳定和发展，维护各国的经济利益；协调的对象是国际金融活动；其特征是各国在保持一致的立场上或采取联合的行动；协调成败的关键是各国能在多大程度上对国内的金融政策做出牺牲，以及政府愿意动用多少国内资源进行干预。

国际金融协调的理论基础主要有经济相互依存理论和溢出效应理论。其中，经济相互依存理论侧重于分析国际金融协调的外在动因，而溢出效应理论侧重于分析国际金融协调的内在动因。此外，货币替代理论也被用来解释国际金融协调。

（一）经济相互依存理论

1. 经济相互依存的含义

相互依存（interdependence），又译为相互依赖。可以从四个方面具体理解经济相互依存的含义：

第一，经济结构上相互依存。它是指两个或两个以上国家彼此高度开放，国际分工的深化使得它们在经济机构上互为关联。因此，一国内部发生的经济事件就会对相关国家产生很大的影响。正是这种相互依存，使得各国都十分关心相关国家重大的经济事件、经济机构现状及其变动趋势。

第二，政策目标相互依存。这意味着一国不仅要关注本国经济政策目标，还要关注与本国相互依存国家的经济政策目标。如果相互依存的国家之间的目标具有共同性，比如减少两国间汇率的波动，那么双方容易达成政策协调。但是，如果相互依存的国家之间的目标存在排斥性，例如加总各国国际收支经常账户的赤字和盈余等于零，那么双方的政策目标易于发生冲突。

第三，外部冲击相互依存。此处外部冲击是有别于上述经济结构相互依存中提及的经济冲击，它是指源于相互依存的国家之外的经济冲击。库珀（Copper，1974）研究发现，如果相互依存的国家之间的经济结构高度依存而这些外部冲击之间弱相关，那么高度依存的经济结构则可以弱化上述冲击对于相互依存国家所产生的影响。此后，库珀（Copper，1985）认为各种外部冲击之间的相关性与各国经济结构相互依存正相关。

第四，经济政策相互依存。这意味着相互依存的国家之间的经济政策互相制约，这种制约的直接原因在于经济结构相互依存和目标相互依存。此处将经济政策相互依存单列一条，其目的在于突出经济政策相互依存中所涉及的博弈论。例如，甲国的经济政策将受到乙国的经济政策的影响，反之亦然，并且任何一方在制定本国经济政策时都会将其预测的对方可能反应考虑进去。从这种意义上来讲，相互依存的国家之间经济政策也是相互的。

2. 经济相互依存的测度

经济相互依存的测度指标主要包括：国际贸易额与国民收入或国内生产总值的比值、同类国家之间的国际贸易额与全球贸易总额的比值、FDI 与一国总投资的比值、国家之间移民数量与世界总人口的比值等。

国际贸易额与国民收入或国内生产总值的比值主要用于反映一国经济与外部经济的联系紧密程度，定义式为 $t = \dfrac{X + M}{\text{NI}}$ 或 $t = \dfrac{X + M}{\text{GDP}}$，其中 X 表示出口额，M 表示进口额，NI 表示国民收入。

同类国家之间的国际贸易额与全球贸易总额的比值主要用于反映处于相同发展水平的国家在全球经济相互依存关系中的地位，定义式为 $\sigma_i = \dfrac{T_i}{T_g}$，其中 σ_i 表示同期同类国家的国际贸易总额与全球贸易总额的比值，T_i 表示同期同类国家的国际贸易总额，T_g 表示同期全球贸易总额。

FDI 与一国总投资的比值主要用于反映一国社会社会总需求中的投资部分对外资的依赖程度，定义式为 $\xi = \dfrac{\text{FDI}}{I}$，其中 FDI、$I$ 分别表示一定时期该国的外商直接投资和总投资。

国家之间移民数量与世界总人口的比值主要用于反映劳动力的流动性全球不同国家之间经济交往的密切程度，定义式为 $\theta = \dfrac{P_m}{P_t}$，其中 P_m 表示同期各国移民的总数量，P_t 表示同期世界总人口的均值。

经济相互依存理论表明，在当今社会，各国政治和经济相互依存，国家与国家之间的政策变化和发展程度相互影响。而国际金融关系在极大的程度上影响着各国的国内和国际经济关系与协调发展，因此促进国际金融协调，加强合作，可以在很大程度上讲外部效应内部化，取得更大的政治和经济效益。

（二）经济政策的溢出效应理论

在开放经济条件下，经济依存度较高的国家之间的政策相互渗透、相互制约，一国制定和执行经济政策时，不仅对本国经济运行产生影响，也会通过各种渠道传递到其他国家，对其他国家经济运行和经济政策的效果产生冲击和影响，这就是经济政策的溢出效应。溢出效应的影响因素主要包括：

1. 经济开放度

在经济全球化背景下，各国经济都会受到其他国家经济政策的影响，而具体受影响程度则取决于该国的经济开放度。经济开放包括贸易和资本市场两个层面的开放。贸易开放使得商品和生产要素在国家之间流动，从而使得经济冲击通过需求、供给的转移引起两国的共振。当国外货币政策对本国产生影响时，国际贸易可以提高本国资源配置的效率从而减小外国冲击的影响，但也可能对本国总需求造成影响并放大国外冲击的影响。资本市场开放使得国外资金直接影响本国货币供给乘数、资本流动和价格形成，适当的市场开放可以提高本国金融市场效率、增强市场流动性、降低资金成本，但如果本国货币当局缺乏有效的管理和对冲机制，则可能造成金融市场的动荡并影响实体经济。经济开放度大小可以通过本国产业政策和市场管制政策进行调节，一国应根据本国经济发展的需要和政府宏观调控能力制定经济开放政策。

2. 汇率制度

在浮动汇率制度下，当一国制定、实施货币政策时，会对两国相对汇率造成直接影响。如果其他国家未采取相应的政策，则本国扩张货币政策造成本币贬值，从而促进本国出口、抑制进口，改善本国贸易条件，并对国外起到相反的溢出作用，但扩张型政策也会使得本国通胀程度增大、实际利率降低、资本外流；在固定汇率制下，当一国实行扩张型货币政策时，另一国为维持汇率稳定，需要实行与之相匹配的货币政策，固定汇率制下货币政策跨国传导使得各国货币政策独立性减小，并进一步影响国内政策目标的实现。

3. 经济结构

经济结构指的是一国经济中各个部门的构成与比例，主要包括产业、金融和生产要素的结构。经济结构可以影响经济政策产生作用的渠道，从而影响政策效果。合理的产业结构能减少经济系统中扭曲因素的影响，增强稳定性；金融市场结构会影响货币政策传导渠道，虚拟经济比重过大时会放大外来冲击的影响；生产要素市场结构要与产业结构及该国产业规划布局相匹配的，并保持较好的流动性，才能增进本国经济面临外来冲击时的反应速度。

4. 经济稳定性

经济稳定性主要包含财政和金融两部门的稳定，在经济稳定性较强时，通过国内经济部门的调整就可消除外国冲击的影响。财政稳定性主要指政府当局维持财政收支平衡的能力，由一国经济内在机制决定；金融稳定性是指一国偿还国外债务的能力，由该国贸易结构、外汇储备规模决定。一国经济稳定性越强，遭受外部冲击时自身调节能力也越强，从而减小或消除外部冲击对本国经济的影响。

经济政策溢出效应的存在表明，各国在制定经济政策时不能简单地将其他国家政策行为作为给定的，如果无视其他国家的政策影响或本国政策对外国的溢出效应，就不能实现帕累托最优，只有各国政府之间的合作和经济政策的协调，才能以最小的成本获取最大的收益。

（三）货币替代理论

所谓"货币替代"（currency substitution）是指一国居民对本币的币值稳定失去信心，或本币资产收益率相对较低时发生的大规模货币兑换，从而使外币在价值储藏、交易媒介和计价标准等货币职能方面全部或部分地替代本币。

货币替代的影响的因素很多，既有政治因素，也有经济因素。

第一，政治因素是影响货币替代的主要因素。这是因为，当一国的政局动荡不定时，如政府的更迭、制度的变迁、国内的暴力事件以及战争等，国内经济会直接受其影响，从而使得居民普遍对经济前景感到悲观，对本国货币失去信心，就会出现居民大量地把本国货币兑换成外币，最终出现货币替代。

第二，一国经济实力的强弱与宏观经济运行状况也是影响货币替代的重要因素。一般来说，经济实力较强、宏观经济运行较稳定的国家，其货币更有可能被居民持有，而一国经济实力较弱、宏观经济运行不稳定的国家，其居民更有可能选择外币作为保值增值的手段。

第三，交易成本。由于货币替代是发生在外汇市场上的一种外汇交易行为，而只要有交易行为，必然就会发生交易成本，因此交易成本是决定货币替代行为是否发生的一个重要因素。

货币替代的经济影响主要表现在：

第一，在经济开放的条件下，货币替代会对一国的汇率水平产生影响，此时汇率水平不只取决于国内的经济变量，还必须反映货币替代条件下的相对货币需求的作用，即货币替代会造成汇率的不稳定。

第二，在货币替代的前提下，货币替代的存在会使各国的货币政策之间产生高度的相关性，同时也减少的各国货币政策的独立性和有效性。使得各国货币当局在决策和实施时，不得不考虑其他国家的政策情况。

第三，货币替代对一国国际收支的影响将主要以负面效应为主，尤其是当货币替代刚刚开始的时候，经常项目与资金项目出现"双逆差"的局面。此后的国际收支变化将主要取决于本币汇率的变动，国内外需求结构的差异，本国金融管制程度的变化以及国民经济的开放程度等因素。

两国货币之间的替代程度越高，它们的货币金融领域就越需要相互协调，显然这意味着两国金融当局必须在很大程度上放弃各自的货币主权。为了达到协调的目的，必要时还将以牺牲本国的经济利益为代价，而这种调整成本在国家间的分配又往往是不平衡的。为了尽量减少单方面的调整代价，人们试图建立一种有效的协调机制来规范各国的协调政策。

二、国际金融协调的主要内容

（一）货币政策的国际协调

货币政策的国际协调是指经济上相互依存的国家为了避免货币政策溢出效应的负面影响、实现整体经济福利最大化所实行的双方或多方在货币政策领域的高度协作。

货币政策国际协调存在两种机制，即随机性协调和规则性协调。随机性协调也称相机性协调，是在不存在协调规则的情况下，参与方根据经济的不同情况采取临时随机的博弈对策，已达成各国具体的协调对策。博弈的最终目的是通过集体合作使得个体行动成本最低，同时收益最高，从而实现个体的福利最优化。规则性协调是指每个参与国都按照一定的规则就其经济行动达成协议，以规则为基础的协调机制是以各种制度为依据的，所以也称制度性协调。在国际货币政策协调中，参与国进行随机型协调还是规则型协调主要是由其经济收益和成本的权衡比较决定的。

就当前的世界经济和国际金融形势来说，各国应该从加强国际上有关货币政策信息的交换开始，在货币政策制定和实施的过程中，减少对货币总量指标的依赖，强调利率水平和公开市场操作的作用，以及强调汇率在货币政策中的作用，加强国际金融货币合作。

(二) 国际金融运行的协调

1. 汇率与利率之间的协调

汇率与利率作为一国宏观经济中两个重要的变量，对于开放经济条件下经济金融运行的稳定具有十分重要的意义。在开放经济条件下，汇率与利率紧密地联系在一起，还影响到国内储备在国内（本币）金融资产和国外（外币）金融资产之间的分配，影响资金的国际流动方向和程度，进而影响到国际收支。因此，为了实现开放经济条件下金融运行的平稳，需要选择合理的利率与汇率水平，使之与国内货币政策和国际收支发展的整体趋势相适应，与整个本外币资金运行情况相适应，从而实现本国金融的平稳运行，从而达到区域内以及世界范围内的金融平稳运行。

2. 国际资本流动与汇率和利率之间的协调

进入 20 世纪 90 年代以后，资本流动的规模获得前所未有的发展，国际资本流动进入一个新的全球化发展阶段。目前，国际资本流动具有以下几个显著特点：资本跨国界流动对经济发展的影响力大幅上升；国际资本流动的速度加快；更多国家和地区以更有利的条件进入国际资本市场；国际资本市场的价格呈趋同趋势，利率、汇率的波动具有明显的联动性。

国际资本流动在推动金融深化改革，扩大金融市场规模，提高金融市场效率的同时，也带来了金融体系波动性上升以及金融市场动荡频繁爆发等问题，资本流动与金融稳定的相关关系明显增强。在开放经济条件下，本国货币政策和实际经济的变动都将会导致本国利率和汇率的变化，进一步将导致资本内流或外流，从而冲击本国货币政策的实施和实际经济部门。因此，中央银行主要通过货币市场和外汇市场的协调操作以及其他冲销干预措施抵消资本流动的影响以稳定本国的宏观经济。

3. 外汇储备与本外币政策之间的协调

外汇储备维系着一国宏观经济的健康发展与其金融运行的安全。在经济全球化的条件下，外汇储备成为反映本外币政策的连接点，外汇储备与汇率之间存在十分紧密的联系。各国货币当局应当合理组建外汇储备的币种结构，建立稳定外汇市场的"外汇平准基金"，严格控制外债的增长。

(三) 金融监管的国际协调

在经济全球化的推动下，国际资本流动的速度不断加快，经济信息跨国界传播更为迅猛，全世界范围内资源配置趋于优化，尤其在金融自由化和信息技术的推动下，金融国际交易和国际资本流动激增，造成金融市场的复杂性和风险管理难度加大，国际金融形势严峻，金融危机在世界范围内联动蔓延。因此，在经济全球背景之下，维护金融的安全，加强国际协调，建立公平合理有效的国际金融监管机制，确保国际金融稳健运行，是一个亟待解决的问题。只有通过世界各国加强合作和协调，才有利于信息集中和有效监管国际金融风险，并为国际金融与经济更健康地发展创造良好的国际环境。

1. 对证券业的合作监管

虽然最近的巴塞尔修正建议书中对规定银行证券活动的资本充足率做出了努力，但对非银行证券机构尚无相应的基础性协议。这表现在对银行和非银行金融机构监管方面的不平衡需要及时解决。消除在美国和其他国家特别是欧盟之间对证券业风险管理的差异，已成为金融监管国际协调的基础性工作，另外，为获得与证券市场中介机构的更紧密配合的监管体系，需要证券业管理当局发展与针对银行业监管的《巴塞尔协议》相类似的国际性合作协议，确定与东道国相对应的母国管理当局的责任。

2. 对金融衍生工具和对冲基金国际监管的协调

金融衍生工具的迅速发展引起了世界金融界的普遍关注，在要不要监管和如何监管的问题上，各方曾经存在较大的意见分歧，甚至美联储主席格林斯潘也曾公开表示没有必要通过专门立法来加强对衍生工具的规范和管理。但随着衍生工具风险的日益增大，各国相继走上了监管之路。

然而在全球普遍加强衍生工具监管的同时，衍生工具也在迅速发展，衍生产品在原来远期、期货、期权和互换的基础上不断推陈出新，并向发展中国家扩展。因此，发达国家必须站在务实、公允的立场上加强监管，并考虑发展中国家的金融稳定与经济发展来建立对衍生金融工具监管的法律体系。

3. 国际金融统计、会计信息披露的国际协调

统计信息和统计数据缺乏以及缺少必要的透明度，妨碍了市场参与者的决策制度，使得市场进一步波动；同时外国投资者对投资国经济信息真实性的担心，包括经常项目逆差、大量资本流动，特别是短期私人资本流动等，加剧了市场的不确定因素。

4. 国际金融的组织性和制度性协调

布雷顿森林体系崩溃之后，全球金融货币体系不再有一个中心。对于国际货币金融制度的发展，西方主要国家扮演了重要角色，似乎没有责任和义务来稳定国际市场，又似乎谁也没有尽力来承担这一责任。实际浮动汇率以来，国际货币秩序似乎进入战国时代。进入20世纪90年代以来，频繁的金融危机爆发促使世界各国希望有一个超国家的组织和其他形式的实体来维持不平静的国际金融市场，以促进全球金融健康协调地发展。目前，国际货币基金组织，世界银行及国际清算银行是在国际金融事务中起到主要作用的国际性金融机构，而国际货币基金组织在其中起着举足轻重的作用。因此，为了使全球金融健康稳定地发展，加强基金组织的改革以及在处理国际金融事务的协调作用是十分重要的。此外，服务贸易总协定（General Agreement on Trade in Service，GATS）的金融服务附录对国际金融服务活动做出了明确的定义，因此，它成为国际金融制度性协调的一个重要标志。

三、国际金融协调实践

(一) 布雷顿森林体系下的国际金融协调

世界各国对国际金融协调的关注可以追溯到布雷顿森林体系建立之前，在 20 世纪 30 年代的经济大萧条中，由于国际贸易的急剧萎缩，各国都遭受了通货紧缩的巨大压力，纷纷采取"以邻为壑"的政策，通过竞争性的货币贬值或多重汇率安排，试图向其他国家输出失业，转嫁本国面临的危机，这种做法加剧了国际金融秩序的混乱。

缺乏应有的国际金融协调，只能使危机进一步恶化，并最终损害各国的利益。因此，以英美为首的同盟国家认识到，只有促进经济、金融领域内的合作，才能共同克服可能出现的危机，从根本上维护各国的经济利益。1944 年 7 月《国际货币基金协定》和《国际复兴开发银行协定》的制定，建立起了布雷顿森林货币体系。在布雷顿森林体系下，国际金融协调的实践可以分为两个阶段：第一阶段为美元短缺时期，从第二次世界大战结束到 1958 年，国际金融协调表现为美国为西欧和日本等国的国际收支逆差提供融资；第二阶段为美元过剩时期，从 1959 至 1973 年，在世界通货膨胀加剧的情况下，美国的领导地位下降，资本的国际流动引发了多次美元危机，此时的国际金融协调表现为西方大国支持美元以维持布雷顿森林体系。

1. 以国际融资为主的协调与合作（1945—1958 年）

第二次世界大战结束后，西欧和日本为恢复经济需要从美国进口物资和商品，对美国的贸易中存在严重的国际收支赤字，同时，美国为维持其建立起来的国际经济体系也需要协调同其关系密切国家的经济以创造稳定的外部经济环境。美国对西欧和日本的货币协调主要体现在通过马歇尔计划和海外军事开支提供国际收支赤字融资。从 1948 年到 1952 年，通过马歇尔计划，美国共向西欧国家提供了约 18 亿美元贷款和 116 亿美元赠款。美国通过在海外庞大的军事开支和马歇尔计划缓解了西欧和日本的国际收支逆差状况，解决了战后经济复苏的资金不足的困难，使其能在国内经济扩张的同时兼顾外部贸易的发展。1958 年之前美国通过持续的美元赤字帮助各国避免了政策矛盾，国际货币秩序相当稳定。

2. 以支持美元为主进行的协调与合作（1959—1973 年）

1958 年西欧各国货币基本上恢复了可兑换性，各国政府不再担心美元不足的问题，而是关注如何避免美元的过度积累。与此相反的是，由于巨额的海外军事支出以及政府长期实行扩张性宏观经济政策，美国国际收支逆差越来越严重，黄金储备越来越不足以清偿对外流动性负债，1959 年，黄金储备量和对外流动性负债大抵相当，到 1968 年，对外流动性负债是黄金储备的 3.5 倍，美元兑换黄金储备的基础越来越不稳固。因此，从 20 世纪 60 年代开始，国际货币基金组织和主要西方国家为支持美元进行了一系列联合协调与合作。①

---

① 具体内容参见上一章第三节。

（二）后布雷顿森林体系下的国际金融协调

国际货币体系在 1973 年布雷顿森林体系崩溃后进入"后布雷顿森林体系"时代。在这一时期，虽然经济自由主义甚嚣尘上，各国纷纷放松经济管制、国际资本流动加强、汇率波动剧烈，但是国际金融协调一直没有终止过，经济大国在协调中起着主导作用，弱小国家处于追随者地位。国际金融协调的典型实践有七国集团（G7）机制和二十国集团（G20）机制的协调。

1. 七国集团机制

20 世纪 70 年代初，西方国家经济形势严重衰退，先后发生了"美元危机"、"石油危机"和世界性经济危机。在经济形势日趋严重的困境下，1975 年 11 月，法、德、日、英、美、意大利等六国首次举行了最高级经济会晤，并于次年的 6 月新增加了加拿大，从而形成七国集团，即 G7。该集团主要讨论经济问题，诸如货币、就业、贸易等问题，并承担协调成员国经济贸易关系的重任。在国际金融协调方面，七国集团在 20世纪 80 年代进行的最著名的实践就是 1985 年的"广场协议"和 1987 年的"卢浮宫协议"。

20 世纪 80 年代初，美国对外贸易赤字逐年扩大，到 1984 年高达 1600 亿美元，同时政府预算赤字增加。在双赤字的压力下，美国提高利率吸引国际资金流入，大量的外来资本使得美元不断升值，美国出口竞争力下降，美国于是再通过美元贬值来促进对外贸易，平衡贸易赤字，到 1978 年，美元贬值幅度最高达 41.38%。在 1979 到 1980 年的石油危机中，美国能源价格大幅攀升，物价不断上扬，通货膨胀严重，美国又开始实施紧缩的货币政策。通过提高利率，美国吸引了大量的国际资本，美元升值，到 1984 年美元升值近 60%，这又引起了美国贸易逆差的扩大，经常项目赤字达到了 1000 亿美元。1985 年 9 月，美、日、德、英、法五国财长和央行行长在纽约广场饭店举行会议，达成联合干预外汇市场，促使美元有序贬值，以解决美国贸易不平衡问题的协议。协议签署后，五国开始抛售美元，最低时美元和日元的汇率跌至 1 美元兑 120 日元。因协议在广场饭店签署，故该协议又被称为"广场协议"。

"广场协议"后，由于美元汇率大幅跌落，日元大幅升值，到 1986 年 7 月，美元兑日元汇率下降了 33%，日元的急剧升值使日本出口下滑，国际收支状况恶化。1987年，七国集团在卢浮宫达成协议，在国内经济政策和外汇市场两方面采取联合政策，加强协调，阻止美元币值下跌。卢浮宫协议强调了七国集团在维持美元汇率稳定和世界经济持续发展上进行国际货币政策协调与合作的重要意义，协定主要内容包括：美国进一步减少财政赤字、日本和联邦德国等实施国内需求刺激政策、七国集团加强外汇市场协调一致地干预措施，保持美元对日元和马克的非正式自由浮动区间，若汇率波动超过预定区间的 5%，各国将采取联合措施将汇率稳定在目标区间内。在卢浮宫协议签订的两年时间内国际上主要货币汇率基本保持稳定趋势，从而促进了经济的发展。

1994 年是七国集团发展的一个转折点，俄罗斯作为正式成员参加七国集团首脑会议政治问题的讨论，形成"7+1"机制。1997 年，七国集团首脑会议在美国丹佛举行，克林顿总统作为东道主邀请叶利钦以正式与会者的身份"自始至终"参加会议，并首次与七国集团首脑以八国集团首脑会议的名义共同发表"最后公报"。从此，七国集团首脑会议演化为八国集团首脑会议，但在经济问题上，八国集团首脑会议依然保持七国体制。

2. 二十国集团机制

1999 年 12 月 16 日，由原来的八国集团（美国、日本、德国、英国、法国、意大利、加拿大、俄罗斯）和十一个重要新兴工业国家（中国、澳大利亚、阿根廷、巴西、印度、印度尼西亚、墨西哥、沙特阿拉伯、韩国、南非、土耳其）以及欧盟在德国柏林组建一个新的国际经济合作论坛，称为二十国集团，即 G20。二十国集团最初由美国等七个工业化国家的财政部长在德国科隆提出，目的在于防止类似 1997 年亚洲金融风暴的复发，对于国际经济金融政策举行非正式对话，以共同促进国际经济和金融的发展。自 2008 年美国次贷危机衍生成全球性金融危机后，二十国集团开始举行各国首脑会议，扩大各国发言权。

2008 年的国际金融危机的爆发和蔓延给世界各国包括发展中国家带来了严峻挑战。面对全球性危机，国际社会必须加强协调、共同应对。为此，2008 年 11 月 20 国集团首脑在华盛顿举行第一次峰会。此次峰会的目的是寻求全球集体行动以摆脱金融危机，但与会各方意见分歧很大。参会国分为三方：美国、欧洲和新兴市场国家。美国希望在进行全球经济政策行动时提高集体干预的一致性；以法国为首的欧元区国家则希望在国际货币体系中争夺更多地盘，提出建立新布雷顿森林体系的建议；以"金砖四国"为代表的新兴市场大国则希望在国际金融市场上获得更多的话语权。华盛顿峰会最终达成的宣言，对此次金融危机的根源进行了系统的阐述。宣言指出，宏观经济政策缺乏连贯性、市场参与者过度追逐高收益、缺乏风险评估和履行相应责任、经济结构改革不充分等阻碍了全球宏观经济的可持续发展，导致风险过度，引发市场混乱。各国应相继采取一系列刺激经济增长、改善金融机构资本状况、保护存款和储蓄、解冻信贷市场、弥补监管缺失的政策措施，同时鼓励国际货币基金组织、世界银行和其他多边开发银行积极发挥救助危机和提供贷款融资的积极作用。

2009 年 4 月，二十国集团在伦敦举行金融峰会，谋求摆脱全球经济危机、重建国际金融监管体系。欧洲、美国和新兴市场国家对峰会议题仍然分歧明显，立场各异。法德主导的欧洲认为美国次级房贷和投机资金的过度投机行为引发全球金融危机，并严重冲击实体经济，使全球信贷紧缩、贸易剧减、经济衰退，呼吁加强对全球金融市场和对冲基金的监管，同时加强国际货币基金组织的权力，对各国央行进行监督。美国政府认为面对当前的经济大萧条，当务之急是各国齐心协力采取各种方式，恢复银行的正常运转和扩大刺激经济计划，同时希望二十国集团峰会达成向全世界发出一致与经济危机斗争的决心，增强世界各国人民战胜危机的信心。美国政府承认银行和国际金融体系存在监管难题，但恢复经济增长比重建国际金融监管体系更加紧迫，所以坚持二十国集团的优先议题是各国采取刺激经济的计划措施。代表新兴市场国家的金砖四国则希望二十国集团在反对贸易保护主义、国际金融机构改革等方面取得实质性进展。首先是改革基金组织，重新安排基金组织投票权的明确时限、扩大基金组织最高权力机构理事会的席位；其次是改革世界银行，增加发展中国家和新兴市场国家的发言权和代表权；再次是要求基金组织和世界银行增加对发展中国家的贷款，帮助其加大基础设施建设，促进经济发展；最后是改革以美元为主导的国际货币金融体系，创建一种与主权国家脱钩、币值长期稳定国际储备货币。经过磋商协调，二十国集团同意为基金组织以及世界银行等国际金融机构提供 1.1 万亿美元的资金，使基金组织的资金规模从 2500 亿美元扩大至 7500 亿美元用以帮助财政出现问题的国度。同时，面向成员国增发 2500 亿美元的特别提款权，资金主要是帮助落后国家。对所有具有系统性影响的金融机构、产品和市场实施监督管理，大型机构的高管薪酬也在此范围内，承诺贸易和投资开放，不实行任何违反世贸组织规定的措施。

2009 年 4 月的伦敦二十国集团峰会后，受益于经济刺激政策的提振效应，各主要经济体陆续出现了制造生产回暖、消费信心增强、公共投资增长等经济反弹迹象。全球经济金融发展潜在五大不确定性：经济复苏进程的不确定性、金融体系恢复的不确定性、风险偏好回归的不确定性、政策退出策略的不确定性和全球贸易恢复的不确定性。在此背景下，2009 年 9 月第三次二十国集团首脑级别会议在美国匹兹堡举行。本次峰会各国领导人就全球经济金融形势和未来政策目标、加强国际金融监管体系、可持续增长的核心价值观、政策退出、进入和协调的调整战略、基金组织和世界银行等国际机构改革、加强对脆弱经济体的支持等几个方面达成了一致共识。成员国确立以扩大就业和私人需求为主的经济发展战略，减少经济复苏过程中的不确定和不稳定因素，同时强调要加强国际金融监管体系的变革，对政策退出的时机、程度和一致性等作出规定。值得一提的是，此次峰会达成一致意见，指定二十国集团为"国际经济合作的主要平台"。

2010 年 6 月，在加拿大多伦多举行的二十国集团峰会上，各国由于面临欧债危机等新的命题而提出了新的议题，重点关注在全球复苏的问题上。会议认为，全球经济存在六大问题：一是人民币汇率升值问题。美国多次向人民币汇率施压，并威胁运用反补贴税法和反倾销对中国实施制裁。美国认为中国人民币汇率严重低估，导致美国企业倒闭、工人失业，因而强烈要求人民币汇率升值。中国则表示自 2005 年人民币汇率形成机制改革以来，人民币对美元累计升值 21%，但美国对华贸易逆差并未明显改变，因而人民币汇率不是中美贸易失衡的主要影响因素。中美贸易不平衡是由经济全球化背景下国际产业分工造成的，人民币升值无法解决中美贸易失衡、美国储蓄率过低、负债和失业率过高等问题。中国将继续稳妥改革人民币汇率机制，但改革时机和方式将由国内和全球经济环境决定。二是征收全球银行税问题。欧盟和美国力推全球银行税，具体征法欧美存在分歧，中国、印度和加拿大反对征收全球统一银行税。三是欧债、日本政经局势动荡等加重了市场的不确定性，全球各国开始更加审慎地考量退出政策的具体实施步调。四是全球通胀压力加大。金砖四国（俄罗斯、印度、巴西和中国）通胀率远高于发达国家、房价飙升和热钱流入。五是改革国际金融监管问题。美国呼吁 G20 各国尽快就国际金融监管达成一致的对策建议。六是世界经济二次探底风险增加。尽管欧盟和国际货币基金组织紧急出台了 7500 亿欧元的援助方案，但欧债危机的形势依然严峻，全球股市持续暴跌，欧洲银行业或将率先二次探底。本次峰会经过磋商讨论达成五项成果：一是承诺加强国际金融高管人员选拔机制改革，引进更多新兴市场国家和发展中国家人才担任国际金融机构高管，提高其代表性和发言权；二是减少财政赤字，加强银行资本管理，是否征收银行税由各国自主选择；三是就反对贸易保护主义、推进商业和投资达成共识，反对增加出口限制和实施与世界贸易组织规则相悖的政策来刺激出口；四是承诺在下次韩国峰会前力争为新兴经济体在国际货币基金组织获得更大投票权达成一致，提高基金组织的可信性、合法性和有效性；五是同意要求银行增加资本额，提高流动性，同时对全球银行系统做出更严格的监督。

2010年11月3日，美联储宣布推出第二轮定量宽松货币政策，对此，很多国家表示担忧，滥发钞票等于变相操纵汇率，这种影响将是世界性的。另外，美国财政部威胁说将召集更多大国敦促中国进行贸易和汇率改革，人民币汇率升值压力加大。二十国集团首尔峰会在此背景下召开。首尔峰会最终通过了《首尔宣言》，各国领导人就"全球经济形势和增长框架"、"改革国际金融机构和全球金融机构安全网建设"、"发展"、"金融监管改革"等议题进行了五次全体会议。会议达成以下共识：一是二十国集团努力使汇率真正反映经济基本面，形成市场自由决定的汇率体系，同时保持对外贸易失衡在可控水平，关注货币竞争性贬值和汇率无序过度波动等经济干扰因素。二是联合行动避免保护主义，维持全球经济复苏和持续增长。三是推行一系列结构性改革，促进全球需求增长、增加就业。四是在基金组织中扩大新兴市场国家和发展中国家代表份额，切实提高基金组织的合法性、可靠性和高效率。五是强化全球金融安全网和金融监管，加强银行资本和流动性标准监管。

2011年欧洲主权债务问题频发，希腊政府债务违约一触即发，意大利、西班牙也相继遭到国际评级机构的信用下调，葡萄牙也开始向欧盟求援，欧洲多家银行的信用评级遭遇下调。欧债危机给欧洲银行业带来约3000亿欧元的风险敞口。同时，5月份美国债触及14.29万亿美元的举债上限，首失"3A"主权信用评级。这一系列事件已变为一场信心危机，金融市场大幅波动，欧美主权债务危机向金融危机转变的风险加大。在此背景下，二十国集团戛纳峰会召开。本次峰会集中讨论四大议题：一是欧债危机，法国作为二十国集团轮值国，将欧债危机列入议题，希望国际社会能在全球范围内进行财政货币政策的协调合作，以此稳定国际金融市场、推动世界经济持续快速恢复发展。二是世界经济复苏与增长，2011年第二季度以来，发达国家经济增长放缓，失业率居高不下，全球经济面临二次探底风险，法国向戛纳峰会提交一份协调一致政策措施的行动方案，具体包括二十国集团成员扩大就业并提高经济增长率，进行结构改革；新兴经济体要保持经济增长势头，在必要时采取措施适时适度调整宏观经济政策；发达经济体进行具体明确的财政整顿改革。三是国际货币体系改革，进行资本流动管理，推动新兴市场国家货币国际化进程和改善国际货币基金组织对国际金融体系的监督。四是全球金融监管，敦促二十国集团成员一致实施国际银行业监管新标准《巴塞尔协议 III》，对于系统性金融机构风险控制、市场一体化和宏观审慎监管、影子银行监管等达成共识。戛纳峰会最终发布公告通过了《戛纳宣言》，其核心包括制定全球增长和就业策略；建立弹性的国际货币体系，使之更加稳定；进行金融部门改革和国际市场整合；防止保护主义和强化多边贸易体系；积极强化国际金融安全网建设；支持基金组织推行新的《预警与流动性额度》，支持基金组织向需要的成员国提供紧急援助，敦促基金组织实现2010年的全部配额和监管改革；欢迎欧元区推出重建经济金融稳定的措施建议，确保货币金融市场复苏。

2012 年 6 月 18 日，二十国集团领导人峰会在墨西哥洛斯卡沃斯举行。此次会议仍然是在欧债危机的大背景下进行的，因此，会议的主要议题之一就是如何应对欧债危机。另一方面，中国在会上宣布支持并决定参与基金组织增资，数额为 430 亿美元。印度、俄罗斯、巴西和墨西哥分别将贡献 100 亿美元左右。另外，土耳其承诺向 IMF 贡献 50 亿美元，其他一些国家提供的资金金额约为 10 亿美元。会议过程中，与会领导人讨论了世界经济形势、加强国际金融体系和就业、发展、贸易等议题，并于会后发表了《二十国集团洛斯卡沃斯峰会领导人宣言》。宣言指出，二十国集团的首要任务仍是寻求强劲、可持续、平衡的经济增长。二十国集团将共同努力加强需求和重塑信心，通过支持经济增长和促进金融稳定，来创造高质量的就业机会。与会各方都意识到有效的"全球和地区安全防护网"的重要性。截至目前，与会各方已承诺将向基金组织增资 4500 亿美元。这笔资金对基金组织各成员有效，并不针对任何特定的地区，此举彰显了二十国集团和国际社会在维护全球金融稳定、加强基金组织作用、预防和解决全球性危机方面所作的承诺。

2013 年 9 月 5 日，在俄罗斯圣彼得堡举行的二十国集团领导人峰会重点聚焦经济增长和就业两大主题，强调以创造更多生产力和更好工作作为各国政策的核心，目标在于实现强劲、可持续和平衡增长，减贫和增强社会包容性。会议通过了涉及 12 个领域的《二十国集团领导人圣彼得堡宣言》，明确了当前世界最为紧迫的任务是增强全球经济复苏动力、促进更高速度的增长和改善就业。并提出以下具体措施：改善营商环境和催生正式的、更多生产力和回报的工作岗位；投资技能教育和终生学习计划，使其掌握技术和具有更好的就业前景，使得岗位流动更为便利并提高就业力；投资于劳动力市场基础设施建设，帮助解决就业和减少信息不对称等；通过改善工作环境、工资议价、国家工资设定体系和获得社会保障等方面来提高就业质量；制订国别计划或采取系列就业行动，并将在下届布里斯班峰会上继续讨论。此外，宣言中还特别强调了长期投资的重要性，尤其是对基础设施和中小企业的投资，这些领域对于促进经济增长、创造就业和发展具有重要意义。

尽管全球经济自 2010 年已开始复苏，但复苏水平一直低于预期且不均衡，全球经济的下行风险也有所加大，在这样的背景下，2014 年 11 月 15 日至 16 日，二十国集团领导人在澳大利亚布里斯班举行峰会。此次峰会以经济增长、就业与抗风险为主题，具体就世界经济形势、国际贸易、能源、提高经济抗风险能力等议题进行了讨论。峰会最后发布的《二十国集团领导人布里斯班峰会公报》上，与会成员领导人核准了支持增长和抗风险的《2015—2016 年 G20 反腐败行动计划》，同意采取行动建设反腐败合作网络，包括加强司法互助，返还腐败资产，拒绝为腐败官员提供避罪港。同时，就全球经济发展问题，与会各国央行已经承诺，在必要时支持经济复苏并应对通缩压力，并同意在悉尼建立全球基础设施中心，将鼓励各国政府、私营企业、发展银行和其他国际组织交换信息，在未来 5 年内让 G20 国家 GDP 再额外增长 2.1%。中国国家主席习近平发表了题为《推动创新发展　实现联动增长》的重要讲话，提出"创新发展方式"、"建设开放型世界经济"、"完善全球经济治理"三项行动建议，倡导做共促经济改革的发展伙伴，落实全面增长战略，推动世界经济从周期性复苏向可持续增长转变。

2015年11月15日，二十国集团领导人在土耳其安塔利亚举行峰会。会议主题为"共同行动以实现包容和稳健增长"，与会者围绕"包容、落实、投资"三大要素，具体讨论了世界经济形势、包容性增长、国际金融货币体系改革等重大议题。本次G20峰会设定了三方面的优先关注领域和11项重点议题。东道主土耳其提出，应推动结构性改革、基础设施投资、鼓励中小企业发展、提升就业、解决全球贫穷与不平等问题，也希望明确并拓展融资渠道，缩小各国之间的投资差距。16日，峰会闭幕，发表了《二十国集团安塔利亚峰会公报》和《二十国集团安塔利亚峰会关于反恐问题的声明》。公报强调，G20各成员仍致力于实现上一年布里斯班峰会设定的、到2018年使G20整体国内生产总值（GDP）额外增长2%的目标。为此，与会各方从加强经济复苏和提升潜力、增强抗风险能力、支持可持续性三方面着手为世界经济的稳步增长开具药方。为提高金融体系的抗风险能力，与会各方敲定了全球系统重要性银行总损失吸收能力的共同国际标准。峰会还核准了《二十国集团/经合组织税基侵蚀和利润转移项目行动计划》，以打击跨境逃避税，并在全球范围内实现公平、现代化的国际税收体系。打击恐怖主义将继续是各国的重要优先事项，G20国家将在切断恐怖主义筹资渠道、情报分享、边界控制等方面加强合作。

（三）　当前国际金融协调的主要特征

1. 在协调内容上以利率协调和货币互换为主

2008年国际金融危机爆发之前，除了清迈协议之外，国际金融协调主要集中于汇率协调。但国际金融危机爆发之后，为了各国稳住投资者信心，遏制危机快速蔓延，全球主要央行从2007年12月就开始国际金融协调，最终达成货币互换协议，届时美联储将发挥最后贷款人的作用，以缓解全球短期美元资金市场流动性不足。具体来说，首先由参与货币互换的央行从美联储借入美元资金，再由该央行在其权限范围内，招标提供若干期限不同的美元资金，主要有7天、28天和84天三种期限。然后，该央行所在国家或地区的交易对手只有向其提供相应担保后，才能从其处融入急需的美元资金。欧洲中央银行和瑞士国民银行是最早参与这项货币互换协议的金融机构，截至2008年3月11日，它们的货币互换余额分别为300亿美元和60亿美元。后来参与这项货币互换的国家或地区的央行陆续增多，截至2008年12月底，参与了这项行动的央行数量上升至14个，货币互换余额居前三名的分别是欧洲中央银行、新西兰和日本，它们的货币互换余额分别为2400亿美元、1500亿美元和1200亿美元。在这项行动中，美联储共与上述14家央行签订了总金额高达5831.35亿美元的货币互换协议。不仅如此，中国央行也先后与周边国家或地区的六家央行签订六份双边本币互换协议，其总金额高达6500亿元人民币。ECB与匈牙利等四国央行达成货币互换协议，其总金额高达315亿欧元。

另一方面，全球主要央行（货币当局）联动降息。全球6家主要央行于2008年10月8日首次联动降息，美联储、欧洲央行、英国央行、瑞士央行、加拿大央行和瑞典央行8日联合宣布将基准利率均下调50个基点。同日，阿联酋央行决定下调贷款利率两个百分点至 3%，并将存款单回购利率从 2% 下降到 1.5%。次日，香港金管局宣布，将从即日起下调基准利率 50 基点至 2%。同日，中国台湾地区货币当局宣布，将基准利率下调 25 基点至 3.25%。韩国央行宣布，将基准利率下调 25 基点至 5%。此后不久，印度央行于 10 月 20 日宣布，从即日起将作为该国基准利率的回购利率下调 100 基点至 8%。时隔三日，新西兰中央银行宣布将基准利率下调 1 个百分点至 6.5%，这是新西兰央行该年第三次降息，此次降幅最大。一周之后，中国人民银行于 29 日宣布，10 月 30 日起下调金融机构人民币存贷款基准利率，下调幅度均为 0.27 个百分点，下调后一年期存款基准利率为 3.60%，一年期贷款基准利率为 6.66%，其他各档次存、贷款基准利率相应调整，个人住房公积金贷款利率保持不变。次日，日本央行决定下调银行间无担保隔夜拆借利率 0.2 个百分点至 0.3%，这是自 2001 年 3 月份以来日本央行首次下调利率。时隔三日，英国央行宣布大幅下调基准利率 1.5 个百分点至 3%，为该行 1955 年以来的最低水平。同日，欧洲中央银行宣布下调指标利率 50 个基点至 3.25%。

2. 在协调方式上以随机协调为主

在 2008 年国际金融危机爆发之前，历史上具有一定影响力的国际金融协调主要有布雷顿森林体系（the Bretton Wood System）、广场协议（Plaza Accord）、卢浮宫协议（Louver Accord）和清迈协议（Chiang Mai Initiative）。美元和黄金分别是布雷顿森林体系的基础和最主要的国际储备货币，实行双挂钩，一盎司黄金的官价为 35 美元，布雷顿森林体系有两大支柱，一是美元可以自由兑换黄金，二是各国实行可调节的钉住汇率制，维持该体系正常运转的核心机构是国际货币基金组织，基金组织有协调国际货币关系、提供国际信贷和监督国际汇率三大职能，这是最早的国际金融协调机制。20 世纪 80 年代初期，美国宏观经济内外严重失衡，对内财政赤字急剧增加，对外贸易逆差大幅增加。为了缓解国际收支严重失衡状况，美国企图美元贬值以提高其产品的出口竞争能力。1985 年 9 月 22 日，美、日、德、法、英五国的财政部长和央行行长在纽约广场饭店举行会议并最终达成协议，核心问题就是帮助美国解决巨额贸易逆差问题，上述五国政府需共同干预外汇市场以促使美元对主要货币的汇率有序地贬值，广场协议就因该协议在广场饭店举行而出名。广场协议签订之后，上述五国共同干预外汇市场，在国际外汇市场巨额抛售美元，在此之后，外汇市场投资者纷纷跟着抛售，导致美元持续大幅贬值。1985 年 9 月，美元对日元汇率在 250 日元上下波动。在广场协议签订后不足三个月的时间内，美元兑日元汇率急剧下跌到 200 日元左右，跌幅接近 20%。此后，在美国政府强硬态度的暗示下，美元对日元继续大幅贬值，最低水平为 1 美元兑 120 日元。不足三年的时间内，美元对日元贬值幅度高达 50%，从此日本经济陷入长达十年的衰退之中。广场协议之后，美元的大幅度贬值势必会动摇人们对于美元的信心。为了稳定美元的汇率，1987 年 2 月，七国集团的财政部长和央行行长在卢浮宫达成协议，卢浮宫协议也由此而来，该协议要求七国集团加强协调宏观经济政策和外汇市场干预。亚洲金融危机之后，亚洲国家和地区的人们开始意识到区域性货币政策协调的重要性。2000 年 5 月 4 日，第九届东盟与中日韩"10+3"财长在泰国清迈共同签署了一项协议，《清迈协议》由此而来，协议的中心议题为建立区域性货币互换网络，主要涉及两部分：一是扩大了东盟互换协议的数量和金额，二是建立了中日韩与东盟国家的双边互换协议。

在国际金融危机爆发之后，二十国集团频繁召开国际性会议。2008 年 11 月 15 日，二十国集团在华盛顿召开金融市场和全球金融峰会，这是该组织成立以来的首次会议，会议内容涉及包括国际货币政策协调在内的诸多问题。此后，G20 又分别在英国伦敦、美国匹兹堡、加拿大多伦多、韩国首尔、法国戛纳多次召开全球金融峰会。显然，在协调方式上，除了布雷顿森林体系和仍在继续的东盟 10+3 外，随机协调是上述国际金融协调的一个共同点。换言之，这些协调大多出现于特定的国际经济金融形势下，协调形式以会议或协议居多，协调的有效时间范围也非常有限。因此，协调不具有很强的约束力，完全依赖于协调当事国的自律行为。

3. 在协调范围上由发达国家扩大到新兴市场经济国家

七国集团成立于 20 世纪 70 年代，由西方主要发达国家组成，包括美国、英国、联邦德国、法国、意大利、日本和加拿大。当时，西方主要发达国家经历了一系列危机，依次为美元危机、石油危机、布雷顿森林体系解体和后来严重的经济危机，它的成立旨在协调发达国家经济政策以共同解决世界经济危机和货币危机。1998 年，俄罗斯正式加入七国集团，变成了后来的八国集团。在 2008 年国际金融危机爆发前，国际金融协调范围主要限于发达国家。但是，国际金融危机爆发后，国际金融协调范围开始扩大至二十国集团。二十国集团成立于 1999 年，除了八国集团中的成员国外，它还包括中国、欧盟、韩国、印度、印度尼西亚、澳大利亚、南非、土耳其、沙特阿拉伯、巴西、墨西哥和阿根廷。因此，它涵盖了全球主要发达国家和发展中国家特别是新兴市场经济国家。成立初期，二十国集团不是一个组织严密的国际组织，非正式的部长级会议为其运行形式。尽管如此，二十国集团在本次全球性金融危机中仍然发挥了非常重要的作用，它为全球主要发达国家和发展中国家的经济政策交流搭建了一个重要平台，增加了共同抵御危机的合力。它的更深刻意义在于给未来全球性或区域性货币金融协调以更多的启示，成为国际金融协调的一个有力支撑。

◎ **本章思考题**

一、名词解释

国际货币基金组织　世界银行　国际开发协会　国际金融公司　国际清算银行　亚洲开发银行　非洲开发银行　亚洲基础设施投资银行　国际金融协调　经济相互依存　经济政策的溢出效应　货币替代　七国集团　二十国集团　广场协议　卢浮宫协议

二、问答题

1. 国际货币基金组织的宗旨和基本职能是什么？
2. 当前国际货币基金组织存在的主要问题有哪些？改革的方向是什么？
3. 世界银行集团主要构成有哪些？它们各自的业务重点是什么？
4. 区域性国际金融组织主要有哪些？它们各自的业务重点是什么？
5. 亚洲基础设施投资银行创立的意义是什么？
6. 国际金融协调的理论基础主要有哪些？

7. 经济政策溢出效应的影响因素主要有哪些?

8. 简述货币替代的影响因素及其经济影响。

9. 国际金融协调的主要内容是什么?

10. 当前国际金融协调的主要特征是什么?

主 要 参 考 文 献

［1］［美］保罗·克鲁格曼，茅瑞斯·奥伯斯法尔德．国际经济学［M］．中国人民大学出版社，2002．

［2］［美］理查德·凯弗斯，杰弗里·法兰克尔，罗纳德·琼斯．世界贸易与国际收支［M］．中国人民大学出版社，2005．

［3］［美］理查德·赖维奇．国际金融市场［M］．中国人民大学出版社，2002．

［4］［美］杰弗里·萨克斯，费利普·拉雷恩．全球视角的宏观经济学［M］．上海三联书店、上海人民出版社，2004．

［5］［美］迈克尔·梅尔文．国际货币与金融［M］．东北财经大学出版社，2003．

［6］陈雨露．国际金融［M］．中国人民大学出版社，2008．

［7］陈雨露、侯杰．汇率决定理论的新近发展［J］．当代经济科学，2005（5）．

［8］陈岱孙、厉以宁．国际金融学说史［M］．中国金融出版社，1991．

［9］逄增辉．国际直接投资理论的发展与演变［J］．经济评论，2004（1）．

［10］何璋．国际金融［M］．中国金融出版社，1997．

［11］何国华．国际金融市场［M］．武汉大学出版社，1998．

［12］何国华．国际收支调节论［M］．湖北人民出版社，2002．

［13］何国华．国际金融理论最新发展［M］．人民出版社，2014．

［14］姜波克．国际金融新编［M］．复旦大学出版社，2008．

［15］姜波克、杨长江．国际金融学［M］．高等教育出版社，2004．

［16］刘思跃、肖卫国．国际金融［M］．武汉大学出版社，2002．

［17］沈国兵．国际金融［M］．北京大学出版社，2013．

［18］沈国兵．汇率制度的选择：文献综述［J］．世界经济，2003（12）．

［19］谭毅．国际货币合作研究——性质、意义与理论基础［M］．中山大学出版社，2005．

［20］ 王爱俭．20 世纪国际金融理论研究：进展与评述［J］．中国金融出版社，2005．

［21］ 邢毓静．现代货币危机理论的演进及其发展趋势［J］．当代财经，2001（1）．

［22］ 原雪梅．国际金融［M］．山东人民出版社，2011．

［23］ 余永定．欧洲主权债务危机和欧元的前景［J］．和平与发展，2010（5）．

［24］ 张宇燕．美元化：现实、理论及政策含义［J］．世界经济，1999（9）．

［25］ 张志超．最优国际储备理论与测度：文献述评［J］．华东师范大学学报（哲学社会科学版），2009（2，3）．

［26］ 张志超．汇率制度理论的新发展：文献综述［J］．世界经济，2002（1）．

［27］ 钟红．国际货币体系改革方向与中国的对策研究［J］．国际金融研究，2006（10）．

［28］ 朱超、张林杰．全球经常账户均衡决定、可持续性与失衡调整——评述与展望［J］．上海金融，2002（1）．

［29］ Chang, R., Velasco, A. Exchange Rate policy for Developing Countries［J］. American Economic Review, 2000, 90（2）.

［30］ Conen and Lombardo. International Transmission and Monetary Policy Coordination［Z］. ECB Working Paper, No. 902, 2008.

［31］ Devereux, M. B., and Engel C. The Optimal Choice of Exchange Rate Regime：Price—Setting Rules and Internationalized Production［R］. NBER Working Paper, No. 6992, 1999.

［32］ Devereux, M. B., Engel, C., Tille C. Exchange Rate Pass-through and the Welfare Effects of the Euro［J］. International Economic Review, 2003（44）.

［33］ Dornbusch, R. Exchange Rate and Prices［J］. American Economic Review, 1987（77）.

［34］ Dunning, J. H. International Production and the Multinational Enterprises［M］. London ：Allen & Unwin, 1981.

［35］ Edwards, S. The Determinants of the Choice between Fixed and Flexible Exchange Rate Regimes［R］. NBER Working Paper, No. 5756, 2000.

［36］ Hall, M. Testing the Hollowing-Out Thesis［J］. International Interactions, 2008, 34（2）.

［37］ Heller, R. H . Determinants of Exchange rate practices［J］. Journal of Money, Credit and Banking, 1978, 10（3）.

［38］ Krugman, Pual. Balance Sheets, the Transfer Problem, and Financial Crisis［R］. MIT Working Paper, 1999.

［39］ Obstfeld, Maurice Kenneth Rogoff. Exchange Rate Dynamics Redux［J］. Journal of Political Economy , 1995（103）.

［40］ Obstfeld Maurice, Kenneth Rogoff. Foundations of International Macroeconomics［M］. Cambrige, MA：MIT Press, 1996.

［41］ Sachs, Jeffery D. The Current Account and Macroeconomic Adjustment in the

1970s [J]. Brookings Papers Economics Activity, 1981 (1).

[42] Williamson. J. Crawling Bands or Monitoring Bands: How to Manage Exchange Rates in a World of Capital Mobility [J]. International Finance, 1998.

[43] Wolf, H. Exchange Rate Regime Choice and Consequences [R]. NBER Working Paper, October 2001.